Werner Stegmaier
Nietzsche an der Arbeit

Werner Stegmaier

Nietzsche an der Arbeit

Das Gewicht seiner nachgelassenen Aufzeichnungen
für sein Philosophieren

DE GRUYTER

ISBN 978-3-11-153679-8
e-ISBN (PDF) 978-3-11-098667-9
e-ISBN (EPUB) 978-3-11-098680-8

Library of Congress Control Number: 2022941161

Bibliografische Information der Deutschen Nationalbibliothek
Die Deutsche Nationalbibliothek verzeichnet diese Publikation in der Deutschen Nationalbibliografie; detaillierte bibliografische Daten sind im Internet über http://dnb.dnb.de abrufbar.

© 2024 Walter de Gruyter GmbH, Berlin/Boston
Einbandabbildung: Faksimile N Frühjahr 1888, KGW IX 8, W II 5, 65, GSA 71/161, mit freundlicher Genehmigung der Klassik Stiftung Weimar. Diplomatische Transkription: Nietzsche Werke, Kritische Gesamtausgabe, Abteilung 9: Der handschriftliche Nachlaß ab Frühjahr 1885 in differen-zierter Transkription nach Marie-Luise Haase und Michael Kohlenbach [9/4ff], Band 8 Arbeitsheft W II 5, bearbeitet von Marie-Luise Haase, Thomas Riebe, Beat Röllin, René Stockmar, Franziska Trenkle und Daniel Weißbrodt, in Zusammenarbeit mit Karoline Weber, Blatt 65, Berlin/Boston: De Gruyter. © Walter de Gruyter GmbH.

Dieser Band ist text- und seitenidentisch mit der 2022 erschienenen gebundenen Ausgabe.

www.degruyter.com

Inhalt

Vorwort —— IX

I   Einleitung: Methoden zur Erschließung von Nietzsches philosophischem Orientierungsprozess —— 1
1   Das Problem des philosophischen Gewichts von Nietzsches nachgelassenen Aufzeichnungen —— 1
2   Nietzsches Arbeitsweise —— 4
3   Zurückhalten und Zurücklassen von Aufzeichnungen: Reife oder Obsoletwerden der Gedanken —— 8
4   Evolutionärer Orientierungsprozess statt selbstironischem „ästhetischem Kalkül" —— 12
5   Dominanz der Systemfrage durch die Kompilation *Der Wille zur Macht* —— 16
6   Neue Ausgangslage durch die Kritische Gesamtausgabe der Werke —— 23
7   Methode A zur Erschließung des Gewichts von Nietzsches Aufzeichnungen für sein Philosophieren: Kontextuelle, differentielle und chronologische Interpretation —— 27
8   Erste Probe aufs Exempel: Ausweichen vor dem System —— 31
9   Nietzsches philosophisches Handwerk: Prägnanz von Mosaiken —— 39
10   Zweite Probe aufs Exempel: Aufhebung des Inhalts in Form —— 44
11   Vielfalt von Formen als Form des Hauptwerks —— 48
12   Arbeitsmaterial für Formungen: Themen, Texte und Gedanken —— 51
13   Methode B zur Erschließung des Gewichts von Nietzsches Aufzeichnungen für sein Philosophieren: Experimentelles Aus- und Einhängen nicht zum Druck beförderter Themenkomplexe —— 59
14   Stand der Forschung —— 61
15   Vorhaben —— 64

II   Themenkomplex Sich-Mitteilen: Vorbereitende Aufzeichnungen sprechen aus, was Veröffentlichungen nur noch zeigen und hören lassen —— 67
1   Thema Mitteilung – Spielraum zum Missverstehen (JGB 27) —— 67
2   Thema Mut zur Mitteilung – Absturz in einen unsagbaren Nihilismus (GD, Sprüche und Pfeile 2) —— 84
3   Thema Wahrheit – Geschichte eines Irrtums (GD, Wie die ‚wahre Welt' endlich zur Fabel wurde) —— 99
3.1   Die Musikalität der Geschichte des Irrtums —— 99
3.2   Die Herausbildung der musikalischen Form —— 111

III Themenkomplex Lehren: Neben dem Pathos der *Zarathustra*-Dichtung treten Aufzeichnungen zurück, bieten aber alternative Konzepte —— 149

1 Problem der Lehrbarkeit von Gedanken —— 149
1.1 Nietzsches Erfindung seiner Form der Lehrdichtung —— 149
1.2 Summarischer Exkurs: Nietzsches „Probleme" jenseits von Zarathustras „Lehren" —— 158
2 Aufzeichnungen während der Abfassung und zur Fortsetzung von *Also sprach Zarathustra*: Alternative Handlungskonzepte —— 161
2.1 Die Handlung der Lehrdichtung —— 162
2.2 Abweichende Handlungselemente und -konzepte in den Aufzeichnungen —— 175
3 Aufzeichnungen zu den herausgehobenen Lehren in *Also sprach Zarathustra*: Alternative Deutungskonzepte —— 208
3.1 Zur Lehre vom Nihilismus: Nihilismus als abgründiges Problem und normaler Zustand —— 208
3.2 Zur Lehre vom Übermenschen: Übermensch als Person und Zeichen des Übergangs —— 210
3.2.1 Personalisierung und Entpersonalisierung des Begriffs ‚Übermensch' —— 210
3.2.2 ‚Übermensch' als Zeichen des Übergangs: Metaphorik des Strömens —— 215
3.3 Zur Lehre vom Willen zur Macht: Wille zur Macht als Aneignung von anderem, Selbstüberwindung, Grundlehre, methodisch auf eine Form reduzierte Kausalität, quantifizierbare Kraft und Differenz-Bewusstheit —— 220
3.3.1 Vorbereitender Aphorismus *Die fröhliche Wissenschaft*, Nr. 109: Der Chaos-Gedanke als methodischer Ratschlag zur Zurückhaltung mit Aussagen über die Ordnung der Welt —— 220
3.3.2 Lehrdichtung *Also sprach Zarathustra*: Positive Lehre vom Willen des Lebens zur Selbst-Überwindung —— 222
3.3.3 Aufzeichnung vor dem Aphorismus *Jenseits von Gut und Böse* Nr. 36: Der Wille zur Macht als neuer Name für die dionysische Welt des Ewig-sich-selber-Schaffens —— 223
3.3.4 Der Aphorismus *Jenseits von Gut und Böse* Nr. 36: Der Wille-zur-Macht-Gedanke als Hypothese zur methodischen Prinzipieneinsparung —— 230
3.3.5 Aufzeichnungen zur Quantifizierung des Willens zur Macht —— 234
3.3.6 Äußerste Konsequenz im Nachlass: Wille zur Macht als Differenz-Bewusstheit —— 235

3.3.7 Äußerste Konsequenz im zum Druck beförderten Werk: Möglichkeit eines Lebens und Denkens ohne Willen zur Macht —— 236
3.4 Zur Lehre von der ewigen Wiederkunft: Ewige Wiederkunft als Naturgeschehen, Herausforderung der Selbstbejahung und extremer Glaubenssatz —— 236
3.4.1 Erste Aufzeichnungen: Reflexionsspielräume der Lehre —— 236
3.4.2 Weiterer Nachlass: Mögliche Lehrbarkeit des Wiederkunftsgedankens —— 243
3.4.3 Veröffentlichtes Werk: Vermeidung der Lehre des Wiederkunftsgedankens —— 250
3.5 Zur Lehre von den Herren der Erde: Herren der Erde als Regierung der gemeinsam bewohnten Welt, Ideen- und Gesetzgeber für sklavisch Arbeitende und Erzieher der Menschheit —— 261
3.5.1 Das Problem der Erdregierung —— 261
3.5.2 Nietzsches Konzept der Erdregierung in *Menschliches, Allzumenschliches* —— 264
3.5.3 Die „Herren der Erde" im Umkreis von *Also sprach Zarathustra* —— 271
3.5.4 Philosophen als „Befehlende und Gesetzgeber" zur Zeit von *Jenseits von Gut und Böse* —— 286
3.5.5 Nietzsches eigener Anspruch auf Weltregierung in den letzten Aufzeichnungen —— 306

IV Lenzerheide-Aufzeichnung: Der Versuch einer zusammenhängenden Orientierung über Zarathustras herausgehobene Lehren führt zur Distanzierung von „extremen Glaubenssätzen" —— 319
1 Umstände und Charakter der Lenzerheide-Aufzeichnung —— 319
2 Die Lenzerheide-Aufzeichnung als Dokument von Nietzsches philosophischem Orientierungsprozess —— 326
2.1 Ausgang von den „Vortheilen" der „{christlichen} Moral-Hypothese" —— 326
2.2 Der „Auflösungsprozeß" durch die „Selbstaufhebung" der christlichen Moral —— 331
2.3 Alternative der „Ermäßigung" extremer Hypothesen beim Nachlassen gesellschaftlicher Nöte —— 333
2.4 Nietzsches bleibende Orientierung am Extrem —— 334
2.5 Vermutete Lähmung durch das dauernde „Umsonst" —— 337
2.6 Bekräftigung des „Umsonst" durch die wissenschaftliche Hypothese der ewigen Wiederkehr —— 339
2.7 Abgleich mit Spinozas Pantheismus: Ist bei ihm schon ein „Glaube an die ‚ewige Wiederkunft'" möglich? —— 340

2.8	Absehen von Spinoza als Sonderfall —— **344**	
2.9	Neuansatz beim Willen zur Macht und dem Hass der Moral auf ihn —— **345**	
2.10	Die christliche Moral-Hypothese schützt die Schlechtweggekommenen und widerspricht der Rangordnung der Menschen in der Gesellschaft —— **347**	
2.11	Der aufgedeckte Nihilismus wirkt bei den Schlechtweggekommenen als Wille zur Zerstörung … —— **348**	
2.12	… und Selbstzerstörung —— **349**	
2.13	Beim Nachlassen gesellschaftlicher Nöte wird der Nihilismus, bestärkt durch die Lehre der ewigen Wiederkunft, aktiv —— **349**	
2.14	Die Krise der Gesellschaft kann zu einer gesünderen Rangordnung der Kräfte führen —— **351**	
2.15	Die Mäßigsten werden die Stärksten sein und keine „extremen Glaubenssätze" mehr nötig haben —— **352**	
2.16	Offene Frage nach dem Wert und der Wirkung des Wiederkunftsgedankens —— **356**	

V Themenkomplex Verallgemeinern: Spitzen in den Werken, Eisberge in den Aufzeichnungen —— 359

1 Philosophieren als fruchtbare Verallgemeinerungs-Wut —— **359**
2 Bedingtheit und Zufälligkeit des Verallgemeinerns —— **366**
3 Notwendigkeit des Verallgemeinerns für die menschliche Orientierung —— **371**
4 Verallgemeinerung als Abkürzung durch Zeichen und ihre moralgestützte Hypostasierung —— **377**
5 Philosophische Lehren als selbstvergessene und überzogene Verallgemeinerungen —— **384**

VI Ergebnis und Ausblick: Bleibende Aufgaben —— 389

Zitierte Literatur —— 395
    Nietzsches Werke —— **395**
    Siglen für Nietzsches Werke —— **396**
    Handbücher, Lexika, Kommentare —— **396**
    Zitierte Forschungsliteratur —— **397**
    Zitierte frühere Arbeiten des Verfassers —— **409**

Namenregister —— 412

Vorwort

> Man soll die Thatsache, wie {uns unsere} Gedanken ~~entstehen~~ {gekommen sind}, nicht verhehlen und verderben.
> (N Mai – Juli 1885, 35[31], KSA 11.522, KGW IX 4, W I 3, 114)

Seit den 50er Jahren des 20. Jahrhunderts ist umstritten, welches Gewicht Nietzsches nachgelassenen Aufzeichnungen in seinem Philosophieren zukommt. Meinte man auf der einen Seite, es stehe nichts im Nachlass, was nicht auch im veröffentlichten Werk zu finden wäre, so auf der andern, nur im Nachlass habe man Nietzsches „eigentliche Philosophie" (Heidegger) vor sich. Beides ist aus heutiger Sicht unhaltbar. Aber was da haltbar ist, wurde bisher nie geklärt. Inzwischen hat sich die Forschungssituation grundlegend erneuert. Die Nachlass-Kompilation *Der Wille zur Macht*, die Nietzsches Schwester Elisabeth Förster-Nietzsche zusammen mit dessen Helfer Heinrich Köselitz alias Peter Gast zu Beginn des 20. Jahrhunderts verfertigt hatte, sollte noch ein „System" Nietzsches in einem „Prosahauptwerk" vorspiegeln, mit dem es sich anderen großen Philosophien der Geschichte gleichstellen ließ. Die Interpretationen mehrerer Generationen von Nietzsche-Forscher*innen zeigten dann jedoch, dass es nicht nur kein solches System bei Nietzsche gibt, sondern er es gar nicht wollte. Sein Philosophieren ging, wie wir jetzt sehen, in eine ganz andere Richtung: weg von scheinbar ewige Wahrheiten verbürgenden Systemen hin zu Orientierungsentscheidungen, die wir einer uneinholbaren Komplexität der Welt gegenüber treffen, zu Ordnungen, die wir von Fall zu Fall selbst „schaffen" und die immer nur begrenzte Gewissheit und Dauer haben. Philosophieren wird zu einem Sich-Orientieren in einer Welt, in der nichts mehr unbedingten Wert und Dauer hat – im „Nihilismus". In zwanzigjähriger Arbeit wurde zunächst Nietzsches später Nachlass, um den es hier vor allem ging, auch gegenüber der Ausgabe von Giorgio Colli und Mazzino Montinari, die mit der Nachlass-Kompilation *Der Wille zur Macht* aufgeräumt hatte, aus den Aufzeichnungen aber immer noch fertige Texte, sogenannte „Fragmente" erstellte, noch einmal von Grund auf neu ediert und nun so, dass man Nietzsche an der Arbeit sehen kann: in einer möglichst manuskriptgetreuen Wiedergabe all seiner Arbeitsschritte in seinen Notiz- und Arbeitsheften und auf in Mappen gesammelten losen Blättern. Und diese Arbeit treibt Nietzsche bis zuletzt mit immer neuen Entscheidungen immer noch weiter, in den von ihm zum Druck beförderten Werken ebenso wie in seinen Aufzeichnungen. Werk und Nachlass fügen sich in die Kontinuität eines experimentierfreudigen philosophischen Orientierungsprozesses, der auf Kritik an den alten Beständen zielte, aber immer auch selbstkritisch blieb. Kaum etwas kann für

Philosophierende aufschlussreicher sein als die Werkstatt eines Philosophen wie Nietzsche, der sich nicht scheute, auch die heiligsten Kühe aufzuschrecken.

Nietzsches veröffentlichtes Werk ist, wie immer deutlicher wurde, an schriftstellerischen Formen, seine Aufzeichnungen an gedanklichen Experimenten reicher. Die feinsinnigen schriftstellerischen Formen tat man lange als bloße literarische Einkleidungen ohne philosophischen Wert ab. Doch es war Nietzsches erklärtes Ziel, mit solchen Formen zu zeigen, was sich in Systemen, Lehren, Dogmen nicht sagen lässt, das hieß für ihn: „Inhalte" in „Formen" zu transformieren. Als solcher philosophischer Schriftsteller hatte er, wie er selbst sah, niemanden seinesgleichen. Die Transformationen sind aber für uns zumeist nur an vorausgehenden, von ihm nicht veröffentlichten Aufzeichnungen zu erkennen. Nietzsche wollte und konnte nicht all seine gedanklichen Experimente, die er in seinen Aufzeichnungen entwarf, dem Publikum zumuten; zuweilen sah er sich auch selbst nicht reif genug für sie. Die Auswahl seiner Entwürfe für die Publikation kann man ebenfalls nur an den Aufzeichnungen ablesen. So kann man das Werk nicht hinreichend ohne den Nachlass, aber auch den Nachlass nicht ohne das Werk verstehen: Denn Nietzsche ging es immer um „das Werk". Es spricht nichts dagegen, zugleich mit den veröffentlichten Werken und mit den nachgelassenen Aufzeichnungen zu arbeiten, aber es spricht alles dagegen, sie gleichzustellen und ihre Entstehungsbedingungen, Formen, Themen und Kontexte zu vernachlässigen. Inhaltlich bestätigen sie einander oft durchaus, und deshalb war man in der Nietzsche-Interpretation auch versucht, sie unterschiedslos heranzuziehen. Doch sie gehen eben auch immer wieder deutlich auseinander. Der Nachlass bietet an vielen Stellen von Nietzsches philosophischem Orientierungsprozess gedankliche Alternativen zum gedruckten Werk, zieht dessen Konsequenzen weiter aus und hat in beidem sein eigenes Gewicht. Das zeigt sich exemplarisch an den Themenkomplexen des Sich-Mitteilens, des Lehrens und des Verallgemeinerns, die zusammen den großen Themenkomplex des Philosophierens überhaupt bilden. In sie sind Nietzsches berühmt gewordene Gedanken des Nihilismus, des Übermenschen, des Willens zur Macht, der ewigen Wiederkehr des Gleichen und der Erdregierung verflochten. Gerade sie stellen sich in den Aufzeichnungen häufig aufschlussreich anders dar als im zum Druck beförderten Werk. Die Aufzeichnungen machen zugleich deutlich, dass Nietzsche die Lehrbarkeit gerade seiner bewusst forcierten Gedanken fraglich wurde, sobald er sich anschickte, sie zu veröffentlichen, und er dann vielfältige Formen philosophischen Schreibens aufbot, um eben das zu zeigen.

Die Studie, die ich hier vorlege, ist in methodischer Absicht verfasst und gibt zugleich ein inhaltlich neues Bild von Nietzsches Philosophie: Sie soll anhand der neuen manuskriptgetreuen Transkription von Nietzsches Arbeitsheften und Mappen in der sogenannten IX. Abteilung der Kritischen Gesamtausgabe von

Nietzsches Werken seine Aufzeichnungen in kontextueller, differentieller und chronologischer Interpretation aus ihren schrittweisen Bearbeitungsprozessen erschließen und auf diesem Weg ihren philosophischen Ertrag herausarbeiten. Dabei wird deutlich werden, dass Nietzsche nicht ‚teleologisch' schon vorgefasste Ziele ansteuert, sondern sich ‚experimentalphilosophisch' erst Ziele entwirft, die er auf seinen Erkundungsgängen auch wieder verändern kann. So erweisen sich seine Aufzeichnungen als vorläufige Anhaltspunkte in einem philosophischen Orientierungsprozess, der ihn in äußerste „Extreme" führt – im Wissen, dass es Extreme und als solche unhaltbare „Glaubenssätze" sind. Im Abstand von bald eineinhalb Jahrhunderten wirft das neue Fragen zu seiner Philosophie und zum Philosophieren überhaupt auf. Der systematische Sinn von Nietzsches angeblichen Lehren wird noch problematischer, sein philosophischer Orientierungsprozess noch interessanter.

Mit vielen habe ich in den vergangenen Jahrzehnten, auch als Mitherausgeber der *Nietzsche-Studien*, Organisator vieler Konferenzen, Stiftungsrat der *Stiftung Nietzsche-Haus in Sils-Maria* und Mitglied des Beirats des Nietzsche-Forums München, zusammengearbeitet, um zu einem neuen philosophischen Nietzsche-Verständnis auf haltbaren philologischen Grundlagen zu kommen. Ich bin allen Kolleginnen und Kollegen für ihre immer bereitwillige Kooperation sehr dankbar, ohne sie hier im Einzelnen beim Namen nennen zu können. Nennen möchte ich jedoch ausdrücklich Marco Brusotti, Jakob Dellinger, Katharina Grätz, Helmut Heit, Sebastian Kaufmann, Axel Pichler, Andreas Urs Sommer, Hubert Thüring, Paul van Tongeren und Claus Zittel, die Teile des Manuskripts gegengelesen und sich mit mir darüber ausgetauscht haben. Ein ganz besonderer Dank aber gilt Beat Röllin, der mir in offenen Fragen der neuen Edition des späten Nachlasses immer wieder bereitwillig weitergeholfen hat, und Enrico Müller, der das Ganze noch einmal kritisch durchgesehen hat. Und danken möchte ich auch Herrn Christoph Schirmer vom Verlag De Gruyter, der die Studie in das Programm seines geschätzten Hauses aufgenommen hat, Anne Hiller, André Horn und Florian Ruppenstein, die die Herstellung betreut haben. Schließlich danken Verlag und Autor der Klassik Stiftung Weimar für die freundliche Genehmigung zur Abbildung der Faksimiles aus Nietzsches Nachlass.

Greifswald, 20. August 2022   Werner Stegmaier

I Einleitung: Methoden zur Erschließung von Nietzsches philosophischem Orientierungsprozess

1 Das Problem des philosophischen Gewichts von Nietzsches nachgelassenen Aufzeichnungen

Nietzsche hat gearbeitet. Je nachdem, was man in das von ihm Geschriebene einbezieht, kommt man auf 10.000 bis 40.000 Seiten.[1] In dem Corpus, das man als seine philosophischen Schriften betrachtet und das, gemessen an der *Kritischen Studienausgabe* der *Sämtlichen Werke* von Giorgio Colli und Mazzino Montinari, etwas über 8.000 Druckseiten umfasst, machen die nachgelassenen Aufzeichnungen, die auf Einträge in deutlich über hundert kleinformatige Notizhefte, großformatige Arbeitshefte und lose Blätter in Mappen zurückgehen, mehr als die Hälfte, ca. 4.600 Seiten aus.[2] Sie haben sich als philosophisch hochbrisant er-

---

[1] Die Rechnungen variieren. Vgl. Thüring, Der alte Text und das moderne Schreiben, 127, Parkhurst, Does Nietzsche have a „Nachlass"?, 223.

[2] Nietzsches Nachlass kann man auch sehr weit fassen, indem man alles einbezieht, was er schriftlich aufgezeichnet, aber nicht zum Druck befördert hat, neben vielem anderen auch seine Briefe. Beschränkt man ihn auf Nietzsches publizierbare, aber von ihm nicht publizierte Schriften, gehören seine Jugendschriften, Vorlesungsmanuskripte, öffentlichen Vorträge, Entwürfe aus der Baseler Zeit, darunter *Ueber Wahrheit und Lüge im aussermoralischen Sinne* und *Die Philosophie im tragischen Zeitalter der Griechen* dazu und aus der späteren Zeit der IV. Teil von *Also sprach Zarathustra* und *Nietzsche contra Wagner*. Bei „Nietzsches Nachlass" wird jedoch zumeist an seine *philosophischen* Aufzeichnungen in Notizbüchern, Arbeitsheften und losen Blättern gedacht (wobei wiederum strittig sein kann, was dazu zählt und was nicht). Die Handschriften *dieses* Nachlasses, um den es hier gehen soll, hat Hans Joachim Mette bis heute maßgeblich aufgelistet und mit Siglen versehen in: Mette, Sachlicher Vorbericht zur Gesamtausgabe der Werke Friedrich Nietzsches, LIV-XCVIII. Der philosophisch reichste Teil dieses Nachlasses stammt unbestritten aus den Jahren nach *Also sprach Zarathustra*, 1885–1889. Er wird auch hier im Fokus stehen. – Weil Abgrenzungen zwischen Nachlass und Werk bei Nietzsche in manchen Fällen schwer zu ziehen sind, will Parkhurst, Does Nietzsche have a „Nachlass"?, die Abgrenzung gleich ganz aufgeben. Aber man sollte nicht das Kind mit dem Bad ausschütten: Zum einen kann man durchaus mit unscharfen Abgrenzungen arbeiten; Nietzsche selbst tat das unentwegt. Zum andern stellt sich durch die differenziert transkribierte Edition der nachgelassenen Aufzeichnungen von 1885 bis 1889 in der KGW IX (s. u.) die Frage, was bei Nietzsche überhaupt als ein Text anzusehen ist, die Parkhurst in seinen Rechnungen übersieht oder übergeht: Während das zum Druck beförderte Werk fraglos aus abgeschlossenen Texten besteht, gilt das für die Aufzeichnungen (meist) nicht. Sie sind nicht ,Fragmente', waren aber stets für Bearbeitungen, sei es in weiteren Aufzeichnungen, sei es in Veröffentlichungen vorgesehen. Dies genügt in der Regel als Abgrenzungskriterium

wiesen und werden darum laufend ebenso wie die von Nietzsche zum Druck beförderten Werke zur Interpretation seiner Philosophie herangezogen und bestimmen deren Bild maßgeblich mit. Die Frage ist, mit welchem Recht, wenn Nietzsche sie doch nicht zum Druck befördert, ihre Veröffentlichung nicht autorisiert hat? Sie haben es, ist die Antwort, lange erheblich erleichtert, sich ein Bild von Nietzsches Philosophie zu machen. Denn während sich die veröffentlichten Werke, vor allem die von Nietzsche bevorzugten Aphorismenbücher, gegen jede Systematisierung seines Philosophierens sperren, scheinen die Aufzeichnungen dazu einzuladen. Man kann aus ihnen eine dogmatische Lehre Nietzsches extrahieren, sie anderen Lehren gegenüberstellen und in eine philosophische Dogmengeschichte der Philosophie einreihen. Maßgebend in der Nietzsche-Interpretation war dabei Martin Heidegger, damals selbst schon ein führender Philosoph, der dabei war, seinerseits das auf Dogmen über ‚Seiendes' bauende Philosophieren zugunsten eines unbestimmbaren, immer nur zu erfragenden ‚Seins' zu überwinden. Heidegger behauptete, um den Satz noch einmal zu zitieren, im Vorwort zum Druck seiner Nietzsche-Vorlesungen apodiktisch: „Was Nietzsche zeit seines Schaffens selbst veröffentlicht hat, ist immer Vordergrund. [...] Die eigentliche Philosophie bleibt als ‚Nachlaß' zurück."[3] Er schuf dabei von seiner Seite ein Dogma über Nietzsches Philosophieren, das bis in die jüngste Zeit nachgewirkt hat.

Inzwischen ist klar, dass es unhaltbar ist. Nietzsches Philosophieren lässt sich weder auf ein System festlegen noch macht es Sinn, seine Aufzeichnungen gegen seine Veröffentlichungen auszuspielen, um dort seine wahre Lehre zu finden. Beide stehen im Zusammenhang eines fortlaufenden, immer noch Neues erschließenden philosophischen Orientierungsprozesses, der für Nietzsche nicht in definitiven Ergebnissen endet, auch wenn er zuletzt in einem Brief schrieb: „Alles ist fertig."[4] Nach wie vor ist aber nicht geklärt, welches Gewicht seinen nachgelassenen Aufzeichnungen in seinem Philosophieren tatsächlich zukommt. Mit dem Fortschreiten der kritischen Edition der hier ausschlaggebenden Aufzeichnungen aus den Jahren 1885 bis 1889 in der IX. Abteilung der Kritischen Gesamtausgabe von Nietzsches Werken, die 2022 mit dem Erscheinen des 13. Bands abgeschlossen wird (KGW IX), haben wir nun die philologische Grundlage, um die Frage auch philosophisch angemessen anzugehen. Dazu muss man von Nietzsches wenig geplanter, gewollt spontaner Arbeitsweise ausgehen (Abschnitt 2). Er drängte wohl stets zu Veröffentlichungen, hielt aber wie alle

---

des genannten Nachlasses vom zum Druck beförderten Werk, auch wenn Nietzsche Gedanken aus bereits veröffentlichten Abschnitten weiter in Aufzeichnungen bearbeiten konnte.
3 Heidegger, Nietzsche, Bd. 1, 17.
4 Brief vom 11. Dezember 1888 aus Turin an Carl Fuchs, Nr. 1187, KSB 8.522.

besonnen Schreibenden seine Aufzeichnungen so lange zurück, bis sie ihm dafür reif schienen – reif in unterschiedlichen Hinsichten: Die Gedanken, aber auch das Publikum und schließlich er selbst konnten nicht reif genug für sie sein. Gedanken können beim Weiterdenken aber auch schlicht obsolet werden (Abschnitt 3). Die Reife kann, aber muss sich nicht in einem selbstironischen „ästhetischen Kalkül" im Sinn Claus Zittels niederschlagen (Abschnitt 4). Mit der Entscheidung der Eigentümerin und Verwalterin von Nietzsches Nachlass, seiner Schwester Elisabeth, seine nachgelassenen Aufzeichnungen publikumswirksam und das hieß für sie: in systematisierter und damit lehrbarer Form herauszugeben, in Gestalt der berüchtigten Kompilation *Der Wille zur Macht*, wurde diese Form auch für die Interpretation dominant, nicht nur von Nietzsches Nachlass, sondern seines Philosophierens im Ganzen. Heidegger legte seinen Vorlesungen trotz besseren Wissens diese Kompilation zugrunde, und weite Teile der Nietzsche-Forschung haben sich davon bis heute nicht gelöst (Abschnitt 5). Die neue editorische Erarbeitung der nachgelassenen Aufzeichnungen durch Giorgio Colli und vor allem Mazzino Montinari, die sie chronologisch wiedergaben, wie sie in Nietzsches Heften und Blättern vorlagen, schuf hier eine neue Ausgangslage. Gleichwohl erstellten Colli und Montinari aus Nietzsches sukzessiven Niederschriften immer noch Texte, die seinen veröffentlichten Aphorismen vergleichbar schienen und darum auch so gelesen wurden, als „Fragmente", wie sie sie nannten, eines irgendwie vorhandenen Ganzen. Erst die KGW IX gab der Leserschaft Einblick in die tatsächliche Arbeitsweise Nietzsches, in sein, wie er es nennt, „Handwerk" (Abschnitt 6). Man liest die Aufzeichnungen nun als Prozess einer bis zum Schluss offenen philosophischen Neuorientierung. Dieser Prozess kann nur durch kontextuelle, differentielle und chronologische oder kurz: textnahe Interpretation erschlossen werden in einem Abgleich der Gedanken, Themen und Textschichten, wie sie einerseits in den nachgelassenen Aufzeichnungen, andererseits in den zum Druck beförderten Werken auftauchen (Abschnitt 7). In einer ersten Probe dieser Methode aufs Exempel zeigt sich, dass „das System" für Nietzsche durchaus eine Option war, der er aber aus „Instinkt" auswich (Abschnitt 8). Im „Handwerk" seines Arbeitsprozesses tritt das „Mosaik", eine ästhetisch prägnante Form der Einheit, an die Stelle eines nach Prinzipien entworfenen Systems (Abschnitt 9). Nietzsche will, wie er zuletzt für sich notiert, „Inhalt" in „Form" aufgehen lassen, um dadurch höchste Prägnanz in der Mitteilung seiner philosophischen Gedanken zu erreichen – ohne sich auf ein dogmatisches und für alle gleich lehrbares System festzulegen. Das ist an der Bearbeitung seiner Aufzeichnungen gut zu erkennen (Abschnitt 10). Was er einige Zeit als „Hauptwerk" geplant hat, geht in den letzten zum Druck beförderten Werken in eine Vielfalt aussagekräftiger schriftstellerischer Formen auf (Abschnitt 11). Um die philosophisch bedeutsamen Transformationen nachverfolgen zu können, muss man, was Nietzsche selbst nur in Ansätzen tat, Gedanken, Themen und Texte unterscheiden: Im Zug seines Arbeitsprozesses können sich die Gedanken zu bestimmten Themen in neuen Texten immer wieder neu organisieren (Abschnitt 12). Durch die Beschreibung dieses Arbeitsprozesses kann man das Gewicht der jeweiligen Aufzeichnungen zu bestimmten Themenkomplexen für das Bild seines Philosophierens ermitteln: indem man experimentell Bilder von ihm mit oder ohne diese Themenkomplexe entwirft (Abschnitt 13).

2 Nietzsches Arbeitsweise

Beat Röllin hat im Zug seiner langjährigen Mitarbeit an der Neuedition von Nietzsches Nachlass in der KGW IX beschrieben, wie die Aufzeichnungen zustande kamen, soweit man das heute noch erkennen kann:[5] Nietzsche notierte, wie er gerne betonte, seine Gedanken größenteils auf langen Spaziergängen, die er brauchte, um erträglich existieren und frei denken zu können. So kamen sie als Einfälle, ohne dass schon klar gewesen wäre, wie sie zusammenhängen. Am Schreibtisch arbeitete er seine Notizen dann nach und nach aus, zum Teil, indem er sie aus den kleineren Notizbüchern in größere Arbeitshefte übertrug. Er hatte dazu die Methode entwickelt, seine Hefte von hinten nach vorn zu beschreiben, so dass am Beginn eines Heftes das Letztnotierte zu stehen kam, und jeweils zunächst die linke Seite zu füllen, um auf der rechten Platz für Ergänzungen zu haben. So ließen sich die Aufzeichnungen beständig anreichern. War jedoch eine Doppelseite gefüllt, musste er um eine Doppelseite zurückspringen und dort neu beginnen. Für thematisch neu ansetzende Aufzeichnungen verwendete er meist eine neue linke Seite (sofern er, was auch vorkam, die Hefte nicht doch in der üblichen Folge beschrieb). Eine Seite in einem Notiz- oder Arbeitsheft oder auf einem losen Blatt konnte aber auch Gedanken zu ganz unterschiedlichen Themen enthalten. Dennoch wurde das Doppelseitenformat zu einer Art Generalmaß für Nietzsches Aufzeichnungen, ohne dass das seine Spielräume eingeschränkt hatte. In jedem Fall waren seine Aufzeichnungen auf diese Weise schnell durchzublättern und gut zu übersehen.

Die Aphorismenbücher übernehmen diese „topologische Grundeinheit",[6] auch wenn die ausgearbeiteten Aphorismen das Maß am Ende weit unter- und

---

5 Röllin, Nietzsches Werkpläne vom Sommer 1885. Ich ergänze im Folgenden Röllins Beschreibung in einigen Punkten, u.a. mit Hilfe von August Horneffer, Nietzsche als Moralist und Schriftsteller, 59, und Weiss, Nachbericht. Beide hatten als zeitweilige Mitarbeiter des Nietzsche-Archivs unmittelbaren Zugang zu den Manuskripten.
6 Röllin, Nietzsches Werkpläne, 21.

überschreiten konnten. Nietzsche korrigierte seine Eintragungen nicht immer, oft aber mehrfach; auf Erstbeschriftungen folgten Zweit- und Drittbeschriftungen usw. auch zwischen den Zeilen, an den Rändern oder an anderen freigebliebenen Stellen der Seiten. Otto Weiss beschrieb Nietzsches Arbeitsweise so: „... wer eine eigene Anschauung derselben hat, der weiß, dass Nietzsche, zunächst meist ohne jede Disposition im einzelnen, den Stoff, wie er ihm bei der gedanklichen Verarbeitung kam, niederschrieb und oft erst, wenn er bereits ganze Hefte auf diese Weise gefüllt hatte, an die Ordnung derselben ging. Die Eile beim unverzüglichen Niederschreiben der Gedanken ließ ihm keine Zeit, die Reihenfolge der Blätter beim Beschreiben der Hefte genau einzuhalten, so daß auch die persönliche Gepflogenheit Nietzsches, zunächst nur die linke Seite zu beschreiben, die rechte Seite für Nachträge und Umarbeitungen vorzubehalten, nicht immer durchgeführt ist. Oft benutzte er auch mehrere Hefte gleichzeitig, wie sie ihm gerade zur Hand waren, manchmal war auch ein Heft schon bis zur letzten Seite benutzt, bevor ein neues zur Stelle war; dann suchte sich Nietzsche skrupellos zwischen den Niederschriften noch leere Stellen, um seine Gedanken, gleichviel in welche Nachbarschaft sie gelangten, irgendwo zu Papier zu bringen."[7] Wurden die Aufzeichnungen dadurch zu unübersichtlich, schrieb Nietzsche sie gelegentlich neu ab, praktischerweise in ein anderes Heft oder auf ein loses Blatt, – und gewann so Raum für neue Korrekturen und Ergänzungen. Das Umschreiben machte ihm seiner sehr schlechten Augen wegen Mühe und Verdruss; so vermied er es eher.[8] Oder er diktierte, wobei es dann Missverständnisse geben konnte und er die Diktate wieder korrigieren musste, wenn sie ihm überhaupt noch von Wert schienen; die Praxis des spontanen Niederschreibens und Nachjustierens lag ihm sichtlich näher. So prokreierte, variierte und selektierte er laufend die ihm eingefallenen und in seine Hefte von ihm selbst eingetragenen oder diktierten Aufzeichnungen, aus denen er dann später, unter neuen Selektionen und Variationen, Druckmanuskripte erstellte – kein zielgerichteter systematischer Fortschritt, sondern ein evolutionärer Prozess.

In den letzten Jahren verschob sich, so Röllin, Nietzsches Arbeitsweise: Er schrieb immer mehr am Schreibtisch und ging *dann* spazieren, um sich davon zu erholen. Umso mehr verringerte sich die Zahl der kleinen Notizbücher, in die er oft rasch mit Bleistift schrieb, und vermehrten sich die großen Arbeitshefte, die er meist mit Feder und Tinte beschrieb; die Tinten, die er oft wechselte, auch seiner häufigen Reisen wegen, geben heute gute Anhaltspunkte für die Datierung der

---

7 Vgl. Weiss, Nachbericht, 475.
8 Was Nietzsches Halb-, Dreiviertels- oder Sieben-Achtel-Blindheit, wie er sie in Briefen beschrieb, für sein Schreiben bedeutete, schildert Stingelin, „UNSER SCHREIBZEUG ARBEITET MIT AN UNSEREN GEDANKEN", 298–300.

Aufzeichnungen. Seine Arbeitsweise verschaffte ihm, aber nur ihm, einige Übersicht über seine Einfälle, die ihm im Überfluss zuströmten, und über ihre Ausarbeitungen. Er hatte jedoch nur begrenzte Geduld mit ihnen; ihn drängte zur Veröffentlichung, und hier war nun ein gewisses Maß an Ordnung gefordert. Dazu wählte er ihm geeignet erscheinende Stücke aus, manchmal, aber nicht immer nach vorgezeichneten Plänen, die er, soweit er sie hatte, im Zug der Niederschrift von Büchern stets auch wieder verändern konnte. Und er schrieb seine Aufzeichnungen fast nie so ab, wie er sie notiert hatte – ein Kopf wie Nietzsche kann nur schwer einfach abschreiben. Stattdessen formte er sie meist nicht nur stark um, sondern setzte sie auch neu zusammen. Dabei verknüpfte er, ein Grundzug seines Philosophierens, oft auch zuvor getrennte Themen zu immer anderen Themenkomplexen miteinander. Zu anstehenden Veröffentlichungen verfasste er auch spontan neue Texte, für die es kaum vorbereitende Aufzeichnungen gibt, und konnte noch in letzter Minute Neues auch in die Druckmanuskripte eintragen. Er schrieb, um mit seinen Gedanken zu überraschen, auch sich selbst. Und so liest er sich heute noch. Statt einem vorgefassten System zu folgen und es konsequent auszuarbeiten, lotete er aus, was für seine weitere philosophische Orientierung bedeutsam sein konnte. Und vieles davon ist bis heute in vielem sichtlich noch interessant.

Nietzsche veröffentlichte auch seine Bücher sehr zügig und in dichter Folge. Rechnet man die getrennten Veröffentlichungen der *Unzeitgemässen Betrachtungen* und der Teile von *Menschliches, Allzumenschliches* und *Also sprach Zarathustra* ein, wurden in 16 Jahren 23 Bücher druckfertig. Bisweilen konnte sich Nietzsche an die Inhalte seiner früheren Bücher kaum noch erinnern und musste sich durch Nachlesen neu vergewissern. Man kann daher nicht mit allzu dichter Konsistenz rechnen. Bei der Erstellung der Druckmanuskripte half ihm häufig Heinrich Köselitz, ein Musiker, der nach Basel gekommen war, um bei dem jungen Professor Nietzsche zu studieren, und später zu einem häufigen Gefährten des nun als freier Autor an wechselnden Orten arbeitenden Nietzsche wurde. Peter Gast, wie Nietzsche den zehn Jahre jüngeren Künstler nannte, den er nach Kräften seinerseits zu fördern suchte, konnte ihm helfen, nicht nur, weil er besser sah als Nietzsche, sondern auch, weil er als einer von wenigen seine für andere oft kaum leserlichen Aufzeichnungen entziffern konnte.[9] Nietzsche ließ ihm, der sich nicht honorieren lassen wollte, großzügig Raum für eigene Veränderungen und Korrekturen der Manuskripte. Da sie sich für Nietzsche bewährten, gab er Köselitz

---

9 Nietzsche redete ihn als „Freund" an, ging herzlich mit ihm um, blieb aber beim „Sie". An seinen Duz-Freund Erwin Rohde schrieb er aus Rosenlauibad: „Der treue Musiker Köselitz zieht in meine Behausung und will die Dienste eines hülfreichen Schreiber-Freundes übernehmen." (Brief vom 28. August 1877, Nr. 656, KSB 5.278).

schließlich „zum Verändern unumschränkte Vollmacht",[10] und er bekannte sich in *Ecce homo* auch öffentlich dazu. Zu *Menschliches, Allzumenschliches* schreibt er dort: „Ich diktirte, den Kopf verbunden und schmerzhaft, er schrieb ab, er corrigirte auch, – er war im Grunde der eigentliche Schriftsteller, während ich bloss der Autor war." (EH, MA 5)[11] Man muss bei Nietzsches Schriften also „Autor" und „Schriftsteller" unterscheiden: Der Schriftsteller war für das Orthographische, Grammatische, Stilistische, Literarische, Ästhetische, kurz, für das Regelwerk zuständig, der Autor für das Gedankliche und Überraschende, bei dem sich Nietzsche von niemandem dreinreden ließ. Dennoch hat das Ästhetische gerade bei Nietzsche Bedeutung auch für das Gedankliche, und das heißt, dass durch den Schriftsteller Peter Gast, wie ein späterer Herausgeber feststellte, „ohne Vortheil für die Klarheit und Schönheit des Stils [...] der Schärfe des Gedankens und der Prägnanz des Ausdrucks geschadet, nicht selten auch de[r] Sinn verändert" werden konnte.[12] Nietzsches eigener Stil sollte die Gedanken nicht schöner darstellen, sondern deutlicher, plausibler, prägnanter zum Ausdruck bringen. Dies wird im Folgenden ein herausragendes Thema sein.

Zuletzt konnten, wie üblich, auch in die Druckfahnen noch Korrekturen eingetragen werden, damals mehr als heute, wovon Nietzsche regen Gebrauch machte. Sein Schreiben blieb auch hier bis zum Schluss im Fluss. In seine Handexemplare trug er weitere Korrekturen und Ergänzungen ein.[13]

---

[10] Als Nietzsche 1886 neue Vorreden für neue Auflagen früherer Werke verfasste, schrieb er an Heinrich Köselitz aus Sils-Maria am 2. September: „hier kommt noch Etwas zum Durchlesen: bitte, lassen Sie Ihre kritischen Augen durch diese ‚Vorrede' wandern und helfen Sie meiner Orthographie nach – und nicht nur der Orthographie! Sie haben zum Verändern unumschränkte Vollmacht! —" Köselitz könne den Bogen dann direkt zum Drucker senden (Nr. 742, KSB 7.242).
[11] Köselitz machte von dieser Lizenz noch bei der ersten Gesamtausgabe von Nietzsches Werken im Auftrag von Nietzsches Mutter 1892–1894 (GAG) freizügig Gebrauch (vgl. Hoffmann, Zur Geschichte des Nietzsche-Archivs, 718 f.). Nietzsche Schwester Elisabeth ließ daraufhin, als sie Nietzsches Nachlass übernahm, diese Ausgabe einziehen und einstampfen.
[12] Mette, Sachlicher Vorbericht zur Gesamtausgabe der Werke Friedrich Nietzsches, CXII f. Mette beschreibt hier Köselitz' Eingriffe in Druckmanuskripte von Nietzsches Werken für die oben genannte Werkausgabe. – Zu Köselitz' Verhältnis zu Nietzsche im Ganzen vgl. Strobel, Peter Gasts Gaben an Nietzsche, und Barrios, „Man vergilt einem Lehrer schlecht, wenn man immer nur der Schüler bleibt": Ein neuer Blick auf Gasts Verhältnis zu Nietzsche. Barrios macht darauf aufmerksam, dass Köselitz durch seine Nachworte zur ersten Gesamtausgabe 1892/94 das Nietzsche-Verständnis erheblich und manchmal irreführend beeinflusst hat. Er hat Nietzsche auch Vorschläge für Werktitel gemacht, die Nietzsche im Fall von M und GD annahm. Vgl. auch Eichberg, Peter Gast als Nietzsche-Interpret. Barrios geht ausführlich auch auf Peter Gast als Komponisten und Nietzsches Schätzung für ihn ein.
[13] Zu sehen auf www.nietzschesource.org/#eKGWB und den Seiten der Klassik Stiftung Weimar zu ihren Nietzsche-Sammlungen.

3 Zurückhalten und Zurücklassen von Aufzeichnungen: Reife oder Obsoletwerden der Gedanken

Abgesehen davon, dass er fast nichts so herausgab, wie er es notiert hatte, veröffentlichte Nietzsche längst nicht alles, was er sich in Aufzeichnungen erarbeitete. Weil sein Denken und Schreiben im Fluss blieb, er seine Aufzeichnungen meist immer wieder prokreierte, variierte und selektierte und sie dabei in unterschiedliche thematische Kontexte versetzte, ist oft schwer abzugrenzen, welche Gedanken er bewusst zurückhielt oder einfach zurückließ, statt sie zu veröffentlichen. Er selbst vermied hier vorzeitige Entscheidungen: Gedanken in Aufzeichnungen, die er zunächst nicht weiterverfolgte, und auch schon weiter ausgearbeitete Aufzeichnungen, die er vorerst nicht auswählte, konnten immer noch von Bedeutung sein, und so strich er zwar Passagen, die ihm erledigt schienen, durch, bewahrte die Hefte aber auf. In Handschriften bleibt auch Durchgestrichenes stehen und weiterhin sichtbar.[14] Nietzsche nahm seine in Arbeit befindlichen Hefte und Mappen meist auf seine Reisen mit. Sie dienten ihm als ein schriftliches Gedankenreservoir, das er immer neu speiste und aus dem er immer neu schöpfte.

Es gibt Hinweise, dass er seine Aufzeichnungen, so wie er sie hinterlassen würde, im Ganzen nicht veröffentlicht sehen wollte. Dr. Josef Paneth, ein junger Physiologe aus Wien, für dessen vielversprechende Forschungen sich Nietzsche und der sich seinerseits für Nietzsches Schriften interessierte, hatte Gelegenheit, im Winter 1883/84 in Nizza lange und oft auch sehr persönliche und vertrauensvolle Gespräche mit ihm zu führen, über die Paneth ausführlich nach Hause berichtete. Dabei kam man auch auf Nietzsches prekäre finanzielle Situation und auf Veröffentlichungen zu sprechen, die Geld einbringen könnten. Doch Nietzsche, längst im Bewusstsein seiner überragenden philosophischen Bedeutung, bemerkte dazu, so Paneth, er würde „alle seine Freunde verpflichten, nichts von ihm nach seinem Tode herauszugeben als was er selbst für die Publication bestimmt und fertig gestellt hätte; denn wenn man sich sein ganzes Leben geplagt hätte, nur

---

14 Vgl. Gisi / Thüring / Wirtz (Hg.), Schreiben und Streichen, und darin zu Nietzsche Thüring, Streichen als Moment produktiver Negativität im modernen Schreiben, 57: „Was gestrichen ist, jedoch materiell existent und semiotisch lesbar bleibt, soll nicht mehr gelten, also eigentlich nicht mehr bedeuten und nicht mehr existieren. Das Gestrichene bleibt aber existent, lesbar und bedeutend [...]. Das Gestrichene soll nicht gelten, kann aber bedeuten." – Schon Nietzsches Schwester bemerkte im Vorwort zur 1. Auflage ihrer Kompilation *Der Wille zur Macht*: Der Nachlass „gewährt einen Einblick in Nietzsche's Geisteswerkstatt. Wir sehen gleichsam die Gedanken vor unseren Augen entstehen und können zugleich beobachten, wie unbefangen Nietzsche seine eigenen Gedanken prüft" (Nietzsche's Werke, Bd. XV, Leipzig 1901, XVI).

Ausgearbeitetes und Ganzes vor das Volk zu bringen, so möchte man doch nicht im Hauskleid erscheinen."¹⁵ Das betraf zunächst Nietzsches Briefe, wohl aber auch seine Aufzeichnungen; mit beidem sollte nicht Geld verdient werden. Es kam dann anders. Mit ihnen wurde später sehr viel Geld verdient.

Jahre später, im Februar 1888, suchte Nietzsche in zwei Briefen wiederum aus Nizza den als Komponisten ähnlich wie er selbst als Philosoph wenig erfolgreichen Heinrich Köselitz aufzumuntern und schrieb, sie beide müssten an sich selbst glauben und sich sagen: „es ist sehr Viel erreicht! Es ist trotzalledem sehr Viel erreicht! man soll bei sich den Muth zu diesem allerberechtigtsten Stolze aufrecht erhalten!" Er selber, so begann er den ersten der beiden Briefe, sei „über Versuche und Wagnisse, über Vorspiele und Versprechungen aller Art nicht hinausgekommen", und schloss dann: „Ich habe die erste Niederschrift meines ‚Versuchs einer Umwerthung' fertig: es war, Alles in Allem, eine Tortur, auch habe ich durchaus noch nicht den Muth dazu. Zehn Jahre später will ichs besser machen. –" Er wollte die „Niederschrift" also, welche er damit auch genau gemeint haben mag,¹⁶ entgegen seiner Gewohnheit nicht oder noch nicht, jedenfalls dieses Mal nicht rasch herausgeben. Im zweiten Brief setzte er nach: „Ich habe mir geschworen, eine Zeit lang nichts mehr ernst zu nehmen. Auch dürfen Sie ja nicht glauben, daß ich wieder ‚Litteratur' gemacht hätte: diese Niederschrift war <u>für mich</u>; ich will alle Winter von jetzt ab hintereinander eine solche Niederschrift für mich machen – der Gedanke an ‚Publicität' ist eigentlich <u>ausgeschlossen</u>."¹⁷

Mit „Litteratur" meint er gewöhnlich durch „Schriftstellerei" sprachlich ansprechend gestaltete, aber philosophisch unerhebliche Texte für großes Publikum;¹⁸ als „Autor" wollte er das philosophisch Wesentliche zunächst sich selbst vorbehalten, sorgfältig durchdenken und ordnen. Das scheint darauf zu verweisen, dass im Sinn Heideggers im zurückgehaltenen Nachlass Nietzsches „eigentliche Philosophie" zu finden ist. Aber Nietzsche wollte die Publikation auch hier nur „eigentlich" ausschließen; bei der Gesamtdarstellung seines „Versuchs einer Umwerthung" wollte er sich lediglich zunächst selbst Übersicht über seine

---

15 Krummel, Josef Paneth über seine Begegnung mit Nietzsche in der Zarathustra-Zeit, 488 f. Der Brief ist datiert auf den 15. Februar 1884.
16 Nach Röllin, Art. Nachlass 1885–1886, in: NHB² (im Erscheinen), kann hier nicht von einer Druckvorlage, sondern nur von einer Materialsammlung die Rede sein.
17 Briefe an Heinrich Köselitz aus Nizza vom 13. Februar 1888, Nr. 991, KSB 8.250–252, hier 250 u. 252, und vom 26. Februar 1888, Nr. 1000, KSB 8.262–265, hier 264.
18 Vgl. unter vielem anderem MA I 194: „Der ganze moderne Litteratenstand steht aber den Feuilletonisten sehr nahe, es sind die ‚Narren der modernen Cultur', welche man milder beurtheilt, wenn man sie als nicht ganz zurechnungsfähig nimmt. Schriftstellerei als Lebensberuf zu betrachten, sollte billigerweise als eine Art Tollheit gelten."

Gedanken, Einfälle und Aufzeichnungen verschaffen. Dazu versah er sie, durchaus im Blick auf zu veröffentlichende Werke, immer wieder mit Nummern, legte Register an, riss Seiten aus seinen Heften und ordnete sie anderswo ein.[19] Und dabei suchte er offensichtlich auch nach einer nicht einfach „literarischen", „schriftstellerischen" oder „ästhetischen", sondern auch inhaltlich überzeugenden Form für seine Gedanken. Aus dem „Versuch einer Umwerthung aller Werthe" wurden bekanntlich zuletzt so unterschiedlich angelegte Werke wie *Götzen-Dämmerung, Der Antichrist, Ecce homo* und die *Dionysos-Dithyramben*. Bis er die angemessene Form für seine Gedanken gefunden hatte, ließ er offen, ob er sie überhaupt veröffentlichen wollte – oder, nach seinem Verständnis, durfte. Denn sie hätten dafür auch *nicht* geeignet sein können, sie konnten, so Nietzsche, nicht „reif" zur Veröffentlichung sein. Er gebraucht den Begriff „reif" Hunderte von Malen – in differenziertem Sinn.

Nicht reif zur Veröffentlichung können für Nietzsche seine Texte in dreierlei Hinsicht sein: Die Gedanken können (a) noch nicht hinreichend geklärt, durchdacht und formuliert sein. Auf Nietzsches oft äußerst gewagte Gedanken kann aber (b) auch das Publikum noch nicht genügend vorbereitet sein. Das zeigt Nietzsche am Beispiel seines Zarathustra (Kap. III). Beim Entwurf einer „Vorrede zur Philosophie der ewigen Wiederkunft" mit dem Titel „Die neue Rangordnung" ermahnt er sich: „Immer strenger fragen: für wen noch schreiben? —" und stellt fest: „Für Vieles von mir Gedachte fand ich keinen reif; und Zarathustra ist ein Beweis daß Einer mit der größten Deutlichkeit reden kann, aber von Niemandem gehört wird."[20] Schließlich kann (c) der „Autor" Nietzsche auch selbst für seine Gedanken nicht reif sein. Am Ende des II. Teils von *Also sprach Zarathustra* lässt Nietzsche die „stillste Stunde" „ohne Stimme" zu ihm sagen: „Oh Zarathustra, deine Früchte sind reif, aber du bist nicht reif für deine Früchte. / So musst du wieder in die Einsamkeit: denn du sollst noch mürbe werden." Ende November 1888 erkundigt sich Nietzsche bei Heinrich Köselitz, ob er sein Exemplar der *Götzen-Dämmerung* erhalten habe, die ihm selbst „als vollkommen erscheint; es ist nicht möglich, entscheidendere Dinge deutlicher und delikater zu sagen..." Danach hätten seine Gedanken nun ihre reife Form gefunden. Nietzsche schließt jedoch mit der rhetorischen Frage: „Ich denke, mit einem solchen Zustand ist man reif zum ‚Welt-Erlöser'? ..."[21] Das scheint halb ironisch, halb ernsthaft gemeint zu sein. Die *Götzen-Dämmerung* selbst eröffnet Nietzsche jedoch mit der Sentenz: „Auch der Muthigste von uns hat nur selten den Muth zu dem, was er eigentlich

---

19 Vgl. Fornari, Art. Nachlaß 1885–1888, in: NHB[1], 144.
20 N Sommer-Herbst 1884, 26[243], KSA 11.212.
21 Brief an Heinrich Köselitz aus Turin vom 25. November 1888, Nr. 1157, KSB 8.488f.

weiss…" (GD, Sprüche und Pfeile 2). Wieder „eigentlich" – Nietzsche wagt noch nicht, sich klar zu machen, was er da weiß, sieht sich selbst noch nicht reif dafür. Er spricht es jedenfalls öffentlich nicht aus, auch wenn er sich zuvor einiges dazu aufgeschrieben hat (Kap. II 3).

In *Ecce homo*, ebenfalls Ende 1888, schreibt Nietzsche von der Klugheit und Notwendigkeit, sich selbst „die Aufgabe, die Bestimmung, das S c h i c k s a l der Aufgabe" zu verbergen – um der „Selbsterhaltung" willen, um nicht an ihr zugrunde zu gehen; das „Sich-Vergessen, Sich-Missverstehn, Sich-Verkleinern, -Verengern, -Vermittelmässigen" komme aus der „Vernunft" der „S e l b s t s u c h t" und „S e l b s t z u c h t". Unter dieser „Oberfläche" könne dann „die organisirende, die zur Herrschaft berufne ‚Idee' in der Tiefe" wachsen, „sie beginnt zu befehlen, sie leitet langsam aus Nebenwegen und Abwegen z u r ü c k, sie bereitet e i n z e l n e Qualitäten und Tüchtigkeiten vor, die einmal als Mittel zum Ganzen sich unentbehrlich erweisen werden, – sie bildet der Reihe nach alle d i e n e n d e n Vermögen aus, bevor sie irgend Etwas von der dominirenden Aufgabe, von ‚Ziel', ‚Zweck', ‚Sinn' verlauten lässt." (EH, Warum ich so klug bin 9) Nietzsche beschreibt die Entwicklung seiner Gedanken im Rückblick als „die lange geheime Arbeit und Künstlerschaft meines Instinkts". Sein „Instinkt" weiß, wie in der Arbeit weiterzugehen ist, er nicht. Diese Art von Arbeitsteilung beobachtet er auch bei jener „Aufgabe einer U m - w e r t h u n g d e r W e r t h e". Dazu gehöre „Rangordnung der Vermögen; Distanz; die Kunst zu trennen, ohne zu verfeinden; Nichts vermischen, Nichts ‚versöhnen'; eine ungeheure Vielheit, die trotzdem das Gegenstück des Chaos ist". Das sei „die Vorbedingung", die Aufgabe von einer solchen Schwere überhaupt anzugehen. Und dann spricht Nietzsche wieder von Reife: „S e i n e h ö h e r e O b h u t" – die Obhut seines Instinkts – „zeigte sich in dem Maasse stark, dass ich in keinem Falle auch nur geahnt habe, was in mir wächst, – dass alle meine Fähigkeiten plötzlich, reif, in ihrer letzten Vollkommenheit eines Tags h e r v o r s p r a n g e n." (EH, Warum ich so klug bin 9).[22]

Wir können vielleicht Nietzsches Erfahrung und betont physiologische Beschreibung vom Reifen seiner Gedanken nachvollziehen, überprüfen können wir sie nicht. Dennoch müssen wir sie, um das Gewicht seiner nachgelassenen Aufzeichnungen für die Evolution und die Interpretation seines Philosophierens einschätzen zu können, als Nietzsches Maßstab für sich selbst nehmen, auch wenn er keine scharfen Unterscheidungen zulässt.

---

22 Vgl. die vorausgehenden Niederschriften in zwei Schritten auf der Doppelseite des Hefts W II 9, 48 und 49, in KGW IX 10. Die Beobachtung „daß […] ich in keinem Falle g̶e̶w̶u̶ß̶t̶ {auch nur geahnt} habe, was in mir wächst, – daß alle meine Fähigkeiten plötzlich, reif, in ihrer letzten Vollkommenheit eines Tags hervorsprangen", kam im zweiten Schritt (S. 49) hinzu, war also selbst ein Teil des Reifungsprozesses.

4 Evolutionärer Orientierungsprozess statt selbstironischem „ästhetischem Kalkül"

Claus Zittel hat vom „ästhetischen Kalkül" in *Also sprach Zarathustra* gesprochen und erkannte dieses Kalkül in vielfältigen Ironisierungen und Subversionen, Selbstironisierungen und Selbstsubversionen, mit denen Nietzsche das Lehrhafte der Lehrdichtung breche. Er hat dadurch die *Zarathustra*-Interpretation radikal entpathetisiert, die verbreitete *Zarathustra*-Gläubigkeit kompromittiert und zugleich einen kritischen, häufig freilich auch über-kritischen Blick auf die literarische Machart der Lehrdichtung eröffnet, der er nicht viel abgewinnen kann. Und auch von einem haltbaren philosophischen Sinn in ihr bleibt nicht viel übrig. Die Form destruiert hier den (vermeintlichen) Inhalt.[23] Zugleich stellte Zittel im Blick auf die nachgelassenen Aufzeichnungen fest, „daß N. seine Gedanken [dort] thetischer formuliert, was viele Interpreten dazu verleitet, aus den isolierten Notizen ‚letzte Lehren' zu rekonstruieren und zu Dogmen zu verdinglichen. Im publizierten Werk kommen diese vermeintlichen Lehren, wenn überhaupt ästhetisch kontextualisiert vor und werden dadurch zumeist auf vielfältige Weise ironisiert, gebrochen und unterlaufen [...]. N. formuliert hier hypothetisch, doppelbödig und vielschichtig; er operiert mit zahllosen Anspielungen und Verweisungen, durch welche die einzelnen Gedanken in einem komplexen Beziehungsgeflecht situiert werden, bzw. durch dieses erst konstituiert werden." Daraus zieht Zittel den generellen Schluss: „Den veröffentlichten Schriften eignet somit qua Form ein Reflexionsgrad mehr als den nachgelassenen Aufzeichnungen."[24]

Die glückliche Formel vom höheren Reflexionsgrad ist viel beachtet worden. Sie trifft die Sache, wenn man von einem Kalkül ausgeht, das Nietzsche *bewusst* anstellt. Dann steht jedoch „Kalkül" und „Reflexion" in Zittels Beschreibung gegen „Instinkt" und „Reife" in Nietzsches Selbstbeschreibung. Sie müssen einander nicht ausschließen, doch es ist dann nicht der höhere *Reflexions*grad, der generell das Werk vom Nachlass unterscheidet; es könnte auch der Instinkt für Reife sein. Und wenn es das Ästhetische sein soll, was heißt dann „ästhetisch" in der Wendung „ästhetisch kontextualisiert"? Vielleicht auch, aber sicher nicht nur „ironisiert, gebrochen", „hypothetisch, doppelbödig und vielschichtig". Und auch

---

[23] Zittel, Das ästhetische Kalkül von Friedrich Nietzsches *Also sprach Zarathustra*. Zarathustra wird als völlig unglaubwürdig diskreditiert, Za zu einem einzigen, manchmal plumpen, manchmal raffinierten Betrug am Publikum. Ich werde Zittels erfrischende Invektiven, die ihrerseits oft Nietzsche selbst parodieren, immer wieder heranziehen.
[24] Zittel, Art. Nachlaß 1880–1885, in: NHB[1], 138 f. Zittel behält diese Formulierungen auch in der neu bearbeiteten Auflage des NHB (NHB[2]) bei.

dies, unterstellt, es machte das Ästhetische an Nietzsches Werken aus, träfe ebenfalls nicht nur auf diese zu: Auch Nietzsches Aufzeichnungen können hochkomplex, beziehungsreich und vielschichtig formuliert sein. „Manche von Nietzsches nachgelassenen Aufzeichnungen", so Axel Pichler, „stehen den veröffentlichten Aphorismen in ihrer (auto-)reflexiven Tiefendimension in nichts nach."[25] Man wird also nachgelassene Aufzeichnungen und zum Druck beförderte Schriften nicht pauschal gegenüberstellen dürfen und das Kalkül und den Reflexionsgrad, von denen Zittel spricht, als ein Moment des Reifegrads in Nietzsches Denk- und Schreibprozess ansetzen müssen.

‚Ästhetisch', wenn man den Begriff hier überhaupt gebrauchen will, ist bei Nietzsche selbst sehr differenziert zu verstehen. Er hatte zunächst, als er *Die Geburt der Tragödie* schrieb, und zuletzt im späten Nachlass wohl eine Ästhetik als philosophische Disziplin im Sinn, führte sie aber nicht aus; er hätte sie entgegen allen herkömmlichen Idealisierungen ganz auf physiologischen Bedingungen aufgebaut. Die oft zitierte ästhetische Rechtfertigung des Lebens, die er in *Die Geburt der Tragödie* ausrief (GT 5, KSA 1.47), hat er in der *Fröhlichen Wissenschaft* unauffällig in ein bloßes Erträglich-Werden des Lebens durch die Kunst zurückgenommen.[26] Kunst kann nicht nur Schönes und Aufbauendes, sondern auch Hässliches, Abstoßendes und Zerstörerisches vorführen; Nietzsche lässt das Apollinische später im Dionysischen aufgehen.[27] Das Ästhetische, losgelöst von seinen Gründen und Abgründen im „Leben", behielt für ihn dagegen den Beiklang des „[P]ittoresken" (AC 13), und entsprechend beklagte er, dass in seinen Werken schon von Zeitgenossen „Nichts als Aesthetica" gesehen werden:

---

25 Pichler, Die Spuren von Nietzsches Schreiben, 398 und nochmals 404. Auch Dellinger, Perspektivierungen des ‚Perspektivismus' in Werk und Nachlass. Methodenfragen der textnahen Nietzscheforschung, kommt nach anfänglicher Zustimmung zu Zittel am Ende seines Beitrags zu diesem Schluss. Zittel antwortet darauf: „Selbstverständlich können Nachlassnotate ihrerseits ästhetisch durchgeformt und vielschichtig sein, die Komposition der Gedanken, Aphorismen, Sentenzen, Dialoge, Kurzessays und Gedichte zu Büchern bringt jedoch eine weitere Bedeutungsebene ins Spiel, die auch einem ausformulierten Nachlasstext zwangsläufig fehlt." Was diese Bedeutungsebene ausmacht, führt Zittel jedoch nicht aus. Unterschiedlich ist in Werk und Nachlass unbestritten die Topologie, d.h. die räumliche Anordnung der Niederschriften: Im Nachlass ist sie im Fluss der Einfälle, die Nietzsche in seine Hefte eintrug, eher zufällig entstanden, im zum Druck beförderten Werk gestaltet er sie bewusst und ‚kalkuliert' sie dabei auch ‚ästhetisch', was in der Tat neue Reflexionspotentiale schafft.
26 „Unsere letzte Dankbarkeit gegen die Kunst. — [...] Als ästhetisches Phänomen ist uns das Dasein immer noch erträglich, und durch die Kunst ist uns Auge und Hand und vor Allem das gute Gewissen dazu gegeben, aus uns selber ein solches Phänomen machen zu können." (FW 107)
27 Vgl. Reschke, Art. Ästhetik, in: NLN, 34f.; Müller, Art. Ästhetik, in: NLM, 101–103.

„meine Probleme werden geradezu verschwiegen".²⁸ Bezeichnenderweise fordert er stattdessen Köselitz auf, ästhetische Überlegungen niederzuschreiben, um dessen Werken zu mehr Wirkung zu verhelfen.²⁹ Ästhetisch ist für ihn, wie er sich 1885 aufzeichnet, in einem sehr weiten Sinn „das Wohlgefallen am Geordneten, Übersichtlichen, Begrenzten, an der Wiederholung" überhaupt, und er erklärt dieses Wohlgefallen physiologisch: „es sind die Wohlgefühle aller organischen Wesen im Verhältniß zur Gefährlichkeit ihrer Lage, oder zur Schwierigkeit ihrer Ernährung."³⁰ Er erwartet von einer solchen gefährliche Lage Impulse zu hoher Gestaltungskraft.³¹ Das Ästhetische ist so für ihn ein „Zustand", also wieder etwas Physiologisch-Instinktives: „Die Auswahl wird anders, von Sachen, Interessen, Fragen". Und so wie es auch im „nächstverwandten Zustand" des „Logischen" „Schwere, Dumpfheit" geben kann, können die Dinge im „aesthetischen Zustand" leichter, klarer und so überhaupt erst mitteilbar werden: „Der aesthet. Zustand hat einen Überreichthum von Mittheilungsmitteln, zugleich mit einer extremen Empfänglichkeit für Reize u. Zeichen. Er ist der Höhepunkt der Mittheilsamkeit u. Übertragbarkeit zwischen lebenden Wesen, – er ist die Quelle der Sprachen."³² Auch das Ästhetische ist für Nietzsche also weniger etwas Reflektiertes und Berechnetes, sondern in ihm bricht „der plötzlich redende {aesthetische} Instinkt" oder „der aesthetische Trieb" hervor;³³ die Welt, hat er sich zuvor notiert, wird „voller {runder}, vollkommener gesehen".³⁴ Das weist auf den „formenden Sinn" im Ganzen zurück, von dem Nietzsche im Nachlass von 1885 spricht und der „ursprünglicher als der ‚denkende'" sei.³⁵ Dieser formende Sinn mag die Gedanken wohl ironisch brechen können, vor allem aber soll er sie deutlich, mitteilbar und plausibel machen. Und das kann in den Aufzeichnungen ebenso geschehen wie in den zum Druck bestimmten Werken.

Ästhetik, Kalkül und Reflexion stehen aus Nietzsches Sicht in seinem Arbeitsprozess also eher am Rande; durch sie werden nicht generell seine zum Druck beförderten Werke von seinen Aufzeichnungen geschieden. Bei den Aufzeichnungen ist lediglich offenkundig, dass sie nichts Endgültiges bieten, sondern für Prokreationen, Variationen und Selektionen jeder Art offen bleiben. Sie

---

28 Brief an Carl Spitteler aus Nizza, 10. Februar 1888, Nr. 988, KSB 8.246.
29 Briefe aus Nizza, 31. Oktober 1886, Nr. 770, KSB 7.273 f.; 19. November 1886, Nr. 776, KSB 7.284.
30 N Mai – Juli 1885, 35[3], KSA 11.509, KGW IX 4, W I 3, 134.
31 Vgl. N Frühjahr – Sommer 1888, 16[29], KSA 13.489–491, KGW IX 9, W II 7, 148/149.
32 N Frühjahr 1888, 14[119], KSA 13.296 f., KGW IX 8, W II 5, 100.
33 N Herbst 1887, 10[167], KSA 12.554, KGW IX 6, W II 2, 27 f.
34 N November 1887 – März 1888, 11[138], KSA 13.63, KGW IX 7, W II 3, 141. – Zur Zitationsweise vgl. den Anhang *Zitierte Literatur*.
35 N August – September 1885, 40[17], KSA 11.636, KGW IX 4, W I 7, 71.

sind, um in Nietzsches betont biologischer Metaphorik zu bleiben, Momente seines evolutionären Denkprozesses, der kein vorbestimmtes Ziel hat. Ziele, die Nietzsche sich setzt, und Pläne, die er macht, werden ihrerseits laufend überholt.[36] Der evolutionäre Denkprozess ist ein Prozess gedanklichen Experimentierens, in dem Nietzsche mitunter findet, was er ursprünglich gar nicht gesucht hat, und in dem er von einem Thema rasch auf andere kommt. Er ist nach heutigen Begriffen ein Orientierungsprozess, in dem sich Nietzsche im Zuströmen seiner Gedanken, dessen er sich, wie er immer wieder bekundet, oft kaum erwehren kann, nach Anhaltspunkten und Wegen umsieht, sie vorläufig festzuhalten und darzustellen.[37]

Dieser Orientierungsprozess schließt Nietzsches veröffentlichte Texte ein: Auch sie sind nie endgültig, auch sie kann er in neuen Aufzeichnungen und neuen Veröffentlichungen fortschreiben und variieren, auch sie stellen für ihn nur vorläufige Haltepunkte dar, zu denen er sich wohl öffentlich bekennt und mit denen er sich auf Zeit festlegt, die er aber auch wieder, und manchmal noch in demselben Werk, überschreiten kann. Nietzsche irritiert und fasziniert, das wird in der jüngsten Nietzsche-Forschung immer klarer, nicht durch definitive Lehren, weder in seinen Aufzeichnungen noch in seinen Werken, sondern durch seinen immer weiterführenden Denkprozess, in dem man nirgendwo endgültig anhalten kann und der teils instinktiv, teils reflektiert verläuft. Das gilt so auch für die alltägliche Orientierung, und eben deshalb könnte Nietzsches Arbeitsweise, wie er sie vorführt und beschreibt, bis heute aufschlussreich sein, während die meisten philosophischen Lehren, auch Zarathustras Lehren vom Übermenschen und von der ewigen Wiederkehr des Gleichen, mit der Zeit unglaubwürdig wurden.

Nietzsches veröffentlichtes oder zur Veröffentlichung bestimmtes Werk macht wohl den Eindruck, als ob er zum Ziel gekommen, mit allem fertig geworden sei, was er sich vorgenommen hatte, als ob es völlig ausgereift sei.[38] Doch das dürfte ein biographischer Zufall sein: Nietzsche lebte zuletzt in einem euphorischen „aesthet‹ischen› Zustand",[39] konnte aber vom nahenden Einbrechen seines Geistes nichts wissen und schien es auch nicht wie so vieles andere vorauszuahnen. Unter anderen Umständen hätte sein Werk durchaus noch weiter evoluieren, sein philosophischer Orientierungsprozess weitergehen können. Sein reifes Werk war vielleicht nur ein weiteres Stadium der Reifung.

---

36 Fornari, Art. Nachlaß 1885–1888, gibt für den späten Nachlass dazu einen guten Überblick.
37 Vgl. Verf., Nietzsches Befreiung der Philosophie, 12.
38 So schreibt Montinari, Nietzsches Nachlass von 1885 bis 1888 oder Textkritik und Wille zur Macht, 348: „Die Turiner Katastrophe kam, als Nietzsche wortwörtlich mit allem fertig war."
39 N Frühjahr 1888, 14[119], KSA 13.296, KGW IX 8, W II 5, 100.

5 Dominanz der Systemfrage durch die Kompilation *Der Wille zur Macht*

Dennoch, da Nietzsches Arbeitsprozess mit dem Wahnsinn abgebrochen war, konnte vieles philosophisch Interessante, aber zur Veröffentlichung in Nietzsches Augen noch nicht Reife liegengeblieben sein. Die Entscheidung, seine nicht veröffentlichten Aufzeichnungen herauszugeben, traf bekanntlich seine tatkräftige Schwester Elisabeth, die ihrer Mutter die Rechte abgehandelt hatte und daran ging, dem Nietzsche-Archiv, das sie aufbaute, in der Klassikerstadt Weimar weltweite Sichtbarkeit zu verschaffen. Sie hat, das muss man ihr lassen, wohl dafür gesorgt, dass der Nachlass weitestgehend erhalten blieb.[40] Aber zugleich griff sie massiv in ihn ein. Sie wollte, auch wegen der weiterhin prekären Finanzlage, den Nachlass publikumswirksam herausbringen, und Nietzsche hatte die Veröffentlichung nicht ausdrücklich verboten. Als er nun mit seiner von ihm selbst veröffentlichten „Litteratur" rasch berühmt wurde, ging seine Schwester daran, mit Hilfe von Heinrich Köselitz das erwartete „Prosahauptwerk", das Nietzsche zuletzt aufgegeben hatte, nach einem seiner Werkpläne unter dem Titel *Der Wille zur Macht* eigenmächtig aus ausgewählten Aufzeichnungen zusammenzustellen. Und damit lenkte sie die Nietzsche-Interpretation auf Jahrzehnte in eine Richtung, die Nietzsche selbst ausdrücklich *nicht* einschlagen wollte: Die Kompilation sollte das „System" erkennen lassen, das man von einem Philosophen erwartete und in Nietzsches „Litteratur" nicht fand, ein System ohne all das, was man für literarisches Beiwerk und eben nicht für einen höheren Reifegrad seiner Gedanken hielt. Als Formel für das Prinzip dieses Systems lag „Der Wille zur Macht" durchaus nahe, nachdem Nietzsche eine ganze Reihe von Werkplänen so überschrieben hatte; man übernahm auch den Untertitel „Versuch einer Umwerthung aller Werthe", den Nietzsche häufig beigefügt hatte. Das ließ sich zwar editionsphilologisch nicht rechtfertigen, aber die Kompilation schlug ein. Zunächst 1901 mit 483 „Aphorismen" erschienen, wie man die Aufzeichnungen

---

[40] Nach Oehler, Die bisherige herausgeberische Tätigkeit des Nietzsche-Archivs, XVII f., und Mette, Sachlicher Vorbericht zur Gesamtausgabe der Werke Friedrich Nietzsches, CI-CIII, ist beinahe alles, was Nietzsche geschrieben hat, erhalten geblieben, weil seine Schwester von Jugend auf alles Schriftliche aufbewahrte, das von ihm stammte. In der Regel unterstützte Nietzsche sie dabei. Nach dessen geistigem Zusammenbruch suchte Elisabeth Förster-Nietzsche viele seiner wechselnden Orte auf, um liegengebliebene Manuskripte einzusammeln. Sie konnte dennoch nicht verhindern, dass z. B. in Sils-Maria manches verlorenging, was Nietzsche dort hinterlassen hatte, weil sein damaliger Hauswirt die Bedeutung seiner Manuskripte nicht erkannte und zum Teil verschenkte. Eine Chronik des erbitterten Kampfs der Schwester gegen Franz Overbeck, dem Nietzsche am meisten vertraute und der, als er ihn in Turin abholte, die dortigen Manuskripte rettete, hat Hoffmann, Zur Geschichte des Nietzsche-Archivs, 1–114, erstellt.

ungeniert nannte, um sie als gültige Texte auszugeben, folgte 1906 eine vermehrte Taschenbuchausgabe mit 1067 Aufzeichnungen, die so in die vom Nietzsche-Archiv herausgegebene Gesamtausgabe von „Nietzsche's Werken" einging und kanonisch wurde, auch wenn daneben weitere Bände von „Unveröffentlichtem" erschienen.[41] Philologisch unhaltbar war auch, dass die Aufzeichnungen mehr oder weniger willkürlich ausgewählt, ohne Rücksicht auf ihre Entstehungszeit in thematische Gruppen zusammengestellt und dazu zum Teil auseinandergerissen, verkürzt oder ergänzt und manchmal mit erdachten Überschriften versehen wurden.[42]

Doch Nietzsche galt nun als Autor einer zumindest versuchten, wenn auch unvollendeten systematischen Philosophie, zu der, nach seinem eigenen Bekunden, *Also sprach Zarathustra* nur die „Vorhalle" war.[43] *Der Wille zur Macht* schien klar benennbare Lehren zu liefern, die, weil ihre systematische Ordnung nur oberflächlich war, dazu einluden, sie philosophisch zu verdichten und zu vertiefen; er entfachte einen bis heute anhaltenden Interpretations-Eifer in dieser Richtung. Die Kompilation gab dem Publikum, auch dem Gelehrten-Publikum, eine Anleitung, sich in der augenscheinlichen Unordnung von Nietzsches Gedanken überhaupt zurechtzufinden. Die kompilierte Ordnung stammte immerhin von Leuten, denen man zutrauen durfte, Nietzsche am besten zu kennen; für ihr dem Bruder gewidmetes Werk wurde die Schwester sogar für den Literatur-Nobelpreis vorgeschlagen und ihr ehrenhalber der Doktorgrad verliehen. So trug *Der Wille zur Macht* in der Tat erheblich dazu bei, die nötigen Mittel für das Nietzsche-Archiv einzuspielen, dessen alleinige Besitzerin die Schwester war; die Mittel sollten wiederum der Verbreitung von Nietzsches Philosophie nutzen. Nicht zuletzt war *Der Wille zur Macht* zur damaligen Zeit politisch willkommen: Der Plan, den Elisabeth Förster-Nietzsche und Heinrich Köselitz ausgesucht hatten, ließ als einziger auf die drei „Bücher" „Der europäische Nihilismus", „Kritik der bisherigen höchsten Werthe" und „Prinzip einer neuen Werthsetzung" ein viertes Buch „Zucht und Züchtung" folgen und konnte so der späteren nationalsozialistischen Vereinnahmung Vorschub leisten, die die Leiterin des Nietzsche-Archivs mit ihren mehrfachen Empfängen für Adolf Hitler demonstrativ begrüßte.

---

41 Eine Übersicht über die wichtigsten Werkausgaben bis zur 1967 begonnenen „Kritischen Gesamtausgabe" der Werke und Briefe gibt Salaquarda in: Nietzsche (Wege der Forschung), 351–354. Vgl. auch Meyer, Art. Geschichte der Nietzsche-Editionen, in: NHB[1], 437–440.
42 Vgl. Montinari, Nietzsches Nachlaß von 1885 bis 1888 oder Textkritik und Wille zur Macht, und Montinari, Nietzsches Nachlaß 1885–1888 und der „Wille zur Macht".
43 Siehe die Briefe aus Nizza und Venedig vom März und April 1884 an Franz Overbeck, Nr. 494 und Nr. 504, und an Malwida von Meysenbug, Nr. 498 und Nr. 509, KSB 6.485, 490, 496, 499.

Der Wille zur Macht überdauerte selbst diese Vereinnahmung: Die kompakte und übersichtliche Kompilation erscheint bis heute in immer neuen Auflagen, und im englischsprachigen Raum lagen die nachgelassenen Aufzeichnungen lange überhaupt nur in Gestalt von *The Will to Power* vor.[44] Er ist dort noch immer ein bevorzugtes und weiterhin meist unkritisch benutztes Referenzwerk und regt immer neue Systematisierungen von Nietzsches Philosophieren an. Und weil auch Martin Heidegger mit seiner international höchst einflussreichen Nietzsche-Interpretation sich trotz besseren Wissens auf das fragwürdige „Hauptwerk" stützte, schien es auch philosophisch hinreichend legitimiert.

Doch die Kompilation war von Anfang an auch umstritten. Felix Hausdorff, ein Mathematiker mit einem starken Interesse an Nietzsche, der unter dem Pseudonym Paul Mongré selbst ein Aphorismenbuch in der Art Nietzsches veröffentlicht, eine profunde Kritik der Wiederkunftslehre geliefert, aber auch eigene Dichtungen, darunter eine erfolgreiche Komödie, verfasst und Verbindung mit dem Nietzsche-Archiv aufgenommen hatte, ohne sich von Nietzsches Schwester vereinnahmen zu lassen, empfahl nach sorgfältiger Erwägung des Für und Wider schon 1900, also vor Erscheinen der Kompilation, in einer unabhängigen namhaften Zeitschrift, „Zettelwirtschaft zu treiben und den Nachlaß unverkürzt herauszugeben, [...] unter gänzlichem Verzicht auf eigene Anordnung und Interpretation, [...] vielleicht in chronologischer Folge und mit Ausscheidung derjenigen Aphorismen, die unverändert in die fertigen Werke übergegangen sind." Alles sollte dazugehören: „Vorarbeiten, Varianten, Nachträge zu fertigen Werken, Bruchstücke, Entwürfe, Gedanken, Buchpläne, nahezu Vollendetes neben winzigen Werkstattspänen und frühesten Keimen." Bei einem Denker wie Nietzsche könnten selbst „Papierschnitzel und Werkstattspäne", „jeder Zettel" aufschlussreich sein. Nur mit der „Papierschnitzelmethode" könne man sich von der „Willkür selbständig ‚denkender' Herausgeber" befreien, die sich im Nietzsche-Archiv ans Werk gemacht hätten. Das wäre wohl „weniger bequem", editionsphilologisch aber in einem so herausragenden Fall einzig angebracht. „Rücksicht auf Lesbarkeit und buchhändlerischen Erfolg" dürfe hier nicht genommen wer-

---

44 Professor Walter Kaufmann, ein in die USA emigrierter deutscher Jude, der Nietzsche nach dem Nazi-Reich vom Faschismus-Verdacht befreite und damit in der angloamerikanischen Nietzsche-Interpretation einen neuen Anfang machte, veranstaltete, im Wissen, dass das „Machwerk" editionsphilologisch unhaltbar war, nach der Übersetzung anderer Werke Nietzsches auch eine von *Der Wille zu Macht*, gleichsam um die angloamerikanische Nietzsche-Forschung auf den gleichen Stand zu bringen. Vgl. Kaufmann, Nietzsche, 4 f.

den.⁴⁵ Die Forderung sollte im ganzen Umfang erst ein Jahrhundert später erfüllt werden.

Nach Erscheinen von *Der Wille zur Macht* missfiel Albert Lamm, einem Bewunderer der Lehrdichtung *Also sprach Zarathustra*, die Kompilation so, dass er, wie später auch Karl Schlechta, der sich unter anderem auf ihn berief, vor der Überschätzung des Nachlasses überhaupt warnte; er enthalte nichts Wesentliches über das hinaus, was Nietzsche in seinem veröffentlichten Werk gesagt habe. Es seien nur die in *Der Wille zur Macht* von Förster-Nietzsche und Köselitz eingefügten Überschriften, die einen systematischen Eindruck erweckten, die abgedruckten Aufzeichnungen selbst nicht; so sei er ein schlichtes „Trugwerk".⁴⁶ Gleichwohl setzte die pseudo-systematische Kompilation sich durch, dank zunächst Alfred Baeumlers, dem alles daran lag, Nietzsches Philosophie einen festen Bestand an Lehren abzugewinnen, um sie in die nationalsozialistische Ideologie einzufügen. Für ihn war klar: Ein wahrer Philosoph *muss* ein System

---

45 Paul Mongré (alias Felix Hausdorff), Nietzsches Wiederkunft des Gleichen, 890, antwortet auf eine Broschüre eines der zeitweiligen Herausgeber von Nietzsches Nachlass, Ernst Horneffer, Nietzsches Lehre von der ewigen Wiederkunft und deren bisherige Veröffentlichung, der seinerseits die Nachlass-Kompilation seines Vorgängers Fritz Koegel zum Thema der ewigen Wiederkunft heftig angegriffen hatte. Fritz Koegel war nach Horneffer so verfahren wie später Elisabeth Förster-Nietzsche und Heinrich Köselitz zum Thema Wille zu Macht: Er wollte, so Hausdorff/Mongré, in systematisierender Absicht „ein Chaos unverbundener Gedanken einer ihnen fremden Disposition unterordnen". Aber Ernst Horneffer verfuhr dann zusammen mit seinem Bruder August ähnlich, auch wenn sie sich nun zu einer chronologischen Ordnung der aufzunehmenden Manuskripte entschlossen. „Was sich", schrieb Ernst Horneffer in seiner Broschüre (9 f.), „philologisch nicht rechtfertigen läßt, könnte philosophisch ein Verdienst sein." Das blieb der Leitsatz aller weiterer Kompilationen (zum „Labyrinth" des auch öffentlich ausgetragenen Herausgeber-Streits im Jahr 1900, in dessen Mittelpunkt sich Rudolf Steiner setzte und an dem auch der Verleger Naumann teilnahm, vgl. ausführlich Hoffmann, Zur Geschichte des Nietzsche-Archivs, 337–406, zu Ernst Horneffer 337–347, zu Hausdorff/Mongré 372–376 u. 389–391). Nachdem auch Ernst Horneffer aus dem Nietzsche-Archiv ausgeschieden war, schilderte er den Druck, unter den Elisabeth Förster-Nietzsche die wechselnd beauftragten Herausgeber des Nachlasses gesetzt hatte, und ihre Weigerung, Näheres über Nietzsches „Arbeitsweise" verlauten zu lassen; dies hätte Leser nur verwirren und vom Glauben an ein System Nietzsches abbringen können (Hoffmann, 347). Horneffer schwenkte nun, nachdem es zu spät war, seinerseits auf Hausdorff/Mongrés Linie ein. Hausdorff/Mongré war zwar selbst mit Fritz Koegel befreundet; da er an dessen Editionspraxis aber nicht beteiligt war und sie auch nicht billigte, konnte er den Streit aus gelassener Distanz beobachten. Er zog sich jedoch bald aus der philologisch-philosophischen Debatte zurück, um sich ganz seinem bald schon epochemachenden mathematischen Werk zu widmen. Nietzsche scheint ihn geradezu befreit zu haben, aber nicht durch sein „System" (vgl. dazu meine Einleitung zur Edition seines philosophischen Werks).
46 Lamm, Friedrich Nietzsche und seine nachgelassene „Lehren". Vgl. Hoffmann, Zur Geschichte des Nietzsche-Archivs, 68 f., und Krummel, Nietzsche und der deutsche Geist, Band II, 303 f.

haben. Und so begann er auch sein bis in die 60er Jahre wiederaufgelegtes Nachwort zur Kröner-Taschenbuch-Ausgabe: „Der ‚Wille zur Macht' ist das philosophische Hauptwerk Nietzsches. Alle grundsätzlichen Resultate seines Denkens sind in diesem Buche vereinigt. Man darf sich durch die Abneigung des Verfassers gegen die Systematiker nicht davon abhalten lassen, dieses Werk ein System zu nennen. Nur die künstliche Systembauerei ist von Nietzsche verspottet worden; im übrigen wußte er wohl, dass alles wahrhaft philosophische Denken innerlich systematisch ist, d. h. dass es einen erzeugenden Mittelpunkt hat, der das Einzelne bedingt und trägt. Nietzsche ist in dem Sinne Systematiker, wie es Heraklit ist, oder Anaximander, dessen systematischen Geist wir aus einem Satze kennen, der von ihm erhalten ist."[47]

Es gelang der Kompilation, die Nietzsche-Interpretation auf die Systemfrage zu fixieren. Wolfgang Müller-Lauter hat dargestellt, wie *Der Wille zur Macht* bis in die 70er Jahre des 20. Jahrhunderts auch die bedeutsamsten philosophischen Nietzsche-Interpreten beeinflusst hat.[48] Fraglich blieb jedoch, was denn der eine „erzeugende Mittelpunkt" von Nietzsches „System" gewesen sein sollte. Während Baeumler den Gedanken der ewigen Wiederkunft des Gleichen, auf den Nietzsche in seinen Werkentwürfen beharrlich zurückkam, dafür ausschied, weil er ihn als schlicht unverständlich und abwegig ablehnte, stellte ihn Karl Löwith mit seiner Studie *Nietzsches Philosophie der ewigen Wiederkunft des Gleichen* von 1935 und weiteren großangelegten philosophiegeschichtlichen und geschichtsphilosophischen Arbeiten in den Mittelpunkt seiner Nietzsche-Interpretation, und auch er stützte sich dabei ausdrücklich auf die Nachlass-Kompilation. Martin Heidegger trieb ein anderes Interesse an der Systematisierung von Nietzsches Philosophie: Indem er sie zum Gipfel der Metaphysik erklärte, wollte er den Weg freimachen für seinen eigenen „anderen Anfang", seine Philosophie der Seinsverlassenheit.[49] In seinen *Beiträgen zur Philosophie*, die er seinerseits lange vor seinem Tod verfasste, aber als Nachlass publiziert sehen wollte, präsentierte Heidegger seine späte

---

47 In der Einführung zu seiner Nachlass-Kompilation *Die Unschuld des Werdens*, die die Kompilation der Schwester und Heinrich Köselitz' ergänzen sollte (Leipzig, Kröner, 1931, Neuauflage Stuttgart, Kröner, 1978), arbeitete sich Baeumler an August Horneffer ab, dessen Beobachtungen und Einschätzungen darauf hinausliefen, dass Nietzsche *kein* „System" anstrebte. Die Argumentation ist wiederum: Nietzsche *muss*, als Philosoph, ein System haben. Da es sich im zum Druck beförderten Werk nicht findet, muss es verborgen im Nachlass liegen. Man kann es aus den Aufzeichnungen zusammenstellen (XXXIII). Dem folgen viele bis heute.
48 Müller-Lauter, Der Wille zur Macht als Buch der ‚Krisis' philosophischer Nietzsche-Interpretation.
49 Vgl. Behler, Wer ist Nietzsches Zarathustra? Eine Auseinandersetzung mit Martin Heidegger; Verf., [Heideggers] Auseinandersetzung mit Nietzsche I; Kaufmann, Der Wille zur Macht, die ewige Wiederkehr des Gleichen und das Sein des Seienden.

Philosophie in einer Form, die sichtlich, wenn auch nicht eingestanden, *Der Wille zur Macht* zum Vorbild hatte.[50]

Anders wiederum Karl Jaspers: Er sah Nietzsches Philosophieren durch den Willen zur Systematisierung verstellt; für ihn bestand es im Sinn seiner Existenzphilosophie in einer unablässigen, sich immer neu selbst überwindenden „Gedankenbewegung", die schließlich scheiterte. Umso mehr komme es darauf an, diese Bewegung zu verfolgen und dabei „in jeden Winkel mitzugehen, jede Überwindung mitzuerfahren." Darum müsse der Nachlass, „der nicht weniger Gewicht hat", „ohne Zufügungen [...] soweit möglich in chronologischer Folge" abgedruckt werden, „wie die Aufzeichnungen in den Heften zufällig stehen". Nur so könne „ein wahres, unmittelbares Bild von Nietzsches Denken" entstehen, das als Ausgangspunkt für eine philosophische Interpretation unentbehrlich sei. Doch Jaspers suchte noch einen Kompromiss: Zu den „editorischen Wünschbarkeiten" könnten *neben* einer solchen Gesamtausgabe „ordnende Ausgaben" gehören, in denen thematisch zusammengehörige Gedanken zusammengestellt würden. So könnten „die Bewegung ihrer Abwandlungen und Beziehungen zu anderen" und auch Widersprüche unter ihnen zutage treten. Solche Ordnungen müssten „auf Grund von Gesichtspunkten" entstehen, „die aus Nietzsches Denken selbst hervorgehen und sich bewußt mit ihm bewegen". Dabei sollte man nicht nach *dem* „System" suchen, wohl aber mit hegelscher Strenge so etwas wie einen „Totalzusammenhang", dessen Ordnungsstruktur erst noch herauszufinden wäre.[51]

Zugleich habe man zu berücksichtigen, wie Nietzsche bei seinen Veröffentlichungen die Bedingungen, Möglichkeiten und Ziele der Mitteilung seiner Gedanken reflektiert habe; sie seien ein gewichtiger Teil seiner Philosophie gewesen.[52] Im Zug der Fokussierung auf die Systemfrage war diese Seite von Nietzsches Philosophieren noch kaum beachtet worden. Jaspers verbindet so mit dem Plädoyer für die philologische Zettelwirtschaft den philosophischen Anspruch, aus der Beobachtung von Nietzsches Denkprozess Ordnungen seines Denkens zu erschließen, die auch in den Formen ihrer Mitteilung zum Ausdruck kommen und die ihrerseits in Bewegung bleiben, wofür dann der philologisch korrekt edierte Nachlass Grundlage sein müsste. Damit war aus heutiger Sicht die Aufgabe richtig gestellt, ohne dass Jaspers sie selbst schon hätte in Angriff nehmen können oder auch nur wollen: Ihm lag wiederum mehr an der Bestätigung des hohen Pathos seiner Existenzphilosophie durch Nietzsche. „Ordnende Ausgaben" in Jaspers'

---

50 Vgl. Verf., Formen philosophischer Schriften, 225–234.
51 Jaspers, Nietzsche, 464–467.
52 Jaspers, Nietzsche, 26–31.

Sinn sind nie erschienen; man glaubte eine solche schon hinreichend in *Der Wille zur Macht* zu haben. Und nachdem Nietzsches Themenfelder von der jüngeren Nietzsche-Forschung großenteils umfassend erschlossen wurden, sind sie auch nicht mehr nötig. So aber blieb die Aufgabe einer differenzierten Gewichtung des Nachlasses in Nietzsches Philosophieren unerledigt.

Die Unentschiedenheit in Sachen System bewegte Karl Schlechta, der vor allem als Philologe und Historiker arbeitete und 1956 eine neue und viel benutzte Ausgabe von Nietzsches Werken vorlegte, erneut zum Angriff nicht nur auf die Kompilation, sondern auf den Nachlass überhaupt, dem kein erhebliches Gewicht für das Verständnis von Nietzsches Philosophie zukomme. Im philologischen Nachbericht zu seiner Neuausgabe, in der er die systematische Ordnung des in *Der Wille zur Macht* kompilierten Materials auf eine chronologische umstellte, kam er zu dem Schluss, dass jedenfalls in der Kompilation „nichts Neues steht; nichts was denjenigen überraschen könnte, der alles das kennt, was N veröffentlicht oder für die Veröffentlichung bestimmt hat."[53] Und auch für den übrigen Nachlass erwartete er nichts anderes. Nun kam es zum Streit um Nietzsches Nachlass (immer noch in Gestalt der Kompilation) in einer größeren Öffentlichkeit, den auf der anderen Seite Karl Löwith führte. Er blieb ergebnislos; jeder verfuhr auf seine Weise weiter. Schlechta unterschied nun jedoch einen eigentlichen, nämlich „,echten' Nachlaß", unter dem er „Aufzeichnungen" verstand, „welche für ein nicht zustande gekommenes Werk bestimmt gewesen sein können", von all dem, was „weitgehend Vorstufe" für geplante Veröffentlichungen sei.[54] In diesem uneigentlichen Nachlass seien „die feineren Akzente in der Gedankenführung verwischt": Er „vergröbert".[55] Damit stellte Schlechta nicht mehr System und Literatur gegenüber, sondern unterschied nun Grade der Verfeinerung der Gedanken durch die Form. Aber auch er führte das nicht näher aus, und er las, indem er zumindest einen Teil der Aufzeichnungen als bloße „Vorstufen" für endgültige Formulierungen betrachtete, weiterhin den Nachlass vom veröffentlichten Werk her, also teleologisch und nicht als Schritte in einem evolutionären Arbeitsprozess. Der Begriff der Vorstufe wirkte seinerseits lange nach. Ob es bei Nietzsche aber einen ‚echten Nachlass' gebe, ließ Schlechta dahingestellt: „Diese Grundfrage ist in keiner Weise geklärt."[56] Sie konnte erst angegangen

---

53 Schlechta, Philologischer Nachbericht, 1403 und 1405.
54 Schlechta, Offener Brief an Karl Löwith (1959), wiederabgedruckt in: Jörg Salaquarda (Hg.), Nietzsche (Wege der Forschung, Bd. 521), Darmstadt (Wissenschaftliche Buchgesellschaft) 1980, 96–105, hier 97.
55 Schlechta, Nachwort zu: Friedrich Nietzsche, Werke in drei Bänden, 1433.
56 Schlechta, Offener Brief an Karl Löwith, 97.

werden, nachdem der Nachlass vollständig und in einer Weise erschlossen wurde, die auch die Arbeitsweise Nietzsches erkennen lässt.

6 Neue Ausgangslage durch die Kritische Gesamtausgabe der Werke

Das geschah in zwei großen Schritten. Der erste war die Kritische Gesamtausgabe von Nietzsches Werken und Briefen, die Giorgio Colli und Mazzino Montinari in die Wege leiteten und die 1967 zu erscheinen begann.[57] Der Nachlass war nun ohne alle thematische oder systematische Ordnung in grundsätzlich zeitlicher Abfolge der Hefte und Mappen zu studieren, ohne dass sie sich immer genau festlegen ließ. Ein Kommentar zur Studienausgabe listete Bezüge zwischen Werk und Nachlass auf, denen nun gezielt nachgegangen werden konnte. Umfangreiche Nachberichte sollten folgen. Konkordanzen erlaubten zugleich, zwischen den Ausgaben, einschließlich der Kompilation und der Schlechta-Ausgabe, hin und her zu gehen. Das Gesamtwerk war bald zunächst durch eine noch unzureichende CD-Rom, dann durch das von Paolo D'Iorio und seinem Team aufgebaute Internet-Portal *nietzschesource* leicht und zuverlässig digital zu erschließen. Anhand geeigneter Schlagwörter war seither detailliert zu vergleichen, was in Nietzsches veröffentlichten Werken bzw. in seinen Aufzeichnungen (und Briefen) steht. Das Gewicht des Nachlasses, auch wenn er sich im Druck nun nicht mehr übersichtlich darbot, wurde allein schon dadurch gesteigert. Außerdem konnte man aus dem Nachlass weit mehr als aus den veröffentlichten Werken ersehen, aus welchen Quellen Nietzsche geschöpft hat; zuvor galt er weithin als der Originaldenker, als den er sich selbst stilisiert hatte.[58] Eine Debatte während einer internationalen Tagung unter damals führenden Nietzsche-Forschern in Berlin 1977, während derer Wolfgang Müller-Lauter einen Vortrag „Der Organismus als innerer Kampf. Der Einfluss von Wilhelm Roux auf Friedrich Nietzsche" hielt, machte schlagend deutlich, dass, so Müller-Lauter, vieles in Nietzsches Philosophie ohne den Nachlass, der auch eine Fülle von Exzerpten aus Büchern anderer Autoren enthält, inhaltlich „unzureichend verständlich" bliebe.[59] Der Nachlass bekam

---

57 Felsch, Wie Nietzsche aus der Kälte kam.
58 Vgl. Sommer, What Nietzsche Did and Did Not Read.
59 Müller-Lauter, Der Organismus als innerer Kampf, 228. Das Thema der Tagung war „Aneignung und Umwandlung. Friedrich Nietzsche und das 19. Jahrhundert", die Diskussion ist dokumentiert auf S. 224–235, das Gewicht des Nachlasses für Nietzsches Philosophie ist Thema auf S. 227–234. Die alten Fronten brechen hier deutlich auf, ohne dass sich schon ein neues Bild ergäbe. Einig war man sich nun jedoch, dass Nietzsches Philosophie in ihrem gedanklichen

einen neuen Rang, er war nicht mehr nur formale Vorstufe, sondern auch inhaltliche Quelle. Man konnte an ihm endgültig nicht mehr vorbeigehen, wenn man Nietzsches Philosophieren im Ganzen gerecht werden wollte. Daraufhin stellte Johann Figl, ohne Nietzsches veröffentlichtes Werk darum geringzuschätzen, die „Interpretation als philosophisches Prinzip Nietzsches" ganz anhand des späten Nachlasses dar. Er fand hier weit mehr und viel differenzierteres Material, um „einen fundamentalen Gedanken Nietzsches, nämlich den der Interpretation, systematisch darzustellen"; Nietzsches „universale Theorie der Auslegung" habe im späten Nachlass „ein größeres Gewicht", ja, sie sei seine „Schlüsselthematik" und könne hier überdies chronologisch entwickelt werden.[60] Indem Figl das veröffentlichte Werk aus seiner nun auch philologisch präzisierten Untersuchung von Nietzsches Philosophie ausschloss, behandelte er freilich den Nachlass erneut als eigenes Werk und gab ihm wiederum einen sichtbaren Vorrang. Das Gewicht des Nachlasses für Nietzsches Philosophieren im Ganzen konnte er so nicht ermessen; er stellte diese Frage gar nicht.

Und auch Collis und Montinaris Edition der nachgelassenen Aufzeichnungen, auf die Figl sich nun stützte, erwies sich als unzureichend. Zum einen war die Fülle der Bezüge zwischen den zum Druck beförderten Werken und den nachgelassenen Aufzeichnungen beim späteren Nachlass 1885–1889 nicht mehr in Nachberichten unterzubringen. Zum andern hatte auch Montinari, der die Editionsarbeit im Wesentlichen geleistet hatte, editorische Eingriffe insofern vorgenommen, als er weiterhin „Vorstufen" zu später veröffentlichten Texten, die er in die Nachberichte verweisen wollte, von „verworfenen oder unbenutzt gebliebenen Aufzeichnungen" unterschieden, die er in die Nachlass-Bände der KGW bzw. KSA aufnahm. Das erwies sich editionsphilologisch als unhaltbar.[61] Vor allem aber erschienen die Aufzeichnungen nicht so, wie Nietzsche sie erstellt hatte, mit all den nachgetragenen Streichungen, Einfügungen, Überschreibungen, Umstellungen und Ergänzungen, sondern in einem scheinbaren, von den Herausgebern ermittelten Endzustand als fertige Texte, die lesbar waren wie die veröffentlichten Aphorismen. Colli / Montinari nannten sie „Nachgelassene Fragmente" und legten damit weiterhin nahe, es handle sich um Bruchstücke eines vollendeten oder zu vollendenden Ganzen, das in ihnen schon mitgedacht sei, oder aber um eine

---

Gesamtzusammenhang ohne die nachgelassenen Aufzeichnungen in deren „Andersartigkeit", so ernst Behler, nicht zu verstehen sei.
60 Figl, Interpretation als philosophisches Prinzip, 16 u. 12. Vgl. meine Rezension in: Nietzsche-Studien 14 (1985), 379–383.
61 Vgl. Groddeck, ‚Vorstufe' und ‚Fragment', 165–175, und Kohlenbach / Groddeck, Zwischenüberlegungen zur Edition von Nietzsches Nachlaß, 26–37. Pichler, Philosophie als Text, 62f., gibt eine Übersicht über die Einwände.

6 Neue Ausgangslage durch die Kritische Gesamtausgabe der Werke — 25

im Sinn der deutschen Romantik besondere literarische Form. Aus Nietzsches Arbeitsweise ist jedoch ersichtlich, dass man es mit momentanen Aufzeichnungen zu tun hat, die er nach unterschiedlichen Richtungen ausgestalten und in unterschiedlichen Zusammenhängen miteinander verknüpfen konnte, ob sie nun später in Veröffentlichungen eingingen oder nicht. Sie sind keine Fragmente, sondern Anhaltspunkte für Nietzsches philosophischen Orientierungsprozess.

Michel Foucault wollte in diesem Sinn gerade die Differenz von Werk und Nachlass fruchtbar machen. Für ihn legten die veröffentlichten Texte eine „Wolke" über die unveröffentlichten, in deren „Zerstreuung" Nietzsches wahrhafte Philosophie des Werdens zum Ausdruck komme – deutlicher noch als in den zum Druck beförderten Aphorismenbüchern: „Die unveröffentlichten Texte, die zur selben Zeit wie die publizierten Schriften entstanden, werfen ein merkwürdiges Licht auf diese Schriften. Wenn ein Schriftsteller seine Gedanken niederschreibt, bilden die hinterlassenen Skizzen eine mehr oder weniger nahe Annäherung an den endgültigen Text. Bei Aphorismensammlungen dagegen sind die aufgegebenen Fragmente andere Texte, deren Veröffentlichung nicht die langsame Herausbildung einer Einheit erkennen lässt. Sie vermehren und verstärken vielmehr die aphoristische Zerstreuung. Unter der Wolke der vom Autor publizierten Texte erscheint ein Streumuster anderer möglicher Texte – die radikal anders erscheinen, obwohl sie fast vollkommen identisch sind. Umgeben von den unveröffentlichten Texten, die der Autor verworfen hat, wird das Buch wieder zu einer Welt isolierter Ereignisse, die aber durch ein Netz rätselhafter Wiederholungen, Widersprüche, Ausschlüsse und Veränderungen miteinander verbunden sind. Der Diskurs erscheint jenseits jeder syntaktischen oder rhetorischen Verbindung als eine Staubwolke aus Ereignissen."[62] So überzogen die Metaphorik sein mag, sie weist in die Richtung der aktuellen Fragestellung.

Angesichts der Defizite auch der Colli/Montinari-Edition entschloss man sich, Nietzsches Nachlass ab 1885, also nachdem er die vier Teile von *Also sprach Zarathustra* abgeschlossen hatte, noch einmal neu von einem Team um Marie-Luise Haase, einer langjährigen Mitarbeiterin des früh verstorbenen Montinari, herausgeben zu lassen und dabei nun alle Erarbeitungsschritte Nietzsches zu dokumentieren: in differenzierter Transkription, die den Schreibprozess mit allen nachgetragenen Streichungen, Einfügungen, Überschreibungen, Umstellungen und Ergänzungen erkennen lässt, in diplomatischer, also gegenüber den nur äußerst schwer entzifferbaren Manuskripten gut lesbarer typographischer Form und in topologischer Anordnung, d. h. ungefähr so, wie Nietzsche seine Aufzeichnungen auf den Seiten verteilt hatte; damit jeder sich ein eigenes Bild machen konnte, wurden

---

[62] Foucault, Zur Publikation der Nietzsche-Ausgabe, bes. 1025 f.

Faksimiles auf CD-Rom beigelegt. Die neue Edition ist als Abteilung IX der Kritischen Gesamtausgabe der Werke (KGW) in 13 teils großformatigen, die Heftseiten in originaler Größe wiedergebenden Bänden von 2001 bis 2022 erschienen.[63] Die Begriffe Fragment und Vorstufe wurden fallengelassen; thematisch wird alles wiedergegeben, was Nietzsche in seine Hefte und auf lose Blätter niedergeschrieben hatte, ohne Unterscheidung nach Inhalt und Funktion, also auch Werkpläne, Briefentwürfe, Diätnotizen, Einkaufszettel, Kostenaufstellungen, zufällig Aufgeschnapptes wie Kinderreime usw. – die schon von Felix Hausdorff alias Paul Mongré geforderte Zettelwirtschaft. Zugleich werden die Querverweise zwischen Werken und Aufzeichnungen soweit wie möglich vervollständigt. Damit liegt nun eine Manuskriptedition vor, anhand derer das Gewicht von Nietzsches Aufzeichnungen für die Evolution und die Interpretation seines Philosophierens aussichtsreich zu erschließen ist. „Die an Textschichten und insofern ‚stratigraphisch' orientierte Aufbereitung des Materials", so Enrico Müller, „vollzieht [...] gleichsam den Prozesscharakter der Notate nach und versucht, diese soweit wie möglich in ihrer Textgenese einzuholen."[64]

Inzwischen ist noch ein weiterer Schritt möglich geworden: die „digitale genetische Nietzsche-Edition", die von Paolo D'Iorio vorangebracht wird.[65] Alle Erarbeitungsstufen eines zum Druck beförderten Textes sollen in „genetischen Dossiers" präsentiert werden, neben Faksimiles der Aufzeichnungen in Notizbüchern und Arbeitsheften und auf losen Blättern auch der Druckmanuskripte und Korrekturfahnen, der zugehörigen Briefe, bei der Arbeit herangezogenen Bücher und der biographischen Dokumente, der Originalausgabe des Werkes einschließlich handschriftlicher Nachträge und all dies, soweit es hilfreich ist, in differenzierter Transkription. Über genetische Diagramme wird man die oft sehr verschlungenen Arbeitsprozesse nachvollziehen können. Durch „ultradiplomatische Transkriptionen" lassen sich in den Manuskripten bzw. Faksimiles schwer lesbare Stellen auf einen Click hin in Druckschrift anzeigen. Digital werden zugleich über geeignete Such- und Verweisfunktionen die Transformationen leicht nachverfolgbar. Damit wird für die philosophische Interpretation, um die es auch nach Paolo D'Iorio bei einem Philosophen letztlich gehen muss, noch einmal eine enorme editorische Vorarbeit geleistet. Dennoch lauert hier eine neue Gefahr: Die genetischen Dossiers sind wieder

---

[63] Der Fortgang der zunächst vom Schweizerischen Nationalfonds zur Förderung der wissenschaftlichen Forschung und der Deutschen Forschungsgemeinschaft finanzierten Edition war zeitweise bedroht; ihre Fertigstellung wurde durch den Schweizerischen Nationalfonds und die Hamburger Stiftung zur Förderung von Wissenschaft und Kultur (Philipp Reemtsma) ermöglicht.
[64] Müller, NLM, 255.
[65] Vgl. D'Iorio, Die Schreib- und Gedankengänge des Wanderers. Eine digitale genetische Nietzsche-Edition.

teleologisch auf die zum Druck beförderten Werke ausgerichtet und nehmen die nachgelassenen Aufzeichnungen für sie in Dienst. Ihr Eigengewicht in Nietzsches philosophischem Orientierungsprozess unabhängig von den Werken, die aus ihnen entstehen, gerät so wieder aus dem Blick.

7 Methode A zur Erschließung des Gewichts von Nietzsches Aufzeichnungen für sein Philosophieren: Kontextuelle, differentielle und chronologische Interpretation

In jedem Fall kann man jetzt die Reifung von Nietzsches Niederschriften nahe an den Originalen verfolgen. Die pauschale Unterscheidung von Systematisierung im Nachlass und Literarisierung im veröffentlichten Werk weicht der Differenzierung von Graden der Transformation ebenso innerhalb der Aufzeichnungen wie im Übergang zu ihrer Mitteilung an das Publikum, zu der Form, in der sie Nietzsche zur Veröffentlichung autorisiert hat.[66] Die Frage ist dann, *wie* Nietzsche jeweils seine Aufzeichnungen variiert, selektiert und transformiert und *welche* von ihnen er, nach seinen eigenen Kriterien der Reife, zum Druck befördert hat. Gründe für die Transformationen und für die Herausgabe oder Zurückhaltung von Aufzeichnungen notierte er naturgemäß nicht. Für uns sind sie bestenfalls zu erschließen, nie definitiv zu entscheiden. Was er Köselitz und seinen Verlegern dazu sagte, wenn eine Veröffentlichung anstand, hat meist mit schon fertig ausgearbeiteten Werken und ihrer Vermarktung zu tun.

Daraus sind nun die Methoden zur Untersuchung des Gewichts der nachgelassenen Aufzeichnungen für Nietzsches Philosophieren abzuleiten. Sie dürfen es nicht mehr mit ihm äußerlichen Schemata überziehen und müssen sich stattdessen soweit wie möglich an Anhaltspunkte in seinen eigenen Schriften halten. Man kann dabei nicht mit festen Bedeutungen von Nietzsches Begriffen rechnen („Die Form ist flüssig, der ‚Sinn' ist es aber noch mehr ...", GM II 12); feste Begriffe sind der Sprache der Mathematik vorbehalten, die vorab definierten Regeln folgt und deren Grenzen für die Erschließung des ‚Lebens' Nietzsche klar erkennt. In

---

66 So auch Groddeck, Werkkomposition und Textgenese, 194. Schon nach Horneffer, Nietzsche als Moralist und Schriftsteller, beginnt Nietzsche unmittelbar bei der Aufzeichnung seiner Gedanken mit der Arbeit der Formung, stets ist er bemüht, „den Gedanken als Aperçu vollendet hinzustellen, ihn künstlerisch und selbständig und in sich geschlossen zu machen." (61) Zur Gestaltung größerer Formen hielt Horneffer Nietzsche aber für unfähig: „In Wahrheit hat Nietzsche nie ein Buch geschrieben." (67) Auch er, der Nietzsches Arbeitsweise sehr genau beobachtete, erwartete letztlich ein System von ihm – wie von jedem ordentlichen Philosophen.

der bewusst nichtterminologischen Sprache, in der er sich seinerseits ‚lebendig' mitteilt, kann und muss sich der Sinn in wechselnden Kontexten verschieben, um dem ‚Leben' gerecht zu werden. Die Kontexte selbst, in denen die Wörter und Begriffe jeweils gebraucht werden, schaffen hier hinreichende Eindeutigkeit. Der Dauervorwurf an Nietzsche, zweideutig oder ambivalent zu sprechen, geht immer noch von der Voraussetzung aus, er habe es auf eine Systematisierung seiner Begriffe abgesehen; stattdessen kommt in seinen Schriften wie ‚im Leben' alles auf die Beachtung der Kontexte an. Die angemessene Methode, Nietzsche zu verstehen, ist darum die *kontextuelle Interpretation* seiner Schriften.[67]

Das heißt: Nietzsches Aufzeichnungen sind stets im Kontext mit ihrer zeitlichen und räumlichen Nachbarschaft, aber auch mit den situativen Bedingungen, unter denen sie entstanden sind, zu lesen und aus ihnen verständlich zu machen. Um es auf Schlagworte zu bringen: Wir stellen von Systematizität auf Kontextualität um. *Wo* man die Grenzen der Kontexte zieht, die man natürlich unbegrenzt erweitern kann, bei der unmittelbaren Umgebung der Aufzeichnungen auf den Seiten der Hefte oder losen Blätter bzw. der Aphorismen, Reden, Sentenzen usw. in den Kapiteln der veröffentlichten Bücher, bei weiteren Umgebungen wie Manuskriptgruppen bzw. Werken, beim gesamten Schrifttum Nietzsches einschließlich der Briefe, bei den „Quellen", Texten anderer, die Nietzsche zur fraglichen Zeit oder früher schon herangezogen hat, der Philosophie, der Wissenschaft und den Lebensbedingungen seiner Zeit oder schließlich bei der Geschichte der Philosophie und der Geschichte überhaupt, auf die Nietzsche so gerne ausgreift, wird man danach entscheiden, welche Anhaltspunkte dafür in den jeweiligen Aufzeichnungen oder veröffentlichten Texten sprechen, aber auch, wieweit die Kontexte für die Darstellung noch übersichtlich bleiben und, ganz pragmatisch, welchen Raum man zu ihrer Darstellung hat. Ausschlaggebend bei Nietzsches Selektion von Aufzeichnungen für weitere Gestaltungen sind, wie dargestellt, ihr gedanklicher Reifegrad, so schwer er im Einzelfall einzuschätzen sein mag, für die Beobachtung und Beschreibung der Transformationsprozesse aber die Form-Inhalt-Kontexte, d. h. wie weit es Nietzsche gelingt, Inhalte durch

---

[67] Vgl. Verf., Nietzsches Befreiung der Philosophie, 75–82. Ging es in der „kontextuellen Interpretation des V. Buchs der *Fröhlichen Wissenschaft*" um die internen Kontexte (oder ‚Kotexte') und externen Kontexte eines veröffentlichten Aphorismenbuchs, so geht es hier um die andersartigen (Ko- und) Kontexte unveröffentlichter Aufzeichnungen. Die Methode ändert sich dadurch jedoch nicht prinzipiell. Ich bin seither immer wieder zum Ursprung oder Haupt einer Schule der „textnahen Interpretation" Nietzsches erklärt worden und nehme das dankend entgegen, möchte mich aber meinerseits für all das bedanken, was die jungen Nietzsche-Forscher*innen zu dieser Schule, die nie als solche organisiert war, beigetragen und was ich von ihnen gelernt habe. Im Einzelnen sind die Methoden durchaus nicht einheitlich und eben darum interessant füreinander.

die Form wiederzugeben, was seine ausdrückliche Absicht war. Das Zweite werde ich gleich an zwei thematisch einschlägigen Beispielen deutlich zu machen versuchen.

Man kann die Form-Inhalt-Kontexte als interne Ko(n)texte von externen Kontexten, etwa Quellen oder ‚Parallelstellen', unterscheiden. Auch hier ist die Grenze nicht immer leicht zu ziehen: Montinari hat oft das, was auf einer Seite oder Doppelseite von Nietzsches Heften oder auf einem losen Blatt steht und so einen internen Ko(n)text zu bilden scheint, in mehrere „Fragmente" aufgeteilt, und manchmal bilden auch mehrere Doppelseiten eine Einheit mit internen Ko(n)texten. Auch mit solchen Auf- bzw. Einteilungen trifft man schon erste Interpretationsentscheidungen. Ferner zeigen sich Kontexte nicht nur topologisch, sondern auch chronologisch; die einen kann man durch Querkontextualisierungen in der räumlichen Umgebung der jeweiligen Aufzeichnung oder des veröffentlichten Abschnitts, die anderen durch Längskontextualisierungen plausibel machen, an Nietzsches oft variierendem Gebrauch seiner Begriffe im Lauf der Zeit. Nietzsche legt seine Begriffe zwar selten entschieden fest, verschiebt sie aber oft erstaunlich konsequent und aufschlussreich. All das kann man, in Nietzsches Begriffen, immer nur von ‚Oberflächen' aus beobachten, die für ihn alle sprachlichen Äußerungen darstellen. Aber es ist ein besonderer Reiz seines Philosophierens, dass er diese Oberflächen so zu gestalten versteht, dass sie auf ‚Tiefen' verweisen, die nicht ausgesprochen werden und die man darum, woran er immer wieder erinnert, zu ‚erraten' hat.[68]

Kontexte sind dann aufschlussreich, wenn sie nicht einfach dasselbe sagen wie die Texte, sie also lediglich wiederholen – was Nietzsche ebenfalls oft vorgeworfen wird –, sondern wenn sie zwar vergleichbar sind und sich doch signifikant unterscheiden, sei es im Inhalt oder in der Form. Hier drängt sich der Begriff der „Familien-Ähnlichkeit" auf, den nicht erst Wittgenstein, sondern schon Nietzsche verwendet, wenn auch nur vereinzelt (JGB 20). Die kontextuelle Interpretation muss darum eine *differentielle* sein: Sie unterscheidet ‚Stellen' voneinander, ohne eine von ihnen als endgültige oder maßgebliche auszuzeichnen oder schon eine Ordnung unter ihnen vorzugeben.[69] Die neue Edition der nachgelassenen Aufzeichnungen in der KGW IX lässt dabei drei Dimensionen der Differenzierung zu:

---

68 Verf., Nietzsches Befreiung der Philosophie, 74.
69 Analog etwa zur Differentiellen Psychologie. Pichler, Philosophie als Text, 135–138, spricht von „kontrastierender Lektüre". Es geht um Unterscheidbarkeit ohne übergeordnete Maßstäbe. Das eine ist jeweils Maßstab des andern. Dies ist die Struktur auch von Nietzsches Wille-zur-Macht-Gedanke.

(a) Die *topologische Dimension*, die Differenzierung nach der räumlichen Verteilung der Aufzeichnungen auf den Seiten der Arbeitshefte bzw. auf den losen Blättern. Ihr steht die Anordnung der veröffentlichten Abschnitte, insbesondere der Aphorismen, in den veröffentlichten Werken gegenüber, die ganz andere Kriterien haben kann. An den Aufzeichnungen ist oft (keineswegs immer) zu erkennen, was für Nietzsche im Moment ihrer ersten Niederschrift und dann ihrer Transformationen zusammengehörte, was er aber in den Werken ganz anders anordnen konnte.
(b) Die *tektonische Dimension*, die Differenzierung nach Sinnschichten, die in den Bearbeitungen der Aufzeichnungen einander erkennbar überlagern. In den veröffentlichten Werken sind solche Differenzen nicht mehr sichtbar.[70] Eben das macht die Untersuchung der nachgelassenen Aufzeichnungen für die veröffentlichten Werke aufschlussreich.
(c) Die *thematische Dimension*, die Differenzierung nach ‚Gegenständen' oder ‚Inhalten', von denen in den Texten die Rede ist und die in unterschiedlichen Kontexten in unterschiedlicher Gestalt und zuweilen auch in unterschiedlichen Begriffen auftauchen können. In dieser Dimension ist festzustellen, welche Themen und Themenkomplexe Nietzsche in Veröffentlichungen übernommen oder für sich behalten hat, eine für die Gewichtung des Nachlasses besonders bedeutsame Frage.

Da ich aus Zeit- und Raumgründen nicht Nietzsches Schriften im Ganzen in kontextueller und differentieller Interpretation aufrollen kann, bleibt mir nur, exemplarisch auf bestimmte Themenkomplexe in den veröffentlichten Werken und den nachgelassenen Aufzeichnungen einzugehen. Damit dabei Nietzsches Orientierungsprozess erkennbar wird, geschieht das stets *chronologisch*. Die relative und absolute Chronologie der Texte ist freilich nur begrenzt festzustellen. Denn Nietzsches Notiz- und Arbeitshefte und die Mappen der losen Blätter lassen sich wohl im Ganzen datieren: anhand unterschiedlicher und wechselnder Anhaltspunkte wie biographischer Inhalte, eigenhändiger Datierungen, klarer Werkvorstufen, Referenzen auf Lektüren, Entwürfen zu datierten Briefen, jeweils verwendeter Tinten, des Erwerbs der Hefte. Aber er füllte sie gewöhnlich in Zeiträumen von mehreren Monaten, die man nur vage durch jahreszeitliche Angaben („Frühjahr – Sommer", „Herbst") eingrenzen kann. Da Nietzsche die Hefte in der Regel fortschreitend beschrieb (meist von hinten nach vorn), ergeben sich innerhalb ihrer wohl klare Abfolgen, also eine relative Chronologie. Er benutzte die Hefte aber häufig auch nebeneinander, und er konnte die Einträge immer wieder

---

70 Vgl. Pichler, Die Spuren von Nietzsches Schreiben, 403.

und zu verschiedenen Zeiten überschreiben, Streichungen und Ergänzungen vornehmen. Das macht chronologische Zuordnungen manchmal schwierig. Dennoch kommt man nach Beat Röllin im Ganzen zu „annähernd sicheren Rückschlüssen oder wenigstens plausiblen Vermutungen bezüglich der Chronologie der Heftbeschriftung".[71] Wir können damit gut arbeiten, auch wenn immer wieder Zweifelsfälle bleiben.

Die kontextuelle, differentielle und chronologische Interpretation vermeidet es, von überall her wahllos ‚Parallelstellen' zusammenzutragen.[72] Sie wahrt das Eigengewicht der nachgelassenen Aufzeichnungen gegenüber den veröffentlichten Abschnitten, die sie wohl vorbereiten können, aber nicht müssen; auch wenn Nietzsche stets an eine mögliche Veröffentlichung denkt, müssen sie nicht auf bestimmte Veröffentlichungen ausgerichtet sein. Dass manche Aufzeichnungen auf thetische, wenn nicht dogmatische oder gar metaphysische Art formuliert zu sein scheinen, lässt sich mit Enrico Müller so verstehen, dass es hier um „hermeneutische Selbstsituierungen", „reflexionstheoretische Selbstpositionierungen" oder „Formen reflexiver Selbstversicherung" gehen kann, mit denen Nietzsche für sich selbst entschieden Standpunkt beziehen wollte. Doch das darf nicht zu „einer Re-Systematisierung des bekennend antisystematisch operierenden Nietzsche" verführen. Stattdessen kann man, so Müller, solche Formulierungen als ein „weiteres Formexperiment" ansehen, das er seinen Aufzeichnungen vorbehält.[73]

8 Erste Probe aufs Exempel: Ausweichen vor dem System

Die Methode der kontextuellen, differentiellen und chronologischen Interpretation lässt sich unmittelbar daran erproben, wie Nietzsche selbst zur Frage des Systems Stellung nimmt. Er fügte Ende 1888 in die „Sprüche und Pfeile", das erste Kapitel von *Götzen-Dämmerung*, die oft zitierte Sentenz ein:

---

[71] Röllin, Nietzsches Werkpläne, 23. Röllin beschreibt hier ausführlich Nietzsches Verwendung der Tinten, Weiteres hat er mir brieflich mitgeteilt. Hans Joachim Mette und Mazzino Montinari, auf deren Angaben wir uns weiterhin meist verlassen, haben nicht ausgeführt, wie sie zu ihren Datierungen gekommen sind; Mette, Sachlicher Vorbericht zur Gesamtausgabe der Werke Friedrich Nietzsches, LIII-C, gibt sie überhaupt nur teilweise an, Montinari, Kommentar, KSA 14.24–35, nach erneuter Prüfung regelmäßig. Die KGW IX verzeichnet Mette/Montinaris Datierungen im Nachbericht und ergänzt sie durch die Datierung identifizierter Briefentwürfe. Hier kann es gelegentlich zu deutlichen Abweichungen kommen.
[72] Vgl. Pichler, Die Spuren von Nietzsches Schreiben, 405f.
[73] Müller, NLM, 256f.

> Ich misstraue allen Systematikern und gehe ihnen aus dem Weg. Der Wille zum System ist ein Mangel an Rechtschaffenheit. (GD, Sprüche und Pfeile 26)

Die Sentenz war das Ergebnis eines langen Transformationsprozesses, in dem sich in Längskontextualisierung sechs Schritte unterscheiden lassen. Am Beginn stand vermutlich eine Bemerkung in Heft W II 2, das er hauptsächlich im Herbst 1887 benutzte, mit dem Vorsatz „NB.", *nota bene*, ‚merke wohl', oben auf einer rechten Seite **[Sys 1]**. Auf der linken, in der Regel erstbeschriebenen Seite macht Nietzsche Notizen zum Thema „Gesichtspunkte für meine Werthe", darunter die „Sublimirung der Grausamkeit", die „Geschlechtsliebe", ob man „aus der Fülle oder aus dem Verlangen" denkt und handelt, ob man nur Weniges oder Vieles überblicken kann, ob man „ächt oder nur Schauspieler" ist, ob man, wenn man „vorangeht", „Würde nöthig hat – oder ‚den Hanswurst'" usw. Weiteres schließt sich auf der unteren Hälfte der rechten Seite an. All das hat er in den vorausgehenden Werken schon thematisiert oder wird es in den 1888 entstehenden Werken noch thematisieren; er ergänzt und korrigiert es vielfach. Unkorrigiert aber ragt heraus:

> **[Sys 1]** NB. An dieser Stelle weiterzugehn überlasse ich einer andern Art von Geistern als die meine ist. Ich bin nicht bornirt genug zu einem System – und nicht einmal zu meinem System...[74]

Nietzsche will all das auf der linken Seite Zusammengestellte nicht systematisieren, erklärt Systematiker rundweg für „bornirt", geistig beschränkt. Sein eigener „Geist" ist zu frei, um sich auf die Begrenzungen und Beschränkungen einzulassen, die ein System verlangt. Auf der rechten Seite fügt er abgerückt hinzu „Denknothwendigkeiten sind Moralnothwendigkeiten" und verweist auf die (von ihm immer wieder betonte) Naivität Herbert Spencers. Während dieser wie schon Sokrates meinte, Denknotwendigkeiten führten zu Moralnotwendigkeiten, kehrt Nietzsche den Satz um: Denknotwendigkeiten kommen aus Moralnotwendigkeiten, Moral beengt das Denken.[75] Sieht man beide Bemerkungen zusammen, so heißt das: Moral borniert.

Dem dürfte eine längere Aufzeichnung im Heft W II 1 von Mitte/Ende Februar 1888 zugehören. Sie entstand ausdrücklich im Blick auf ein kommendes Buch und war offenbar als Teil einer Vorrede dazu gedacht, die dann jedoch ganz anders

---

74 N Herbst 1887, 10[146], KSA 12.538, KGW IX 6, W II 2, 44. Die Zeitangabe muss nach Beat Röllin ihrerseits korrigiert werden. Die Aufzeichnung stammt vermutlich aus dem Januar 1888.
75 Vgl. Verf., Nietzsches ‚Genealogie der Moral', 1f.

aussah. Auch ihr Kontext ist ein anderer. Die Aufzeichnung beginnt auf der erstbeschriebenen linken Seite in der ersten Textschicht so:

> [Sys 2a] Diese Bücher zum Denken, – sie gehören denen, welche nichts Besseres zu thun haben als denken.[76]

Nietzsche ist mit den Zeilen sichtlich noch nicht zufrieden, er überschreibt und ergänzt sie mehrfach und blickt dabei vor allem auf die Deutschen seiner Zeit, die „Denken" nun gerne mit „irgend welchen reichsdeutschen Aspirationen verwechsel[n]". Auf der gegenüberliegenden Seite führt ihn das zu „Opfern nationaler Macht-Vergeudung" oder kurz der „Verdummung" überhaupt, nachdem er in der dortigen ersten Niederschrift schon das allgemeine „Problem der Civilisation" aufgeworfen hat. Auf der linken Seite kommt nach einer Leerzeile ein zweiter, nach und nach stark korrigierter Abschnitt:

> [Sys 2b] Ich mißtraue allen {Systemen u.} Systematikern {u gehe ihnen aus dem Wege}: vielleicht entdeckt man {noch} hinter diesen G̶e̶d̶a̶n̶k̶e̶n̶ {Buche n̶o̶c̶h̶} das System, dem ich ausgewichen bin ... u̶ ̶m̶i̶c̶h̶,̶ ̶d̶e̶n̶ ̶S̶y̶s̶t̶e̶m̶a̶t̶i̶k̶e̶r̶ ̶...

Nach einer weiteren Leerzeile folgt:

> [Sys 2c] S̶y̶s̶t̶e̶m̶a̶t̶i̶k̶e̶r̶:̶ {Der Wille zum System:} e̶i̶n̶e̶ ̶f̶e̶i̶n̶e̶r̶e̶ ̶F̶o̶r̶m̶ ̶d̶e̶r̶ ̶U̶n̶l̶a̶u̶t̶e̶r̶k̶e̶i̶t̶ {bei einem Philosophen {moralisch ausgedrückt,} s̶e̶i̶n̶e̶ eine feinere F̶o̶r̶m̶ ̶d̶e̶r̶ Verdorbenheit, eine {Charakter-}Krankheit}, {un}moralisch ausgedrückt; {a̶b̶e̶r̶ ̶u̶n̶m̶o̶r̶a̶l̶i̶s̶c̶h̶ ̶a̶u̶s̶g̶e̶d̶r̶ü̶c̶k̶t̶} sein Wille, sich dümmer zu m̶a̶c̶h̶e̶n̶ {stellen} als man ist, u̶n̶m̶o̶r̶a̶l̶i̶s̶c̶h̶ ̶a̶u̶s̶g̶e̶d̶r̶ü̶c̶k̶t̶ – Dümmer, das heißt: {n̶ä̶m̶l̶i̶c̶h̶} stärker, i̶m̶p̶e̶r̶a̶t̶o̶r̶i̶s̶c̶h̶e̶r̶ {einfacher; {u} gebietender} tyrannischer ...

Dann in einem freibleibenden Raum rechts untereinander drei Stichworte:

> [Sys 2d] {ungebildeter, / g̶e̶b̶i̶e̶t̶e̶n̶d̶e̶r̶ / commandirender}

Und schließlich unten auf der linken Seite das oft zitierte und unkorrigierte Diktum:

---

[76] N Herbst 1887, 9[188], KSA 12.450, KGW IX 6, W II 1, 1/2. So haben Mette und Montinari das Heft im Ganzen datiert. Beat Röllin und René Stockmar, langjährige Mitglieder des Baseler Editionsteams der KGW IX, haben eine brillante editionsphilologische Analyse der Doppelseite vorgelegt: Röllin / Stockmar, Nietzsche lesen mit KGW IX. Die Sätze zu den Systematikern und Systemen, auf die es hier ankommen wird, streifen sie jedoch nur. Deren Weiterentwicklung zur Sentenz in GD, Sprüche und Pfeile 26, ist nicht ihr Thema.

> [Sys 2e] Ich achte die Leser nicht mehr wie könnte ich für Leser schreiben? ... Aber ich notire mich, für mich.[77]

Darunter erscheint noch schräg gestellt, in Schönschrift, mit anderem Schreibwerkzeug und ebenfalls ohne neuerliche Korrektur:

> [Sys 2f] Ich lese Zarathustra: aber wie konnte ich dergestalt meine Perlen vor die Säue werfen!

Das Grundthema der linken Seite ist „Denken", das Leuten, wie Nietzsche in den ersten Abschnitt noch einfügt, „Vergnügen macht", anders als jetzt Deutschen und auch „Systematikern". Wenn „die Leser" das nicht schätzen, schreibt er seine Gedanken eben nur für sich auf. Er will kein System, lieber gar nichts veröffentlichen. Die zahlreichen Korrekturen zeigen jedoch, dass Nietzsche dabei nicht wohl ist. Er macht nun explizit eine Frage der Moral daraus, bezichtigt Systematiker generell zunächst der Unlauterkeit, dann einer feineren Verdorbenheit, schließlich einer Charakterkrankheit.[78] Dann nimmt er die moralische Charakterisierung zurück in eine Frage des Willens, zunächst zum Schauspielern, dann zum Gebieten (er sagt nicht „Wille zur Macht") und fasst beides als Willen zur Selbstverdummung zusammen. Die Selbstverdummung aber besteht in gezielter Vereinfachung – wir können ergänzen: komplexer und überkomplexer Sachverhalte. Eine Form dieser Vereinfachung ist das Systematisieren, und das hieße dann: das Einordnen aussichtslos unübersichtlicher Sachverhalte in vergleichsweise einfache, logisch kontrollierbare und dadurch übersichtliche Schemata. Diese Selbstverdummung führt zur Verdummung auch des Publikums, von dem man unbedingt gehört werden will: Mit „ungebildeten" Vereinfachungen kann man stärker, gebietender, tyrannischer, am Ende kommandierend (Nietzsche überbietet sich in Komparativen) wirken, also das Publikum dazu bringen, dem Autor bedingungslos zu folgen. Die moralische Bornierung spielt mit. Wir nennen das heute populistisch. In der Philosophie verdummt man nach Nietzsche einander mit Systemen in moralischer Bornierung.

---

77 Nietzsche schreibt das hier längst nicht zum ersten Mal. Vgl. etwa seine Briefe an Paul Rée aus Naumburg, vermutl. 10. Juni 1882, Nr. 238, KSB 6.202 („Mihi ipsi scripsi") und an Erwin Rohde aus Tautenburg, Mitte Juli 1882, Nr. 267, KSB 6.226: „Mihi ipsi scripsi – dabei bleibt es". Hier aber redet er von einem gerade erscheinenden Werk, der *Fröhlichen Wissenschaft*.

78 In N Frühjahr 1888, 15[10], KSA 13.410, KGW IX 9, W II 6, 124 f., zielt Nietzsche mit den Formeln „{die absolute Verlogenheit des {eines} Systematikers" und „Falschmünzerei des Systematikers" auf Schopenhauer: Sie hätten „seine ganze Psychologie verdorben". Die Aufzeichnung hat er auf der rechten Seite stark bearbeitet, auf der linken abgeschrieben und nochmals bearbeitet.

Er scheint jedoch in *Jenseits von Gut und Böse* durchaus ein gebietendes Philosophieren im Sinn gehabt zu haben, wenn er dort schrieb: „Die eigentlichen Philosophen aber sind Befehlende und Gesetzgeber". Das galt ihm insoweit als berechtigt und gefordert, als Philosophen durch ihr „Schaffen" „mit schöpferischer Hand nach der Zukunft" greifen (JGB 211).[79] Dieses Schaffen scheint ihm aber nicht mit Systematisieren abgetan zu sein. Denn Systematiker halten sich an ein traditionelles Modell des Philosophierens. So hat Nietzsche selbst Kant und Hegel an dieser Stelle nicht zu den „eigentlichen Philosophen" gerechnet, sondern zu denen, die „irgend einen grossen Thatbestand von Werthschätzungen – das heisst ehemaliger Werthsetzungen, Werthschöpfungen, welche herrschend geworden sind und eine Zeit lang ‚Wahrheiten' genannt werden", aufgearbeitet haben. Zum „eigentlichen" Modus des Philosophierens, dem Modus des auf die Zukunft ausgerichteten Schaffens, sagt er hier wie dort nichts. Soweit es um überkomplexe, durch Systematisierung nicht erreichbare, sondern gerade verstellte Sachverhalte geht, scheint es ihm jedenfalls moralischer, anständiger, rechtschaffener, nur für sich zu schreiben, wenn man jene einem nicht hinreichend vorbereiteten Publikum nicht ohne vereinfachende systematische Ordnung deutlich machen kann. Das sowohl denkerische als auch moralische Problem der Aufzeichnung auf der linken Seite von **[Sys 2]** ist also die Vereinfachung; auf der rechten Seite reflektiert Nietzsche deren zivilisationsbedingte Aspekte. So gesehen war es verfehlt, *Also sprach Zarathustra*, Nietzsches in seinen Augen nach Inhalt und Form komplexestes und anspruchsvollstes Werk, überhaupt zu veröffentlichen. Das Publikum war dafür nicht reif, so wie Zarathustras Schüler für seine Lehren nicht reif waren.

Mitteilen aber will Nietzsche sich dennoch, es geht lediglich um den rechten Weg des Sich-Mitteilens. Und hier ist der „Wille zum System" eine starke Versuchung auch für ihn: Er ist ihr „ausgewichen" oder geht Systemen und Systematikern „aus dem Weg". Er weicht dem „Willen zum System" aus, ohne ihn entschieden zu bejahen oder zu verneinen. Und diese Unentschiedenheit lässt ihn, wie die Tektonik der Aufzeichnung zeigt, *moralisch* mit sich ringen. Seine Selbsteinschätzung ist nicht, er *könne* kein System entwerfen, wie oft behauptet wurde, sondern er *wolle* es wohl, *dürfe* es aber nicht – wobei man, gerade aus Nietzsches Sicht, nicht ausschließen kann, dass das moralische Argument nur vorgeschoben ist. So wirkt sein Schluss, sich auf das Schreiben ohne Publikum zurückzuziehen und nur für sich selbst zu schreiben, wie eine Resignation.

Dieser Version folgt in einem dritten Heft (W II 3) eine neue Niederschrift der Aufzeichnung, nochmals mit dem „NB."-Vermerk und nun unten auf einer rechten

---

[79] Vgl. Verf., Nietzsches Hoffnungen auf die Philosophie und die Gegenwart.

Seite. Die Doppelseite enthält hier Bemerkungen zum Staat als „organisirte[r] Unmoralität", zum „Militär-Staat[]" und zur Rolle des Christentums darin. Das führt zu den Geistern, die das Christentum „verdorben" habe und zu denen sich zu bekennen „ein für alle Mal compromittirt". Und dieses „compromittirt" fügt Nietzsche dann auch, nachträglich, in die System-Aufzeichnung ein, in die zuvor schon die „Unmoralität" zurückgekehrt ist. Die Unmoralität wäre danach die säkular gewordene christliche:

> [Sys 3] NB Ich mißtraue allen Systematikern u gehe ihnen aus dem Wege. Der Wille zum System ist, für uns Denker wenigstens, {etwas, das compromittirt, eine} eine Form der Unmoralität ... Vielleicht erräth man, {bei einem Blick unter u} hinter diesem Buche {bei einem Blick unter u hinter dies Buch,} welchem Systematiker ich {es selbst} am meisten {besten} {mit Mühe} ausgewichen bin {ist} – mir selber ... ⁸⁰

Neu ist nun, dass Nietzsche das Publikum nicht mehr abweist, sondern dessen Perspektive und damit die Kommunikation mit ihm einbezieht. Er hält es nun doch nicht für so moralisch borniert, wie es bisher schien. In den Plural „uns Denker" dürfen sich Leser*innen einschließen, wenn sie es sich zutrauen; mit dem „man" ist dann eine von allen erwartbare Perspektive bezeichnet. So wie Nietzsche nun spricht, setzt er sich dem „Blick" eines Publikums aus, das seine Moralität und seinen Kampf mit sich erkennen und durchschauen könnte, und er reflektiert diese Perspektive wiederum aus seiner Perspektive, der Perspektive eines, der dem Willen zum System zu widerstehen versucht. Der Wille zum System wird in den thematischen Kontext des Perspektivismus versetzt, in das „Aus- und Einhängen" von „Perspektiven" und „Affekt-Interpretationen", wie Nietzsche es in MA I, Vorrede 6, und GM III 12 beschrieben hat.⁸¹ In der Perspektive des Autors auf die mögliche Perspektive eines klügeren Publikums, das in seinen Texten mehr zu erraten versteht, als er selbst niedergeschrieben hat, würde sich der Sprechende mit einem bornierten Willen zum System verraten und dadurch moralisch kompromittieren. Dazu wäre Nietzsche auch durchaus bereit, wie er später zu seiner „Kriegspraxis" in *Ecce homo* (Warum ich so weise bin 7) schreibt: „Ich habe nie einen Schritt öffentlich gethan, der nicht compromittirte: das ist m e i n Kriterium des rechten Handelns." Sich öffentlich zu präsentieren, schließt immer das Risiko ein, sich bloßzustellen und angegriffen zu werden, und greift man selbst an wie der Sprechende hier „alle Systematiker", fordert man sie zum Gegenangriff heraus und erst recht, wenn man sich auch selbst als Systematiker verrät. Es geht also

---

80 N November 1887 – März 1888, 11[410], KSA 13.189, KGW IX 7, W II 3, 7.
81 Vgl. Dellinger, „Du solltest das Perspektivische in jeder Werthschätzung begreifen lernen", und: Dellinger, Aufklärung über Perspektiven.

nicht um Scham, sondern um einen wirkungsvollen Angriff auf den Willen zum System, der dann am überzeugendsten sein könnte, wenn der Sich-Mitteilende sich auch selbst zur Versuchung zu ihm bekennt: Der Autor kompromittiert sich, damit andere sich mit ihrer Gegenreaktion an ihm kompromittieren. Das moralische Problem der Vereinfachung durch Systeme gerät so in die Diskussion, sie wird fragwürdig.

Im nächsten Schritt sieht Nietzsche die Aufzeichnung für eine Sammlung von „Sprüchen eines Hyperboreers" vor, von der dann einiges in das einleitende Hauptstück (oder Kapitel) „Sprüche und Pfeile" von *Götzen-Dämmerung* eingehen wird. Sprüche sind dazu gedacht, einzeln zu stehen und einzeln zu wirken, thematische Kontexte fallen aus. Aber Sprüche müssen kurz sein: Nietzsche kürzt die Aufzeichnung – eben um den die Perspektive des Publikums einbeziehenden Nachsatz. Sie verschwindet dennoch nicht: In „uns Denker", in dem neuen einleitenden „Wir" und in dem „compromittirt" bleibt sie erhalten – Autor und Publikum kompromittieren sich voreinander. Der Text wird deutlich prägnanter:

[Sys 4] Wir mißtrauen allen Systematikern, wir gehen ihnen aus dem Weg. Der Wille zum System ist, für uns Denker wenigstens, etwas, das compromittirt, eine Form der Unmoralität.[82]

Dennoch könnte es unredlich sein, die Perspektive des Publikums selbst auf diese Weise einzubeziehen. Denn nach der ersten Aufzeichnung [Sys 1] rechnet der Sich-Mitteilende nicht wirklich mit einem hinreichend klugen Publikum. Nietzsche schreibt sich die korrigierte Aufzeichnung nochmals auf einem losen Blatt ins Reine und streicht sie im Heft W II 3 als erledigt durch. Er kehrt zum „Ich" zurück und ersetzt „Unmoralität" durch „Immoralität".[83] Damit nimmt er Distanz zu moralischen Wertungen überhaupt, versucht er sich der moralischen Bornierung zu entziehen, in der er doch mit dem Willen zum System zu verbleiben droht; „uns Denker", „compromittirt" und „man" lässt er jedoch noch stehen, und er fügt wieder einen verräterischen Satz hinzu:

[Sys 5] Ich mißtraue allen Systematikern und gehe ihnen aus dem Weg. Der Wille zum System ist, für uns Denker wenigstens, etwas, das compromittirt, eine Form unsrer Immo-

---

[82] N Frühjahr 1888, 15[118], KSA 13.477, KGW IX 9, W II 6, 22. Beat Röllin datiert die Aufzeichnung auf April 1888.
[83] Nach Beat Röllin handelt es sich dabei eindeutig nicht um einen Lesefehler. Vgl. Nietzsches Brief an Franz Overbeck aus Sils-Maria kurz nach dem 20. Juli 1888 (Entwurf), Nr. 1067, KSB 8.363: „Ich habe, mit Willkür, mir jene Typen erfunden, die in ihrer Verwegenheit mir Vergnügen machen, z. B. den ‚Immoralisten' – einen bisher unerhörten Typus."

ralität. – Vielleicht erräth man, bei einem Blick hinter dies Buch, welchem Systematiker ich selbst nur mit Mühe ausgewichen bin... [84]

Hier könnte eine Aufzeichnung mit einer weiteren Überarbeitung fehlen. Denn in der zum Druck beförderten Sentenz

> Ich misstraue allen Systematikern und gehe ihnen aus dem Weg. Der Wille zum System ist ein Mangel an Rechtschaffenheit. (GD, Sprüche und Pfeile 26)

belässt Nietzsche wohl den Eingangssatz, streicht das Übrige aber wieder. Er lässt alle scheinbare Gemeinschaft mit anderen und auch alle Perspektivierung durch andere fahren, gesteht niemandem mehr zu, die Moralität, Unmoralität oder Immoralität seines Schreibens zu beurteilen. Stattdessen führt er einen neuen Begriff ein, der in den bisherigen Aufzeichnungen nicht vorbereitet ist: Er bringt den moralischen Gesichtspunkt auf das eine, entschiedene und von ihm in hohen Ehren gehaltene Wort „Rechtschaffenheit". Er scheint den neuen Nachsatz dogmatisch, als Lehre für jedermann zu formulieren, die Rechtschaffenheit als Wert an sich hinzustellen. So, nur mit dem Nachsatz „Der Wille zum System ist ein Mangel an Rechtschaffenheit" wird die Sentenz auch meist zitiert.[85] Es scheint hier die zum Druck beförderte Sentenz zu sein, die ‚vergröbert' und ‚dogmatisiert', ohne den Gedanken ‚ästhetischer' zu formulieren. Die Rechtschaffenheit scheint einfach ‚gesetzt' zu sein.

Doch so ist es nicht; blickt man auf die vorausgehenden Aufzeichnungen zurück, ergibt sich ein anderes Bild. Die Sentenz fasst den Gedanken nicht dogmatisch, sondern, durch Aussparungen und Pointierungen, zuletzt am prägnantesten; sie sagt, wenn man genau liest, mehr als zuvor. Der Sich-Mitteilende gibt mit seinem „Ich" immer noch klar eine Perspektive, seine eigene, nicht durch ein „Wir" verwischte, zu erkennen, der andere Perspektiven, nämlich die der „Systematiker", gegenüberstehen. Der Perspektivismus bleibt, und er steht als solcher eben gegen den Willen zum System, einen für alle gleichen, von individuellen Perspektiven gelösten gedanklichen Zusammenhang. Der Sich-Mitteilende greift die Systematiker, die nicht „Ich", sondern „Wir" sagen wollen, aber nicht direkt an, spricht nur sein Misstrauen gegen sie aus, das auch ein Misstrauen gegen sich selbst ist. Denn er geht ihnen nach wie vor „aus dem Weg". Warum, sagt er nicht ausdrücklich, und er braucht es auch nicht ausdrücklich zu sagen,

---

84 N Juli – August 1888, 18[4], KSA 12.533, KGW IX 12, Mp XVI, 56r.
85 So verfährt selbst Montinari, Nietzsche lesen: die Götzen-Dämmerung, 79. Montinari will den Satz aus der „Präsenz des Gedankens der ewigen Wiederkunft" verstehen, die eine „Systematisierung" von Nietzsches Denken verhindere. Das ist schwer nachzuvollziehen.

denn es ist klar: Wenn man jemandem oder etwas aus dem Weg geht, will man unangenehme Auseinandersetzungen vermeiden, auch mit sich selbst. Und eben damit kompromittiert man sich: Man hat das Problem und kommt mit ihm nicht zurande. Auch das braucht nicht mehr ausdrücklich gesagt zu werden.

Vor diesem Hintergrund ist der Nachsatz „Der Wille zum System ist ein Mangel an Rechtschaffenheit" anders, nicht dogmatisch zu verstehen: Er lässt nun eine Warnung des Sich-Mitteilenden vor sich selbst anklingen, vor seinem eigenen Willen zum System, vor seinem eigenen Bedürfnis, die Dinge nicht in all ihren individuellen Perspektivierungen, sondern als „man" zu sehen und darzustellen und sich in eine von der eigenen Verantwortung entlastende Gemeinschaft im Denken einzureihen. Der Nachsatz soll den Sich-Mitteilenden vor sich selbst schützen, er hält ihn sich selbst vor als Warnung für sich selbst, er appelliert an seine eigene Rechtschaffenheit, ohne sich auch ihrer sicher sein zu können, denn er schwankt ja. Darum scheint es zu gehen. Doch erst die Längskontextualisierung macht die Differenz zu den vorausgehenden Aufzeichnungen und ihren Kontexten sichtbar und solche feinen Töne hörbar: Die Transformation der Aufzeichnungen zur Sentenz führt nicht zu einem Dogma, sondern verbirgt ein psychisches Drama, das die Sentenz nur bei genauem Lesen und Hören verrät.

9 Nietzsches philosophisches Handwerk: Prägnanz von Mosaiken

Die Sentenz zum Willen zum System mag für die kontextuelle, differentielle und chronologische Interpretation ein Glücksfall sein: Die erhellenden Aufzeichnungen stehen hier in nacheinander beschriebenen Heften oder auf losen Blättern aus einem Zeitraum von knapp einem Jahr topologisch vergleichsweise nahe beieinander und lassen sich durch Schlagwörter thematisch leicht auffinden; in ihrer Abfolge werden Schreibschichten tektonisch eher abgeräumt als vervielfältigt. Doch Nietzsche kann chronologisch auch Aufzeichnungen aus zum Teil mehrere Jahre auseinander liegenden Heften zusammenführen und Aphorismenbücher aus ihnen entwickeln;[86] thematisch Verwandtes kann im Sinn Foucaults topologisch weit verstreut sein, unter unterschiedlichen Begriffen firmieren und tektonisch unterschiedlich Sinn aufbauen. Wo und wann immer Aufgezeichnetes kann sich bei Nietzsche Schritt für Schritt, aber auch schlagartig zusammenfügen. Ob er das früher Notierte nochmals nachlas oder aus dem Gedächtnis neu aufschrieb,

---

[86] Vgl. etwa im Fall von JGB Montinari, Kommentar, 14.345 f.; Röllin, „Ein Fädchen um's Druckmanuskript und fertig?; Sommer, NK 5/1, 1–8.

ist für uns schwer festzustellen und auch nicht von Bedeutung; man darf bei Nietzsche immerhin mit einem erstaunlichen Gedächtnis rechnen. Für ihn ging es um „Handwerk", das Zeit und Übung brauchte. Man könne, hat er schon in *Menschliches, Allzumenschliches* geschrieben, darauf vertrauen, dass die „Bedingungen [des] Handwerks" das Ihre tun werden, wenn man einen „künstlerischen Lebensplan" ausführen wolle:

> Der Ernst des Handwerks. – Redet nur nicht von Begabung, angeborenen Talenten! Es sind grosse Männer aller Art zu nennen, welche wenig begabt waren. Aber sie bekamen Grösse, wurden „Genie's" (wie man sagt), durch Eigenschaften, von deren Mangel Niemand gern redet, der sich ihrer bewusst ist: sie hatten Alle jenen tüchtigen Handwerker-Ernst, welcher erst lernt, die Theile vollkommen zu bilden, bis er es wagt, ein grosses Ganzes zu machen; sie gaben sich Zeit dazu, weil sie mehr Lust am Gutmachen des Kleinen, Nebensächlichen hatten, als an dem Effecte eines blendenden Ganzen. Das Recept zum Beispiel, wie Einer ein guter Novellist werden kann, ist leicht zu geben, aber die Ausführung setzt Eigenschaften voraus, über die man hinwegzusehen pflegt, wenn man sagt „ich habe nicht genug Talent". Man mache nur hundert und mehr Entwürfe zu Novellen, keinen länger als zwei Seiten, doch von solcher Deutlichkeit, dass jedes Wort darin nothwendig ist; man schreibe täglich Anekdoten nieder, bis man es lernt, ihre prägnanteste, wirkungsvollste Form zu finden, man sei unermüdlich im Sammeln und Ausmalen menschlicher Typen und Charaktere, man erzähle vor Allem so oft es möglich ist und höre erzählen, mit scharfem Auge und Ohr für die Wirkung auf die anderen Anwesenden, man reise wie ein Landschaftsmaler und Costümzeichner, man excerpire sich aus einzelnen Wissenschaften alles Das, was künstlerische Wirkungen macht, wenn es gut dargestellt wird, man denke endlich über die Motive der menschlichen Handlungen nach, verschmähe keinen Fingerzeig der Belehrung hierüber und sei ein Sammler von dergleichen Dingen bei Tag und Nacht. In dieser mannichfachen Uebung lasse man einige zehn Jahre vorübergehen: was dann aber in der Werkstätte geschaffen wird, darf auch hinaus in das Licht der Strasse. – Wie machen es aber die Meisten? Sie fangen nicht mit dem Theile, sondern mit dem Ganzen an. Sie thun vielleicht einmal einen guten Griff, erregen Aufmerksamkeit und thun von da an immer schlechtere Griffe, aus guten, natürlichen Gründen. – Mitunter, wenn Vernunft und Charakter fehlen, um einen solchen künstlerischen Lebensplan zu gestalten, übernimmt das Schicksal und die Noth die Stelle derselben und führt den zukünftigen Meister schrittweise durch alle Bedingungen seines Handwerks. (MA I 163)

Die handwerkliche Maxime beim Schreiben muss es sein, wenn wir Nietzsche folgen, wohl ein Ganzes, Abzuschließendes im Blick zu haben, zunächst aber offen zu lassen, wie es aussehen wird, und stattdessen zuzusehen, wie es sich Schritt für Schritt gestaltet. Nietzsches Schreiben fand nach den frühen Abhandlungen und Essays in so verschiedene und ungewöhnliche Formen wie die des Aphorismenbuchs, des Gedichts, der Lehrdichtung, der Streitschrift, der Spruchsammlung, der Autogenealogie und des Dithyrambus, und es hätte, wenn er der Versuchung nachgegeben hätte, auch in ein systematisches ‚Prosahauptwerk' münden können.[87] Im Zentrum stand für ihn, an der „prägnantesten, wirkungsvollsten Form", der Aussagekraft jedes Wortes, Satzes und Abschnitts zu arbeiten. Das Ganze, das sich daraus zusammenfügt, wird eben dadurch aussagekräftig, dass seine Teile *nicht* nach einer vorgefassten blassen Idee eines Systems selektiert und daraufhin gestaltet werden. Denn sie zwingt den Autor, einförmig und eintönig einen einzigen Leitgedanken immer neu zu bestätigen. Man kennt das zur Genüge.

Wenn Nietzsche nach seiner eigenen Beobachtung bei seiner handwerklichen Arbeit seiner lange geübten, zum „Instinkt" gewordenen Routine folgte, im richtigen Kontext ohne lange Überlegung das Richtige zu setzen, so scheint ihm dabei mit der Zeit klar geworden zu sein, was sprachliche Prägnanz bedeutet. Das geschah wiederum in *Götzen-Dämmerung*, nun aber in einem mittelgroßen Aphorismus im Hauptstück „Was ich den Alten verdanke". Nietzsche bekennt sich hier „[z]um Schluss" dankbar zum stilistischen Vorbild der alten Römer und ihrem feinen Sinn für Form, den er schon auf der Schule kennengelernt hatte. An ihnen habe er seinen „Geschmack" gebildet:

> Gedrängt, streng, mit so viel Substanz als möglich auf dem Grunde, eine kalte Bosheit gegen das „schöne Wort", auch das „schöne Gefühl" – daran errieth ich mich. (GD, Was ich den Alten verdanke 1)

Exemplarisch schien ihm dabei die horazische Ode mit ihrem

> Mosaik von Worten, wo jedes Wort als Klang, als Ort, als Begriff, nach rechts und links und über das Ganze hin seine Kraft ausströmt, dies minimum in Umfang und Zahl der Zeichen, dies damit erzielte maximum in der Energie der Zeichen (GD, Was ich den Alten verdanke 1).

Eben das hat er zuvor „Prägnanz" genannt: ausgesuchte topologische Ordnung der Ausdrücke, thematisches Zusammenspielen der Begriffe, tektonische Überlagerung von Klängen, das alles in größter Knappheit und in Gestalt nicht eines ausgedachten Systems, sondern eines „Mosaiks".[88] Der Begriff des Mosaiks hat längst nicht die Prominenz in Nietzsches Werk wie der des Systems, aber er könnte seine Arbeitsweise treffen. Man darf ihn nicht von Mosaiken her verstehen, die

---

[87] Vgl. Verf., Friedrich Nietzsche zur Einführung, 98–113, und Verf., Formen philosophischer Schriften, 199–208.
[88] Pichler, Philosophie als Text, 105f., interpretiert den Aphorismus ausführlich, schenkt dem Begriff des Mosaiks jedoch keine Beachtung. Zugleich meint er, der Aphorismus habe eine „semantische Färbung", die seinen Kontext auf das Hauptstück „Was ich den Alten verdanke" einschränke. Das erschließt sich mir nicht.

Nietzsche überall in Kirchen und Palästen sehen konnte. Diesen lagen fraglos Vorzeichnungen zugrunde, und die Mosaiksteine wurden nach ihnen angefertigt. So wie Nietzsche sein Handwerk schildert, hat er seine schriftstellerischen Mosaiksteine nicht wie Puzzle-Stücke vorab genau aufeinander zugeschnitten, damit sie dann exakt zueinander passten. Er fertigt sie vielmehr weitgehend unabhängig voneinander und fügt sie dann so zusammen, dass sie gemeinsam ein stärkeres Bild ergeben als jeder einzelne von ihnen, und in den Fugungen können viele Spielräume bleiben. Das Bild steht nicht schon fest, es nimmt allmählich Gestalt an. Bei Systematikern ist ein solches Mosaik naturgemäß verpönt; Nietzsche hat es geschätzt. Das Wort ‚Mosaik' kommt von römisch *opus musaicum* und ist ein Name für das von den Musen stammende oder ihnen gewidmete Werk, für das Kunstwerk überhaupt – mit Betonung des Handwerklichen.

Zum Aphorismus in *Götzen-Dämmerung* gibt es eine ‚Vorstufe', eine fast wortgleiche Formulierung in einer nachgelassenen Aufzeichnung, die für *Ecce homo* gedacht war; sie ist Teil des sogenannten „Ur-Ecce-homo". Dort erscheint auch schon, niedergeschrieben ohne jegliche Korrektur, die Bestimmung der Prägnanz als „Mosaik von Worten ...".[89] Nietzsche bestätigte sie sich gleichsam selbst. Dennoch schwankte auch er in der Einschätzung des Mosaiks als schriftstellerischer Form. Wenn er dem System auswich, so traute er sich an diese schriftstellerische Form nicht ganz heran. An einer andern Stelle von *Götzen-Dämmerung* hat der Begriff Mosaik keinen guten Klang: Nietzsche verknüpft ihn hier mit einem „Haufen von Klecksen, ein Mosaik besten Falls, in jedem Falle etwas Zusammen-Addirtes, Unruhiges, Farbenschreiendes", wie er es bei den „Pariser romanciers" seiner Zeit findet (GD, Streifzüge 7). Zuvor hat er freilich in einem Brief Georg Brandes für seine Beschreibung eben der Pariser Romanciers, besonders Emile Zolas, gelobt; er habe, ganz positiv, zeigen können, dass bei ihnen „Alles nuance und Mosaik wird".[90] Die jetzigen Deutschen verstünden das nicht. Und darum sei ihnen auch *Jenseits von Gut und Böse* fremd geblieben, das ähnlich komponiert sei: Es handle sich hier „um die lange Logik einer ganz bestimmten philosophischen Sensibilität [...] und nicht um ein Durcheinander von hundert beliebigen Paradoxien und Heterodoxien" – das Wort Mosaik gebraucht Nietzsche nicht dafür. In seinem Brief an Brandes will er sichtlich für sein Werk bei einem werben, der auch ihn endlich wie die französischen Romanciers in der rechten Weise bekannt machen kann (was dann auch geschah[91]), und so ist er bereit, dem Begriff Mosaik das Beste abzugewinnen. Zuvor aber, in mehreren

---

89 N Oktober – November 1888, 24[1], KSA 13.615–632, hier 13.624, KGW IX 10, W II 9, 106–131, hier 116. Vgl. Montinari, Kommentar, KSA 14.464.
90 Brief an Georg Brandes aus Nizza vom 8. Januar 1888, Nr. 974, KSB 8.228.
91 Vgl. Brandes, Vorlesungen über Nietzsche (1888).

Aufzeichnungen für sich, verbindet er ihn, wie die Pariser Romanciers selbst, mit *décadence*, in der er nun das auffälligste „{Symptom[]} des Nihilism}" sieht, „{besten Falls}", so heißt es auch hier, „etwas Zusammenaddirtes, Farbenschreiendes, Unruhiges", das ihn vor allem an Wagners Musik stört,[92] „{raffinirteste} Mosaik-Ciseleurarbeit".[93] In ihrer „Romantik" habe die deutsche Philosophie, wie er sich früher notierte, im Christentum noch den Ausgang des Altertums und damit einen Zugang zu ihm gesehen, „wie ein gutes Stück alter Welt selber, wie ein glitzerndes Mosaik antiker Begriffe, {und} antiker Werthurtheile. Arabesken, Schnörkel, Rokoko der {scholastischer} Abstraktionen"; so wolle man „zurück, durch die Kirchenväter zu den Griechen, aus dem Norden nach dem Süden, aus den Formeln zu den Formen".[94]

Eben das aber, zurück von „den Formeln zu den Formen", will Nietzsche ebenfalls und zuletzt erklärtermaßen in der Form des Mosaiks.[95] Mit Horaz hat er sie schon früh verbunden. Im frühen Nachlass hat er sich dabei zugleich gegen die Überschätzung des schwäbischen Lyrikers Eduard Mörike gewehrt, der zu süße Worte und zu wenig Gedanken habe, und ihm mit jugendlicher Ironie Horaz entgegengehalten: „Da lobe ich mir selbst noch eher Horaz, ob der schon recht bestimmt ist und die Wörtchen und Gedänkchen wie Mosaik setzt".[96] Er hat sich hier nicht klar entschieden, und das lässt die Sache auch nicht zu: Mosaike können in zusammenhanglose Einzelstücke zerfallen, die nur schön, ästhetisch sein mögen. In ihnen kann aber auch Unauffälliges und scheinbar Unbedeutendes zu höchst bedeutsamen Zusammenhängen zusammentreten und ein neues, nicht vorgeprägtes Bild schaffen, in der Wahrnehmung Gestaltwechsel und in der Philosophie neue Orientierungen ermöglichen.

---

92 N Herbst 1887, 9[110], KSA 12.398 f., KGW IX 6, W II 1, 55 (ein weitgehend glatter Text).
93 N November 1887 – März 1888, 11[321], KSA 13.134 f., KGW IX 7, W II 3, 63 (selbst ein Mosaik aus vielen Notizen). An der Stelle N Herbst 1887, 10[54], KSA 12.484, KGW IX 6, W II 2, 101, ist nicht klar, ob Nietzsche den „Werth der complexen Gebilde, des seelischen Mosaiks, selbst des ungeordneten und vernachlässigten Haushalts der Intelligenz" dem Protestantismus zuschreibt oder ihm entgegensetzt.
94 N August – September 1885, 41[4], KSA 11.679, KGW IX 4, W I 5, 40.
95 Schmidt, Editorische Vorbemerkung, sprach 1993 anlässlich des Neudrucks der Beck'schen Ausgabe der Werke (BAW) vom „mosaikhaften Charakter der von Nietzsche veröffentlichten Schriften" im Ganzen.
96 N Sommer 1875, 8[2], KSA 8.128.

10 Zweite Probe aufs Exempel: Aufhebung des Inhalts in Form

Wenn das Mosaik für Nietzsche bei den französischen Romanciers seiner Zeit und auch bei Wagner *décadence* verrät, so steht er nicht an, sich auch selbst einen *décadent* zu nennen und sich damit ebenfalls zu kompromittieren: „Ich bin so gut wie Wagner das Kind dieser Zeit, will sagen ein d é c a d e n t : nur dass ich das begriff, nur dass ich mich dagegen wehrte. Der Philosoph in mir wehrte sich dagegen." (WA, Vorwort) Wie gegen das System wehrt er sich auch gegen die *décadence*, sucht sich mit seiner orientierenden Philosophie zu beiden in Äquidistanz zu halten. Und eben das scheint er unter Philosophie zu verstehen: sich stets Spielräume der Entscheidung offen zu halten, auch den, vom Einzelnen oder vom Ganzen auszugehen, vom Ganzen her das Einzelne zu formen und von Einzelnem her das Ganze umzuformen. Die Spielräume, die zwischen künstlerisch gelingendem Mosaik und wissenschaftlich konstruiertem System bleiben, führen Nietzsche zur Frage nach dem Maßstab der Formung philosophischer Gedanken überhaupt: Er liegt für ihn weder in der ‚Logik', dem Rechnen mit eindeutigen Bedeutungen, noch im unentwegten ‚Ziselieren' von Begriffen, sondern in der ‚Energie', der Ausdruckskraft der Zeichen, mit der, wie im Beispiel der System-Sentenz, die Form den Inhalt so ausdrückt, dass er gar nicht mehr eigens ausgesprochen werden muss. Im Rückblick auf sein Jahrzehnte lang geübtes Formungshandwerk notiert sich Nietzsche:

> [F 1] Man ist um den Preis Künstler, daß man das, was alle Nichtkünstler „Form" nennen, ~~umgekehrt~~ als Inhalt, als die Sache selbst empfindet, ~~dagegen den Inhalt bloß als Form (als relativ gleichgültig, willkürlich, zufällig)~~. Damit gehört man freilich {gründlich} in die {eine} verkehrte Welt: denn nunmehr wird einem der Inhalt ~~relativ Gleichgültigem, willkürlichem, Zufälligem, {bloß Formalem}~~ {zu etwas bloß Formalem, ~~also~~ — ~~das eigene~~ {unser} Leben eingerechnet}.[97]

Man sieht, wie schwer Nietzsche gerade hier die Formung gefallen ist. Die Umkehrung und Umwertung bewegt sich in der Korrelation von Form und Inhalt, die sie zugleich aufhebt. So tun sich Paradoxien auf. Die Seite, auf der Nietzsche den Entwurf notiert, enthält im Übrigen thematisch heterogene und ähnlich schwierige Aufzeichnungen zum rechten Philosophieren: zum Von-sich-wissen-Wollen, zum Allein-stehen-Sollen, zur Entselbstung und Selbstverleugnung, zur Gastlichkeit und, wie so oft, zur Situation, unter Deutschen und Wagnerianern zu sein;

---

[97] N November 1887 – März 1888, 11[3], KSA 13.9 f., KGW IX 7, W II 3, 198.

der zitierte Passus steht, durch eine Leerzeile abgetrennt, eher vereinzelt dazwischen.[98]

Nietzsche tut schon im Zug der Aufzeichnung, was er sagt: Er streicht sogleich ihm überflüssig Scheinendes. Später schreibt er den Gedanken nochmals, nun knapper, auf ein loses Blatt ab:

> [F2] Man ist um den Preis Künstler, daß man das, was alle Nichtkünstler Form nennen, als Inhalt, als die Sache selbst empfindet. Damit gehört man freilich in eine verkehrte Welt.[99]

Die neue Aufzeichnung ist nun von anderen, thematisch nicht mit ihr zusammenhängenden Aufzeichnungen umgeben, von denen vieles in *Götzen-Dämmerung* eingeht. Ihre eigene Fassung nähert sich nun der Sentenz, ähnlich der System-Sentenz; sie hätte sich wohl ebenso in das Hauptstück „Sprüche und Pfeile" einfügen lassen. Nietzsche streicht die Aufzeichnung auch als erledigt durch; er hat sie stichwortartig auch in sein Register für das geplante Hauptwerk aufgenommen:

> [F 3] (303) Künstler: Form: Inhalt.[100]

Doch im zum Druck beförderten Werk erscheint sie nicht; Nietzsche hält die für seine Arbeit zentrale Maxime sichtlich zurück. Schien sie ihm aus einem der drei Gründe nicht reif zur Veröffentlichung, oder liegt der Grund hier noch tiefer?

Auch hier ist ein Blick zurück aufschlussreich, doch muss man hier viel weiter zurückblicken. In dem frühen ebenfalls unveröffentlichten Entwurf *Die Philosophie im tragischen Zeitalter der Griechen* hatte Nietzsche zu Heraklit bemerkt – in Anspielung auf dessen Fragment B 52 vom spielenden Kind, das Brettsteine setzt:

> [F 4a] Ein Werden und Vergehen, ein Bauen und Zerstören, ohne jede moralische Zurechnung, in ewig gleicher Unschuld, hat in dieser Welt allein das Spiel des Künstlers und des Kindes. Und so, wie das Kind und der Künstler spielt, spielt das ewig lebendige Feuer, baut auf und zerstört, in Unschuld – und dieses Spiel spielt der Aeon mit sich. Sich verwandelnd in Wasser und Erde thürmt er, wie ein Kind Sandhaufen am Meere, thürmt auf und zertrümmert; von Zeit zu Zeit fängt er das Spiel von Neuem an. Ein Augenblick der Sättigung: dann ergreift ihn von Neuem das Bedürfniß, wie den Künstler zum Schaffen das Bedürfniß zwingt. Nicht Frevelmuth, sondern der immer neu erwachende Spieltrieb ruft andre Welten

---

98 Montinari hat die Seite in mehrere „Fragmente" aufgeteilt, Nietzsche hat sie im Ganzen datiert: „Nizza den 24. November 1887", was er in der Regel nur tat, wenn ihm die Einfälle besonders wichtig erschienen. Ob es ihm dabei auf die zitierte Aufzeichnung ankam, ist nicht zu entscheiden.
99 N Juli – August 1888, 18[6], KSA 13.533, KGW IX 12, Mp XVI, 56v.
100 N Anfang 1888, 12[1], KSA 13.208, KGW IX 7, W II 4, 78.

ins Leben. Das Kind wirft einmal das Spielzeug weg: bald aber fängt es wieder an, in unschuldiger Laune. Sobald es aber baut, knüpft fügt und formt es gesetzmäßig und nach inneren Ordnungen. (PHG 7, KSA 1.830 f.)

Heraklits Fragment B 52 spielt bekanntlich auch in „Von den drei Verwandlungen" zu Beginn des I. Teils von *Also sprach Zarathustra* eine bedeutende Rolle. Nietzsche hat bis zum Schluss seine Arbeitsweise als Fügung und Formung seiner gedanklichen Spielzüge „nach inneren Ordnungen" verstanden: Sie ergeben sich wie im künstlerischen Handwerk aus der kreativen Arbeit selbst und werden dann zum Maßstab der weiteren Formung.[101] Je erfahrener ein Künstler – und ein Philosoph wie Nietzsche – in der Formung wird, desto stärker tritt sie mit der Zeit vor die Inhalte, die dadurch wenn nicht „gleichgültig, willkürlich, zufällig", so doch „relativ gleichgültig, willkürlich, zufällig", nämlich im Zug der Formung mit sicherer Hand prokreiert, variiert und selektiert werden. 1888 schreibt Nietzsche in einem Briefentwurf: „Ich bin außerdem Artist genug, um einen Zustand festhalten zu können, bis er Form, bis er Gestalt wird."[102]

In seinem frühen Text stellt er den „ästhetischen Menschen" dem „theoretischen Menschen" gegenüber und setzt im gleichen Sinn fort:

[F 4b] So schaut nur der ästhetische Mensch die Welt an, der an dem Künstler und an dem Entstehen des Kunstwerks erfahren hat, wie der Streit der Vielheit doch in sich Gesetz und Recht tragen kann, wie der Künstler beschaulich über und wirkend in dem Kunstwerk steht, wie Nothwendigkeit und Spiel, Widerstreit und Harmonie sich zur Zeugung des Kunstwerkes paaren müssen. (PHG 7, KSA 1.831)

In *Götzen-Dämmerung* gibt Nietzsche erneut seine Verehrung für Heraklit kund (GD, Die „Vernunft" in der Philosophie 2), die Unterscheidung des Ästhetischen und Theoretischen aber lässt er in der späten Aufzeichnung zurück: Sie geht in der Formung, der prozessualen Einheit von Inhalt und Form, auf. Wenn der Inhalt zur Form wird und „Form", so Axel Pichler, beim philosophischen Schreiben „das Sprechend-Werden sämtlicher in einem Text erscheinenden Momente" bedeutet,[103] entsteht für das alltägliche und das gewohnte philosophische Verständnis „eine verkehrte Welt". Das ist bei innovativen Philosophen nichts Neues: Nietzsche hat die Wendung „eine verkehrte Welt" damals auch für Sokrates gebraucht, in dessen „theoretischer Welt" die Kunst ihren angestammten Platz verloren habe;[104] mit Nietzsches Umkehrung erhält sie ihren Platz zurück. Nun verkehrt die

---

101 Vgl. Luhmann, Weltkunst.
102 Entwurf eines Briefes an Franz Overbeck kurz nach dem 20. Juli 1888, Nr. 1067, KSB 8.363.
103 Pichler, Die Spuren von Nietzsches Schreiben, 404.
104 Vgl. ST 1, KSA 1.541.

prägnante Formung als solche die Welt: Sie macht aus dem zufällig Begegnenden und sich wieder Zerstreuenden ein ansprechendes und aussagekräftiges Ganzes, ohne es in ein vorgefasstes System zu zwingen. Die Umformung von Inhalt in Form fügt sich so in Nietzsches großes Programm der Umwertung aller Werte ein. Sie könnte der Grundzug seiner philosophischen Arbeit sein, als Thema und als Vollzug.

Nietzsches Wille zur Aufhebung des Inhalts in die Form ist gleichwohl nicht so überraschend, wie sie scheinen mag. Mag vielen Philosoph*innen heute die Form gegenüber dem Inhalt äußerlich, austauschbar, gleichgültig erscheinen, so war sie das bei den alten Griechen und Römern keineswegs. Bei Aristoteles, der die Korrelation von Form und Inhalt wegweisend für die europäische Philosophie formulierte, hat die Form das größere Gewicht: Sie prägt nach ihm die Inhalte, gibt ihnen erst erkennbare Gestalt, und diese Gestalt, die sich bei Lebewesen als dauernder Anblick (*eīdos*) oder Wesen (*ousía*) für ihn in der konstanten Fortzeugung der Individuen gleichbleibend erhält, ist sein ganz realer und deutlicher Anhaltspunkt für die Bildung dauerhafter Begriffe und damit auch die Grundlage systematischer Philosophien im heutigen Sinn. Dagegen ist nach Aristoteles der Inhalt in letzter Konsequenz ein völlig formloser und darum ununterscheidbarer Stoff, mit dem die Erkenntnis buchstäblich nichts anfangen kann. Stoff oder Inhalt muss geformt, durch eine Form begrenzt sein, um erkannt werden zu können: Seit Anaximander war für die Griechen Denken Grenzziehung im Unbegrenzten, dem *ápeiron*, und damit Formgebung. Das Formende aber, als Denken, *noūs* oder *lógos*, identifiziert, galt selbst als Teil des Lebens oder der sich unablässig in konstanten Formen neu gestaltenden Natur (*physis*). Es war ihr also nicht äußerlich aufgezwungen und fremd, wie es in der Moderne, für die Sein und Bewusstsein auseinandertraten, dann erscheinen konnte. Doch Kant machte aus der Not eine Tugend: Nach seiner Transzendentalphilosophie sollten für uns unterscheidbare Inhalte uns nur in unseren Formen der Anschauung und des Verstandes gegeben sein, die Formen die Inhalte also wiederum formen, und bis heute stellen wir uns Begriffe als Formen vor, in denen wechselnde Inhalte austauschbar und also „relativ gleichgültig, willkürlich, zufällig" sind.

Nietzsche schließt also mit seinem Schritt, vor allem auf die Form zu setzen, an eine alte, sogar die älteste Tradition der europäischen Philosophie an. Wohl hat Darwins Evolutionsbiologie den Glauben an *konstante* Formen in der Natur erschüttert, und Nietzsche nahm das philosophisch sehr ernst, auch wenn er Darwins Evolutionsbiologie in einzelnen Punkten angriff.[105] Doch mit der Evolution

---

105 Vgl. Verf., Darwin, Darwinismus, Nietzsche, und Verf., La pensée évolutionniste de Nietzsche.

auch der Formen in der Natur ist die Korrelation von Form und Inhalt als solche nicht obsolet, auch nicht für Nietzsche. Die Formen sind lediglich „flüssig" geworden (GM II 12), und damit kommen sie Formen gleich, die Menschen von sich aus gestalten können. Auf diesem philosophischen Stand ist keine Metaphysik mehr möglich, soweit Metaphysik auf unverändert Bleibendes und endgültig zu Bestimmendes, auf Konstantes und Definitives setzt, und in der Form der Philosophie kein System mehr, soweit mit ihr vollständige Verknüpfungen des Konstanten und Definitiven versucht werden. Philosophieren muss nun selbst flüssig werden, aus neuen Inhalten neue Formen gestalten und mit neuen Formen neue Inhalte erschließen. Sie kann das durch veränderliche und vielfältige Formungen, wie Nietzsche sie vorführt. Sie sind alle nicht darauf angelegt, irgendetwas Endgültiges festzustellen, sondern im Prozess dessen zu bleiben, was er ‚Leben' nennt, bringen dies nun aber aussagekräftig, prägnant zum Ausdruck.

Auch „Man ist um den Preis Künstler, daß man das, was alle Nichtkünstler Form nennen, als Inhalt, als die Sache selbst empfindet" hätte sich in dieser knappen Form als Sentenz veröffentlichen lassen. Die ‚Verkehrung der Welt' („Damit gehört man freilich in eine verkehrte Welt") muss nicht eigens ausgesprochen werden. Nietzsche scheint nun den Schluss gezogen zu haben: Wenn sich in meinem Werk die Verkehrung *zeigt*, erübrigt es sich, das auch noch zu sagen. Worüber man nicht reden muss, kann man schweigen. Auf die Veröffentlichung der Sentenz kann man verzichten. Um aber so prägnant reden und damit neue Formen und Inhalte schaffen zu können, braucht es viele Aufzeichnungen mit schrittweise prägnanteren Formungen.

11 Vielfalt von Formen als Form des Hauptwerks

Die letzten Jahre von Nietzsches philosophischer Arbeit sind, wie er in der Tat selbst immer wieder bezeugt, zunächst der Anstrengung gewidmet, zu einem „Hauptwerk" zu kommen, für das die Form des aus Prinzipien folgenden Systems nahelag. So schreibt er an seine Schwester, seinen Schwager und später an seinen Verleger:

> Für die nächsten 4 Jahre ist die Ausarbeitung eines vierbändigen Hauptwerks angekündigt; der Titel ist schon zum Fürchten-Machen: „Der Wille zur Macht. Versuch einer Umwerthung aller Werthe". Dafür habe ich Alles nöthig, Gesundheit, Einsamkeit, gute Laune, vielleicht eine Frau.[106]

---

[106] Brief an Bernhard und Elisabeth Förster aus Sils-Maria, 2. September 1886, Nr. 741, KSB 7.241.

[Wir werden] Ende nächsten Jahres wahrscheinlich daran gehen müssen, mein Hauptwerk die <u>Umwerthung aller Werthe</u> zu drucken. Da dasselbe einen sehr strengen und ernsten Charakter hat, so kann ich ihm nichts Heiteres und Anmuthiges hinten nach schicken. Andrerseits muß ein Zeitraum <u>zwischen</u> meiner letzten Publikation und jenem <u>ernsten</u> Werke liegen. Auch <mö>chte ich nicht, daß es unmittelbar auf die übermüthige farce gegen Wagner folgte. —[107]

Er selektiert sichtlich seine Gedanken auf dieses „Hauptwerk" hin, legt nummerierte Register für ihre Aufnahme darin an und erstellt immer neue Pläne für dessen Einteilung.[108] Doch Nietzsche gab, wie inzwischen klar ist,[109] die Idee eines Hauptwerks auf – zugunsten von Werken in unterschiedlichen Formen: 1888 entstand das Quintupel aus *Der Fall Wagner, Götzen-Dämmerung, Der Antichrist, Ecce homo* und zuletzt, neben Nietzsches Sammlung seiner Spitzen gegen Wagner unter dem Titel *Nietzsche contra Wagner*, die er zwar zum Druck beförderte, dann aber doch nicht veröffentlichte, die *Dionysos-Dithyramben*, die er nicht mehr zum Druck befördern konnte. Man hat die fünf Werke ihrerseits wieder zu vereinheitlichen und zu thematischen ‚Dyaden' oder ‚Zwillingen' zusammenzustellen versucht,[110] ohne damit zu überzeugen. Gerade Nietzsches letzte Bücher nahmen je eigene und aussagekräftige Formen an.[111] Da die Werke in *einem* großen Arbeitsprozess entstanden und Nietzsche unter ihnen auch Textpartien austauschte, liegen thematische Familienähnlichkeiten sicherlich nach allen Seiten nahe, und Nietzsche hat selbst in Briefen an Heinrich Köselitz und an den Verleger Constantin Georg Naumann auch Gruppierungen seiner Werke angeregt.[112] Doch das geschah lediglich zu Reklamezwecken. *Der Fall Wagner* ist eine Streitschrift *ad personam*, und im noch zuletzt gewählten Titel *Götzen-Dämmerung* (vs. Wagners *Götter-Dämmerung*) klingt das nach. *Götzen-Dämmerung* aber wurde mit ihren gezielt vereinzelten „Sprüchen", die Nietzsche mitunter zu ebenfalls polemischen

---

107 Brief an Constantin Georg Naumann aus Sils-Maria, 7. September 1888, Nr. 1103, KSB 8.411 f.
108 Ulmer, Nietzsche, ebenfalls von der Vorstellung einer „spekulativen" Grundlegung der Philosophie und eines entsprechenden Hauptwerks geleitet, hat wie kein anderer Nietzsches Ringen um einen einheitlichen Sinn dieses Werkes dargestellt, mit dem er lediglich nicht zu Ende gekommen sei.
109 Vgl. u. a. Montinari, Nietzsches Nachlass von 1885 bis 1888 oder Textkritik und Wille zur Macht; Winteler, Nietzsches *Antichrist* als (ganze) Umwerthung aller Werthe.
110 Zuletzt Meier, Nietzsches Vermächtnis.
111 Vgl. Sommer, Ein philosophisch-historischer Kommentar zu Nietzsches *Götzen-Dämmerung*, 53: Dass Nietzsche jene ganze Reihe von Büchern verfasste, ist gleichermaßen „ein sprechender Beweis für die anhaltende Stärke [seines] Werkwillens und die ebenso anhaltende Differenzierungskraft des Autors."
112 Briefe an Constantin Georg Naumann vom 7. September 1888 (Nr. 1103) und an Heinrich Köselitz vom 12. September 1888 (Nr. 1105) aus Sils-Maria, KSB 8.411 und 417.

„Pfeilen" zuspitzt, ihren nun thematisch konzentrierten und in zusammenhängende Ketten geordneten Aphorismenbüchern, der zwischen sie eingerückten „Fabel" von der „„wahren Welt"", ihren frei schweifenden Aphorismen häufig wieder zu Personen („Streifzüge" eines Philosophen auf der Jagd) und ihrer abschließenden Zitaten-Sammlung aus *Also sprach Zarathustra* („Der Hammer redet") ein neues großes Form-Experiment. Andreas Urs Sommer nennt es „Nietzsches buchförmige Aufhebung der Buchform".[113] Mit *Der Antichrist*, seinem „Fluch auf das Christenthum", den Nietzsche zunächst zum ersten Buch seiner „Umwerthung aller Werthe", dann zu ihr überhaupt erklärte, verschrieb er sich, laut einem Brief an Georg Brandes, der „Agitation", mit der er zugleich jüdisches „Großcapital" für eine weltweite Wirkung mobilisieren wollte.[114] In kämpferischer Grundhaltung – in seinen Aufzeichnungen und Werken ist nun laufend von „Gegenbewegung" die Rede – formuliert er auch in den zum Druck beförderten Büchern umstandslos dogmatisch („ich, der Lehrer der ewigen Wiederkunft …", GD, Was ich den Alten verdanke 5; „Was ist gut? – Alles, was das Gefühl der Macht, den Willen zur Macht, die Macht selbst im Menschen erhöht", AC 2; „… redet aus mir die Wahrheit", EH, Warum ich ein Schicksal bin 1). Um die Agitation zu bestärken, schreibt er rasch *Ecce homo*, die groß angelegte Genealogie seines eigenen Denkens („Wie man wird, was man ist"), in der er zeigt, „warum" gerade er so „weise" und „klug" werden und „so gute Bücher" schreiben konnte und wie er zum „Schicksal" jener kämpferischen Umwertung aller Werte wurde. Er steht auch hier nicht an, sich selbst zu kompromittieren, durch bewusst erfundene und leicht zu widerlegende Details („Ich bin ein polnischer Edelmann pur sang", EH, Warum ich so weise bin 3), um sich am Ende selbst zu erhöhen („Ich bin ein f r o h e r B o t s c h a f t e r, wie es keinen gab", EH, Warum ich ein Schicksal bin 1). Zuletzt gesellt er noch eine ganz andere Form hinzu, die Sammlung seiner Lieder aus *Also sprach Zarathustra*, großenteils aus dem nicht publizierten IV. Teil, die er durch weitere ergänzt: Er will nun, wie er schon seinen Zarathustra hatte sagen lassen, „singen" und nicht mehr sprechen (Za III, Von der grossen Sehnsucht). Im Lied wird das Philosophieren in der Tat ganz Kunst, ganz Form, die begrifflichen Inhalte gehen in ihm auf. Dann bricht Nietzsches Arbeitsprozess ab …

---

113 Sommer, NK 6/1, 52.
114 Brief an Georg Brandes aus Turin, Anfang Dezember 1888, Nr. 1170, KSB 8.500f. Weil Nietzsche AC in EH nicht unter seinen Büchern erwähnt, will Groddeck, Werkkomposition und Textgenese, 193, AC gar nicht als „Teil seines literarisch-philosophischen *Werkes*" betrachten.

12 Arbeitsmaterial für Formungen: Themen, Texte und Gedanken

Vieles blieb nun liegen, soweit Nietzsche es nicht bewusst zurückgehalten hat. Man kann hier nicht klar unterscheiden; Nietzsche hätte nicht Veröffentlichtes später noch zur Veröffentlichung ausarbeiten können. Das Liegengebliebene, Nachgelassene besteht in Texten, die Themen behandeln, zu denen Nietzsche seine Gedanken beiträgt. Sie sind das Arbeitsmaterial seiner Formungen, und sie haben unterschiedliches Gewicht für sein Philosophieren. Aber was ist ein Text, ein Thema, ein Gedanke? Nietzsche gebraucht die drei Begriffe regelmäßig, ohne sich um Definitionen zu bemühen, verwendet sie auf gängige Weise. Wir müssen sie bestimmen, um sie gewichten zu können. Ich beginne mit dem Thema.

Ein *Thema* ist etwas, das sich in einem Gespräch, einem Denkprozess, aber auch in der Musik dadurch konstituiert und kontinuiert, dass man immer wieder auf es zurückkommt. Man kommt auf es zurück, nicht indem man es einfach wiederholt, sondern indem man Neues zu ihm ‚beiträgt'; es ‚erschöpft sich', erlöscht, verschwindet, wenn ‚nichts mehr Neues zu ihm kommt'.[115] Es ist nichts an sich Bestehendes, sondern besteht darin, dass ihm immer neue Beiträge zugeordnet werden. Die Unterscheidung von Thema und Beiträgen gleicht wohl der metaphysischen von Substanz und Akzidens, ‚Zugrundeliegendem' und ‚Zufallendem', fällt aber nicht mit ihr zusammen: Das Thema ist im Fluss, ist der Fluss der ihm zugeordneten Beiträge, ist, wie nach Nietzsche aller Sinn, eine flüssige Form flüssiger Inhalte. Auch von einem Thema gilt, was Nietzsche in *Zur Genealogie der Moral* von der „‚Entwicklung' eines Dings, eines Brauchs, eines Organs" sagt. Es ist

> die Aufeinanderfolge von mehr oder minder tiefgehenden, mehr oder minder von einander unabhängigen, an ihm sich abspielenden Überwältigungsprozessen, hinzugerechnet die dagegen jedes Mal aufgewendeten Widerstände, die versuchten Form-Verwandlungen zum Zweck der Vertheidigung und Reaktion, auch die Resultate gelungener Gegenaktionen. (GM II 12)[116]

In Kommunikationen entwickeln sich Themen in „doppelter Kontingenz": Die eine Seite kann immer anders antworten, als die andere Seite erwartet hat.[117] In der ‚Entwicklung' von Gesprächen und auch beim freien Musizieren wie dem Improvisieren oder dem Jazz ‚kommt man auf Themen', ‚stößt auf sie', sie ‚fallen

---
115 Vgl. Luhmann, Soziale Systeme, 213–216.
116 Vgl. zur kontextuellen Interpretation Verf., Nietzsches ‚Genealogie der Moral', 70–88.
117 Luhmann, Soziale Systeme, 412.

einem ein' und man ‚hält sich' dann eine Weile an sie. Man kann ‚bei ihnen bleiben', sie aber auch ‚wechseln'. Dabei sind auch die kommunizierenden ‚Subjekte' nichts ‚Zugrundeliegendes'; keines kann die Kommunikation, wenn es sich nicht um Verhöre und Ähnliches handelt, einseitig steuern, beide lassen sich ihrerseits von den ‚behandelten' Themen leiten. Ein neues Thema kann im alltäglichen und auch im wissenschaftlichen Kommunikationsprozess in der Regel nicht einfach ‚gesetzt' werden, es muss aus den bisherigen ‚hervorgehen', auch im Sinn der ‚Abwechslung'; ein Thema kann andere ‚ausstechen', aber auch wieder ‚verschwinden'. Etymologisch ist ‚Thema' wohl etwas ‚Gesetztes' wie in politischen Versammlungen oder Gerichtsverhandlungen der alten Griechen; man kann Themen ‚auflisten' und ‚der Reihe nach abhandeln'. In nicht vorab durchorganisierten Kommunikationsprozessen jedoch ist ein Thema ein Anhaltspunkt in der wechselseitigen Orientierung, an den man ‚sich halten' kann oder nicht und zu dem man, hat die Entwicklung des Gesprächs andere Richtungen genommen, ‚wieder zurückkehren' kann oder nicht. Als Anhaltspunkte, die stets Spielräume für weitere Anhaltspunkte lassen und dann Muster von Anhaltspunkten bilden können, mit denen die Beteiligten gemeinsam ‚etwas anfangen können',[118] schaffen Themen Anschlussmöglichkeiten für umfassendere Zusammenhänge und Ordnungen in Orientierungsprozessen. Man muss sich nicht definitiv an sie halten, sondern kann stets suchend und tastend über sie hinausgehen und schweifend weiter vorangehen, was Nietzsche sehr schätzt. Man kann aber auch ‚sich auf bestimmte Themen konzentrieren', was er zugleich laufend tut, ohne in der Regel seine Themen festzusetzen und aufzulisten.

Kurz: Themen sind Anhaltspunkte für kommunikative Orientierungsprozesse. Ihre Spielräume ermöglichen, sich ‚frei zu bewegen'; die Grenzen der Spielräume verhindern zugleich, dass Themen ‚ausufern' oder man zwischen ihnen ‚springt', zusammenhanglos ‚das Thema wechselt'. Um Themen wechseln zu können, müssen in Spielräumen ‚Punkte' auftauchen, die zu einem ‚eigenen Thema' werden können. Solche Anhaltspunkte werden dann zu ‚Angelpunkten' für ‚Anschlüsse' weiterer Themen. Spielräume von Themen können sich auf diese Weise ‚verschieben', tun das ihrerseits aber meist wieder nur in Spielräumen; ansonsten ‚verliert man die Orientierung'.[119] In summa geht es in kommunikativen und auch in musikalischen Orientierungsprozessen zuerst und zuletzt nicht darum, Ordnungen zu fixieren und zu begründen, sondern ‚Wege' oder, wie beim Jazz, ‚Standards' durch immer neue Anhaltspunkte zu markieren, an die sich neue

---

118 Vgl. Verf., Philosophie der Orientierung, 237–263.
119 Vgl. Verf., Philosophie der Orientierung, 221–225.

Anhaltspunkte mit neuen Kontexten anschließen lassen. Dies ist die Grundform von Nietzsches Philosophieren.

Neue Anschlüsse durch neue Angelpunkte, die neue Kontexte eröffnen, erweitern die Horizonte der kommunikativen und musikalischen Orientierungsprozesse. Bleiben die Themen in einem gewissen ‚Umkreis', bilden sie ‚Themenkomplexe', jene ‚inneren Ordnungen', von denen Nietzsche spricht. Man ‚kennt sich' in ihnen dann ‚aus' und kann auf immer feinere ‚Variationen' und ‚Zwischentöne' achten. Dies ist der regelmäßige Duktus von Nietzsches Philosophieren.

In seinen Begriffen ‚organisieren' Themen ‚Sinn', ebenso in seinen nachgelassenen Aufzeichnungen wie in seinen zum Druck beförderten Werken. Nietzsche kommt philosophisch so weiter voran als die ‚Systematiker'. Er kann mit seiner Methode immer weitere und tiefere Felder der Philosophie erschließen, und wenn man sein Philosophieren verstehen will, muss man diese Methode nachvollziehen. In seinen Schriften finden sich kaum definitive Verknüpfungen, aber überall thematische Anschlüsse und Überschneidungen. So kann er seiner erklärten ‚Aufgabe' nachkommen, dem ‚Leben' gerecht zu werden: Um die unbestimmbare Komplexität des Lebens philosophisch auszuloten, müssen die komplexen thematischen Vernetzungen immer wieder andere sein, das Philosophieren darf sich nicht ‚an einem Thema festbeißen' – Nietzsche sieht sich mehr als Vogel denn als Jagdhund. Aus den laufend sich verändernden Themenkomplexen, auf die er es anlegt, aus den Mosaiken, die so entstehen, kann man einzelne Themen nur künstlich und unter Verlust ihres kontextuellen Sinns identifizieren und isolieren. Die thematischen Kontexte müssen immer mitgesehen werden, auch wenn das oft nur begrenzt möglich ist. Themen können sich in Kommunikationsprozessen und so auch in Nietzsches Schriften mit der Zeit aber auch so weit ‚voneinander entfernen' oder ‚auseinanderentwickeln', dass sie ‚nichts mehr miteinander zu tun zu haben' scheinen. Man ‚sieht' dann ‚keinen Zusammenhang mehr' unter ihnen. Dann wird man die Themen ‚trennen' und sehen, welche er zurückgelassen oder zurückgehalten hat, um andere weiterzuverfolgen.

Doch da Zusammenhänge unterschiedlich ‚gesehen' werden können, kann für Nietzsche noch zusammenhängen, was uns schon ohne Zusammenhang zu sein scheint – so wie die Rabbinen in Tora und Talmud auch dort noch Zusammenhänge sehen, wo sie anderen völlig entlegen scheinen. Zusammenhänge an sich, das macht Nietzsche unmissverständlich klar, gibt es nicht, man ‚stellt sie jeweils her' (für die Rabbinen hat sie Gott hergestellt). In einer Durchsicht metaphysischer Begriffe wie Substanz, Subjekt, Seele, Sein notiert sich Nietzsche im Herbst 1887: „Unser Grad von <u>Lebens- u. Machtgefühl</u> (Logik u. Zusammenhang des Erlebten) giebt uns das Maaß von ‚Sein', ‚Realität', Nicht-Schein."[120] Das Lebens- und Machtgefühl aber kann in jeder individuellen Orientierung und wiederum in jeder Orientierungssituation ein anderes sein. Nietzsche kennzeichnet denn auch seine Themen nicht scharf; Überschriften, durch die er sie anzeigt, können wohl auf sie hinführen, aber auch von den ‚eigentlichen Themen' ablenken. In den Aufzeichnungen setzt er zuweilen nachträglich Überschriften hinzu, erkennt selbst erst hernach, worum es ihm da gegangen ist und wie er es einordnen könnte. Erstellt er Themenlisten, arbeitet er sie meist nicht in der vorgezeichneten Weise ab. Auch in den veröffentlichten Werken ist es eher die Ausnahme, dass er, wie etwa für die dritte Abhandlung von *Zur Genealogie der Moral*, Abfolgen vorgibt, und da entstehen dann auch Ermüdungseffekte. In Nietzsches umfassendem philosophischem Orientierungsprozess, in dem er mehr fragt und sucht als findet und Ergebnisse mitteilt, führt wohl alles oder doch vieles thematisch aufeinander hin, aber selten auf schon vorgegebenen Wegen, und das Interessante sind dann eben die Wechsel der Wege zu ‚denselben' Themen, die in wechselnden Kontexten sich dann doch wieder verändern können. Trennt man bei Nietzsche also Themen, um sie zu identifizieren, wie wir es hier tun müssen, engt man, auch wenn man sie nicht zu systematisieren versucht, schon seinen Orientierungs-, Denk- und Schreibprozess ein, der auf die Erweiterung von Horizonten und den Wechsel und die Vernetzung von Perspektiven aus ist. Hier liefert die neue Edition der nachgelassenen Aufzeichnungen in der KGW IX jedoch deutlichere Anhaltspunkte: Man kann hier immerhin beobachten, wie die Themen topologisch und chronologisch zusammenkommen und wie Nietzsche sie schrittweise vernetzt.

Aufzeichnungen sind *Texte*: Wie verhalten sich Texte zu Themen? Bei Nietzsches nachgelassenen Aufzeichnungen werden auch Begriffe des Textes prekär.[121] Sie sind, wie jetzt zu sehen ist, keine Texte im üblichen Sinn zusammenhängender und durchformulierter schriftlicher Beiträge zu einem bestimmten Thema, sondern liegen in verschiedenen aufeinanderfolgenden Textschichten vor, denen immer noch weitere hätten folgen können; mit jedem neuen Eintrag können sich auch die Themen verschieben. Aber sie liegen immerhin schriftlich vor und bleiben so, wie sie niedergeschrieben wurden, liegen.[122] In Schriften ist der Orientierungsprozess vorläufig zum Stehen gekommen, so dass man sich über die Zeit hinweg an sie halten und unter den verschiedensten Gesichtspunkten auf sie referieren kann. Sie machen wieder neue Orientierungen möglich, für den Autor

---

120 N Herbst 1887, 10[19], KSA 12.465, KGW IX 6, W II 2, 127.
121 Vgl. die ausführliche Darstellung der Debatten um den Textbegriff bei Pichler, Philosophie als Text, 13–38.
122 Vgl. dazu grundlegend Derrida, De la Grammatologie.

ebenso wie für andere Leser*innen. Im Text aber ist der Autor abwesend, auch für ihn selbst; er kann irgendwann vergessen haben, was er ‚mit ihm meinte', und ihn ‚neu lesen'. So kann man dem Text auch nicht einfach eine Autorintention zuschreiben und seine Einheit und seinen Sinn an ihr festmachen. Stattdessen muss man, ebenfalls im Sinn Nietzsches, die Körperlichkeit oder Leiblichkeit oder ‚Materialität' des Schreibens, wie man sie jetzt nennt, einbeziehen.[123] Ein Text ist dann etwas mit einem Schreibwerkzeug (im Fall Nietzsches einem Bleistift, einer Tintenfeder, zeitweise einer Schreibmaschine, manchmal der Möglichkeit zu diktieren) auf einem Schreibmaterial (Hefte, lose Blätter, Briefpapier) und in bestimmten Schreibsituationen thematisch, aber nicht zwingend räumlich und zeitlich zusammenhängend Geschriebenes – und eben das sind Nietzsches nachgelassene Aufzeichnungen mit all den nachträglichen Eintragungen, Streichungen, Umstellungen, Ergänzungen, auch wenn sie nicht Texte im traditionellen Sinn von fertigen Texten sind.

Wir haben von Nietzsche nur die Texte. Durch ihre ins Auge fallende Topologie haben sie, auch wenn sie uns im Fall der Aufzeichnungen nur als Textschichten vorliegen, deutlichere Grenzen als Themen. Überborden die Beiträge zu einem Thema einen schon geschriebenen Text, werden die Textschichten auch für den Schreiber, hier Nietzsche, unübersichtlich, fängt man und fängt auch er einen neuen, räumlich abgetrennten Text an, er eine neue Aufzeichnung auf einer neuen Doppelseite, einen neuen Aphorismus in einem Buch. Man vermutet dann eine neue Perspektive auf das Thema oder ein neues Thema. Um die Behandlung der Facetten eines Themas übersichtlich zu machen, gliedert man Texte gewöhnlich in druckgraphisch abgesetzte Abschnitte. Nietzsche tut das in seinen Aphorismenbüchern zumeist nicht: Seine Aphorismen können sich über mehrere Seiten hinweg ohne Absätze hinziehen.[124] Es scheint ihm gerade darum zu gehen, Zusammenhänge von Themen in *einem* Text sichtbar zu machen. In seinen Aufzeichnungen und ihrer Grundeinheit, der Doppelseite, dagegen *macht* er häufig Absätze, und er schaltet auch Leerzeilen ein: Hier trennt er Themen weit deutlicher; weitere Kontexte notiert er oft am Rand oder auf der gegenüberliegenden Seite.

---

[123] Das hat auch Wittgenstein thematisiert. Vgl. Verf., Schreiben / Denken : Nietzsche – Wittgenstein. Wie sich das Selbst beim Schreiben konfiguriert, wird an vielfältigen Beispielen aus der Literatur erörtert in Giuriato / Stingelin / Zanetti (Hg.), „Schreiben heißt: sich selber lesen". Schreibszenen als Selbstlektüren.

[124] Zuweilen setzt Nietzsche zu ihrer Einteilung Gedankenstriche hinter Punkten ein. Vgl. Verf., Nietzsches Befreiung der Philosophie, 175–177. – Übersetzer haben oft eigenmächtig Absätze in Nietzsches Texte eingefügt.

Was verknüpft dann Themen und Texte? Man wird wohl sagen, und auch Nietzsche sagt es: seine *Gedanken*.

Er definiert auch Gedanken nicht. Er hat jedoch in einer nicht zum Druck beförderten längeren Aufzeichnung von 1885 Beobachtungen zur Formierung von Gedanken angestellt:

> **[G 1a]** Der Gedanke ist in der Gestalt, in welcher er kommt, ein vieldeutiges Zeichen, welches der Auslegung ~~bedarf~~, genauer, einer willkürlichen Einengung und Begränzung {bedarf}, bis er endlich eindeutig wird. Er taucht in mir auf – woher? wodurch? das weiß ich nicht. Er kommt, unabhängig von meinem Willen, gewöhnlich umringt und verdunkelt durch ein Gedräng von Gefühlen, ~~Affekten und~~ {Begehrungen, Abneigungen, auch von} andern Gedanken, oft genug von einem „Wollen" oder „Fühlen" kaum zu unterscheiden. Man zieht ihn aus diesem Gedränge, reinigt ihn, stellt ihn auf seine Füße, man sieht, wie er ~~geht~~ {dasteht, wie er geht, Alles in einem erstaunlichen presto u doch ganz ohne das Gefühl der Eile}: *wer* das Alles thut, – ich weiß es nicht und bin {sicherlich} mehr Zuschauer dabei als Urheber dieses Vorgangs. Man sitzt dann über ihn zu Gericht, man fragt: „was bedeutet er? was darf er bedeuten? hat er Recht oder Unrecht?" – man ruft andere Gedanken ~~herbei~~ {zu Hülfe, man vergleicht ihn}. Denken ~~ist~~ {erweist sich} dergestalt {beinahe als} eine Art Übung und Akt der Gerechtigkeit, bei dem es einen Richter, eine Gegen-Parthei, auch {sogar} ein Zeugenverhör ~~{im Ganzen also viele Subjekte u. nicht nur Ein Subjekt}~~ giebt, dem ich ein wenig zuhören darf – freilich nur ein wenig: das Meiste{, so scheint es,} entgeht mir. –[125]

Das gleicht stark dem, was Nietzsche in *Zur Genealogie der Moral* von der „,Entwicklung' eines Dings, eines Brauchs, eines Organs" sagen wird (GM II 12): Auch den Gedanken gibt es nicht einfach, er steht so wenig fest wie ein Thema und ein Text, und seine Ursprünge kann man noch weniger zurückverfolgen.[126] Gedanken

---

125 N Juni – Juli 1885, 38[1], KSA 11.595f., KGW IX 12, Mp XVI, 23r. Es handelt sich um ein von Louise Röder-Wiederhold niedergeschriebenes Diktat, das Nietzsche dann korrigiert hat. Er fasst damit eine Aufzeichnung aus dem Sommer – Herbst 1884, 26[92], KSA 11.173f., neu. Den Details brauchen wir hier nicht nachzugehen. Figl, Interpretation als philosophisches Prinzip, 159–162, ist auf die Aufzeichnung bereits ausführlich eingegangen, allerdings ohne nachzufragen, was „Gedanke" hier bedeutet. Ihm ging es noch darum zu zeigen, „daß die Festlegung der Bedeutung eines Gedankens im Bewußtsein ein wesenhaft hermeneutischer Prozeß ist" (160), und für diese Hermeneutik muss der Gedanke als solcher vorausgesetzt werden. Haase, Friedrich Nietzsche liest Francis Galton, 652–658, hat für die Aufzeichnung Francis Galtons *Inquiries into Human Faculty and its Development* (1883) als eine Quelle nachgewiesen. Zur Spiegelung dieser Aufzeichnung in Wittgensteins Bemerkungen zum Denken des Denkens vgl. Verf., Schreiben / Denken : Nietzsche – Wittgenstein, 200–203.
126 Vgl. JGB 16, 17 und 19 aus dem Jahr 1886 und N Herbst 1887, 10[158], KSA 12.549, KGW IX 6, W II 2, 31, im Blick auf Descartes' letzte Gewissheit im *cogito*: „Reduzirt man den Satz auf ‚es wird gedacht, folglich giebt es Gedanken' so hat man eine {bloße} Tautologie: u. gerade das, was in Frage steht die ‚Realität des Gedankens' ist nicht berührt, – nämlich in dieser Form ist die ‚Scheinbarkeit' des Gedankens nicht abzuweisen. Was aber Cartesius *wollte*, ist, daß der Gedanke

hat man ‚im Kopf', ohne dass man sagen könnte, was das denn bedeutet. Sie sind auch nicht irgendwie gewollt, sondern entstehen ebenfalls in einem evolutionären Prokreations-, Variations- und Selektionsprozess, der keinen identifizierbaren Akteur, keinen Autor hat; ein solcher Autor wird ebenfalls erst in einem solchen Prozess festgestellt oder festgesetzt. Das „Man", das Nietzsche hier einsetzt, ist eine vorläufige Hilfsgröße; denn auch dieses „Man" konstituiert sich erst, wenn man eine Ursache für einen Gedanken sucht. „Man" macht eine solche Ursache dann zugleich zum Richter über die Haltbarkeit des Gedankens. Der Gedanke und das ihn Denkende kommen zusammen zum Stehen. Bei näherer Betrachtung aber zerfällt das „Man" in viele Subjekte unterschiedlicher Perspektiven, die doch keine souveränen Subjekte im gewohnten Sinn sind; Nietzsche hat die Einfügung wieder durchgestrichen. So bleibt, kritisch beobachtet, nur die immer neue Überraschung durch die Evolution von Gedanken, die Überraschung für jenes Denkende, das die Gedanken dann zu seinen eigenen erklärt und dadurch erst zu einem Ich wird.

Nietzsche spielt das in *seiner* Zurechtlegung, *seiner* Interpretation dieses Evolutionsprozesses auf *seinen* Gedanken des Willens zur Macht oder, wie er zunächst sagt, des Machtgefühls hinaus. Er fährt nach einem trennenden Gedankenstrich fort:

> [G 1b] Daß jeder Gedanke zuerst vieldeutig und schwimmend ist̶ {kommt} und an sich nur ein̶ {als} Anlaß zum Versuch der Interpretation,̶ e̶n̶d̶l̶i̶c̶h̶ {oder} zur willkürlichen Festsetzung, d̶a̶s̶ i̶s̶t̶ e̶i̶n̶ E̶r̶f̶a̶h̶r̶u̶n̶g̶s̶s̶a̶t̶z̶,̶ w̶e̶l̶c̶h̶e̶n̶ m̶i̶r̶ j̶e̶d̶e̶r̶ g̶u̶t̶e̶ B̶e̶o̶b̶a̶c̶h̶t̶e̶r̶ z̶u̶g̶e̶b̶e̶n̶ w̶i̶r̶d̶ {daß bei allem Denken eine Vielheit von Personen betheiligt scheint —: dies ist nicht gar zu leicht zu beobachten, wir sind im Grunde umgekehrt geschult, nämlich beim Denken nicht an's Denken zu denken}. Der Ursprung des Gedankens bleibt verborgen; die Wahrscheinlichkeit dafür ist groß, daß er nur ein̶ {das} Symptom eines {viel} umfängliche{ren}, ̶u̶n̶s̶ u̶n̶b̶e̶w̶u̶s̶s̶t̶e̶n̶ Zustandes ist; g̶l̶e̶i̶c̶h̶ j̶e̶d̶e̶m̶ G̶e̶f̶ü̶h̶l̶e̶,̶ d̶a̶s̶ a̶u̶c̶h̶ n̶u̶r̶ a̶l̶s̶ Z̶e̶i̶c̶h̶e̶n̶ k̶o̶m̶m̶t̶; darin daß gerade er

---

nicht nur eine scheinbare Realität hat, sondern an sich." In WA 6, KSA 6. 24, schreibt Nietzsche: „Nichts ist compromittirender als ein Gedanke! Sondern der Zustand v o r dem Gedanken, das Gedräng der noch nicht geborenen Gedanken, das Versprechen zukünftiger Gedanken, die Welt, wie sie war, bevor Gott sie schuf, – eine Recrudescenz des Chaos... Das Chaos macht ahnen...". In N Frühjahr 1888, 14[152], KSA 13.335, KGW IX 8, W II 5, 59, notiert er: „Wir glauben, daß Gedanke u Gedanke, wie sie in uns nacheinander folgen, in irgend einer causalen Verknotung stehen: der Logiker in Sonderheit, der thatsächlich von lauter Fällen redet, die niemals in der Wirklichkeit vorkommen, hat sich an das Vorurtheil gewöhnt, daß Gedanken Gedanken verursachen, – er nennt das – Denken...". In N Sommer 1888, 20[127], KSA 13.570, KGW IX 11, W II 10, 30, heißt es dann: „ein Gedanke, / h̶e̶u̶t̶e̶ {hell} noch {heiß} flüssig, h̶e̶i̶ß̶ Lava: / aber jede Lava baut / um sich selbst eine Burg, / jeder Gedanke erdrückt / sich zuletzt mit ‚Gesetzen'". In GD, Die vier grossen Irrthümer 3, schreibt Nietzsche schließlich: „dass ein Gedanke verursacht wird? dass das Ich den Gedanken verursacht?", gehört zu den großen Irrtümern der europäischen Philosophie.

kommt und kein anderer, daß er gerade mit dieser größeren oder minderen Helligkeit kommt, mitunter sicher und ~~beinahe~~ befehlerisch, mitunter schwach und einer Stütze bedürftig, im Ganzen immer aufregend, fragend – für das Bewußtsein ~~ist~~ {wirkt} nämlich jeder Gedanke {wie} ein Stimulanz –: in dem allen drückt sich irgend etwas von unserem Gesammtzustande in Zeichen aus.[127]

Statt der gestrichenen „vielen Subjekte" spricht er nun von einer „Vielheit von Personen", die für ihn im wörtlichen Sinn Masken sind und hinter- oder nacheinander auftauchen.[128] So sind Gedanken wiederum nichts anderes als Anhaltspunkte in Denkprozessen, worin immer sie auch bestehen mögen. Um im Denken *Halt*, d. h. an festgesetzten Gedanken Anhaltspunkte zu finden, darf man nicht daran, nicht an den Denk*prozess*, nicht an das Geschehen dieses Denkens denken, muss man den Selbstbezug des Denkens ausschalten, auf den dereinst Descartes seine Selbstgewissheit und auf sie alle weiteren Gewissheiten gegründet hat. In seinem Denken ist man ebenso im Fluss wie in der Welt im Übrigen.[129] Man hat es auch hier stets mit einem „Gesammtzustand" zu tun, in dem alles irgendwie mit allem zusammenhängt. Isoliert man etwas daraus, um daran Halt zu finden – Gedanken und Themen, die man in Zeichen und Texten festhält –, verbinden sie sich rasch wieder zu neuen und bald unübersehbaren Komplexen. Das ist die Situation eines sein Denken scharf beobachtenden, dessen Umstände abwägenden und dabei redlich bleibenden Philosophen. Und sie ist auch noch unsere.[130]

Unsere Situation bei der anstehenden Aufgabe, das Gewicht von Nietzsches nachgelassenen Aufzeichnungen für sein Philosophieren zu ermitteln, ist danach, dass wir in seinen Themen, Texten und Gedanken wohl unser Arbeitsmaterial haben, sie aber nur mit großer Vorsicht isolieren und identifizieren und ange-

---

127 N Juni – Juli 1885, 38[1], KSA 11.595 f., KGW IX 12, Mp XVI 23r.
128 Vgl. Schubert, Masken denken – in Masken denken.
129 Vgl. die spätere und radikalere Aufzeichnung N November 1887 – März 1888, 11[113], KSA 13.54, KGW IX 7, W II 3, 148: „‚Denken', wie es die Erkenntnißtheoretiker ansetzen, kommt gar nicht vor: das ist ~~eine künstliche Elimination u.~~ {eine ganz willkürliche Fiktion, erreicht durch} Heraushebung Eines Elementes aus dem Prozeß {u. ~~Aus~~ und Subtraktion aller übrigen}, eine ~~willkürliche Fiktion~~ {künstliche Zurechtmachung} zum Zweck der Verständlichung..."
130 Zuletzt geht Nietzsche in seiner Aufzeichnung (nach einem weiteren Punkt und Gedankenstrich) zum Thema der Gefühle und Motive über, von denen man Ähnliches immer schon vermutet und von dem man das Denken unterschieden hat, um es eben davon freizuhalten. Den Motivierungsprozess, der im Nachhinein als „K a m p f d e r M o t i v e" gedeutet wird, hat Nietzsche schon in M 129 und FW 111 verfolgt. Spinozas „intelligere" erweist sich für ihn in FW 333 als „e i n g e w i s s e s V e r h a l t e n d e r T r i e b e z u e i n a n d e r": „Die längsten Zeiten hindurch hat man bewusstes Denken als das Denken überhaupt betrachtet: jetzt erst dämmert uns die Wahrheit auf, dass der allergrösste Theil unseres geistigen Wirkens uns unbewusst, ungefühlt verläuft".

sichts seines Arbeitsprozesses schon gar nicht systematisieren dürfen. Wir haben es überall, bei Themen, Text(schicht)en und Gedanken mit eng verwobenen Zusammenhängen zu tun, die wir nur auf eigene Verantwortung abgrenzen können. Dafür haben wir immerhin Anhaltspunkte daran, wie Nietzsche seine Themen, Texte und Gedanken in seinen Aufzeichnungen einerseits, den zum Druck beförderten Werken andererseits voneinander abgrenzt und miteinander verknüpft. Im Übrigen sind wir auf unsere eigenen Orientierungsentscheidungen angewiesen. Je besonnener wir dabei vorgehen – das Negativbeispiel von Nietzsches Schwester vor Augen – und je mehr wir uns an Nietzsches eigene Hinweise halten, desto eher werden wir seinem Denken gerecht werden können. Wir können dann exemplarisch ausloten, wie ein philosophischer Denk- und Orientierungsprozess wie der Nietzsches abläuft und sich organisiert. Im Zug dieser Beobachtungen sollte dann das Gewicht seiner nachgelassenen Aufzeichnungen für sein Philosophieren von Fall zu Fall zutage treten.[131]

13 Methode B zur Erschließung des Gewichts von Nietzsches Aufzeichnungen für sein Philosophieren: Experimentelles Aus- und Einhängen nicht zum Druck beförderter Themenkomplexe

Wir haben also in kontextueller, differentieller und chronologischer Interpretation zu ermitteln, welche Gedanken, Themen und Texte Nietzsche im Nachlass sei es zurückgelassen, sei es bewusst zurückgehalten hat, die für das spätere und unser heutiges Nietzsche-Verständnis große Bedeutung haben. Wir müssen zugleich damit rechnen, dass er manches schon gar nicht notierte, sondern, wie er in

---

[131] ‚Systematiker' werden uns für dieses Vorgehen eine nur ‚immanente Interpretation' vorwerfen. Zur Abwehr der Kritik an textnaher Nietzsche-Interpretation vgl. Pichler, Präsumtionen und Praktiken textnaher Forschung, 300–302. Man kann, unterschiedliche Orientierungsstandpunkte vorausgesetzt, gar keine Philosophie eines oder einer anderen „immanent" interpretieren: Man kommt immer von außen, und Nietzsche hat versucht, auch sein eigenes Philosophieren selbst immer wieder ‚von außen', aus anderen Perspektiven, zu sehen. Zum anderen aber dürfte sich jede gewollt ‚externe Interpretation' gerade gegenüber Nietzsches Philosophie fragwürdig machen. Denn sie müsste zunächst eine externe Perspektive finden, der Nietzsche mit seinem kritischen Philosophieren nicht schon den Boden entzogen hat. Und selbst wenn sich eine solche externe Perspektive fände, würde sie, solange sie Interpretation sein will, ja unvermeidlich wieder Nietzsches Philosophie in die eigene einbeziehen, was nun über ein Jahrhundert lang oft genug geschehen ist. Nietzsches perspektivistische Philosophie kann sachgerecht nur perspektivistisch interpretiert werden.

Jenseits von Gut und Böse schrieb, „hier stehen blieb, zurückblickte, sich umblickte, [...] h i e r nicht mehr tiefer grub und den Spaten weglegte" (JGB 289).[132] Zudem können Aufzeichnungen verlorengegangen sein, ohne dass wir davon wissen. Das Gewicht der Aufzeichnungen, die erhalten sind, können wir daran ermessen, dass wir sie, wie es Nietzsche von Perspektiven sagt, „aus- und einhängen" und uns dabei jeweils ein Bild von Nietzsches Philosophie im Ganzen machen, von ihrem Mosaik, nicht von ihrem System. Wir können darin seinem Gedanken einer „Experimental-Philosophie" folgen, den er ebenfalls nur in einer späten nachgelassenen Aufzeichnung formuliert hat. Seine „Experimental-Philosophie" sei eine Philosophie, die er „lebe" und mit der er „die Möglichkeiten des grundsätzlichsten Nihilismus" auslote, um dann zu einem „dionysischen Jasagen zur Welt, wie sie ist u̶ w̶a̶r̶ u̶n̶d̶ s̶e̶i̶n̶ w̶i̶r̶d̶, ohne Abzug, Ausnahme u Auswahl" zu kommen.[133] Die Formel „Experimental-Philosophie, wie ich sie lebe", steht in seinen Schriften solitär da: Nietzsche hat sie, wie die Topologie und Tektonik der stark überarbeiteten Aufzeichnung erkennen lässt, zuletzt noch in sie eingefügt.[134] In seinem veröffentlichten Werk hat Nietzsche sich zuvor auf den „eigentlichen Phänomenalismus und Perspektivismus, wie i c h ihn verstehe," festgelegt (FW 354), der ebenfalls auf einen „d i o n y s i s c h e n Pessimismus" (FW 370) hinausläuft. Damit sind jedoch keine dogmatischen, sondern methodische Festlegungen getroffen, nämlich bei allen Festlegungen alternative und gegenteilige mitzuerwägen, sich also mit keiner zufriedenzugeben, sondern die philosophische Orientierung immer weiter zu treiben. In diesem Prozess entwickeln

---

132 Vgl. die vorausgehenden Aufzeichnungen N April – Juni 1885, nicht in KSA, KGW IX 1, N VII 1, 82, und N Juni – Juli 1885, 37[5], KSA 11.579f., KGW IX 4, W I 6, 35, die Nietzsche auf die „Philosophie der ‚Gänsefüßchen'" hinausführt. Pichler, Philosophie als Text, 65–77, diskutiert detailliert die Überarbeitungen der Aufzeichnungen, um dabei ihr „paradox-subversives Potential" herauszuarbeiten. Sein Ergebnis ist, dass der veröffentlichte Aphorismus JGB 289 mit einem „apodiktischen Metakommentar über die Philosophie als solche" schließt („Jede Philosophie v e r b i r g t auch eine Philosophie; jede Meinung ist auch ein Versteck, jedes Wort auch eine Maske."). Auch hier erweist sich der zum Druck beförderte Aphorismus als ‚thetischer' oder ‚dogmatischer' gegenüber den Aufzeichnungen und Claus Zittels und Enrico Müllers Annahme, *diese* fielen ‚thetischer' oder ‚dogmatischer' aus, selbst als Dogma. Wie beide mir mitteilen, halten sie nicht mehr daran fest.
133 N Frühjahr – Sommer 1888, 16[32], KSA 13.492, KGW IX 9, W II 7, 144. In das Vorwort von EH, dessen 3. Abschnitt aus der Aufzeichnung hervorgeht, hat Nietzsche die zitierten Punkte nicht übernommen.
134 Zu Nietzsches „Experimentalistik" im Allgemeinen vgl. Thüring, Nietzsches Schreiben als philosophische Experimentalistik, der zeigt, wie Nietzsche zugleich mit seinen Notizen (durch häufigen Heftwechsel) und mit seinen Lebensumständen (durch häufigen Ortswechsel) experimentiert.

sich auch die von ihm gebrauchten Begriffe weiter. Beachtet man dies, entstehen keine Widersprüche und Ambivalenzen in Nietzsches Philosophieren, wie sie so oft berufen werden. Sie entstehen nur, wenn man von einem fest gefügten System ausgeht, nicht wenn man die Chronologie der Texte und die jeweiligen Kontexte beachtet.[135]

14 Stand der Forschung

Den Forschungsstand habe ich schon weitgehend umrissen. Alfred Baeumler, der so hartnäckig für Nietzsches „System" kämpfte und „alles philosophisch Wesentliche" in seinem Nachlaß" finden wollte, stellte in der Einführung zu seiner eigenen Nachlass-Auswahl unter dem Titel *Die Unschuld des Werdens* wohl die Frage „Wie verhalten sich seine veröffentlichten Werke und sein wirkliches Gedankenmaterial zueinander?" und damit auch nach Nietzsches Kriterien bei der Auswahl seiner Aufzeichnungen für das veröffentlichte Werk, nannte dann aber weder solche Kriterien noch Themen, die dem Nachlass vorbehalten blieben. Die generelle Differenz liege in der „Stimmung", nicht im Gedanken; in seinen zum Druck beförderten Werken arbeite Nietzsche „nicht als *Philosoph*, sondern als polemischer *Schriftsteller*": Im Nachlass bleibe „immer das zurück, was allgemein, grundsätzlich, philosophisch" sei und entsprechend nüchtern und gelassen formuliert werde. Dem Nachlass vorbehaltene besondere Themenkomplexe kann es nach Baeumler schon deshalb nicht geben, weil von 1882 an alles in den „einheitlichen" „Gedankenstrom" von Nietzsches „System" aufgehe, dem System des Willens zur Macht.[136] Die editionsphilologische Arbeit vor allem Mazzino

---

135 Vgl. Verf., Philosophieren als Vermeiden einer Lehre, und Verf., Nach Montinari. Zur Nietzsche-Philologie.
136 Baeumler, Einführung zu: Friedrich Nietzsche, Die Unschuld des Werdens, XXVIII, XXX f. Selbst Nietzsches Schwester hatte hier vorsichtiger formuliert, indem sie sich an Zitate von Nietzsche selbst hielt (Vorwort zu Bd. XIII und XIV von Nietzsche's Werke, Unveröffentlichtes aus der Umwerthungszeit (1882/83 – 1888), Leipzig (Naumann) 1903, VII-XII, hier IX). Schon sie hatte vom „andern Rhythmus", der „anderen Klangfarbe" der Aufzeichnungen gegenüber den von Nietzsche veröffentlichten Schriften gesprochen (XI). Zu besonderen Themen oder einer besonderen Gewichtung von Themen im Nachlass gegenüber den veröffentlichten Schriften sagt auch sie nichts. Man rubrizierte Nietzsches Aufzeichnungen ‚systematisch' nach den aus den veröffentlichten Schriften bekannten Themenfeldern „Philosophie, Moral, Psychologie, Religion, Cultur und Historisches", „Erkenntnistheorie, Rangordnung, Weib, Liebe und Ehe, Autobiographisches und Pläne" (XII). Themenüberschneidungen werden damit ignoriert, was Peter Gast (alias Heinrich Köselitz) in seinem Vorwort zu Bd. XIV, S. IX, auch einräumt. In kurzen Nachberichten zu den Bänden XIII und XIV führen die Herausgeber Peter Gast und August Horneffer

Montinaris hat das gründlich widerlegt. 1980 konnte Jörg Salaquarda im Blick auf die „großen Interpreten der dreißiger und fünfziger Jahre", zu denen er Baeumler nicht zählte, sagen: „Die allmähliche Abkehr von ihren Thesen geht Hand in Hand mit einer Zunahme der philologischen Genauigkeit, die freilich nicht an die Stelle der philosophischen Interpretation tritt, wohl aber diese trägt und untermauert." Der Weg gehe „von den plakativen zu differenzierten Thesen; von der Alternative ‚Philosoph oder Künstler' zur These vom ‚Philosophen sui generis'; von der mehr essayistischen zur stärker historisch-philologisch abgesicherten Interpretation".[137] Das gilt weiterhin. Erst jetzt aber bietet die Neuedition des späten Nachlasses in der KGW IX auch die erforderliche Arbeitsgrundlage für die differenzierte Erforschung des Nachlasses.

Mit ihr haben sich die methodologischen Überlegungen zur Nietzsche-Interpretation deutlich vermehrt, und exemplarische Studien wurden vorgelegt.[138] Hinzu kommen die inzwischen umfangreiche *Quellenforschung*, die wir zu einem großen Teil der italienischen Nietzsche-Forschung verdanken,[139] die vorbildliche Aufarbeitung des differenzierten Vorkommens von Lemmata, unterschieden nach Nachlass und Werk, im *Nietzsche-Wörterbuch*, das eine niederländische Forschungsgruppe herausgibt,[140] im weiteren Umkreis die prosperierende *Editions-,*

---

auch einige von Nietzsches Quellen auf, die Baeumler wenig interessierten. Peter Gast schließt sein Vorwort so: „Auf den Inhalt der Abschnitte oder auf die Gründe der getroffenen Anordnung einzugehen halten wir für nicht erforderlich." (X).

137 Salaquarda (Hg.), Nietzsche (Wege der Forschung), Einleitung, 12 u. 15.

138 Den oben schon genannten methodologischen Beiträgen ist hinzuzufügen Benne, Nietzsche und die historisch-kritische Philologie. Benne hat nachdrücklich auf die Bedeutung der Philologie, Nietzsches angestammter Disziplin, auch für sein Philosophieren aufmerksam gemacht. – 2008 fand in Greifswald mit Unterstützung der Trebuth-Stiftung zur Förderung des wissenschaftlichen Nachwuchses im Fach Philosophie eine von mir ausgerichtete internationale und interdisziplinäre Forschungskonferenz zum Thema „Neue Nietzsche-Philologie. Arbeit mit der KGW IX und dem Nietzsche-Wörterbuch" im Alfried Krupp Wissenschaftskolleg Greifswald statt; 2014 folgte die 22. Naumburger Nietzsche-Werkstatt unter Leitung von Marcus Andreas Born und Axel Pichler zum Thema „Der Nachlass". Einige der dort diskutierten Beiträge erschienen in Nietzscheforschung 22 (2015), 113–183. – Die Interpretation eines ganzen Buchs von Nietzsche zum Teil schon aufgrund der noch entstehenden KGW IX habe ich 2012 mit „Nietzsches Befreiung der Philosophie" zum V. Buch der FW, Axel Pichler mit „Philosophie als Text" 2014 zur GD vorgelegt. – Dass die einschlägige Forschung weitgehend im deutschsprachigen Raum vorangetrieben wurde, mag darin begründet sein, dass hier die Manuskripte in der Originalsprache im Vordergrund stehen.

139 Vgl. Alberts, Beiträge zur Quellenforschung in den Bänden 17–40 der Nietzsche-Studien, Register.

140 NWB. Weitere Beiträge wurden in Nietzsche-Online des Verlags De Gruyter veröffentlicht.

Text- und Schreibforschung, soweit sie für Nietzsche einschlägig ist,[141] und die in der Nietzsche-Interpretation von Anfang an präsente ausgedehnte *literaturwissenschaftliche Forschung*, die sich ebenfalls häufig mit der philosophischen verschränkt. Sie differenziert die literarischen Formen von Nietzsches Schriften, erörtert unter Heranziehung der Kommunikations- und Medienwissenschaften seine vielfältigen Modi der Mitteilung und erinnert dabei stets daran, dass Nietzsche sich ausdrücklich von seinen Schriften unterscheidet (EH, Warum ich so gute Bücher schreibe 1). Während man inzwischen weithin bereit ist, in Nietzsches Werken literarische Maskierungen seiner Autorschaft anzunehmen, glaubt man in den Aufzeichnungen immer noch Nietzsche selbst sprechen zu hören. Das könnte täuschen, sofern Nietzsche bei seinen Aufzeichnungen schon ihre mögliche Veröffentlichung im Auge hatte. Der Einfachheit halber wird man aber vom Autor Nietzsche – und sei es seiner Masken – sprechen dürfen, im Wissen, dass man es nicht einfach mit „der historisch-biographischen Person Friedrich Nietzsche" zu tun hat.[142]

Für das veröffentlichte Werk wird der Stand der Forschung im umfassenden *Kommentar* des Nietzsche-Forschungszentrums der Universität Freiburg unter Leitung von Andreas Urs Sommer zusammengeführt. Er ist für die Erforschung auch des Nachlasses unentbehrlich. Immer wieder gefordert, aber immer noch am Anfang steht die Erforschung der *Musikalität* von Nietzsches Schreiben, auf die er selbst größten Wert legt („Ein Missverständniss über sein Tempo zum Beispiel: und der Satz selbst ist missverstanden!" JGB 246).[143] Nietzsche stellt damit höchste Ansprüche sowohl an sich als Autor als auch an seine Leser*innen und ihr Gehör (EH, Warum ich so gute Bücher schreibe 4). Rhythmus und Klang sind, wie jeder Schreibende und Lesende erfährt, bestimmende Momente bei der Formung von Gedanken, sie müssen schon einen bestimmten Rhythmus und Klang haben, damit sie überhaupt ausgesprochen werden oder sich in die Feder bzw. in die Tasten fügen. Die Musikalität der Formulierung, für die Nietzsche, auch Pianist und Komponist, durch die Klassische Philologie besonders hellhörig wurde, trägt erheblich zur Prägnanz von Texten, ihrer Aussagekraft und Eingängigkeit bei. Ihre

---

[141] Vgl. grundlegend Grésillon, Über die allmähliche Verfertigung von Texten beim Schreiben; Reuß, Text, Werk, Entwurf; die von Martin Stingelin herausgegebene Reihe „Genealogie des Schreibens" (München: Fink, 2004 ff.), im Blick auf Nietzsche neben den schon genannten Beiträgen vor allem Giuriato / Zanetti, Von der Löwenklaue zu den Gänsefüßchen; Born / Pichler (Hg.), Texturen des Denkens; Benne, Aporetik der Materialität und Philosophie der Philologie – läßt sich mit Handschriften philosophieren?.
[142] Vgl. Pichler, Präsumtionen und Praktiken textnaher Forschung, 298.
[143] Vgl. Müller, Die Sprache des Ressentiments, die Musikalität der Sprache und der „Europäer der Zukunft", 172–175.

Erforschung ist besonders bei den zum Druck beförderten Werken und im Übergang zu ihnen, der Transformation von Aufzeichnungen in Veröffentlichungen, relevant. So wäre am Ende weniger zu fragen, ob die Aufzeichnungen thetischer oder dogmatischer als ob die zum Druck beförderten Texte und ihre Mosaiken in Nietzsches Sinn musikalischer formuliert und komponiert sind.

15 Vorhaben

Ich begrenze das Untersuchungsfeld weitgehend auf den sogenannten späten Nachlass der Jahre 1885 bis 1889, so wie er jetzt in der KGW IX vorliegt. Vollständigkeit wird auch auf diesem begrenzten Feld nicht angestrebt; Nietzsches philosophisches Werk ist viel zu reich, als dass sich seine Gedanken, Themen und Formen ihrer schriftlichen Gestaltung auch nur in groben Registern erfassen ließen. Ich kann darum nur exemplarisch vorgehen, das heißt: an ausgewählten, besonders bedeutsamen Themenkomplexen aufzuzeigen versuchen, welches Gewicht Nietzsches nachgelassene Aufzeichnungen für sein Philosophieren haben, und konzentriere mich auf die Themenkomplexe des Sich-Mitteilens, des Lehrens und des Verallgemeinerns. Sie umfassen die Grundbedingungen von Nietzsches Philosophieren. Er *konnte* sich mitteilen, ohne dass er darauf vertrauen durfte, verstanden zu werden, er *wollte* lehren, sah aber, dass dies nicht in allgemein gültiger Gestalt möglich war (das „für Alle" wurde zum „für Keinen"), und er *musste* verallgemeinern im Wissen, dass es nichts Allgemeines an sich gibt und darum jeder unter seinen eigenen Bedingungen und auf eigene Verantwortung verallgemeinert. Er behält auch in seinen Aufzeichnungen stets das Publikum im Blick. Als Schwergewicht seines Philosophierens erweist sich so die Reflexion der Kommunikation. Sie ist bisher noch wenig in den Fokus der Nietzsche-Forschung gerückt.

Ich beginne beim Themenkomplex des Sich-Mitteilens mit drei Modellen der Transformation von Aufzeichnungen in zum Druck beförderte Werkabschnitte. Das erste handelt vom unvermeidlichen Missverstehen, das zweite vom Mut zur Mitteilung und vom schonenden Verschweigen insbesondere des Nihilismus und das dritte vom Irrtum einer wahren Welt, dem Nietzsche mehr als mit Argumenten, die ja ihrerseits Ansprüche auf Wahrheit erheben müssten, mit musikalischen Mitteln den Garaus macht. Die transformierten Endgestalten sind *Jenseits von Gut und Böse* und *Götzen-Dämmerung* entnommen (Kapitel II). Das ausführlichste Kapitel zum Themenkomplex Lehren ist der Lehrdichtung *Also sprach Zarathustra* gewidmet: Hier gehe ich den vom gedruckten Werk abweichenden Handlungselementen und Deutungskonzepten nach, die Nietzsche in seinen Aufzeichnungen hinterlassen hat. Dazu gehören nur den Aufzeichnungen vorbehaltene

Lehrstücke zu den Gedanken des Nihilismus, des Willens zur Macht, der ewigen Wiederkunft und der Erdregierung oder der Herren der Erde. Sie reichen weit über die Lehrdichtung hinaus bis in Nietzsches letzte Aufzeichnungen hinein und verändern das Bild seiner Philosophie zum Teil erheblich (Kapitel III). Im folgenden Kapitel befasse ich mich noch einmal mit der sogenannten Lenzerheide-Aufzeichnung von 1887, in der Nietzsche sich selbst über den Zusammenhang der in *Also sprach Zarathustra* herausgehobenen Lehren zu orientieren sucht – ohne damit an die Öffentlichkeit zu gehen. Sie umreißt kein dogmatisches System, das die Nietzsche-Forschung immer wieder in ihr gesucht hat, sondern macht Nietzsches philosophischen Orientierungsprozess erkennbar, der ganz anders endet: mit dem Verzicht auf „extreme Glaubenssätze" in einer ihrer selbst sicher gewordenen Orientierung (Kapitel IV). Damit ist das Feld der Bedingungen und Formen des Verallgemeinerns eröffnet. Hier bekommt die These des Nihilismus noch einmal ein neues Gesicht. Auch sie erscheint nun als überzogene Verallgemeinerung (Kapitel V). Die Untertitel der Kapitel sind zugleich deren Hauptthesen.

Damit muss sich die Studie aus Raumgründen begnügen. In einem Schlusskapitel (VI) werden noch ausstehende Aufgaben angezeigt.

II Themenkomplex Sich-Mitteilen: Vorbereitende Aufzeichnungen sprechen aus, was Veröffentlichungen nur noch zeigen und hören lassen

1 Thema Mitteilung – Spielraum zum Missverstehen (JGB 27)

Nietzsche erfährt wie viele Philosoph*innen, die von Grund auf Neues bringen, dass er zu seiner Zeit nicht oder nicht angemessen verstanden wird. Er macht dies selbst zum Problem und entwickelt daraufhin auch eine neue Philosophie des Verstehens und der Mitteilung – zunächst, ohne sie ihrerseits mitteilen zu wollen. 1884 notiert er:

> [Vs 1] Am wenigsten habe ich wohl Lust, meine Meinung auszusprechen über – die Mittheilbarkeit der Meinungen (oder über die „Mittheilbarkeit der Wahrheit", wie alle tugendhaften Heuchler in diesem Falle sich ausdrücken würden) Daß ich dies eigens hier noch ausspreche, geht beinahe schon über die Grenze hinaus, welche ich mir in dem angegebenen Bereiche gezogen habe.[144]

Aber er kann dann doch nicht damit zurückhalten. Seine Philosophie des Verstehens und der Mitteilung geht nicht mehr wie die Metaphysik von einem Verstehen aus, das jedermann gleich möglich ist, und nicht mehr wie die Hermeneutik von einem Verstehen, das jedermann gleich möglich gemacht werden soll, sondern davon, dass man gar nicht erwarten kann, alle verstünden etwas und einander gleich: Weil Individuen jeweils individuelle Orientierungsstandpunkte, Orientierungserfahrungen und Orientierungswelten haben, können sie einander immer nur begrenzt verstehen. Man darf nach Nietzsche darum nicht beim Verstehen, sondern muss beim Nichtverstehen oder Missverstehen ansetzen. Beim Schreiben fragt er sich, ob und von wem und wie weit man – und vor allem er selbst – überhaupt verstanden werden will, und kommt im 1887 erscheinenden V. Buch der *Fröhlichen Wissenschaft* zu der These:

> Man will nicht nur verstanden werden, wenn man schreibt, sondern ebenso gewiss auch n i c h t verstanden werden. (FW 381)

---

144 Nachlass Sommer – Herbst 1884, 26[305], KSA 11.232.

Die Mittel der Mitteilung eines Autors sind Worte. Im persönlichen Umgang wird der Sinn der Worte durch Gestik und Mimik, die unausgesprochene persönliche Empfindungen, Erlebnisse, Erfahrungen ausdrücken, deutlicher. Ein Autor von Schriften muss dafür Ersatz finden, wenn seine Worte gut, d. h. in seinem Sinn verstanden werden sollen. Philosophen aber haben sich bisher weitgehend auf Begriffe verlassen, die eben davon abstrahieren. Nietzsche schreibt zuvor in *Jenseits von Gut und Böse:*

> Worte sind Tonzeichen für Begriffe; Begriffe aber sind mehr oder weniger bestimmte Bildzeichen für oft wiederkehrende und zusammen kommende Empfindungen, für Empfindungs-Gruppen. Es genügt noch nicht, um sich einander zu verstehen, dass man die selben Worte gebraucht: man muss die selben Worte auch für die selbe Gattung innerer Erlebnisse gebrauchen, man muss zuletzt seine Erfahrung mit einander gemein haben. (JGB 268)

Diese Passage des Aphorismus hat Nietzsche fast wörtlich aus einer Aufzeichnung übernommen:

> **[Vs 2a]** Worte sind Tonzeichen für Begriffe: Begriffe aber sind mehr oder weniger sichere Gruppen {Bild-Zeichen für oft} wiederkehrender, ~~zusammen~~ {u. oft zugleich} kommender Empfindungen {für E.'s Gruppen}. Daß man sich {unter einander} versteht, dazu gehört noch nicht, daß man dieselben Worte gebraucht: man muß dieselben Worte auch für die selbe Gattung innerer Erlebnisse {nämlich solche Empf Gruppen} brauchen – ~~und~~ man muß {zuletzt die} ~~diese~~ {~~das Meiste~~ seiner Erfahrung} <u>gemeinsam</u> haben {, um sich zu verstehen}[145]

Er fuhr dort aber noch fort:

> **[Vs 2b]** Dies ist gesagt, um zu erklären, warum es schwer ist, solche Schriften wie ~~diese~~ {die meinigen} zu verstehen: die inneren Erlebnisse, Werthschätzungen u. Bedürfnisse sind bei mir anders. Ich habe Jahre lang mit M<enschen> Verkehr gehabt und die Entsagung u. Höflichkeit so weit getrieben, nie von Dingen zu reden, die mir am Herzen lagen. Ja ich habe fast nur so mit M<enschen> gelebt. —[146]

Der Umgang mit Menschen kostet ihn moralische Anstrengung, weil sich seine Erlebnisse und Erfahrungen nach seinen Beobachtungen so stark von denen anderer unterscheiden, dass die Kommunikation schwierig wird. Menschen mögen das Problem mehr oder weniger haben, grundsätzlich betrifft es alle.

Das tangiert die Bedeutung des Allgemeinen überhaupt. Allgemeine Begriffe überbrücken die individuellen Differenzen in den Erlebnissen und Erfahrungen,

---

[145] N April – Juni 1885, 34[86], KSA 11.448, KGW IX 1, N VII 1, 137.
[146] N April – Juni 1885, 34[86], KSA 11.448, KGW IX 1, N VII 1, 138.

indem sie von ihnen distanzieren. Diese verschwinden dabei aber nicht. Verallgemeinerungen im Gebrauch der Worte machen inter-individuelles Verstehen wohl möglich; da sie aber in unterschiedlich erlebten Orientierungssituationen unvermeidlich (mehr oder weniger) unterschiedlich verstanden werden, sind sie ihrerseits vieldeutig und darum missverständlich. Das kann man durch den Gebrauch eigens geschaffener und eindeutig definierter mathematischer Zeichen wohl verhindern; im Alltag und ebenso in der Philosophie sind solche Zeichen jedoch nur begrenzt brauchbar, vor allem dann, wenn man Neues, noch nicht Definiertes erschließen will und darum „das Dasein" nicht vorab „seines v i e l d e u t i g e n Charakters entkleiden" darf (FW 373). Die europäische Philosophie hing seit Sokrates, Platon und Aristoteles vor allem am Allgemeinen und an Allgemeinbegriffen und sprach ihnen höchsten Rang und Wert im Wissen von der Welt zu. Nietzsche bricht mit dieser Wertung. Das Ergebnis ist eine Philosophie der Abkürzung der Welt überhaupt in Zeichen, deren Vieldeutigkeit gezielt zur Erschließung der ihrerseits vieldeutigen Welt genutzt wird, dergestalt dass in unterschiedlichen Kontexten unterschiedlich über ihren Gebrauch entschieden werden kann (Kap. V 4). Im zum Druck beförderten Werk stellt Nietzsche besonders das Problem der inter-individuellen Mitteilung heraus und hier konsequent meist als sein persönliches Problem, das er gleichwohl für exemplarisch hält. Denn wenn er Verallgemeinerungen nicht traut, kann er auch nicht im Namen Anderer oder eines scheinbar an sich bestehenden Allgemeinen sprechen. Er hat sich, wie er wiederum in JGB 268 schreibt, nicht als „ähnlicheren, [...] gewöhnlicheren Menschen", sondern als „Ausgesuchteren, Feineren, Seltsameren, schwerer Verständlichen" empfunden. Je weniger er sich mit seinem Philosophieren in den traditionellen Vorrang des Allgemeinen fügen konnte und wollte, desto mehr erkannte er sich, aber auch jede(n) Andere(n) als ‚einsames' Individuum.

Den Standpunkt des herausragenden Individuums, das neue Wertungen und Rangordnungen schafft, hat Nietzsche von Schopenhauer übernommen und in *Schopenhauer als Erzieher* ausführlich gewürdigt. Als er sich von dessen Autorität emanzipiert, steht er allein da; der Halt, den er zunächst noch in der Zusammenarbeit mit Paul Rée findet, zerfällt ebenfalls bald. Er ist nun ganz auf sich selbst, sein eigenes Denken und Schreiben angewiesen. Im Herbst 1881 notiert er:

[Vs 3] Werde fort und fort, der, der du bist – der Lehrer und Bildner deiner selbst! Du bist kein Schriftsteller, du schreibst nur für dich! So erhältst du das Gedächtniß an deine guten Augenblicke und findest ihren Zusammenhang, die goldne Kette deines Selbst! So bereitest du dich auf die Zeit vor, wo du sprechen mußt! Vielleicht daß du dich dann des Sprechens schämst, wie du dich mitunter des Schreibens geschämt hast, daß es noch nöthig ist, sich zu interpretiren, daß Handlungen und Nicht-Handlungen nicht genügen, dich mitzutheilen. Ja, du willst dich mittheilen! Es kommt einst die Gesittung, wo viel-Lesen zum schlechten Tone

> gehört: dann wirst du auch dich nicht mehr schämen müssen, gelesen zu werden; während jetzt jeder, der dich als Schriftsteller anspricht, dich beleidigt; und wer dich deiner Schriften halber <u>lobt</u>, giebt dir ein Zeichen, daß sein Takt nicht fein ist, er macht eine Kluft zwischen sich und dir – er ahnt gar nicht, wie sehr er sich erniedrigt, wenn er dich so zu erheben glaubt. Ich kenne den Zustand der gegenwärtigen Menschen, wenn sie <u>lesen</u>: Pfui! Für diesen Zustand sorgen und schaffen zu wollen![147]

Die Aufzeichnung atmet noch die schopenhauersche Aura des über das Publikum erhabenen Philosophen, weist aber zugleich auf Nietzsches weitere Behandlung des Themas voraus. Aus der Aufgabe, das Publikum zu erziehen, wie Schopenhauer sie Nietzsche vorgab, erwächst für ihn die Aufgabe, *sich selbst* zu erziehen, um im Schreiben und Sich-Mitteilen eine Art der Mitteilung reifen zu lassen, die seine Erhabenheit über das Publikum rechtfertigt. Das Problem der Mitteilung stellt sich für ihn wiederum zunächst in einem moralischen, aber selbstbezüglichen Setting (Kap. I 8): *Er* will sich mitteilen und *er* schämt sich seiner bisherigen Art der Mitteilung, und zugleich fühlt er sich „als Schriftsteller" beleidigt, wenn er von Unwürdigen gelobt wird. Das wird bis zum Ende so bleiben. Beleidigt wird er in *seiner* Rangordnung: Da er sich wie Schopenhauer dem Publikum gegenüber für überlegen hält, berührt es ihn peinlich, wenn dieses Publikum ihn seinem Urteil unterwirft. Doch auch wenn Nietzsche nicht viel von den Lese- und Urteilsfähigkeiten des Publikums, vor allem der „Zeitungsschreiber", hält,[148] sucht er die Schuld an Missverständnissen bei sich selbst und will *für sich* Konsequenzen ziehen: In seiner Not, sprechen, schreiben, sich mitteilen zu wollen, beschließt er, zunächst nur noch für sich selbst zu schreiben und dabei so sprechen und schreiben zu lernen, dass er selbst die Bedingungen schafft, ihn zu verstehen – oder nicht oder misszuverstehen. Aus Leiden, moralischen Skrupeln und Trotz wird Erkenntnisgewinn und Leistungsansporn. Der Gedanke eines Spielraums zum Missverstehen wird zum Kern seiner Philosophie der Mitteilung.

Nachdem er seinen Zarathustra hat konsequent am Problem des Verstanden-Werdens scheitern lassen (Kap. III 1), stellt er es sich in einer Reihe von Aufzeichnungen aus den Jahren 1885/86 erneut, bevor er es in *Jenseits von Gut und Böse* und dem V. Buch der *Fröhlichen Wissenschaft* zum Thema macht. Am Ende von *Ecce homo* beschließt es mit der dreimaligen Frage „Hat man mich verstanden?" Zentral in Inhalt und Form ist hier der Aphorismus Nr. 27 in *Jenseits von Gut und Böse*. Er wirkt halb rätselhaft, halb zynisch:

---

[147] N Frühjahr – Herbst 1881, 11[297], KSA 9.555 f.
[148] Vgl. WB 8, KSA 1.477 f.: „Die ganze ästhetische Schreib- und Schwatzseligkeit brach wie ein Fieber unter den Deutschen aus, man mass und fingerte an den Kunstwerken, an der Person des Künstlers herum, mit jenem Mangel an Scham, welcher den deutschen Gelehrten nicht weniger, als den deutschen Zeitungsschreibern zu eigen ist."

1 Thema Mitteilung – Spielraum zum Missverstehen (JGB 27) — 71

> Es ist schwer, verstanden zu werden: besonders wenn man gangasrotogati denkt und lebt, unter lauter Menschen, welche anders denken und leben, nämlich kurmagati oder besten Falles „nach der Gangart des Frosches" mandeikagati – ich thue eben Alles, um selbst schwer verstanden zu werden? – und man soll schon für den guten Willen zu einiger Feinheit der Interpretation von Herzen erkenntlich sein. Was aber „die guten Freunde" anbetrifft, welche immer zu bequem sind und gerade als Freunde ein Recht auf Bequemlichkeit zu haben glauben: so thut man gut, ihnen von vornherein einen Spielraum und Tummelplatz des Missverständnisses zuzugestehn: – so hat man noch zu lachen; – oder sie ganz abzuschaffen, diese guten Freunde, – und auch zu lachen! (JGB 27)[149]

Aus den Aufzeichnungen, die dem Aphorismus vorausgehen, lässt sich ablesen, warum diese irritierende Form Nietzsche am aussagekräftigsten schien. Im Notizheft N VII 2, das er im Herbst 1885 – Frühjahr 1886 benutzte, prägt er die Formel vom „Spielraum zum Mißverstehen". In drei Fassungen der Aufzeichnung auf einer Doppelseite, die ersten beiden mit Bleistift hingeworfen, die dritte mit Tinte, also später und wahrscheinlich nach neuen Überlegungen geschrieben, entwickelt er sie zum „reichlichen Spielplatz zum Mißverständniß" und dann zum „Spielraum zum Mißverständnisse" weiter – es geht immer um das Missver-

---

[149] JGB 27 ist eine lange Kette von Interpretationen gewidmet worden. Vgl. in der jüngeren Nietzsche-Forschung Simon, Der gewollte Schein, 68–70; Verf., Philosophie der Fluktuanz, 346–351, und Fietz, Medienphilosophie, 222–229. Aphorismen und Aufzeichnungen hat man hier noch kaum auseinandergehalten. Fietz (225, Anm. 11) erkennt eine wichtige Quelle für die Thematik in Wilhelm von Humboldts *Ueber die Verschiedenheit des menschlichen Sprachbaues*, 439: „Erst im Individuum erhält die Sprache ihre letzte Bestimmtheit. Keiner denkt bei dem Wort gerade und genau das, was der andre, und die noch so kleine Verschiedenheit zittert, wie ein Kreis im Wasser, durch die ganze Sprache fort. Alles Verstehen ist daher zugleich immer ein Nicht-Verstehen, alle Uebereinstimmung in Gedanken und Gefühlen zugleich ein Auseinandergehen." Nietzsche kannte, wie Fietz vermerkt, die Stelle vermutlich aus Gerber, Die Sprache als Kunst, 250 (vgl. dazu Meijers, Gustav Gerber und Friedrich Nietzsche, die auf dieses Zitat jedoch nicht näher eingeht). Humboldt spricht auch schon von dem „Spielraum", den die Sprache für ihren individuellen und inter-individuellen Gebrauch „gewährt" (440). In jüngster Zeit ist der Aphorismus textnah analysiert worden, vom Verf., Nietzsches Zeichen, 43–48, im Hinblick auf Nietzsches Philosophie des Zeichens und in Verf., „... ich habe Einsamkeit nöthig ...". Kunst der Kommunikation als Lebenskunst des Einsamen, 319–322, im Hinblick auf die Philosophie der Lebenskunst. Zum Teil im Anschluss daran haben ihn Michael Buhl, Textstrategie und Performativität, 297–314, im Hinblick auf Nietzsches Textstrategien und Pichler, Präsumtionen und Praktiken textnaher Forschung, 283–295, und im Hinblick auf die „Inszenierung einer autosubversiven Kommunikationspraxis" ausgelegt. Vieles davon nehme ich wiederum dankbar auf, ohne es jeweils im Einzelnen zu kennzeichnen.

ständnis, dem man im Verstehen unvermeidlich unterliegt.[150] Die erste Fassung lautet so:

> **[Vs 4]** es ist schwer mich zu verstehen; ich habe ~~mir vorgenommen~~, {u ich wäre ein Narr} {wenn ich nicht} {jedem} meinen Freunden ~~hierin~~ einen ~~weiten~~ {einigen} Spielraum zu geben {zum Mißverstehen gäbe} u. auch schon für den guten Willen zu einiger Feinheit der Interpretation dankbar zu sein.[151]

Nietzsche zu verstehen, fordert danach eine moralische Anstrengung nun von beiden Seiten: die Freigabe eines „Spielraums zum Mißverstehen" auf Seiten des Autors, „den guten Willen zu einiger Feinheit der Interpretation" auf Seiten seines Publikums. „Feinheit" hat einen intellektuellen und einen ethischen Sinn: Intellektuell ist sie die Fähigkeit zur Differenzierung, zur Beachtung ‚feiner' Unterschiede, ethisch die Fähigkeit zur Achtung solcher Unterschiede, der ‚Takt' im Umgang mit anderen, die Bereitschaft, sie so zu verstehen, wie *sie* augenscheinlich verstanden werden wollen.[152] Des Autors eigene moralische Gefühlsaufwallung ist verschwunden, er nimmt es nun einfach als gegeben hin, dass er schwer zu verstehen ist. So hat er nun seinerseits Spielraum für ruhige Überlegungen, wie Verstehen unter Individuen trotz seiner Unwahrscheinlichkeit denkbar ist. Besonnene Zurückhaltung vorschneller Interpretationen ist dann das erste Gebot; der Autor fordert sie jedoch nicht, sondern ist, sich seinerseits besonnen zurückhaltend, lediglich „dankbar" für sie.

Die Eingrenzung des Publikums auf „Freunde" scheint das Problem zu entschärfen. Bei Freunden dürfte man solche Feinheit schon erwarten können, nachdem man lange genug miteinander umgegangen ist; Menschen werden eben

---

150 Den Begriff des Spielraums gebraucht Nietzsche immer wieder, am prägnantesten jedoch in dieser Formel. Vgl. jedoch auch die Wendung „{Freiheits-Spielraum} {~~Freiwerden seiner~~} Macht seiner Begierden" im N Herbst 1887, 9[139], KSA 12.414, KGW IX 6, W II 1, 40, und, nun ohne weitere Korrekturen, im N Frühjahr – Sommer 1888, 16[7], KSA 13.485, KGW IX 9, W II 7, 160). Beide Spielräume, der zum Missverstehen und der der Begierden eines „Willens" mit „Herren-Kraft" (W II 7, 160), hängen für Nietzsche eng miteinander zusammen.
151 N Herbst 1885 – Frühjahr 1886, KGW IX 2, N VII 2, 79, Z 2–10. Montinari verzeichnet die Version KSA 14.351 als Vorstufe zu JGB 27.
152 Heute nennt man das *the principle of charity*. Den Begriff haben Wilson, Substances without Substrata, 530–532, Quine, Word and Object, 59 f., und Davidson, Inquiries into Truth and Interpretation, Chap. 13: „On the Very Idea of a Conceptual Scheme", bekannt gemacht. In der hermeneutischen Tradition wurde das Entgegenkommen in der Interpretation unter dem Begriff der Billigkeit behandelt (Scholz, Verstehen und Rationalität, 51–64, 88–122). Das Nicht- und das Missverstehen wird dabei weiterhin als Randphänomen eines im Kern doch immer möglichen Verstehens betrachtet. Anders Luhmann, Die Realität der Massenmedien, 173: „Verstehen ist praktisch immer ein Mißverstehen ohne Verstehen des Miß."

dadurch zu Freunden, dass sie gut miteinander umgehen und aus dieser Erfahrung heraus einander auch gut zu verstehen glauben. Guten Willen müsste man hier also voraussetzen können. Doch der Autor bleibt erkennbar vorsichtig: Er ersetzt „~~weiten~~ Spielraum" durch „{einigen} Spielraum". Nietzsche sah sich (hinter der Maske des Autors im Text) oft auch von engen Freunden unverstanden und mitunter so missverstanden, dass er sich schroff von ihnen trennte.¹⁵³

Noch auf derselben Seite formuliert er die Aufzeichnung neu. Er reichert sie an und spricht nun auch wieder von Emotionen. Sie bekommt jetzt doppelte Länge:

> [Vs 5] Wer schwer zu verstehen ist, weiß es ~~auch~~ {gewöhnlich gut genug} ~~er~~ {man} müßte ein Narr sein, wenn man nicht seinen Freunden wenigstens einigen Spielraum zum Mißverstehen zugestünde: – und in der That, meine Freunde, ich bin auch schon ~~für den~~ {wo ich den} guten Willen zu {einiger} Feinheit der Interpretation ~~sehr~~ {sehe, bin ich} von Herzen ~~dankbar~~ {erkenntlich} {sein} u, ~~sei es~~ aus {jenen} Muthwillen {~~er wird sogar~~ : ob ich schon}, ~~sei es aus Freundschaft~~, die Alles sehr Vorborgene hat, ~~seinen Freunden~~ {noch mehr Vergnügen} gern einen reichlichen Spiel~~platz~~ zum Mißverständniß {an deren Mißverständniß} zugestehe.¹⁵⁴

Der Autor rückt das Problem zunächst von sich ab, verallgemeinert es („Wer schwer zu verstehen ist"; „wenn man nicht"), kehrt dann aber doch zum „ich" zurück, um die „Freunde" direkt anzusprechen; zuletzt, in JGB 27, wird er sich stattdessen an die Leser*innen wenden und die Freunde zu Dritten machen, *über* die, nicht *mit* denen geredet wird. Das Problem ist, zeigt er damit, nicht ohne weiteres ein allgemeines, sondern das des Autors, er kann nur von sich selbst sprechen und spricht anders zu jeweils Anderen. Dem „~~dankbar~~" stellt er jetzt ein „von Herzen" voran, ersetzt es aber zugleich durch „{erkenntlich}", das wohl auch den Sinn von ‚dankbar' hat (‚sich für etwas erkenntlich zeigen'), das Moralische des Dankes aber durch das Erkennen der verpflichtenden Situation abtönt. Damit

---

153 Vgl. den Brief an Heinrich Köselitz aus Tautenburg, 20. August 1882, Nr. 282, KSB 6.238 f., nach dem Erscheinen der (ersten Ausgabe) der *Fröhlichen Wissenschaft*: Ist sie, fragt Nietzsche, „überhaupt verständlich? Nach Allem, was ich erlebt habe, seit ich wieder unter Menschen bin, ist mein Zweifel daran ungeheuer! Ich habe diesen Grad von Fremdheit und Gleichgültigkeit gegen das, was mir das Wichtigste ist, eingerechnet mich selber – nicht für möglich gehalten: darin sind sich alle ‚Freunde' gleich. Wer ist mir liebevoller gesinnt als die gute Meysenbug? – aber doch schreibt sie mir eben, sie sei überzeugt, wenn ich ‚meinen Gipfel erreicht hätte, würde ich freudig wieder zu Wagner und Schopenhauer zurückkehren'. [...] / Ekel und Mitleid – – – ! / Doch, wie gesagt, das sind nicht Ausnahmen, es ist die Regel. Ich habe dies Faktum sogar auf die grausamste aller denkbaren Weisen zu fühlen bekommen – aber das ist Nichts zum Schreiben, und nicht einmal zum Sprechen. / Zuletzt, lieber Freund, bin ich alledem gewachsen, und mein Muth hat bei diesem Aufenthalt unter Gespenstern nicht abgenommen."
154 N Herbst 1885 – Frühjahr 1886, KGW IX 2, N VII 2, 79, Z. 12–32.

wird der Widerstreit der Gefühle gebannt, und dabei wird es in JGB 27 bleiben. Um aber die moralische Verpflichtung überhaupt auszuhalten, braucht Nietzsche seinerseits, wie er sich jetzt eingesteht, noch einen weiteren Spielraum, den des „Muthwillens" und des „Vergnügens" daran, Anderen einen nun „reichlichen Spielplatz zum Mißverständniß" zu geben: ‚Spielplatz' erinnert an ‚Kinderspielplatz', auf dem man dem kindlichen Treiben mit Vergnügen zusieht, aber mehr belustigt als interessiert; in JGB 27 wird Nietzsche von „Spielraum und Tummelplatz" sprechen. Er betrachtet das moralische Geschehen im Verstehen aus immoralistischer Distanz. Er will kein „Narr", nicht so unvernünftig sein, sich das mutwillige Vergnügen am Missverständnis anderer nicht zu erlauben, wenn er ihm schon nicht entgehen kann. Aber er stellt die Überlegenheit, die er gegenüber seinen Freunden sichtlich empfindet, subtil wieder her, um mit sich selbst in Ausgleich zu kommen.

Das lässt ihn nun noch weiter gehen. Er fasst die Aufzeichnung auf der rechten Seite der Doppelseite nochmals neu, wieder in einer provisorischen Form voller Überarbeitungen:

> **[Vs 6]** Inspiration. –
>
> Es ist schwer verstanden zu werden. {Man soll seinen Schon für den guten Willen zu einiger Feinheit der Interpretation soll er von Herzen dankbar sein: an guten Tagen verlangt man gar nicht mehr} Man soll seinen {Ich gebe} Freunden einen reichlichen Spielraum zum Mißverständniß zugestehen. An guten Tagen hat man {noch} seine Lust {u. Bosheit} daran; ohne sie zu verrathen an schlechten findet man zum mindesten {dabei} den Trost, sich sehr verborgen Ich ziehe Es dünkt {schm} mich besser mißverstanden als unverstanden zu werden {: es ist etwas Beleidigendes darin, verst. zu werden.} Verstanden zu werden? Ihr wißt doch, was das heißt? – Comprendre c'est égaler.
>
> Es schmeichelt uns besser {mehr}, {sich} mißverst. zu sein als unverstanden: gegen das Unverständliche bleibt man kalt, u Kälte beleidigt.[155]

Das Ganze ist eingangs nun noch unpersönlicher, passivisch und thetisch formuliert: „Es ist schwer verstanden zu werden." Damit wird Nietzsche auch JGB 27 eröffnen. Über ein unbestimmtes „er" und „man" kehrt er aber auch hier wieder zum „ich" zurück. Die Freunde werden nicht mehr angesprochen, es geht nur noch um den Autor selbst. Links oben auf der Seite steht unterstrichen wie eine Überschrift „Inspiration". Montinari hat sie als besonderes „Fragment" behandelt,[156] wohl weil sie schwer mit der folgenden Aufzeichnung in Einklang zu

---

[155] N Herbst 1885 – Frühjahr 1886, 1[182], KSA 12.50f., KGW IX 2, N VII 2, 80. Der Rest der Seite bleibt frei.
[156] N Herbst 1885 – Frühjahr 1886, 1[181], KSA 12.50.

bringen ist; Nietzsche thematisiert die Inspiration häufig in seinen Schriften, meist, aber nicht immer kritisch. Hier könnte das Thema sich ihm wieder aufgedrängt, er sich dann aber anders besonnen und statt einen Text zur Inspiration nochmals eine neue Fassung zum „Spielraum zum Mißverstehen" niedergeschrieben haben.

Er nimmt nun das „dankbar" und die moralische Verpflichtung („soll man") zur Dankbarkeit wieder auf, differenziert sie jetzt aber nach „schlechten" und „guten Tagen": An schlechten Tagen, unter quälenden Umständen, verlangt man mehr „Feinheit der Interpretation", mehr Takt, als an guten. Ob und welche moralischen Erwartungen man hegt, hängt von der eigenen Situation ab; bei Kranken sind sie besonders hoch, und Nietzsche fühlte sich meist krank. Fühlt er, fühlt man sich gut, kommt dagegen der Mutwille und das Vergnügen am Missverstehen auf, jetzt gesteigert zu „Lust" und „Bosheit" und wohl auch zur Lust an der Bosheit. Nietzsche verfolgt weiter die Emotionen beim Verstehen, nun jenseits der moralischen; es stellt sie immer weniger als abstrakt abzuhandelndes Problem dar. Der Autor, der hier spricht, will die Lust an der Bosheit gar nicht „verrathen", sondern, wie es sich gehört, sie lediglich „sehr verborgen" halten, will vorerst seinerseits den Takt wahren.

Aber dahinter, macht er sich klar, steht eine eigene Not, die Not seiner Einsamkeit in seinem Alleinstehen beim Verstehen. Noch scheint es ihm „besser mißverstanden als unverstanden zu werden". Es schmeichle immer noch mehr dem Selbstgefühl; sich in der Kommunikation ganz unverstanden zu sehen, schaffe dagegen „Kälte", die „beleidigt". Menschen versuchen, wo immer sie auf eine gewisse Zeit zusammenkommen, dieser Kälte dadurch zu entkommen, dass sie in eine beiderseits erleichternde Kommunikation eintreten, so anstrengend sie sein mag und ob sie sich dabei verstanden fühlen oder nicht.

Für Nietzsche aber meldet sich das „Beleidigende" auch beim Verstanden-Werden aus der Aufzeichnung von 1881 [Vs 3] zurück: wenn gewöhnlichere Menschen glauben, ‚ausgesuchtere' verstehen zu können. Ein im 19. Jahrhundert gängiger Spruch erinnert daran, dass dies durchaus nicht nur Nietzsches Problem ist: *Comprendre c'est égaler*, wörtlich ‚Verstehen' bzw. ‚Begreifen' ist ‚Gleichmachen'. Er zitiert den Satz immer wieder gerne, aber nie im veröffentlichten Werk.[157]

---

[157] In N Sommer – Herbst 1873, 29[57], KSA 7.652, in Bezug auf die Presse, in der Formulierung „tout comprendre c'est tout pardonner", und zuletzt N Herbst 1887, 9[76], KSA 12.375, KGW IX 7, W II 3, 184, in Bezug auf die „posthumen Menschen" – Nietzsche nennt Namen wie Stendhal oder Napoleon, andere wie Goethe, Shakespeare oder Beethoven mit Fragezeichen –, die „schlechter" und „oft nie" verstanden werden. Für Montinari, KSA 14.528 und 14.732, war der Satz noch ungewissen Ursprungs; inzwischen gibt es zahlreiche Nachweise, außer bei Madame de Staël bei Heinrich Heine, Leo Tolstoi (*Krieg und Frieden*) und Goethe (*Torquato Tasso*): Vgl. Endres / Pichler,

Für Nietzsche ist es schon peinlich, wenn er sich mit anderen vergleichen soll und jemand ein Bild von ihm, sei es ein photographisches oder ein narratives, präsentiert. Im Herbst 1880 hat er notiert:

> [Vs 7] Das Peinlichste für mich ist, mich vertheidigen zu müssen. Dabei werde ich inne, daß ich erst meine Art zu sein mit der Anderer vergleichen müsse und daß ich ihr <u>verständliche Motive unterschieben</u> müsse: daran nicht gewöhnt, weiß ich, daß es mir mißlingt. Ja jede Präsentation meines Bildes durch Andere setzt mich in Verwirrung „<u>das</u> bin ich ganz gewiß nicht!" ist meine Empfindung; wenn ich mich bedanken wollte, erschien ich mir <u>unredlich</u>.[158]

Das Missverstanden-Werden ist dann, wie Nietzsche wiederum in der Zeit der Vorbereitung von *Jenseits von Gut und Böse* bemerkt, geradezu eine Auszeichnung:

> [Vs 8] Jedes ~~Motiv~~ {Handlung}, deren ein M<ensch> nicht fähig ist, wird von ihm mißverstanden. {Es ist auszeichnend, {mit seinen Handlungen} immer mißverstanden zu werden. Es ist {dann} auch nothwendig u. kein Anlaß zur Erbitterung.}[159]

„warum ~~ich diesen mißrathenen Satz schuf~~", 101. Nietzsche selbst führt den Satz in einer anderen Aufzeichnung auf Balzac zurück (N Mai – Juli 1885, 35[76], KSA 11.543, KGW IX 4, W I 3, 64); nach Sommer, NK 5/1, 235, hat er ihn im Essai von Paul Bourget über die Brüder Goncourt entdeckt. Nietzsche wandelt die Sentenz auch ab. Während der Vorbereitung von JGB, im N Herbst 1885 – Frühjahr 1886, 1[42], KSA 12.20, KGW IX 2, N VII 2, 153, erscheint wieder die Variante „tout comprendre c'est tout pardonner", für Nietzsche „ein Lieblingswort der Schlaffen und Gewissenlosen", „auch eine Dummheit": Denn warum sollte man „verzeihen", was man „begriffen" hat? Auch diesen Satz bezieht er auf das eigene Schreiben und dann, in einer extremen Konsequenz, auf die Menschen um sich und selbst auf „mißrathene" Kinder: „Gesetzt, ich begriffe ganz u. gar, ~~warum ich diesen mißrathenen~~ Satz schuf {dieser Satz mir mißrieth}, dürfte ich ihn darum nicht <u>durchstreichen</u>? ~~Ebenso mit einem fehlenden Kinde.~~ {— Es giebt genug Fälle, wo wir [!] einen M<enschen> durchstreicht, <u>weil</u> man ~~endlich~~ ihn begriffen hat." (Vgl. dazu Endres / Pichler, „warum ~~ich diesen mißrathenen Satz schuf~~", 98–101). In jedem Fall, notiert sich Nietzsche N Herbst 1885 – Frühjahr 1886, 1[172], KSA 12.49, KGW IX 2, N VII 2, 86, ist der Satz „<u>oberflächlich</u>". In der Aufzeichnung N Ende 1886 – Frühjahr 1887, 7[10], KSA 12.298, KGW IX 13, Mp XVII 64v, schreibt er ihn einer „Philosophie der Enttäuschung [zu]", die sich hier so human in Mitleiden einwickelt und süß blickt", und schließlich, im N Herbst 1887, 9[126], KSA 12.410, KGW IX 6, W II 1, 43, dem „<u>Pessimismus als Niedergang</u>", der „Verzärtlichung", „kosmopolitische[n] Anfühlerei", dem „Historismus", wofür er dann das Wort „décadence" hat. Und darin bezieht er sich auch selbst ein: Vgl. N Herbst 1887, 10[143], KSA 12.536 f., KGW IX 6, W II 2. – In NcW, Epilog, KSA 6.439, variiert er die Sentenz erneut: „To u t comprendre – c'est tout mépriser" („Alles begreifen heißt alles der Verachtung preisgeben'), wenn man nämlich zu genau hinschaut und die Hintergründe schamlos auftut. Und eben das hat er in den Aufzeichnungen vor, die JGB 27 vorausgehen.
158 N Herbst 1880, 6[182], KSA 9.244.
159 N Herbst 1885 – Frühjahr 1886, 1[14], KSA 12.14, KGW IX 2, N VII 2, 161.

Sich beleidigt zu fühlen ist für Nietzsche darum nicht einfach ein Ressentiment-Gefühl, das aus der Ohnmacht kommt, sondern philosophisch ernstzunehmen. Hegel hat von „absoluter Beleidigung" gesprochen, sofern „der Einzelne" die Welt in seinem „Bewußtsein" erfasst und darin eine „Totalität" ist, andere aber, für die dasselbe gilt, ihn darin „stören": *„Sie müssen daher einander verletzen"*.[160] Sartre nimmt das mit dem Thema der verletzenden Blicke aufeinander wieder auf.[161] Für Hegel und Sartre sieht man sich durch die Weltsicht anderer in der eigenen Weltsicht und damit in seinem Ich gestört. Für Nietzsche liegt das Beleidigende schon in dem zudringlichen Glauben, man könne die Weltsicht von anderen verstehen, die unvermeidlich anders ist, und weist das für seine Person brüsk ab. In der Aufzeichnung [Vs 5c] meldet sich denn auch abwehrend das „mich" wieder; „uns" dagegen streicht Nietzsche durch.

Daraus ergibt sich die paradoxe Konsequenz: Ein Sich-Mitteilender wie Nietzsche sieht sich ebenso beleidigt, wenn er verstanden, wie wenn er nicht verstanden wird. Umso prekärer wird die Mitteilung. Da hilft ihm sein Bestehen auf der „Rangordnung" unter Sich-Mitteilenden, die alle Gleichsetzung, alles „égaler", ausschließt. Zuvor hat er in ein Arbeitsheft (unter starken Überarbeitungen) auf einer rechten Seite eingetragen:

> [Vs 9a] Die {Wir} neuen Philosophen aber{: wir} beginnen {nicht nur} mit der Lehre {Darstellung} {von} der menschl. {thatsächlichen} Rangordnung u. {Werth-}Verschiedenheit u der {jener} Menschen, {sondern sie wollen {auch gerade} das Gegentheil einer Anähnlichung, einer sie verlangen nicht Ausgleichung, sondern Entfremdung: sie lehren die Entfremdung in jedem Sinne, sie reißen größere Klüfte auf, als es je {wie es noch keine gegeben hat} gab, sie wollen z. B., daß der M<ensch> böser werde als er je war}.[162]

Vorausgeht auf der linken Seite eine ausführliche Aufzeichnung wieder zum Thema

> [Vs 9b] {Aber zu wem rede ich dies? Wo sind denn diese „freien Geister"? Giebt es denn ein solches „unter uns"? —}
>
> Ich sehe um mich: wer denkt, wer fühlt {darin}, wie ich? Wer will, was mein verborgenster Wille will? Aber ich fand Niemanden {bisher}. Vielleicht habe ich {nur} schlecht gesucht? Viell. müssen die, welche an meiner Art {neuer} Noth und {neuem} Glück leiden, sich gleichermaßen verbergen, wie ich es thue? Und Masken vornehmen, wie ich es that?[163]

---

160 Hegel, Jenenser Realphilosophie I, 226 f.
161 Sartre, L'être et le néant, 310–364 / Das Sein und das Nichts, 457–538.
162 N Juni – Juli 1885, 36[17], KSA 11.559, KGW IX 4, W I 4, 35.
163 N Juni – Juli 1885, 36[17], KSA 11.557, KGW IX 4, W I 4, 34.

In mehreren Textschichten versammelt Nietzsche auch auf der rechten Seite ([Vs 8a]) die Motive des Versteckt-Lebens, des Masken-Vornehmens, des Einander-Verkennens, der „sieben Einsamkeiten", des Anders- und Freier-Denkens überhaupt und des ihm umso widerwärtigeren „Nivellirens". Er kommt zu der Einsicht, dass Philosophen ersten Ranges wie er mit dem „Spielraum zum Mißverstehen" arbeiten müssen, und nur in einer entsprechenden „Darstellung" („Lehre" streicht er, lässt den Begriff weiter unten aber stehen) können sie sich anderen zeigen. Das ist höchst befremdlich für heutige Ohren; Nietzsche wird dabei bleiben.

Er geht nun daran, diesen Spielraum bewusst zu gestalten: Im zum Druck beförderten Aphorismus JGB 27 und in FW 381 zieht er, vielleicht von *dieser* Einsicht ‚inspiriert', aus ihr in Inhalt und Form deutliche Konsequenzen. Er kann seinen Stil so verfeinern, dass er ‚einige Feinheit der Interpretation' verlangt, Leser*innen dadurch unterscheiden und ‚auswählen', zu *wie viel* Feinheit sie jeweils fähig sind, und so eine Rangordnung auch unter ihnen herstellen. In FW 381 bringt Nietzsche das auf die Formel von den „feineren Gesetzen eines Stils": „sie halten zugleich ferne, sie schaffen Distanz, sie verbieten ‚den Eingang', das Verständniss, wie gesagt, – während sie Denen die Ohren aufmachen, die uns mit den Ohren verwandt sind." Zu der Formel hat er ebenfalls während der Arbeit an *Jenseits von Gut und Böse* gefunden, in einer Aufzeichnung von Juni – Juli 1885, die er wiederum stark bearbeitet hat. Er nimmt in ihr die Themen „nicht von ‚irgend jemand' verstanden werden" und lieber „unverständlich" bleiben wollen auf und fügt hier hinzu:

> [Vs 10] [...] ~~mans~~ {Ein vornehmer Geist} wünscht ebensosehr [wie sich ‚uneigennützig' mitzuteilen] einen ~~Kreis~~ {Grenze} zu ziehen u. ~~nicht von jedem Beliebigen gehört zu werden~~ {u. fernzuhalten, wenn er schreibt} – ~~alle feineren Gesetze des Stils haben darin ihren Ursprung, daß sie die Distanz markiren, auf welche hin wir gehört werden wollen~~ {daß sie eine Art Leser} {als} ~~auslesen~~{wählen}}.
>
> alle feineren Gesetze des Stils markiren ~~die~~ {diese} Distanz {aller}, ~~auf~~ welche hin der Sich-Mittheilende <u>gehört</u> werden will.[164]

Die Distanz im Verstehen[165] wird in die Formel des „Pathos der Distanz" in JGB 257 eingehen. Nietzsche verbindet mit ihr dort sowohl „eine lange Leiter der Rangordnung und Werthverschiedenheit von Mensch und Mensch" als auch ein „Verlangen nach immer neuer Distanz-Erweiterung innerhalb der Seele selbst, die

---

[164] N Juni – Juli 1885, KGW IX 12, Mp XV 81r. Montinari führt KSA 14.276 einen Teil der Aufzeichnung (nicht den zitierten) als Vorstufe von FW 381 an.
[165] Vgl. Simon (Hg.), Distanz im Verstehen.

Herausbildung immer höherer, seltnerer, fernerer, weitgespannterer, umfänglicherer Zustände", in unserer Sprache gesteigerter Orientierungsfähigkeiten. In der vorbereitenden Aufzeichnung hält er sich zunächst an die „Optik" eines Malers, der sein Bild „nur von einer bestimmten Entfernung u. von nur von ~~best~~ {einer} bestimmten Art Augen gesehen" haben will.[166] Nietzsche wünscht sich für seine eigene Kunst der Mitteilung von seinen Leser*innen eine so feine Kunst des Verstehens, dass sie zu seinen Texten an jeder Stelle die rechte Perspektive und die rechte Distanz einzunehmen wissen. Das hat sich als sehr herausfordernd erwiesen.

Ein Weg dazu ist die Ausbildung des „historischen Sinns", das heißt der Fähigkeit, frühere historische Situationen aus der rechten Distanz in ihren Zusammenhängen erkennen und einschätzen zu können und so zu „verstehen". Nietzsche widmet auch dem eine lange, sich über zwei Doppelseiten erstreckende Aufzeichnung im N Herbst 1885 – Herbst 1886, aus der einiges in JGB 27, das meiste aber in JGB 224 eingehen wird. JGB 224 führt er mit einigem Pathos auf „unsre grosse Tugend" hinaus, „Augenblicke und Wunder" zu verstehen, „wo eine grosse Kraft freiwillig vor dem Maaßlosen und Unbegrenzten stehen blieb –, wo ein Überfluss von feiner Lust in der plötzlichen Bändigung und Versteinerung, im Feststehen und Sich-Fest-stellen auf einem noch zitternden Boden genossen wurde." Es geht um die Orientierung über eine unbegrenzt differenzierbare Situation in eben dieser Situation. Dazu ist, so Nietzsche in der vorbereitenden Aufzeichnung, eine Selbst-Begrenzung in Gestalt „einer feinen und ~~ehrgeizigen~~ {vornehmen} Selbst-Beherrschung" nötig, „die einen artigen Anlaß u Anstoß bietet, um beständig mißverstanden zu werden."[167] Denn natürlich kann man jede Situation in jeder anderen Situation wieder anders sehen, sie aber nie vollkommen verstehen, und so bleibt auch hier ein weiter Spielraum zum Missverstehen. Das gilt auch und erst recht für moralische und ästhetische Beurteilungen, und dies zu wissen, muss man auch bei seinen Leser- oder Hörer*innen voraussetzen dürfen:

[Vs 11] Man muß, um sich diesen Luxus von Moralität u. Geschmack ~~zu~~ gestatten {zu dürfen}, nicht unter Tölpeln {des Geistes} leben {– vielmehr unter M<enschen>, bei deren ~~so~~ Mißverständnisse u. Fehlgriffe noch durch ihre Feinheit belustigen –}: oder man wird es theuer büßen! ~~müssen!~~[168]

---

166 N Juni – Juli 1885, nicht in KSA, KGW IX 12, Mp XV 81r. Vgl. Montinari KSA 14.276.
167 N Herbst 1885 – Herbst 1886, nicht in KSA, KGW IX 5, W I 8, 253 – 251 (rückwärts beschrieben), hier 251.
168 KGW IX 5, W I 8, 251.

Und hier, zu den Stichworten „Missverständnis" und „Feinheit", scheinen Nietzsche seine Gedanken zu „Es ist schwer verstanden zu werden" wieder einzufallen: Er schreibt sie, unter vielen Bearbeitungen, nun nahezu in der später in JGB 27 veröffentlichten Fassung nieder:

> [Vs 12] Es ist schwer, verstanden zu werden; man soll schon für den guten Willen zu einiger Feinheit der Interpretation von Herzen erkenntlich sein. Was aber „die guten Freunde" anbetrifft {, welche immer zu bequem sind u gerade als Freunde ein Recht auf Bequemlichkeit zu haben glauben –}: so thut man gut, ihnen von vornherein einen Spielraum u Tummelplatz des Mißverständnisses ~~einzuräumen~~ {zuzugestehen}, {– so hat man noch zu lachen! –} – oder ~~die guten Freunde abzuschaffen~~ {~~sie abzuschaffen~~} {sie {~~sich~~ ganz} ganz abzuschaffen, diese guten Freunde, – und auch zu lachen!}[169]

Der Ton ist jetzt deutlich verschärft und gegenüber den „guten Freunden", die nun gar nicht mehr selbst angesprochen werden, geradezu aggressiv.

Im Aphorismus JGB 27, wie er ihn dann zum Druck befördert hat, fügt Nietzsche zwischen „Es ist schwer, verstanden zu werden" und „man soll schon für den guten Willen zu einiger Feinheit der Interpretation von Herzen erkenntlich sein" noch ein:

> besonders wenn man gangasrotogati denkt und lebt, unter lauter Menschen, welche anders denken und leben, nämlich kurmagati oder besten Falles „nach der Gangart des Frosches" mandeikagati – ich thue eben Alles, um selbst schwer verstanden zu werden? –

Zuvor hat er sich in einer Art Merkzettel auf dem Titelblatt des Arbeitsheftes W I 7 festgehalten:

> [Vs 13] gangasrotogati „wie der Strom des Ganges dahinfließend" = presto / kurmagati „von der Gangart der Schildkröte" = lento / mandeikagati „von der Gangart des Frosches" = staccato.[170]

---

169 KGW IX 5, W I 8, 251.
170 Anfang 1886 – Frühjahr 1886, 3[18], KSA 12.175, KGW IX 4, W I 7, 1. – Zu Nietzsches Quelle vgl. Lampl, Auf den Spuren des Lesers Friedrich Nietzsche, 300 f.; Röllin / Trenkle, Nachweise aus Deutsche Rundschau, 317 f., und Sommer, NK 5/1, 235 f. In Julius Jollys *Eine Reise nach Ostindien IV* in der *Deutschen Rundschau* heißt es: „Das feine musikalische Gehör ist zu bewundern, welches die Hindus befähigt, selbst Vierteltöne mit der größten Sicherheit zu unterscheiden. Andererseits bildet für ein europäisches Ohr diese Feinheit der Tonnüancirung einen schlechten Ersatz für die mangelnde Harmonisirung, und es wird dadurch zugleich unmöglich, die indischen Ragas (Melodien) mit einer Genauigkeit in europäischen Noten, oder europäische Stücke in indischer Musik wiederzugeben." (zit. Sommer)

Die fremden Worte sind für Nietzsche Bezeichnungen musikalischer Tempi, die er zugleich als Bezeichnungen für charakteristische Temperamente des Denkens und Lebens gebraucht. Die thetische allgemeine Feststellung zu Beginn von JGB 27 wird damit wieder heruntergebrochen ins Typische und Besondere. Nietzsche übersetzt die Begriffe *gangasrotogati*, *kurmagati* und *mandeikagati* im ausgearbeiteten Aphorismus nicht: Sie werden den meisten Leser*innen vermutlich fremd sein und sie darum befremden. So *sagt* er nicht nur (feststellend, konstatierend), sondern *tut* zugleich (handelnd, performativ) „Alles, um selbst schwer verstanden zu werden", demonstriert den Leser*innen vorab, dass sie ihn nicht oder kaum verstehen werden. Manche werden mit den fremden Wörtern gar nichts anfangen können, andere vielleicht erkennen, dass es sich um Wörter aus dem Sanskrit handelt, ohne deren Bedeutung zu verstehen, und einige kennen vielleicht auch ihre Bedeutung. So selektiert Nietzsche seine Leser*innen, ‚wählt sie aus'. Und er gibt ihnen das auch zu verstehen, indem er das dritte Wort so erläutert, als ob sein Sinn selbstverständlich bekannt wäre („besten Falles ‚nach der Gangart des Frosches' mandeikagati"), auch wenn ihn manche noch nicht gekannt haben mögen. Und dennoch werden die Leser*innen verstehen, was er meint: Denn die eingeschobene Phrase erläutert ja nur die Eingangsthese. So finden sie sich buchstäblich in einem Spielraum von Verstehen und Nicht-Verstehen, noch bevor von ihm die Rede ist.

Nietzsche schafft im zweiten Hauptstück von *Jenseits von Gut und Böse* zum „Freien Geist", in dem er den Aphorismus unterbringt, zudem einen hilfreichen Kontext für das Verständnis von JBG 27: Der vorausgehende Aphorismus JGB 26 setzt ein mit „Jeder auserlesene Mensch trachtet instiktiv nach seiner Burg und Heimlichkeit, wo er von der Menge, den Vielen, den Allermeisten erlöst ist, wo er die Regel ‚Mensch' vergessen darf, als deren Ausnahme", und kommt dann auf die antiken Kyniker zu sprechen. Der folgende Aphorismus JGB 28 handelt von der Unübersetzbarkeit des „Tempos" eines „Stils"; hier fällt auch der Begriff des „presto", das Nietzsche für sich reklamiert, zu dem Deutsche bisher aber kaum fähig gewesen seien. In JGB 27 aber führt er das vor: Das sprechende Ich beginnt mit jener ruhigen Feststellung, um sich dann in eine wachsende Erregung hineinzureden. Der Einschub mit den Sanskrit-Hinweisen fungiert thematisch und auch musikalisch als Variation, die in ihrer Vieltönigkeit und Länge wie ein lang ausgehaltener Triller klingt. Dem folgt so etwas wie eine Umkehrung in einem dunklen Bass, die Parenthese, mit der der Autor auf die Befremdung der Leser*innen, die er auf die gewollt unverständlichen Ausdrücke hin erwartet – ‚Ja, werdet ihr sagen, „ich thue eben Alles, um selbst schwer verstanden zu werden? –"'. Nach dem angedeuteten Dialog mit ihnen muss das sprechende Ich seinen eigenen Satzbogen, der längst überspannt ist, erst wieder finden („und man soll schon …"). Die Aufwallung der moralischen Gefühle ist wieder da, nun aber ohne dass von ihr gesprochen wird. Der zweite Satz – der ganze Aphorismus besteht nur aus zwei Sätzen – ist noch stärker von Satzbrüchen und Parenthesen durchfurcht, das sprechende Ich scheint nicht mehr dazu zu kommen, einen ordentlichen Satz wie zu Beginn zu formulieren. Zugleich aber schimmern durch die aufgewühlte Sprache logische Schlussfolgerungen durch: In der ersten Hälfte folgt auf den generellen Obersatz „Es ist schwer, verstanden zu werden" ein Untersatz zu den spezifischen Bedingungen („besonders wenn ...") und aus beiden die moralische Konklusion „man soll ...", in der zweiten Hälfte auf den generellen Obersatz, dass gute Freunde es sich mit dem Verstehen „immer zu bequem" machen, und den nicht mehr eigens ausgesprochenen Untersatz, dass das bei Menschen mit einem besonderen Denken nicht angeht, die nun nicht mehr moralische, sondern pragmatische Konsequenz „thut man gut, ihnen von vornherein einen Spielraum und Tummelplatz des Missverständnisses zuzugestehn". Die moralische Einstellung weicht im Gang des Aphorismus einer pragmatischen, sie überwindet sich selbst.

Denn nun bricht der Mutwille und die Lust an der Bosheit hervor, von denen in den vorbereitenden Aufzeichnungen die Rede war – auch sie performativ, nicht mehr konstatierend. Und auch davon, dass der Autor sich dadurch beleidigt sieht, dass Leute, die es sich zu bequem machen, ihn zu verstehen, ist nicht mehr die Rede: Er selbst beleidigt nun sie mit seinem zynischen Gelächter.[171] Der Ton wird schrill, das Satztempo geht in ein „staccato" über, sichtbar gemacht durch Doppelpunkt, Gedankenstriche, Semikolon und Kommata mitten im Satz, der sich so uneben anfühlt, dass da nur noch ein Frosch darüber hüpfen kann. Die rhyth-

---

171 Nietzsche hat biographisch bekanntlich damit Ernst gemacht, „gute Freunde abzuschaffen": Als etwa Erwin Rohde, einer seiner engsten Studienfreunde, neuerlich einen Ruf als Professor der Klassischen Philologie und nun nach Leipzig erhält, wo sie beide dereinst studiert hatten, schreibt Nietzsche, längst zum wenig verstandenen Philosophen geworden, ihm eben diesen Satz: Ich „bin für jede Art Feinheit der Interpretation, ja für den guten Willen zur Feinheit schon von Herzen erkenntlich." Und dem schickt er voraus: „Mir ist es wie ein Traum, daß ich auch einmal so eine Art von hoffnungsvollem Thiere gewesen bin, philologus inter philologos. Es hat sich nichts erfüllt: oder, wie Ihr vielleicht unter Euch jetzt sagt, ‚er hat nichts erfüllt'. Zu alledem bin ich an Freunden nicht reicher geworden: das Leben hat mir die Pflicht immer mehr mit der furchtbaren Nebenbedingung ihrer einsamen Erfüllung vorgestellt. Es ist schwer, mir nachzufühlen; ich setze beinahe voraus, selbst bei Bekannten, jetzt im Groben mißverstanden zu sein" (Brief an Erwin Rohde aus Nizza vom 23. Februar 1886, Nr. 673, KSB 7.153). Im Mai 1887 lässt Nietzsche es eines Anders-Verstehens wegen, Hippolyte Taine betreffend, auf einen Bruch mit Rohde ankommen (Brief an Erwin Rohde aus Chur, 19. Mai 1887, Nr. 849, KSB 7.76 f.), was er dann aber bereut und wieder gut zu machen versucht, mit der klaren Ansage jedoch, Rohde habe Nietzsches „eigne Aufgabe" nie verstanden (Brief an Erwin Rohde aus Nizza, 11. Nov. 1887, Nr. 950, KSB 7.194 f.). Rohde, der zunächst selbstlos für Nietzsches *Geburt der Tragödie* gekämpft hatte, riet nach Nietzsches Zusammenbruch, dessen nachgelassene Aufzeichnungen nicht herauszugeben.

mische Unebenheit zeigt den Wechsel der Stimmung an, dem der Sich-Mitteilende sich ausgesetzt sieht: Er *verfügt* nicht, so inszeniert es Nietzsche, über das Verstehen und Nicht-Verstehen, sondern kann seinerseits nur dessen Spielräume erkunden und gerät dabei selbst an deren äußersten Rand seines Humors. Er kompromittiert sich selbst, nun mit bitterem Humor. Gute Freunde „abzuschaffen", wenn darin die redliche Alternative zum bequemen Missverstehen liegt, ist, wie nicht nur die Episode mit Rohde zeigt, nicht lustig, zumal nicht für einen, der stets seine Einsamkeit beteuert. So wirkt das Lachen angestrengt und soll, darf man unterstellen, wohl auch so wirken.[172] Glauben nun die Leser*innen mit dem „guten Willen zu einiger Feinheit der Interpretation", den Autor darin „gut" zu verstehen, könnten sie sich erneut im Spielraum zum Missverstehen wiederfinden. Es gibt keinen übergeordneten ‚theoretischen' Standpunkt, von dem aus ein wahres Verstehen verifiziert werden könnte.

Mit seiner Inszenierung aufgewühlter Gefühle zeigt Nietzsche im veröffentlichten Aphorismus, dass mit dem Problem des Verstanden-Werdens und Nichtverstanden-Werdens theoretisch nicht fertig zu werden ist. Aber man kann dem eine hinreichend verständliche Form geben. Der veröffentlichte Text zeigt nur noch und lässt hören, was die vorbereitenden Aufzeichnungen ausgesprochen haben. Wenn Nietzsche auch hier äußerste Redlichkeit von sich fordert und seine Leser*innen zu ihr animiert, so ist, was er in den Aufzeichnungen zum Spielraum des Missverstehens notiert hat, insofern unredlich, als man über die Erfahrung eigener Leiden am Nicht-Verstanden-Werden nicht ohne weiteres leidenschaftslos sprechen kann. Im zum Druck beförderten Aphorismus *spricht* er leidenschaftlich. Und doch nimmt er zugleich die stark biographischen Tönungen zurück, so dass die persönlichen Erfahrungen zu allgemeinen werden. Ersichtlich wird das alles aber nur aus den Aufzeichnungen.

---

[172] Wie sehr Nietzsche auf „gute Freunde" angewiesen ist, schreibt er im dialogischen Vorspiel zu WS: „gute Freunde geben einander hier und da ein dunkles Wort als Zeichen des Einverständnisses, welches für jeden Dritten ein Räthsel sein soll. Und wir sind gute Freunde." (KSA 2.538) Das sagt allerdings der „Wanderer" zu seinem „Schatten".

2 Thema Mut zur Mitteilung – Absturz in einen unsagbaren Nihilismus (GD, Sprüche und Pfeile 2)[173]

Das Thema des Nihilismus gilt als *das* Thema und *die* Botschaft Nietzsches; sie ist am stärksten mit seinem Namen verbunden; sie gibt dem Bild seines Philosophierens den düsteren Hintergrund, der schaudern macht, und zugleich die Tiefe, die anzieht. Nietzsche spricht jedoch nur wenig vom Nihilismus in seinem zum Druck beförderten Werk; die meisten seiner Überlegungen dazu hat er in seinen Aufzeichnungen zurückgehalten. So ist deren Gewicht hier besonders augenfällig; ohne sie hätte man kaum ein Bild davon, was Nietzsche mit dem Begriff des Nihilismus verband.[174]

Der Begriff erscheint, assoziiert mit Schopenhauers Pessimismus und einem ‚europäischen Buddhismus' einerseits, den anarchistischen Umtrieben der russischen Nihilisten andererseits, in Nietzsches Schriften zuerst 1880. Seine eigenen philosophischen Erörterungen des Nihilismus konzentrieren sich auf die Zeit vom Herbst 1885 bis zum Herbst 1888. 1883 nimmt er den aus Frankreich kommenden Begriff *décadence* auf und verlegt sich am Ende ganz auf ihn. Das Thema des Nihilismus grundiert so Nietzsches größtes philosophisches Projekt, das der Umwertung aller Werte. In Plänen zu einem Werk unter diesem Namen ist ihm

---

173 Frühere Versionen dieses Abschnitts wurden veröffentlicht als Exkurs in: Verf., Nietzsches Befreiung der Philosophie, 178 f., und als Diskussionsbeitrag in: Verf., „Auch der Muthigste von uns hat nur selten den Muth zu dem, was er eigentlich weiss ..." (GD, Sprüche und Pfeile 2).
174 Zum Vorkommen und zum Sinn des Begriffs Nihilismus und der verwandten, aber weit weniger wirkungsvollen Begriffe des Pessimismus und der *décadence* in Nietzsches Schriften liegen umfassende Arbeiten vor: Kuhn, Friedrich Nietzsches Philosophie des europäischen Nihilismus; Sommer, Nihilism and Scepticism in Nietzsche; Brock, Nietzsche und der Nihilismus; van Tongeren, Friedrich Nietzsche and European Nihilism. Vorausgingen vor allem Riedel, Nihilismus, 371–411, und Müller-Lauter, Nihilismus, 846–853. Die zahlreichen englischsprachigen Nietzsche-Companions enthalten, soweit ich sehe, außer dem Sommers keine weiteren Artikel zum Nihilismus. Riedels Studie ist historisch-systematisch, die Sommers orientierend, die Kuhns philologisch, die Brocks kulturkritisch, die van Tongerens didaktisch angelegt. Riedel konstruiert abschließend eine „Theorie des Nihilismus" bei Nietzsche; Kuhn trägt Nietzsches versuchsweise Typisierungen und Periodisierungen des Nihilismus als definitive Lehren in eine Zeittafel bis 2088 ein (265), gesteht aber zu, dass sich der Nihilismus-Begriff Nietzsches in einem „perspektivischen Kreisen" mit der Zeit „verschiebt, auffächert, ausdifferenziert und anreichert" (265) und auch alternative Systematisierungen möglich sind (255); Sommer macht bei Nietzsche gegen den Nihilismus den Skeptizismus stark. Nur er und van Tongeren unterscheiden deutlich Nachlass und Werk, ohne dass die Unterscheidung eine maßgebliche Rolle spielen würde.

mehrfach das erste Kapitel gewidmet, und die Nachlass-Kompilation *Der Wille zur Macht* (Kap. I 5) hat das wirkungsmächtig übernommen.

In den vergleichsweise wenigen Erwähnungen des Begriffs Nihilismus im zum Druck beförderten Werk bleibt eher rätselhaft, wie Nietzsche ihn verstanden hat. Er setzt ihn, wie auch den Pessimismus, als bekannt voraus. Nach *Jenseits von Gut und Böse* Nr. 10 ist Nihilismus im Ringen mit dem „Probleme ‚von der wirklichen und der scheinbaren Welt' [...] Anzeichen einer verzweifelnden sterbensmüden Seele", in Nr. 208 spielt Nietzsche im Zug einer Würdigung des Skeptizismus auf „ein neuentdecktes russisches Nihilin" an, ähnlich im V. Buch der *Fröhlichen Wissenschaft* Nr. 347 auf den „Nihilismus nach Petersburger Muster". Dort schickt er erneut voraus, man werde „Mühe haben, uns zu verstehn" (FW V 346). Der Aphorismus schließt mit Fragezeichen: „Der Nihilismus", heißt es dort, „ist u n s e r Fragezeichen", eine Antwort folgt nicht. Es sei zu einfach, bereitet Nietzsche die Frage, was „wir" seien, vor, „mit einem älteren Ausdruck Gottlose oder Ungläubige oder auch Immoralisten" zu beantworten (die man nun ‚Nihilisten' nannte). Freie, furchtlos gewordene Geister hätten die „Leidenschaft" des aufklärerischen Kampfs gegen allen Aberglauben schon hinter sich, und nun gehe es darum, mit einem nüchternen und gelassenen „Misstrauen" („So viel Misstrauen, so viel Philosophie") die alten „Verehrungen", die weiterhin eine starke Verführung ausübten und „um deren willen wir vielleicht zu leben a u s h i e l t e n", vom eigenen Denken abzuhalten. „Wir" dächten und lebten jetzt in „einem unerbittlichen, gründlichen, untersten Argwohn über uns selbst", der „leicht die kommenden Geschlechter vor das furchtbare Entweder-Oder stellen könnte":

> „entweder schafft eure Verehrungen ab oder – e u c h s e l b s t !" Das Letztere wäre der Nihilismus; aber wäre nicht auch das Erstere – der Nihilismus? – Dies ist u n s e r Fragezeichen. (FW V 346)[175]

Nihilismus ist für Nietzsche also mehr als bisher gedacht. Während es zum geläufigen Verständnis des Nihilismus gehört, sich selbst abschaffen, also umbringen zu wollen,[176] schließt Nietzsche in dessen Begriff auch die Bereitschaft oder den Willen ein, die Ideale, an die man bisher glaubte, abzuschaffen. Aber auch das gehörte längst zum aufklärerischen Nihilismus, ebenso des französischen wie des russischen. Damit wird das „Entweder-Oder" rätselhaft. Statt der

---

[175] Zur Gesamtinterpretation des Aphorismus vgl. Verf., Nietzsches Befreiung der Philosophie, 195–208, und van Tongeren, Friedrich Nietzsche and European Nihilism, 73–77.
[176] Kuhn, Friedrich Nietzsches Philosophie des europäischen Nihilismus, 20–38, stellt ausführlich Nietzsches Quellen bei Ferdinand Brunetière, Prosper Mérimée, Paul Bourget und vor allem Iwan Turgeniev dar.

exklusiven Alternative läge die Konsequenz des Zweiten aus dem Ersten näher: Menschen werden eben dann geneigt sein, sich das Leben zu nehmen, wenn sie ohne die „Verehrungen", die sie abgeschafft haben, nicht mehr leben können. Das dürfte auch Nietzsche klar gewesen sein. Aber er hat schon in einer vorausgehenden Aufzeichnung formuliert:

> [Nih 1] {Es dämmert der Gegensatz der Welt, die wir verehren u. der Welt, die wir leben, die wir – sind. Es bleibt übrig, entweder unsere Verehrungen abzuschaffen oder uns selbst. Letzteres ist der Nihilismus}.[177]

Das „Entweder-Oder" muss darum einen tieferen und verborgenen Sinn haben, den Nietzsche jedoch nicht preisgibt.[178] Es könnte, ist zu vermuten, schwerer, ‚furchtbarer' sein, mit dem Nihilismus zu leben als seinetwegen zu sterben. Und das wird sich durch weitere Zeugnisse aus dem veröffentlichten Werk bestätigen.

Im Schlussabschnitt seines etwa zur gleichen Zeit entstandenen „Versuchs einer Selbstkritik", der neuen Vorrede zu *Die Geburt der Tragödie*, wirft Nietzsche sich im Namen des Publikums ironisch vor, er sei dort einem „Willen" gefolgt, „welcher nicht gar zu ferne vom praktischen Nihilismus ist" (GT, Versuch einer Selbstkritik 7), und erläutert das so: „‚lieber mag Nichts wahr sein, als dass i h r Recht hättet, als dass e u r e Wahrheit Recht behielte!'" Danach wäre der Nihilismus darin praktisch, dass man mit den alten Wahrheiten der Menschen müde würde, die noch an sie glauben. In diesem Sinn eröffnet Nietzsche die bald folgenden Abhandlungen *Zur Genealogie der Moral*, die er im Sommer 1887 in wenigen Wochen niederschreibt. In der Vorrede stellt er die Frage nach dem Nihilismus nur noch rhetorisch:

> Der Anblick des Menschen macht nunmehr müde – was ist heute Nihilismus, wenn er nicht d a s ist?... Wir sind d e s M e n s c h e n müde... (GM, Vorrede 5)

In der II. Abhandlung beschreibt er

> das Dasein überhaupt, das als u n w e r t h a n s i c h übrig bleibt (nihilistische Abkehr von ihm, Verlangen in's Nichts oder Verlangen in seinen „Gegensatz", in ein Anderssein, Buddhismus und Verwandtes) (GM II 21),

als ekelerregend. Umso mehr erwarte man einen

---

[177] N Herbst 1885 – Herbst 1886, 2[131], KSA 12.129, KGW IX 5, W I 8, 87.
[178] Van Tongeren, Friedrich Nietzsche and European Nihilism, 74, sieht den Sinn des „Entweder-Oder" darin, dass die alten Verehrungen auch im Argwohn gegen sie noch fortleben. Aber das wäre ja eben kein „Entweder-Oder".

> Menschen der Zukunft, der uns ebenso vom bisherigen Ideal erlösen wird, als von dem, w a s
> a u s i h m w a c h s e n m u s s t e, vom grossen Ekel, vom Willen zum Nichts, vom Nihilismus
> ... (GM II 24)

Sind die alten Ideale, die Religionen und Philosophien verführerisch über dem Leben der Menschen aufgehängt haben, um von dessen Leiden abzulenken, endlich vom Himmel auf die Erde gefallen, abgestürzt wie Engel, ist ihre Haltlosigkeit einmal entlarvt, werden die Menschen ihrer selbst müde, empfinden Ekel vor sich selbst, ertragen sich nicht mehr.

In der III. Abhandlung *Zur Genealogie der Moral* wird der Nihilismus zunächst wieder nur erwähnt: Hätte Richard Wagner nicht anders Abschied nehmen können als mit seinem *Parsifal*, „weniger irreführend, weniger zweideutig in Bezug auf sein ganzes Wollen, weniger Schopenhauerisch, weniger nihilistisch?..." (GM III 4). Dann aber wird der Nihilismus geradezu dämonisiert:

> Gesetzt, dass diese beiden [der grosse E k e l vor dem Menschen; insgleichen das grosse
> M i t l e i d mit dem Menschen] eines Tages sich begatteten, so würde unvermeidlich sofort
> etwas vom Unheimlichsten zur Welt kommen, der „letzte Wille" des Menschen, sein Wille
> zum Nichts, der Nihilismus. (GM III 14)

Dies, das Leben im „Unheimlichsten", ist Nietzsches direkteste und dramatischste Mitteilung zum Nihilismus. Danach verliert das Thema seine Dramatik wieder, die „Nihilisten" werden eingereiht unter

> alle diese blassen Atheisten, Antichristen, Immoralisten, Nihilisten, diese Skeptiker,
> Ephektiker, H e k t i k e r des Geistes (letzteres sind sie sammt und sonders, in irgend einem
> Sinne), diese letzten Idealisten der Erkenntniss, in denen allein heute das intellektuelle
> Gewissen wohnt und leibhaft ward (GM III 24).

Das „intellektuelle Gewissen", die Redlichkeit des Geistes, zwingt zu einem zwiespältigen Nihilismus, zu der Einsicht in die Nichtigkeit der alten Ideale, die sich doch diesen Idealen, vor allem dem Ideal der Wahrheit und Wahrhaftigkeit, verdankt. Nietzsche bezieht darin auch die „historischen Nihilisten" ein, die „die gesammte moderne Geschichtsschreibung" prägen:

> Oder zeigte vielleicht die gesammte moderne Geschichtsschreibung eine lebensgewissere,
> idealgewissere Haltung? Ihr vornehmster Anspruch geht jetzt dahin, S p i e g e l zu sein; sie
> lehnt alle Teleologie ab; sie will Nichts mehr „beweisen"; sie verschmäht es, den Richter zu
> spielen, und hat darin ihren guten Geschmack, – sie bejaht so wenig als sie verneint, sie stellt
> fest, sie „beschreibt"... Dies Alles ist in einem hohen Grade asketisch; es ist aber zugleich in
> einem noch höheren Grade n i h i l i s t i s c h, darüber täusche man sich nicht! Man sieht einen
> traurigen, harten, aber entschlossenen Blick, – ein Auge, das hinausschaut, wie ein ver-

einsamter Nordpolfahrer hinausschaut (vielleicht um nicht hineinzuschauen? um nicht zurückzuschauen?...) Hier ist Schnee, hier ist das Leben verstummt; die letzten Krähen, die hier laut werden, heissen „Wozu?", „Umsonst!", „Nada!" – hier gedeiht und wächst Nichts mehr, höchstens Petersburger Metapolitik und Tolstoi'sches „Mitleid". (GM III 26)

Im vorletzten Abschnitt von *Zur Genealogie der Moral* verkündet Nietzsche dann den Plan eines (nicht ausgeführten) Buchs

unter dem Titel ‚Zur Geschichte des europäischen Nihilismus'; ich verweise dafür auf ein Werk, das ich vorbereite: Der Wille zur Macht, Versuch einer Umwerthung aller Werthe (GM III 27).

Und im Schlussabschnitt erklärt er den Nihilismus der erhabenen Ideale, den man jetzt durchlebe, zum Heilmittel gegen die „Sinnlosigkeit des Leidens" und damit gegen den „selbstmörderischen Nihilismus":

Die Sinnlosigkeit des Leidens, nicht das Leiden, war der Fluch, der bisher über der Menschheit ausgebreitet lag, – und das asketische Ideal bot ihr einen Sinn! Es war bisher der einzige Sinn; irgend ein Sinn ist besser als gar kein Sinn; das asketische Ideal war in jedem Betracht das „faute de mieux" par excellence, das es bisher gab. In ihm war das Leiden ausgelegt; die ungeheure Leere schien ausgefüllt; die Thür schloss sich vor allem selbstmörderischen Nihilismus zu. (GM III 28)

Damit ist man wieder bei der rätselhaften Konsequenz aus dem Aphorismus Nr. 346 der *Fröhlichen Wissenschaft* angekommen: Die Abschaffung der asketischen Ideale kann zum selbstmörderischen Nihilismus führen, ihre Aufrechterhaltung verhindert ihn. Beides ist Nihilismus, aber eben nicht als ‚Entweder-Oder'.

Ein gutes Jahr später in *Götzen-Dämmerung* zitiert Nietzsche wieder nur den gängigen Gebrauch des Begriffs.[179] In „Streifzüge eines Unzeitgemässen" Nr. 32 nimmt er die Schlussbestimmung aus *Zur Genealogie der Moral* auf, versieht sie nun aber neuerlich mit einem rätselhaften Zusatz:

Aber der Philosoph verachtet den wünschenden Menschen, auch den „wünschbaren" Menschen – und überhaupt alle Wünschbarkeiten, alle Ideale des Menschen. Wenn ein Philosoph Nihilist sein könnte, so würde er es sein, weil er das Nichts hinter allen Idealen des Menschen findet.

Er sagt nicht, ein Philosoph (wie er) *sei* Nihilist, sondern „Wenn ein Philosoph Nihilist sein könnte", und gibt dem Begriff dabei einen positiven und zugleich

---

[179] GD, Sprüche und Pfeile 34; Streifzüge 21; Streifzüge 50.

fernen Sinn: Ein Nihilist, wenn es ihn denn wirklich gäbe, sähe klarer, er finde „das Nichts hinter allen Idealen des Menschen". Aber was fände er da? Was könnte er da noch finden? Kann man „das Nichts" finden, oder findet man da einfach nichts mehr?

In *Der Antichrist*, wo Nietzsche, nun in Kampfstellung, seine Hypothese vom Willen zur Macht (Kap. III 3.3.4) wie ein Dogma behandelt, verknüpft er den Nihilismus mit der „V e r d o r b e n h e i t des Menschen" durch die *décadence*, das heißt für ihn mit ihrem Verlust des „Instinkts für Wachsthum, für Dauer, für Häufung von Kräften, für M a c h t ":

> wo der Wille zur Macht fehlt, giebt es Niedergang. Meine Behauptung ist, dass allen obersten Werthen der Menschheit dieser Wille f e h l t , – dass Niedergangs-Werthe, n i h i l i s t i s c h e Werthe unter den heiligsten Namen die Herrschaft führen. (AC 6)

Es scheint eine einfache Gleichung zu entstehen: Je weniger Wille zur Macht, desto mehr Nihilismus. So heißt es jetzt: „Mitleiden ist die Praxis des Nihilismus" (AC 7); „der Wille zum Ende, der nihilistische Wille" (AC 9); Kant, „jener Nihilist mit christlich-dogmatischen Eingeweiden" (AC 11); Christentum und Buddhismus sind „nihilistische Religionen" (AC 20); Paulus ist „Nihilist und Christ" (AC 58). Nietzsche gebraucht den Begriff des Nihilismus nun, um das Christentum und alles, was aus ihm lebt und denkt, auf direktem Weg niederzumachen. In *Ecce homo* ruft er als Gegensatz nochmals „das Wort ‚Ü b e r m e n s c h ' " auf, „zur Bezeichnung eines Typus höchster Wohlgerathenheit, im Gegensatz zu ‚modernen' Menschen, zu ‚guten' Menschen, zu Christen und andren Nihilisten" (EH, Warum ich so gute Bücher schreibe 1; vgl. EH, GT 2), und wiederholt, das Christentum sei „im tiefsten Sinne nihilistisch" (EH, GT 1). *Der Antichrist*, zunächst gedacht als erster Teil jenes Buchs zur „Umwerthung aller Werthe", wäre danach eine Abhandlung über die Bedeutung des Nihilismus für die Kultur der Gegenwart; mit dem „Fluch auf das Christenthum" wäre dessen Entwertung, die Überwindung *seines* Nihilismus, nicht mehr lange erörtert, sondern unmittelbar vollzogen worden.

So viel oder so wenig wüsste man von Nietzsches Verständnis des Nihilismus und seiner Bedeutung für sein Philosophieren, wenn man nur erführe, was er davon zum Druck befördert hat. Jene „Geschichte des europäischen Nihilismus" hat er nie geschrieben; der Entwurf der Lenzerheide-Aufzeichnung, auf die wir unten ausführlich eingehen (Kap. IV), muss heute dafür einstehen. Über sie hinaus gibt es in den nachgelassenen Aufzeichnungen nicht nur ein Vielfaches an

Erwähnungen des Nihilismus, sondern auch besonnene Klärungen seiner Bedeutung für die menschliche Orientierung.[180]

Gerade die aufschlussreichsten dieser Aufzeichnungen sind jedoch ebenfalls nicht nur sehr komplex, sondern auch nicht leicht miteinander zu vereinbaren und in ihrer Deutung entsprechend umstritten; eine Theorie oder System, wie sie immer wieder versucht wurden, fügt sich daraus nicht ohne weiteres zusammen.[181] Wir können es hier bei den Schlussfolgerungen belassen, die Paul van Tongeren, seinerseits möglichst nah an den Texten, zuletzt gezogen hat. Er hat deutlich gemacht, wie vielfältig und vielschichtig sich der Nihilismus bei Nietzsche darstellt und eine glückliche Formel für die Struktur dieser Schichten gefunden:

> In distinguishing the many types, phases and periods of nihilism, it becomes clear that there is no comprehensive, systematic theory of nihilism in Nietzsche's work. At the peril of obscuring that insight and covering once more the many nuances that have become visible, I would still attempt to provide a manner of comprehensive overview of the main trajectory of the development of European nihilism according to Nietzsche. Incidentally, that we are able to speak of the „development" at all does not take away the fact that there need not be a continual and unambigious progression. Different people or peoples can be in different phases, and there can moreover be relapses into a previous phase.
>
> Nietzsche can be said to distinguish four phases of stages of nihilism. These four phases comprise the whole history of European culture from the pre-Socratic Greeks to his own 19th century and beyond that up to our current days. The shortest possible summary—in an inverted chronological order, meant to indicate the dynamics of the development—would probably read as follows: Nihilism is (4) the conscious experience of an antagonism, that is the result of (3) the decline of (2) the protective structure that was built to hide (1) the absurdity of life and world.[182]

Der Kern von Nietzsches Verständnis des Nihilismus, der sich in den Aufzeichnungen deutlicher herausschält, besteht darin, dass die Wertungen, die Europa bisher beherrschen, in Schlagwörtern der Sokratismus und das Christentum, auch wenn sich ihre Grundlagen unterschieden, in einer herrschenden Moral zusammenfanden, die nun fragwürdig geworden ist. Nach einer Übersicht über das Wesen und den Ursprung des Nihilismus, die sich Nietzsche selbst erstellte, ist die „{Skepsis an der Moral [...] das Entscheidende}", „{die {radikale} Ablehnung von Werth, Sinn, Wünschbarkeit}"; überwunden wird der „„moral. Gott"".[183]

---

180 Vgl. Verf., Wie leben wir mit dem Nihilismus?; Roodt, Living with Nihilism, und Verf., Orientation within Nihilism.
181 Vgl. nach Heideggers Versuchen v. a. Riedel, Nihilismus, 404–408.
182 Van Tongeren, Friedrich Nietzsche and European Nihilism, 99 f.
183 N Herbst 1885 – Herbst 1886, 2[127], KSA 12.125 f., KGW IX 5, W I 8, 95 f.

Mit den traditionell herrschenden europäischen Werten stand – in Europa – aber das Werten überhaupt auf dem Spiel. Die vier Schichten in Nietzsches Verständnis des Nihilismus, wie van Tongeren sie herauspräpariert, sind dann (1) die ursprüngliche Sinn- und Wertlosigkeit des Lebens, (2) die Schicht erhabener Wünschbarkeiten, die diese Sinn- und Wertlosigkeit verdeckt und so vor ihr schützt, (3) die Schicht der aufklärerischen Kritik jener Wünschbarkeiten und (4) die Schicht der Nietzsche selbst vor allem beschäftigenden Einsicht, dass Europäer*innen von den Wünschbarkeiten dennoch schwer loskommen, weil sie ihnen inzwischen tief einverleibt sind: Sie brauchen die alten Werte weiterhin zum Leben, auch nachdem sie ihre Unhaltbarkeit erkannt haben. Im Ergebnis ist Nihilismus in diesem Sinn der Verlust des Halts an einer Moral, die über Jahrtausende geherrscht hat, die Einsicht in die Entwertung ihrer Werte, und als solcher ist er bis heute ein Schreckbegriff geblieben. Die Dämonisierung wirkt nach. Nach Nietzsches Aufzeichnungen ist dieser Nihilismus jedoch ein schlichter geschichtlicher Tatbestand, kein ‚-ismus' in dem Sinn, dass da etwas erst anzustreben oder zu erkämpfen wäre. Im Gegenteil: Für Nietzsche eröffnet die Entwertung der alten Werte einen neuen Spielraum: Weil Werte nun nicht mehr von einem moralischen Gott garantiert werden oder einfach an sich gelten, wie viele glauben wollen, ermöglicht sie den Menschen, sich selbst für neue Werte zu entscheiden. Und eben dafür setzt sich seit der Mitte des 19. Jahrhunderts die Wertesemantik immer stärker durch. Nietzsche hat das am deutlichsten erkannt, und darauf hat er am entschiedensten gesetzt.[184]

Der Begriff des Nihilismus war, wie besonders Riedel gezeigt hat, seit dem Ende des 18. Jahrhunderts ständig in der Diskussion. Schon Schopenhauers Pessimismus, der in der Mitte des 19. Jahrhunderts zu Berühmtheit kam, war, so Riedel, „ein radikalisierter, auf die Spitze getriebener Nihilismus, der mit der Verneinung Gottes und der Welt den Menschen selbst verneint."[185] Auch die Rede vom Tod Gottes war keineswegs neu[186] und schreckte zu Nietzsches Zeit kaum mehr. Er hat sie nur prominent gemacht, insbesondere mit den beiden Aphorismen aus der *Fröhlichen Wissenschaft*, dem Aphorismus Nr. 125 im dritten, 1882 erschienenen Buch mit der aufwühlenden Geschichte vom „tollen Menschen" und dem Aphorismus Nr. 343 im eigenen Namen und in nüchternem und gewollt heiterem Ton zum Auftakt des 1887 angefügten V. Buchs.[187] Die Umstehenden,

---

[184] Vgl. Verf., Orientierung im Nihilismus – Luhmann meets Nietzsche, 235–271, und Sommer, Werte. Warum man sie braucht, obwohl es sie nicht gibt.
[185] Riedel, Nihilismus, 399.
[186] Vgl. Biser, Art. Tod Gottes.
[187] Vgl. zur Gesamtinterpretation des Aphorismus Verf., Nietzsches Befreiung der Philosophie, 91–120.

denen der tolle Mensch auf dem Markt sein „Ich suche Gott! Ich suche Gott!" zuschreit, lachen nur noch und machen Witze darüber, und als er mit seinem dramatischen „Gott ist todt! Gott ist todt! Gott bleibt todt! Und wir haben ihn getödtet!" ihnen selbst für seinen Tod die Schuld gibt, schweigen sie nur betreten und blicken „befremdet", erschauern aber nicht. Der Tod Gottes ist für sie ‚abgehakt'. Die Botschaft von dessen Bedeutung ist jedoch, so der tolle Mensch und später (in FW 343) auch der Autor selbst, lediglich noch nicht angekommen, vergleichbar dem Licht eines schon verlöschenden Gestirns. So ist noch nicht klar, was der Nihilismus, der in beiden Aphorismen selbst nicht genannt wird, für das Leben der Menschen bedeutet und an „Abbruch, Zerstörung, Untergang, Umsturz", „Schrecken" und „Verdüsterung" auslösen könnte. Für den Autor aber eröffnet sich, wie er in der zweiten Hälfte des Aphorismus Nr. 343 mit „Dankbarkeit, Erstaunen, Ahnung, Erwartung" feststellt, ein neuer „Horizont" für eine philosophische Neuorientierung.

In einer vorausgehenden Aufzeichnung listet Nietzsche Anzeichen dafür auf, was „die Entwerthung der bisherigen Werthe" konkret bedeutet.[188] Da es sich um die „{höchsten} Werthe" handelt,[189] von denen die übrigen abhängen, stehen damit alle Werte und dann auch das Werten als solches in Frage und schließlich, da das Erkannte beim Erkennen immer auch bewertet wird, das Weltverhältnis des Menschen, seine Orientierung in der Welt überhaupt. Die mathematische Sprache, die bewusst wertfrei konstruiert ist, und die Wissenschaften, die sich ihrer bedienen, sind, wie Nietzsche auch in den zum Druck beförderten Werken ausführt, davon nicht ausgenommen: Da die Wahrheit, an die sie sich ihrerseits zu halten glauben, auch ein Wert ist, der sich nach Nietzsche neben der Philosophie auch dem Christentum verdankt (FW 357), ist sie ebenfalls ein „Schatten" des toten Gottes (FW 108). Zudem wird die Welt durch sie nur sehr beschränkt erfasst (FW 373); Mathematik und mathematische Naturwissenschaften sind Teil der menschlichen Abkürzungskunst (Kap. V). In *Zur Genealogie der Moral* deutet Nietzsche, wenn auch nur anekdotisch, unter Verweis auf den berüchtigten mittelalterlichen Assassinen-Orden, die äußerste, freilich fragwürdige Konsequenz des ‚Todes Gottes' an: das „‚Nichts ist wahr, Alles ist erlaubt'", das zum „Symbol und Kerbholz-Wort" des Nihilismus wurde (GM III 24);[190] es beherrscht bei Dostojevski die Gespräche und das Handeln der Brüder Karamasov, die stets mit großer Leidenschaft, aber auch rückhaltloser Offenheit und Wahrhaftigkeit die

---

188 N Herbst 1885 – Herbst 1886, 2[131], KSA 12.131, KGW IX 5, W I 8, 88.
189 N Herbst 1885 – Herbst 1886, 2[126], KSA 12.124, KGW IX 5, W I 8, 100, und N Herbst 1886 – Frühjahr 1887, 7[64], KSA 12.318, KGW IX 13, Mp XVII 61v.
190 Zu Nietzsches Quellen vgl. umfassend Sommer, NK 5/2, 567–569.

äußersten Schlüsse ziehen, mit verheerenden Folgen.[191] Hier wird von der Fragwürdigkeit der Wahrheit auf die Fragwürdigkeit gleich aller Werte geschlossen.

Für Nietzsche wird mit dem Tod Gottes oder dem Nihilismus, der eine vollkommene Desorientierung herbeiführt, eine Neuorientierung von Grund auf nötig; er nimmt ihn ernst wie sein toller Mensch. Hatte man bisher auf einen Gott gesetzt, der die Werte, an die sich die Menschen halten sollten, selbst auf Gebotstafeln niedergeschrieben hatte, wie in der Bibel mehrfach betont wird,[192] so musste man nun die Werte, nach denen gelebt und das Zusammenleben in der Gesellschaft geordnet werden sollte, selbst finden, festlegen und verantworten, ohne jede Garantie, sei es in Gestalt der Autorität eines höchsten Gesetzgebers und Richters oder einer dazu eigens ausgedachten ‚wahren Welt'. Werte würden nicht mehr auf Ewigkeit feststehen, sondern in den Auseinandersetzungen unter den Menschen stets strittig und wandelbar bleiben, und dies geschähe in einem Wettbewerb nicht mehr um die Erfüllung von Gott gegebener Gebote vor seinen alles überblickenden und durchschauenden Augen, sondern im Kampf um die Durchsetzung der eigenen Werte und um das Schaffen neuer Werte. Diese Herausforderung schien Nietzsche ungeheuer – im doppelten Sinn von unermesslich und unfassbar.

Er nimmt sie an; das Schaffen eigener und neuer Werte war für ihn die höchste Aufgabe der Philosophen der Zukunft. Auch wenn er an fast allen Philosophen der Vergangenheit und Gegenwart zweifelte, schien ihm die Philosophie hier doch seit Jahrtausenden die größte Erfahrung und Übersicht zu haben. Philosophen hatten gelernt, solche Entscheidungen zu treffen; da sie nach Nietzsche aber auch den schwersten Irrtümern erlegen waren, musste ihm die anstehende Aufgabe umso mehr Schauder erregen. Denn sie schloss und schließt umfassende Vorstellungen über die Zukunft der Menschheit überhaupt ein, über eine Ordnung der Gesellschaft, mit der diese Zukunft bewältigt werden kann, und über die Funktionen, die dabei die Moral, die Politik, die Wissenschaften, die Wirtschaft, die Kunst und auch wieder die Religion ausüben könnten,[193] und für Nietzsche war nicht entschieden, ob die Demokratie und die fortschreitende Demokratisierung der Gesellschaft als Basis und Verfahren einer solchen Neuorientierung ausreichen würden.[194] Die Größe der Gefahr lag für ihn nicht so sehr in einem Leben ohne Gott – nach Zarathustra kann man durchaus neue Götter erfinden – als darin, sich in der Neuorientierung nach dessen Unglaubwürdig-Werden erneut zu vergreifen. Nietzsche stellt sich darum auch nicht als „Lehrer und Vorausver-

---

191 Vgl. Pfeuffer, Die Entgrenzung der Verantwortung, 156–176.
192 Ex. 24, 12; 31,18; 34,1.
193 Vgl. Verf., Nietzsches Religionsprojekt.
194 Vgl. Verf., Orientierung im Nihilismus – Luhmann meets Nietzsche, 272–347.

künder", sondern als „Räthselrather" dar (FW 343, GM III 24 u. ö.). Er vermeidet, wenn er, vor allem in *Jenseits von Gut und Böse*, dem „Vorspiel einer Philosophie der Zukunft", von den „Philosophen der Zukunft" spricht (JGB 42–44, JGB 210– 211), stets, sich selbst zu nennen.

Mag der Nihilismus mit dieser Herausforderung Schauder und Schrecken erregen, er ist, wie Nietzsche einer differenzierten Aufzeichnung zu dessen Facetten vom Herbst 1887 offenbar zuletzt voranstellt, gleichwohl „{ein normaler Zustand}".[195] Und weil er das ist, zumindest in seiner ursprünglichen Schicht, der Sinn- und Wertlosigkeit des Daseins überhaupt, ist er auch nicht zu überwinden – zu ‚überwinden' waren und sind nur die erhabenen religiösen und philosophischen Wünschbarkeiten, die in Europa das Christentum und die Philosophie schützend über die Sinn- und Wertlosigkeit des Daseins gelegt haben; der Nihilismus des Christentums und der Philosophie überwindet sich selbst, wie oft betont wurde, einfach dadurch, dass er aufgedeckt wird. Ist der Nihilismus aber ein normaler Zustand, so muss man auch ‚normal' mit ihm leben können. Offenbar kann man das auch. Nach Nietzsche leben wir längst im Nihilismus und können uns in ihm auch orientieren.

Dennoch ist er „psychologisch" schwer zu ertragen, und es erfordert Mut, sich seinem „Abgrund" zu stellen. Nietzsche bemerkt zu seinem eigenen Umgang mit dem normalen Nihilismus in einem Notizheft aus derselben Zeit:

> [Nih 2] Das psycholog. Kunststück dieser Jahre war, über einen furchtbaren Abgrund zu gehen und nicht hinunter zu blicken,: {zu gehen {also} u. nicht zu sehen} sondern heiter Schritt für Schritt thun, als ob {es sich darum handele} eine bunte Wiese zu überschreiten sei, an deren Ende vielleicht eine {große} Gefahr auf uns war wartet: kurz, muthig über {mit dem Wissen, die} eine Gefahr weggehen, mit dem Glauben, einer Gefahr entgegenzugehen.[196]

Das „Kunststück" ist danach, sich über dem Abgrund zu bewegen, ohne ihn sich bewusst zu machen und also auch ohne von ihm zu reden. Man muss es machen wie der „Reiter auf dem Bodensee", den Nietzsche zitiert hat, als er Richard Wagner, der seinerseits mit seinem Werk der Menschheit eine neue Zukunft eröffnen wollte, seine angestrengte Würdigung *Richard Wagner in Bayreuth* zusandte, ohne wirklich zu glauben, was er da geschrieben hatte:

> [Nih 3] Überlege ich, was ich diesmal gewagt habe, so wird mir hinterdrein schwindlig und befangen zu Muthe und es will mir wie dem Reiter auf dem Bodensee ergehen.[197]

---

195 N Herbst 1887, 9[35], KSA 12.350, KGW IX 6, W II 1, 115.
196 N Sommer 1886 – Herbst 1887, 5[8], KSA 12.187, KGW IX 3, N VII 3, 182.
197 Brief an Richard Wagner aus Basel, ‹Juli 1876›, Nr. 537, KSB 5.173.

Und eben das ist es, was er in seiner vielleicht wichtigsten öffentlichen Äußerung zum Nihilismus sagt – dass er wohl vom Nihilismus weiß, aber nicht „eigentlich w e i s s" und darum auch nichts öffentlich über ihn sagt. So lautet die zweite Sentenz[198] unter den „Sprüchen und Pfeilen", mit denen er *Götzen-Dämmerung* beginnt:

> Auch der Muthigste von uns hat nur selten den Muth zu dem, was er eigentlich w e i s s ... (GD, Sprüche und Pfeile 2)

Die Sentenz wird in den Abhandlungen über den Nihilismus bei Nietzsche meist übersehen, eben weil er hier nicht von ihm spricht. Dass er an ihn dachte, zeigt jedoch unmissverständlich eine Reihe vorausgehender Briefe und Aufzeichnungen. Es dauert viele Jahre, von 1875 bis 1888, bis Nietzsche zur Formulierung der Sentenz findet.[199] Aus diesen aber wird verständlich, was Nietzsche vom Nihilismus sagen wollte, nämlich: nichts.

Die Reihe beginnt mit einem Brief an Marie Baumgartner, die *Schopenhauer als Erzieher* und *Richard Wagner in Bayreuth* für ihn ins Französische übersetzt hat:

> [Nih 4] Nun wächst jetzt in mir mancherlei auf und von Monat zu Monat sehe ich einiges über meine Lebensaufgabe bestimmter, ohne noch den Muth gehabt zu haben, es irgend Jemandem zu sagen.[200]

Diese Lebensaufgabe wird ihm selbst erst allmählich klar. Als ihm die Probleme, die sich ihm da stellen, nach und nach dämmern, befällt ihn rundum „Entmuthigung". Neun Jahre später schreibt er an Franz Overbeck:

> [Nih 5] ich habe mir selber Muth machen müssen, da mir von überall her nur die Entmuthigung kam: Muth zum Tragen jenes Gedankens! Denn ich bin noch weit davon entfernt, ihn aussprechen und darstellen zu können.[201]

---

198 Die erste Sentenz „Müssiggang ist aller Psychologie Anfang. Wie? wäre Psychologie ein – Laster?" nimmt den von Nietzsche ursprünglich vorgesehenen Titel für GD, „Müssiggang eines Psychologen", auf. Der alte Titel blieb im Vorwort zu GD auch noch stehen: „Auch diese Schrift – der Titel verräth es – ist vor Allem eine Erholung, ein Sonnenfleck, ein Seitensprung in den Müssiggang eines Psychologen." So ist der Sache nach die zweite Sentenz die erste zur „Götzen-Dämmerung".
199 Sommer hat die folgenden Briefstellen und Aufzeichnungen in NK 6/1, 225 f., gleichzeitig mit Verf., Nietzsches Befreiung der Philosophie, 178 f., nachgewiesen.
200 Brief an Marie Baumgartner aus Steinabad, 2. August 1875, Nr. 475, KSB 5.95.
201 Brief an Franz Overbeck aus Nizza, 8. März 1884, Nr. 494, KSB 6.485.

Das ‚Sagen', hier das Mitteilen an andere, entfällt jetzt, es bleibt nur noch das „<u>Tragen</u> jenes Gedankens". Nietzsche hat auch noch nicht den Mut, ihn für sich auszusprechen und darzustellen. Gemeint sein dürfte hier der Gedanke der ewigen Wiederkunft, der jedoch, wie Nietzsche dann in seiner Lenzerheide-Aufzeichnung schreibt, gerade das Bewusstwerden des Nihilismus anstoßen oder verstärken sollte (Kap. IV 2.6).

Drei weitere Jahre später geht es nicht mehr um einen bestimmten Gedanken, sondern um sein Denken überhaupt, vor dem er selbst zurückscheut:

> **[Nih 6]** es giebt eine erschreckliche Menge von Problemen, die auf mich drücken. Und was für Probleme! Wenn ich nur den Muth hätte, Alles zu <u>denken</u>, was ich weiß ...[202]

Schließlich, im Lauf des Jahrs 1887, in dem Nietzsche am stärksten über den Nihilismus nachdenkt, entfällt in seiner Formulierung auch noch ‚denken' im Sinn von ‚bewusst vor Augen halten', ‚sich mit einer Vorstellung konfrontieren'. Der *Gegenstand* des Denkens verschwindet.[203] Nietzsches philosophischer Orientierungsprozess hat eine Richtung genommen, in der auch er sich nicht weitertraut; in seinen Briefen an Franz Overbeck dürfte er am offensten gewesen sein. Er kommt nicht weiter, kann aber auch nicht innehalten, um irgendwo Halt zu finden. Alles kommt nun auf den Mut an, die Bereitschaft zum Handeln unter Risiko bei Ungewissheit des Ausgangs. An eben seinem Mut aber zweifelt er:

> **[Nih 7]** Es scheint mir mehr am <u>Muthe</u>, am Stärkegrade seines Muthes gelegen, <u>was</u> ein Mensch bereits für „wahr" hält oder <u>noch</u> nicht ... (Ich habe nur selten den Muth zu dem, was ich eigentlich weiß)[204]

Chronologisch folgt hier die zitierte Sentenz aus „Sprüche und Pfeile". Danach heißt es noch umfassender in *Ecce homo*:

> Dass man wird, was man ist, setzt voraus, dass man nicht im Entferntesten ahnt, w a s man ist. (EH, Warum ich so klug bin 9)

Nietzsche durfte nicht vorab von den ‚Problemen' und ‚Aufgaben' wissen, die ihm bevorstanden; es hätte ihm sonst der Mut gefehlt, sie anzugehen.

In der zum Druck beförderten Sentenz hat er schrittweise zunächst das Sagen, die Mitteilung an andere, dann das Tragen des Gedankens, die Verantwortung für

---

202 Brief an Franz Overbeck aus Nizza, 12. Februar 1887, Nr. 798, KSB 8.21.
203 Vgl. Riedel, Nihilismus, 411: „Am diskursiven Anspruch der Philosophie gemessen, ist ‚Nihilismus' kein Begriff, dem Erfahrung einen Gegenstand verschaffen kann."
204 Brief an Georg Brandes aus Nizza, 2. Dez. 1887, Nr. 960, KSB 8.206.

seinen Ernst, dann das Denken, die Konfrontation mit ihm überhaupt und damit auch seinen Gegenstand zurückgenommen und schließlich auch sich selbst: Er reiht sich ein, zwar nicht mehr in ein ‚Man', sondern immerhin unter die „Muthigsten". Aber er reiht sich doch ein, um wenigstens so Gesellschaft und vielleicht Vorbilder zu finden, ohne dass er sie tatsächlich sähe. Schon Kant, der nach Nietzsche immerhin zu „resoluten Umkehrungen" bereit war (GM III 12),[205] hatte wohl Mut beim Sich-Orientieren im Denken verlangt („Habe Muth dich deines e i g e n e n Verstandes zu bedienen! ist also der Wahlspruch der Aufklärung"[206]), aber er war sich noch sicher, dass er Verstand und Vernunft, wenn auch nicht deren Kritik, mit allen andern teilen würde. Nietzsche sieht sich weit über Kant hinausgelangt und mit seinem Wissen nun ganz alleinstehen. Das erregt auch ihm Angst, und so beschwört er den Mut in einem doppelten Superlativ („Auch der Muthigste von uns", „nur selten").

Ein „eigentliches" Wissen ist ein paradoxes Wissen. Sokrates sagte, wie berichtet wird, mit Bestimmtheit, dass er nichts weiß, aber ‚eigentlich' weiß er, wie sich stets zeigt, doch alles besser als die andern. Nietzsche dagegen oder die mutigsten Philosophen, die er aufruft, wissen, dass sie etwas wissen, was vielleicht auch andere wissen, ohne es sich doch selbst eingestehen und es aussprechen zu können. Sie wissen und wollen doch nicht wissen. Wie Nietzsche dem Willen zum System ausweicht (Kap. I 8), scheut hier sein Wille zum Wissen zurück. Das Wort „w e i s s" ist hervorgehoben und zugleich durch das „eigentlich" negiert, und es folgen Auslassungspunkte: Wissen ist hier nicht mehr ein lehrbares, allgemeingültig absicherbares, sondern ein in Fragezeichen gesetztes, ungewiss hintergründiges Wissen, das gerade nicht zu Wort kommen soll – auch weil es in seiner Radikalität gar nicht zu Wort kommen kann, ohne schon verfälscht, als ‚das Nichts' falsch vergegenständlicht zu werden.

Aber woher wissen wir, dass Nietzsche hier den Nihilismus im Sinn hat, der sich weder sagen noch denken noch sonst irgendwie thematisieren lässt, eben weil mit ihm *alles* fragwürdig wird? Er hat es zuvor für sich so aufgezeichnet:

[Nih 8] {Zur Genesis des Nihilisten.}

Man hat nur spät den Muth zu dem, was man eigentlich weiß. Daß ich von Grund aus bisher Nihilist gewesen bin, das habe ich mir erst seit Kurzem eingestanden: die Energie, der Radikalism, mit der ich als Nihilist vorwärts gieng, täuschte mich über diese Grundthatsache.

---

205 Vgl. Verf., 'Resolute Reversals'.
206 Kant, Beantwortung der Frage: Was ist Aufklärung?, 35.

> Wenn man einem Ziele entgegengeht, so scheint es unmöglich, daß „die Ziellosigkeit an sich" unser Glaubensgrundsatz ist[207]

In seiner Aufzeichnung für sich selbst sagt Nietzsche „ich", und hier kann er vom Nihilismus sprechen und dem „Radikalism[us]", mit dem er ihn weiterzudenken versucht. Aber er sagt an der Stelle nichts über den Nihilismus selbst, sondern nur über die „Grundthatsache", dass *er* „Nihilist" sei. Und das ist etwas anderes, etwas, an das er sich selbst durchaus halten kann: indem er *sich* mit der Aufdeckung des Nihilismus identifiziert, hat er ein „Ziel" in seiner philosophischen Orientierung, das *ihm* Halt gibt. Nietzsche nennt das in einer Aufzeichnung „{aktiven Nihilism}".[208] Der ursprüngliche Nihilismus als „normaler Zustand", von dem man „eigentlich" nichts wissen kann, weil er jedem Wissen im gängigen Verständnis den Boden entzieht, bleibt davon unberührt.

Für diese Botschaft des Abgrunds eines unsagbaren Nihilismus schien Nietzsche das Publikum noch nicht reif gewesen zu sein, vielleicht auch nicht der Gedanke und zuletzt er selbst nicht, der ihn zu denken versuchte.

Später verselbständigt sich in Nietzsches Schreiben die Formel vom „Muth zu dem, was man eigentlich weiß". Er verwendet sie nun für sein Philosophieren im Allgemeinen, fügt sie nachträglich noch in eine Aufzeichnung im Umfeld des Themas der Ökonomie der Arterhaltung des Typus Mensch ein:

> [Nih 9] Ich gebe meine Argumentation in allen wesentlichen P̶u̶n̶k̶t̶e̶n̶ {Schritten}, Punkt für Punkt. Mit e̶i̶n̶ ̶w̶e̶n̶i̶g̶ {etwas} Logik in dem Leibe und einer {mir} verwandten A̶r̶t̶,̶ ̶i̶n̶ ̶d̶i̶e̶ ̶W̶e̶l̶t̶ ̶z̶u̶ ̶b̶l̶i̶c̶k̶e̶n̶,̶ ̶w̶i̶e̶ ̶i̶c̶h̶ ̶s̶i̶e̶ ̶h̶a̶b̶e̶,̶ ̶h̶ä̶t̶t̶e̶ ̶m̶a̶n̶ ̶d̶i̶e̶s̶e̶ {Energie, mit einem Muth zu dem, was man eigentlich weiß… hätte man diese} Argumentation auch schon meinen früheren Schriften entnehmen können. Man hat das Umgekehrte gethan und sich darüber beschwert, daß es m̶i̶r̶ {denselben} an Consequenz fehle: dieses W̶i̶d̶e̶r̶s̶p̶r̶u̶c̶h̶s̶-̶G̶e̶s̶i̶n̶d̶e̶l̶ von heute {Mischmasch-Gesindel von heute} wagt das Wort „Consequenz" in den Mund zu nehmen![209]

---

[207] N Herbst 1887, 9[123], KSA 12.407 f., KGW IX 6, W II 1, 45. – Zibis, Die Tugend des Mutes, 201, zitiert diese Aufzeichnung, ohne ihr Verhältnis zur veröffentlichten Sentenz zu erörtern.
[208] N Herbst 1887, 9[35], KSA 12.350, KGW IX 6, W II 1, 115.
[209] N Frühjahr 1888, 14[183], KSA 13.370, KGW IX 8, W II 5, 22.

3 Thema Wahrheit – Geschichte eines Irrtums (GD, Wie die ‚wahre Welt' endlich zur Fabel wurde)

3.1 Die Musikalität der Geschichte des Irrtums

Das Thema Wahrheit hat Nietzsche seit seinen Anfängen als Philosoph stark beschäftigt. Neben seinen Vorträgen und Schriften im Bannkreis Schopenhauers und Wagners entwarf er dazu 1873 seine für sein ganzes weiteres Philosophieren wegweisende Abhandlung *Ueber Wahrheit und Lüge im aussermoralischen Sinne*, die er, wie er später öffentlich schrieb, geheim hielt. Ihr nüchterner und radikal kritischer Ton dürfte nicht zu seiner damals inbrünstigen Verehrung seiner beiden Meister Schopenhauer und Wagner gepasst haben. 1886 berichtet Nietzsche:

> Als ich sodann, in der dritten Unzeitgemässen Betrachtung, meine Ehrfurcht vor meinem ersten und einzigen Erzieher, vor dem g r o s s e n Arthur Schopenhauer zum Ausdruck brachte – ich würde sie jetzt noch viel stärker, auch persönlicher ausdrücken – war ich für meine eigne Person schon mitten in der moralistischen Skepsis und Auflösung drin, d a s h e i s s t e b e n s o s e h r i n d e r K r i t i k a l s d e r V e r t i e f u n g a l l e s b i s h e r i g e n P e s s i m i s m u s —, und glaubte bereits „an gar nichts mehr", wie das Volk sagt, auch an Schopenhauer nicht: eben in jener Zeit entstand ein geheim gehaltenes Schriftstück „über Wahrheit und Lüge im aussermoralischen Sinne". Selbst meine Siegs- und Festrede zu Ehren Richard Wagner's, bei Gelegenheit seiner Bayreuther Siegesfeier 1876 – Bayreuth bedeutet den grössten Sieg, den je ein Künstler errungen hat – ein Werk, welches den stärksten A n s c h e i n der „Aktualität" an sich trägt, war im Hintergrunde eine Huldigung und Dankbarkeit gegen ein Stück Vergangenheit von mir, gegen die schönste, auch gefährlichste Meeresstille meiner Fahrt... und thatsächlich eine Loslösung, ein Abschiednehmen. (MA II, Vorrede 1)

Das „Schriftstück" war nach diesem Eingeständnis also selbst ein Fall von Wahrheit und Scheinbarkeit, wenn nicht Lüge. Nietzsches Gedanken darin gingen gleichwohl auf vielfache Weise in die später zum Druck beförderten Werke seit *Menschliches, Allzumenschliches* ein, wenn auch niemals in der kompakten Form einer geschlossenen Abhandlung.[210] Wir können und müssen Nietzsches Problematisierung dessen, was bis dahin ‚Wahrheit' genannt wurde, in seinem Werk und die Problematisierung dieser Problematisierung in der Nietzsche-Forschung hier nicht nachverfolgen. Klar ist, dass Nietzsche den Begriff der Wahrheit nicht aufgegeben hat, einfach weil man in der menschlichen Kommunikation in der

---

[210] Sie hat in der jüngeren Nietzsche-Interpretation ein breites Echo ausgelöst, wurde zu so etwas wie ihrem Manifest. Vgl. Simon, Grammatik und Wahrheit. Simons Beitrag, der stark auf WL aufbaut, eröffnete die neu gegründeten *Nietzsche-Studien*.

einen oder andern Form nicht auf ihn verzichten kann; die perspektivistischen Grundlinien seiner Neubestimmung der Wahrheit sind gut erkennbar.[211]

Im spätesten Werk widmet Nietzsche dem Thema Wahrheit noch einmal ein Hauptstück, nun in einer neuen literarischen Form von höchster Prägnanz: das Stück „Wie die ‚wahre Welt' endlich zur Fabel wurde" in *Götzendämmerung* von 1888. Hatte er in der frühen Abhandlung gezeigt, woraus Wahrheit entsteht, nämlich aus der Erstarrung von Metaphern in ihrem Fluss, so bringt er die erstarrte wahre Welt jetzt wieder in Fluss, indem er die „Geschichte eines Irrthums" erzählt. Sie umfasst sechs kurze durchnummerierte Abschnitte; im Druckmanuskript passt sie auf eine Seite,[212] im Erstdruck wird sie auf einer Doppelseite in zwei etwa gleichen Teilen präsentiert.[213] So schaut sie aus wie ein sechsstrophisches Kirchenlied in einem Gesangbuch. Jedem Abschnitt sind eingerückte Zusätze in Klammern beigefügt. Solche Einrückungen gibt es in Nietzsches veröffentlichtem Werk außer bei Gedichten und (Selbst-)Zitaten, meist aus *Also sprach Zarathustra*, sonst nicht.[214] Das Stück fällt schon graphisch auf.

Es verdichtet auf liedhafte Weise eine zweieinhalbtausendjährige Geschichte auf jenes „maximum in der Energie der Zeichen", von dem Nietzsche im letzten Hauptstück von *Götzen-Dämmerung* spricht (Kap. I 9). Obwohl es von einem fatalen Irrtum handelt, gibt es sich betont locker, fast ausgelassen, jedenfalls unsystematisch; es kommt daher als ein „Mosaik von Worten, wo jedes Wort als Klang, als Ort, als Begriff, nach rechts und links und über das Ganze hin seine Kraft ausströmt" (GD, Was ich den Alten verdanke 1). Formal kein Lied, hat es doch Musik. Ohne durchgehaltenes Metrum, ohne Verse, ohne Reime, lässt es in einer ernsten und getragenen Hauptstimme ein in sechs „Sätzen" durchgeführtes „Thema" hören, jeweils von einer fröhlichen Begleitstimme mit Seitenthemen umspielt. Es wird „fröhliche Wissenschaft" gegeben. Auch die Konzentration auf ein Hauptthema ist in Nietzsches veröffentlichten Werken eher die Ausnahme. Ähnlich konzentriert, aber konventioneller sind auch die in *Götzen-Dämmerung* benachbarten Hauptstücke „Die ‚Vernunft' in der Philosophie" und „Moral als

---

211 Vgl. Verf., Nietzsches Neubestimmung der Wahrheit; Heit, Art. Wahrheit. Müller verzichtet in seinem Nietzsche-Lexikon auf ein Stichwort „Wahrheit" zugunsten von „Perspektive".
212 Vgl. Weimarer Klassik Stiftung > Archivdatenbank > Digitalisate > Bestand 71: Nietzsche > GSA 71/28, Seite 31. Vgl. die folgende Abbildung.
213 Vor dem Druck hat Nietzsche im 5. Abschnitt noch drei Punkte „...." nach „eine widerlegte Idee" durch einen Doppelpunkt ersetzen lassen: So pflegt er statt einer Denkpause eine klare Folgerung anzuzeigen.
214 Regelmäßig dagegen in seinen Aufzeichnungen. In der Colli/Montinari-Edition von GD fehlt die Einrückung beim 6. Abschnitt der „Geschichte eines Irrthums".

Druckmanuskript GD, Wie die ‚wahre Welt' endlich zur Fabel wurde (Quelle: Klassik Stiftung Weimar)

Widernatur" angelegt: Beide nähern sich, wiederum in sechs Aphorismen, Abhandlungen an.

In der „Geschichte eines Irrthums" wird nicht argumentiert, nur anspielungsreich erzählt. Wie es die frühe Abhandlung *Ueber Wahrheit und Lüge im aussermoralischen Sinne* lehrte, ist das zugleich gedankliche und musikalische Thema umhüllt von Metaphern und dennoch – oder gerade deshalb – philosophisch klar: Die „wahre Welt", die beim platonischen Sokrates strahlend aufschien, um Tausenden von Jahren ihr philosophisches Licht zu geben, umwölkt sich nach und nach, um dann allmählich zu verlöschen und schließlich als Irrtum abgeschafft zu werden. Die Geschichte hat, auch in der Form der durchnummerierten Absätze, ein Pendant bei Hegel: Er erzählt sie in umgekehrter Richtung, als schrittweises Aufklaren und Deutlichwerden der wahren, metaphysischen Welt und fasst damit seine *Vorlesungen über die Geschichte der Philosophie* zusammen. Das „Resultat" ist Aufstiegsgeschichte der „Idee", die Nietzsche als zweiten Begriff der wahren Welt, wenn man will: als Begleitthema mitführt. Es ist nicht gesichert und eher unwahrscheinlich, dass Nietzsche sich näher mit Hegels Philosophiegeschichte befasst hat; die Ähnlichkeit der Form kann auch Zufall sein oder sich von der Sache her nahelegen. Jedenfalls findet sich auch bei Hegel zunächst jeweils ein knapper, wenn auch nicht einheitlicher Vorsatz, der dann locker erläutert wird; Hegel identifiziert ebenfalls die Schritte oder Stufen der Entwicklung durch charakteristische Begriffe einerseits, kennzeichnende Namen andererseits, unter denen er merkwürdigerweise Kant nicht anführt – ebensowenig wie Nietzsche, der mit „königsbergisch" immerhin auf ihn anspielt. In der zweiten Hälfte von Hegels „Resultat" breitet sich immer stärker dessen eigene Begrifflichkeit und Dialektik aus; Hegel führt zielbewusst auf seine eigene Philosophie hin – so wie dann auch Nietzsche mit „INCIPIT ZARATHUSTRA". Das Resultat lautet in den erhaltenen Nachschriften:

1. Die[...] Philosophie ging nicht von der Idee selbst aus, sondern vom Gegenständlichen als einem Gegebenen, und verwandelt dasselbe in die Idee; – das *Sein*.

2. Der abstrakte Gedanke, der *noūs*, ist als allgemeines *Wesen* sich bekannt geworden, der *Gedanke* nicht als subjektives Denken; – Platons *Allgemeine*.

3. In Aristoteles tritt der *Begriff* auf, frei, unbefangen, begreifendes Denken, alle Gestaltungen des Universums durchlaufend, vergeistigend.

4. Der Begriff als *Subjekt*, sein Fürsichwerden, Insichsein, die *abstrakte* Trennung sind die Stoiker, Epikureer, der Skeptizismus: nicht freie konkrete Form, sondern abstrakte, in sich formelle Allgemeinheit.

5. Der Gedanke der *Totalität*, die intelligible Welt, die Welt als Gedankenwelt, ist die *konkrete Idee*, wie wir sie bei den Neuplatonikern gesehen haben. Dies Prinzip ist die Idealität überhaupt in aller Realität, die Idee als Totalität, aber nicht sich wissende Idee, – bis das

Prinzip der Subjektivität, Individualität in sie einschlug, Gott als Geist sich wirklich im Selbstbewußtsein wurde.

6. Aber das Werk der modernen Zeit ist, diese Idee zu fassen als Geist, als die sich wissende Idee. Um dazu fortzugehen, von der wissenden Idee zum *Sichwissen der Idee*, gehört der unendliche Gegensatz, daß die Idee zum Bewußtsein ihrer absoluten Entzweiung gekommen ist. Die Philosophie vollendete so, indem der Geist das gegenständliche Wesen dachte, die Intellektualität der Welt und erzeugte diese geistige Welt als einen jenseits der Gegenwart und Wirklichkeit vorhandenen Gegenstand, wie eine Natur, – die erste Schöpfung des Geistes. Die Arbeit des Geistes bestand nun darin, dies Jenseits zurück zur Wirklichkeit und ins Selbstbewußtsein zu führen. Dies ist darin geleistet, daß das Selbstbewußtsein sich selbst denkt und das absolute Wesen als das sich selbstdenkende Selbstbewußtsein erkennt. – Über diese Entzweiung hat das reine Denken in Cartesius sich aufgetan. Das Selbstbewußtsein denkt sich *erstens* als Bewußtsein; darin ist alle gegenständliche Wirklichkeit enthalten und die positive, anschauende Beziehung seiner Wirklichkeit auf die andere. *Denken und Sein sind entgegengesetzt und identisch* bei Spinoza; er hat die substantielle Anschauung, das Erkennen ist äußerlich. Es ist das Prinzip der Versöhnung, vom Denken als solchem angefangen, und das Aufheben der Subjektivität des Denkens: so in Leibnizens vorstellender Monade.

7. *Zweitens* denkt das Selbstbewußtsein, daß es Selbstbewußtsein ist, darin es für sich, aber noch für sich in negativer Beziehung auf Anderes ist. Das ist die Fichtesche Subjektivität, α) als Kritik des Denkens, β) als Trieb zum Konkreten. Die absolut reine *unendliche Form ist* ausgesprochen; – *Selbstbewußtsein, Ich*.

8. Dieser Blitz schlägt in die geistige Substanz ein, und so ist *absoluter Inhalt und absolute Form identisch*, – die Substanz identisch in sich mit dem Erkennen. Das Selbstbewußtsein erkennt *drittens* seine positive Beziehung als seine negative und seine negative als seine positive – oder diese entgegengesetzten Tätigkeiten als dieselbe, d. h. das reine Denken oder Sein als die Sichselbstgleichheit und diese als die Entzweiung. Dies ist die intellektuelle Anschauung aber daß sie in Wahrheit intellektuell sei, [dazu] wird erfordert, daß sie nicht unmittelbar sei jenes Anschauen des Ewigen und Göttlichen, wie man sagt, sondern absolut erkennend. Dies nicht sich selbst erkennende Anschauen ist der Anfang, wovon als einem absolut Vorausgesetzten ausgegangen wird; es selbst ist so nur anschauend, als unmittelbares Erkennen, nicht Selbsterkennen; oder es erkennt nichts, und sein Angeschautes ist nicht ein Erkanntes, – sondern, wenns hoch kommt, schöne Gedanken, aber keine Erkenntnisse.[215]

Auf der 5. Stufe ist Hegel beim Christentum, auf der 8. Stufe bei Schellings zur Religion zurücklenkender Philosophie angekommen, die er spöttisch behandelt, wenn nicht schmäht, um danach ganz im Duktus der eigenen Dialektik fortzufahren und sie am Ende seiner Geschichte der Philosophie für seine jungen Hörer noch einmal breit auszuführen. Mit seinem eigenen „Standpunkt", den er zum „Standpunkt der jetzigen Zeit" erklärt, ist „die Reihe der geistigen Gestaltungen

---

[215] Hegel, Vorlesungen über die Geschichte der Philosophie, 457–459.

[...] für jetzt damit geschlossen."²¹⁶ Anders als Nietzsche entgleitet ihm um der Darlegung der eigenen Wahrheit willen, die für ihn die endlich erreichte Wahrheit der Wahrheit ist, die prägnante Form der Darstellung in durchnummerierten Stufen. Das hohe Pathos freilich teilen beide. Es ist, hat Hegel vorausgeschickt,

> eine neue Epoche in der Welt entsprungen. Es scheint, daß es dem Weltgeiste jetzt gelungen ist, alles fremde gegenständliche Wesen sich abzutun und endlich sich als absoluten Geist zu erfassen und, was ihm gegenständlich wird, aus sich zu erzeugen und es, mit Ruhe dagegen, in seiner Gewalt zu behalten. Der Kampf des endlichen Selbstbewußtseins mit dem absoluten Selbstbewußtsein, das jenem außer ihm erschien, hört auf.²¹⁷

Nietzsche wird sagen:

> Die Entdeckung der christlichen Moral ist ein Ereigniss, das nicht seines Gleichen hat, eine wirkliche Katastrophe. Wer über sie aufklärt, ist eine force majeure, ein Schicksal, – er bricht die Geschichte der Menschheit in zwei Stücke. Man lebt vor ihm, man lebt nach ihm... (EH, Warum ich ein Schicksal bin 8)

Für Nietzsche fängt der Kampf wieder neu und unter neuen Bedingungen an; „Wie die ‚wahre Welt' endlich zur Fabel wurde" ist dafür ein Vorspiel. Für das Neue steht einfach „ZARATHUSTRA", seine Lehrdichtung, die auch eine Dichtung von der Wahrheit der Philosophie ist. Was nun in der Philosophie beginnt („INCIPIT") oder was mit *Also sprach Zarathustra* schon begonnen hat, führt er nicht mehr aus. Nur die Sicht wird geklärt: Man ist nicht mehr geblendet, wird nicht mehr irregeführt vom Gegensatz einer wahren und einer scheinbaren Welt.²¹⁸ Doch das ist hier gar nicht das Neue: Nietzsche hat es unmittelbar zuvor im letzten, sechsten Abschnitt von „Die ‚Vernunft' in der Philosophie" schon in „vier Thesen" dargelegt, auf die er im Stil wissenschaftlicher Argumentation „Widerspruch" erwarte. Als Schlusspunkt hat er jedoch „dionysisch" gesetzt, den Begriff, der für ihn, wie für Hegel der Begriff des Geistes, alle Gegensätze in sich aufhebt,²¹⁹ und zuvor, in *Jenseits von Gut und Böse* Nr. 295, hat er Dionysos eigens zum „Gott" seines Philosophierens ausgerufen. Der Begriff dionysisch kennzeichnet in *Götzen-Dämmerung* schon, was kommt, was mit „ZARATHUSTRA" kommt, ohne dass man es noch argumentativ darlegen müsste.

---

216 Hegel, Vorlesungen über die Geschichte der Philosophie, 461.
217 Hegel, Vorlesungen über die Geschichte der Philosophie, 460.
218 Für Kuhn, Friedrich Nietzsches Philosophie des europäischen Nihilismus, 233, ist es „der extremste Nihilismus", dass „mit der Abschaffung der wahren Welt auch die scheinbare Welt in Frage gestellt" sei.
219 Und er hat Hegels Philosophie ihrerseits einmal als dionysisch beschrieben: Vgl. Verf., Geist. Hegel, Nietzsche und die Gegenwart.

Die Abfolge der drei Hauptstücke (oder Kapitel) „Die ‚Vernunft' in der Philosophie", „Wie die ‚wahre Welt' endlich zur Fabel wurde" und „Moral als Widernatur" hat Nietzsche, auch wenn er am Übrigen noch vieles änderte, zuvor so geplant.[220] In ihrer dreifachen Sechssätzigkeit wirken sie wie ein dreiflügliger Altar, dessen Außenflügel vielfältige Beziehungen zum Mittelflügel erkennen lassen; wir brauchen sie hier nicht durchzubuchstabieren. So wie in dreiflügligen Altären die mittlere Tafel häufig die Leidens- und Heilsgeschichte Jesu darstellt, rahmen die wissenschaftliche Kritik in „Die ‚Vernunft' in der Philosophie" auf der einen Seite und die schonungslose Polemik gegen die „Moral als Widernatur" auf der andern in ihrer Mitte eine „Geschichte des Irrthums", der Ursprung beider, der Vernunft und der Moral, ist. Nietzsches Anti-Heilsgeschichte ist die Erlösung vom Verlangen nach Erlösung, die locker, leicht und witzig vorgetragene ‚frohe Botschaft' des erklärten „Immoralisten und Antichristen" (GD, Moral als Widernatur 3). Witz kann leichter ‚widerlegen' als Argumente; in seinen letzten Werken kombiniert Nietzsche regelmäßig „Witz, Feuer, Anmuth" (WA, Turiner Brief 10), „Geist, Witz und Gemüth" (GD, Streifzüge 30) und „Witz, Raffinement, Bosheit" (EH, Warum ich so klug bin 2). Was für die Philosophie das Wahrste und Heiligste war, wird einer heiter ausgehenden Märchengeschichte preisgegeben („Rückkehr des bons sens und der Heiterkeit"). Dabei bleibt der eigene Wahrheitsanspruch in der Schwebe. Hat Nietzsche 1882 am Ende des IV. Buchs der *Fröhlichen Wissenschaft* das kommende Werk *Also sprach Zarathustra* als Tragödie angekündigt („Incipit tragoedia", FW 342), so hat er dies 1887, nach Abschluss von *Also sprach Zarathustra*, in der Vorrede zur erweiterten Ausgabe der *Fröhlichen Wissenschaft* parodistisch (oder dionysisch) auf den Kopf gestellt („incipit parodia").[221] Will man nicht für die Abschaffung der Wahrheit selbst einen Wahrheitsanspruch erheben, bleibt nur die narrative Form. Und gerade seinen Zarathustra hat Nietzsche betonen lassen, die Dichter lögen zuviel (Za II, Von den glückseligen Inseln, Von den Dichtern).

---

220 Vgl. den Plan in N September 1888, 19[4], KSA 13.543, KGW IX 12, Mp XVI, 65r. Nietzsche macht auf dem losen Blatt drei Gliederungsentwürfe (Montinari hat nur einen wiedergegeben) und erwägt unabhängig von ihnen drei verschiedene sehr offen gehaltene Buchtitel: „*Magnum in parvo. / Eine Philosophie / im Auszug*", „*Weisheit für Übermorgen. Meine Philosophie / im Auszug*" und „*Gedanken für Übermorgen. Auszug meiner Philosophie*", vermutlich in dieser Abfolge. In der offenbar ersten Gliederung sollte „Wie die ‚wahre Welt' endlich zur Fabel wurde" zunächst an sechster Stelle erscheinen, kam dann aber an die erste. In der zweiten Gliederung rückte das Stück zwischen „Die ‚Vernunft' in der Philosophie" und „Moral als Widernatur", in der dritten Gliederung fügte es Nietzsche nachträglich dort ein. Der Verbund dieser drei Stücke bleibt; Nietzsche schwankt lediglich, was den Anfang und das Ende des Buchs betrifft.
221 Vgl. Verf., Nietzsches Befreiung der Philosophie, 619–629, und Pichler, ‚Den Irrtum erzählen'.

Die Erzählung *Also sprach Zarathustra* sollte „Musik" sein (EH, Za 1), und auch in seiner „Geschichte eines Irrthums" steigert Nietzsche die narrative Form zur musikalischen. Sie überzeugt weniger durch konsistente Argumente als durch einen eindringlichen Gesamtklang. Nietzsche erzählt denn auch nicht wirklich eine Geschichte, sondern reiht nur Anhaltspunkte für sie auf, die buchstäblich hellhörig machen; ihr Gesamtklang erzeugt einen Akkord, in den man (musikalisch) einstimmen und dem man (gedanklich) zustimmen kann, ohne (argumentativ) mit ihm übereinstimmen zu müssen. Man versteht diesen Text, indem man seine Musik hört. Das wie in einem Gesangbuch leicht zu übersehende Stück hat seinen Zusammenhang in seinem Zusammenklang.

Texte sind bildhaft, man sieht sie vor sich in linear angeordneten und in Zeilen und Seiten umbrochenen Schriftzeichen. Ihre Anordnung, ihre Form kann, wie in diesem Fall, aussagekräftig sein. Den Sinn dieser Form sieht man jedoch nicht, so wenig wie den Sinn der Worte und Sätze. Man muss ihn gleichsam heraussehen oder wie Nietzsche gerne sagt, „hineinlegen" (GD, Sprüche und Pfeile 18; Die ‚Vernunft' in der Philosophie 2). So muss man auch die Musikalität der Texte heraushören und müsste sie heraushören können wie Nietzsche selbst, der auch Klaviervirtuose und Komponist war. Sie lässt sich nicht in allgemeingültigen Sätzen begreifen, sondern nur in groben Analogien beschreiben, je nach den Musik-Kenntnissen, -Erfahrungen und -Vorlieben, die man mitbringt. Indem Nietzsche auf Musik setzt, entzieht er dem hegelschen Begreifen, in dem alles Individuelle, Sinnliche und Geschichtliche aufgehoben ist, den Boden. Der Anspruch, die Wahrheit über die Wahrheit zu sagen, sinkt in sich zusammen. Nietzsche hat zuvor von der „Musik des Lebens" gesprochen, die Philosophen, deren Denken über Jahrhunderte und Jahrtausende im Idealismus herangewachsen sei, zu hören verlernt hätten (FW 372).[222] Ludwig Wittgenstein, ähnlich wie Nietzsche hochsensibel für Familienähnlichkeiten in Sprache und Musik, thematisierte immer wieder „Erscheinungen mit sprachähnlichem Charakter in

---

[222] Vgl. Verf., „Philosophischer Idealismus" und die „Musik des Lebens", und Verf., Musik des Lebens. – Zur Übersicht über jüngere Neuerscheinungen zum Thema Nietzsche und die Musik vgl. Landerer, Neuerscheinungen zum Thema Nietzsche und die Musik, außerdem den Band Nietzscheforschung 13 (2006) zum Thema „Philosophie und Musik" mit Beiträgen von Rüdiger Görner, Aldo Venturelli, Georges Liébert, Christoph Landerer, Stefan Lorenz Sorgner, Dieter Schellong und Peter André Bloch. Darauf folgten Lorenz, Musik und Nihilismus; Perrakis, Nietzsches Musikästhetik der Affekte; Görner, Nur Narr, nur Dichter; Babich, Nietzsche's performative phenomenology; Ridley, Nietzsche and music; Blondel, Nietzsche entre J.S. Bach et Wagner; Celestini, Nietzsches Musikphilosophie; Bloch, Nietzsches musikalisches Schreiben; Mayer Branco, „Wachs in den Ohren"; van Tongeren, Die „Musik des Vergessens". Die Literatur zum Thema „Nietzsche und die Musik" umfasst weitere Hunderte von Titel. Ein Großteil bezieht sich auf Nietzsches Verhältnis zu Wagner.

der Musik oder Architektur. Die sinnvolle Unregelmäßigkeit – in der Gotik z. B. (mir schweben auch die Türme der Basiliuskathedrale vor). Die Musik Bachs ist sprachähnlicher als die Mozarts und Haydns. Die Rezitative der Bässe im vierten Satz der neunten Symphonie von Beethoven."[223] Das sind Stichworte, die auch beim Verständnis von Nietzsches „Geschichte eines Irrtums" weiterhelfen, zumal sie von einem kritischen Logiker stammen, der schließlich so weit kam, das Verstehen von Sätzen überhaupt aus dem Verstehen von Musik zu verstehen.[224]

Bachs Matthäus-Passion ergriff Nietzsche auch noch, als er längst dem christlichen Glauben abgeschworen hatte. 1870 schrieb er an Erwin Rohde:

> In dieser Woche habe ich dreimal die Matthäuspassion des göttlichen Bach gehört, jedesmal mit demselben Gefühl der unermeßlichen Verwunderung. Wer das Christenthum völlig verlernt hat, der hört es hier wirklich wie ein Evangelium [...].[225]

Und noch im Mai 1888 schreibt er Heinrich Köselitz über einen Artikel des Pariser *Figaro*:

> die Pariser sind eben toll vor Begeisterung für – die Matthäus-Passion!! Der Figaro, wirklich der Figaro! hatte eine ganze Seite einer Notenbeilage gewidmet: der schwermüthigen Arie „Erbarme dich, mein Gott"...[226]

Beethoven, der stets seine Hochachtung behielt, machte ihm durch seine Vertonung im vierten Satz der neunten Sinfonie auch den pathetischen Idealismus von Schillers *Ode an die Freude* erträglich:

> Beethoven hat es besser gemacht als Schiller. Bach besser als Klopstock. Mozart besser als Wieland. Wagner besser als Kleist.[227]

---

223 Wittgenstein, Vermischte Bemerkungen, 497 f. Im Anschluss verweist Wittgenstein auf die (sehr metaphysische) „Metaphysik der Musik" im Kap. 39 des zweiten Bandes von Schopenhauer, *Die Welt als Wille und Vorstellung*, 511–523. Danach darf die Musik zwar „eine Verbindung mit der Poesie" eingehen, sie aber nicht „zur Hauptsache" machen (512). Stattdessen gebe sie den Worten „die tiefsten, letzten, geheimsten Aufschlüsse" (513). Der höchste Maßstab ist Beethoven. Wittgensteins Bemerkung stammt von 1938.
224 Vgl. Verf., Schreiben / Denken : Nietzsche – Wittgenstein, und Verf., Bilder, Klänge und Gedanken als Orientierungsfaktoren: Anhaltspunkte bei Nietzsche und Wittgenstein.
225 Brief an Erwin Rohde aus Basel vom 30. April 1870, Nr. 76, KSB 3.120. Vgl. auch die Schrift des bekennend unfromm gewordenen Hans Blumenberg (Blumenberg, Matthäuspassion, bes. 37 u. 45). Blumenbergs Bemerkungen zu Nietzsches möglicher Rezeption der Matthäuspassion – Nietzsches Antwort auf den gottverlassenen Gekreuzigten könnte der Übermensch gewesen sein (70) – überzeugen allerdings nicht. Die zitierten Briefstellen scheint Blumenberg nicht zu kennen.
226 Brief an Heinrich Köselitz aus Turin vom 25. Mai 1888, Nr. 1037, KSB 8.319.
227 N Frühling – Sommer 1878, 27[93], KSA 8.502.

In „Wie die ‚wahre Welt' endlich zur Fabel wurde" kann man sowohl Bach als auch Beethoven (und möglicherweise noch andere) hören. Nietzsche legt die Geschichte, die auch eine Vorgeschichte zu einer kommenden neuen Philosophie ist, an wie ein Choralvorspiel auf der Orgel – in den Gottesdiensten seiner Kinder- und Schulzeit hat er unentwegt Choralvorspiele zu hören bekommen und studieren können. So kann man vielleicht folgende Analogien wagen: Mit der sechsfachen Anapher „Die wahre Welt" zieht Nietzsche nacheinander sechs Register in unterschiedlichen Tonlagen, die Hauptstimme in dunklem Moll, die jeweils danach einsetzende zweite Stimme in hellem Dur. Alles Allegro, wenn nicht Allegro con brio. Das Hauptthema, das alles beherrscht, gleich als Einsatz. Die vier schwergewichtigen Silben, deren zweite und vierte alliterieren („Die – wah – re – Welt"), werden sechs Mal angeschlagen und jedes Mal anders variiert fortgesetzt, noch einmal, nun aber in variierten Anaphern und Alliterationen (1. „erreichbar", 2. „unerreichbar für jetzt", 3. „unerreichbar, unbeweisbar, unversprechbar", 4. „– unerreichbar? Jedenfalls unerreicht"). Jeder dieser Variationen wird mit den eingerückten Parenthesen in jedem Register ein neues scherzoartiges Seitenstück beigesellt, das dem Hauptthema die Schwere nimmt. So wie man im Druck die Abschnitte beim Weiterlesen immer noch übersichtlich vor sich hat, hört man alle nacheinander gezogenen Register bis zum Ende mit. So wird der Klang immer reicher und erreicht schließlich, nach einer langen graphischen Sperrung, musikalisch voll ausgespielte Orgeltöne im sechsten Register, die donnernde Fülle der großen (und groß geschriebenen) Coda „INCIPIT ZARATHUSTRA".

Und das ist keine bloße Analogie. Denn so erfahren wir auch die philosophische Geschichte der Wahrheit: Eine Deutung der Wahrheit überlagert und übertönt die andere, die dabei jedoch nicht verstummt. Jede frühere wird in den folgenden noch mitgehört, die platonische in der christlichen, die christliche in der kantischen, sie alle in der positivistischen; sie sind, wie Nietzsche sich in seinem Werk unentwegt zu zeigen bemüht, ohneeinander nicht zu verstehen. Es ist gerade das Problem oder, wie er sich ausdrücken würde, das Schicksal seiner (und auch noch unserer) Zeit, dass wir die Wahrheit so vielstimmig hören, keine Stimme mehr rein heraushören können und die Reduktion auf eine von ihnen sie ganz armselig machen würde. In der Musik des Lebens erklingt für uns ‚die Wahrheit' in einem vielstimmigen und breit orchestrierten Choral.

Das Thema Schicksal, das Nietzsche zugleich für *Ecce homo* vorbereitet, wo er sich zuletzt selbst als Schicksal der Wahrheit und Menschheit darstellt, legt eine zweite musikalische Analogie nahe: Das unvorbereitet einsetzende wuchtige Thema mit seinen vier Silben „Die – wah – re – Welt" mit seinem Akzent auf der letzten klingt natürlich an die vier Töne des berühmten Auftakt- und durchgehenden Hauptthemas von Beethovens c-moll-, der sogenannten Schicksals-Sinfonie an. Man weiß, wie sehr Nietzsche auch Beethoven verehrte; beide, Bach und Beethoven, waren für Nietzsche (und schon für Wagner) das Maß der Dinge in der Musik. 1874 notierte er sich: „Jemand, der heute im Theater klascht, schämt sich morgen darüber: denn wir haben unsern Hausaltar, Beethoven Bach – da bleibt die Erinnerung."[228] Der erste Satz von Beethovens 5. Sinfonie weicht seinerseits auffällig von der klassischen Sonatenhauptsatzform ab; sein extrem knappes und prägnantes Thema tritt nicht nur unvermittelt auf, sondern lässt im Folgenden auch anderen Themen kaum mehr Raum; es beherrscht die ganze Sinfonie – wie „Die wahre Welt" Nietzsches Text. Im ersten Satz von Beethovens Sinfonie wird es so oft wiederholt, dass es sich den Ohren regelrecht einhämmert und zugleich einer immer reicheren Orchestrierung und Dynamisierung bedarf, um nicht mit der Zeit hohl zu klingen. Aus dem Andante des zweiten Satzes wird im Schatten des ,Schicksal-Themas' ein Andante con moto, der dritte Satz ist kein Scherzo mehr, sondern ein neues Allgero, und noch im letzten stürmischen Satz kehrt das Hauptthema noch einmal, wenn auch nur noch verhalten und wie in Erinnerung an das nun gemeisterte Schicksal wieder.

Die eingefügten Scherzi in Nietzsches Text spielen weitere, weniger laute und weniger auffällige Themen durch, wie sie auch in Beethovens Sinfonie immer wieder aufkommen. „Die wahre Welt" wird mit der „Idee" identifiziert, dem Begriff, unter dem sie in der europäischen Philosophie tatsächlich geführt wurde und den Nietzsche nun allegorisch personifiziert.[229] Das leitende Thema „Die wahre Welt" bleibt, die „Idee" aber, in der sie erscheint, verändert schrittweise ihr Gesicht. Sie kommt „relativ klug, simpel, überzeugend" in die Welt, wird dann „feiner, verfänglicher, unfasslicher" und so auch verführerischer – „s i e w i r d W e i b, sie wird christlich ..." – erste Wagnerakkorde werden laut –, schließlich „sublim", „bleich, nordisch", „alt" und fahl: Man mag neben dem Königsberger Kant an den Hamburger Brahms oder den Sachsen Schumann denken, in deren Kompositionsstil Nietzsche anders als bei Bizet und bei seinem Freund Köselitz eher Dekadentes hörte. Im vierten Schritt verschwindet die Idee in der Nacht, wird stumm, und am nächsten Morgen ist ein „Gähnen" und ein „Hahnenschrei" zu hören, natürliche, wenn auch nicht eben schöne Töne. Im fünften Register ist die Idee dann schon Erinnerung, man befasst sich noch mit ihr, erkennt sie aber als „unnütz", „überflüssig", „widerlegt", obsolet. Stattdessen kommt über ihrem Grab ein wilder, chaotischer „Teufelslärm aller freien Geister" auf, in den die alten, gebundenen Geister bis heute ihr ,Pessimismus!', ,Nihilismus!', ,Relativismus!', ,postmoderne Beliebigkeit!' hineinschreien. Am „Mittag" des neuen Tages

---

[228] N Anfang 1874 – Frühjahr 1887, 32[66], KSA 7.777.
[229] Vgl. Sommer, NK 6/1, 305.

aber ist keine Rede mehr von der Idee, sie ist vollends weg. Die Entscheidung des Tages ist gefallen, die Idee ist abgeschafft, Ruhe, Klarheit, Helle breiten sich aus. Jetzt kann die „Musik des Lebens" wieder hörbar werden. Im näheren Kontext von *Götzen-Dämmerung* zuckt die Idee wohl noch nach im „Genie" und seiner anachronistischen „Hingebung für eine Idee" (Streifzüge 44) und in den „modernen Ideen" wie der Gleichheit (Streifzüge 48) und des „‚Cultur-Staats'" (Was den Deutschen abgeht 4). In *Der Antichrist* geistern solche „Ideen" weiter als „falsche" (AC 4) oder „fixe" (AC 51) herum, in *Ecce homo* nur noch in Anführungszeichen.

Dass es sich um eine Geschichte, hier anschaulich verkürzt auf die Geschichte eines Tages, handelt, wird mit verstreuten Zeitindikatoren angedeutet wie „Älteste Form", „Fortschritt", „wird", „schon", „Grauer Morgen. Erstes Gähnen", „nichts mehr", „haben wir". Gelegentlich eingestreute Namen („Plato", „christlich", „königsbergisch", „Positivismus"[230]) geben für Gelehrte historische Anhaltspunkte und rufen bei ihnen das Vergnügen des Wiedererkennens hervor. Mit jedem Zeitschritt aber verliert „Die wahre Welt", wiewohl die Formel sich hartnäckig bei jedem neuen der sechs Einsätze behauptet, etwas von ihrer Wahrheit, wird immer mehr Fassade, klingt hohler. Im fünften Schritt steht sie schon in Anführungszeichen, hat ihren eigentlichen Sinn verloren, und während sie zunächst stets noch Subjekt war, wenn auch Subjekt ohne regelrechtes Prädikat, nur als alleinstehendes Stichwort, das adjektivisch ergänzt wird, wird sie im sechsten Schritt Objekt – und eben damit wird sie abgeschafft, nun in einem grammatisch vollständigen Satz („Die wahre Welt haben wir abgeschafft"). Denn als Objekt ist die Wahrheit unser Werk und nach herkömmlicher Ansicht eben damit nicht ‚die' Wahrheit.

Das Stück ist, wie man sieht, thetisch eher arm, auch wenn man es nach vielen Richtungen ausdeuten kann. Es hätte in Nietzsches Werk seiner kaum bedurft: Die Idee einer wahren Welt hat sich am Ende des 19. Jahrhunderts zumindest in den Wissenschaften erledigt, es machte philosophisch darum keinen Sinn mehr, zwischen einer wahren und einer scheinbaren Welt zu unterscheiden. So rechtfertigt sich das Stück gerade durch seine Form und die Musikalität dieser Form, auch wenn man sie, um es zu wiederholen, nur in gewagten Analogien beschreiben kann. Aber nach der Abschaffung der wahren Welt weiß man nun auch und zunächst und vor allem durch Nietzsche, dass man die Welt überhaupt nur in gewagten Analogien beschreiben kann, weil ihr „An-sich-Sein" sich uns entzieht. Nach der frühen Abhandlung *Ueber Wahrheit und Lüge im aussermoralischen Sinne* können wir uns der Metaphorizität und der Analogizität der

---

[230] Sommer, NK 6/1, 308, verweist hier auf Nietzsches Lektüre von Eugène de Robertys *L'ancienne et la nouvelle philosophie* von 1887.

Sprache, in der wir über die Welt sprechen und in die nach Nietzsche (und Wittgenstein) auch unsere Logik und Mathematik eingeschlossen ist, nie sicher sein. Dabei bleibt es. Aber die Musik des Lebens ist so immer deutlicher zu hören.

3.2 Die Herausbildung der musikalischen Form

Nietzsche hat zu der musikalischen Form des Stücks „Wie die ‚wahre Welt' endlich zur Fabel wurde" erst nach einem langen philosophischen Orientierungsprozess gefunden und sie dann rasch ausgestaltet. Anhand seiner Aufzeichnungen kann man seinen Weg gut verfolgen. An den Arbeitsheften W II 1 vom Herbst 1887, W II 3, das er vor allem zwischen November 1887 und März 1888 benutzt, und W II 5 vom Frühjahr 1888 ist gut zu beobachten, wie das Thema „die wahre und die scheinbare Welt" über Monate hinweg heranreift.[231] Was am Ende so einfach scheint und klingt, folgt auch hier aus einer langen Reihe von Orientierungsentscheidungen in einem schrittweisen Arbeitsprozess. Man muss ihn nachverfolgen, wenn man die inhaltliche Bedeutung des Themas verstehen und seine zum Druck beförderte Gestaltung richtig einschätzen will. Der gedruckte Text ist dabei nur einer unter vielen Anhaltspunkten. Denn Nietzsches Arbeits- und Orientierungsprozess hätte erkennbar jeweils auch andere Richtungen einschlagen können. Die Aufzeichnungen, die dafür Anhaltspunkte liefern, führen keineswegs zielgerichtet, nach einem vorgefassten Plan, auf die musikalisch-literarische Form des Hauptstücks in *Götzen-Dämmerung* hin, und gerade die möglichen Alternativen und die Entscheidungen, die Nietzsche jeweils trifft, sind philosophisch aufschlussreich.

Thematisch könnte man, wie gesagt, die Vorgeschichte der „Geschichte eines Irrthums" ausdehnen bis zum Entwurf *Ueber Wahrheit und Lüge im aussermoralischen Sinne* von 1873. Wir müssen uns pragmatisch auf den engeren Zeithorizont des Spätwerks nach *Also sprach Zarathustra* beschränken. Das Fabel-Motiv hat Nietzsche bereits in *Menschliches, Allzumenschliches* verwendet und zwar für ein verwandtes Thema: im Aphorismus „Die Fabel von der intelligiblen Freiheit." (MA I 39) Hier unterscheidet er „Hauptphasen" in der „Geschichte der Empfindungen", die er ebenfalls als Geschichte eines Irrtums einstuft, hier „des Irrthums von der Verantwortlichkeit", und diese Geschichte legt für ihn ebenfalls nahe, den „Irrthum von der Freiheit des Willens" abzuschaffen. Der

---

[231] Wie Beat Röllin mitteilt, scheint bei dem hier wichtigsten Heft W II 5 die Abfolge der Aufzeichnungen (von hinten nach vorn) homogen chronologisch zu sein. Desungeachtet können rechte Seiten immer auch später noch beschrieben worden sein.

„Irrthum" der Willensfreiheit aber ist Teil, vielleicht sogar Grund des „Irrthums" von der „wahren Welt", um die es dann in *Götzen-Dämmerung* geht. Der Hauptteil des frühen Aphorismus ist freilich wie so oft in den frühen Aphorismenbüchern noch den Irrtümern Schopenhauers gewidmet, hier seiner „phantastischen Consequenz der sogenannten intelligibelen Freiheit", die Nietzsche ausführlich widerlegt. Die spätere Raffinesse der musikalischen Formung fehlt noch.

Innerhalb des Spätwerks gehe ich in 20 Schritten voran, die ich zur Übersichtlichkeit durchnummeriere. Hervorgehoben sind jeweils die Orientierungsentscheidungen, die Nietzsche in seinem Arbeitsprozess trifft – soweit sie sich an den Aufzeichnungen und gelegentlich an Briefen ablesen lassen.

1. Die Frage nach der Unterscheidung von wahrer und scheinbarer Welt kommt auch im Spätwerk wieder als Frage nach der „Welt des Guten und Bösen" auf; der moralkritische Rahmen bleibt vorerst. Im Zug der Arbeit an *Jenseits von Gut und Böse*, bei der sich Nietzsche thematisch in vielem an seinem ersten Aphorismenbuch orientiert, kündigt er in einem Brief an Franz Overbeck die Frage so an:

> **[W 1]** Ich stecke mitten in meinen Problemen drin; meine Lehre, daß die Welt des Guten und Bösen nur eine scheinbare und perspektivische Welt ist, ist eine solche Neuerung, daß mir bisweilen dabei Hören und Sehen vergeht.[232]

In *Jenseits von Gut und Böse* Nr. 10 präsentiert er das „Problem ‚von der wirklichen und der scheinbaren Welt'" dann so, dass es „heute überall in Europa" auf unterschiedlichste Weise auftaucht und darum auch unterschiedliche Gründe und Hintergründe haben könnte, etwa einen „Metaphysiker-Ehrgeiz des verlornen Postens", „Nihilismus" als „Anzeichen einer verzweifelnden sterbensmüden Seele", extrem gewordene Zweifel oder kämpferischen Positivismus.

In *Jenseits von Gut und Böse* Nr. 34 stellt Nietzsche klar, dass die als scheinbar geltende Welt die der „perspektivischen Schätzungen" des Lebens und in Wirklichkeit die wahre ist, „die Moral" dagegen „‚unmittelbare Gewissenheiten'" haben will, die nur scheinbar möglich sind. Die Dinge werden also komplizierter: Wir leben immer im Schein, der jedoch für uns alltäglich und philosophisch der Spielraum für Fragen nach der Wahrheit ist. Man darf darum Wahrheit und Schein nicht einander entgegensetzen, sondern muss den Schein so differenzieren, dass er auch Wahrheit denkbar macht. Weil sich die Entgegensetzung in der Sache nicht halten lässt, muss sie, so Nietzsches leitende Hypothese, von Werten geleitet sein. So verfolgt er nun die Wertunterscheidung weiter:

---

[232] Brief an Franz Overbeck aus Sils-Maria vom 23. Juli 1884, Nr. 521, KSB 6.514.

> Es ist nicht mehr als ein moralisches Vorurtheil, dass Wahrheit mehr werth ist als Schein; es ist sogar die schlechtest bewiesene Annahme, die es in der Welt giebt. (JGB 34)

Um den „wesenhaften Gegensatz von ‚wahr' und ‚falsch'" zu vermeiden, nimmt er „Stufen der Scheinbarkeit" an, löst das Problem von Schein und Wahrheit also durch eine graduelle Differenzierung des Scheins. Solche Stufen der Scheinbarkeit in der menschlichen Weltwahrnehmung muss niemand bewusst erfunden haben und darum für sie verantwortlich sein:

> Warum dürfte die Welt, d i e u n s e t w a s a n g e h t —, nicht eine Fiktion sein? Und wer da fragt: „aber zur Fiktion gehört ein Urheber?" – dürfte dem nicht rund geantwortet werden: W a r u m? Gehört dieses „Gehört" nicht vielleicht mit zur Fiktion? Ist es denn nicht erlaubt, gegen Subjekt, wie gegen Prädikat und Objekt, nachgerade ein Wenig ironisch zu sein? (JGB 34)

Und damit setzt thematisch eine lange Reihe von Aufzeichnungen ein, aus denen in *Götzen-Dämmerung* schließlich „Wie die ‚wahre Welt' endlich zur Fabel wurde" hervorgeht. Erst aus ihnen wird sie in ihrem Inhalt näher verständlich.

2. Noch in *Jenseits von Gut und Böse* bringt Nietzsche seine „Psychologie" als seinen neuen „Weg zu den Grundproblemen" der Philosophie (JGB 23) in Anschlag. Wahre und scheinbare Welt sind nicht nur logisch keine Gegensätze, auch psychologisch ist der Schluss von der scheinbaren auf eine wahre Welt unhaltbar. Im Sommer 1887, etwa ein Jahr nach dem Erscheinen von *Jenseits von Gut und Böse*, entwirft Nietzsche auf einem losen Blatt in einem seiner Pläne zu einem Werk, dessen „Zweites Buch" von der „Herkunft der Werthe" handeln sollte, eine „Psychologie der Metaphysik". Formal übersichtlich – vierfache Anapher, vier Mal gleiches Satzschema, ohne dass ‚darin Musik wäre' – und hart thetisch reiht er vier unzulässige oder „falsche Schlüsse" auf:

> [W 2] Diese Welt ist scheinbar – <u>folglich</u> giebt es eine wahre Welt.
> Diese Welt ist ~~un~~bedingt – <u>folglich</u> giebt es eine unbedingte Welt.
> Diese Welt ist widerspruchsvoll – <u>folglich</u> giebt es eine widerspruchslose Welt.
> Diese Welt ist werdend – <u>folglich</u> giebt es eine seiende Welt.[233]

Logisch sind die Folgerungen nicht stichhaltig, weil sie zirkulär sind: Der Schluss („wahre Welt") ist in der Prämisse („wahre Welt" als Voraussetzung ihres Gegensatzes „scheinbare Welt") schon enthalten. So haben sie nur „psychologisch" Sinn: Nach Nietzsches Vermutung sind die Schlüsse „<u>inspirirt [vom] Leiden</u>",

---

[233] N Sommer 1887, 8[2], KSA 12.327 f., erscheint in KGW IX 13, Mp XVII, 110r. Für die Vorabmitteilung der Transkription danke ich Beat Röllin.

schwer erträglichen Lebensumständen, die bestimmte Wertschätzungen und *in deren Rahmen* eine bestimmte Logik nahelegen, die auch andere Menschen unter ähnlichen Umständen überzeugt. Man muss dann aber, so Nietzsche in seiner Aufzeichnung, weiterfragen, *warum* Schein, Bedingtheit, Widerspruch, Werden so schwer erträglich sind, dass man eine Metaphysik erfinden muss, um sie auszuhalten. Denn das Leiden könnte selbst Folge eines Irrtums über eine Schuld sein – wie aber wäre der dann möglich? Und wie wäre es dann möglich, dass den Menschen die Schuld eingeredet wurde? In jedem Fall handelt es sich um „{lauter Erfahrungen aus der Natursphäre oder der Gesellschaft}", die unzulässig „{universalisirt und ins ‚An-sich' projicirt}" wurden. So könnte das Universalisieren und das Folgern selbst das Problem sein: Wenn dem einen der beiden konstruierten Gegensätze, hier der scheinbaren Welt, „eine Realität entspricht", so muss das nach der universalisierenden Logik auch für den andern Gegensatz, hier also die wahre Welt, gelten.²³⁴ Daher muss man noch einen Schritt weiter gehen und die universalisierende „Vernunft" in die „praktische Sphäre" zurückversetzen, um so den metaphysischen Folgerungen „die wahre Genesis der Begriffe dagegen zu stellen" („wahr" hier nicht im Sinn der metaphysizierenden Vernunft). In der praktischen Sphäre des alltäglichen Lebens aber kann man sehen, dass „Lust und Leid" keine „letzten Werthfragen", sondern lediglich „Begleit-Umstände" sind, die man hinnehmen, selbst „wollen" muss, „wenn man etwas erreichen will." So kommt man „psychologisch" von der metaphysisch wahren Welt los oder hat sie schon gar nicht nötig. Lebensumstände, und seien sie noch so schwierig (wie z. B. Nietzsches eigene), werden erträglich oder doch erträglicher, wenn man aus ihnen etwas zu machen versteht, mit dem ‚man etwas anfangen kann'. Man braucht dann im Sinn von „Wie die ‚wahre Welt' endlich zur Fabel wurde", Abschnitt 4, keinen Trost, keine Erlösung in einem universalen und verpflichtenden, aber unbekannten An-sich.

3. In einer späteren Aufzeichnung vom Herbst 1887 versichert sich Nietzsche – er hat nun den „Willen zur Wahrheit als Willen zur Macht" im Auge – noch einmal seines Untersuchungsgesichtspunkts:

[W 3a] „die wahre u. die scheinbare Welt" – dieser Gegensatz wird von mir zurückgeführt auf Werthverhältnisse²³⁵

---

234 Platon beweist bekanntlich im Dialog *Phaidon* (102a – 107b) aus dem gleichzeitigen Bestehen der Gegensätze Tod und Leben die Unsterblichkeit der Seele.
235 N Herbst 1887, 9[36]-[39], KSA 12.352f., KGW IX 6, W II 1, 113/114. Auch die folgenden Zitate stammen von dieser Doppelseite.

Das heißt für ihn erstens: „Werthschätzung" ist das „Wesen der ‚Wahrheit'", und zweitens: In den Wertschätzungen „drücken sich Erhaltungs- u. Wachsthums-Bedingungen aus". Damit bedingt „Nützlichkeit [...] für das Leben" die sogenannte ‚Wahrheit'. Man muss etwas für wahr halten, um leben zu können; dies muss darum aber nicht wahr sein. So argumentierte schon Kant: In der kritischen Philosophie tritt an die Stelle des Wahr-Seins das Für-wahr-Halten. Doch während Kant noch mit Begriffen transzendentaler und als solcher universaler Formen arbeitete, die alle Inhalte vorformen, gibt Nietzsche auch das vollends auf und gebraucht stattdessen den Begriff der Projektion. Projektionen variieren mit den Lebensbedingungen:

> [W 3b] wir haben unsere Erhaltungs-Bedingungen projicirt als Prädikate des Seins überhaupt

Als metaphysisch-transzendente oder kritisch-transzendentale wird die „wahre Welt", so Nietzsche, „stabil"; sie wird im Sinn des zweiten Abschnitts der „Geschichte eines Irrthums" in *Götzen-Dämmerung* ein dauerndes und unauflösliches Versprechen und gibt so festen Halt im Leben – jenseits der eigenen Lebensumstände. Dann aber kommt es auf das „Macht-Wachsthum des Werthsetzenden" an: Je sicherer man seiner eigenen Orientierung wird, desto weniger benötigt man einen Jenseits-Glauben zum Leben. Die höchste „‚Freiheit des Geistes'" ist dann die Freiheit vom Bedürfnis nach metaphysischem Glauben überhaupt und so auch vom Glauben an eine „wahre Welt". Das aber ist nichts anderes als, im positiven Sinn und jetzt in Anführungszeichen, „‚Nihilism'". Hat Nietzsche die Unterscheidung von wahrer und scheinbarer Welt zunächst unter den Gesichtspunkt von Wertunterscheidungen gestellt, so diese nun unter den Gesichtspunkt des Nihilismus.

4. Nicht viel später in demselben Arbeitsheft W II 1 vom Herbst 1887 stellt Nietzsche dazu nochmals eine „Selbstbesinnung" und nun eine sehr umfassende an, die sich über zwei stark bearbeitete Doppelseiten erstreckt, die er selbst als zusammengehörig kennzeichnet. Die Besinnung erscheint ihm selbst, wie er nachträglich hinzufügt, „ungeheuer". Er will noch einmal „die kleinen u. großen Wege" zurückverfolgen. Seine bisherigen Anhaltspunkte wieder aufnehmend, fragt er jetzt:

> [W 4a] Warum leitet er [der Mensch] {gerade} das Leiden von der Unwissenheit, Unsicherheit, {Wechsel} Täuschung {Widerspruch} ab? und warum nicht vielmehr sein Glück?... –[236]

---

[236] N Herbst 1887, 9[60], KSA 12.364–368, hier 364, KGW IX 6, W II 1, 99/100 u. 97/98, hier 99. Auch die folgenden Zitate stammen, wo nicht anders gekennzeichnet, aus dieser Aufzeichnung.

Faksimile N Herbst 1887, 9[60], KSA 12.364–366, KGW IX 6, W II 1, 99 (verso)
(Quelle: Klassik Stiftung Weimar)

Faksimile N Herbst 1887, 9[60], KSA 12.364–366, KGW IX 6, W II 1, 100 (recto)
(Quelle: Klassik Stiftung Weimar)

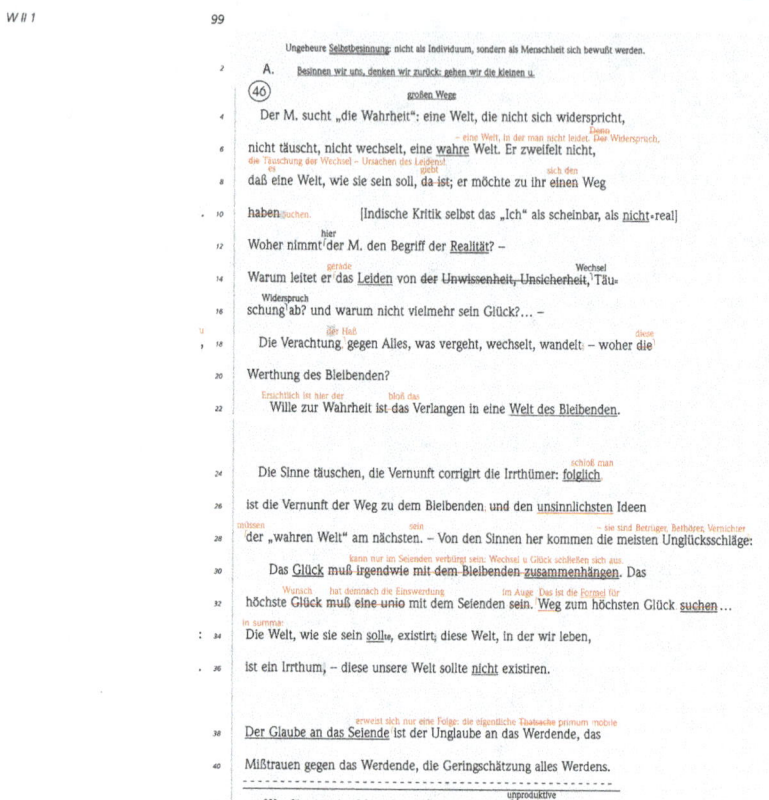

Diplomatische Transkription N Herbst 1887, 9[60], KSA 12.364–366, KGW IX 6, W II 1, 99 (verso)

3 Thema Wahrheit – Geschichte eines Irrtums

bensmüde Art. Dächten wir uns die entgegengesetzte Art M., so
hätte sie den Glauben an das Seiende nicht nöthig; mehr noch, sie würde
es verachten, als todt, langweilig, indifferent …

Der Glaube, daß die Welt, die sein sollte, <u>ist</u>, wirklich existirt, ist ein
Glaube der Unproduktiven, <u>die nicht eine Welt schaffen wollen</u>, wie
sie sein soll. Sie setzen sie als vorhanden, sie suchen nach Mitteln
u. Wegen, um zu ihr zu gelangen. „Wille zur <u>Wahrheit</u>" – <u>als Ohn</u>-
<u>macht des Willens zum Schaffen</u>   d

erkennen, daß etwas so u. so <u>ist</u>	Antagonism in den
thun, daß etwas so u. so <u>wird</u>.	Kraft-Graden der
	Naturen.

<u>Fiktion einer Welt</u>, welche unseren Wünschen entspricht
psycholog. Kunstgriffe u. Interpretationen, um alles, was
wir ehren u. als angenehm empfinden, mit dieser
<u>wahren</u> <u>Welt</u> zu verknüpfen.
„Wille zur Wahrheit" auf dieser Stufe ist wesentlich
immer noch
<u>Kunst</u> <u>der</u> <u>Interpretation</u>; wozu Kraft der Interpreta-
tion gehört.
noch eine Stufe ärmer geworden,
Dieselbe Species Mensch, <u>nicht mehr im Besitz der Kraft</u>
zu interpretiren, des Schaffens von Fiktionen, macht den <u>Nihi</u>-

(⁁ was sie ist, urtheilt <u>listen</u>. Ein N. ist der M., welcher von der Welt, welche
sie sollte nicht sein <s>sein sollte, sagt, sie existirt nicht; Alles, was einer</s>
u. von der Welt, wie <s>Pathos des „Umsonst" ist das Nihilisten-Pathos – zugleich noch als Pathos</s>
sie sein sollte, urtheilt <s>thut, lebt usw. hat folglich keinen Sinn (– es bezieht sich</s>
sie existirt nicht <s>auf etwas, das nicht existirt.</s> eine Incongruenz des Nihilisten   → 97.2

KGW VIII 9[60]/ 29,21–30,21

12: vorhanden] Vk
47: urtheilt] Vk
49: nicht] Vk

Diplomatische Transkription N Herbst 1887, 9[60], KSA 12.364–366, KGW IX 6, W II 1, 100 (recto)

Nietzsche hält sich die Alternative offen, geht aber weiter dem metaphysischen Schluss nach. Zunächst notiert er fragend:

> [W 4b] Das Glück muß irgendwie mit dem Bleibenden zusammenhängen.

In einer Überarbeitung vom Sommer 1888[237] streicht er das und konstatiert im Sinn des metaphysischen Denkens:

> [W 4c] Das Glück {kann nur im Seienden verbürgt sein: Wechsel u Glück schließen sich aus}.

So denkt, das hat Nietzsche schon zuvor klargestellt, „eine lebensmüde Art" Mensch. Es ist „ein Glaube der Unproduktiven, die nicht eine Welt schaffen wollen" und darum eine bleibende Welt als „vorhanden" unterstellen. Die „Naturen" unterscheiden sich, notiert Nietzsche jetzt, in den „Kraft-Graden". Damit ist der *physiologische* Gesichtspunkt erreicht.

Er führt Nietzsche zu einem weiteren Schritt: Die „Kraft" ist nicht einfach eine physische Lebenskraft, sondern eine Kraft zur „Interpretation", der Zurechtlegung der Dinge für eigene Zwecke. Reicht sie nicht aus, gerät man in einen *verzagten* Nihilismus, bekommt der Nihilismus einen negativen Wert:

> [W 4d] Ein N[ihilist] ist der M<ensch>, welcher von der Welt, welche sein sollte, sagt, sie existiert nicht: {wie sie ist, urteilt, sie sollte nicht sein u von der Welt, wie sie sein sollte, urteilt, sie existirt nicht}. Alles, was einer thut, lebt usw. hat folglich keinen Sinn (es bezieht sich auf etwas, das nicht existirt {Demnach hat dasein (handeln, leiden, wollen, fühlen) keinen Sinn: das Pathos des „Umsonst" ist das Nihilisten-Pathos – zugleich noch als Pathos eine Inconsequenz des Nihilisten}[238]

Der pathetische Nihilist, für den sich alle Werte entwertet haben, wertet das „Umsonst" so hoch, dass er sein ganzes Leben danach ausrichtet, es zum Maßstab seines Lebens macht.

Aber das ist philosophisch nicht das letzte Wort. Auf der vorausgehenden (in Nietzsches Arbeitsheft folgenden) Doppelseite unterwirft er nun auch den Nihilismus einer Wertunterscheidung. Der Nihilismus kann nicht nur „ein Symptom [...] wachsender Schwäche", sondern eben auch „wachsender Stärke" sein:

> [W 4e] Es ist ein Gradmesser von Willenskraft, wie weit man des Sinnes in den Dingen entbehren kann, wie weit man {in} einer sinnlosen Welt zu leben aushält: weil man ein kleines Stück von ihr selbst organisirt.

---

237 Mitteilung von Beat Röllin.
238 Auch hier stammen die Überarbeitungen nach Beat Röllin vom Sommer 1888.

Man hat, wie oben dargelegt (Kap. II 2), vom „Nihilism {als normalem Phänomen}" auszugehen, und es kommt lediglich darauf an, was man aus ihm macht. Der Nihilismus ist für Nietzsche eine Tatsache, die man je nach seinen Kräften, physiologischen, psychologischen und interpretatorisch-geistigen, unterschiedlich bewerten kann. Nietzsche scheint das in seiner Besinnung erst nachträglich klar geworden zu sein; die Bemerkung „{normales Phänomen}" erscheint wie der Satz „Der Nihilism ein normaler Zustand" in der vorausgegangenen Aufzeichnung[239] erst in der zweiten Textschicht. Nietzsche ist damit für sein Verständnis auf dem Boden der Realität angekommen: Alles hängt nun von der Bewertung des Nihilismus und diese Bewertung von den jeweiligen Lebensumständen und Kräften ab.

Daraufhin reflektiert Nietzsche stichwortartig, zu welchen Wertungen Künstler, pessimistische Religionsstifter, moralische Menschen und eben Philosophen gewöhnlich imstande sind. Sie alle haben, trägt er in die Aufzeichnung der „ungeheuren Selbstbesinnung" am Ende noch ein, „{das Bedürfniß, einen Halt zu haben an etwas Wahrgeglaubtem}",[240] einen Halt in der immer ungewissen, immer unsicheren, immer vom Fall bedrohten menschlichen Orientierung. Danach ist das Problem der „wahren Welt" letztlich ein Orientierungsproblem, das Problem der Orientierung im Nihilismus. Es ist das Problem, sich in seiner Orientierung auf die Ungewissheiten der erfahrbaren Welt einlassen zu können: Dafür brauchen manche eine Welt *jenseits* der Welt, um ihren Halt *in* der Welt zu finden, manche nicht.

Nach dieser Einsicht leben wir in einer „Zwischenperiode des Nihilismus". Es ist die Zeit,

[W 4 f] bevor die Kraft da ist, die Werthe umzuwenden u. das Werdende {die scheinbare Welt als die Einzige} zu vergöttlichen u. gutzuheißen.[241]

Würde diese Kraft gewonnen, würden, so schließt die Selbstbesinnung, „die Werthgefühle wieder frei, ~~mit~~ die bisher auf die seiende Welt verschwendet worden sind". Im Sinn von „Wie die ‚wahre Welt' endlich zur Fabel wurde", Abschnitt 5, wird die ‚wahre Welt' „überflüssig", wenn man neuen Halt in der wirklichen Welt gewinnt, die bisher die ‚scheinbare' war: „Heller Tag; Frühstück; Rückkehr des bons sens und der Heiterkeit; Schamröthe Plato's; Teufelslärm aller freien Geister."

---

239 N Herbst 1887, 9[35], KSA 12.350, KGW IX 6, W II 1, 115 (Kap. II 2).
240 N Herbst 1887, 9[60], KSA 12.368, KGW IX 6, W II 1, 98.
241 N Herbst 1887, 9[60], KSA 12.367, KGW IX 6, W II 1, 97.

Faksimile N Herbst 1887, 9[97], KSA 12.389–391, KGW IX 6, W II 1, 65 (verso)
(Quelle: Klassik Stiftung Weimar)

Faksimile N Herbst 1887, 9[97], KSA 12.389–391, KGW IX 6, W II 1, 66 (recto)
(Quelle: Klassik Stiftung Weimar)

W II 1   65

(67)   Ein u. dasselbe zu bejahen u. zu verneinen mißlingt uns:
       das ist ein subjektiver Erfahrungssatz, darin drückt sich keine
       „Nothwendigkeit" aus, sondern nur ein Nicht-vermögen.
Wenn, nach Aristoteles der Satz vom Widerspruch der gewisseste aller
                                                   u oberste
Grundsätze ist, wenn er der letzte aller Sätze ist, auf den alle Beweisführungen
                                   unterste
zurückgehen, wenn in ihm das Princip aller anderen Axiome liegt: um so
strenger sollte man erwägen, was er im Grunde schon an Behaup-
           Entweder wird   mit ihm etwas   behauptet
tungen voraussetzt. Er behauptet etwas in Betreff des Wirklichen, Seienden,
                     etwas nicht nur be
                     dasselbe
wie als ob er es anderswoher bereits kennte: nämlich daß ihm nicht
                                                              der Satz will
entgegengesetzte Prädikate zugesprochen werden können. Oder will der Satz sagen:
daß ihm entgegengesetzte Prädikate nicht zugesprochen werden sollen? Dann
wäre Logik ein Imperativ, nicht zur Erkenntnis des Wahren, sondern
zur Setzung u. Zurechtmachung einer Welt, die uns wahr heißen soll.
                      die Frage steht offen
Kurz: sind die logischen Axiome dem Wirklichen adäquat, oder sind sie
                                       den Begriff „Wirklichkeit"
Maaßstäbe u. Mittel, um Wirkliches für uns erst zu schaffen?.. Um
das Erste bejahen zu können, müßte man aber, wie gesagt, das Seiende
bereits kennen; was schlechterdings nicht der Fall ist. Der Satz enthält also
kein Kriterium der Wahrheit, sondern einen Imperativ über das, was als wahr
                                                        voraussetzt
gelten soll.   wie es jeder Satz der Logik (auch der M)
Gesetzt, es gäbe ein solches Sich-selbst-identisches A gar nicht, das A wäre
                                              eine bloß
bereits eine Scheinbarkeit, so hätte die Logik die scheinbare Welt zur
Voraussetzung. In der That glauben wir an jenen Satz unter dem Eindruck der unendlichen Empirie, welche ihn fortwährend zu bestätigen scheint.
Das „Ding" – das ist das eigentliche Substrat zu A; unser Glaube an
Dinge ist die Voraussetzung für den Glauben an die Logik. Das A der Logik ist

Diplomatische Transkription N Herbst 1887, 9[97], KSA 12.389–391, KGW IX 6, W II 1, 65 (verso)

3 Thema Wahrheit – Geschichte eines Irrtums

Die ursprünglichsten Denkakte, das Bejahen u. Verneinen
das Für wahr halten u. Nicht-für-wahr-halten, sind, insofern sie ein ^{nicht nur eine Ge-}
^{wohnheit, sondern ein} Recht voraussetzen, überhaupt Für-wahr-zu halten Oder für-unwahr zu halten,
bereits von einem Glauben beherrscht, daß es ^{für uns} Erkenntniß giebt, daß
Urtheilen wirklich die Wahrheit treffen könne: – kurz, die Logik zweifelt nicht, etwas vom An-sich-Wahren aussagen zu können (nämlich daß
ihm nicht entgegengesetzte Prädikate zukommen können)
Hier regiert das sensualist. ^{grobe} Vorurtheil, daß die
Empfindungen uns Wahrheiten über die Dinge lehren, – daß ich nicht
zu gleicher Zeit von ein u. demselben Ding sagen kann, es ist hart u.
(der instinktive Beweis „ich kann nicht 2 entgegengesetzte Empfindungen zugleich haben" – ganz grob u. falsch)
es ist weich. Das begriffliche Widerspruchs-Verbot geht von dem
Glauben aus, daß wir Begriffe
bilden können, daß ein Begriff
das Wesen eines Dings nicht nur   aus der Logik ein Kriterium des
bezeichnet, sondern faßt...   wahren Seins machen, sind wir bereits
Thatsächlich gilt die Logik   auf dem Wege, alle jene Hypostasen
(wie die Geometr. u. Arithm) nur   Substanz Prädicat Object Subject Ac-
von fingirten Wesenheiten, die wir ge-   ^{als Realitäten} tion usw. zu setzen: d. h. eine
schaffen haben. Logik ist der Versuch,   ^{d.h.} metaphysische Welt zu concipiren, eine
nach einem von uns gesetzten Seins-Schema   „wahre Welt" (– diese ist aber die
die wirkliche Welt zu begreifen, richtiger,   scheinbare Welt noch einmal...)
uns formulirbar, berechenbar zu machen...
→ wie das Atom eine Nachconstruktion des „Dings"... Indem wir das nicht
begreifen, und

KGW VIII 9[97] 54,5-55,6

18: uns] ⟨
22: Das] VR
32: alle] VR
36: Wahrheiten] ⟨
46: Nachconstruktion] VR

Diplomatische Transkription N Herbst 1887, 9[97], KSA 12.389–391, KGW IX 6, W II 1, 66 (recto)

5. Nietzsches Rückfragen sind damit nicht am Ende. Bisher ist er davon ausgegangen, dass hier logische oder psychologische Schlüsse gezogen werden, wenn auch nicht mit den richtigen Unterscheidungen. Jetzt fragt er weiter nach der Rolle der Logik selbst bei der Unterscheidung von scheinbarer und wahrer Welt. Und hier geht er unmittelbar auf das erste und sicherste Prinzip des Denkens zu, wie es Aristoteles in seiner (sogenannten) *Metaphysik* (IV 3) eingeführt hat, den „Satz vom Widerspruch". Nietzsche, der nicht mehr an unbedingte Gewissheiten glaubt, fragt nach dessen Stellung zum „Wirklichen", zum „Seienden" oder zur Realität – die Aufzeichnung ist die wichtigste einschlägige ‚Stelle' dazu in Nietzsches Schriften, und er hat sie so nicht zum Druck befördert. Die Frage lautet, was der Satz vom Widerspruch, nach dem das Wirkliche bestimmt sein soll, das man aber nicht vorab schon kennt, „voraussetzt". Nietzsches Argumentation läuft wieder auf die Wertunterscheidung hinaus (zu Beginn ringt er um eine Formulierung im Aktiv oder Passiv):

> [W 5a] Er behauptet etwas {Entweder wird mit ihm etwas {{etwas nicht nur be}} in Betreff des Wirklichen, Seienden {behauptet}, wie als ob er es {dasselbe} anderswoher bereits kennte: nämlich daß ihm nicht entgegengesetzte Prädikate zugesprochen werden können. Oder will der Satz {der Satz will} sagen: daß ihm entgegengesetzte Prädikate nicht zugesprochen werden sollen? Dann wäre Logik ein Imperativ, nicht zur Erkenntniß des Wahren, sondern zur Setzung u. Zurechtmachung einer Welt, die uns wahr heißen soll.
>
> Kurz {, die Frage steht offen}: sind die logischen Axiome dem Wirklichen adäquat, oder sind sie Maaßstäbe u. Mittel, um Wirkliches {den Begriff „Wirklichkeit"} für uns erst zu schaffen? … Um das Erste bejahen zu können, müßte man aber, wie gesagt, das Seiende bereits kennen; was schlechterdings nicht der Fall ist. Der Satz enthält also kein Kriterium der Wahrheit, sondern einen Imperativ über das, was als wahr gelten soll.[242]

Die Entscheidung ist klar: Da man die Wirklichkeit nicht schon kennt, bevor man den Satz vom Widerspruch auf sie anwendet, kann dieser nur ein Imperativ sein. Aber es ist nicht der kategorische Imperativ Kants, auf den Nietzsche im dritten Abschnitt von „Wie die ‚wahre Welt' endlich zur Fabel wurde" die ganze Überlegung zu verdichten scheint, sondern ein tieferer, in Kants praktischem Imperativ schon vorausgesetzter logischer Imperativ:[243] „Logische Axiome" können nicht der *Realität* zugeschrieben werden, sondern nur dieser *Zuschreibung*. Die Logik scheint uns nur deshalb zur Welt selbst zu gehören, weil wir dazu erzogen und

---

[242] N Herbst 1887, 9[97], KSA 12.389–391, KGW IX 6, W II 1, 65/66. Die folgenden Zitate [W 5a-f] stammen aus dieser Aufzeichnung.
[243] Kants kategorischer Imperativ setzt den logischen voraus, sofern er anweist, seine Maximen daraufhin zu prüfen, ob sie *widerspruchsfrei* als allgemeingültiges Gesetz des Handelns gelten können.

schließlich gewohnt sind, nach ihren Kriterien über sie zu reden. Und weil die Welt unter dem Orientierungsgesichtspunkt als logisch bestimmte einen höheren Wert für uns hat, erscheint sie uns als wahre. ‚Das Wahre' mit seinem scheinbar logischen Kriterium entpuppt sich als Wert. Wenn nach dem Satz vom Widerspruch dem Seienden „nicht entgegengesetzte Prädikate zugesprochen werden können", so projiziert der Satz lediglich identifizierbare Dinge in die „Empirie" hinein, die ihn dann „fortwährend zu bestätigen scheint". Nietzsche hat dazu oben an der linken Seite seiner Aufzeichnung hinzugefügt:

> [W 5b] {Ein u. dasselbe zu bejahen u. zu verneinen mißlingt uns: das ist ein subjektiver Erfahrungssatz, darin drückt sich keine „Nothwendigkeit" aus, sondern nur ein Nicht-vermögen.}

Dieses „Nicht-Vermögen" führt dazu, dass Logik und Ontologie in der oder durch die Metaphysik eins werden: Der Satz vom Widerspruch setzt die Gegebenheit widerspruchsfrei identifizierbarer Dinge (*ónta*, *ousíai*) voraus und mit ihnen die widerspruchsfreie Identifizierbarkeit durch begriffliche Unterscheidungen. Logik und Ontologie bestätigen einander wechselseitig, so dass an beiden keine Zweifel aufkommen. Dass man da auch anders denken kann, hat für Nietzsche Heraklit bewiesen, der den Satz vom Widerspruch *nicht* voraussetzt und damit auch kein bleibendes Sein (GD, Die ‚Vernunft' in der Philosophie 2).

Selbst die „Empfindung", überlegt Nietzsche weiter, wird in den Anspruch der Widerspruchsfreiheit hineingezogen, jedenfalls wenn von ihr gesprochen wird: Ich empfinde so, fährt er in seiner Aufzeichnung fort,

> [W 5c] daß ich nicht zu gleicher Zeit von ein u. demselben Ding sagen kann, es ist hart und es ist weich.

Und das glauben wir dann auch von der Empfindung selbst, sobald wir von ihr sprechen. Nietzsche ergänzt in Parenthese

> [W 5d] {(der instinktive Beweis „ich kann nicht 2 entgegengesetzte Empfindungen zugleich haben" – ganz grob u. falsch).}

Denn man kann durchaus zugleich entgegengesetzte Empfindungen haben; im alltäglichen Leben zeigt sich das überall. Doch das verwirrt die menschliche Orientierung, nimmt ihr ihren (scheinbar) festen Halt am Satz vom Widerspruch. Man weiß dann nicht mehr, ‚womit man es zu tun hat':

> [W 5e] Das begriffliche Widerspruchs-Verbot geht von dem Glauben aus, daß wir Begriffe bilden können, daß ein Begriff das Wesen eines Dinges nicht nur bezeichnet, sondern faßt...

Aristoteles hat in der Tat so gedacht: Es ist das Denken, das den Fluss des Geschehens in unserer Wahrnehmung ‚zum Stehen bringt', so dass wir uns daran halten können; die Wirklichkeit ist die vom Denken abgegrenzte und in diesen Grenzen bestehen bleibende Wirklichkeit.²⁴⁴ Für Nietzsche gilt das nicht mehr: Logik und Ontologie sind nicht die letzten Bedingungen der Erkenntnis des Wirklichen, sondern selbst bedingt:

> [W 5f] Thatsächlich gilt die Logik (wie die Geometr. u. Arith) nur von fingirten Wahrheiten, die wir geschaffen haben. Logik ist der Versuch, nach einem von uns gesetzten Seins-Schema die wirkliche Welt zu begreifen, richtiger, uns formulirbar, berechenbar zu machen...

Die Logik hilft der menschlichen Orientierung, Halt zu finden, nicht mehr, nicht weniger. Sie schafft Denknotwendigkeiten, die für Menschen lebensnotwendig sind und ihrerseits in dieser Lebensnotwendigkeit ihren Grund haben. Dies, eine seiner bedeutsamsten philosophischen Einsichten, quetscht Nietzsche mühsam auf einen noch frei gebliebenen Rest der rechten Seite seiner Aufzeichnung – und publiziert sie nicht.

6. Damit kann Nietzsche nun die Unterscheidungen umstellen und umwerten. Wenige Seiten später im Arbeitsheft W II 1 fasst er seine Überlegungen unter dem Stichwort „Unsere psychologische Optik" zusammen und stellt sie nun ausdrücklich in den Kontext der Kommunikation, der „Mittheilung". Danach ist Logisierung der Wahrnehmung und Empfindung des Wirklichen für die Mitteilung notwendig:

> [W 6a] 1) daß Mittheilung nöthig ist, u daß zur Mittheilung etwas fest, vereinfacht, präcisirbar sein muß (vor allem im identischen Fall...) Damit ist aber mittheilbar sein kann, muß es zurechtgemacht empfunden werden, {als „wieder erkennbar"}. Das Material der Sinne vom Verstande zurechtgemacht, reduzirt auf grobe Hauptstriche, ähnlich gemacht, subsumirt unter Verwandtes. Also: die Undeutlichkeit u. das Chaos des Sinneneindrucks wird gleichsam logisirt.²⁴⁵

Die Mitteilung bedarf der Logik und ihres Satzes vom auszuschließenden Widerspruch, damit man in bestimmten Dingen übereinstimmen kann:

> [W 6b] 2) die Welt der „Phänomene" ist die zurechtgemachte Welt, die wir als real empfinden. Die „Realität" liegt in dem beständigen Wiederkommen gleicher, bekannter, verwandter Dinge, in ihrem logisirten Charakter, im Glauben, daß wir hier rechnen, berechnen können.

---

244 Vgl. Verf., Formen philosophischer Schriften, 39–51.
245 N Herbst 1887, 9[106], KSA 12.395f., KGW IX 6, W II 1, 59/60. Die folgenden Zitate [W 6a-d] stammen aus dieser Aufzeichnung.

Nietzsche nennt das nun die „Phänomenal-Welt", um den Gegensatz von scheinbarer und wahrer Welt zu unterlaufen. Und das erlaubt ihm eine entscheidende Wendung oder Umwertung: Man kann nun sehen, dass unter dem Wertegesichtspunkt ein falscher „Gegensatz dieser Phänomenal-Welt" zur „wahren Welt" aufgemacht wird – der tatsächliche Gegensatz ist die

> [W 6c] formlos-unformulirbare Welt des Sensationen-Chaos, – also eine andere Art Phänomenal-Welt, eine {für uns} „unerkennbare".

Wir leben und kommunizieren in einer logisierten Phänomenal-Welt, die weder scheinbar noch wahr, sondern einfach unsere Welt ist. Es ist sinnlos zu fragen, ob es da Dinge an sich gibt, denn:

> [W 6d] Die „Dingheit" ist erst von uns geschaffen.

Stattdessen könnte es ganz unterschiedliche „Phänomenal-Welten" geben, und die, die wir kennen und in der wir uns auskennen, ist lediglich die für unsere Zwecke besonders geeignete. Damit aber ist erreicht, was Nietzsche in *Götzen-Dämmerung* dann auf die knappe Formel bringt „Die wahre Welt haben wir abgeschafft" und mit ihr auch „die scheinbare": wir haben sie abgeschafft zugunsten der „Phänomenal-Welt", innerhalb derer beide überhaupt zu unterscheiden sind. Im V. Buch der *Fröhlichen Wissenschaft* hat er das zuvor den „eigentlichen Phänomenalismus und Perspektivismus" genannt (FW 354).[246]

Dabei muss man freilich nachfragen, wer das „wir", das „Subjekt" ist, das eine solche Phänomen-Welt schafft. Nietzsche fügt an einer noch freien Stelle auf der rechten Seite hinzu (im Übrigen hat er auf dieser Seite einen Plan für ganz Anderes notiert), es gebe in diesem Sinn „nur Subjekte" und „,Objekt'" sei „nur eine Art Wirkung von Subjekt auf Subjekt [...] ... ein modus des Subjekts". Das sind keine Subjekte in Kants, sondern Perspektiven in Nietzsches Sinn. Nietzsche hat, noch weiter zusammengedrängt, hier die Bemerkung hinzugefügt, dass wir mit unseren „Zurechtmachung[en]" einander ständig überwältigen, und dazu gehört auch, dass wir einander als Subjekte in Kants Sinn behandeln, die für solche Zurechtmachungen und Überwältigungen verantwortlich sind. Dafür hat er die Formel „Willen zur Macht", die er sich hier sparen kann.

---

[246] Jakob Dellinger hat immer wieder darauf aufmerksam gemacht und gut belegt, dass es sich bei „Phänomenalismus und Perspektivismus" nicht, wie sie meist verstanden werden, um philosophische ‚Positionen' oder Forschungsrichtungen, sondern für Nietzsche um Tatbestände handelt (wie ‚Chiasmus' oder ‚Rheumatismus'). Vgl. u. a. Dellinger, ... auch nur ein Glaube, eine Einbildung, eine Dummheit?, 281 f.

7. Im Arbeitsheft W II 3, das er vor allem zwischen November 1887 – März 1888 benutzt, hält Nietzsche unter einer Vielzahl unterschiedlichster Bemerkungen als Zwischenresultat fest:

> [W 7] Die „wahre Welt", wie immer auch man sie bisher concipirt hat, – sie war immer die scheinbare Welt noch einmal. ~~Das ist nicht sofort mit Händen zu greifen.~~[247]

8. Und daran schließen sich neue, noch tiefer gehende Überlegungen, nun zur „Phänomenalität auch der inneren Welt":

> [W 8a] Diese „scheinbare innere Welt ist mit ganz denselben Formen und Prozeduren behandelt, wie die „äußere" Welt.[248]

Damit stehen auch das Denken und das Subjekt des Denkens in Frage. Hier werden ebenfalls, so Nietzsche, oberflächlich Ursächlichkeiten konstruiert, beobachtbar sind sie für uns nicht:

> [W 8b] alles, was uns bewußt wird, ist durch u. durch erst zurecht gemacht, vereinfacht, schematisirt, ausgelegt – der wirkliche Vorgang der {inneren} „Wahrnehmung", die Relation {der Causalvereinigung zwischen Gedanken, Gefühlen, Begehrungen, u wie die} zwischen Subjekt u. Objekt, ~~ist~~ uns absolut verborgen {– u vielleicht eine reine Einbildung}.[249]

Zwischen Gedanken kann sich vieles abspielen, was wir beim Denken nicht mitbekommen, „alle {möglichen} Affekte" können hereinspielen:

> [W 8c] „Denken", wie es die Erkenntnißtheoretiker ansetzen, kommt gar nicht vor: das ist ~~eine künstliche Elimination~~ {eine ganz willkürliche Fiktion, erreicht durch} Heraushebung Eines Elementes aus dem Prozeß {u. ~~Aus~~ Subtraktion aller übrigen}, eine ~~willkürliche Fiktion~~ {künstliche Zurechtmachung} zum Zweck der Verständlichung... [...] hier ist erst ein Akt imaginirt, der gar nicht vorkommt, „das Denken" u zweitens ein Subjekt-Substrat imaginirt ~~für die sämmtlichen~~ {in dem jeder} Akte ~~des~~ {dieses} Denkens {u sonst nichts Anderes seinen Ursprung hat} dh. sowohl das Thun als auch der Thäter sind fingirt[250]

9. Damit sind nach der Ontologie und der Logik auch die Fixpunkte der traditionellen „Erkenntnislehre" abgeräumt: das scheinbar an sich bestehende und seiner selbst gewisse Denken mit dem hinzugedachten Subjekt des Denkens, des

---

247 N November 1887 – März 1888, 11[50], KSA 13.24, KGW IX 7, W II 3, 178.
248 N November 1887 – März 1888, 11[113], KSA 13.53, KGW IX 7, W II 3, 148.
249 N November 1887 – März 1888, 11[113], KSA 13.53, KGW IX 7, W II 3, 148.
250 N November 1887 – März 1888, 11[113], KSA 13.54, KGW IX 7, W II 3, 148. Vgl. N Juni – Juli 1885, 38[1], KSA 11.595 f., KGW IX 12, Mp XVI, 23r (zit. Kap. I 12).

„Ich". Auf der ersten (für uns letzten) Seite des Arbeitshefts W II 3 notiert Nietzsche (unter vielen und unübersichtlichen Korrekturen):

> [W 9a] Wir haben Lügen nöthig, um über diese Realität, diese „Wahrheit" bei uns zum Sieg zu kommen {das heißt, um zu leben}...[251]

Er fügt dann hinzu:

> [W 9b] {Hier fehlt der Gegensatz einer wahren u einer scheinbaren Welt: es giebt nur Eine Welt, u diese ist falsch, grausam, widersprüchlich, verführerisch, ohne Sinn...

Und dann ersetzt er in derselben Schreibschicht „Wahrheit" durch „wahre Welt". Damit wird klar: Die „wahre Welt", ob die ‚innere' oder die ‚äußere', ist eine erdachte Welt, in der es widerspruchsfreie und unbedingte Wahrheiten geben soll, die es in der widersprüchlichen und als scheinbar geltenden, aber wirklichen Welt nicht gibt.

10. Nietzsche bleibt auch hier aber noch nicht stehen. In *Zur Genealogie der Moral* vom Sommer 1887 hat er das Problem der Unterscheidung einer wahren von einer scheinbaren Welt in dem des ‚asketischen Ideals' aufgehen lassen, das das Denken und Trachten von Künstlern, Philosophen, Priestern und Wissenschaftlern auf ihnen jeweils naheliegende wahre Welten ausrichtet. Aus dem Arbeitsheft W II 5 vom Frühjahr 1888 gehen große Teile der Werke hervor, die Nietzsche im selben Jahr zum Druck befördert und die sich in seinem Arbeitsprozess erst allmählich voneinander scheiden. In dieser Zeit stellt er seine Pläne für ein integrales Hauptwerk von der Wille-zur-Macht- auf die Umwertung-aller-Werte-Konzeption um.[252] Die späteren Hauptstücke der *Götzen-Dämmerung* „Die ‚Vernunft' in der Philosophie", „Wie die ‚wahre Welt' endlich zur Fabel wurde" und „Moral als Widernatur" entstehen aus benachbartem Textmaterial.

Unter dem nachgetragenen Obertitel „{Wille zur Macht als Erkenntniss}" zieht Nietzsche die Summe seiner bisherigen „Kritik des Begriff [!] ‚wahre u scheinbare Welt'". Auf der gegenüberliegenden Seite macht er Notizen „{Zur Kritik des Philosophen}" unter der ebenfalls nachgetragenen gerahmten Rubrizierung „{Philosophie als décadence}". Die Welt, in der wir leben, ist, stellt er nun fest,

---

[251] N November 1887 – März 1888, 11[415], KSA 13.193, KGW IX 7, W II 3, 200. Hier auch das folgende Zitat [W 9b].
[252] Vgl. Müller, Von der „Umwerthung" zur Auto-Genealogie. – Montinari, Nietzsche lesen: Die Götzen-Dämmerung, 74, spricht treffend vom „unterschiedlich fixierten Fluß seiner Gedanken". Seine Formulierung „Der Nachlaß dient hier zur Ergänzung, indem er einerseits das im gedruckten Werk Gesagte einschränkt oder aber selber im gedruckten Werk aufgehoben wird" (75), gibt freilich Rätsel auf.

> [W 10a] essentiell Relations-Welt: sie hat, unter Umständen, von jedem Punkt aus ihr <u>verschiedenes Gesicht</u>: ihr Sein ist essentiell an jedem Punkte anders: sie drückt auf jeden Punkt, es widersteht ihr jeder Punkt – u diese Summirungen sind in jedem Falle gänzlich incongruent.[253]

Er reduziert jetzt die „Phänomenal-Welt" auf bloße Punkte und Relationen unter ihnen, für die es keinen gemeinsamen Gesichtspunkt gibt, so dass die Welt von jedem Punkt aus anders aussieht. Wir verstehen das heute als Orientierung von unterschiedlichen Standpunkten aus unter verschiedenen Gesichtspunkten an möglicherweise gleichen Anhaltspunkten. Zuvor, im Arbeitsheft N VII 3, das er vom Sommer 1886 bis Herbst 1887 benutzt, hat er Relationen von „Kräften" in dieser essentiell perspektivischen Welt in Erwägung gezogen:

> [W 10b] Grundfrage: ob das <u>Perspektivische</u> zum <u>Wesen</u> gehört? Und nicht nur eine Betrachtungs-form, eine Relation zwischen verschiedenen Wesen ist? Stehen die verschiedenen Kräfte in Relation, so daß diese Relation gebunden ist an Wahrnehmungs-Optik? Diese wäre möglich, <u>wenn alles Sein essentiell etwas Wahrnehmendes wäre</u>.[254]

Mit den „Kräften" kommt er seinem Wille-zur-Macht-Gedanken nahe. In W II 5 fährt er fort:

> [W 10c] Das <u>Maß von Macht</u> bestimmt, welches <u>Wesen</u> das andre Maß von Macht hat: unter welcher Form, Gewalt, Nöthigung es wirkt oder widersteht[255]

Und das bezieht er unmittelbar auf den Einzelfall und damit auch auf sein eigenes Philosophieren:

> [W 10d] Unser Einzelfall ist interessant genug: wir haben eine Conception gemacht, um in einer Welt leben zu können, um gerade genug zu percipiren, daß wir noch es <u>aushalten</u>...

Auch Philosophien sind, so gesehen, mit einem von Nietzsche in *Götzen-Dämmerung* häufig gebrauchten Begriff[256] „Idiosynkrasien", eigentümliche Abwehrhaltungen ihrer Urheber. Die Welten, die in ihnen erlebt und geformt werden, sind nicht wahr oder scheinbar, weil es kein Maß für sie außerhalb ihrer gibt. Sie sind, dabei bleibt es für Nietzsche, nach Wertunterscheidungen geformt: Der Begriff Idiosynkrasie ist vor allem ein Begriff der Moralkritik.

---

253 N Frühjahr 1888, 14[93], KSA 13.270 f., KGW IX 8, W II 5, 128.
254 N Sommer 1886 – Herbst 1887, 5[12], KSA 12.188, KGW IX 3, N VII 3, 178.
255 N Frühjahr 1888, 14[93], KSA 13.271, KGW IX 8, W II 5, 128. Hier auch das folgende Zitat [W 10d].
256 Vgl. GD, Das Problem des Sokrates 4 und 9, Die „Vernunft" in der Philosophie 1 und 4 u. a.

11. Von nun an scheint Nietzsche sich darauf zu besinnen, wie all das zu veröffentlichen wäre. Das beginnt deutlich mit einer Doppelseite in W II 5, deren Aufzeichnungen zur Unterscheidung von wahrer und scheinbarer Welt er nachträglich in drei Abschnitte durchnummeriert; den Schluss des ersten Abschnitts gliedert er noch einmal nach a., b., c. Er steigt hier mit der Wissenschaft ein, die sich inzwischen mit der scheinbaren Welt begnüge, ohne noch Aussagen über deren An-sich machen zu wollen, und er stellt klar, dass, sofern wir uns mit unseren Erkenntnis-„Organen" auf das Sein beziehen, wir es in der Tat nicht mit einem Sein an sich zu tun haben können. Das schließt „Subjektivität" nicht aus, sondern ein:

[W 11a] {Wer wehrt uns zu denken, daß die Subjektivität real, essentiell ist?}[257]

Sie ist „real, essentiell" eben als Gesichtspunkt auf Anhaltspunkte inkongruenter Orientierungswelten, die sich nach „Instinkten der Selbsterhaltung" formen. Werden innerhalb solcher Phänomenal- oder Orientierungswelten wahre und scheinbare Welt unterschieden, so entscheidet sich das nach deren Wert für das „Leben", also nach den jeweiligen Lebensbedingungen. So können Illusionen und Ideale einen höheren „Erhaltungswerth" für das Leben haben als nüchterne Wahrheiten (innerhalb der Orientierungswelten). Als an sich als höheren Wert darf man eine „wahre Welt" nicht voraussetzen. Es ist, so Nietzsche,

[W 11b] von kardinaler Wichtigkeit, daß man die wahre Welt abschafft. Sie ist die große Anzweiflerin u Werthverminderung der Welt, die wir sind: Sie war bisher unser gefährlichstes Attentat auf das Leben
Krieg gegen alle Voraussetzungen, auf welche hin man eine wahre Welt fingirt hat.

Wird der vermeintlich wahren Welt ein moralisch höherer Wert zugesprochen, zieht Nietzsches Argument der Selbstaufhebung der Moral, auf das er zuletzt die „Streitschrift" Zur Genealogie der Moral aufgebaut hat:

[W 11c] Die moral. Werthung als oberste wäre widerlegt, wenn sie bewiesen werden könnte als die Folge einer unmoralischen Werthung

Ist aber die wahre Welt der Moral als „Anschein" erwiesen,

---

[257] N Frühjahr 1888, 14[103], KSA 13.280–282, KGW IX 8, W II 5, 114/115. Die folgenden Aufzeichnungen [W 11b-f] finden sich ebenfalls auf diesen Seiten.

[W 11d] hätte sie, von sich aus, kein Recht mehr, den Schein zu verurteilen.

Nach dem (onto-)logischen und dem moralischen Gesichtspunkt wäre dann der ‚psychologische' zu bringen.[258] Danach ist der „Wille zur Wahrheit", mit dem eine wahre von einer scheinbaren Welt unterschieden wird,

[W 11e] keine moral. Gewalt, sondern eine Form des Willens zur Macht.

Nachdem Nietzsche in *Jenseits von Gut und Böse* Nr. 36 die Hypothese des Willens zur Macht als methodischen Generalschlüssel seines Philosophierens ausgewiesen hat (Kap. III 3.3.4.), wäre das Problem der Unterscheidung von wahrer und scheinbarer Welt so ebenfalls durch ihn zu lösen, in Gestalt der Überwindung der moralischen Vorurteile:

[W 11f] die Methodik der Forschung ist erst erreicht, wenn alle moral. Vorurtheile überwunden sind ... sie stellte einen Sieg über die Moral dar ...
NB. Wir sind heute vor die Prüfung der Behauptung gestellt, daß die moral. Werthe die obersten Werthe sind.

12. Im Anschluss, d.h. auf der vorausgehenden, für Nietzsche der folgenden Doppelseite seines Arbeitsheftes W II 5 überlegt er, die Methodik zu verwissenschaftlichen nach dem Satz

[W 12a] Unsere Erkenntniß ist in dem Maaße wissenschaftlich geworden, als sie Zahl u. Maaß anwenden kann ...[259]

Kant hatte in der Vorrede zu den *Metaphysischen Anfangsgründen der Naturwissenschaft* lapidar festgestellt, „dass in jeder besonderen Naturlehre nur so viel *eigentliche* Wissenschaft angetroffen werden könne, als darin *Mathematik* anzutreffen ist,"[260] ein zu Nietzsches Zeit allgemein bekanntes Diktum. So könnte man ja auch den „Versuch" machen,

[W 12b] eine wissenschaftl. Ordnung der Werthe einfach auf einer Zahl- u Maßscala der Kraft aufzubauen [...] ...

---

258 Dass Nietzsche hier von „psychologisch" spricht, lässt Sommer, NK 6/1, 311f., vermuten, dass Nietzsche auf Höffding, Psychologie in Umrissen auf Grundlage der Erfahrung, 276f., rekurriert, der ebenfalls die Unterscheidung von wahrer und scheinbarer Welt angreift.
259 N Frühjahr 1888, 14[104]-[106], KSA 13.282–285, KGW IX 8, W II 5, 112/113. Die folgenden Aufzeichnungen [W 12b-d] finden sich ebenfalls auf diesen Seiten.
260 Kant, Metaphysische Anfangsgründe der Naturwissenschaft, Vorrede, AA IV, 470.

Moralwerte wären dann an der Kraft zu messen, die nötig ist, um sie zu schaffen. Auf der rechten Seite notiert Nietzsche Bemerkungen dazu, wie Moralen herrschend werden:

> [W 12c] eine Moral, eine durch lange Erfahrung u Prüfung erprobte, bewiesene Lebensweise kommt zuletzt als Gesetz zum Bewußtsein, als dominirend...
> u damit tritt die ganze Gruppe verwandter Werthe u. Zustände in sie hinein: sie wird ehrwürdig, unangreifbar, heilig, wahrhaft
> es gehört zu ihrer Entwicklung, daß ihre Herkunft vergessen wird... Es ist ein Zeichen, daß sie Herr geworden ist...

Und genauso, fährt er fort, könnte die „Vernunft" herrschend geworden sein: Die

> [W 12d] Kategorien der Vernunft [...] könnten, unter vielem Tasten u. Herumgreifen, sich bewährt haben durch relative Nützlichkeit... Es kam ein Punkt, wo man sie zusammenfaßte, sich als Ganzes zum Bewußtsein brachte, – und wo man sie befahl... d. h. wo sie wirkten als befehlend...
> Von jetzt ab galten sie als a priori..., als jenseits der Erfahrung, als unabweisbar...
> Und doch drücken sie vielleicht nichts aus als eine bestimmte Rassen- und Gattungs-Zweckmäßigkeit, – {bloß} ihre Nützlichkeit ist ihre „Wahrheit" –

Nietzsche arbeitet das nicht weiter aus. Es bleibt aber dabei: Es geht bei der „wahren Welt" nicht um Wahrheit, sondern um die Herrschaft von etwas, das als Moral und Vernunft gilt.

13. Statt es weiter mit der Methodik der Messung zu versuchen, verändert Nietzsche die Argumentationsstrategie: Er sondiert Möglichkeiten einer literarisch-rhetorischen Formung seiner Gedanken und entscheidet sich wieder für den aggressiven Ton einer Streitschrift. Eine weitere Aufzeichnung im Heft W II 5 betitelt er nachträglich „{Warum die Philosophen Verleumder sind}" – sie sind es, weil die Moral ihre „Circe" ist, weil sie an die moralischen „Wahrheiten" glauben. Und nun formuliert er im Imperativ:

> [W 13] Schaffen wir die wahre Welt ab: u, um dies zu können haben wir die bisherigen obersten Werthe abzuschaffen, die Moral ...[261]

Die „wahre Welt", die mit Hilfe des Nachweises der Selbstaufhebung der Moral „abzuschaffen" ist, soll dann „die erlogene Welt" heißen. In wiederum durchnummerierten Punkten in der rechten unteren Ecke der Doppelseite legt sich Nietzsche nochmals die „Logik meiner Conception" zurecht, nämlich (1.) Die Moral, die sich als obersten Wert darstellt und die gegebene Welt abwertet, (2.)

---

261 N Frühjahr 1888, 14[134], KSA 13.317–319, KGW IX 8, W II 5, 78/79.

psychologisch, physiologisch und historisch als (3.) „Instinkt der décadence" auszuweisen, „der als Wille zur Macht auftritt."

14. Auf der rechten der folgenden Doppelseite notiert er nochmals einen Plan

> **[W 14a]** Der Wille zur Macht. / Versuch / einer Umwerthung aller Werthe. / I. / Kritik der bisherigen Werthe. / II. / Das neue Princip des Werthes. / Morphologie des „Willens zur Macht" / III / Frage neuer Werthe unserer modernen Welt / : gemessen nach diesem Princip / IV. / Der große Krieg.[262]

Er untersetzt den Plan ausführlich, die Unterscheidung von wahrer und scheinbarer Welt kommt in ihm aber nur am Rand vor. Die Überlegungen zu „{die wahre Welt u. die scheinbare Welt}" gehen auf den folgenden Doppelseiten 72/73 und 68/69 weiter; vieles überschneidet sich dabei; Nietzsche verwendet sie jedoch für „Die ‚Vernunft' in der Philosophie".[263]

In W II 5, 64/65, entwirft er dann den Text von „Wie die ‚wahre Welt' endlich zur Fabel wurde"; wir gehen gleich näher darauf ein. Danach fasst er die „ungeheuren Fehlgriffe" in sechs Punkte zusammen; „die ‚wahre Welt' als geistige Welt, als zugänglich durch Bewußtseins-Thatsachen", ist dabei der fünfte Punkt.[264] Darauf ein neuer Plan, immer noch unter dem Obertitel „Der Wille zur Macht. Versuch einer Umwerthung aller Werthe". Nun aber wird „die wahre u die scheinbare Welt" zum ersten von sieben Kapiteln:

> **[W 14b]** Der Wille zur Macht. Versuch einer Umwerthung aller Werthe.
>
> Erstes Capitel: / die wahre u die scheinbare Welt
> Zweites Capitel: / wie ist ein solcher Fehlgriff möglich? Was bedeutet das Mißverstehenwollen des Lebens? / Critik der Philosophen, als Typen der décadence.
> Drittes Capitel: / Die Moral als Ausdruck der décadence [...]
> Viertes Capitel: / Giebt es keine Ansätze einer gegentheil. Stellung? / Der Krieg gegen sie: was sich immer gegen sie verschwört ... {1. Heidenthum in der Religion / 2. „die Kunst" / 3. Staat
> Fünftes Capitel. / Kritik der Gegenwart: wohin gehört sie? ihr nihilist. Abzeichen / ihre ja-sagenden Typen
> Sechstes Capitel. / Der Wille zur Macht, als Leben
> Siebentes Capitel. / Wir Hyperboreer / Lauter absolute Stellungen zb. Glück!! zb. Geschichte / ungeheurer Genuß u Triumph am Schluß, lauter klare Ja's u. Nein's zu haben ... Erlösung von der Ungewißheit![265]

---

262 N Frühjahr 1888, 14[136]-[137], KSA 13.320–322, KGW IX 8, W II 5, 74–77, hier 77.
263 Montinari führt sie KSA 14.414 als Vorstufen.
264 N Frühjahr 1888, 14[146], KSA 13.330, KGW IX 8, W II 5, 63.
265 N Frühjahr 1888, 14[156], KSA 13.340 f., KGW IX 8, W II 5, 55.

Der Aufbau entspricht weitgehend der bisherigen Denkbewegung, zuletzt gefolgt von einem triumphalen Schluss. Spätestens am 12. September 1888 hat Nietzsche den definitiven Plan der Kapitel-Einteilung von *Götzen-Dämmerung*, die er zunächst noch „Müssiggang eines Psychologen" nennen will, was ihm Köselitz dann ausredet.[266] Den Gesamtplan eines Werkes „Der Wille zur Macht. Versuch einer Umwerthung aller Werthe" hat Nietzsche nun aufgegeben. Für *Götzen-Dämmerung* wird die Vernunft-Kritik einerseits, die Moral-Kritik andrerseits von der Kritik der „wahren Welt" abgespalten, so dass diese nun eigenständig auftritt. Das macht ihre neue und musikalische Form möglich.

15. Nietzsche tastet sich an sie in drei Niederschriften voran, die er jeweils wieder stark bearbeitet, noch unter der Vorgabe, dass das Stück das erste Kapitel seines lange geplanten Buchs werden soll, wie er nachträglich am linken oberen Rand der Doppelseite 64/65 vermerkt.

Er beginnt mit der ersten Niederschrift auf der unteren Hälfte der rechten Seite, erkennbar daran, dass er sie dann teilweise mit der zweiten Niederschrift überschreibt. Er hat da zunächst noch den Titel

[W 15a] Die Form des Dogmatism von der „wahren Welt"[267]

vorgesehen. Er ist sachlich klarer, sagt aber nichts von „Geschichte" und „Irrthum" der hier schon in Anführungszeichen gesetzten „„wahren Welt"". Darunter setzt Nietzsche nun in einer Kolonne und in etwa gleichen Abständen fünf Mal „Die wahre Welt" (ohne Anführungszeichen) – die formale Schlüsselentscheidung für die wuchtige Anapher ist gefallen. Den vorerst fünf Wiederholungen des Hauptthemas ordnet er, soweit man das dem Faksimile der Handschrift entnehmen kann, auch schon die zweite Anaphern-Reihe „erreichbar", „unerreichbar für jetzt", „ewig unerreichbar", nochmals „ewig unerreichbar" in einer zweiten Kolonne zu, die hier noch mit „unnütz geworden" schließt. Dieser mittleren Kolonne fügt er am rechten Rand wiederum thematische Stichworte zu wie „durch die Kategorien der Weisen", „von der Wissenschaft näher gebracht", „jede Art Erlösung des Menschen", „nicht mehr tröstlich, erlösend, beruhigend", die er zum Teil auch wieder streicht. Auf „unnütz geworden" folgt hier auch schon der Schluss:

[W 15b] – folglich gar nicht existirend ... / eine Fabel!!!

---

266 Vgl. Brief an Heinrich Köselitz vom 12. September 1888 aus Sils-Maria, Nr. 1105, KSB 8.417.
267 N Frühjahr 1888, KGW IX 8, W II 5, 64/65. Montinari hat die Aufzeichnungen als bloße ‚Vorstufe' behandelt und in KSA nicht abgedruckt, nur in seinem Kommentar auf sie hingewiesen (KSA 14.415). Die folgenden Aufzeichnungen [W 15b-d] finden sich ebenfalls auf den genannten Seiten.

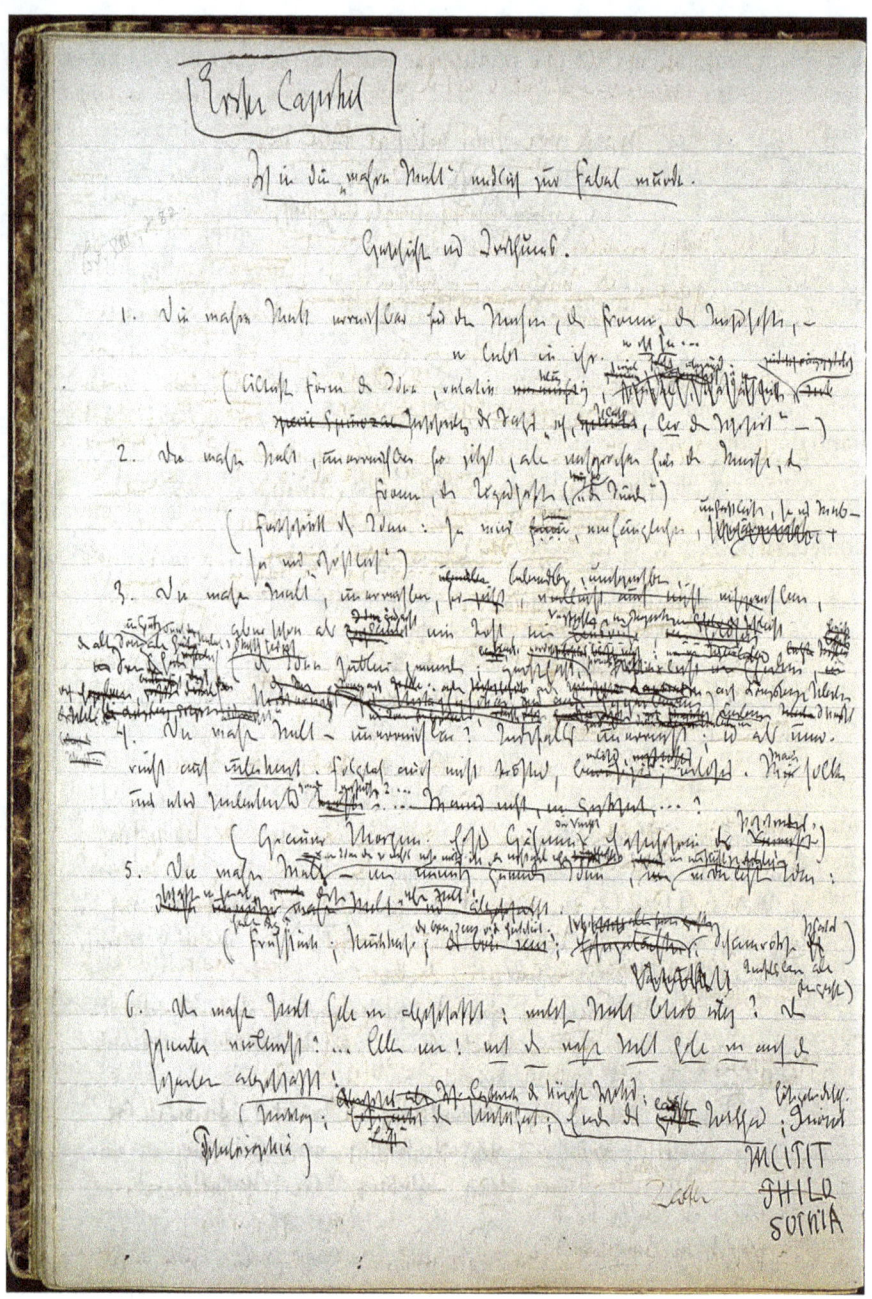

Faksimile N Frühjahr 1888, KGW IX 8, W II 5, 64 (verso) (Quelle: Klassik Stiftung Weimar)

3 Thema Wahrheit – Geschichte eines Irrtums 139

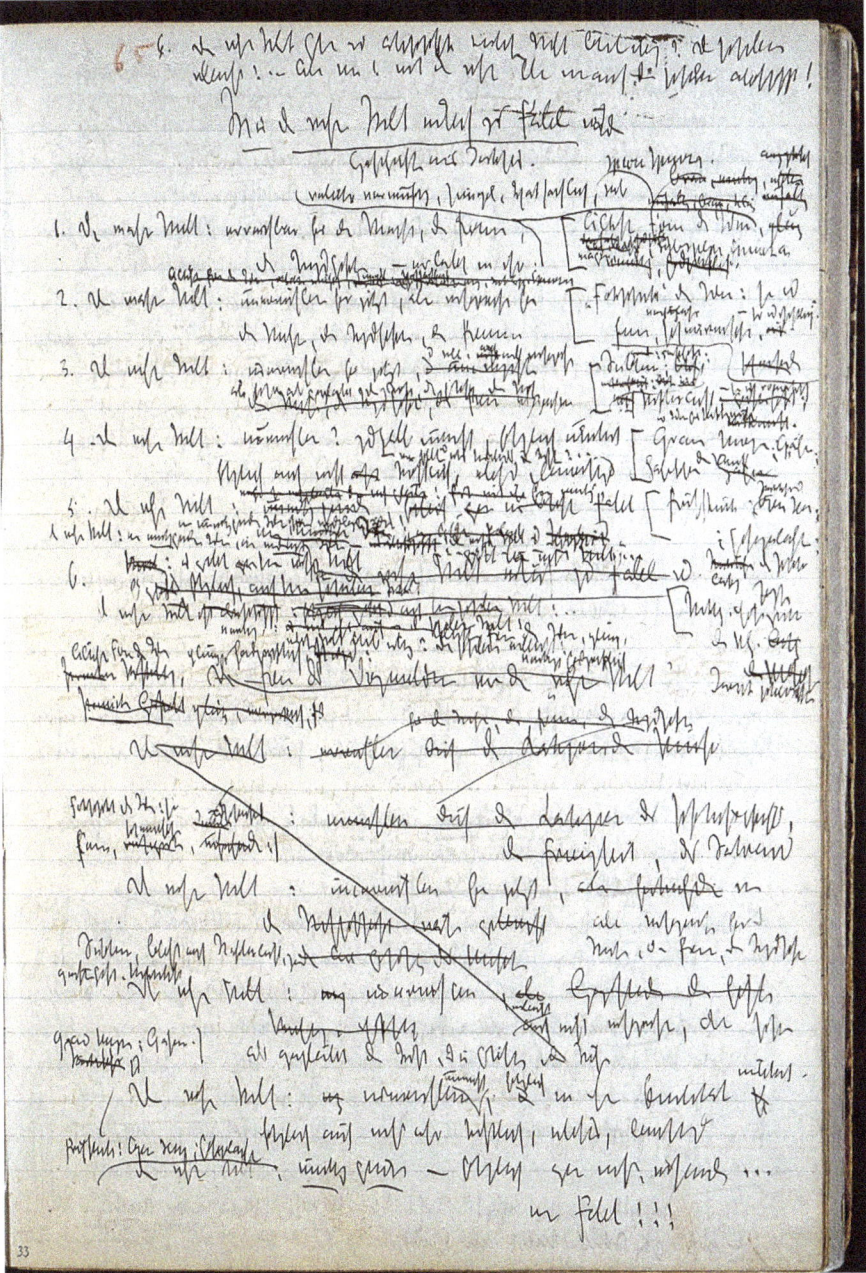

Faksimile N Frühjahr 1888, KGW IX 8, W II 5, 65 (recto) (Quelle: Klassik Stiftung Weimar)

W II 5   64

Erstes Capitel

2   Wie die „wahre Welt" endlich zur Fabel wurde.

Bd. VIII, S. 82. Weissift   4   Geschichte eines Irrthums.

6   1. Die wahre Welt erreichbar für den Weisen, den Frommen, den Tugendhaften, –
                                              er ist sie…
, 8   er lebt in ihr.   jüdisch-ägyptisch
                                              simpel, selbst, überzeugend;
                                              klug plump, handgreiflich; eine
10   (Älteste Form der Idee, relativ vernünftig, simpel, thatsächlich, sub
                                                                         Plato,
} 12   specie Spinozae Umschreibung des Satzes „ich, Spinoza, bin die Wahrheit" –)

14   2. Die wahre Welt, unerreichbar für jetzt, aber versprochen für den Weisen, den
                                                 kurz für
, 16   Frommen, den Tugendhaften („den Sünder")
                                           freier   unfaßlicher, sie wird Weib –
18   (Fortschritt der Idee: sie wird, feiner, verfänglicher, schwärmerischer, +

20   sie wird „christlich")
                                       unbeweisbar unbeweisbar, unversprechbar,
22   3. Die wahre Welt, unerreichbar, für jetzt, vielleicht auch nicht versprechbar,
                                             Verpflichtung, ein Imperativ
                                    „Idee" gedacht   ein Glaube der Pflicht   Begriff
24   aber schon als geglaubt ein Trost, ein Ausruhen, eine Erlösung   Blick
        die alte Sonne im Grunde durch die Nebel u Skepsis hindurch bleich bleich noch; wie von Reflexlichtin jetzt heller
                                    versteckt   bleicht,   königsbergisch,
26   eine Sonne für hinter (die Idee sublim geworden; geisterhaft;) Reflexlicht von Ehedem, eine
                              die beinträchtigt durch die   die Sonne auf Nebeln u. andere Metaphysiker andere Metaphysiker Kantianismen auf Königsberger Nebeln
28   durch Hyperboreer, zwischen dicken Mitternacht (für Metaphysiker und andere Hyperboreer)
                ein Nebeln der Königsberger sceptsis „ertsicht" eine Sonne für Hyperboreer, erdartis, zwischen hinaus aus zwischen auf skeptischen Königsberger Nebeln Skepsis
        von   hinaus aus dicken Wolken von Nebeln vor
30   der
                 4. Die wahre Welt – unerreichbar? Jedenfalls unerreicht; u als uner-
               (durch die   erlösend, verpflichtend,   Warum
32   Skepsis…)   reicht auch unbekannt. Folglich auch nicht tröstend, beruhigend, erlösend. Wie sollte
                                          gerade verpflichten?…
34   uns etwas Unbekanntes trösten?… Warum nicht, im Gegentheil,…?
                                             der Vernunft   Positivismus.
Γ 36   (Grauer Morgen. Erstes Gähnen. Hahnenschrei des Vernunft.)
                                                          verpflichtend,
         eine   – eine Idee die zu nichts mehr nütz ist, die nicht einmal mehr nützt folglich eine überflüssige, folglich
38   5. Die wahre Welt – eine unnütz gewordenen Idee: eine widerlegte Idee:
                   schaffen wir sie ab, gewordene diese wahre Welt!
40   diese unnütze „wahre Welt" wird abgeschafft.
                  Heller Tag;   der bon sens u. der Heiterkeit; sokratischer aller freien Geister Platos
42   (Frühstück; Rückkehr des bon sens; Hohngelächter; Schamröthe der
                                                                          Teufelslärm aller
44   Vernunft)   freien Geister.

46   6. Die wahre Welt haben wir abgeschafft: welche Welt blieb übrig? Die

48   scheinbare vielleicht?… Aber nein! mit der wahren Welt haben wir auch die

50   scheinbare abgeschafft!
                  Abwesenheit aller Sch. Augenblick des kürzesten Schattens;
i 52   längsten   Höhepunkt der Mh.
                 (Mittag; Höhepunkt der Menschheit; Ende des größten Irrthums; incipit
                                    Licht
p 54   Philosophia)   INCIPIT

56   Zarath   PHILO

58   SOPHIA

10-12,22-28,36,42-44,56-58: KSA 14, 415, zu GD Wie die   10: simpel] davor Einfügungszeichen verlängert
„wahre Welt" endlich zur Fabel wurde   16: Einfügungszeichen verlängert
                                                          21: unbeweisbar,] Vk
                                                          23: in Ms nicht übereinander
                                                          27: dicken] Vk
                                                          38: Welt] danach Einfügungszeichen verlängert

Diplomatische Transkription N Frühjahr 1888, KGW IX 8, W II 5, 64 (verso)

3 Thema Wahrheit – Geschichte eines Irrtums

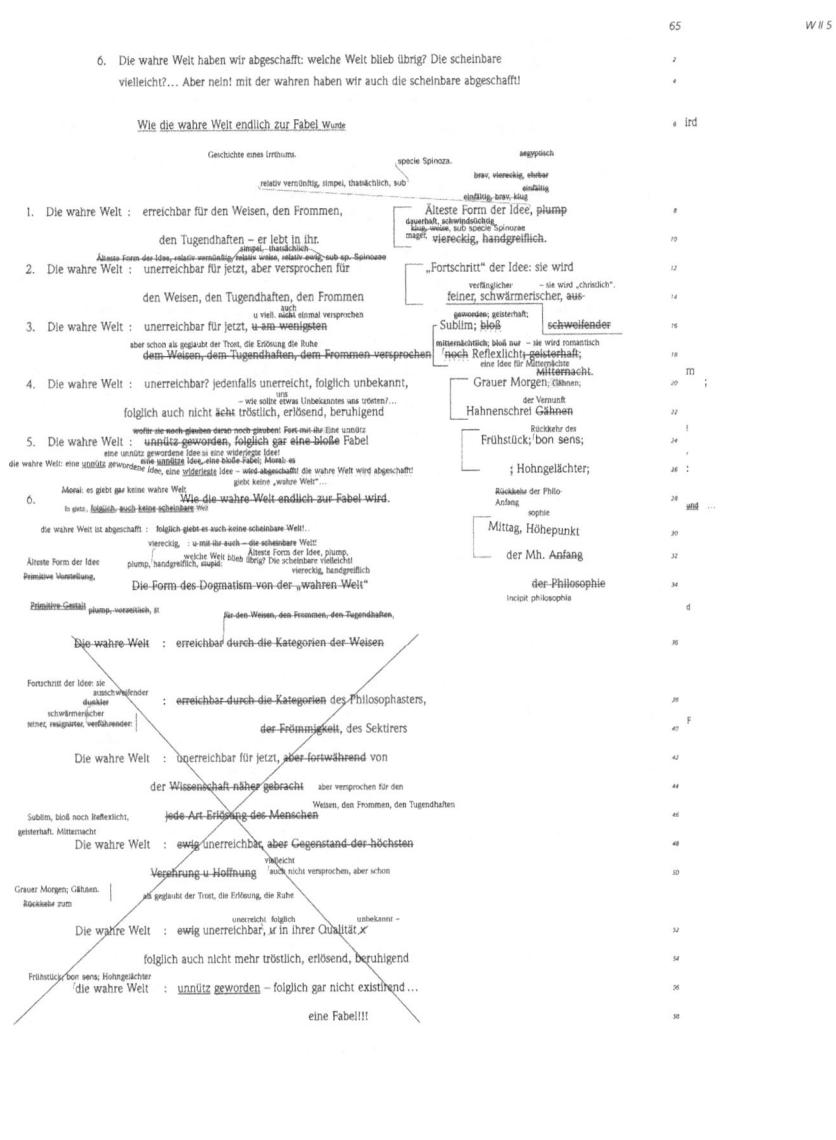

Diplomatische Transkription N Frühjahr 1888, KGW IX 8, W II 5, 65 (recto)

Die Aperçus wie „{Grauer Morgen; Gähnen}", die im Druck dann als eingerückte Parenthesen erscheinen, trägt er in die linke Spalte in frei gebliebene Zwischenräume des Schemas ein.

In der zweiten Niederschrift oben auf der rechten Seite organisiert er das Schema durch und füllt es weiter aus. Weil der Platz nicht ausreicht, ist sie zum Teil über den ersten Entwurf geschrieben; im Arbeitsheft ist dieser als ganzer schräg durchgestrichen, also als erledigt gekennzeichnet. Die zweite Niederschrift bringt die Anapher „Die wahre Welt" nun sechsfach und durchnummeriert, ergänzt wiederum durch die weitere Anaphernreihe „erreichbar" usw. Das Gedränge auf der Überschreibungsfläche in der Mitte der Seite wird so groß, dass Nietzsche den sechsten Punkt, der zunächst „Wie die wahre Welt endlich zur Fabel wird" lautet, dort streicht, wohl weil das nun zum Titel wird. Stattdessen notiert er den sechsten Punkt, bereits fertig ausformuliert, am oberen Rand der Seite. Was dann zur großen Schluss-Coda wird, lautet noch, rechts in der Mitte der Seite,

[W 15c] {Rückkehr {Anfang} der Philosophie} Mittag, Höhepunkt der M<ensch>h<eit> Anfang der Philosophie {Incipit philosophia}

Das „incipit" ist gefunden. Hinzukommt in einer späteren Textschicht der Untertitel „Geschichte eines Irrthums". Die übrigen fünf Parenthesen arbeitet Nietzsche weiter aus und fügt sie am rechten Rand hinzu. In der dritten Parenthese taucht in dieser Niederschrift „{eine Idee für Mitternächte}" auf, die in der nächsten Niederschrift wegfällt. Die auffälligste Einfügung macht Nietzsche jedoch zur ersten Parenthese, die zunächst lautet: „Älteste Form der Idee, plump, viereckig, handgreiflich". Dann ergänzt Nietzsche, unter einigen Streichungen, „{dauerhaft, schwindsüchtig, klug, weise, sub specie Spinozae}" und ebenfalls gestrichene Charakterisierungen wie „{aegyptisch}", „{einfältig}". Schließlich bleibt „{relativ vernünftig, simpel, thatsächlich, sub specie Spinoza [!]}" stehen. Historisch wollte Nietzsche zunächst offenbar bei Spinoza, den er als „schwindsüchtig" etikettiert hatte, weil er die „Machterweiterung" zugunsten der „Selbsterhaltung" in Frage gestellt habe, und nicht bei Platon einsetzen: Schwindsucht wäre gleich ein physiologisches Argument gegen den Willen zu einer „wahren Welt" gewesen. Platon, der die Ideen tatsächlich erfand, wäre angesichts seiner unverblümten „philosophischen Erotik" Ähnliches nicht nachzusagen. In *Götzen-Dämmerung*, Streifzüge 23, konfrontiert Nietzsche Platon und Spinoza in diesem Sinn direkt miteinander.

Eine dritte Niederschrift fertigt Nietzsche auf der linken Seite an, die sie nun ganz ausfüllt; der Text reichert sich schrittweise an. Diese dritte Niederschrift ist dem dann zum Druck beförderten Text schon sehr nah. Die „„wahre Welt"' steht im Titel jetzt in Anführungszeichen, der neue Untertitel bleibt. Wie „{aegyptisch}", das Nietzsche zunächst nicht übernimmt, dann aber doch als „{jüdisch-ägyptisch}" einfügt und wieder streicht, schreibt er auch wieder „sub specie Spinozae", ersetzt es, sichtlich zögernd, durch „{Umschreibung des Satzes ,ich, Spinoza, bin die Wahrheit' –}" und ersetzt hier schließlich „{Spinoza}" durch „{{Plato}}". Das „{jüdisch-ägyptisch}", das auf den Monotheismus verweist, passt nun nicht mehr. Aber „ich [...] bin die Wahrheit" hätte besser zu Spinoza gepasst, der nach allem, was wir wissen, ganz nach den Lehren seiner Ethik gelebt hat, als zu Platon, der sich mit seiner schriftstellerischen Form des Dialogs von Lehren gerade zurückhielt und an seiner Stelle Sokrates auftreten ließ.[268]

Im zweiten der Zusätze, die Nietzsche nun in Klammern einfügt und einrückt, ersetzt er „feiner" durch „{freier}", kehrt dann aber wieder zu „feiner" zurück: Der christlichen Prägung der „Idee" will er keine Freiheit des Geistes zuschreiben – doch den „Typus Jesus", Christus selbst, nimmt er in *Der Antichrist* davon dann aus: „Man könnte," schreibt er dort, „mit einiger Toleranz im Ausdruck, Jesus einen ,freien Geist' nennen – er macht sich aus allem Festen nichts: das Wort t ö d t e t, alles was fest ist, t ö d t e t. Der Begriff, die E r f a h r u n g ,Leben', wie er sie allein kennt, widerstrebt bei ihm jeder Art Wort, Formel, Gesetz, Glaube, Dogma." (AC 32) Das könnte ihm erst später, bei der Niederschrift von *Der Antichrist* selbst, aufgegangen sein. Statt „{unfaßlicher, sie [die Idee] wird Weib}" hatte er zunächst auch in der dritten Niederschrift noch „schwärmerischer". So klang die Bemerkung weniger frauenfeindlich, und frauenfeindlich ist sie wohl auch nicht gemeint – mitunter die wichtigsten Wahrheiten kommen in Nietzsches Werk von Frauen.

Wo im 3. Abschnitt der Druckfassung „eine Verpflichtung, ein Imperativ" stehen wird, erwägt Nietzsche in der dritten Niederschrift der Aufzeichnung zunächst „ein Ausruhen, eine Erlösung"; auch das streicht er, stellt es wieder her und übernimmt es dann doch nicht in das Druckmanuskript. Ebenso schwankt er bei Kant: für die kantische Idee der Idee, die nur noch ,regulative Idee', also kein Wissen, sondern nur noch eine Anleitung zur empirischen Forschung sein soll, was Nietzsche vertraut war (vgl. FW 344), erwägt er „Reflexlicht" in der „Mitternacht", so etwas wie den Mondschein, der die „{alte Sonne}" Platons reflektiert. Die Korrekturen werden hier am dichtesten: Zuletzt bleibt „die Idee sublim geworden, {bleich}{{bleich}}, geisterhaft, {{nordisch}} {königsbergisch}". Der Name Kants verschwindet, bei Nietzsche wohl, weil er sich von selbst versteht.

---

[268] Vgl. zum Näheren Verf., Philosophieren als Vermeiden einer Lehre; Zittel, Der Dialog als philosophische Form bei Nietzsche, 88–91.

Die Bearbeitungen des Rests der Aufzeichnung sind eher stilistischer Art. Die stärkste Änderung ist von „~~diese unnütz{e gewordene}~~ ‚wahre Welt' ~~wird abgeschafft~~" in das „{schaffen wir sie ab, diese wahre Welt!}", der Übergang zum Handeln, zum Selbst-tätig-Werden, durch den die wahre Welt vom Subjekt zum Objekt wird. Die einschneidendste Änderung erfährt die Schluss-Coda. Nietzsche übernimmt sie zwar weitgehend aus der zweiten Niederschrift, setzt nun aber das „incipit philosophia" in der rechten unteren Ecke der Seite in Großbuchstaben, aus Platzgründen doppelt umbrochen:

[W 15d] INCIPIT / PHILO / SOPHIA

Nun beginnt, darf man annehmen, die eigentlich wahre Philosophie, um die er in den vorausgehenden Aufzeichnungen so lange gerungen hat, die Philosophie der perspektivistischen Phänomenal-Welten, die jedoch nicht genannt werden. Stattdessen streicht Nietzsche mit anderer Tinte, also in einem neuen Arbeitsgang, „~~PHILO~~" und ersetzt es durch „{Zarath}". Die neue Philosophie kommt nicht als auf langem Weg ausgesonnene theoretische Lehre der Phänomenal-Welten, die sich nach der Abschaffung der scheinbar wahren Welt auftun, sondern mit der Lehrdichtung, deren Form auch Inhalt ist, mit *Also sprach Zarathustra*. Zarathustra hätte durchaus auch das Fabel-Lied sprechen – oder singen können.

16. Auch nachdem Nietzsche die musikalische Form für die Erledigung des Problems der wahren Welt gefunden hat – oder eben deshalb –, beschäftigt es ihn im Arbeitsheft W II 5 weiter, bevor er sein Formkunstwerk in *Götzen-Dämmerung* zum Druck befördert. Er formuliert die vorbereitenden Gedanken nun in Gestalt einer kleinen Abhandlung – ohne alle Musikalität, an jeder Stelle aber auch argumentativ angreifbar **[W 16]**.[269] Sie hätte als Rekapitulation oder Kommentar dienen können. Nietzsche publiziert sie nicht.

17. Später entwickelt er eine weitere Variante, in der er nicht nur den Ausdruck „eine wahre Welt", sondern auch „~~die~~ {eine} unbekannte Welt" und „eine andere Welt" gebraucht – unbekannte, andere Welten könnten auf die eigene aufmerksam machen und helfen, sie kritisch zu beleuchten, während sie durch die scheinbar wahre vernebelt wird. Die tatsächlich unbekannte metaphysische „wahre Welt" bringt die Aufzeichnung auf die Formel „die Welt x"; sie heißt wiederum bei Kant schon so.[270] Als unbekannte „Welt x" könnte die „‚wahre Welt'" „langweiliger, unmenschlicher u. unwürdiger in jedem Sinne sein als diese

---

[269] N Frühjahr 1888, 14[153], KSA 13.336 f., KGW IX 8, W II 5, 56/57.
[270] Vgl. Verf., Das Zeichen X in der Philosophie der Moderne.

Welt." In jedem Fall entzieht sie „dieser Welt", in der wir tatsächlich leben, die nötige „Neugierde", „Ergebung" und „Sympathie u Achtung":

> [W 17] In summa: wir sind auf eine dreifache Weise revoltirt: wir haben ein x zur Kritik der „bekannten Welt" gemacht.[271]

18. In einer weiteren Aufzeichnung betont Nietzsche, dass ihm daran liege, die „Consequenz" seiner Überlegungen aufzuzeigen, verweist wieder auf die perspektivistische Phänomenal-Welt und zählt nochmals ihre Hauptpunkte auf mit dem Ergebnis:

> [W 18] Die Realität besteht exakt in dieser Partikulär-Aktion u Reaktion jedes Einzelnen gegen das Ganze …
> Es bleibt kein Schatten von Recht mehr übrig, hier von Schein zu reden …[272]

19. In einer im Heft W II 5 unmittelbar folgenden Aufzeichnung bringt er die neue, den Gegensatz von wahrer und scheinbarer Welt überwindende Erkenntnislehre auf die durch Leerzeilen abgesetzte und unterstrichene Formel:

> [W 19] Der Perspektivismus ist nur eine complexe Form der Spezifität [273]

20. In *Ecce homo* schließlich, das er im Anschluss an seinen „Fluch auf das Christenthum", *Der Antichrist*, verfasst, gibt er der zugleich ernsten und heiteren musikalischen Geschichte des Irrtums von der wahren Welt einen schrill polemischen Nachklang:

> Man hat die Realität in dem Grade um ihren Werth, ihren Sinn, ihre Wahrhaftigkeit gebracht, als man eine ideale Welt e r l o g … Die „wahre Welt" und die „scheinbare Welt" – auf deutsch: die e r l o g n e Welt und die Realität… Die L ü g e des Ideals war bisher der Fluch über der Realität, die Menschheit selbst ist durch sie bis in ihre untersten Instinkte hinein verlogen und falsch geworden – bis zur Anbetung der u m g e k e h r t e n Werthe, als die sind, mit denen ihr erst das Gedeihen, die Zukunft, das hohe R e c h t auf Zukunft verbürgt wäre. (EH, Vorwort 2)

Fassen wir zusammen: In „Wie die ‚wahre Welt' endlich zur Fabel wurde" sprengt Nietzsche um der literarisch-musikalischen Form willen den argumentativen Rahmen ab, in dem sie entstand; der Weg über die Selbstaufhebung der Moral

---
271 N Frühjahr 1888, 14[168], KSA 13.350–355, KGW IX 8, W II 5, 38/39 + 36/37.
272 N Frühjahr 1888, 14[183]-[184], KSA 13.370f., KGW IX 8, W II 5, 22.
273 N Frühjahr 1888, 14[186], KSA 13.373f., KGW IX 8, W II 5, 20.

entfällt, der Generalschlüssel Wille zur Macht wird nicht mehr verwendet. Vernunft- und Moral-Kritik sind in die benachbarten Kapitel ausgelagert, die Wert- und Umwertungsproblematik, die Nietzsches Denken 1888 beherrscht, erscheint nun in Gestalt der tatsächlichen schrittweisen Entwertung und letztendlichen Abschaffung der „wahren Welt". Sie zeigt sich in der kompakten Klangform, die Nietzsche dann ihrerseits reich, heiter und schließlich ausgelassen ausgestaltet. Sie kann, aber muss nicht weiter ausgelegt werden. Ihr großer Registerklang sagt genug.

Mit seiner grandiosen Schluss-Coda „INCIPIT ZARATHUSTRA" erzeugt Nietzsche jedoch hohe Erwartungen. Aber welche Erwartungen genau? Worauf will Nietzsche hinaus? Soll einfach *Also sprach Zarathustra*, das er in *Ecce homo* zum Hauptwerk erklärt, wieder gelesen werden? Wenn ja, *wie* sollte es nun gelesen werden? Inwiefern liest sich *Also sprach Zarathustra* anders, wenn „die wahre Welt abgeschafft" ist? Oder leitet die musikalische Form von „Wie die ‚wahre Welt' endlich zur Fabel wurde" dazu an, auch *Also sprach Zarathustra*, so wie Nietzsche es sich wünschte, als Musik zu hören? Als das Lied der fröhlichen Wissenschaft? Was würde das philosophisch ändern? Man käme wohl weg von den Lehren, die Nietzsche seinen Zarathustra so reichlich anbieten, mit deren Mitteilung er ihn aber auch scheitern lässt, weg jedenfalls vom Glauben, sie wären Lehren „für Alle" gleichermaßen. Besänne man sich so auf die „Musik des Lebens", könnte man sich wiederum fragen, ob und wie diese dann philosophisch-begrifflich gefasst werden kann. Das auf *Also sprach Zarathustra* folgende Aphorismenwerk, das laut Nietzsche zu dessen Erläuterung gedacht war, *Jenseits von Gut und Böse* und das V. Buch der *Fröhlichen Wissenschaft*, umreißt dazu das Rahmenwerk: Man müsse „die Unwahrheit als Lebensbedingung zugestehn" (JGB 4), sich auf die „Perspektiven-Optik" des Lebens einlassen (JGB 11), beim Philosophieren auf „Prinzipien-Sparsamkeit" achten (JGB 13), Moral als „Lehre von den Herrschafts-Verhältnissen" verstehen, „unter denen das Phänomen ‚Leben' entsteht" (JGB 19), den Weg der „Psychologie" „zu den Grundproblemen" gehen (JGB 23), auf saubere „Philologie" achten (JGB 47), auf die „Gesammt-Entwicklung des Menschen" blicken (JGB 61), ständig die „Rangordnung und Rangkluft zwischen Mensch und Mensch" vor Augen haben (JGB 62), dürfe der reinen „Vernunft" aber nur bedingt vertrauen (JGB 191). Im V. Buch der *Fröhlichen Wissenschaft* bekräftigt Nietzsche den „Phänomenalismus und Perspektivismus" (FW 354) und mahnt ausdrücklich, die „Musik des Lebens" wieder hören zu lernen (FW 372). Dabei habe man damit zu rechnen, dass „die Welt u n e n d l i c h e I n t e r p r e t a t i o n e n i n s i c h s c h l i e ß t" (FW 374), wodurch die „V e r s t ä n d l i c h k e i t", jedenfalls die Verständlichkeit für alle gleichermaßen, also die Lehrbarkeit der Philosophie erschwert wird (FW 381); stattdessen bedarf es einer „g r o s s e n G e s u n d h e i t" (FW 382), um sich in die Umwertung aller Werte hineindenken zu können, die mit

„Wie die ‚wahre Welt' endlich zur Fabel wurde" vollzogen wird. All das ist subtil auch in die Komposition der „Geschichte eines Irrthums" eingegangen. Aber wie könnte man das sehen und hören ohne die vorausgehenden Überlegungen in Nietzsches Aufzeichnungen, die er wie eine Gussform davon abgesprengt hat?

III Themenkomplex Lehren: Neben dem Pathos der *Zarathustra*-Dichtung treten Aufzeichnungen zurück, bieten aber alternative Konzepte

1 Problem der Lehrbarkeit von Gedanken

1.1 Nietzsches Erfindung seiner Form der Lehrdichtung

Lehren heißt Gedanken mitteilen, die alle gleich verstehen sollen: Beim Lehren will man Spielräume des Verstehens und Missverstehens so weit wie möglich ausschließen (Kap. II 1). Etwas Lehrbares ist griechisch ein *máthaema*, wovon ‚Mathematik' stammt, und Mathematik ist das Modell und der Maßstab allgemeiner Lehrbarkeit geblieben. Mathematiker*innen schließen Spielräume des Verstehens und Missverstehens aus, indem sie eigene Zeichen erfinden und deren Gebrauch streng regulieren. Damit heben sie ihre Lehren von gegebenen natürlichen und menschlichen Realitäten ab. Dadurch wird aber auch die ganze Fülle an Nuancen im Verständnis der Natur und der Menschen zurückgelassen. Die Komplexität der Naturzusammenhänge und menschlichen Belange kommt nur so weit in Sicht, wie für sie mathematische Instrumente entwickelt werden, mit denen sie erfasst werden können. Das kann und konnte auch zu Nietzsches Zeit schon sehr weit reichen. Nietzsche hat jedoch am Beispiel der Musik darauf aufmerksam gemacht, wie wenig „von ihr gezählt, berechnet, in Formeln gebracht" und dadurch verstanden werden kann (FW 373). Insbesondere *Also sprach Zarathustra* aber sollte auch Musik sein (Kap. II 3.1).

Nietzsche *wollte* sich mitteilen, seine Gedanken verbreiten und verständlich machen. Sein Mitteilungsbedürfnis hinderte ihn jedoch nicht, die Grenzen der Lehrbarkeit seiner Gedanken zu sehen, Grenzen nicht nur in deren Komplexität und Nuanciertheit, sondern auch in ihren thematischen Herausforderungen, auf die die wenigsten Leser*innen vorbereitet waren. Er konnte und wollte, wie das vorausgehende Kapitel deutlich gemacht haben mag, kein irgendwie ‚allgemeines' Verständnis mehr voraussetzen. Es war Teil seiner Philosophie, über die Aufklärung religiöser, metaphysischer, moralischer und politischer Vorurteile hinaus realistisch auf Unterschiede in den Denkweisen und Denkkapazitäten der Einzelnen aufmerksam zu machen und dazu das Denken in seinen Formen und Inhalten nicht mehr als bei allen gleiches, reines, d.h. von leiblichen Bedingungen abgehobenes und damit auch das Wissen nicht mehr als schlechthin lehrbares vorauszusetzen. Er entzog der idealisierenden Gleichsetzung aller Menschen den Boden, die eben auf das Denken als auszeichnendes Wesensmerkmal ‚des' Menschen gegründet und an der über die Gleichheit vor dem Recht hinaus die Forderung nach Gleichheit auch in Politik und Moral festgemacht wurde (was bis ins 19. Jahrhundert hinein die Versklavung von Menschen auch in aufgeklärten Gesellschaften nicht verhinderte). Stattdessen ging er, gegen Rousseau, der hier tonangebend wurde, von den Ungleichheiten unter den Menschen und den daraus resultierenden zwischenmenschlichen Über- und Unterlegenheiten in den verschiedensten Hinsichten aus. Während der Arbeit an *Also sprach Zarathustra* legte er sich eigens ein Register zur „Ungleichheit der Menschen" in zehn Punkten an.[274]

Ohne die Vorgabe einer bei allen gleichen Vernunft treten die „Rangordnungen" unter den Menschen, die ihren alltäglichen Umgang miteinander auch unter demokratischen Verhältnissen durchziehen, „abseits von allen bestehenden Gesellschaftsordnungen"[275] um so deutlicher hervor. Die alltäglichen Rangordnungen sind Rangordnungen in den Wertschätzungen, die Individuen füreinander hegen und nach denen sie sich aneinander orientieren.[276] Sie beeinflussen das Denken auch noch in den Wissenschaften, in denen sie in Gestalt von Reputation und Autorität wichtige Orientierungsfaktoren sind.[277] Lehren im Sinn einer unverzerrten Verbreitung von Gedanken ist auch hier nur unter besonderen Bedingungen möglich, die unter Menschen mit unterschiedlichen Anlagen, Bildungsgeschichten und Sympathien füreinander erst eigens geschaffen werden müssen, nicht nur durch disziplinierte Zeichen- und Begriffssysteme, sondern auch durch ritualisierte Diskurskulturen in möglichst reizlosen Räumen. Erst so, auf dem Weg der Entsinnlichung, wenn man will der Entmusizierung der zwischenmenschlichen Kommunikation, wird die Konzentration auf Theorien möglich. Nietzsche dagegen lässt in *Also sprach Zarathustra* seinen Protagonisten sich ganz in der freien Natur bewegen, nicht in einem Haus, sondern in einer Höhle wohnen, über Berge und Meere ziehen, mit Menschen deutlich unterschiedlichen geistigen Rangs zusammenkommen und umgibt ihn mit klugen Tieren. Er entzieht ihn bewusst dem abgehobenen Theoretisieren.

Damit geht er über die Form des Aphorismenbuchs hinaus, das bereits vielfältige Spielräume des Verstehens offenhält. Als die fünf Aphorismenbücher, die er inzwischen veröffentlicht hat, *Menschliches, Allzumenschliches* in drei zunächst

---

274 N Sommer – Herbst 1884, 26[243], KSA 11.212–214 (Kap. III 3.5.3.).
275 Vgl. N Sommer 1886 – Herbst 1887, 5[71]14, KSA 12.217, KGW IX 3, N VII 3, 23 (Lenzerheide-Aufzeichnung).
276 Vgl. Alberts, Nietzsches Problem der Rangordnung.
277 Vgl. Verf., Orientierung im Nihilismus – Luhmann meets Nietzsche, 348–375.

getrennten Bänden, *Morgenröthe* und *Die fröhliche Wissenschaft*, sich gerade deshalb als schwer verständlich erweisen und im Verkauf und in der Kritik kaum Erfolge zeitigen, findet Nietzsche in *Also sprach Zarathustra*, um sich mitzuteilen, die Form des Verkündens von Lehren durch einen allen andern geistig hoch überlegenen Protagonisten. Er zeigt mit ihr zugleich die Grenzen der Lehrbarkeit philosophischer Gedanken, indem er seinen Protagonisten in einer fortlaufenden Handlung Schritt für Schritt mit seinen Lehren scheitern lässt. So entsteht die episch-dramatische Lehrdichtung.[278] Nietzsche hat dazu keine besonderen Überlegungen angestellt oder gar eine Theorie entwickelt und auch keinen Gesamtplan zu *Also sprach Zarathustra* entworfen. Im Vorfeld notiert er in seinen Aufzeichnungen nur eine knappe „Lehre vom Stil" für Lou von Salomé, mit der er im Sommer 1882 während ihrer Tautenburger Spaziergänge endlich auf Augenhöhe philosophieren kann. Deren letzte Sätze lauten:

> 8.
> Je abstrakter die Wahrheit ist, die man lehren will, um so mehr muß man erst die Sinne zu ihr verführen.
>
> 9.
> Der Takt des guten Prosaikers in der Wahl seiner Mittel besteht darin, dicht an die Poesie heranzutreten, aber niemals zu ihr überzutreten.
>
> 10.
> Es ist nicht artig und klug, seinem Leser die leichteren Einwände vorwegzunehmen. Es ist sehr artig und sehr klug, seinem Leser zu überlassen, die letzte Quintessenz unsrer Weisheit selber auszusprechen.[279]

Nietzsche mag sie nicht eigens für *Also sprach Zarathustra* formuliert haben, doch er folgt ihnen dort. Er sucht nun den Übergang zu einer Poesie, die Gedanken erlebbar macht und ihnen sinnliche Gestalt in der unmittelbaren Begegnung von Menschen gibt; die Gedanken sollen im weitesten Sinn in Leiblichkeit eingebettet werden, die sich in sprachlichen Gebärden, unterminologischer Wortwahl, rhythmischer Phrasierung und melodischer Intonierung ausdrückt. Er will für seine Lehrdichtung einen „Gesammt-Ton" erzeugen, der für sich spricht, um dann zur „philologischen Arbeit" des Verstehens anzuregen. Das setzt freilich wiederum adäquate Geister, einen hohen Rang in den Verständnisfähigkeiten voraus. In

---

[278] Es war Erwin Rohde, der zuerst von der „Gestalt eines lehrhaften Gedichts" sprach, in einem Brief an Nietzsche vom 22. Dezember 1883 (KGB III 2, 412).
[279] N Juli – August 1882, 1[109], KSA 10.38 f. Vgl. die Vorstufe 1[45], KSA 10.22 f. Die Abschrift für Lou Salomé unter dem Titel „Zur Lehre vom Stil" in 10 Geboten unterzeichnet Nietzsche „F.N. / Einen guten Morgen, / meine liebe Lou!".

einer Aufzeichnung nach dem Abschluss von *Also sprach Zarathustra* hält Nietzsche fest:

> Ich möchte wissen, ob dies Buch von Jemandem verstanden ist: seine Hintergründe gehören zu meinem persönlichsten Eigenthum. Z<arathustra> hat {die Werthschätzungen} ein paar Jahrtausende gegen sich; ich glaube absolut nicht daran, daß Jemand heute im Stande ist, seinen Gesammt-Ton klingen zu hören: auch setzt er {sein Verstehen} eine solche philologische u. mehr als philologische Arbeit voraus, wie sie heute Niemand ~~sich geben kann~~ daran setzen wird, aus Mangel an Zeit.[280]

Nietzsches Übergang von der prosaischen zur poetischen Gestaltung seines Philosophierens führt in *Also sprach Zarathustra* zu einer sehr vielfältigen, Episches, Dramatisches, Dialogisches und Lyrisches vereinigenden dichterischen Form.[281] Zunächst scheint er an die Mischform der Erzählung einer Tragödie gedacht zu haben; so, unter der Überschrift „Incipit tragoedia", kündigt er das Werk jedenfalls am Ende des IV. Buchs der *Fröhlichen Wissenschaft* (FW 342) an (Kap. II 3.1). Eine Tragödie lässt den Tod des Protagonisten oder ihm Nahestehender erwarten, der in Nietzsches Dichtung dann jedoch nicht eintritt. So überwiegt das Erzählerische; es sind aber vor allem, neben allerlei oft auch märchenhaften Ereignissen und neben Dialogen und Liedern, „Reden Zarathustra's", die erzählt werden und die ihrerseits weithin Sprüche versammeln. Man hat viel darüber gestritten, wie weit diese Form ästhetisch gelungen ist.[282] Die Frage kann hier, wo es um das Gewicht von Nietzsches nachgelassenen Aufzeichnungen für sein Philosophieren geht, offen bleiben.

Das Rückgrat der Erzählung ist die Figur eines halb historischen, halb mythischen Propheten, betont männlich und alle anderen an Weisheit überragend.

---

[280] N Juni – Juli 1885, 38[15], KSA 11.615, KGW IX 12, Mp XVI 48r.
[281] Dazu noch immer lesenswert Bennholdt-Thomsen, Nietzsches *Also sprach Zarathustra* als literarisches Phänomen. Bennholdt-Thomsen fokussiert bereits auf die „Kommunikation" Zarathustras und die Geschicke mit seinem Lehren, für die Nietzsche eine ganz eigene literarische Form geschaffen habe (219f.). Sie bleibt möglichst nah am Text. Zugleich behindert ihr Interesse an starken Interpretationen immer wieder die unverstellte Lektüre. Ihre Hauptthese, die sie von Heidegger übernimmt, ist, Zarathustra müsse erst lernen, den Wiederkunftgedanken zu denken und dann auch auszusprechen, dass er ein „*werdender* Lehrer der Wiederkunft" sei (199). Zarathustra spricht den Wiederkunftgedanken aber nicht selbst aus. Das tun seine Tiere, und *sie* erklären ihn zum Lehrer der ewigen Wiederkunft.
[282] Vgl. den Überblickskommentar zu Za von Katharina Grätz, Abschnitt 8: Rezeption und Wirkung, in: Grätz, NK 4. Der Kommentar kam mir erst im Lauf der Arbeit an dieser Studie zur Kenntnis. Er wird erst nach dieser Studie erscheinen. Zitiert wird vorläufig nach Kapitelüberschriften oder mit dem Hinweis auf den Stellenkommentar. Für den Austausch mit Katharina Grätz, der derzeit besten Kennerin der Zarathustra-Forschung, bin ich sehr dankbar.

Nietzsche lässt ihn noch vor der Zeit der frühgriechischen Philosophen durch karges Hochgebirge zwischen Meeren wandern und jede Gelegenheit wahrnehmen, seine Gedanken mitzuteilen oder, in seiner Sprache, etwas von der Überfülle seiner Weisheit an andere abzugeben. Nietzsches Zarathustra wird meist ehrfürchtig angehört, begnügt sich aber nicht damit, seine Autorität zu genießen, sondern wandert unentwegt weiter, um auch in seinem Denken weiterzukommen, und er kommt so weit, dass er mit seiner philosophischen Neugier am Ende allein bleibt und auf das „Zeichen" wartet, das nur noch für ihn bestimmt ist. Nietzsche gibt nicht einfach seine Lehren wieder, sondern erzählt die Geschicke mit seinen Lehren, die in der Hauptsache nicht verstanden werden: die Lehre vom Übermenschen, die Zarathustra unvermittelt auf dem Markt vorträgt („Ich lehre euch den Übermenschen"), wo man statt Reden zu hören, lieber einen Seiltänzer sehen will, nicht vom dort herumstehenden „Volk" („Vorrede" zum I. Teil); die Lehre vom Willen zur Macht nicht von Zarathustras „Jüngern", die sich ihm angeschlossen haben, da sie nur lernen wollen, aber kaum eigenen Willen zu selbständigem Denken zeigen (II. Teil); die Lehre von der ewigen Wiederkunft nicht von seinen klugen Tieren, dem Adler und der Schlange, die er schließlich allein noch um sich duldet, als sie aus seinem „schwersten Gedanken" gleich wieder ein metaphysisches „Leier-Lied" für alle machen (III. Teil); und selbst die „höheren Menschen", die doch zu „Herren der Erde" bestimmt wären, suchen in Zarathustra nur wieder eine neue Autorität, die sie anbeten und deren Lehren sie fraglos übernehmen können (IV. Teil). So notiert Nietzsche im Rückblick zunächst auf die ersten drei Teile: „Für Vieles von mir Gedachte fand ich keinen reif; und Zarathustra ist ein Beweis daß Einer mit der größten Deutlichkeit reden kann, aber von Niemandem gehört wird."[283]

Der Untertitel „Ein Buch für Alle und Keinen" kündigt das für die Leser*innen schon an: Alle können die Lehrdichtung lesen, aber keine*r sollte sich sicher sein, sie auch zu verstehen.[284] Sicherlich wird man in Zarathustras Lehren sofort Nietzsches eigene erkennen, die stark in seiner Zeit verwurzelt sind. Doch wie einst Platon mit der Einführung seines Protagonisten Sokrates in seine Dialoge schafft Nietzsche sich mit *Also sprach Zarathustra* Distanz zu seinen eigenen Lehren und damit zum Lehren überhaupt.[285] Mag man auch Mühe haben, Nietz-

---

283 N Sommer – Herbst 1884, 26[243], KSA 11.212.
284 Zu den Merkwürdigkeiten von Haupttitel und Untertitel vgl. Zittel, Wer also erzählt Nietzsches *Zarathustra?*, 335 f.
285 Vgl. Verf., Philosophieren als Vermeiden einer Lehre. Nach Grätz, Zarathustra als fiktive Figur, 366, „bringt die Bindung der philosophischen Aussagen an die fiktive Figur [Zarathustra] zwiespältige Effekte hervor: Einerseits unterminiert der fiktionale Status der Aussagen deren

sche und Zarathustra, den er in Briefen gerne seinen „Sohn" nennt, hinreichend zu unterscheiden,[286] muss man sich doch hüten, sie zu verwechseln, wogegen Nietzsche sich auch ausdrücklich, besonders gegenüber seiner Schwester, verwahrt hat.[287] Mit der Form der Lehrdichtung kann Nietzsche jeden Anspruch auf lehrbare Wahrheiten zurücknehmen; stattdessen lässt er Zarathustra zwei Mal sagen, die Dichter lögen zuviel und auch er selbst sei ein Dichter (Za II, Auf den glückseligen Inseln, Von den Dichtern). So sehen sich die Leser*innen unmissverständlich in einen „Spielraum und Tummelplatz des Missverständnisses" versetzt, in dem sie sich selbst orientieren müssen, ohne sich für „gute Freunde" des Autors halten zu dürfen (JGB 27, Kap. II 1). Mit mathematikanaloger Lehrbarkeit dürfen sie in einer solchen Lehrdichtung nicht rechnen.

Mit der Form der Lehrdichtung weicht Nietzsche also nicht nur dem System (Kap. I 7), sondern, auch wenn darin laufend von „Lehren" die Rede ist, der allgemeingültigen Lehre überhaupt aus – und er führt das eigens vor. Stattdessen kann er mit der neuen Form kunstvoll Spielräume des Verstehens und Missverstehens gestalten, bei denen es weniger auf argumentative Konsistenz als auf die Überzeugungskraft des Stils ankommt. Und den Stil, den Nietzsche in *Also sprach Zarathustra* entwickelt, kannte die Philosophie, auch Nietzsches eigene, bis dahin nicht: Sie hat wohl, wenn sie in höchsten Verallgemeinerungen von der Welt und dem Leben im Ganzen handelte, gerne erhaben geredet. *Also sprach Zarathustra* aber nimmt zudem das Pathos der biblischen Propheten und der griechischen Tragödiendichter auf, die sich alle Gott bzw. den Göttern nahe wussten, wenn sie von den dunkelsten Abgründen sprachen, in die die Menschen zu sehen und die sie zu bestehen hätten. Der alles Pathos bisheriger philosophischer Schriften übersteigernde Stil[288] scheint Nietzsche selbst nicht nur beim Schreiben, sondern auch beim Wiederlesen stark ergriffen zu haben, wie zahlreiche Zeugnisse belegen:

> Jetzt, wo ich es kennen lerne – denn bei seiner Entstehung fehlte mir dazu die Zeit, und inzwischen war ich krank – erschüttert es mich durch und durch und ich bin nach jeder Seite in Thränen.[289]

> Wer nämlich gerade bei den Heiterkeiten Zarathustra's nicht Thränen vergießen muß, der gilt mir als noch ganz fern von meiner Welt, von mir.[290]

Verbindlichkeit, andererseits erhöht er die Glaubwürdigkeit, weil das Leben und Wirken der Figur Authentizität vermittelt."
286 Vgl. Villwock, Zarathustra. Anfang und Ende einer Werk-Gestalt.
287 Brief an Elisabeth Nietzsche aus Venedig vom 7. Mai 1885, Nr. 600, KSB 7.48.
288 Vgl. Müller, Das Pathos Zarathustras.
289 Brief an Karl Hillebrand aus Rom vom 24. Mai 1883, Nr. 420, KSB 6.380.
290 Brief an Franz Overbeck aus Sils-Maria, 14. September 1884, KSB 6.531.

> Was zum Beispiel meinen „Zarathustra" anbetrifft, so lasse ich Niemanden als dessen Kenner gelten, den nicht jedes seiner Worte irgendwann einmal tief verwundet und irgendwann einmal tief entzückt hat: erst dann nämlich darf er des Vorrechts geniessen, an dem halkyonischen Element, aus dem jenes Werk geboren ist, an seiner sonnigen Helle, Ferne, Weite und Gewissheit ehrfürchtig Antheil zu haben. (GM, Vorrede 8)

> An diesem Werk muß Einem jedes Wort einmal wehgethan u. verwundet, u wieder einmal tief entzückt haben: – was man nicht so verstanden hat, hat man gar nicht verstanden.[291]

> – ich las es [Za IV] dieser Tage und bin fast umgekommen vor Bewegung.[292]

> Wenn ich einen Blick in meinen Zarathustra geworfen habe, gehe ich eine halbe Stunde im Zimmer auf und ab, unfähig, über einen unerträglichen Krampf von Schluchzen Herr zu werden. (EH, Warum ich so klug bin, 4)

> Sechs Sätze jenes Buches zu verstehen und erlebt zu haben – das scheint mir Jeden bereits in eine höhere, fremdere Ordnung des Sterblichen zu heben.[293]

Wenn der Stil von *Also sprach Zarathustra* zeigen sollte, dass Nietzsche seine Gedanken „nicht nur glaubt, und sie nicht nur denkt, sondern empfindet",[294] so fand er da eine Form der Verkündung, die die Hörer- oder Leser*innen nicht mehr in eine argumentative Auseinandersetzung hineinziehen, sondern durch Pathos faszinieren sollte. Heute ist den meisten ein derartiger Verkündigungsstil fremd geworden. Viele stößt er ab, und selbst erfahrene Nietzsche-Leser*innen brauchen gründliche hermeneutische Vorüberlegungen, um sich auf ihn einzulassen und ihn über längere Zeit auszuhalten. Doch er wirkte durchaus, vor allem in der ersten Hälfte des 20. Jahrhunderts, und brachte Nietzsche mehr noch als die Kompilation *Der Wille zur Macht* einem breiten Publikum nahe, wie immer es die Lehrdichtung auch verstand.[295]

Nietzsche scheint mit dem Verkündungsstil eines Tages einfach angefangen zu haben. Ende Januar 1883 schreibt er, wie er später berichtet (EH, Za 1), in einer Zeit unruhiger Nächte in einem billigen Albergo am rauschenden Meer vor Rapallo, aber auch langer Spaziergänge mit herrlichen Ausblicken auf die Bucht, in zehn Tagen *Also sprach Zarathustra. Ein Buch für Alle und Keinen* nieder und die

---

291 N Sommer 1887, 8[8], KSA 12.338, KGW IX 13, Mp XVII 112v.
292 Brief an Heinrich Köselitz aus Turin, 9. Dezember 1888, Nr. 1181, KSB 8.514.
293 Brief an Franz Overbeck aus Sils-Maria kurz nach dem 20. Juli 1888 (Entwurf), Nr. 1067, KSB 8.363. Vgl. N Frühjahr – Sommer 1888, 16[81], KSA 13.514, KGW IX 9, W II 7, 69.
294 „Zur Lehre vom Stil", Nr. 7, N Juli – August 1882, 1[109], KSA 10.39.
295 Vgl. Grätz, NK 4, Überblickskommentar, Abschnitt 8: Rezeption und Wirkung.

folgenden Teile in ähnlich kurzer Zeit.²⁹⁶ In seiner Darstellung erlebte er die Niederschrift so, dass er in höchster Erregung wie von einer „Inspiration" überfallen wurde (EH, Za 3), die zu seiner aufgeklärten Zeit kaum noch denkbar war, und staunte selbst, was da auf einmal entstand. An seine Freunde berichtet er über die Entstehung seines neuen und, wie er meint, besten Buchs jedoch ganz unaufgeregt.²⁹⁷ Und ganz so spontan entstand die Lehrdichtung auch nicht. Thematisch war ihm der Gedanke der ewigen Wiederkunft des Gleichen, den er zum Leitgedanken des Werkes macht, bereits im August 1881 in einem ähnlichen Inspirationserlebnis vor dem pyramidalen Block am Silvaplaner See im Engadin aufgegangen (EH, Za 1), dem seinerseits weitere Eingebungen vorausgingen (Kap. III 3.4). Schriftstellerisch hatte er ihn als „grösstes Schwergewicht" auf dem Leben des Einzelnen am Ende des damals noch letzten Buchs der *Fröhlichen Wissenschaft* vorbereitet, die im August 1882 erschienen war (FW 341), und auch die Zarathustra-Figur hatte ihm damals schon vorgeschwebt.²⁹⁸ Dennoch überstürzte sich die Abfassung des Ganzen. Der später „Erster Teil" genannte Band, der die *Vorrede* und *Die Reden Zarathustra's* enthält, kam Ende August 1883 ohne den Hinweis heraus, dass weitere folgen würden; aber der II. Teil war da bereits im Satz, und Nietzsche begann schon den III. Teil zu konzipieren; verlegerisch zusammengefügt wurden die Teile erst im Nachhinein, im Jahr 1886, ohne dass Nietzsche noch Änderungen vorgenommen hätte.²⁹⁹ So wird auch aus diesem Werk ein *work in progress* mit alternativen Möglichkeiten der Fortsetzung sowohl in der Dramaturgie als auch in den Deutungen der Lehren. Dies lassen wiederum die Aufzeichnungen erkennen.

Im emphatischen Aufschwung des Verkündungsstils treten die Aufzeichnungen jedoch zurück: Nietzsche verfasst auch sie weitgehend schon im Verkündigungsstil, so dass sie zu bloßen Vorstufen werden; das Werk fließt ihm großenteils als pathetisch-erhabene Dichtung zu. Dennoch lässt sich immer

---

296 Vgl. Müller-Buck, Eine „ungeheure Synthesis", die noch „in keines Menschen Kopf und Seele gewesen ist". Nietzsche pflegt solche Zeitangaben stark abzurunden; sie sind darum mit Vorsicht zu behandeln.

297 Vgl. die Briefe aus Rapallo an Heinrich Köselitz und Franz Overbeck vom 1. Februar 1883, Nr. 370 und Nr. 372, KSB 6.321 und 324. Gegenüber seiner mütterlichen Freundin Malwida von Meysenbug (Nr. 371), die ihm jemandem zum Diktat vermitteln will, macht er nur eine Andeutung: Er habe „gerade etwas zu diktieren und druckfertig zu machen". Er wollte aus seinem „Zarathustra-Unternehmen" erst einmal „eine Sache des Schweigens" machen (Brief aus Rapallo an Heinrich Köselitz vom 22. Februar 1883, Nr. 383, KSB 6.336).

298 Vgl. Grätz, NK 4, Überblickskommentar, Abschnitt 2: Historischer Zarathustra, Zoroastrismus und die Frage nach N.s Quellen.

299 Vgl. Montinari, Kommentar, KSA 14.279–283, und Grätz, NK 4, Überblickskommentar, Abschnitt 1: Entstehungs-, Text- und Editionsgeschichte.

wieder verfolgen, wie sich Nietzsche den charakteristischen Zarathustra-Stil schrittweise erarbeitet.[300] Aufschlussreich ist die „Parallellektüre" von Nachlass und Werk[301] in jedem Fall, was die Dramaturgie, die Planung der Handlung und damit auch die Zuordnung der berühmten Lehren zueinander betrifft. Die Letzteren hat Nietzsche in der Dichtung dadurch hervorgehoben, dass er sie groß inszenierte: in „Zarathustra's Vorrede" den spektakulär scheiternden Auftritt Zarathustras auf dem Markt mit seiner Rede vom Übermenschen an das Volk, im II. Teil die (weniger spektakuläre) Rede an die nicht näher gekennzeichneten „Weisesten", die sich mit ihren Lehren dem geistlosen „Volk" anbiedern (Za II, Von den berühmten Weisen), über das „Geheimniss" des „Lebens", das das Leben selber Zarathustra enthüllt hat, nämlich „Wille zur Macht" zu sein (Za II, Von der Selbst-Ueberwindung), im III. Teil die dramatische Geschichte vom schweren Ringen Zarathustras mit seinem Gedanken von der ewigen Wiederkehr des Gleichen, dem seine Tiere wie einem Schauspiel zusehen, um dann aus dem Gedanken gleich wieder eine marktgängige Lehre für alle zu machen. Im IV. Teil schließlich folgt die größte Inszenierung in *Also sprach Zarathustra* überhaupt, die des „Eselsfestes", bei dem die „höheren Menschen", die zu „Herren der Erde" ausersehen wären, ihre Verständnislosigkeit offenbaren. Wie diese Lehren miteinander und mit den übrigen Lehren zusammenhängen, die Zarathustra in seinen Reden vorträgt, wird weder in der Dichtung noch in den Aufzeichnungen angegeben; Nietzsche reflektiert erst später in seiner Lenzerheide-Aufzeichnung darauf (Kap. IV). Gleichwohl hat er manche Zusammenhänge für sich in seinen Aufzeichnungen festgehalten, ohne dass er ihnen darum in der Gestaltung der Lehrdichtung auch entschieden gefolgt wäre. Doch er entwirft in seinen Aufzeichnungen neben Plänen, denen er folgt, auch Alternativen, denen er nicht folgte und die den Sinn des Ganzen deutlich verändert hätten. Insofern kommt ihnen, da Nietzsche vieles sichtlich improvisiert, auch hier erhebliches Gewicht zu. Die einschlägigen Aufzeichnungen geben keinen ‚wahren' Sinn der ‚Lehren'

---

300 Die Aufzeichnungen aus der ‚Zarathustra-Zeit' sind nach Montinari weitgehend erhalten und lassen sich großenteils auch Stellen im Werk zuordnen, wie der umfangreiche Nachbericht zeigt, der nach Montinaris plötzlichem Tod von Marie-Luise Haase fertiggestellt wurde: Haase / Montinari, Nachbericht zum ersten Band der sechsten Abteilung: Also sprach Zarathustra, KGW VI/4. Der Band enthält über die in die Nachlass-Bände VII/1–3 der KGW bzw. 10 und 11 der KSA aufgenommenen hinaus zahlreiche weitere Aufzeichnungen aus der ‚Zarathustra-Zeit', die Katharina Grätz zumindest teilweise in ihrem Kommentar heranzieht. In einem nachgelassenen Vortragsmanuskript beschreibt Montinari die Erstellung der Edition und des Nachberichts am Beispiel des Kapitels „Auf den glückseligen Inseln" aus Za II: Montinari, Die spröde Art, Nietzsche zu lesen. Die Niederschrift von *Also sprach Zarathustra* am Beispiel des Kapitels „Auf den glückseligen Inseln.
301 Montinari, Kommentar, KSA 14.280.

an, den sich manche von ihnen erhoffen, liefern aber wiederum Anhaltspunkte für Nietzsches eigenen philosophischen Orientierungsprozess, den er nun mit der neuen schriftstellerischen Form der Lehrdichtung im Verkündungsstil vorantreibt, um dann mit *Jenseits von Gut und Böse* wieder zum Aphorismenbuch und dessen Möglichkeiten philosophischer Mitteilung zurückzukehren.

Ich gehe in diesem Kapitel so vor, dass ich zunächst die Aufzeichnungen während der Abfassung und zur Fortsetzung von *Also sprach Zarathustra* im Blick auf alternative Handlungskonzepte verfolge (Kap. III 2). Dann thematisiere ich Aufzeichnungen zu den herausgehobenen Lehren in *Also sprach Zarathustra*, die zu alternativen Deutungen geführt und dadurch ein besonderes Gewicht bekommen haben (Kap. III 3). Dazu gehören (3.1) die Differenzierungen des Nihilismus, (3.2) die Identifizierung des Übermenschen mit Personen, (3.3.) der Versuch einer Quantelung des Willens zur Macht und seine Deutung als „Differenz-Bewußtheit", (3.4) die kosmologische Deutung der ewigen Wiederkehr des Gleichen und ihre Ermäßigung zum Glaubenssatz und (3.5) die Spezifizierung der „Herren der Erde" zu Züchtern der Menschheit.

1.2 Summarischer Exkurs: Nietzsches „Probleme" jenseits von Zarathustras „Lehren"

Die berühmt gewordenen Themen aus *Also sprach Zarathustra* sind in der Nietzsche-Interpretation stets bevorzugt worden, und die Hauptfrage war lange, wie sie spekulativ gedeutet und systematisiert werden können. Das darf jedoch nicht darüber hinwegtäuschen, dass es sich hier nicht um die „Probleme" handelt, die Nietzsche selbst als die „seinen" benannt hat, manche in veröffentlichten Werken, manche in Aufzeichnungen. Chronologisch aufgelistet sind das vielmehr diese:
- Im (Rück-)Blick auf *Die Geburt der Tragödie* stellt Nietzsche das „Problem der Wissenschaft", die „unter der Optik des Künstlers zu sehen [sei], die Kunst aber unter der des Lebens" (GT, Versuch einer Selbstkritik 2).
- In *Menschliches, Allzumenschliches* (MA I, 23 – 25) wirft er das Problem der ökonomischen Gesamtverwaltung der Erde auf und im Blick darauf das Problem der Notwendigkeit einer neuen Sklaverei. Später notiert er knapp: „Die Erd-Regierung ist ein nahes Problem. Die radikale Frage ist: muß es Sklaverei geben?"[302] Hinzu kommt das „Problem der Züchtung, weil ein

---

302 N Frühjahr 1884, 25[225], KSA 11.72.

- Einzelner zu kurz lebt", um die großen Zeiträume der Entwicklung der Menschheit und der Zielsetzung für sie überschauen zu können.[303]
- Als sich die Schwerverständlichkeit seiner Schriften abzeichnete, erhebt sich für Nietzsche das „neue Problem: das Mittel der Mittheilung, und die ganze Frage der Wahrhaftigkeit".[304] Im V. Buch der *Fröhlichen Wissenschaft* widmet Nietzsche dem Problem ausführliche Aphorismen (Nr. 371 und 381).
- Im Blick auf die Frage der Wahrhaftigkeit schreibt Nietzsche zu Beginn von *Jenseits von Gut und Böse*: „Das Problem vom Werthe der Wahrheit trat vor uns hin, – oder waren wir's, die vor das Problem hin traten? Wer von uns ist hier Oedipus? Wer Sphinx? Es ist ein Stelldichein, wie es scheint, von Fragen und Fragezeichen. – Und sollte man's glauben, dass es uns schliesslich bedünken will, als sei das Problem noch nie bisher gestellt, – als sei es von uns zum ersten Male gesehn, in's Auge gefasst, gewagt? Denn es ist ein Wagnis dabei, und vielleicht giebt es kein grösseres." (JGB 1)
- Mit dem Problem vom Wert der Wahrheit ist für Nietzsche noch tiefer das Problem der Moral gestellt, die die Wahrheit zu ihrem obersten Wert gemacht hat: „So lang die Welt steht, war noch keine Autorität Willens, sich zum Gegenstand der Kritik nehmen zu lassen; und gar die Moral kritisiren, die Moral als Problem, als problematisch nehmen: wie? war das nicht – ist das nicht – unmoralisch?" (M, Vorrede 3) „Ersichtlich war bisher die Moral gar kein Problem; vielmehr Das gerade, worin man, nach allem Misstrauen, Zwiespalt, Widerspruch, mit einander überein kam, der geheiligte Ort des Friedens, wo die Denker auch von sich selbst ausruhten, aufathmeten, auflebten." (FW V 345)
- Die Selbstaufhebung der Moral vertieft wiederum das Problem des Nihilismus: „Ich habe eine Tortur bisher ausgestanden: alle die Gesetze, auf denen das Leben sich entwickelt, schienen mir im Gegensatz zu den Werthen zu stehen, um derentwillen Unsereins zu leben <u>aushält</u>. Es scheint das nicht der Zustand zu sein, an dem Viele <u>bewußt</u> leiden: trotzdem will ich die Zeichen zusammenstellen, aus denen ich annehme, daß es der <u>Grundcharakter</u>, das eigentlich <u>tragische Problem</u> unsrer modernen Welt und als geheime Noth Ursache oder Auslegung aller ihrer Nöthe ist. <u>Dies Problem ist in mir bewußt geworden.</u>"[305]
- Da die Fähigkeiten, solche Probleme anzugehen, sich deutlich unterscheiden, wird für Nietzsche das Problem der Rangordnung immer drängender, eben

---

303 N Sommer – Herbst 1884, 26[407]4, KSA 11.260.
304 N Sommer – Herbst 1884, 26[407]3, KSA 11.259.
305 N Ende 1886 – Frühjahr 1887, 7[8], KSA 12.291, KGW IX 13, Mp XVII 90r.

weil es im unaufhaltsamen Fortschreiten der Demokratisierung der Gesellschaft zu verschwinden scheint. Nietzsche macht es sich zur wichtigsten „Aufgabe", es wachzuhalten und mit ihm die Zukunft der Menschheit denkbar zu machen (MA I, Vorrede 6 u. 7). Er hält das Problem der Rangordnung für *das* Problem des tierischen und menschlichen Lebens überhaupt: „der Kampf des krankhaften verzweifelnden, sich an Jenseitiges klammernden Lebens mit dem gesünderen dümmeren verlogneren reicheren unzersetzteren Leben. Also nicht ‚Wahrheit' im Kampf mit Leben, sondern eine Art Leben mit einer anderen. – Aber es will die höhere Art sein! – Hier muß die Beweisführung einsetzen, daß eine Rangordnung noth thut, – daß das erste Problem das der Rangordnung der Arten Leben ist."[306]

Diese Probleme sehen und sich ihnen stellen zu können, setzt für Nietzsche wiederum „eine Rangordnung seelischer Zustände" voraus, „welcher die Rangordnung der Probleme gemäss ist; und die höchsten Probleme stossen ohne Gnade Jeden zurück, der ihnen zu nahen wagt, ohne durch Höhe und Macht seiner Geistigkeit zu ihrer Lösung vorherbestimmt zu sein." (JGB 213) Ein „Denker" kann „zu seinen Problemen persönlich steh[en], so dass er in ihnen sein Schicksal, seine Noth und auch sein bestes Glück hat, oder aber ‚unpersönlich': nämlich sie nur mit den Fühlhörnern des kalten neugierigen Gedankens an[] tasten und zu fassen versteh[en]. Im letzteren Falle kommt Nichts dabei heraus, so viel lässt sich versprechen: denn die grossen Probleme, gesetzt selbst, dass sie sich fassen lassen, lassen sich von Fröschen und Schwächlingen nicht h a l t e n" (FW 345).

Auch in *Also sprach Zarathustra* spielen diese Probleme eine mehr oder weniger deutliche Rolle. Hier ist jedoch nicht der Ort, ihren Zusammenhang mit den herausgehobenen Lehren in *Also sprach Zarathustra* zu klären. Diese Lehren scheint Nietzsche weniger selbst als Probleme denn als Lösungen für die genannten Probleme verstanden zu haben. Die Lehre vom „Übermenschen" bietet eine Lösung für das Problem der Höherentwicklung des Menschen an, die nach Nietzsche notwendig sein wird, wenn der Mensch mit einer „alle bisherigen Grade übersteigenden K e n n t n i s s d e r B e d i n g u n g e n d e r C u l t u r" Maßstäbe für „ökumenische Ziele" der ökonomischen Gesamtverwaltung der Erde setzen soll (MA I 25). Durch die Lehre oder, wie Nietzsche in *Jenseits von Gut und Böse* Nr. 36 korrigiert, die Hypothese eines alles Geschehen bestimmenden „Willens zur Macht" wird für ihn die physische, soziale und moralische Evolution des Menschen dorthin denkbar, und die Lehre von der „ewigen Wiederkunft" bricht die

---

306 N Ende 1886 – Frühjahr 1887, 7[42], KSA 12.309, KGW IX 13, Mp XVII, 90r.

metaphysische Ewigkeitsperspektive eines höchsten Allgemeinen in zeitliche Zyklen des Weltgeschehens herunter, die in Auseinandersetzungen individueller Willen zur Macht miteinander zustande kommen, indem immer wieder gleiche Konstellationen von stets Ungleichem entstehen. Während Nietzsche am Problem einer lebensnotwendigen Höherentwicklung der Menschheit und am Gedanken der Willen zur Macht bis zum Ende festhält, erwähnt er die Lehren vom Übermenschen und von der ewigen Wiederkehr des Gleichen nach *Also sprach Zarathustra* jedoch kaum mehr. Durchgehend virulent bleiben in seinen Schriften dagegen die Probleme der Wissenschaft, der Metaphysik, der Moral und der Rangordnung. Er stellt sie sich 1886/87 eigens noch einmal so zusammen:

> Das Problem der Wahrheit, Wahrhaftigkeit, Gewißheit.
> Das Problem des Guten
> Das Problem der Gerechtigkeit.
> Das Problem des Maaßes.
> Das Problem der Rangordnung.[307]

1888 summiert er sie in *Götzen-Dämmerung* zum „Problem vom W e r t h des Lebens überhaupt", das sich jedoch nicht unmittelbar stellen lasse:

> Man müsste eine Stellung a u s s e r h a l b des Lebens haben, und andrerseits es so gut kennen, wie Einer, wie Viele, wie Alle, die es gelebt haben, um das Problem vom W e r t h des Lebens überhaupt anrühren zu dürfen: Gründe genug, um zu begreifen, dass das Problem ein für uns unzugängliches Problem ist. (GD, Moral als Widernatur 5)

2 Aufzeichnungen während der Abfassung und zur Fortsetzung von *Also sprach Zarathustra*: Alternative Handlungskonzepte

Die Hauptmasse der Aufzeichnungen während der Abfassung und zur Fortsetzung von *Also sprach Zarathustra* besteht in Sprüchen und Spruchsammlungen, die Nietzsche mehr oder weniger variiert in den Text übernimmt.[308] Von besonderem Gewicht sind dagegen die Aufzeichnungen zu Werkdispositionen und Skizzen zum Verlauf der Handlung. In ihnen erwägt Nietzsche alternative

---

[307] N Ende 1886 – Frühjahr 1887, 7[50], KSA 12.31, KGW IX 13, Mp XVII, 94v.
[308] Vgl. den Nachbericht von Haase / Montinari zu *Also sprach Zarathustra* (KGW VI/4). Wertvolle weitere Hinweise zur Verwertung des Textmaterials finden sich im abschließenden Überblick von Marie-Luise Haase, Zur Überlieferung und Entstehung von *Also sprach Zarathustra* in demselben Band, 943–978.

Handlungskonzepte, die auch andere Lehrzusammenhänge ergeben hätten.[309] Um die Alternativen zuordnen und einschätzen zu können, müssen wir zunächst die Handlung des gedruckten Werkes vergegenwärtigen.[310] Dabei müssen wir mehreren Gesichtspunkten nachgehen: nicht nur dem Ablauf des Geschehens, den Nietzsche nicht von Anfang an als ganzen geplant hatte, sondern auch den wechselnden Kommunikations- und Lehrsituationen, Zarathustras Einstellungen auf sie und seinen Schlüssen aus den Erfahrungen mit ihnen. Was sich für seine Zuhörer*innen und seine Leser*innen als ein Lehrprozess darstellt, ist für ihn selbst ein Lernprozess. Beide müssen von vorschnellen dogmatisch-systematischen Deutungen freigehalten werden.

2.1 Die Handlung der Lehrdichtung

Die ereignis- und abwechslungsreichste, aber auch geheimnisvollste Handlung[311] spielt sich zu Beginn ab, den Nietzsche „Zarathustra's Vorreden" nennt:[312] Mit

---

309 Die Briefe, die Nietzsche in der Zeit der Abfassung von *Also sprach Zarathustra* schreibt, sind für dessen Verständnis wenig ergiebig. Sie zeugen jedoch von der Spannung, in der er damals lebt, nachdem er Lou von Salomé gefunden und wieder verloren hat. Vgl. dazu van Tongeren, Zarathustra in Nietzsches Briefen, 96–101. Nietzsche schreibt wohl an Franz Overbeck nach der Fertigstellung des III. Teils: „Nun habe ich zum ersten Male meinen Hauptgedanken in eine Form gebracht – und siehe da, wahrscheinlich habe ich mich dabei selber erst ‚in eine Form gebracht'. –" (Brief an Franz Overbeck aus Nizza, 12. Februar 1884, Nr. 488, KSB 6.477) Er erläutert das jedoch nicht näher. Er scheint dabei lediglich Erwin Rohde zu zitieren, der ihm am 22. Dezember 1883 geschrieben hat: „Ich glaube daß Du mit der neuen Form [eines lehrhaften Gedichts] – die ja vieler Variationen und Metamorphosen fähig ist – angefangen hast Deine eigentliche Form zu finden." (KGB III 2, 412). Da Rohde auch einige Kritik übt, übertrumpft Nietzsche dessen Würdigung der neuen Form mit der Bemerkung: „ich bilde mir ein, mit diesem Z<arathustra> die deutsche Sprache zu ihrer Vollendung gebracht zu haben. Es war, nach Luther und Goethe, noch ein dritter Schritt zu thun –" (Brief an Erwin Rohde aus Nizza, 22. Februar 1884, Nr. 490, KSB 6.479).
310 Vgl. auch Bennholdt-Thomsen, Nietzsches *Also sprach Zarathustra* als literarisches Phänomen, 18–23; Himmelmann, Zarathustras Weg; Verf., Anti-Lehren. Szene und Lehre in Friedrich Nietzsches *Also sprach Zarathustra*, 199–203; Winteler, Nietzsche im Spiegel des *Zarathustra*, 51–77.
311 Bennholdt-Thomsen, Nietzsches *Also sprach Zarathustra* als literarisches Phänomen, 16, unterscheidet „Fabel" als erzählte Ereignisgeschichte von „Handlung", die auch Zarathustras Lehren und Lehrerfahrungen einschließe. In der Darstellung dieser Handlung fließen dann freilich auch die teils starken Interpretationen der Verf. ein. Tatsächlich tut Zarathustra erstaunlich wenig außer Wandern und Reden.
312 Der Titel legt nahe, dass Zarathustra selbst in der 3. Person von sich erzählt. Bald aber wird angemerkt, Zarathustras Rede an das Volk auf dem Markt sei seine „die erste Rede [...], welche man auch ‚die Vorrede' nennt" (Vorrede 5). Also erzählt ein anderer, der jedoch anonym bleibt.

dreißig Jahren geht der Protagonist vom See seiner Heimat ins Hochgebirge, wo er zehn Jahre lang einen Überfluss an Weisheit sammelt. Dann drängt es ihn, von diesem Überfluss abzugeben und wieder hinunter zu „den Menschen" zu gehen. Statt im üblichen Sinn zu lehren will er seine Weisheit „verschenken und austeilen" und muss seinerseits lernen, wie schwer das ist (Vorrede 1). Bei seinem „Untergang" unter die Menschen trifft er zunächst im Wald auf einen alten Heiligen, der noch an Gott glaubt. Ihn belehrt er nicht, sondern lässt ihm taktvoll seinen Glauben: Er könnte mit seinem Geschenk, der Botschaft, „dass G o t t t o d t ist", nichts anfangen (Vorrede 2). In der „nächsten Stadt [...], die an den Wäldern liegt", aber beginnt Zarathustra auf dem Markt, wo das Volk die Vorführung eines Seiltänzers erwartet, unvermittelt „d e n Ü b e r m e n s c h e n" zu lehren, wofür er nur Gelächter erntet (Vorrede 3). Er scheitert auch mit seinem zweiten Versuch, bei dem er litaneiartig von all dem spricht, was er liebt (Vorrede 4). Das Volk lacht immer noch. Da stellt er seine Strategie von Werbung auf Angriff um und hält dem Volk schonungslos den Spiegel „d e s l e t z t e n M e n s c h e n" und dessen blinzelnde Zufriedenheit mit sich und seiner „Bildung" vor. Aber das Volk schreit genau danach, es will nichts anderes (Vorrede 5). Da tritt der wagemutige Seiltänzer auf, wird von einem Possenreißer übersprungen, in dem er den Teufel sieht, und stürzt ab. Das Volk auf dem Markt kümmert sich nicht darum, nur Zarathustra, den der Seiltänzer wiederum für den Teufel hält. Zarathustra aber redet ihm Teufel und Hölle aus und gibt dem Sterbenden seine Selbstachtung zurück (Vorrede 6). Während das neugierige Volk sich schließlich verläuft, bleibt er versonnen bei dem Leichnam sitzen, macht sich klar, dass er den Menschen noch fern ist: „mein Sinn redet nicht zu ihren Sinnen", wie es Nietzsches „Lehre vom Stil" gebietet. Er muss das Lehren also erst noch lernen (Vorrede 7). Zunächst schleppt er den Leichnam auf dem Rücken aus der Stadt, der Possenreißer tritt

---

Später beruft sich der anonyme Erzähler auf „Historien-Bücher" (Za IV, Das Abendmahl) und weitere Quellen (Za IV, Das Nachtwandler-Lied 1). Bennholdt-Thomsen, Nietzsches *Also sprach Zarathustra als literarisches Phänomen*, geht darauf nicht ein; sie unterstellt schlicht Nietzsche als Erzähler, weist aber zugleich darauf hin, dass der Leser von Zarathustras Erkenntnisprozess nur das erfahre, was „Zarathustra in seiner Selbstreflexion bewußt wird" (57). Zur offenbar gezielt verunklarten Erzählsituation vgl. Verf., Anti-Lehren. Szene und Lehre in Friedrich Nietzsches *Also sprach Zarathustra*, 198f., und Zittel, Wer also erzählt Nietzsches *Zarathustra?*. Zittel zeigt unter Hinweis auf MA I 343, dass Nietzsche den Weisen des Erzählens wie aller Form hohe Aufmerksamkeit gewidmet hat, es in *Also sprach Zarathustra* aber offenbar gezielt auf ein „Erzähllabyrinth" angelegt hat. Grätz, Zarathustra als fiktive Figur, 367, unterschätzt dieses Labyrinth wieder deutlich, stellt aber die (wenigen) Charakteristika zusammen, die Nietzsche seinem Protagonisten im Lauf der Erzählung zuteil werden lässt und zu einer literarischen „Unfigur" macht (369–376). Aufzeichnungen zum Erzähler in Za finden sich im Nachlass nicht. Die Figur Zarathustra bleibt auch dort schematisch.

hinzu und erklärt ihm, das Lachen des Volkes habe ihn, Zarathustra, gerettet – vor dem Hass des Volkes. Neues stößt auf Hass, wenn es nicht zum Gelächter wird. Selbst die Totengräber, denen Zarathustra dann begegnet, spotten über ihn und sagen ihm lachend, er wolle wohl „dem Teufel seinen Bissen stehlen". Mit dem Lachen ist es jedoch bald vorbei. Nach einem langen Weg „an Wäldern und Sümpfen vorbei" findet sich ein alter Mann in einem einsamen Haus, der bereit ist, ihm Brot und Wein zu geben, aber auch dem Toten, der „müder" sei als er. Auch er weiß im Schenken nicht zu unterscheiden. Zarathustra geht weiter durch die Nacht, legt schließlich in einem weglosen Wald den Toten in einen hohlen Baum, um ihn vor den Wölfen zu schützen, und schläft bis zum Mittag auf dem Moos am Boden (Vorrede 8). Da „sieht" er die „neue Wahrheit", dass er anders lehren muss: Er müsse, sagt er sich selbst, „Schaffende" finden, „Mitschaffende", die selbst aus seinen Geschenken etwas machen und daran mitarbeiten, „neue Werthe auf neue Tafeln [zu] schreiben, über die „Zögernden und Saumseligen" aber wie der Posserreißer über den Seiltänzer „hinwegspringen" (Vorrede 9). Da gesellen sich „[s]eine Thiere", der Adler und die Schlange, zu ihm, die ihm ein Vorbild an „Klugheit" sein können und seine treuesten Gefährten bleiben (Vorrede 10). Mit Klugheit beim Lehren soll es nun weitergehen.

„Die Reden Zarathustras" sind dann, wie der Titel sagt, sehr handlungsarm. Zarathustra hat sich, wie am Ende seiner ersten Rede (Über die drei Verwandlungen) nebenbei erwähnt wird, inzwischen in eine neue Stadt mit dem Namen „die bunte Kuh" begeben.[313] Dort hört er zunächst zu: einem „Weisen", um dessen „Lehrstuhl" sich die Jünglinge versammeln. Aber dessen Lehren sind zum Einschlafen – die Universitätslehre ist nicht die richtige Art, den Wissbegierigen Zarathustras Geschenke zu bringen (Von den Lehrstühlen der Tugend). Ohne dass es ausdrücklich gesagt würde, lösen sich einige Jünglinge vom Lehrstuhl und folgen nun Zarathustra nach, wie man es von Christus kennt. Auch Zarathustra nennt sie „Brüder" und „Jünger" und hält ihnen nun seinerseits Reden, nicht in völlig anderem Stil, aber doch lebendiger und packender als jener Gelehrte: Seine Reden sollen wachrütteln, vorherrschende Meinungen ausheben. Zarathustra redet wieder vom Übermenschen, zunächst aber von seinem eigenen Abschied vom Schöpfergott, der ihm zum Gespenst geworden sei, von seiner neuen Aufmerksamkeit für Leib und Erde (Von den Hinterweltlern, Von den Verächtern des Leibes), aus der neue Wertschätzungen und Tugenden erwachsen (Von den Freuden- und Leidenschaften); diese lassen auch Verbrecher neu einschätzen (Vom bleichen Verbrecher). Man solle mit Blut schreiben und dabei leicht werden,

---

[313] Zur Erläuterung dieses Namens und weiterer Anspielungen vgl. Grätz, NK 4, Stellenkommentar.

tanzen und lachen lernen und „den Geist der Schwere tödten" (Vom Lesen und Schreiben). Zarathustra will nun selbst auf das Lachen hinaus, das vom Hass abhält. Er gibt seinen Jüngern so etwas wie einen Kurs, umreißt mit seinen Reden Schritt für Schritt die befreite Liebe zum Menschen und den Weg zum Übermenschen, der ein Weg der Selbsterziehung sein müsse. Während eines abendlichen Spaziergangs auf den Bergen rund um die Stadt rät Zarathustra einem Jüngling, der mit sich selbst und seinem Neid auf Zarathustra hadernd an einem Baum sitzt, wie dieser Baum nicht nur in die Höhen des Guten, sondern auch in die Tiefen des Bösen zu wachsen (Vom Baum am Berge). Weitere zum Teil an einen nicht näher gekennzeichneten „Bruder" gerichtete Reden zeigen im bisher Bösen neues Gutes und umgekehrt und betonen das „Schaffen" und das Ziele-Setzen. Allmählich spricht Zarathustra von „wir": Die Jünger werden „Freunde", sollen es aber so werden, dass sie zugleich „Feinde" sind, ihm also Widerpart halten können. So kommen nun auch Dialoge zustande. Ein „Bruder" sieht Zarathustra durch die Dämmerung schleichen und etwas unter seinem Mantel verbergen, das sich als „eine kleine Wahrheit" entpuppt, und Zarathustra erzählt bereitwillig von einem Gespräch mit einem „alten Weiblein" über die Rätselhaftigkeit des „Weibes", das, so Zarathustra, den Mann zum Mittel seiner Schwangerschaft mache und bei dem man, so das alte Weiblein, die Peitsche nicht vergessen dürfe; es bleibt offen, wer die Peitsche in der Hand hat (Von alten und jungen Weiblein). Danach erzählt Zarathustra seinen Jüngern, einst habe ihn, als er unter einem Feigenbaum eingeschlafen war, eine giftige Natter in den Hals gebissen und, als sie Zarathustra erkannte, davonschleichen wollen, doch sein Gespräch mit ihr habe sie davon abgehalten. Als die Jünger ihn nach der „Moral" dieser Geschichte fragen, deutet er sie ihnen mit einer Rede über den rechten Sinn des Schenkens, das nicht beschämen dürfe: Der Beschenkte müsse seinerseits das Beste aus dem Geschenk, hier dem Gift, machen können, und Zarathustra kann das (Vom Biss der Natter). Einem „Bruder", der offenbar heiraten und Kinder haben will, hält er eine Rede über „Kind und Ehe": Sie hätten nur Sinn, wenn man Schaffende schafft (Von Kind und Ehe). Auch der freie Tod zur rechten Zeit sei ein Schritt auf dem Weg zum Übermenschen (Vom freien Tode). Zuletzt intensiviert sich die Handlung wieder: Zarathustra verlässt auch die Stadt „die bunte Kuh", seine Jünger überreichen ihm zum Abschied einen Wanderstab, „an dessen goldnem Griffe sich eine Schlange um die Sonne ringelte", und er spricht nun ausführlich von der „schenkenden Tugend", die die Jünger jetzt selbst lernen und lehren sollen, ausgestattet mit der „höchsten Hoffnung", dass so der Übermensch zum Leben kommen wird. Sie sollen nicht mehr einfach an Zarathustra glauben, sondern „an [s]einem Kranze rupfen". So kann das Lehren zu einem Schenken werden: wenn der Beschenkte das Geschenk auf seine Weise aufnimmt und seinerseits schenkt. Als Zarathustra davon spricht, wandelt sich zwei Mal seine

Stimme: Man muss beim Schenken stets die rechte Stimme und Stimmung finden. Mit dem weihevollen testamentarischen Schwur „Todt sind alle Götter: nun wollen wir, dass der Übermensch lebe.' – diess sei einst am grossen Mittage unser letzter Wille! –" endet der I. Teil, der ursprünglich schon das Ganze ausmachen sollte. So wäre *Also sprach Zarathustra* ein Werk zum Übermenschen und zum Weg dorthin geworden. Von der ewigen Wiederkehr ist hier nicht die Rede.

Im II. Teil, der entstand, als der I. schon im Druck war, wacht Zarathustra, der sich wieder ins Gebirge und in seine Höhle zurückgezogen hat, an einem Traum auf, der ihm bedeutet, seine Freunde seien verloren gegangen und seine Feinde verfälschten seine Lehre. So war sein Lehren zwar nicht erfolgreich, aber Zarathustra ist dennoch glücklich, weil er nun erneut reden und lehren darf. So steigt er wieder hinab, den Freunden nachzuhelfen (Das Kind mit dem Spiegel). Er findet sie, ohne dass von seinem Weg dorthin erzählt würde, auf den „glückseligen Inseln" und lehrt nun eindringlicher, aber wieder in Gestalt von ausführlichen Reden, vom Schaffen des Übermenschen, der an die Stelle der alten Götter treten soll, vom Schenken und vom Mitleiden mit den Menschen, an dem Gott gestorben sei, und von seiner eigenen neuen „grossen Liebe" zu den Menschen. So bleibt auch der II. Teil lange handlungsarm: Es folgen noch Reden über die Priester, die Tugendhaften, das Gesindel, die Taranteln oder Rachsüchtigen mit ihrem Willen zur Gleichheit, die berühmten Weisen mit ihrem geistlosen Willen zur Wahrheit. Dann ändert sich die Szene und die Stimmung: Zarathustra ist mit sich allein und singt: Im „Nachtlied" wird der Ton lyrisch, der Text poetisch, in der schönen Nacht spricht nicht mehr Zarathustra, sondern sprechen „springende Brunnen" aus ihm (Das Nachtlied). Das „Tanz- und Spottlied auf den Geist der Schwere" singt er, als er mit seinen Jüngern durch den Wald geht und, nach einem Brunnen suchend, eine Mädchengruppe um den schlafenden kleinen Liebesgott Cupido tanzen sieht. In diesem Lied, das eher wie eine seiner Reden klingt, lässt er zuerst das Leben sprechen, das sich „ein Weib, und kein tugendhaftes" nennt. Dann redet er von seiner eigenen „wilden Weisheit", die dem Leben ähnele. Da mischt sich in seine Erzählung wieder das Leben ein, es entsteht ein Gespräch unter Dreien, und Zarathustras Weisheit beginnt tanzen zu lernen (Das Tanzlied). Traurig über den Weggang der Mädchen, beschließt er, über das Meer zu der Gräberinsel zu fahren, wo die göttlichen Augenblicke seiner Jugend begraben seien, die man ihm vergällt habe, und singt nun das „Grablied", das nichts Dramatisches und nur noch wenig Lyrisches hat (Das Grablied).

Die dramaturgisch unvermittelt folgende Rede „Von der Selbst-Ueberwindung" ist wieder gegen die „Weisesten" gerichtet und handelt von Wertschätzungen aus dem „Willen zur Macht" heraus, Zarathustras nächstem großen, eher unauffällig eingeflochtenen Gedanken. Er trägt hier, wenn auch in metaphorischer Sprache, Argumente vor, um sie die Weisesten wie eine Hypothese prüfen zu lassen: Der Gedanke des Willens zur Macht hat eine wissenschaftliche Seite; auch auf Schopenhauers Metaphysik des Willens wird angespielt, ohne dass der Name genannt wird. Darauf folgt eine karikierende Rede über die Erhabenen: Zarathustra will das Erhabene auf die Erde zurückholen und so erst schön werden lassen (Von den Erhabenen).[314] Daraus wird eine Erzählung seiner eigenen Bildung und der Karikatur wiederum der Bildung, die in der Gegenwart noch herrscht und in der er heimatlos geworden ist (Vom Lande der Bildung). Karikiert wird auch die mondfahle Erkenntnis, die Licht nur spiegelt, selbst nicht leuchtet und nichts schafft und sich dabei für rein, für unbefleckt hält (Von der unbefleckten Erkenntnis). So hat sich Zarathustra, wie er wortreich weitererzählt, aus dem Kreis der Gelehrten entfernt und im Freien das freie Denken „ü b e r ihren Köpfen" gelernt (Von den Gelehrten). Er weiß sich als Dichter, und Dichter zeigen, lehren nicht (Von den Dichtern). Als nun ein Jünger fragt, warum er meine, die Dichter lögen zuviel, antwortet Zarathustra, wie Götter seien auch Übermenschen „bunte Bälge" der Dichter. So viel Selbstironie erzürnt den Jünger, der jedoch schweigt. Nach einem Schweigen auch auf seiner Seite klagt Zarathustra, wie sehr er der Oberflächlichkeit und Eitelkeit der Dichter müde sei, und wünscht, dass sie sich ebenfalls prüfen und verändern, „gegen sich selber den Blick richten". So könnten Dichtungen philosophisch fruchtbar, philosophische Dichtungen werden.

Danach wird dramaturgisch eine märchenhaft anmutende Erzählung eingeschaltet, die bald jedoch realistisch entzaubert wird (Von grossen Ereignissen). Wer hier erzählt, bleibt wiederum offen. Es geht um eine Vulkaninsel nahe den glückseligen Inseln, die im Volk als Tor zur Unterwelt gelte. Seeleute, die dort ankerten, „um Kaninchen zu schießen", hätten Zarathustra durch die Luft heranfliegen sehen, und zur gleichen Zeit wurde Zarathustra, wie sich dann herausstellt, auf den glückseligen Inseln von seinen Jüngern vermisst.[315] Sie weisen

---

314 Grätz, NK 4, Stellenkommentar, sieht hier keine Karikatur. Zarathustra stellt die Einschätzung von „Erhabenen" als Geschmackssache dar.
315 Nietzsche nimmt hier, wie Montinari, Kommentar, KSA 14.305, auf einen Hinweis von C. G. Jung hin nachweist, eine Anekdote auf, die Justinus Kerner überliefert hat, der sie seinerseits in einem Schiffsjournal aus dem Jahr 1686 entdeckte (zum Näheren vgl. Grätz, NK 4, Stellenkommentar). Danach hätten Schiffsleute und ein Kaufmann auf Stromboli Kaninchen schießen wollen und zwei Männer durch die Luft auf sich zuschweben gesehen, die in den Schlund des dortigen Vulkans hinabgestiegen seien. Der eine sei als Herr Booty erkannt worden, und tatsächlich sei Herr Booty um dieselbe Zeit in London gestorben. Haase, Zarathustra auf den Spuren des Empedokles und eines gewissen Herrn Booty, 511–513, zitiert den Text im Ganzen und vergleicht ihn ausführlich mit Nietzsches Text in Za II.

jedoch das Gerücht zurück, er sei vom Teufel geholt worden, und nach fünf Tagen kehrt er auch zurück. Dann wird von einer „Erzählung von Zarathustras Gespräch mit dem Feuerhunde" im Vulkan berichtet, die wieder märchenhaften Charakter hat: Der Feuerhund betrachtet danach den Menschen als eine Krankheit auf der Haut der Erde, Zarathustra entgegnet, es sei selbst eine Krankheit, lautstarke (ökonomische, soziale und politische) Revolutionen für „grosse Ereignisse" zu halten,[316] der Feuerhund gibt kleinlaut bei, Zarathustra aber wundert sich, wie man solchen Gespenstererzählungen Glauben schenken kann. Doch das ausgewählte Volk auf den glückseligen Inseln und auch die Schiffsleute lieben ihn so, dass sie dazu bereit sind. Auch ihnen kann man alles vorsetzen.

Dann hört Zarathustra einen Wahrsager von der großen Müdigkeit reden, die die Menschen ob der Leere und Sinnlosigkeit ihres Daseins ergriffen habe. So führt Nietzsche den Nihilismus in *Also sprach Zarathustra* ein, ohne ihn bei diesem Namen zu nennen. Auch sein Held kann sich ihm nicht entziehen, er verfällt über Tage in einen komaähnlichen Schlaf, und als er schließlich daraus erwacht, erzählt er einen rätselhaften Traum von einer „einsamen Berg-Burg des Todes", in die ein „brausender Wind" einen Sarg hineinweht, der unter dem Gelächter von Tausenden von Fratzen zerbirst. Da bekommt zum ersten Mal ein Jünger, Zarathustras Lieblingsjünger, eine bedeutendere Rolle. Denn er kann den Traum deuten: Zarathustra selbst wird alle Lebens- und Todesmüdigkeit mit Lachen wegblasen. Doch Zarathustra schüttelt dazu, als er wieder ganz bei Sinnen ist, den Kopf und lädt den Wahrsager ein, an seiner Seite zu sitzen: Der Nihilismus bleibt (Der Wahrsager).

Inzwischen ist auch „das Volk" bereit, von Zarathustra zu lernen und er auch von ihm. Doch zugleich wird er für einen Wunderheiler gehalten: Man sagt ihm nach, er könne Blinde heilen und Lahme laufen machen. So verlangt denn ein Mann mit einem Buckel, ihn von diesem zu befreien, aber Zarathustra entgegnet ihm mit der Volksweisheit, man könne Bucklige nicht ohne Gefahr für sie und die andern von ihren Buckeln befreien. Zu seinen Jüngern gewandt, sieht er überall nur Krüppel und Bruchstücke von Menschen und seine Aufgabe darin, die Bruchstücke nach seinem Willen zusammenzufügen und so die Menschen vom Zufall zu erlösen. Statt, wie „der Wahnsinn" bisher predigte, Rache an der Zeit zu nehmen, die man nicht ausschalten kann (wie es die bisherige Philosophie von Anaximander bis Schopenhauer versuchte), soll man die Zeit bejahen, sie wollen, um schaffen zu können. Zarathustra erschrickt zunächst selbst über diese Rede, bis er doch wieder lachen kann. Der Bucklige aber bemerkt, dass Zarathustra

---

[316] Vgl. N Juni – Juli 1883, 10[29], KSA 10.373: „Hohn über Revolutionen und Vesuve. Etwas von der Oberfläche".

anders zu ihm als zu seinen Jüngern und nochmals anders zu sich selbst spricht. Zarathustra hat das schenkende Lehren zu differenzieren gelernt, und das wird nun auch von anderen bemerkt (Von der Erlösung).

Dennoch ist er selbst noch nicht gefestigt, noch nicht „reif". Als „grosse Brücke" zwischen Menschen und ihrem „Glauben an Festes" einerseits und dem Übermenschen und seinem „Fortschweben in ferne Zukünfte" andererseits sucht Zarathustra selbst Halt wie an einem Abhang. Er braucht „Menschen-Klugheiten" wie Vorsicht vor Betrug, Schauspielerei, Neugier auf menschliche Bosheit und zuletzt die Klugheit, sich bei all dem selbst zu verkennen (Von der Menschen-Klugheit). Am Ende verfällt er verstört in Schwermut und Furcht vor dem, was er schon weiß, aber noch nicht sagen kann (vgl. Kap. II 2). Nietzsche führt das als Dialog mit einer stimmlosen inneren Stimme vor in der „stillsten Stunde" des Propheten vor seiner Prophetie: Er weiß nun von seiner Aufgabe, hat aber noch nicht den Mut, Großes zu „befehlen" und dadurch zu „herrschen". Als er sich sträubt, hört er ein Lachen rundum: Die Stimme sagt ihm, er müsse weiter reifen und noch einmal in die Einsamkeit (Die stillste Stunde).

Im III. Teil, der wiederum entstand, als der II. schon im Druck war, betont Nietzsche noch stärker die wechselnden Stimmungen, denen Zarathustra unterliegt und von denen er tagelang niedergestreckt werden kann. Er wird wohl immer neu Herr der Lage, aber Nietzsche bringt ihn gleichsam ins Zittern, weil ihm in der Lehrdichtung nun selbst die schwerste Prüfung bevorsteht, die Heraufkunft des Gedankens der ewigen Wiederkehr des Gleichen. Ihn spart Nietzsche dramaturgisch bis zum Ende des III. Teils auf.

An dessen Beginn lässt er Zarathustra über „den Rücken der Insel" wandern zu einem frequentierten Hafen und dabei über sich als Wanderer nachdenken. Er hat nun den „Weg der Grösse" zu gehen und muss sich Mut machen, sich selber zu übersteigen. Dabei gerät er ins Weinen und Lachen zugleich (Der Wanderer). Nietzsche inszeniert sorgfältig, dass Zarathustra, als er zu Schiff geht, nicht, wie er eigentlich möchte, incognito bleibt: Seine Erzählungen werden neugierig erwartet, so wie auch er gerne Geschichten der Seeleute hört, die sich auf weite Meere wagen, wo die Orientierung schwer wird. So legt er ihnen das Rätsel vom Zwerg als dem „Geist der Schwere" vor, der sich dem Wanderer beim mühsamen Aufstieg im Gebirge auf den Rücken setzt. Metaphorisch kündigt sich der „abgründlichste Gedanke" der ewigen Wiederkehr an: im Tor des Augenblicks, in dem Vergangenheit und Zukunft zusammenkommen und sich, so der Zwerg, wie in einem Ring schließen. Mit dem Bild eines jungen Hirten, dem „eine schwarze schwere Schlange" in den Mund beißt und der ihr, auf Zarathustras Aufforderung hin, seinerseits beherzt den Kopf abbeißt und lacht, wird auch schon angedeutet, wie man mit dem Gedanken umgehen soll. Zarathustra aber spielt mit Todesgedanken. Die Seeleute haben dazu weiter nichts zu sagen (Vom Gesicht und Räthsel; vgl. Kap. III 3.4.3).

Die tagelange Seereise schafft Zarathustra Erleichterung. Er sinniert über den „Nachmittag" seines Lebens und fasst Mut für das Kommende. Nietzsche leitet damit eine große dramaturgische Handlungsverzögerung ein (Von der Seligkeit wider Willen). Der Mut kommt Zarathustra noch vor Sonnenaufgang, er will „in alle Abgründe [sein] segnendes Ja-Sagen" tragen. Die Anfänge des Mitternachts-Lieds klingen in ihm auf (Vor Sonnen-Aufgang). Während der Rückkehr zu seiner Höhle, wo er im Folgenden bleiben wird, schaut er sich noch einmal um, was aus den Menschen geworden ist, und spricht auch mit ihnen: Die „kleinen Leute" verteidigen ihre Mittelmäßigkeit und sind lärmend, bissig und jämmerlich wie zuvor; wo es Lob für Zarathustra gibt, ist es das falsche (Von der verkleinernden Tugend). Er stellt sich auf einen kalten, abhärtenden Winter ein, in dem zugleich alles stiller wird (Auf dem Oelberge). Als er vor das Tor der „grossen Stadt" kommt, springt ihm ein Narr in den Weg, der ihn nachzuahmen gelernt hat, und warnt ihn vor all dem städtischen Unflat, in dem er auch selber lebt: Zarathustra will die Stadt am liebsten brennen sehen (wie in der Bibel Sodom und Gomorra) und geht vorüber (Vom Vorübergehen). Wieder in der Stadt „die bunte Kuh", begegnet er Leuten, die an ihn geglaubt haben und doch wieder fromm geworden sind, worüber er nur lachen kann (Von den Abtrünnigen). Erleichtert erreicht er seine Höhle und die Einsamkeit. Dort ist Schluss mit der Unbelehrbarkeit der Menschen, „alles Sein will hier Wort werden, alles Werden will hier von mir reden lernen" (Die Heimkehr). Zarathustra erinnert sich seiner Erkenntnis- und Sprachkraft und vergewissert sich schon gewonnener Einsichten. Er kann nun die „drei Bösen" mit Namen nennen, deren Gutes er zeigen will: Wollust, Herrschsucht und Selbstsucht. Für sie wie für den „Geist der Schwere" wird der „g r o s s e M i t t a g" der großen Einsicht kommen (Von den drei Bösen, Vom Geist der Schwere). Unter „alten zerbrochenen Tafeln" wartet Zarathustra, indem er sich selber nochmals seine Erfahrungen erzählt, auf die „Zeichen", „den lachenden Löwen mit dem Taubenschwarme", um neue Tafeln zu beschreiben (wie Gott in der Bibel selbst seine Gebote auf die Tafeln schreibt). Zu seiner Selbst-Erzählung gehört, dass er „das Wort ‚Übermensch' vom Wege auflas": Es stammte nicht von ihm, aber er wusste etwas damit anzufangen (Von alten und neuen Tafeln).

So bereitet Nietzsche im III. Teil das große Drama von Zarathustras Niederkunft mit dem Wiederkunftsgedanken vor. Er inszeniert sie als Genesung von einer langen Schwangerschaft, mit schweren Wehen unter lauten Schreien, Ausbruch von heftigem Ekel nach der Geburt und siebentägiger geistiger Abwesenheit. Zarathustra hat endlich den Mut, den „abgründlichen Gedanken" aus seiner „Tiefe" heraufzurufen. Aber noch ist das Kind mehr unheimlich als liebenswert. Liebevoll sind im Konstrast dazu die Tiere, die Zarathustra mit feinen

Gerüchen kräftiger Speisen ins Leben zurückrufen wollen. Und sie sprechen nun zum ersten Mal zu Zarathustra. Doch das Gespräch mit ihnen wird zu einer neuen Enttäuschung, weil sie, anders als Zarathustra selbst, den Gedanken auszusprechen versuchen und, worüber er zunächst nur lächeln kann und was er schließlich entschieden zurückweist, gleich wieder „ein Leier-Lied" aus ihm machen, das jeder „Schalks-Narr" auf jeder „Drehorgel" abspielen kann. Das Abgründliche des Gedankens ist damit überspielt. „Wenn der grosse Mensch schreit", kommentiert das Zarathustra, „flugs läuft der kleine hinzu; und die Zunge hängt ihm aus dem Halse vor Lüsternheit. Er aber heisst es sein ‚Mitleiden'." Er selbst beklagt sogleich die „ewige Wiederkunft auch des Kleinsten", das das Große wieder klein macht. Als die Tiere ihn geradewegs „den Lehrer der ewigen Wiederkunft" und es sein „Schicksal" nennen, als solcher seinerseits ewig wiederzukehren, schweigt er dazu. Es ist klar, dass auch dieser Gedanke, den Zarathustra schon gar nicht mehr zu lehren versucht hat, missverstanden wurde, nun auch von den Tieren, die vorgeben, alles von Zarathustra zu „wissen".[317] Auch die Leser*innen werden nicht mehr und nichts anderes vom Sinn des Gedankens erfahren. Zarathustra liegt am Ende der Szene still und unterredet sich mit sich selbst. Jetzt scheinen die Tiere zu begreifen. Sie „ehrten die grosse Stille um ihn und machten sich behutsam davon." (Der Genesende 2)

Der III. Teil endet mit drei Liedern, die nun weit stärker als Lieder ausgeprägt sind als im II. Teil.[318] Das erste „Von der großen Sehnsucht" ist mit der zweiundzwanzigfachen Anrede „Oh meine Seele" an Zarathustra selbst gerichtet. Darauf folgt eine Erzählung von seiner ausgelassenen Jagd nach dem Leben, an deren Ende angedeutet wird, dass Zarathustra nun zu sterben bereit ist. Dann erklingt unvermittelt, ohne dass gesagt würde, woher und aus welchem Mund, das Mitternachtslied „Oh Mensch! Gieb Acht!" in Versen und mit Reimen (Das andere Tanzlied). Es führt auf die Lust an der „tiefen, tiefen Ewigkeit" hinaus, die ewige

---

317 Für Zittel, Das ästhetische Kalkül, 192, diskreditieren die Tiere den Wiederkunftsgedanken mit ihrem „Leier-Lied": *„Die leere Repetivität des Leierns entspricht dem Gedanken der ewigen Wiederkunft und charakterisiert sie entsprechend."* Doch nach Zarathustra verstehen die Tiere den Gedanken ja falsch.
318 Christen, Dichten an der Stelle des Denkens, betont dabei besonders die Selbstbezüglichkeit von Zarathustras Sprechen und Denken und beschreibt detailliert die Sprachgestalt des Abschnitts *Von der grossen Sehnsucht*. Zittel, Das ästhetische Kalkül, 193 f., sieht in allen drei Liedern nur elende Machwerke, die mit ihren repetitiven Strukturen die ewige Wiederkunft illustrieren sollen. Für ihn haben diese Wiederholungen „einen zersetzenden Grundcharakter" (198). Da unterschätzt er wohl ebenso die Lieder wie den Wiederkunftsgedanken, um den es hier nicht zwingend geht.

Wiederkunft wird nicht erwähnt.[319] Sie deutet sich jedoch zuletzt im „Ja- und Amen-Lied" an, dessen sieben Prosa-Strophen alle mit dem Refrain schließen „Oh wie sollte ich nicht nach der Ewigkeit brünstig sein und nach dem hochzeitlichen Ring der Ringe , – dem Ring der Wiederkunft? / Nie noch fand ich das Weib, von dem ich Kinder mochte, es sei denn dieses Weib, das ich liebe: denn ich liebe dich, Oh Ewigkeit. / D e n n i c h l i e b e d i c h, o h E w i g k e i t!"

Das Geschehen der „Vorrede" hat sich an einem Tag und in einer Nacht ereignet, das folgende in unbestimmt langer Zeit, einer Zeit jedoch von Jahren. Das Geschehen des IV. Teils, den Nietzsche nur wenigen ausgewählten Leser*innen vorbehalten wollte, nimmt wieder nur einen Tag bis zum nächsten Morgen in Anspruch. An den Rändern der Lehrdichtung drängt sich die Handlung am stärksten. Zarathustra ist alt und weiß geworden. Eines Tages lässt er sich von seinen Tieren bereden, wieder in die Höhe zu steigen, um dort das Honig-Opfer, das feierliche Ritual des Schenkenden, zu erbringen. Er folgt dem, überlistet aber zugleich seine Tiere. Denn er will nicht rituell opfern, sondern, was er von Anfang an wollte, seinen Reichtum verschwenden. Damit hofft er, noch einmal Menschen anzulocken, nun um sie auf seine Höhe hinaufzuziehen und sich mit der Posse einen Scherz zu machen, auf Bergen Fische zu fangen (Das Honig-Opfer). Zeit dazu hat er, denn er wartet auf sein „grosses fernes Menschen-Reich, das Zarathustra-Reich von tausend Jahren". Alles, was nun geschieht, wird wirklich zur Posse. Der Zarathustra schon bekannte Wahrsager, jetzt aschgrau geworden, taucht wieder auf, verkündet ihm eine ganze Flut von „höheren Menschen" in großer Not und warnt ihn vor seiner letzten Versuchung, dem Mitleid. Und schon ertönt der erste Notschrei, dem, wohin Zarathustra auch geht, der Reihe nach weitere folgen, alle von „höheren Menschen", die alle auf ihre Weise am „grossen Ekel" leiden, weil ihnen der „alte Gott" gestorben ist und sie keinen neuen finden können: Könige, die einen Esel mitbringen; ein „Gewissenhafter des Geistes", der blutet, weil ihm der Geist tief ins Leben geschnitten hat, und sich Blutegel ansetzt; ein zitternder und strauchelnder alter Zauberer, der eine lange Dithyrambe „jammert", in dem Zarathustra aber den bloßen Schauspieler erkennt und ihn dadurch „entzaubert"; „der letzte Papst", der mit Zarathustra nun in Gottlosigkeit wetteifert; der „hässlichste Mensch", in dem Zarathustra den „M ö r d e r G o t t e s" erkennt und bei dessen Anblick ihn das Mitleiden anfällt, dem der Mann in seiner Scham aber gerade entfliehen will; der „freiwillige Bettler", „ein friedfertiger Mensch und Berg-Prediger", der seinen Reichtum an Menschen verschwendet hat, die nichts damit anfangen können, dem nun vor Menschen ekelt und der deshalb

---

319 Vgl. Verf., *Oh Mensch! Gieb Acht!* Kontextuelle Interpretation des Mitternachts-Lieds aus Nietzsches *Also sprach Zarathustra.*

von wiederkäuenden Kühen „das Glück auf Erden" lernen will; schließlich der „Schatten" Zarathustras, des „Überwinders des grossen Ekels", der hier „hohl und überlebt", wie ein Gespenst aussieht, nachdem er von Zarathustra das „Nichts ist wahr, alles ist erlaubt" und das „ewige Umsonst" gelernt hat, ohne sich selbst Ziele geben zu können. Sie alle sind Zarathustra in etwas nahe. Zarathustra, von ihren Nöten ergriffen, die auch seine waren oder die er selbst geschaffen hat, will ihnen weiterhelfen, und sie preisen sich dafür glücklich. Zarathustra lädt sie alle zu einem festlichen „Abendmahl" in seine Höhle. Sie nun sind imstande, sich mit Zarathustra auszutauschen, das Geschehen wird darum dialogisch entwickelt. Mittags findet Zarathustra endlich wieder Einsamkeit, Ruhe, Schlaf und Glück unter einem Weinstock. Auch seine Tiere sind fern. In der Stille fühlt er sich auf einen Augenblick in den „Brunnen der Ewigkeit" gefallen; die Welt ist für ihn vollkommen (Mittags).

Als er zu seiner Höhle zurückkehrt, kommt ihm der vielstimmige Notschrei der versammelten höheren Menschen entgegen, und auch seine Tiere trifft er dort wieder an; sie sorgen nun für Speisen. Zarathustra ist voll Erwartung, mit der Runde seine „neue schöne Art" beginnen zu können, wiederholt noch einmal die Lehre vom Übermenschen und vom Schaffen und fügt die Lehre vom Lachen hinzu, das der alten Moral allein Herr werden könne. Es ist nicht mehr Mitleid, das Zarathustra bewegt, sondern der Wille und die Kraft, Verzweifelnden Mut zu eigenem Handeln zu geben. Doch er sieht bald, dass die entstellten höheren Menschen nicht seine „Krieger" sein können, sie sind keine „l a c h e n d e n L ö - w e n" und können keine mehr werden (Die Begrüßung). Man rüstet gemeinsam zum Abendmahl; der anonyme Erzähler beruft sich dabei außer auf „Historien-Bücher" auf bloßes Hörensagen („wie manche Erzähler meinen", „Es giebt sogar Solche, die erzählen", „Dies mag sich nun so verhalten oder auch anders"). Beim Mahl geht Zarathustra seine Geschichte und seine Lehre nochmals für die höheren Menschen durch und führt sie auf „Zarathustra den Tänzer" und „das gute Lachen", nicht aber, wie zu erwarten wäre, auf die Lehre der ewigen Wiederkunft hinaus, die ihn selbst so sehr bewegt hat (Vom höheren Menschen). Doch als er, um frische Luft zu schöpfen, vor die Höhle tritt, sucht der alte Zauberer die anderen höheren Menschen gleich wieder mit seinem „Lied der Schwermut" umzustimmen, seinem zweiten ergreifenden Dityhrambus, in dem wieder der Verlust der „Wahrheit" und das „Nur Narr! Nur Dichter!" anklingt. Es kommt zum Streit mit dem Gewissenhaften des Geistes, den Zarathustra entscheidet (Von der Wissenschaft). Es wird klar, dass die höheren Menschen die ständige Gegenwart Zarathustras brauchen, um von ihrer Schwermut und ihrem Ekel loszukommen, und ohne ihn sogleich dahin zurücksinken. Nach einem Dithyrambus des Schattens (Unter Töchtern der Wüste) lärmt und lacht man in der Höhle, und der Esel schreit sein „I-A", seine eselhafte Bejahung dazu (Die Erweckung). Auch wenn Zarathustra noch kein wirklich befreites Lachen hört, meint er doch erste Früchte seiner Erziehung zu sehen. Er ist immer noch bereit, sich selbst zugunsten der Menschen zu täuschen.

Aber als er die Höhle verlässt, beten die höheren Menschen wieder, und sie beten das Nächste an, das sich bietet, den Esel, der auch dem mit seinem „I-A" zustimmt. Zarathustra, zuerst empört darüber, hält ihnen die Anbetung des Esels dann doch wieder als Schelmenstück zugute. Alle sind verdächtig mit sich zufrieden, manche sind betrunken. Auch Zarathustra, aber auf seine Art; er „stand da wie ein Trunkener: sein Blick erlosch, seine Zunge lallte, seine Füsse schwankten." Als er wieder „ein wenig" zu sich kommt und eine Glocke aus der Tiefe die Mitternacht ankündigt, versammelt er alle um sich und deutet ihnen Vers für Vers das Mitternachtslied aus dem III. Teil und nun so, dass die Lust, die Ewigkeit will, auch „Wiederkunft", „Alles-sich-ewig-gleich" will. Er scheint diesen höheren Menschen, die sich so kompromittiert haben, nun tatsächlich die ewige Wiederkehr des Gleichen zu lehren, aber auf trunkene, dithyrambische und schwer verständliche Weise.[320] Dann lässt er die höheren Menschen, ohne zu prüfen, ob sie mit den Vieldeutigkeiten seiner Kommentare etwas anfangen konnten, das Lied im „Rundgesang" singen. In der immer neuen Wiederholung des Gesangs mag ihnen dessen Sinn mit der Zeit eingehen.

Am nächsten Morgen sieht Zarathustra, dass dies nicht seine „rechten Gefährten" sind, dass auch sie nicht verstehen können, worum es ihm geht. Und da erscheint „das Zeichen" in Gestalt des „lachenden Löwen", der sich an ihn schmiegt, während der Taubenschwarm beide umschwirrt. Gerührt erkennt Zarathustra in den Tieren seine Kinder, Menschen sind für sein Denken noch nicht geboren. Als die höheren Menschen erwachen und aus der Höhle treten, scheucht der Löwe sie brüllend zurück. Jetzt erst kommt Zarathustra ganz zu sich und erinnert sich daran, dass ihn der Wahrsager vor seiner „letzten Sünde", dem „Mitleiden mit dem höheren Menschen", gewarnt hat. Doch Zarathustra will nicht mehr sein „Glück", sondern sein „Werk" und geht nun seinem „grossen Mittag" entgegen, „glühend und stark, wie eine Morgensonne, die aus dunklen Bergen kommt." Sein Lehrexperiment ist gescheitert, aber er ist zu neuer Erkenntnis bereit.[321]

---

[320] Vgl. Verf., Zarathustras philosophische Auslegung des ‚Mitternachts-Lieds'.
[321] Vgl. Domenici, „Wenn ihr mich Alle verleugnet habt, will ich Euch wiederkehren". Die Lebenskunst des ‚Lehrers' Zarathustra.

2.2 Abweichende Handlungselemente und -konzepte in den Aufzeichnungen

Dem sind nun die Handlungsalternativen in den Aufzeichnungen entgegenzustellen. Mazzino Montinari und Marie-Luise Haase gehen in ihrem Nachbericht ebenso wie Katharina Grätz in ihrem Stellenkommentar vom gedruckten Text aus und suchen nach Quellen, Vorstufen und Querverweisen. Um eigenständige Ideenentwicklungen in den Aufzeichnungen sichtbar zu machen, müssen wir uns an sie selbst halten und sie chronologisch durchgehen. Angesichts der Fülle der Aufzeichnungen aus der sogenannten „Zarathustra-Zeit" 1882–1885 ist das hier nur selektiv und in großen Sprüngen möglich.

Bekanntlich ist nicht genau zu sagen, wie Nietzsche dazu kam, eine Lehrdichtung um die Figur Zarathustras herum zu entwickeln.[322] Die Zarathustra-Figur taucht schon in den Vorarbeiten zur *Fröhlichen Wissenschaft* auf; insbesondere der „tolle Mensch" aus Nr. 125 sollte ursprünglich Zarathustra sein.[323] Die Aufzeichnungen zu einer besonderen Lehrdichtung setzen in der Zeit der Drucklegung der *Fröhlichen Wissenschaft* in den parallel benutzten Notizheften N V 8, N V 9 und Z I 1 vom Frühjahr bzw. Sommer – Herbst 1882 ein. Dort notiert Nietzsche die Stichworte

> [Za 1] Die Moral der Ausgewählten oder die freie Moral.
> Wir als die Erhalter des Lebens.
> Unvermeidlich entstehend die Verachtung und der Haß gegen das Leben. Buddhismus. Die europäische Thatkraft wird zum Massen-Selbstmord treiben. Dazu: meine Theorie der Wiederkunft als furchtbarste Beschwerung.
> Wenn wir nicht uns selber erhalten, geht Alles zu Ende. Uns selber durch eine Organisation.
> Die Freunde des Lebens.
> Nihilismus als kleines Vorspiel.
> Unmöglichkeit der Philosophie.[324]

Die Idee ist danach: Freunde des Lebens, die sich organisieren, werden im Nihilismus das Leben erhalten, indem sie mit dem Schwergewicht des Wiederkunftsgedankens eine harte Selektion herbeiführen. Philosophie soll selektierend auf die Menschheit wirken. Der Philosophie in ihrer bisherigen Form als bloßer Betrachtung des Lebens war das nicht möglich. Sie muss eine neue Gestalt an-

---

[322] Ein Anstoß könnte seine Emerson-Lektüre gewesen sein. Vgl. Haase, Zur Überlieferung und Entstehung von *Also sprach Zarathustra*, 950. Nietzsche hatte sich überdies in Friedrich Anton Heller von Hellwalds *Culturgeschichte in ihrer natürlichen Entwicklung bis zur Gegenwart* (1876) belesen (vgl. Kap. III 3.5.4).
[323] Vgl. Montinari, Kommentar, KSA 14.279f., und Grätz, NK, Überblickskommentar, Abschnitt 1: Entstehungs-, Text- und Editionsgeschichte.
[324] N Sommer – Herbst 1882 (N V 9b), 2[4], KSA 10.43f.

nehmen, verkündigen, was kommt, und dadurch wirken. Sie bekommt die Form der Prophetie:

> [Za 2] Das, was kommt.
> Eine Prophetie.
> A. Selbstbesiegung der Moral.
> B. Befreiung.
> C. Mitte und Anfang vom Untergange.
> D. Kennzeichen des Mittags.
> E. Der freiwillige Tod.[325]

Nietzsche denkt sich das in aller Härte so: Es werden „Kriege über das Princip von Besser-Nichtsein-als-Sein" ausbrechen, „die Moral" wird die „Consequenz" ziehen, dass das Leben und zuletzt auch sie selbst „zu verneinen" sei; alles, was bisher als böse galt, auch die „Lüge" und die Kunst, die sich auf sie versteht, wird freigesetzt – und eben dadurch „wächst der Reiz des Lebens". Am größten aber ist der Reiz auf der „Höhe der Höhen" der Kultur, der immer nur auf einen „Augenblick" eintritt. So muss die „Geschichte der Cultur" zyklisch verlaufen, und auf ihren Höhen wird „der mächtigste Gedanke ertragen, ja geliebt", der Gedanke der ewigen Wiederkunft.[326]

Die Menschen in ihrer bisherigen Verfassung werden das nur schwer einsehen und ertragen können. So umgibt Nietzsche den Propheten Zarathustra mit klugen Tieren wie dem Adler und der Schlange, die mehr von seinem „klugen" und „stolzen Herzen" wissen als er selbst.[327] Das Geschehen soll im Zeichen des Schenkens und der Liebe stehen.[328]

Das ist das gedankliche und in Ansätzen auch schon ein dramaturgisches Grundkonzept. Zugleich stellt Nietzsche 445 durchnummerierte „Sentenzen", großenteils aus anderen Heften, zusammen. Dabei erwägt er auch noch ein reines „Sentenzen-Buch" mit Titeln wie „Auf hoher See", „Schweigsame Reden" oder „Jenseits von Gut und Böse"'.[329] Doch mit dem Schlussaphorismus Nr. 342 der *Fröhlichen Wissenschaft* von 1882 unter dem Titel „I n c i p i t t r a g o e d i a" ist nun schon die Zarathustra-Dichtung und mit dem vorausgehenden Aphorismus Nr. 341 das „S c h w e r g e w i c h t" des Wiederkunftsgedankens angekündigt, auch wenn er dort noch nicht so benannt und mit Zarathustra in Verbindung gebracht ist. Mit der Veröffentlichung der *Fröhlichen Wissenschaft* von 1882 ist Nietzsche im

---

325 N Sommer – Herbst 1882, 2[6], KSA 10.45.
326 N Sommer – Herbst 1882, 2[5], KSA 10.44 f.
327 N Sommer – Herbst 1882, 2[7], KSA 10.45.
328 N Sommer – Herbst 1882, 2[10], KSA 10.46.
329 N Sommer – Herbst 1882 (Z I 1), 3[1], KSA 10.54.

2 Aufzeichnungen zu *Also sprach Zarathustra*: Alternative Handlungskonzepte — 177

Zugzwang, eine Tragödie zu beginnen, in deren Zentrum der Wiederkunftsgedanke steht. Umso mehr wird er um Spielräume ringen.

Zugleich bekommt in den Aufzeichnungen der Gedanke des Übermenschen besonderes Gewicht. Nietzsche scheint keinen klaren Plan gehabt zu haben, an welchen Stellen und in welcher Abfolge er beide Gedanken in die tragische Handlung einführen und wie er sie miteinander verknüpfen will. Die Aufzeichnungen zeigen, wie er hier schwankt, und da in unterschiedlichen Handlungsverläufen auch die Lehren einen unterschiedlichen Sinn bekommen, schwankt er auch in dem Sinn, den er ihnen geben will.[330] In seinen Aufzeichnungen stellt Nietzsche eine persönliche Verbindung her:

> [Za 3] Ich will das Leben nicht wieder. Wie habe's ich ertragen? Schaffend. Was macht mich den Anblick aushalten? der Blick auf den Übermenschen, der das Leben bejaht. Ich habe versucht, es selber zu bejahen – Ach![331]

Seinem „Sohn" Zarathustra soll offenbar gelingen, was ihm selbst nicht gelingt. So würde er sich mit der Dichtung auch selbst Mut machen, und das würde nahelegen, die Dichtung mit dem Wiederkunftsgedanken zu beginnen und ihn durch Gedanken des Übermenschen zu flankieren zu lassen. Das geschieht jedoch nicht. Der Wiederkunftsgedanke wird bis in den III. Teil aufgeschoben, und der Übermensch-Gedanke bleibt zunächst für sich allein stehen. Nietzsche notiert, die „Reihenfolge der Themata" sei „nach ihrer Menschenfreundlichkeit" zu entscheiden. Er hält jedoch nicht fest, was das thematisch und dramaturgisch bedeutet. Davor notiert er:

> [Za 4a] Zarathustra giebt immer mehr je weniger er angenommen wird.
> „Geizig war ich – ihr hattet Recht, mich zu verschmähen!"[332]

---

330 Haase, Der Übermensch in *Also sprach Zarathustra* und im Zarathustra-Nachlaß 1882–1885, geht bereits auf genauen philologischen Grundlagen und unter Vermeidung spekulativer Deutungen den Verknüpfungen der beiden Gedanken in den Aufzeichnungen nach. Sie zieht die Aufzeichnungen hier ebenfalls nur als Ergänzung und zur Verdeutlichung des veröffentlichten Werkes heran, ohne sie in ihrem Eigengewicht zu betrachten. Sie meint zu sehen, dass die Lehre vom Übermenschen das inhaltliche Ziel der Lehre von der Wiederkunft und psychologisch Trost für deren schwere Erträglichkeit ist. Die Stellen, die sie aus den gesamten „Fragmenten" von 1882–1885 zusammenträgt, belegen das jedoch nicht so eindeutig, wie sie vorgibt. Dass Nietzsche Za nicht mit der Lehre von der Wiederkunft, sondern vom Übermenschen beginnen lässt, begründet sie so, dass er „sein Gedächtniß betrogen" habe (235). Das ist kaum plausibel, und die Texte geben dafür keinen Anhaltspunkt. Die dramaturgische Verknüpfung der Lehren steht nicht in Haases Fokus.
331 N November 1882 – Februar 1883 (N V 9c), 4[81], KSA 10.137.
332 N November 1882 – Februar 1883, 4[66], KSA 10.130.

Danach wäre mit dem Schenken und Schaffen Zarathustras zu beginnen, was dann auch geschieht. Da aber andere niemals auf Zarathustras Höhe kommen werden und darum Neid und Hass ausbrechen müssten, wäre das dramaturgische Ergebnis:

> [Za 4b] er [Zarathustra] wird <u>verbannt</u>.[333]

Und das wäre auch schon das Ende seiner Lehre gewesen.
  Eine andere Möglichkeit wäre:

> [Za 5a] Mit der Todtenfeier zu beginnen.[334]

Zarathustra könnte zu Beginn schon tot sein und das Drama sich ganz um die Wirkung seiner Lehre drehen. Wie im Fall Sokrates' und Christi bekämen seine Lehren eine auratische Autorität und ließen sich unabhängig von ihm weiter ausgestalten. Nietzsche fährt in seinem Notat fort:

> [Za 5b] Ich sehe etwas Furchtbares <u>voraus</u>. Chaos am nächsten, Alles Fluß.
> 1. Nichts, was an sich werth hat – nichts, was befiehlt „du sollst".
> 2. Es ist nicht auszuhalten – wir müssen das <u>Schaffen</u> dem Anblick dieser Vernichtung entgegenstellen.
> 3. Diesen wandelnden Zielen müssen wir Ein Ziel entgegenstellen – es schaffen.
> 4. Als Stoff haben wir Alles Einverleibte, darin sind wir nicht frei. Diesen Stoff <u>fassen, begreifen</u> (durch Wissenschaft).
> 5. Den <u>Übermenschen</u> schaffen, nachdem wir die ganze Natur auf uns hin gedacht, denkbar <u>gemacht</u> haben.
> 6. Wir können nur etwas uns ganz Verwandtes lieben: wir lieben am besten ein erdachtes Wesen. Gegen ein Werk und ein Kind braucht die Liebe nicht befohlen zu werden. Vortheil des Übermenschen.

Hier könnte ein Schüler („Ich") zu anderen Schülern („wir") sprechen, die mit ihm Zarathustras Lehre in die Tat umsetzen und damit eine neue Zeit einleiten wollen. Im Heft N V 9 folgt darauf die schon zitierte persönliche Anmerkung [Za 3], nach der Nietzsche selber den „Blick auf den Übermenschen braucht", um das Leben bejahen zu können.
  Der Anfang könnte aber auch sein:

---

[333] N November 1882 – Februar 1883, 4[66], KSA 10.130.
[334] N November 1882 – Februar 1883, 4[80], KSA 10.137.

2 Aufzeichnungen zu *Also sprach Zarathustra*: Alternative Handlungskonzepte — 179

> [Za 6] „Wiederkunft" gelehrt – „ich <u>vergaß</u> das Elend". Sein Mitleiden nimmt zu. Er sieht, daß die Lehre nicht zu ertragen ist.
> Höhepunkt: der heilige Mord. Er erfindet die Lehre vom Übermenschen.[335]

Die Menschen, vielleicht Zarathustras eigene Schüler, sehen, dass der für die meisten unerträgliche Wiederkunftsgedanke unsägliches Leid schaffen wird, und bringen Zarathustra um, bevor er die Lehre verkünden kann. Zarathustra sieht das voraus und erfindet die Lehre vom Übermenschen, die Hoffnung schaffen soll. Auf der anderen Seite verlöre der Wiederkunftsgedanke seine Abgründlichkeit, wenn er allgemeinverständlich dargestellt und vielleicht sogar wissenschaftlich und mit mathematischen Mitteln gelehrt würde (vgl. Kap. III 3.4.2). Dann könnten ihn leicht auch Gelehrte vertreten, ohne dass sie Übermenschen sein müssten. So wäre er nicht schwer zu ertragen, der „heilige Mord" entfiele ganz. Nietzsche lässt das auch später unentschieden. So bleibt die dramaturgische Alternative, mit der Lehre des Übermenschen für das Volk ohne weitere Erklärungen und zunächst auch ohne Erwähnung des Wiederkunftsgedankens zu beginnen (auch wenn er am Ende des IV. Buchs der *Fröhlichen Wissenschaft* schon angeklungen ist), und so ist Nietzsche dann auch verfahren.

Bei der Arbeit am II. Teil von *Also sprach Zarathustra* macht er im Heft N VI 3, das er von Juni bis Juli 1883 benutzt, jedoch auch aus der Lehre vom Übermenschen ein Geheimnis:

> [Za 7] Ich weiß das Wort und Zeichen des Übermenschen: aber ich zeige es nicht, ich zeige es mir selber nicht. [...] Wir wollen wie Z<arathustra> leben, in Scham vor einer großen Wahrheit.[336]

„Scham" verbietet, etwas auszusprechen, das kompromittiert. Die Lehre vom Übermenschen muss die jetzigen Menschen kompromittieren. Durch die lauten Lehren Zarathustras auf dem Markt, die in Beschimpfungen übergehen, könnte der Sinn des Gedankens des Übermenschen gerade verdeckt werden. So wären die Lehren von der ewigen Wiederkehr und vom Übermenschen auf gleiches Niveau gestellt. Von beiden käme nur eine Oberfläche zutage. Nietzsche wird das im III. Teil am Wiederkunftsgedanken deutlich machen. Von Scham ist dann aber nicht mehr die Rede.

Wenn beide Gedanken „hart" sind, muss, erwägt Nietzsche weiter, auch Zarathustra vor ihrer Härte grauen. Das scheint ihn in der Idee bestärkt zu haben,

---

[335] N November 1882 – Februar 1883, 4[132], KSA 10.152.
[336] N Juni – Juli 1883 (N VI 3), 10[44], KSA 10.377.

Zarathustra an ihrer Verkündung sterben zu lassen. So ergäbe sich eine Tragödie, in deren Mitte der Tod Zarathustras stünde:

[Za 8]
I Act.	Die Versuchungen. Er hält sich nicht für reif. (Ausgewähltes Volk)
	<u>Einsamkeit aus Scham vor sich</u>
II Act.	Zarathustra incognito dem „großen Mittage" beiwohnend
	Wird erkannt
III. Act.	Katastrophe: <u>alle</u> fallen ab nach <u>seiner</u> Rede.
	Er stirbt vor Schmerz.
IV Act.	Leichenfeier
	„Wir tödteten ihn"

<u>überredet die Gründe</u> [337]

Die schwerste Versuchung Zarathustras ist, wie Nietzsche immer wieder festhält, die des Mitleids, das Zarathustra von der Härte abhalten würde. Die Scham überträgt sich von seinen Gedanken auf ihn selbst und hält ihn ganz vom Lehren ab, macht ihn einsam. Der „große Mittag" steht für die Zeit der klarsten Erkenntnis: Die Lehren würden nach diesem Tragödienentwurf am „großen Mittage" ausgesprochen, zunächst aber nicht von Zarathustra selbst, der unerkannt dabeisein und so seine Scham bewahren soll. Als er aber erkannt und selbst zum Reden genötigt wird, stirbt er vor Schmerz, als er sehen muss, dass selbst „Ausgewähltes Volk" seine Lehren nicht versteht oder nicht erträgt und sich von ihm abwendet. Seine bisherigen Anhänger rechnen seinen Tod sich selbst zu, weil sie ihn zum Reden genötigt haben; sie haben ihn in diesem Sinn geopfert. Umso mehr ehren sie ihn mit einer Leichenfeier. So würde das Drama des Lehrens zu einer Tragödie für den Lehrer.[338]

---

[337] N Juni – Juli 1883, 10[45], KSA 10.377.
[338] Ottmann, Kompositionsprobleme von Nietzsches *Also sprach Zarathustra*, 64 f., bindet den Begriff der Tragödie an die klassische Bestimmung, nach der der Protagonist ‚unschuldig schuldig' wird, und schließt darum die Bezeichnung ‚Tragödie' für Nietzsches Za aus: „Nietzsche kann keine Tragödie schreiben, weil er ein Immoralist ist. Wo es keine Schuld mehr gibt und die ‚Unschuld des Werdens' regiert, wird der Tragödie genauso der Boden entzogen, wie wenn der gerechte Gott und die moralische Weltordnung jedem letztlich doch wieder zuteilen, was er verdient." Doch nicht der Immoralist Nietzsche, sondern der *Lehrer* Zarathustra, wie Nietzsche ihn konzipiert, wird ‚unschuldig schuldig', weil er um der neuen Wahrheit willen große Teile der Menschheit vernichten zu müssen glaubt. Ottmann sieht nicht, wie „die Form des Werkes [Za] auf seine Lehre zu beziehen" wäre. Der Bezug liegt darin, dass Nietzsche Zarathustra als Lehrer konzipiert, der mit seinen Lehren die Menschheit ‚höherzüchten' will und dabei den meisten von ihnen den Tod bringt.

2 Aufzeichnungen zu *Also sprach Zarathustra*: Alternative Handlungskonzepte

Im Gewirr der Alternativen zeichnet Nietzsche im Heft N VI 3 weitere Einfälle zu weiteren Handlungselementen auf: Kinderchöre, ein Narr, zwei Könige, die einen Esel führen, ein Feuer auf dem Markt einer Peststadt zur symbolischen Reinigung, Vernichtung einer Großstadt. Zarathustras Hang zur Milde und der Zwang zur Härte, die miteinander kollidieren, schaffen ein „psychologisches Problem",[339] das bei ihm eine „Vision" auslöst:

> [Za 9] Zarathustra auf den Ruinen einer Kirche sitzend Act 4
> der Mildeste muß der Härteste werden – und daran zu Grunde gehen.
> Mild gegen den Menschen, hart um des Übermenschen willen
> Collision.
> anscheinende Schwäche.
> er prophezeit ihnen: die Lehre der Wiederkehr ist das Zeichen.
> Er vergißt sich und lehrt aus dem Übermenschen heraus die Wiederkehr: der Übermensch hält sie aus und züchtigt damit.
> Bei der Rückkehr aus der Vision stirbt er daran[340]

Man hat das gerne als authentische Deutung der *Zarathustra*-Dichtung und Zarathustra selbst auch gleich als Übermenschen verstanden. Aber es ist nur eine Handlungsalternative unter anderen, die Nietzsche erwägt. Wenn der Sinn der Lehren für Zarathustra sich in einer Vision offenbart, bleibt offen, was ihm selbst davon klar wird. So weiß er auch nicht, wie die Lehren auf geeignete Weise zu verkünden sind. Dass er selbst der oder ein Übermensch sei, wird nicht gesagt. Nietzsche hält in seiner Aufzeichnung auch nicht fest, ob Zarathustra an der Vision sterben soll wie ein Prophet oder Heiliger, den Gott nach seinem Verkündungs- oder Erlösungswerk zu sich nimmt, oder vor Glück, wie Nietzsche später immer wieder erwägt, oder aber, weil er nach der Rückkehr aus der Vision das Leben, wie es bisher gelebt wird, nicht mehr ertragen kann. Mit dem dramaturgischen Einfall der Vision werden jedenfalls beide Lehren allen Begründungen entrückt – das könnte der Sinn des doppelt unterstrichenen Zusatzes „überredet die Gründe" sein.

Im Heft Z I 4 vom Sommer 1883 erwägt Nietzsche die Handlungsalternative, dass Zarathustra sich in seiner Höhle zurückhält, seine Lehren aber schon zir-

---

[339] N Herbst 1883 (Z II 1a), 16[4], KSA 10.496.
[340] N Juni – Juli 1883, 10[47], KSA 10.378. Beim Begriff ‚Vision' wird man sich daran erinnern müssen, was Nietzsche über den Chor in der griechischen Tragödie geschrieben hat: Man sei „jetzt zu der Einsicht gekommen, dass die Scene sammt der Action im Grunde und ursprünglich nur als Vision gedacht wurde, dass die einzige ‚Realität' eben der Chor ist, der die Vision aus sich erzeugt und von ihr mit der ganzen Symbolik des Tanzes, des Tones und des Wortes redet." (GT 8, KSA 1.62 f.).

kuliert sind, die Pest ausgebrochen ist und er nun, in vertauschten Rollen von Kindern als Rattenfängern verführt, (wieder) unter die Menschen geht, sich als Wunderheiler betätigt und sich nach Gesprächen mit Schiffsleuten in einen Vulkan stürzt; am Ende wieder die Totenfeier. Mit der Pest scheint Nietzsche eine extreme Not ausbrechen lassen zu wollen, in der die Menschen am ehesten zu Umorientierungen und Umwertungen bereit sind; Zarathustras Wunderheilung könnte symbolisch für die unerhörten Wirkungen seiner Lehren stehen. Nietzsche hat die Motive wieder fallen lassen. Anderes wie die Schiffer und die Vulkaninsel gehen dagegen in die Dichtung ein:

[Za 10]
1 Act.   Zarathustra unter Thieren. Die Höhle.
Das Kind mit dem Spiegel. (Es ist Zeit!)
Die verschiedenen Anfragen, sich steigernd. Zuletzt verführen ihn die Kinder mit Gesang.
2 Act.   Die Stadt, Ausbruch der Pest. Aufzug Zarathustra's, Heilung des Weibes. Frühling.
3 Act.   Mittag und Ewigkeit.
4 Act.   Die Schiffer.
Scene am Vulkan, Zarathustra unter Kindern sterbend.
Todtenfeier.[341]

Im Heft Z II 1a vom Herbst 1883 unterstreicht Nietzsche „In Scham vor einer großen Wahrheit leben",[342] führt die in N VI 3 geplanten Akte etwas näher aus und wandelt sie dabei auch wieder ab:

[Za 11] In Act II kommen die verschiedenen Gruppen und bringen ihr Geschenk. „Was thatet ihr?" – Sie sagen es. – „So ist es aus dem Geiste Zarathustras gethan."
Die Lehre der Wiederkunft wird zuerst das Gesindel anlächeln, das kalt und ohne viel innere Noth ist. Der gemeinste Lebenstrieb giebt zuerst seine Zustimmung. Eine große Wahrheit gewinnt sich zuallerletzt die höchsten Menschen: dies ist das Leiden der Wahrhaftigen.
Act I. Einsamkeit aus Scham vor sich: Ein unausgesprochener Gedanke, dem er sich zu schwach fühlt (zu wenig hart) Die Versuchungen, ihn darüber zu täuschen. Die Boten des ausgewählten Volks laden ihn zum Feste des Lebens.
Act II. Er wohnt incognito dem Feste bei. Er verräth sich, als er sich zu geehrt findet.
Act III. Im Glück verkündet er den Übermenschen und dessen Lehre. Alle fallen ab. Er stirbt, als die Vision ihn verläßt, vor Schmerz darüber, welches Leid er geschaffen.
Todtenfeier. „Wir tödteten ihn" – Mittag und Ewigkeit.[343]

---

341 N Sommer 1883 (Z I 4), 13[2], KSA 10.444 f.
342 N Herbst 1883 (Z II 1a), 16[2], KSA 10.495.
343 N Herbst 1883, 16[3], KSA 10.495 f.

So hätte sich der Geist Zarathustras bereits verbreitet, aber nur oberflächlich: Die Wiederkunftslehre wird von den Oberflächlichsten am leichtesten und schnellsten, von den Tiefsten am zögerndsten aufgenommen werden – eine deutliche Warnung an vorschnell ‚verstehende' Leser*innen. Aber selbst Zarathustra ist versucht, sich darüber zu täuschen, will sich die Härte seiner Lehren verbergen und verkündet sie dann doch – mit den vorgesehenen Folgen. Mit Fest und Totenfeier wäre *Also sprach Zarathustra* eine Prunktragödie geworden.

Dazwischen, im Heft N VI 5 vom Sommer – Herbst 1883, werden Nietzsche offenbar die logischen Schwierigkeiten deutlich, die durch die Verknüpfung der Lehren vom Übermenschen und von der ewigen Wiederkunft entstehen. Denn die Wiederkehr brächte zu Zarathustras größtem Ekel, wie Nietzsche ihn später, im III. Teil von *Also sprach Zarathustra* sagen lässt, auch den letzten Menschen wieder, würde also bedeuten, dass der Übermensch immer neu in den letzten Menschen zurückfällt, um ihn dann wieder zu übersteigen. So würden beide Lehren immer neu enttäuscht, um dann immer wieder neu aufzukommen. Während der Gedanke des Übermenschen auf die Zukunft gerichtet ist, bricht der Wiederkunftsgedanke immer neu mit dieser Zukunft. Das ist schwer plausibel zu machen, und auch Nietzsches ad-hoc-Lösung ist nicht überzeugend:

> [Za 12] 3. Der grösste Schmerz: die nutzlose Vergeudung Zarathustra's als ewig wiederholt. Lösung: noch einmal versuchen![344]

Neue Versuche verändern das Problem nicht; so wird er, scheint Nietzsche klar geworden zu sein, kaum weiterkommen. Am Tod Zarathustras, den er mit seinem „Incipit tragoedia" angekündigt hat, aber hält er vorläufig noch fest.

Im Heft Z I 4 vom Sommer 1883 sammelt er erneut Sprüche, macht weitere Pläne für den dramaturgischen Fortgang, nun von Teil II, und fertigt Listen für die zu haltenden Reden an.[345] Nietzsche will jetzt offenbar die Dramatik steigern und in die 5 Akte folgende Handlungselemente einbringen: außer Zarathustra unter Tieren und Kindern, dem Ausbruch einer Pest, der Heilung einer Frau und der Verkündung des „furchtbarsten Wissens", die er schon vorgesehen hatte, die Handlungselemente Empörung der Jünger, Irritation der Tiere, neuer Ausbruch der Pest an der Frau. Zarathustra tötet sie aus Mitleid, umarmt ihren Leichnam, begibt sich unter Schiffer, zieht zuletzt zu einem Vulkan und stirbt dort unter Kindern. Abschließend wieder die große Totenfeier, jetzt mit einem goldenen Sarg, der in den Vulkan stürzt oder gestürzt wird. „Die Jünger schauen in das tiefe Grab." Der Wiederkunftsgedanke sollte dabei im 3. Akt Höhepunkt des Dramas

---

[344] N Sommer – Herbst 1883 (N VI 5), 15[31], KSA 10.487.
[345] N Sommer 1883 (Z I 4), 13[1]-[36], KSA 10.415–474.

werden, den Nietzsche häufig und auch hier „Mittag und Ewigkeit" betitelt.[346] Der 3. Akt einer griechischen Tragödie brachte die *anagnōrisis*, die entscheidende Einsicht, die Angst und Schrecken auslöst und zur Wendung der Handlung (*katastrophé*), am Ende zum Tod des Protagonisten oder ihm nahestehender Figuren führt. Der 4. Akt ist dann die *katábasis*, der Abstieg vom Höhepunkt der Handlung; hier sollen bei Nietzsche die Schiffer auftreten, bis Zarathustra dann im 5. Akt „voller Seligkeit" in den Tod geht. Mit einem solchen Tod käme die Tragödie glücklich zu Ende.

Vorbild für einen solchen Tragödien-Ausgang war sichtlich Empedokles. Ihm hatte der erklärte Lieblingsdichter des jungen Nietzsche, Hölderlin, eine Tragödie gewidmet, und Nietzsche wollte ihr in der Zeit um 1870 bis 1872 eine eigene folgen lassen.[347] Er machte sich damals folgende Notizen dazu:

> [Z 13]
> Act. I. E<mpedokles> stürzt den Pan, der ihm die Antwort verweigert. Er fühlt sich geächtet. Die Agrigentiner wollen ihn zum König wählen, unerhörte Ehren. Er erkennt den Wahn der Religion, nach langem Kampfe.
> Die Krone wird ihm von der schönsten Frau dargebracht.
> II. Furchtbare Pest, er bereitet große Schauspiele, dionysische Bacchanale, die Kunst offenbart sich als Prophetin des Menschenwehs. Das Weib als die Natur.
> III. Er beschließt bei einer Leichenfeier das Volk zu vernichten, um es von der Qual zu befrein. Die Überlebenden der Pest sind ihm noch bemitleidenswerther.
> Bei dem Pantempel. „Der große Pan ist todt".
> [...]
> Empedocles, der durch alle Stufen, Religion Kunst Wissenschaft getrieben wird und die letzte auflösend gegen sich selbst richtet.
> Aus der Religion durch die Erkenntniß daß sie Trug ist.
> Jetzt Lust am künstlerischen Scheine, daraus durch das erkannte Weltleiden getrieben. Das Weib als die Natur.
> Jetzt betrachtet er als Anatom das Weltleiden, wird Tyrann, der Religion und Kunst benutzt, und verhärtet sich immer mehr. Er beschließt Vernichtung des Volks, weil er dessen Unheilbarkeit erkannt hat. Das Volk, um den Krater versammelt: er wird wahnsinnig und verkündet vor seinem Verschwinden die Wahrheit der Wiedergeburt. Ein Freund stirbt mit ihm.[348]

---

346 N Sommer 1883, 13[2], KSA 10.444 f.
347 BAW II, 1–5. Zum Näheren vgl. Bennholdt-Thomsen, Nietzsches *Also sprach Zarathustra* als literarisches Phänomen, 151 f., Anm. 2, und zuletzt und umfassend Reschke, Ein Deutsch-Aufsatz und seine Folgen. Was Friedrich Nietzsche an Hölderlin interessierte.
348 N Sommer 1870 – Januar 1871, 5[116], [118], KSA 7.125 f. Vgl. Vivarelli, Empedokles und Zarathustra; Söring, Nietzsches Empedokles-Plan; Haase, Zarathustra auf den Spuren des Empedokles; Zittel, Art. Hölderlin, in: NHB¹, 387 f., Ottmann, Kompositionsprobleme von Nietzsches *Also sprach Zarathustra*, 49; Most, The Stillbirth of a Tragedy: Nietzsche and Empedocles; Babich,

Später entwickelte er dazu eine ausführliche Dramaturgie.[349] Nietzsche wird dem in seinen Notizen zur Zarathustra-Zeit in vielem nahe bleiben. Hölderlin kommt ihm darin entgegen, dass bei ihm Empedokles' Lehren vom Volk und seinen Führern abgelehnt werden und er seinerseits, weil er das Volk mit seinen philosophischen Lehren erziehen will, die ihm angebotene rein politische Königswürde ablehnt. Die Führer verbannen ihn, das Volk will ihn dennoch als Herrscher. In Hölderlins Tragödie macht Empedokles seinen Tod zum Fest und lehrt die ewige Wiederkehr.[350] Auch bei ihm schickt Empedokles zuvor seinen treuesten Jünger weg, zieht sich in eine Höhle zurück und verehrt die Sonne in ihrem schenkenden Überfluss, will „untergehen" wie die Sonne im Meer, um mit neuem Strahlen wieder aus ihm aufzusteigen. Beide haben mit ihrem Mitleid zu kämpfen, beide machen ihr Schicksal zu ihrem eigenen Willen und suchen den Tod zur rechten Zeit.

Nietzsche erwägt in Z I 4 vom Sommer 1883 aber auch, die Figur eines Königs einzubauen, der im Begriff ist, ein Todesurteil zu vollstrecken: „Zarathustra, des Volks Verführer," durchbohrt ihn so mit seinem Blick, dass er ihn dazu bringt, das „Bild, das vor dem Volke hervorgeht", höher zu stellen als alle Könige und diese zu opfern bereit ist. Der König erbleicht beim Anblick des Volkes, das auf Zarathustra wartet, und zerreißt das Todesurteil.[351] Damit könnte Nietzsche auf die Gegenüberstellung von Christus und Pilatus anspielen und die biblische Szene so umdeuten, dass ein neues Bild des Menschen die Macht bestallter Herrscher bedroht – weil das Volk willens ist, dem Propheten zu folgen, und der Herrscher sich dem beugen muss, wofür wiederum Propheten des Alten Testaments Beispiele geben. Hier ist Nietzsche dem am nächsten, was ihm später immer be-

---

Nietzsches Lukian, und Babich, Der Tod des Zarathustra – und ‚große Politik'. Die umfassendsten und gründlichsten Auskünfte finden sich bei Most.
349 N Winter 1870/71 – Herbst 1872, 8[30]-[38], KSA 7.233–237. Most, The Stillbirth of a Tragedy, 42, nennt das Ganze „an aesthetic desaster", das Nietzsche gut daran tat aufzugeben.
350 Hölderlin, Der Tod des Empedokles, 3. Fassung, Ende des 2. Auftritts, V. 329 f.: „es kehret alles wieder. / Und was geschehen soll, ist schon vollendet." (in: F.H., Sämtliche Werke, 875). Grätz, NK 4, Stellenkommentar, macht darauf aufmerksam, dass die Wiederkehr bei Hölderlin anders verstanden wird als bei Nietzsche. Bei Hölderlins Empedokles bedeutet sie eine Verjüngung: Wie die Natur im Herbst abstirbt und im Frühling zu neuem Leben erwacht, soll nach Empedokles auch die spätzeitlich erstarrte gesellschaftliche Ordnung untergehen, um zu einem neuen Leben wiedergeboren zu werden: „Menschen ist die große Lust / Gegeben, daß sie selber sich verjüngen. / Und aus dem reinigenden Tode, den / Sie selber sich zu rechter Zeit gewählt, / Erstehn, wie aus dem Styx Achill, die Völker." (Hölderlin, Der Tod Empedokles, Erste Fassung, Erster Akt, Vierter Auftritt, V. 1497–1501, in: Sämtliche Werke, 820).
351 N Sommer 1883, 13[4], KSA 10.454 f.

denklicher scheint: Zarathustra als Religionsstifter und seine Lehre als neue Religion zu inszenieren.

Den Fortgang hat Nietzsche nicht skizziert. Doch setzt der Plan voraus, dass der Glaube des Volks ausschlaggebend ist. Dann käme es nicht auf bestimmte Übermenschen, sondern auf das „Bild vom Übermenschen" an, das sich breit im Volk durchsetzen muss:

> [Z 14] Nicht um das Recht kämpft ihr Alle, ihr Gerechten, sondern darum, daß eure Bild<er> vom Menschen siegen.
> Und daß an meinem Bild vom Übermenschen alle eure Bilder vom Menschen zerbrechen: siehe, das ist Zarathustra's Wille zum Rechte.[352]

In dieser Richtung hätten sich neue dramaturgische Möglichkeiten und Themen für Reden eröffnet. Nietzsche notiert Stichworte wie „Von neuen Gesellschaften und Klöstern", „Erlösung von den Erlösern", „Die Gottes-Mord-Büßer und ihr Fest", „Reinigung von der Rache", „Größte Todtenfeier – hin zur Unsterblichkeit", „Entsagung vom Metaphysischen [...] als Aufopferung" und schließlich, vielleicht in Anspielung auf den Tod Giordano Brunos, „der Scheiterhaufen (Groß-Stadt)".[353] Mit dem Opfertod des Lehrers für seine Lehre, an die das Volk zu glauben bereit ist, die die Herrschenden aber nicht dulden, hätte sich das Pathos der Lehrdichtung nochmals gesteigert.

Nietzsche blieb hier vorerst sichtlich unschlüssig. Er stellt weitere eher flüchtige dramaturgische Ideen zusammen, ohne sie dann auch zu verfolgen oder gar auszuführen. Eine schlüssige und packende Tragödiendramaturgie wie die der griechischen Tragödien formt sich ihm nicht; im Zentrum bleiben die Reden. Allmählich konkretisieren sich Einteilungen und Titel für die einzelnen Abschnitte und kommen dem zum Druck beförderten II. Teil schrittweise näher. An der „Todtenfeier" hält Nietzsche noch eine Weile fest, dann verschwindet sie. Stattdessen tauchen Lieder auf: Nietzsche wendet sich vom Drama ab und dem Lyrischen zu. Die Lieder singt Zarathustra sich selbst, spektakuläre Handlungselemente treten hinter seiner Selbstbesinnung zurück. Nietzsche stimmt seine Dichtung auf stillere Töne ein und fasst nun den Plan, den II. Teil mit einem Abschnitt „Die stillste Stunde" zu schließen, wie es dann auch geschah.[354] Zarathustra besinnt sich in einem Selbstgespräch mit einer Stimme „ohne Stimme" auf seine Botschaft, von der er eigentlich weiß, die er aber nicht auszusprechen wagt, und von hier aus auf andere Möglichkeiten, sie den Menschen mitzuteilen. Denn

---

352 N Sommer 1883, 13[5], KSA 10.455.
353 N Sommer 1883, 13[20], KSA 10.467 f.
354 N Sommer 1883, 13[32]-[36], KSA 10.473 f.

seine Früchte seien „reif", er aber nicht „reif für seine Früchte". So muss er erst in neuer Einsamkeit ausreifen.

So konnte die Lehrdichtung aber kaum enden, und Nietzsche war hier schon klar, dass es einen III. Teil geben müsse. Er entwirft einen Brief an Heinrich Köselitz, in dem er eine erste Bilanz zu den Teilen I und II zieht und darin ganz auf die Stimmungen abhebt:

> [Z 15a] Sonst nimmt sich das Buch gut und reinlich aus. Ich bin noch nicht zu einem <u>objektiven</u> Eindruck des Ganzen gelangt; doch wollte es mir scheinen, daß es einen nicht geringen <u>Sieg</u> über den „Geist der Schwere" darstelle, in Hinsicht darauf, <u>wie</u> schwer die Probleme, um die es sich handelt, darzustellen sind. Daß der erste Theil einen <u>Ring</u> von Gefühlen umfaßt, der für den Ring von Gefühlen, die den zweiten Theil ausmachen, eine <u>Voraussetzung</u> ist – auch das erscheint mir leicht erkennbar und „gut gemacht", um wie ein Tischlermeister zu reden. Im Übrigen habe ich alles Schwere und Schwerste noch vor mir. Nach einem ziemlich genauen architektonischen Überschlag des Ganzen giebt es noch ebenso viel als bisher – ungefähr noch 200 Seiten. Gelingt es mir so, wie mir – trotz der fürchterlichsten Gegnerschaft, die ich im Herzen gegen das gesammte Zarathustra-Gebilde mit mir herumschleppe – die ersten zwei Theile gelungen <u>erscheinen</u>, so will ich ein Fest feiern und vor Vergnügen dabei sterben. Pardon!
>
> <u>Wahrscheinlich</u> hätte ich, wenn ich dieses ganze Jahr meine Seele heiter und hell gehabt hätte, aus <u>artistischen</u> Motiven die Farben der beiden ersten Theile dunkler, finsterer und greller gewählt – in Hinsicht auf das, was den <u>Schluß</u> macht. Aber dies Jahr war mir das Labsal heitrerer und luftigerer Farben <u>zum Leben</u> <u>nothwendig</u>; und so habe ich im zweiten Theile beinahe wie ein Possenreißer meine Sprünge gemacht. – Im Einzelnen ist unglaublich Vieles persönlich Erlebte und Erlittne darin, das nur mir verständlich ist, – manche Seiten kamen mir fast <u>blutrünstig</u> vor.
>
> Es gehört für mich übrigens zu den noch räthselhaften Thatsachen, <u>daß</u> ich wirklich in diesem Jahre beide Theile gemacht habe. Ein Bild, das fast in allen meinen Schriften einmal vorkommt „über sich selber erhaben" – ist zur Wirklichkeit geworden – und – oh wenn Sie wüßten, <u>was</u> <u>sich selber</u> zu bedeuten hat! Sie denken hundert Mal zu gut von mir, Freund Köselitz! —[355]

Nietzsche blickt nicht auf die Themen, die er behandelt, und nicht auf die Handlung zurück, die er inszeniert, sondern auf die Stimmungen, die er zum Ausdruck gebracht hat – und setzt sie ins Verhältnis zu seinen eigenen Stimmungen während der Arbeit an *Also sprach Zarathustra*. Er wollte mit seinen Stimmungen ins Gleichgewicht kommen, indem er sie teils steigerte, teils dämpfte, so dass es bei der Werkkonzeption zu „Sprüngen" kam. Unter diesem Gesichtspunkt, der sich den Leser*innen entzieht, wird die dramaturgische

---

[355] Entwurf eines Briefes an Heinrich Köselitz aus Sils-Maria, vermutlich von Ende August 1883, Nr. 460, KSB 6.442f.

Dürftigkeit der Dichtung verständlich: Nietzsche inszeniert gegenüber Köselitz, dem er sich bei aller Distanz oft sehr intim anvertraut, seine eigene Totenfeier nach dem Gelingen seiner Dichtung und schließlich macht er, wie aus den Lehren der Wiederkunft und des Übermenschen, auch aus sich selbst ein Geheimnis.

Er gibt den Entwurf jedoch nicht so in die Post. Im tatsächlich abgesandten Brief beschränkt er sich auf die in seinen Augen heitere Stimmung der ersten beiden Teile von *Also sprach Zarathustra*, stellt sie als Selbstopfer dar und dramatisiert gegenüber seinem treuen Helfer nun den Prozess der Abfassung selbst:

> [Z 15b] Wie die Qual und Wirrsal meines Gemüths auf die Farben der zwei ersten Theile gewirkt haben mag? (Denn die Gedanken und Richtungen waren gegeben) Seltsam, alter Freund! Ich meine allen Ernstes, daß Z<arathustra> heiterer und lustiger ausgefallen ist als er sonst ausgefallen sein würde. Ich könnte dies beinahe „aktenmäßig" beweisen.
>
> Andererseits: ich würde lange, lange, lange nicht so tief gelitten haben und leiden, wenn ich nicht in den 2 letzten Jahren fünfzig Mal Motive aus meiner Einsiedler-Theorie auf die Praxis übertragen hätte und aus den schlimmen, ja schauerlichen Folgen dieser „Praktik" zum Zweifel an mir selber getrieben worden wäre. Dergestalt hat Z<arathustra> sich auf meine Kosten erheitert, und ich habe mich auf seine Kosten verdüstert.

Dass „Gedanken und Richtungen [...] gegeben" waren, könnte eine nachträgliche Begradigung des Dichtungsprozesses sein. In jedem Fall sollen die folgenden Teile der Dichtung, auf die Nietzsche sich und Köselitz schon vorbereitet, nun dramaturgisch noch ruhiger ablaufen. Die Stimmung, fährt er in seinem Brief an Köselitz fort, soll sich verdüstern und dadurch das Pathos weiter steigern:

> [Z 15c] Übrigens muß ich Ihnen, nicht ohne Betrübniß, melden, daß jetzt, mit dem dritten Theile, der arme Z<arathustra> wirklich in's Düstere geräth – so sehr, daß Schopenhauer und Leopardi nur als Anfänger und Neulinge gegen seinen „Pessimismus" erscheinen werden. So will es der Plan. Um aber diesen Theil machen zu können, brauche ich selber erst tiefe, himmlische Heiterkeit: denn das Pathetische der höchsten Gattung wird mir nur als Spiel gelingen. (Zum Schluß wird Alles hell.)

Das Gedanklich-Theoretische will er auslagern in eine andere Schrift:

> [Z 15d] Vielleicht arbeite ich inzwischen noch Etwas Theoretisches aus; meine Skizzen dafür haben jetzt die Überschrift
> Die Unschuld des Werdens.
Ein Wegweiser zur Erlösung von der Moral.[356]

---

356 Brief an Heinrich Köselitz aus <Sils-Maria,> Montag <3. September 1883>, Nr. 461, KSB 6.443–445, hier 444 f. Vgl. den Brief an Gottfried Keller aus Genua vom 1. Mai 1883, Nr. 412, KSB 6.372, bei der Übersendung eines Exemplars von Za: „Seltsam! Aus einem wahren Abgrunde von Gefühlen,

Tatsächlich ändert sich Nietzsches Ton in seinen Plänen für den III. Teil von *Also sprach Zarathustra*. Zarathustra soll hellsichtig gerade für das Düstere der Aufgabe werden, die Nietzsche ihm zugeschrieben hat:

> [Z 16] Zarathustra III. A) plötzlich über sich hellsichtig. Was schenken! Was die Menschen glücklich machen! Was Freunde! Was Liebe! Stolz ist es, daß er Wahrheit redet! Seine große Verachtung kommt.[357]

Zarathustra soll nun selbst ganz unter dem Schwergewicht des Wiederkunftsgedankens stehen –

> [Z 17] Jedes Capitel in <Zarathustra> 3 schließen: „Zarathustra, willst du dies noch einmal?"[358] –,

stets den Übermenschen vor Augen haben und Gesetzgeber werden:

> [Z 18] Erst die Gesetzgebung. Nach der Aussicht auf den Übermenschen auf schauerliche Weise die Lehre der Wiederkunft: jetzt erträglich![359]

Nietzsche will trotz aller Misserfolge Zarathustra entschieden als Lehrer auftreten lassen:

> [Z 19] Zarathustra 3. gegen die Behaglichkeit des Weisen – gegen die ‚fröhliche Wissenschaft' / Der Untergang der glückseligen Inseln weckt ihn! Glück in seinem Mißerfolge. Größtes Leid bei der Einsicht, den bisherigen Ertrag des Lebens verloren zu haben: der ganz große Mißerfolg! – Endlich beschließt er seine Lehre hundertfach zu lehren![360]

Da die Lehre aber keine universale, für alle gleich lehrbare Lehre sein kann, soll Zarathustra mit seiner Härte gegen sich selbst ein Beispiel für die Erfüllbarkeit des Gesetzes geben:

> [Z 20] Gesetze als Rückgrat – an ihnen arbeitend und fortschaffend
> Zarathustra giebt das Muster wie man sich zum Gesetze zu verhalten hat, indem er das Gesetz der Gesetze die Moral aufhebt durch höhere
> die Erfüllbarkeit größer als vorher (dem Individuum die Deutung zugänglich)

---

in die mich dieser Winter, der gefährlichste meines Lebens, geworfen hatte, erhob ich mich mit einem Male und war zehn Tage lang wie unter dem hellsten Himmel und hoch auch über den Bergen."
357 N Sommer – Herbst 1883 (N VI 5), 15[7], KSA 10.480.
358 N Sommer – Herbst 1883, 15[7], KSA 10.481.
359 N Sommer – Herbst 1883, 15[10], KSA 10.482.
360 N Sommer – Herbst 1883, 15[17], KSA 10.483.

> NB. es muß erfüllbar sein <und> aus der Erfüllung muß ein höheres Ideal und dessen Gesetz wachsen![361]

Die Erfüllung des Gesetzes durch das Individuum, das es zu *seinem*, seinem individuellen Gesetz macht,[362] müsste dramaturgisch in der Dichtung vorgeführt werden. Wenn aber Gesetze immer nur auf individuelle Weise erfüllt werden können, genügt ein maßgebendes Beispiel, und die Lehre muss dann gar nicht ausgesprochen werden:

> [Z 21] [...] Stehst du hoch genug, so mußt du erziehen, zu Dir hinauf ziehen! [...][363]

Doch hier drängt nun sich Nietzsches Wettbewerbsgedanke ein, den er in seiner Auseinandersetzung mit den Griechen kultiviert hat. Zarathustra soll den Gedanken nicht einfach ‚haben' und mit ihm ‚herrschen', sondern die Menschen sollen selbst um das Verständnis des Gedankens und damit um die Herrschaft wetteifern:

> [Z 22] [...] Herrschen? gräßlich! Ich will nicht meinen Typus aufnöthigen. Mein Glück ist die Vielheit!
> Problem!
> Zum agon aufrufen! gerade die, welche sich gern verstecken möchten, die Stillen, Frommen,
> – Bewerbung um Herrschaft!
> Einsamkeit nur Mittel der Erziehung! [...][364]

Im Heft Z II 1a vom Herbst 1883 bekräftigt Nietzsche das noch einmal:

> [Z 23] [...] Krieg (aber ohne Pulver!) zwischen verschiedenen Gedanken! und deren Heeren!
> Neuer Adel, durch Züchtung. Die Gründungs-Feste von Familien.
> Der Tag neu eingetheilt; die körperlichen Übungen für alle Lebensalter. Der Wettkampf als Princip. [...]
> Die körperliche Stärke soll auf der Seite des größten Gedankens sein – so lange muß Krieg sein zwischen den verschiedenen Gedanken![365]

Wäre Nietzsche dem gefolgt, hätte sich die Dramaturgie noch einmal stark verändert. Um ihre konkurrierenden Interpretationen glaubhaft zu machen, hätten andere Figuren ein viel stärkeres Profil gewinnen müssen, und die Leser*innen

---

361 N Sommer – Herbst 1883, 15[19], KSA 10.483f.
362 Vgl. Gerhardt, Das individuelle Gesetz.
363 N Sommer – Herbst 1883, 15[35], KSA 10.488.
364 N Sommer – Herbst 1883, 15[21], KSA 10.485.
365 N Herbst 1883(Z II a), 16[50], KSA 10.515f.

2 Aufzeichnungen zu *Also sprach Zarathustra*: Alternative Handlungskonzepte — 191

hätten auf diese Weise mögliche Auslegungen des Wiederkunftsgedankens vorgeführt bekommen. Zarathustra hätte sich lange zurückhalten und zuletzt selbst die Auslegung geben können, die alle am stärksten überzeugt, was wiederum hätte gefeiert werden können. Doch in der Dichtung dämpft Nietzsche auch diese Idee stark herab, indem er zwar Zarathustras Tiere eine eigene Auslegung des Wiederkunftsgedankens geben lässt, Zarathustra aber nur sanft über das „Leier-Lied" spotten lässt, das sie schon wieder aus ihm machen. Eine eigene Auslegung gibt er dort nicht. Nietzsche scheint selbst nicht schlüssig zu sein und will auch Zarathustra als unschlüssig darstellen:

> [Z 24] 3 Problem: Mein Wille wohlzuthun (auch mir!) zwingt mich ganz zu schweigen. Aber mein Wille zum Übermenschen heißt mich reden und selbst die Freunde zu opfern. [...] Zarathustra 3. Nach einigen Capiteln der Angst und Unschlüssigkeit Heraufbeschwörung des großen Gedankens.[366]

Er lässt die dramaturgische Idee eines Wettbewerbs fallen und will stattdessen zeigen, wie die Kollision der Stimmungen –

> [Z 25] Daß Zarathustra die höchste Noth erreicht und damit erst sein höchstes Glück: er wird schrittweise unglückseliger und glücklicher. Im Augenblick, wo Beides aufs Furchtbarste contrastirt, geht er zu Grunde. Zum Plane.[367]

– zu „Opfern" und „Fehlgriffen" führt, bei Zarathustra selbst:

> [Z 26] NB! Geschichte des höheren Menschen. Die Züchtung der besseren Menschen ist ungeheuer viel schmerzhafter. Ideal der dabei nöthigen Opfer bei Zarathustra zu demonstriren: Verlassen von Heimat, Familie, Vaterland. Leben unter der Verachtung der herrschenden Sittlichkeit (verachtet). Qual der Versuche und Fehlgriffe. Lösung von allen den Genüssen, welche die älteren Ideale boten (man empfindet sie theils feindlich, theils fremd auf der Zunge)[368]

Dazu schärft sich Nietzsche noch einmal den Leitsatz für die Lehrdichtung ein:

> [Z 27] Beherrschung der Menschheit zum Zweck ihrer Überwindung
> Überwindung durch Lehren, an denen sie zu Grunde geht, ausgenommen die, welche sie aushalten.[369]

---

366 N Sommer – Herbst 1883, 15[48], KSA 10.492.
367 N Herbst 1883, 16[8], KSA 10.500.
368 N Herbst 1883, 16[24], KSA 10.507.
369 N Herbst 1883, 16[41], KSA 10.512.

Dann nimmt er wieder von Hölderlin den Einfall auf, die Figur einer Pana einzuführen (bei Hölderlin Panthea, die Empedokles verehrt, das Göttliche im Namen entfällt): Sie könnte Zarathustra aus Mitleid mit den Menschen töten, kommt aber nicht dazu, weil Zarathustra seinerseits aus Mitleid mit Pana stirbt, als er das erkennt:

> [Z 28] Zuerst wenden sich Alle von Zarathustra ab (dies schrittweise zu schildern!). Zarathustra entzückt, merkt nichts. Pana will ihn tödten. Im Augenblick, wo sie den Dolch führt, versteht Zarathustra alles und stirbt am Schmerz über dieses Mitleiden. Dies ist deutlich zu machen![370]

Mit solchen – psychologisch allerdings sehr unwahrscheinlichen – Handlungselementen hätten sich also wieder die Folgen einer Verkündung des Wiederkunftsgedankens dramaturgisch darstellen lassen. Nietzsche denkt nun auch an einen Kampf der Tiere untereinander, bei dessen Anblick Zarathustra sterben könnte:

> [Z 29] Als alle fort sind, streckt Zarathustra nach der Schlange die Hand aus: „was räth mir meine Klugheit?" – sie sticht ihn. Der Adler zerreißt sie, der Löwe stürzt sich über den Adler. Als Zarathustra den Kampf seiner Thiere sah, starb er.[371]

Doch all das und all die vielen Möglichkeiten, Zarathustra sterben zu lassen, verfolgt er nicht weiter. Ein solche Dramaturgie schien ihm wohl doch etwas zu gekünstelt. Stattdessen setzt er auf eine neue Stimmung. Er notiert:

> [Z 29] Zarathustra's Dankgebet eines Genesenden.[372]

Nach Aufzeichnungen zur Einsamkeit Zarathustras wiederholt er das noch einmal und fügt hinzu: „Damit schließt Theil 3."[373] Die Formulierung „Dankgebet eines Genesenden" klingt so stark an die Bezeichnung an, die Beethoven dem ausladenden dritten Satz seines späten Streichquartetts in a-moll, op. 132, gab: „Heiliger Dankgesang eines Genesenden an die Gottheit", dass Nietzsche an sie gedacht haben muss. Beethoven war, als er das Quartett schrieb, von einer schweren Erkrankung genesen und komponierte den zweiten Satz in einer ungewöhnlichen Tonart, der sogenannten lydischen, die im antiken Griechenland entstand und als Kirchentonart fortlebte. Die Halbtonschritte sind hier versetzt, und so klingt sie

---

370 N Herbst 1883, 16[42], KSA 10.513.
371 N Herbst 1883, 16[45], KSA 10.513.
372 N Herbst 1883, 16[47], KSA 10.513.
373 N Herbst 1883, 16[51], KSA 10.517.

für Ohren, die auf die Dur-moll-Tonalität eingestellt sind, dissonant. Der Satz ist das vielleicht befremdlichste und tiefste Stück, das Beethoven geschrieben hat, ohne es selbst noch hören zu können. In dem rondoartig gebauten Satz folgt auf ein choralartiges „Molto adagio" ein fast tänzerisches „Neue Kraft fühlend. Andante"; beschlossen wird der Satz mit einem „Molto adagio. Mit innigster Empfindung". Das dürfte Nietzsche sehr entgegengekommen sein. Man hat Beethovens späten Streichquartetten im Ganzen „irritierenden Ausdrucksumschlag, Zerrissenheit und Sprunghaftigkeit des Aufbaus, breiten Periodenbau, freie Stimmführung, rücksichtslose Polyphonie, Vorliebe für das Schroffe, verwegene Zusammenklänge, technische Schwierigkeiten" attestiert, mit denen sie zu seiner Zeit noch wenig Anklang fanden, im 20. Jahrhundert aber neue Kompositionstechniken anregten.[374] Die drei Lieder, die auf den Abschnitt „Der Genesende" am Ende des III. Teils von *Also sprach Zarathustra* folgen, darf man wohl als Dankgebete des vom Wiederkunftsgedanken Genesenen verstehen, der sich nur noch in für andere befremdenden Tönen ausdrücken kann und will. Der Gedanke wird in ihnen nicht erklärt, nur dankbar und liebend besungen. Das Drama soll sich immer stärker nach innen werden und gerade dadurch nach außen wirken.

Aber Nietzsche lässt auch das Motiv des Herrschen-Wollens und -Sollens mit dem Wiederkunftsgedanken nicht los. In einem neuen Gesamtplan für den III. Teil soll das Lehren geradezu die Gestalt des „Zwangs" und der „Tyrannei" annehmen. Wenn der Erzieher dabei mit seinem Vorbild wirken soll, müsste dieser Zwang mit Selbstzwang beginnen. Dabei sollen auf allen Seiten Schwierigkeiten auftreten, der Gedanke aber um jeden Preis herrschen:

[Z 30]   Plan zu III Zarathustra.
Zarathustra 3: der <u>Übergang</u> vom <u>Freigeist</u> und Einsiedler zum <u>Herrschen</u>-<u>Müssen</u>: das Schenken verwandelt sich – aus dem Geben entstand der Wille, Zwang-zum-Nehmen zu üben. <u>Die Tyrannei des Künstlers zuerst als Selbst-Bezwingung und -Verhärtung!</u> <u>Psychologie des Herrschenden.</u> (Das Verlangen nach den <u>Freunden</u> entpuppt sich als Ver-

---

[374] Constantin Floros im Begleitheit zur Aufnahme der späten Streichquartette des Melos Quartetts von 1984–1986 (Deutsche Grammophon). Vgl. auch Arnold Werner-Jensen (Hg.), Reclams Kammermusikführer, 13. Aufl., Stuttgart (Reclam) 2005, 516–518. Werner-Jensen charakterisiert Beethovens späte Streichquartette im Ganzen durch „das jeweils unmittelbare kontrastreiche Nebeneinander von motivisch-konstruktiver Thematik und volkstümlicher Melodik, von bausteinartiger, gelegentlich bruchstückhafter Motivik und weitgespannten Bögen, von häufigen und schärfsten Tempo- und Dynamikgegensätzen, von ausgewogener Periodenbildung und motivischer Zerrissenheit, von in sich ruhender diatonischer und kühn modulierender Harmonik, von tiefstem, bisweilen religiösem Ernst und manchmal derbem Humor." (503) Dies könnte auch eine Beschreibung von Nietzsches Stil in Za, aber auch seiner Aphorismenbücher und vielleicht seines ganzen Werkes sein. Und beide, Beethoven und Nietzsche, haben auf die Musik bzw. die Philosophie der Folgezeit in ähnlich herausfordernder Weise gewirkt.

langen nach Werkzeugen des Künstlers!)
Zarathustra 3: zuerst Flucht vor der „unaussprechlichen Wahrheit" Skepsis, Verhöhnung seiner selber, willkürliche Blindheit, zunehmendes Elend, Schwächegefühl. Die 7 Einsamkeiten – Versuch, irgendwo in einer vergangenen Welt-Betrachtung unterzukommen, auszuruhen. Die Einwände gegen seine Lehre präsentiren sich. Die Verführer auch. (Einzuschieben: „das Trost-Lied".)
Das schwerste Leid ist, nicht um seiner Willen, sondern daß seine Liebsten an seiner Lehre verbluten. – Aber zugleich erhebt sich Zarathustra nach diesem Erlebniß zur größten Härte gegen sich und die Nächsten und denkt nur noch an die „Zukunft".
Zuletzt der Löwe als drittes Thier Zarathustra's – Symbol seiner Reife und Mürbe.[375]

Nietzsche variiert erneut die Motive, die er schon erwogen hat, den Kampf Zarathustras mit seinem Mitleid für die Freunde und seinen Tod, wieder mit einem triumphalen Schluss, den er nun in einen IV. Teil verlagern will. Alles soll erneut höchst dramatisch vor sich gehen:

[Z 31a] Die Liebe zu den Freunden möchte Zarathustra zwingen, seine große Wahrheit zurückzuhalten: auch nachdem er sie sich selber eingestanden hat. – Das ist das Problem des Herrschenden: er opfert die, welche er liebt, seinem Ideale.[376]
Alles warnt Zarathustra, weiter zu reden: Vorzeichen. Er wird unterbrochen. Einer tödtet sich, einer wird wahnsinnig. Stimmung eines göttlichen Übermuths im Künstler –: es muß an's Licht. Als er zugleich die Wahrheit der Wiederkehr und den Übermenschen gezeigt hat, überwältigt ihn das Mitleiden.
Bei ihm zunehmende Erhebung (bei dieser Erhebung macht er alle Stufen des Bösen durch – aber um seines Zieles willen. Er ist da der Lehrer des Bösen, der Härte usw.) und „Alpenglühen" – bei seinen Zuhörern zunehmende Verdüsterung. Zuletzt Regen usw.[377]

[Z 31b] Der Bund der sich Opfernden auf Zarathustra's Grabe. Vorher sind sie geflohen: jetzt, als sie ihn gestorben finden, werden sie die Erben seiner Seele und heben sich auf seine Höhe. (Dies die letzte Scene im Zarathustra 4 – „der große Mittag" – heiter – tiefer Himmel)[378]

Dazu erstellt sich Nietzsche eine Übersicht (mit einer Proportionierung der Umfänge):

[Z 31c]   Plan zum 4. Zarathustra.
1. Der Sieges-Zug, die Pest-Stadt, der symbolische Scheiterhaufen. 30
2. Die Verkündungen der Zukunft: seine Schüler erzählen ihre Thaten. 30
3. Die letzte Rede mit Vorzeichen, Unterbrechungen, Regen, Tod. 30

---

375 N Herbst 1883, 16[51], KSA 10.516 f.
376 N Herbst 1883, 16[52], KSA 10.517.
377 N Herbst 1883, 16[54], KSA 10.517 f.
378 N Herbst 1883, 16[53], KSA 10.517.

2 Aufzeichnungen zu *Also sprach Zarathustra*: Alternative Handlungskonzepte — 195

> 4. Der Bund auf seinem Grabe – die Gelobenden – der große Mittag – <u>ahnungsvoll-heiter</u> und <u>schauerlich</u>. 30[379]

Aber ihm bleiben Zweifel an der Wahrheit oder doch der Lehrbarkeit und von da aus auch am Sinn der Lehre:

> [Z 32] [...] Und warum denn diese Wahrheit reden! Selbst wenn du glauben <u>dürftest</u>, daß es Wahrheit ist! Es giebt ja keine Verbindlichkeit mehr für dich! Keine „Pflicht zur Wahrheit"! Du verleidest Allen den Genuß des Vorhandenen, du bist der Lehrer der großen Müdigkeit selber!
> du entkräftest die Tugend und machst sie weniger gelobt, also weniger begehrt. Du selber <u>raubst</u> der Menschheit die Kraft, mit der sie nach dem Ziele laufen könnte![380]

So wäre die Dramaturgie noch einmal zu ändern. Der Ausgangspunkt wäre dann:

> [Z 33a] NB. <u>Der Gedanke selber wird im dritten Theil nicht ausgesprochen</u>: nur vorbereitet. Zuerst: Kritik alles bisher Gelehrten. [...][381]

Zu bedenken wäre immer die

> [Z 33b] Furcht vor den Folgen der Lehre: die besten Naturen gehen vielleicht daran zu Grunde? Die schlechtesten nehmen sie an?[382]

Damit empfiehlt sich wieder die dramaturgische Alternative, Zarathustra selbst mit dem Wiederkunftsgedanken ringen zu lassen:

> [Z 33c] Das <u>geringste</u> Verschweigen <u>lähmt</u> seine ganze Kraft: er fühlt, daß er einem Gedanken bisher <u>ausgewichen</u> ist, – der stürzt nun mit ganzer Kraft über ihn her! Es ist ein Ringkampf: wer ist <u>stark</u> genug, Zarathustra oder der Gedanke?
> Wozu Wahrheit? – Es ist der stärkste Trieb <u>geworden</u>, der Wille zur Wahrheit! Zarathustra <u>kann</u> nicht anders!

So müsste gezeigt werden, wie sich ein Gedanke gegen den, dem er eingegeben wurde oder dem er einfach einfiel, selbständig machen, unberechenbar auf ihn zurückwirken und umso weniger vorhersehbar auf andere wirken kann. Das kann seinen Lehrer aber auch beruhigen. Er trägt dann keine Verantwortung für ihn und kann ihn der öffentlichen Auseinandersetzung überlassen:

---

[379] N Herbst 1883, 16[55], KSA 10.518.
[380] N Herbst 1883, 16[61], KSA 10.520.
[381] N Herbst 1883, 16[63], KSA 10.520. Die folgenden Zitate [Z 33b-d] sind derselben Aufzeichnung entnommen.
[382] N Herbst 1883, 16[63], KSA 10.521.

> [Z 33d] Seine <u>Beruhigung: es läßt sich die Wirkung nicht voraussehn!</u>
> der größte Gedanke wirkt am langsamsten und spätesten!
> seine nächste Wirkung ist ein Ersatz für den Unsterblichkeitsglauben: er mehrt den guten Willen zum Leben?
> Vielleicht ist er nicht wahr: – mögen Andere mit ihm ringen![383]

Das könnte der Höhepunkt der Handlung sein: seine Freunde und sich selbst der Unkalkulierbarkeit seines Gedankens zu opfern. Zarathustra wäre dann reif in seinem Denken über das Denken selbst, das sich seinerseits unabhängig von ihm weiterentwickeln könnte, und er könnte in diesem Bewusstsein sterben:

> [Z 34 a] Der dritte Theil ist die Selbst-Überwindung Zarathustras, als <u>Vorbild</u> der Selbst-Überwindung der Menschheit – zu Gunsten des Übermenschen.
> <u>Dazu</u> ist die Überwindung der Moral nöthig.
> <u>Du opferst deine Freunde</u> – sie sind tief genug, um dran zu Grunde zu gehn: und sie haben den Gedanken nicht geschaffen (was <u>mich</u> noch hält!)
> Dies als letztes Gegen-Argument, welches sich Zarathustra entgegenstellt – der stärkste <u>Feind. Jetzt wird Zarathustra reif.</u>
> Im Theil 4 stirbt Zarathustra, als er den Schmerz seiner Freunde merkt: und sie ihn verlassen.
> – Aber nach seinem Tode kommt sein Geist über sie.[384]

Der Geist Zarathustras, der nach Zarathustras Tod über die Freunde kommt, würde sich allmählich so durchsetzen, dass er Institutionen ausbildet, wie dereinst das christliche Evangelium die Institution Kirche oder die Lehre vom freien Willen die Institution des Strafrechts, mit der die Menschen für ihr Tun verantwortlich gemacht werden:

> [Z 34b] Die Institutionen als <u>Nachwirkungen</u> großer Einzelner und als Mittel, die großen Einzelnen <u>einzusenken</u> und <u>einzuwurzeln</u> – bis endlich Früchte entstehen.[385]

Das würde wiederum Allzudramatisches erübrigen. Alles kann „organisch" reifen, sich durch die Organisation der bestehenden Kräfte selbst fügen:

> [Z 35] NB. Die inneren Schwierigkeiten des 3. Theils müssen zuletzt als <u>gar nicht nöthig</u> dastehn: sie selber müssen <u>sich aufheben</u> vor der <u>General-Einsicht</u>.[386]
>
> [Z 36] General-Einsicht vielleicht: das Organische selber ist das Gesetz, wir <u>können</u> gar nicht anders – Determinismus absolut. Die vielen Möglichkeiten, die wir <u>sehen</u>, verwirren uns.[387]

---

383 N Herbst 1883, 16[63], KSA 10.521.
384 N Herbst 1883, 16[65], KSA 10.522f.
385 N Herbst 1883, 16[65], KSA 10.523.
386 N Herbst 1883, 16[74], KSA 10.524.
387 N Herbst 1883, 16[76], KSA 10.525.

Das sind auch dramaturgisch viele und verwirrende Möglichkeiten für das (vorläufige) Ende der Lehrdichtung. Nachdem Nietzsche keine ihn hinreichend überzeugende gefunden hat, die Lehren des Übermenschen und der Wiederkunft durch eine dramatische Handlung plausibel zu machen, geht er dazu über, den gedanklichen Inhalt auch hier in Form aufzuheben. Dafür bietet sich erneut der Weg an, ihn durch eine Stimmung auszudrücken, nun durch die große Ruhe in allem Geschehen:

> [Z 37a] NB. Die Stimmung Zarathustra's nicht wahnsinnig-ungeduldig nach dem Übermenschen!
> sie hat Ruhe, kann warten, aber alles Thun hat Sinn bekommen, als Weg und Mittel dorthin – und muß gut und vollkommen gethan werden.
> Ruhe des großen Stroms!!! Weihung des Kleinsten!!! alle Unruhe, heftiges Sehnen, aller Ekel ist im Theil 3 darzustellen und zu überwinden!
> (Sanftmuth, Milde des 1 und 2 Theils), usw. alles Zeichen der noch nicht ihrer selber sicheren Kraft!)
> Mit der Genesung Zarathustra's steht Cäsar da, unerbittlich, gütig – zwischen Schöpfer-sein, Güte und Weisheit ist die Kluft vernichtet. Helle, Ruhe, keine übertriebene Sehnsucht, Glück im recht angewendeten, verewigten Augenblick!³⁸⁸

> [Z 37b] Hauptlehre: In unserer Macht steht die Zurechtlegung des Leides zu einem Segen, des Giftes zu einer Nahrung. Wille zum Leiden.³⁸⁹

Doch auch die Ruhe hat eine andere Seite, sie könnte auch Ermüdung und Erschlaffung bedeuten, aus der der Wiederkunftsgedanke gerade herausreißen sollte. Sie könnte einladen, dem Gedanken auszuweichen:

> [Z 38] Zarathustra 3 Anfang. Recapitulation. Du willst den Übermenschen lehren – aber du hast dich in deine Freunde und dich selber verliebt und aus dem Leben ein Labsal gemacht. Die glückseligen Inseln verweichlichen dich – nun wirst du trübe und leidenschaftlich und schiltst auf deine Feinde. Anzeichen der Schwäche: du weichst einem Gedanken aus.
> Aber du sollst die Welt überreden und den Menschen überreden, sich zu zertrümmern.
> (Der Reformator in seiner eigenen Gemeinde erschlaffend: seine Feinde sind nicht stark genug. So muß sein größter Feind entstehn, ein Gedanke.
> Der Gedanke als Einwand gegen das Leben und Fortleben)³⁹⁰

Ein Ausweichen vor dem Wiederkunftsgedanken will Nietzsche hier nicht zulassen. So stimmt er Zarathustra dramaturgisch auf die Beschwörung des für ihn unkalkulierbaren Gedankens ein, die er in dem zum Druck beförderten Abschnitt

---
388 N Herbst 1883, 16[80], KSA 10.525 f.
389 N Herbst 1883, 16[85], KSA 10.529.
390 N Herbst 1883, 16[89], KSA 10.532.

Der Genesende im III. Teil von *Also sprach Zarathustra* dann auch inszeniert. In der Aufzeichnung stattet er Zarathustra freilich noch mit weit mehr Entschiedenheit und Mut aus:

> [Z 39] Schluß von Zarathustra 3 „Herauf abgründlicher Gedanke! Jetzt bin ich dir gewachsen!
> „Stein-hart-machen. Du bist mein Hammer! —
> Seligkeit der urbestimmten Natur – Hymnus.[391]

Vorläufig ist das aber noch nicht die Lösung für Nietzsche. In einem weiteren Heft zu den Teilen III und IV von *Also sprach Zarathustra* aus dem Herbst 1883, Z II 2, stellt er aus seinen vorigen Aufzeichnungen Stichworte zu 22 Abschnitten zusammen, einerseits zu Handlungselementen, andererseits zu Themen von Reden. Noch hat er für den III. Teil eine geschehnisreiche Handlung und vor allem Zarathustras Tod vor Augen: Zarathustra soll weiter wandern; es soll auch eine Totenfeier geben, aber nicht mehr für ihn; er macht sich sein Schenken-Wollen als Selbst- und Herrschsucht klar; er stellt sein Handeln selbst unter den Wiederkunftsgedanken; er kämpft mit seinen Tieren; am Ende kommen eine „Löwin [!] mit Taubenschwarm", Kinderchöre und wieder der „Hymnus auf die urbestimmte Natur", jetzt mit dem Zusatz „ich als fatum."[392] Darauf gliedert Nietzsche die 22 Abschnitte dramaturgisch und fügt Handlungselemente ein wie „die Stadt umgeworfen", „fürchterlicher Ausbruch seiner Verachtung", „Tod des Knaben mit der Schlange". Zarathustra wird krank, er sucht seine Höhle, sie ist zertrümmert, am Ende dann „Heraufbeschwörung des furchtbarsten abgründlichsten Gedankens" und Hymnus.[393] Für einen IV. Teil zieht Nietzsche die frühere Idee wieder heran, dass Zarathustra selbst so reift und dabei so viele von seinem Umgang ausschließt, dass er „aus dem Glück des Übermenschen heraus, das Geheimniß daß Alles wiederkehrt" erzählt – und stirbt. Nun soll es die „hinreißende Wirkung des Todes" sein, „die Gelobenden" anzuziehen.[394]

Auf einem losen Blatt aus dem Winter 1883–1884 behält sich Nietzsche zugleich vor, ein konventionelles Lehrbuch zur ewigen Wiederkunft zu verfassen, was er jedoch nie tun wird:

> [Z 40] Die ewige Wiederkunft.
> Ein Buch der Prophezeiung.
>
> 1. Darstellung der Lehre und ihrer theoretischen Voraussetzungen und Folgen.

---

391 N Herbst 1883, 17[69], KSA 10.559.
392 N Herbst 1883 (Z II 2), 20[3], KSA 10.588–590.
393 N Herbst 1883, 20[8], KSA 10.591f.
394 N Herbst 1883, 20[10], KSA 10.593.

2. Beweis der Lehre.
3. Muthmaaßliche Folgen davon, daß sie geglaubt wird (sie bringt Alles zum Aufbrechen)
   a) Mittel, sie zu ertragen
   b) Mittel, sie zu beseitigen
4. Ihr Platz in der Geschichte, als eine Mitte.
   Zeit der höchsten Gefahr.
   Gründung einer Oligarchie über den Völkern und ihren Interessen: Erziehung zu einer allmenschlichen Politik.[395]

Dennoch, den Entschluss hat er:

[Z 41] Entschluß. Ich will reden, und nicht mehr Zarathustra[396]

In einem weiteren Plan mit dem Titel „Die ewige Wiederkunft. Eine Wahrsagung" will er selbst als Lehrer der ewigen Wiederkunft auftreten, jetzt nicht mehr als herausforderndes Schwergewicht auf dem eigenen Leben, sondern als versöhnlicher Trost für Sterbliche und insbesondere für Sterbende:

[Z 42] Meine Freunde, ich bin der Lehrer der ewigen Wiederkunft.
Das ist: ich lehre, daß alle Dinge ewig wiederkehren und ihr selber mit –, und daß ihr schon unzählige Male dagewesen seid und alle Dinge mit euch; ich lehre, daß es ein großes langes ungeheures Jahr des Werdens giebt, das, wenn es abgelaufen, ausgelaufen ist, gleich einer Sanduhr immer wieder umgedreht wird: so daß alle diese Jahre sich selber gleich sind, im Kleinsten und im Größten.
Und zu einem Sterbenden würde ich sprechen: „Siehe, du stirbst und vergehst jetzt und verschwindest: und da ist Nichts, das von dir als ein „Du" übrig bliebe, denn die Seelen sind so sterblich wie die Leiber. Aber dieselbe Gewalt von Ursachen, welche dich dies Mal schuf, wird wiederkehren und wird dich wiederschaffen müssen: du selber, Stäubchen vom Staube, gehörst zu Ursachen, an denen die Wiederkehr aller Dinge hängt. Und wenn du einstmals wiedergeboren wirst, so wird es nicht zu einem neuen Leben oder besseren Leben oder ähnlichen Leben sein, sondern zu einem gleichen und selbigen Leben, wie du es jetzt beschließest, im Kleinsten und im Größten."
Diese Lehre ist noch nicht auf Erden gelehrt worden: nämlich auf der diesmaligen Erde und im diesmaligen großen Jahre.[397]

Wie bei der kosmologischen Lehre verschwindet auch bei dieser Unsterblichkeitslehre alles Abgründige und Dramatische. Auch hier hat Nietzsche von der Publikation abgesehen.

---

395 N Winter 1883–1884 (Mp XVII 1b), 24[4], KSA 10.645.
396 N Frühjahr 1884 (W I 1), 25[277], KSA 11.83.
397 N Frühjahr 1884, 25[7], KSA 11.10.

In der Zeit, als er das schreibt, ist der III. Teil von *Also sprach Zarathustra* schon in der Druckerei. Als dieser Ende März 1884 erscheint, widmet sich Nietzsche denn auch kühlen theoretischen Fragen, insbesondere der Logik und den Kräften hinter ihr. Dennoch lässt ihn das *Zarathustra*-Projekt nicht ruhen; er legt sich erneut eine dramaturgische Grobgliederung zurecht:

> [Z 43] Zarathustra 1. furchtbare Spannung: Zarathustra muß kommen oder alles auf Erden ist verloren.
> Zarathustra 3. die große Weihung des neuen Arzt- Priester- Lehrer-Wesens, welches dem Übermenschen vorangeht.[398]

Wieder soll Zarathustra getötet werden – von Menschen, die die Gefahr der Lehre der ewigen Wiederkehr erkennen:

> [Z 44] Zarathustra 2. – „die Lehre der ewigen Wiederkehr" – zunächst zerdrückend für die Edleren, scheinbar das Mittel, sie auszurotten – denn die geringeren, weniger empfindlichen Naturen bleiben übrig? „Man muß diese Lehre unterdrücken und Zarathustra tödten."[399]

„Zeichen" sollen kommen: „die brennende große Stadt", der „Untergang der Insel", der „Verfall der Menschen", aber auch das „Vorhandensein großer Einzelner".[400] Doch das bleibt Episode.

Im nun geplanten IV. Teil sollen es nur noch die „höheren Menschen" sein, die sich um Zarathustra versammeln, um von ihm zu lernen; er geht nicht mehr zu ihnen hinunter, sie kommen zu ihm hinauf. So aber entfällt wieder das Tötungsmotiv und damit auch die Anlage des Ganzen als Tragödie. An die Stelle des Lehren- tritt das Lernen-Wollen, und darin sind die „höheren Menschen" willkommen. Während sie sich in der gedruckten Fassung Zarathustra aufdrängen, sehen die Aufzeichnungen zunächst vor, dass er von sich aus seine Tiere auf Kundschaft aussendet, um sie als Gäste einzuladen, dass er also erneut von seiner Weisheit abgeben, sie verschenken will:

> [Z 45] Zarathustra: ich bin so übervoll des Glückes und habe Niemanden, dem ich abgeben, und nicht einmal den, dem ich danken könnte. So laßt mich euch, meinen Thieren, Dank darbringen.
> 1. Zarathustra seinen Thieren dankend und sie auf Gäste vorbereitend. Heimliche Geduld des Wartenden und tiefe Zuversicht auf seine Freunde.
> 2. Die Gäste als Versuchungen, die Einsamkeit aufzugeben: ich bin nicht gekommen, den Leidenden zu helfen usw. (franz<ösische> Malerei)

---

398 N Sommer – Herbst 1884 (W I 2), 26[222]-[223], KSA 11.208.
399 N Sommer – Herbst 1884 (Z II 5a), 27[3], KSA 11.281.
400 N Herbst 1884 – Anfang 1885 (N VI 9), 29[23], KSA 11.342.

> 3. der Einsiedler-Heilige Fromme.
> 4. Zarathustra sendet seine Thiere aus auf Kundschaft. Allein, ohne <u>Gebet</u>, – und ohne die Thiere.
> Höchste Spannung!
> 5. „sie kommen!" Als der Adler und die Schlange reden, kommt der Löwe hinzu – er weint! Abschied für immer von der Höhle. (Eine Art Festzug!) Er geht mit den 4 Thieren entgegen, bis zur Stadt - - -.[401]

Aus der Tragödie wird ein Schauspiel des Triumphs des Lehrers Zarathustra. Nun soll es „ausgewähltes Volk" geben, dem er seine Lehre zumuten kann:

> **[Z 46]** [...] es ist der Gegensatz der wohlgerathenen höheren Naturen im Gegensatz zu den Mißrathenen (durch die Besucher charakterisirt): <u>nur</u> an diese kann sich Zarathustra über die letzten Probleme mittheilen, <u>nur</u> ihnen kann er die Thätigkeit zu dieser Theorie zumuthen (sie sind stark und gesund und hart genug dazu, vor allem edel genug!) und ihnen den Hammer über die Erde in die Hand geben.[402]

Schrittweise kristallisieren sich die Figuren heraus, die da auftreten sollen.[403] Nur wenn die „höheren Menschen" besonders „wohlgerathen", in Nietzsches Sinn also wirklich „höhere" Menschen sind, ist überhaupt daran zu denken, sie als „Herren der Erde" vorzusehen. Wenn Zarathustra dann jedoch erkennen muss, dass auch sie nicht den nötigen Rang dazu haben – und das müsste sich daran zeigen, dass auch sie den Wiederkunftsgedanken nicht ertragen –, wäre das tragische Ende wieder, dass „sein Herz zerbricht":

> **[Z 47]** Zarathustra <u>zerbricht sein</u>   Herz gegen seine Freunde
> gegen seine Thiere.
> gegen alles, was er geliebt hat
> <u>ganz Wille zum Mittag.</u>
> Schluß: <u>Dithyrambisches Zerbrechen seines Herzens</u>[404]

In der zum Druck beförderten Fassung inszeniert Nietzsche dann in der Tat eine große Enttäuschung: Es versammeln sich zwar hoch gestiegene, aber allesamt ‚missratene' Figuren um Zarathustra. Mit diesen missratenen höheren Menschen stimmt er den „Rundgesang" an, mit dem sie sich auf das Mitternachtslied einstimmen sollen. Nietzsche sieht zunächst nicht vor, dass Zarathustra es ihnen interpretiert. Stattdessen soll ein „höherer Mensch" nach dem andern sagen, was

---

[401] N Herbst 1884 – Anfang 1885 (N VI 9), 29[26], KSA 11.343.
[402] N Winter 1884–85 (Z II 8), 31[2], KSA 11.359.
[403] Vgl. etwa N Herbst 1884 – Anfang 1885, 29[39] u. [58], KSA 11.345 f. u. 349 f.
[404] N Winter 1884–85, 31[17], KSA 11.365.

er von Zarathustra gelernt hat, und dann den Refrain „Horch! Horch! Es naht die tiefe Mitternacht!" wiederholen. Zarathustra würde niedergestreckt vom „Glück dieser höheren Menschen" und seinem „Mitleiden" mit ihnen und allein aufbrechen.[405] In der Dichtung ist es dann sein eigenes Glück, mit dem er davongeht.

Nachdem er keinen Verleger für ein Werk „Mittag und Ewigkeit" gefunden hat, entscheidet sich Nietzsche, wohl einen IV. Teil von *Also sprach Zarathustra* herauszugeben, aber nur in 40 Exemplaren, die er ausgewählten Empfänger*innen vorbehält, und ihn auf eigene Kosten drucken zu lassen. Diesen IV. Teil hat er Mitte April 1885 in Händen. Er ist nun längst mitten in den Vorbereitungen zu *Jenseits von Gut und Böse*, den neuen Vorreden und dem V. Buch der *Fröhlichen Wissenschaft*. Doch das *Zarathustra*-Projekt beschäftigt ihn auch jetzt noch weiter. Er erwägt noch einmal den Tod Zarathustras:

> [Z 48] NB. – er bewegte und schloß wieder die Lippen und blickte wie Einer, der noch Etwas zu sagen hat und zögert, es zu sagen. Und es dünkte denen, welche ihm zusahen, daß sein Gesicht dabei leise eröthet sei. Dies dauerte eine kleine Weile: dann aber, mit Einem Male, schüttelte er den Kopf, schloß freiwillig die Augen – und starb. –
> Also geschah es, daß Zarathustra untergieng.[406]

Nietzsche plant auch noch, Zarathustra gefangen nehmen und (wie Sokrates und Christus) als Verführer des Volkes anklagen zu lassen. Aber Zarathustra kann die herbeiströmenden „Aristokraten" eines Besseren belehren, indem er „die Wiederkunft als Religion der Religionen" darstellt. So kommt es zu einem „tröstlichen Abschied".[407] Dieser Abschied soll nun dadurch gelingen, dass Zarathustra „die Rangordnung hergestellt" und sie den höheren Menschen auch „<u>gelehrt</u>" hat. Und dann kann Zarathustra auch wieder sterben – „als Segnender":

> [Z 49]
> I. Zarathustra kann nur <u>beglücken</u>, nachdem die Rangordnung hergestellt ist. Zunächst wird diese <u>gelehrt</u>.
> II. Die Rangordnung durchgeführt in einem Systeme der Erdregierung: die Herrn der Erde zuletzt, eine neue herrschende Kaste. Aus ihnen hier und da entspringend, ganz epikurischer Gott, der Übermensch, der Verklärer des Daseins.
> III. Die übermenschliche Auffassung der Welt. Dionysos.
> IV. Von dieser größten <u>Entfremdung</u> liebend zurückkehrend zum Engsten und Kleinsten, Zarathustra alle seine Erlebnisse <u>segnend</u> und als Segnender sterbend.[408]

---

405 N Winter 1884–85 (Z II 9), 32[13]-[14], KSA 11.409–414.
406 N April – Juni 1885 (N VII 1), 34[144], KSA 11.468.
407 N April – Juni 1885, 34[199], KSA 11.487f.
408 N Mai – Juli 1885 (W I 3), 35[73], KSA 11.541.

Die Wiederkunfts-Lehre wird hier schon nicht mehr genannt. Im Rückblick tritt für Nietzsche neben der Lehre von der Rangordnung die Lehre vom Tod Gottes in den Vordergrund,[409] und schließlich die Lehre vom Tod Gottes oder der Nihilismus allein. Die Wiederkunfts-Lehre erscheint unter dem Namen des Hammers, zu dem sie die Lehre vom Nihilismus machen soll. Dazu noch einmal großer dramaturgischer Aufwand:

[Z 50]

1. Gottes Todtenfest.
2. Am großen Mittag.
3. ~~Der Hammer~~ „Wo ist die Hand für diesen Hammer?"
4. Wir Gelobenden.

I.

Die Peststadt. Er wird gewarnt, er fürchtet sich nicht u. geht hinein, verhüllt. Alle Arten des Pessimismus ziehen vorbei. Der Wahrsager <u>deutet</u> jeden Zug. Die Sucht zum Anders, die Sucht zum Nein, endlich die Sucht zum Nichts folgen sich.
Zuletzt giebt Z. die <u>Erklärung</u>: Gott ist todt, dies ist die <u>Ursache</u> der größten Gefahr: {wie? sie könnte auch die Ursache des größten Muthes sein!}

II.

Das Erscheinen der Freunde.
Der Genuß der Untergehenden an <u>dem Vollkommenen</u>: {Abziehende.}
Die Rechenschaft der Freunde.
Festzüge. Die entscheidende Zeit, der große Mittag.
Das große Dank- u Todtenopfer an den todten Gott.

III.

Die neue Aufgabe.   Der Tod Gottes, für den Wahrsager das furchtbarste Ereigniß, ist
Das Mittel der Aufgabe.   das Glücklichste u. hoffnungsreichste für Zarathustra.
Die Freunde verlassen ihn.

Z. stirbt.

IV. ~~Die~~ Wir Gelobenden[410]

Dass nun der Tod Gottes im Mittelpunkt steht, erklärt die dramaturgische Rückkehr zum Pestausbruch: Er schafft Zarathustra die Gelegenheit, dem Wahrsager darin zu widersprechen, er sei eine Strafe Gottes – das Problem der Strafe beschäftigt Nietzsche nun stark, es wird bald zu einem großen Thema von *Zur Ge-*

---
409 N Mai – Juli 1885, 35[74], KSA 11.541 f.
410 N Herbst 1885 – Herbst 1886, 2[129], KSA 12.128 f., KGW IX 5, W I 8, 93 f.

nealogie der Moral. Der Tod Gottes kann aber ohne die Lehren vom Übermenschen und von der ewigen Wiederkunft gelehrt werden, er ist selbst Zeichen des neuen Anfangs, der gebührend gefeiert werden soll. Dazu aber bedarf es dann auch Zarathustras nicht mehr. Denn auch der Wahrsager hat ja den Tod Gottes erkannt und verkündet. So kann Zarathustra im Drama nun einen glücklichen, versöhnten Tod sterben, wie er auch Ödipus auf Kolonos zuteil wurde.

Die Gedanken des Übermenschen und der Wiederkunft will Nietzsche nun offenbar ausgliedern. Auf der gegenüberliegenden rechten Seite des Arbeitshefts W I 8 entwirft er wie so oft einen Titel für den oben zitierten Plan:

> [Z 51] Die / ewige Wiederkunft.
> Zarathustrische Tänze und / Umzüge.
> Erster Theil: Gottes Todtenfest.[411]

Der Wiederkunftsgedanke würde so nun Gegenstand eines Satyrspiels, wie es griechischen Tragödien regelmäßig angehängt wurde.[412] Danach wäre er nur noch begrenzt ernstzunehmen. Möglicherweise wollte Nietzsche die Gedanken aber auch wieder durch den Stil Form annehmen lassen. Er schreibt an Rohde und Köselitz:

> [Z 52] Mein Stil ist ein Tanz; ein Spiel der Symmetrien aller Art und ein Überspringen und Verspotten dieser Symmetrien. Das geht bis in die Wahl der Vokale. – [...]
> Übrigens bin ich Dichter bis zu jeder Grenze dieses Begriffs geblieben, ob ich mich schon tüchtig mit dem Gegentheil aller Dichterei tyrannisirt habe.
> [...]
> ich fand nachgerade so Vieles, worüber ich nicht mehr sprechen mag: wo soll man da anfangen zu reden und aufhören zu schweigen! Musik ist bei weitem das Beste; ich möchte jetzt mehr als je Musiker sein. —[413]

In einem Entwurf für einen V. Teil von *Also sprach Zarathustra* ist die Rangordnung das bestimmende Thema – oder umgekehrt: die Rangordnung, die Nietzsche jetzt am stärksten beschäftigt, könnte Anlass zum Plan eines V. Teils von *Also sprach Zarathustra* gewesen sein:

---

411 N Herbst 1885 – Herbst 1886, 2[129], KSA 12.128, KGW IX 5, W I 8, 94.
412 Darauf könnte sich eine Bemerkung gegenüber Heinrich Köselitz beziehen: „Für das, was ich noch zu sagen habe comme poète-prophète, brauche ich eine andre Form als die bisherige" (Brief an Heinrich Köselitz aus Nizza, 14. März 1885, Nr. 580, KSB 7.21).
413 Brief an Erwin Rohde aus Nizza, 22. Februar 1884, Nr. 490, KSB 6.479f., und Brief an Heinrich Köselitz aus Nizza, 25. Februar 1884, Nr. 491, KSB 6.480.

[Z 53] Z‹arathustra› glücklich darüber, daß der Kampf der Stände vorüber ist, u. jetzt endlich Zeit ist für eine Rangordnung der Individuen.
Haß auf das demokr. Nivellirungs-system ist nur im Vordergrund: eigentlich ist er sehr froh, daß dies so weit ist. Nun kann er seine Aufgabe lösen. —
Seine Lehren waren {bisher} nur an die zukünftige Herrscher-Kaste gerichtet. Diese Herren der Erde sollen nun Gott ersetzen, und das tiefe unbedingte Vertrauen der Beherrschten sich schaffen. Vorerst: ihre neue Heiligkeit, ihre Verzichtleistung auf Glück u. Behagen. Sie geben den Niedrigsten die Anwartschaft auf Glück, nicht sich. Sie erlösen die Mißrathenen durch die Lehre vom „schnellen Tode", sie bieten Religionen u. Systeme an, je nach der Rangordnung.[414]

Nun geht es in erster Linie um die „Herren der Erde", und alles andere wird Vorspiel dazu. Nietzsche plant, dem Thema Rangordnung ein eigenes Buch zu widmen.[415] Unter dem Titel „Mittag und Ewigkeit" tauchen auch noch weitere Pläne zu *Zarathustra*-Dichtungen mit dieser Thematik auf, und der Wiederkunftsgedanke findet auch wieder einen Ort in ihnen, aber eher als Appendix. Die Hauptpunkte und Kapitelüberschriften sind nun:

[Z 54]
I Das Todtenfest. {(Z‹arathustra› findet ein ungeheures Fest vor:)}
II Die {neue} Rangordnung:
III ~~Die~~ {Von den} Herrn der Erde.
IV {Vom} ~~ewige~~ {Ring der} Wiederkunft.[416]

Dass die Lehren vom Übermenschen und von der ewigen Wiederkehr zurücktreten, stellt Nietzsche zuletzt in *Ecce homo* so dar, dass in der *Zarathustra*-Dichtung als solcher, nicht in einer besonderen Lehre „der Begriff ‚Übermensch' [...] höchste Realität" geworden, die Lehre also auch hier in der Form aufgegangen sei, die er so beschreibt: „Die Sentenz von Leidenschaft zitternd; die Beredsamkeit Musik geworden; Blitze vorausgeschleudert nach bisher unerrathenen Zukünften. Die mächtigste Kraft zum Gleichniss, die bisher da war, ist arm und Spielerei gegen diese Rückkehr der Sprache zur Natur der Bildlichkeit." In der „Sprache des Dithyrambus" erscheine „Dionysos selbst" (EH, Za 6, 7), Dionysos, der seinerseits Symbol der ewigen Wiederkunft ist. Der Tod Zarathustras, an dem Nietzsche in seinen Aufzeichnungen so lange festgehalten hat, war dafür dra-

---

414 N August – September 1885, 39[3], KSA 11.620, KGW IX 2, N VII 2, 192.
415 N August – September 1885, 40[48], KSA 11.652f., KGW IX 4, W I 7, 51.
416 Vgl. N Herbst 1885 – Herbst 1886 (W I 8), 2[72], KSA 12.94, KGW IX 5, W I 8, 144. Nietzsche schreibt auf derselben Seite die Gliederung nochmals ins Reine. Auffallend ist, dass er „ewige Wiederkunft" durch „Ring der Wiederkunft" ersetzt.

maturgisch nicht nötig. Er hätte am Verständnis der Lehrdichtung nichts Wesentliches geändert.⁴¹⁷

Das gilt dann auch für die zum Druck beförderte Fassung, in der sich Zarathustra den Menschen, unter die er gegangen ist, zum Schluss endgültig entzieht. Er geht *seinem* Zeichen nach und überlässt die höheren Menschen einfach ihrem Verständnis, Unverständnis oder Missverständnis.⁴¹⁸ Ließe man ihn an seiner Lehrtragödie sterben, würde er wohl, zunächst von den „höheren Menschen", dann vom „Volk" und schließlich vielleicht auch von der Leserschaft zum Heiligen und Religionsstifter erklärt. Nietzsche hat damit in seinen Aufzeichnungen sichtlich gespielt, äußert aber, was ihn selbst betrifft, in *Ecce Homo* einen regelrechten Horror dagegen: „Ich habe eine erschreckliche Angst davor, dass man mich eines Tags h e i l i g spricht: [...] Ich will kein Heiliger sein, lieber noch ein Hanswurst ... Vielleicht bin ich ein Hanswurst ..." (EH, Warum ich ein Schicksal bin 1) Einem Heiligen glauben Gläubige unbedingt, sie geben ihm gegenüber

---

417 Nietzsche meinte jedoch offenbar, gegenüber dem Verleger im Wort zu sein. Vgl. die wohl scherzhaft gemeinte Bemerkung in seinem Brief an Elisabeth Nietzsche aus Mentone vom 15. November 1884, Nr. 556, KSB 6.557, in dem es um Verhandlungen mit dem Verleger geht: „es hilft nichts, ich muß meinem Sohne Zarathustra erst zu seinem schönen Tode verhelfen, er läßt mir sonst keine Ruhe." Bennholdt-Thomsen, Nietzsche *Also sprach Zarathustra* als literarisches Phänomen, 153, schätzt, Zarathustra müsse am Heraufrufen des Wiederkunftsgedankens „nahezu" den „Erkenntnistod" sterben, aber Nietzsche habe seinen „Scheintod" vorgezogen. Ähnlich Happ, Nietzsches „Zarathustra" als moderne Tragödie, 115 f., der vom „leiblichen" Tod den „geistigen Tod" von Zarathustras altem „Selbst" bei der Genesung vom Wiederkunftsgedanken unterscheidet. So möchte auch Loeb, The Death of Nietzsche's Zarathustra, den Protagonisten unbedingt sterben lassen. Dafür verlegt er die Handlung des IV. Teils vor in den III. Teil, so dass Zarathustra nach der Erfahrung mit den höheren Menschen an der Erlösung durch den Wiederkunftsgedanken sterben und, Punkt für Punkt analog zur Passion Christi, nach drei Tagen unbeobachtet von seinen Jüngern wieder auferstehen kann (104 f. , 114 f.). Der IV. Teil wäre so eine Art nachträglicher Rückblende (85, 90), und die weiteren geplanten Teile zu Za wären dem leibhaftigen Wiedererscheinen vor einigen Wenigen gewidmet gewesen (115). Am Text lässt sich die Konstruktion, wie viele von Loebs waghalsigen Interpretationsideen, trotz all seiner Anstrengungen nicht halten. Vgl. Ruin, New Literature on *Thus Spoke Zarathustra*, 387–393, und Winteler, Nietzsche im Spiegel des *Zarathustra*, 86–91. – Es ist viel diskutiert worden, ob der IV. Teil sich gut den ersten III. Teilen anfügt; viele sähen mit dem III. Teil und Zarathustras Genesung vom Wiederkunftsgedanken den besten und sinnvollsten Schluss erreicht. Das gälte jedoch nur, wenn die Lehre des Wiederkunftsgedankens das Ziel der Lehrdichtung wäre. Aus unserer Sicht geht es jedoch nicht spezifisch um diese Lehre oder Nicht-Lehre, sondern um das Lehren oder das Scheitern des Lehrens selbst. Und dies kommt klar erst mit dem IV. Teil zum Abschluss. Nietzsche betitelte ihn denn auch so (*Vierter und letzter Theil*). Das schloss für ihn nicht aus, 1886 nur die ersten drei Teile aus Lagerbeständen zusammenbinden zu lassen und den IV. Teil Auserwählten vorzubehalten.

418 Vgl. Haase, Der Übermensch in *Also sprach Zarathustra*, 242.

ihren freien Geist auf. Bei einem Hanswurst auf dem Markt oder an einem Hof oder auch in einer Höhle auf den Bergen muss man dagegen selbst entscheiden, ob Wahrheit aus ihm spricht.[419] Nach dem Tod Gottes können sie auf keine Wahrheit mehr vertrauen. Eben dies ist der Hauptgegenstand von *Jenseits von Gut und Böse* und des V. Buchs der *Fröhlichen Wissenschaft*, die Nietzsche *Also sprach Zarathustra* zur Erläuterung beigeben wird. Die Lehren vom Übermenschen und von der ewigen Wiederkunft werden dort nicht mehr benannt. In seiner neuen Vorrede zu *Die Geburt der Tragödie* empfiehlt Nietzsche die Lektüre von *Also sprach Zarathustra*, um lachen zu lernen.[420]

Überblicken wir die abweichenden Handlungselemente und -konzepte zu *Also sprach Zarathustra* in den Aufzeichnungen, so hätte Zarathustras Tragödie (a) zur Tragödie einer Prophetie werden, er hätte (b) am Glück über seine „Vision" des Wiederkunftsgedankens, aber auch (c) vor Mitleid über ihre weithin vernichtende Wirkung sterben können. Er hätte (d) von denen, die die vernichtende Wirkung vorab erkannt hätten, getötet werden können, bevor er sie verkündigen konnte. Aber er hätte (e) auch zu Beginn der Tragödie schon tot sein können, so dass sich alles nur noch um die Wirkung seiner Lehre gedreht hätte. Dramaturgisch wäre all das darstellbar gewesen. Es hätte unterschiedliche Optionen offen gelassen, den Wiederkunftsgedanken gemeinverständlich zu erklären und damit leicht zu machen oder aber, um ihm Abgründigkeit und züchtende Wirkung zu verleihen, ihn nur geheimnisvoll anzudeuten. Wäre Zarathustra zu Beginn der Tragödie schon tot gewesen, hätte man mit einer festlichen Totenfeier beginnen und einen Wettbewerb oder Kampf um die Auslegung der Lehre entbrennen lassen können. Dies hätte Gelegenheit geboten, unterschiedliche und auch einander widersprechende Deutungen der Lehre dialogisch im Drama zu entfalten, oder auch eine mörderische Dramatik zu inszenieren. Daraus wäre dann (f) eine Tragödie der Ausleger geworden: Gerade die Besten hätten dabei zugrunde gehen können, wären für ihre Auslegung geopfert worden. Man hätte das dennoch so einrichten können, dass die Streitenden (im Sinn von GD, Sprüche und Pfeile 2, Kap. II 2) nicht „eigentlich wissen", wovon sie reden und wofür sie kämpfen; das abgründige Geheimnis der Lehre hätte bewahrt werden können.

Doch keine der erwogenen Dramaturgien scheint Nietzsche letztlich überzeugt zu haben, vielleicht auch, weil er sah, dass ihm die Mittel fehlten, sie hinreichend dramatisch umzusetzen. Die übrigen Lehren Zarathustras, für die er so

---

419 Vgl. Verf., Schicksal Nietzsche?, 90–96.
420 GT, Versuch einer Selbstkritik 7, KSA 1.22. Vgl. Haase, Zur Überlieferung und Entstehung von *Also sprach Zarathustra*, 978: „Die Verkündigung der Wiederkunftslehre, deren Darstellung N weder als Drama, noch in der Versform von Za oder als theoretische Abhandlung gelingen wollte, blieb letzten Endes ungeschrieben."

reichlich Sprüche gesammelt hatte und die in der gedruckten Dichtung die Hauptmasse des Textes ausmachen, wären an den Rand getreten. Der Ausweg, selbst zu reden und seine Gedanken in einer Abhandlung zu lehren, hätte ihnen vollends das Abgründige genommen. Stattdessen wandte er sich am Ende des III. Teils, den er zunächst als Abschluss von *Also sprach Zarathustra* vorgesehen hatte, der Stimmung, dem Lyrischen, dem Lied zu, das die Dankbarkeit des von seinem schwersten Gedanken Genesenen zum Ausdruck bringen konnte. Im doch noch angefügten IV. Teil wählte er (g) die dramaturgische Alternative, vom Lehren-Wollen Zarathustras auf das Lernen-Wollen höherer Menschen umzustellen – um sie darin tragisch versagen zu lassen. Nach dieser letzten großen Lehrenttäuschung durfte sich der Prophet oder nun die überragende Lehrautorität zu Recht dem menschlichen, allzumenschlichen Publikum überhaupt entziehen. Wenn er aber nun schwieg, machte das dramaturgisch keinen Unterschied zu seinem Tod: Die Lehrdichtung wurde auf diese Weise sogar viel deutlicher zu einer Lehrtragödie und geriet zugleich, so wie die höheren Menschen ihr Satyrspiel aufführen, zu ihrer eigenen Parodie ("incipit p a r o d i a"). Nach ihrem Abschluss notierte Nietzsche für die neue Vorrede zur *Fröhlichen Wissenschaft*:

> [Z 55] Allgemeiner Spott über alles Moralisiren von heute. Vorbereitung zu Zarathustras naiv-ironischer Stellung zu allen heiligen Dingen (naive Form der Überlegenheit: das Spiel mit dem Heiligen)[421]

Nietzsche hat sich den Passus mehrfach angestrichen, ihn aber nicht wie die umgebenden Abschnitte durchgestrichen, also nicht als erledigt durch eine Veröffentlichung gekennzeichnet.

3 Aufzeichnungen zu den herausgehobenen Lehren in *Also sprach Zarathustra*: Alternative Deutungskonzepte

3.1 Zur Lehre vom Nihilismus: Nihilismus als abgründiges Problem und normaler Zustand

Zum Nihilismus kann ich mich an dieser Stelle kurz fassen. Er war bereits Thema in Kap. II 2 und 3 und wird es noch einmal im Kap. IV zur Lenzerheide-Aufzeichnung und in Kap. V 5 zu den überzogenen philosophischen Verallgemeinerungen sein. Hier ist nur so viel festzuhalten, das der Nihilismus zwar auch Hintergrund und Gegenstand der *Zarathustra*-Dichtung ist, der Begriff in ihr je-

---

[421] N Herbst 1885 – Herbst 1886, 2[166], KSA 12.150, KGW IX 5, W I 8, 63.

doch nicht auftaucht – so wenig wie andere Fremdwörter und Termini, die nicht zum pathetischen Verkündigungsstil passen würden. Stattdessen operiert Nietzsche hier mit der hochpathetischen Formel „Gott ist todt", die den Begriff Nihilismus bis zu einem gewissen Grad ersetzen kann, da mit dem ‚Tod', dem Unglaubwürdig-Werden Gottes, nach Nietzsche alle bisher gültigen Ordnungen und Werte in Frage gestellt sind, an die man bisher geglaubt hatte. Die Formel ‚Gott ist tot' erscheint ihrerseits zuerst im III. Buch der *Fröhlichen Wissenschaft* und ist dort zunächst auf Buddha (Nr. 108) und dann auf den Gott Abrahams (Nr. 125) bezogen.[422] Sie bereitet die Lehrdichtung zusammen mit der Lehre von der ewigen Wiederkehr (Nr. 341) und der Einführung der Zarathustra-Figur (Nr. 342) am Ende des IV. Buchs vor. Im veröffentlichten Werk erscheint der Begriff Nihilismus, wie dargelegt, erst nach *Also sprach Zarathustra*, bleibt aber unterbestimmt und auch dadurch unheimlich; man darf annehmen, dass Nietzsche es genau so wollte. Erst in seinen späteren Aufzeichnungen, vor allem in der Lenzerheide-Aufzeichnung, hat er große Anstrengungen gemacht, den Begriff ‚Nihilismus' näher zu bestimmen, und an sie hat man sich in der Interpretation dann auch meist gehalten. Aber man muss den Bezug zu *Also sprach Zarathustra* im Auge behalten. Nietzsches veröffentlichte wie nicht veröffentlichte Äußerungen zum Nihilismus machen deutlich, dass er für ihn ein Problem war, das nicht philosophischen Spekulationen, sondern einem „Ereigniss" entsprang, das er für das bedeutendste in der dokumentierten Geschichte der Menschheit hielt: Nach zwei Jahrtausenden der Gottgläubigkeit verlor sie den Glauben an Gott und er, Nietzsche, repräsentierte wie kein anderer diesen Verlust mit seiner Person und seinem Denken. Zarathustra war dazu ausersehen, den Verlust wettzumachen, indem er mit vielfältigen Lehren, darunter den Lehren vom Übermenschen, von der ewigen Wiederkunft, vom Willen zur Macht und von den Herren der Erde, für eine neue Lebensbejahung eintrat – über dem „Abgrund" des „grundsätzlichsten" Nihilismus, nicht um ihn zu überwinden.[423]

---

[422] Vorstufen dazu finden sich in N Herbst 1881, 12[77], KSA 9.590, und 14[26[, KSA 9.632. In N Herbst 1881, 12[21], KSA 9.579, notiert Nietzsche: „Das erste Buch als Grabrede auf den Tod Gottes."
[423] Vgl. auch Müller, Art. Nihilismus, in: NLM, 199–202.

3.2 Zur Lehre vom Übermenschen: Übermensch als Person und Zeichen des Übergangs

3.2.1 Personalisierung und Entpersonalisierung des Begriffs ‚Übermensch'

Der Begriff oder das Wort ‚Übermensch' taucht prominent in *Also sprach Zarathustra* und besonders in der „Vorrede", darüber hinaus in Nietzsches Werken kaum auf; danach nur noch als Adjektiv ‚übermenschlich' oder in Wendungen wie ‚eine Art Übermensch'.[424] So scheint Nietzsche die Formel eigens für die Lehrdichtung erdacht zu haben: als Ziel, das die Menschen über die Abgründigkeit des Wiederkunftsgedankens hinweghelfen soll. Er lässt Zarathustra „d e n Ü b e r m e n s c h e n" fast ausschließlich im Singular lehren, als ob er eine bestimmte Person sei. Zarathustra zeigt ihn sogar, wenn auch metaphorisch, körperlich nackt: „Und ihr Weisen und Wissenden, ihr würdet von dem Sonnenbrande der Weisheit flüchten, in dem der Übermensch mit Lust seine Nacktheit badet!" (Za II, Von der Menschen-Klugheit). Auch in Formulierungen wie „den Übermenschen schaffen" (Za II, Auf den glückseligen Inseln) oder „Gott starb: nun wollen w i r, – dass der Übermensch lebe" (Za IV, Vom höheren Menschen 2) sticht die Personalisierung hervor. Dennoch wird ‚der Übermensch' nie wie eine Person beschrieben. Wenn ihm „Schönheit" (Za II, Auf den glückseligen Inseln) und „Güte" zugeschrieben (Za II, Von der Menschen-Klugheit) wird, wenn man „Liebe" zu ihm (Za I, Vom bleichen Verbrecher, u.ö.) und „Sehnsucht" nach ihm (Za I, Vom Freund, u.ö.) empfinden kann, so mag das auch bei Ideen und Gedanken möglich sein. Deutlich wird gesagt, dass es bisher noch keinen Übermenschen gab (Za II, Von den Priestern), sondern dass man ihn erst „schaffen" müsse (Za II, Von den glückseligen Inseln), in welcher Gestalt auch immer. Die vorbereitenden Aufzeichnungen weichen da nicht ab.

‚Der Übermensch' wird in *Also sprach Zarathustra* denn auch als bloßer Gegensatz eingeführt, als ein unbestimmter Gegensatz zu schon Wohlbekanntem: Das ist einerseits der „letzte Mensch", der glaubt, er sei der End- und Höchstzustand des Menschen, und andererseits Gott, der nach der jüdisch-christlichen Überlieferung den Menschen zu seinem ‚Bild' gemacht hat. Beide soll er ersetzen:

---

[424] Nach Fornari, Art. Nachlaß 1885–1888, in: NHB¹, 143, erwähnt Nietzsche „Übermensch" und „Übermenschen" im Vollsinn von Za danach nur noch zwei Mal im Nachlass bis 1885 (N Winter 1884–1885, 31[27], KSA 11.366; N Mai – Juli 1885, 35[72], KSA 11.541, KGW IX 4, W I 3, 69); zur Zeit vor Za vgl. Zittel, Art. Nachlaß, NHB¹, 141. Das „Bild vom Übermenschen" bleibt nach Zittel im Nachlass „ebenso vage und konturlos wie in den Verkündigungen Zarathustras" (142). Nach Zittel, Das ästhetische Kalkül, 211–217, bilden „lügnerische Brücken" den „trügerischen Weg zum Übermenschen". Umso mehr hat die Lehre überschießende Interpretationen hervorgerufen. Sie wurde, so Müller, NLM, 235, „eine beispiellose Projektionsfläche" für Deutungen aller Art.

„Todt sind alle Götter: nun wollen wir, dass der Übermensch lebe." (Za I, Von der schenkenden Tugend, 3) Vorbereitend hatte Nietzsche noch notiert: „Gott ist todt: und es ist an der Zeit, daß der Übermensch lebt." Im zum Druck beförderten Werk nimmt er die Seinsbehauptung in eine Willensäußerung zurück.[425]

Die Bestimmung des Übermenschen als unbestimmtem Gegensatz zu schon Bestimmtem lässt aufhorchen: Auch das schon Bekannte, der Mensch und sein Gott, ist nur *vermeintlich* bestimmt. Die Aufzeichnungen aus der ‚Zarathustra-Zeit' geben dazu einige hilfreiche Hinweise. Nietzsche entwirft dort eine „Gegenbewegung", wie er von *Der Wanderer und sein Schatten* (WS 33) an gerne sagt, zu einer bestehenden Bewegung:

> [Üm 1] Die eine Bewegung ist unbedingt: die Nivellirung der Menschheit, große Ameisen-Bauten usw. [...]
> Die andere Bewegung: meine Bewegung: ist umgekehrt die Verschärfung aller Gegensätze und Klüfte, Beseitigung der Gleichheit, das Schaffen Über-Mächtiger.
> Jene erzeugt den letzten Menschen. Meine Bewegung den Übermenschen.[426]

Er versagt sich selbst, wie schon zitiert (Kap. III 2.2), eine begriffliche Bestimmung des Übermenschen:

> [Üm 2] Ich weiß das Wort und Zeichen des Übermenschen: aber ich zeige es nicht, ich zeige es mir selber nicht.[427]

Es handelt sich lediglich um „Bilder" vom Menschen:

> [Üm 3] Nicht um das Recht kämpft ihr Alle, ihr Gerechten, sondern darum, daß eure Bild<er> vom Menschen siegen.
> Und daß an meinem Bild vom Übermenschen alle eure Bilder vom Menschen zerbrechen: siehe, das ist Zarathustra's Wille zum Rechte.[428]

Die Gegenbewegung wird um ihrer Mittelbarkeit willen durch ein Wort oder Zeichen symbolisiert und durch ein Bild personalisiert. In den Aufzeichnungen wird daraus jene „Vision", von der in Bezug auf den Wiederkunftsgedanken schon die Rede war (Kap. III 2.2):

---

425 N November 1882 – Februar 1883, 4[132], 10.153.
426 N Frühjahr – Sommer 1883, 7[21], KSA 10.244.
427 N Juni – Juli 1883, 10[44], KSA 10.377.
428 N Sommer 1883, 13[5], KSA 10.455.

[Üm 4] Also lehre ich und werde deß nicht müde: der Mensch ist Etwas, das überwunden werden muß: denn siehe, ich weiß es, daß er überwunden werden kann – ich schaute ihn, den Übermenschen.[429]

Gegen die vorherrschende definitive Bestimmung des Menschen wird seine Entwicklung in eine offene, nur zu ahnende Zukunft hinein freigesetzt. Nietzsche findet bald schon die Formel vom „noch nicht festgestellten Thier", die dann in *Jenseits von Gut und Böse* (Nr. 62) eingeht:

[Üm 5] Grundsatz: das, was im Kampf mit den Thieren dem Menschen seinen Sieg errang, hat zugleich die schwierige und gefährliche krankhafte Entwicklung des Menschen mit sich gebracht. Er ist das noch nicht festgestellte Thier.[430]

Die Entwicklung ist kein rein intellektueller Vorgang. Nietzsche beschreibt sie als experimentelle Ausbildung eines „höheren Leibes":

[Üm 6] Und kurz gesagt: es handelt sich vielleicht bei der ganzen Entwicklung des Geistes um den Leib: es ist die fühlbar werdende Geschichte davon, daß ein höherer Leib sich bildet. Das Organische steigt noch auf höhere Stufen. Unsere Gier nach Erkenntniß der Natur ist ein Mittel, wodurch der Leib sich vervollkommnen will. Oder vielmehr: es werden hunderttausende von Experimenten gemacht, die Ernährung, Wohnart, Lebensweise des Leibes zu verändern: das Bewußtsein und die Werthschätzungen in ihm, alle Arten von Lust und Unlust sind Anzeichen dieser Veränderungen und Experimente. Zuletzt handelt es sich gar nicht um den Menschen: er soll überwunden werden.[431]

Nietzsche denkt die Entwicklung des Übermenschen, den er Zarathustra lehren lässt, als evolutionären Vorgang, der nicht plan- und berechenbar ist und sich insofern auch nicht lehren lässt. Man kann lediglich annehmen, dass die Selektion aus immer neuen Variationen des Menschen zu einer wachsenden Komplexität der Gattung und damit zu einer Steigerung ihrer Lebens- und Orientierungsfähigkeit führen wird, jedoch nicht bei allen Exemplaren in gleichem Maß; diesen Gedanken teilt Nietzsche fraglos mit Darwin. Wenn Nietzsche in *Zur Genealogie der Moral* (I 16) Napoleon Buonaparte eine „Synthesis von Unmensch und Übermensch ..." nennt, so *ist* er kein Übermensch, sondern Übermensch ist etwas, das in ihn eingeht, eine Entwicklung des Menschen, die an ihm, zunächst singulär, hervortritt. In *Der Antichrist* schreibt Nietzsche dann:

---

429 N Herbst 1883, 18[56], KSA 10.581; vgl. N Juni – Juli 1883, 10[47], KSA 10.378.
430 N Frühjahr 1884, 25[428], KSA 11.125.
431 N Winter 1883–1884, 24[16], KSA 10.655 f.

> In einem andren Sinne giebt es ein fortwährendes Gelingen einzelner Fälle an den verschiedensten Stellen der Erde und aus den verschiedensten Culturen heraus, mit denen in der That sich ein **höherer** Typus darstellt: Etwas, das im Verhältniss zur Gesammt-Menschheit eine Art Übermensch ist. Solche Glücksfälle des grossen Gelingens waren immer möglich und werden vielleicht immer möglich sein. Und selbst ganze Geschlechter, Stämme, Völker können unter Umständen einen solchen **Treffer** darstellen. (AC 4)

Zuletzt wird Nietzsche mit der Personalisierung des Gedankens vom Übermenschen, nachdem sie große Missverständnisse hervorgerufen hat, sehr zurückhaltend:

> Das Wort „**Übermensch**" zur Bezeichnung eines Typus höchster Wohlgerathenheit, im Gegensatz zu „modernen" Menschen, zu „guten" Menschen, zu Christen und andren Nihilisten – ein Wort, das im Munde eines Zarathustra, des **Vernichters** der Moral, ein sehr nachdenkliches Wort wird, ist fast überall mit voller Unschuld im Sinn derjenigen Werthe verstanden worden, deren Gegensatz in der Figur Zarathustra's zur Erscheinung gebracht worden ist, will sagen als „idealistischer" Typus einer höheren Art Mensch, halb „Heiliger", halb „Genie"… Andres gelehrtes Hornvieh hat mich seinethalben des Darwinismus verdächtigt; selbst der von mir so boshaft abgelehnte „Heroen-Cultus" jenes grossen Falschmünzers wider Wissen und Willen, Carlyle's, ist darin wiedererkannt worden. Wem ich ins Ohr flüsterte, er solle sich eher noch nach einem Cesare Borgia als nach einem Parsifal umsehn, der traute seinen Ohren nicht. (EH, Warum ich so gute Bücher schreibe 1)

Nietzsche bietet, wenn schon personalisiert wird, mit dem berüchtigten Cesare Borgia ironisch eine ‚schlimme' Person an, um den Gedanken des Übermenschen zugleich zu entidealisieren und zu entmoralisieren. So wird aus ihm eine unbestimmte Art von Seiendem:

> Hier ist in jedem Augenblick der Mensch überwunden, der Begriff „Übermensch" ward hier höchste Realität, – in einer unendlichen Ferne liegt alles das, was bisher gross am Menschen hiess, **unter** ihm. Das Halkyonische, die leichten Füsse, die Allgegenwart von Bosheit und Übermuth und was sonst Alles typisch ist für den Typus Zarathustra ist nie geträumt worden als wesentlich zur Grösse. Zarathustra fühlt sich gerade in diesem Umfang an Raum, in dieser Zugänglichkeit zum Entgegengesetzten als die **höchste Art alles Seienden**; und wenn man hört, wie er diese definirt, so wird man darauf verzichten, nach seinem Gleichniss zu suchen. (EH, Za 6)

Der Begriff, das Zeichen oder das Wort ‚Übermensch' entidealisiert und, wenn man so will, enthumanisiert den beschönigenden und scheinbar definitiven Begriff des Menschen, der mit Ideen des Wahren, Guten und Schönen glänzt. Nietzsche legt keinen neuerlichen Begriff des Menschen fest, sondern entwirft einen „Typus", der nun heraufkommen könnte. Der „Typus" steht zwischen „Individuum" und „Gattung": Typen entwirft man im Blick auf Individuen, die

Anlass geben, neue Gattungsbegriffe zu bilden. Nietzsche hat das schon früher in einer Aufzeichnung festgehalten:

> [Üm 7a] Sobald wir den Zweck des Menschen bestimmen wollen, stellen wir einen Begriff vom Menschen voran. Aber es giebt nur Individuen, aus den <u>bisher</u> bekannten kann der Begriff nur so gewonnen sein, daß man das Individuelle <u>abstreift</u>, [...][432]

So erhält man den Typus. Mit diesem Typus kann einen „Zweck", eine allgemeine Bestimmung verbinden. Mit dieser allgemeinen Bestimmung aber stoppt man die individuelle Entwicklung des Typus. Nietzsche fährt fort:

> [Üm 7b] – also den Zweck des Menschen aufstellen hieße die Individuen in ihrem Individuellwerden verhindern und sie heißen, <u>allgemein</u> zu werden. Sollte nicht umgekehrt jedes Individuum der Versuch sein, eine <u>höhere Gattung als den Menschen zu erreichen</u>, vermöge seiner individuellsten Dinge? Meine Moral wäre die, dem Menschen seinen Allgemeincharakter immer mehr zu <u>nehmen</u> und ihn zu spezialisiren, bis zu einem Grade unverständlicher für die Anderen zu machen (und damit zum Gegenstand der Erlebnisse, des Staunens, der Belehrung für sie)[433]

Eben das spricht er im Rückblick von *Ecce homo* seinem Zarathustra zu:

> Zarathustra lässt hier keinen Zweifel: er sagt, die Erkenntniss der Guten, der „Besten" gerade sei es gewesen, was ihm Grausen vor dem Menschen überhaupt gemacht habe; aus d i e s e m Widerwillen seien ihm die Flügel gewachsen, „fortzuschweben in ferne Zukünfte", – er verbirgt es nicht, dass s e i n Typus Mensch, ein relativ übermenschlicher Typus, gerade im Verhältniss zu den Guten übermenschlich ist, dass die Guten und Gerechten seinen Übermenschen T e u f e l nennen würden... (EH, Schicksal 5)

Mit der Formulierung „relativ übermenschlicher Typus" ist der Begriff Übermensch selbst nun glücklich bestimmt. Als Gegenbewegung gegen und damit in Beziehung auf scheinbar feststehende Begriffe des Menschen kann man alternative Typen entwerfen, die die weitere Entwicklung ‚des Menschen' offen halten, wenn man dann noch solcher Kollektivsingulare bedarf. Dabei können Personalisierungen hilfreich sein – wer sie recht versteht, muss gerade sie dann aber zurücknehmen, sie entfinalisieren, entidealisieren und entpersonalisieren. Das machen die Aufzeichnungen deutlich.

---

432 N Herbst 1880, 6[158], KSA 9.237.
433 N Herbst 1880, 6[158], KSA 9.237. Zum Typus bei Nietzsche vgl. Verf., Friedrich Nietzsche zur Einführung, 129 f.

3.2.2 ‚Übermensch' als Zeichen des Übergangs: Metaphorik des Strömens

In *Also sprach Zarathustra* folgt Nietzsche seiner Strategie der Aufhebung des Inhalts in Form.[434] Er verdeutlicht dort den Sinn des Gedankens vom Übermenschen in den Metaphern des „Ü b e r g a n g s" und „U n t e r g a n g s" des Menschen (Za I, Vorrede 4) und wählt für sie wiederum Metaphern der Beweglichkeit selbst, insbesondere des Wassers, das in Bächen, Flüssen und Strömen fließen, in Seen zum Stehen kommen, sich in Meeren verströmen und zu Eisflächen, -klumpen und -bergen erstarren kann. Der erste Mensch, auf den Zarathustra bei seinem „Untergang" unter die Menschen trifft, der Greis im Wald, der noch nichts vom Tod Gottes gehört, die Menschen aber hinreichend kennengelernt hat und sie nun meidet, beschreibt Zarathustra so:

> Wie im Meere lebtest du in der Einsamkeit, und das Meer trug dich. Wehe, du willst an's Land steigen? Wehe, du willst deinen Leib wieder selber schleppen? (Za I, Vorrede 2)

Zarathustra ist danach ein Meereswesen, das den evolutionären Sprung ans Land riskieren will. Auf dem Markt in der Stadt angekommen, verkündet er seine Lehre vom Übermenschen im Bild von Ebbe und Flut:

> Alle Wesen bisher schufen Etwas über sich hinaus: und ihr wollt die Ebbe dieser grossen Fluth sein und lieber noch zum Thiere zurückgehn, als den Menschen überwinden? (Za I, Vorrede 3)

Die Metapher ist selbst in Fluss gekommen: Aus Meereswesen, die an Land steigen, sind Gezeiten des Meeres geworden; die Flut des Übermenschen wird den Menschen überspülen, ihn gleichsam auswaschen und neu formieren. „Der Mensch" braucht das. Er ist, so Zarathustra, „ein schmutziger Strom", dessen Wasser in das Meer des Übermenschen einfließen, ohne dass sie das Meer in seiner unermesslichen Weite und Tiefe verunreinigen könnten. Denn das Meer hat (für Nietzsche noch) die Kraft zur Selbstreinigung:

> Seht, ich lehre euch den Übermenschen: der ist diess Meer, in ihm kann eure grosse Verachtung untergehn. (Za I, Vorrede 3)

In jedem neuen Teil von *Also sprach Zarathustra* bildet Nietzsche bei der Entwicklung des Gedankens vom Übermenschen die Wasser-Metaphorik weiter. Der II. Teil beginnt mit:

---

434 Vgl. zum Folgenden Verf., Der See des Menschen, das Meer des Übermenschen und der Brunnen des Geistes.

> Wohl ist ein See in mir, ein einsiedlerischer, selbstgenugsamer; aber mein Strom der Liebe reisst ihn mit sich hinab – zum Meere! (Za II, Das Kind mit dem Spiegel)

Nietzsche lässt Zarathustra nun übers Meer fahren, zwischen Meeren wandern und dabei in seinen Reden immer neu in Metaphern des Meeres schwelgen:

> [...] aus dem Überflusse heraus ist es schön hinaus zu blicken auf ferne Meere.
> Einst sagte man Gott, wenn man auf ferne Meere blickte; nun aber lehrte ich euch sagen: Übermensch. (Za II, Auf den glückseligen Inseln)

> Seht doch hin, wie sie [die Sonne] ungeduldig über das Meer kommt! Fühlt ihr den Durst und den heissen Athem ihrer Liebe nicht?
> Am Meere will sie saugen und seine Tiefe zu sich in die Höhe trinken: da hebt sich die Begierde des Meeres mit tausend Brüsten.
> Geküsst und gesaugt will es sein vom Durste der Sonne; Luft will es werden und Höhe und Fusspfad des Lichts und selber Licht!
> Wahrlich, der Sonne gleich liebe ich das Leben und alle tiefen Meere.
> Und diess heisst mir Erkenntniss: alles Tiefe soll hinauf – zu meiner Höhe! (Za II, Von der unbefleckten Erkenntniss)

Zarathustra unterredet sich *vor* dem Meer mit sich *als* einem Meer, das erfüllt ist von der „schwärzeste[n] Fluth" seines Schmerzes. Im III. Teil heißt es:

> Ach, diese schwarze traurige See unter mir! Ach, diese schwangere nächtliche Verdrossenheit! Ach, Schicksal und See! Zu euch muss ich nun h i n a b steigen! Vor meinem höchsten Berge stehe ich und vor meiner längsten Wanderung: darum muss ich erst tiefer hinab als ich jemals stieg:
> — tiefer hinab in den Schmerz als ich jemals stieg, bis hinein in seine schwärzeste Fluth! So will es mein Schicksal: Wohlan! Ich bin bereit. (Za III, Der Wanderer)

Seine „Seele" charakterisiert er ihrerseits durch das „Strömen und Wiederströmen" in „Ebbe und Fluth":

> Die Seele nämlich, welche die längste Leiter hat und am tiefsten hinunter kann [...],
> — die umfänglichste Seele, welch<e am weitesten in sich laufen und irren und schweifen kann; die nothwendigste, welche sich aus Lust in den Zufall stürzt: —
> — die seiende Seele, welche in's Werden taucht; die habende, welche in's Wollen und Verlangen will: —
> — die sich selber fliehende, die sich selber im weitesten Kreise einholt; die weiseste Seele, welcher die Narrheit am süssesten zuredet: —
> — die sich selber liebendste, in der alle Dinge ihr Strömen und Wiederströmen und Ebbe und Fluth haben (Za III, Von alten und neuen Tafeln 19).

Zarathustra weiß seine Seele im Sturm auf hoher See:

> Das Meer stürmt: Viele wollen an euch sich wieder aufrichten.
> Das Meer stürmt: Alles ist im Meere. Wohlan! Wohlauf! Ihr alten Seemanns-Herzen! Was Vaterland! D o r t h i n will unser Steuer, wo unser Kinder-Land ist! Dorthinaus, stürmischer als das Meer, stürmt unsre grosse Sehnsucht! – (Za III, Von alten und neuen Tafeln 28, KSA 4.267 f.)

Die Seele Zarathustras geht dem schwermütig lächelnd entgegen, sie will *als* Meer *mit* dem Meer in Austausch kommen und sich *darin* beruhigen:

> Oh meine Seele, ich verstehe das Lächeln deiner Schwermuth: dein Über-Reichthum selber streckt nun sehnende Hände aus!
> Deine Fülle blickt über brausende Meere hin und sucht und wartet; die Sehnsucht der Über-Fülle blickt aus deinem lächelnden Augen-Himmel!
> [...]
> Aber willst du nicht weinen, nicht ausweinen deine purpurne Schwermuth, so wirst du singen müssen, oh meine Seele! – Siehe, ich lächle selber, der ich dir solches vorhersage:
> — singen, mit brausendem Gesange, bis alle Meere still werden, dass sie deiner Sehnsucht zuhorchen, —
> — bis über stille sehnsüchtige Meere der Nachen schwebt, das güldene Wunder, um dessen Gold alle guten schlimmen wunderlichen Dinge hüpfen: – (Za III, Von der grossen Sehnsucht)
>
> Wenn ich dem Meere hold bin und Allem, was Meeres-Art ist, und am holdesten noch, wenn es mir zornig widerspricht:
> Wenn jene suchende Lust in mir ist, die nach Unentdecktem die Segel treibt, wenn eine Seefahrer-Lust in meiner Lust ist:
> Wenn je mein Frohlocken rief: „die Küste schwand, – nun fiel mir die letzte Kette ab –
> — das Grenzenlose braust um mich, weit hinaus glänzt mir Raum und Zeit, wohlan! wohlauf! altes Herz!" –
> Oh wie sollte ich nicht nach der Ewigkeit brünstig sein [...]. (Za III, Die sieben Siegel 5)

Zu Beginn des IV. Teils trägt Nietzsche nach, dass Zarathustras Höhle auf's Meer blickt, „hinweg über gewundene Abgründe" – was nun, so wie Nietzsche die Metaphorik des Meeres inzwischen entwickelt hat, offenbar heißt: Die Höhle blickt auf den Übermenschen oder den Menschen auf hoher See, und Zarathustra konnte sich an seinen abgründlichsten Gedanken, den Wiederkunftsgedanken, heranwagen. Nietzsche lässt seine Tiere nun zu ihm sagen:

> „[...] Liegst du nicht in einem himmelblauen See von Glück?" – „Ihr Schalks-Narren, antwortete Zarathustra und lächelte, wie gut wähltet ihr das Gleichniss! Aber ihr wisst auch, dass mein Glück schwer ist und nicht wie eine flüssige Wasserwelle: es drängt mich und will nicht von mir und thut gleich geschmolzenem Peche." (Za IV, Das Honig-Opfer)

Zarathustra liegt jetzt metaphorisch *in* diesem See von Glück, jetzt einem ruhigen und umfriedeten See, und lässt sich von ihm tragen, wie ihn zuvor das Meer getragen hat. Er kann den Wiederkunftsgedanken ertragen, und er trägt ihn.

Aber Nietzsche will den Sinn des Gedankens vom Übermenschen noch nicht einmal auf die Wasser-See-Fluss-Strom-Meer-Metaphorik festlegen. Er kreuzt sie mit anderen Metaphern so, dass die Metaphern sich ihrerseits wie Meereswogen aneinander brechen. So beschließt er seine Rede vor dem Volk auf dem Markt mit der Metapher des Blitzes, der wie ein „Wahnsinn" in die Menschen fährt, ihr Denken aufwühlt und ihm seine herkömmliche Ordnung raubt (Za I, Vorrede 3). Blitz und Meer verweisen auf so Unterschiedliches, dass sie sich nicht in das Bild einer Person fassen lassen; gleich hier wird die personalisierende Lehrform in Frage gestellt. Es folgen wieder andere Metaphern wie „Treppen des Übermenschen" (Za, Vorrede 9) und „Brücken zum Übermenschen" (Za I, Von den Verächtern des Leibes). Es gibt, heißt das wohl, auch auf hoher See und in Gewittern gangbare Wege zum Übermenschen, aber man muss – im Bild der Treppe und der Brücke – Höhen, Tiefen und Abgründe überwinden. Diese Bilder geben Zuversicht: Die Brücken, die Bögen über Flüsse, Seen und Meere schlagen, werden zu „Regenbogen" (Za I, Vom neuen Götzen). Und von der Zuversicht führen dann metaphorische Brücken auch zu bestimmten Personen wie Freunden, *in* denen man den Übermenschen „lieben" kann (Za I, Von der Nächstenliebe), oder Frauen, die Übermenschen „gebären" können wie Philosophen Gedanken (Za I, Von alten und jungen Weiblein).

Bei alledem aber ist der Übermensch etwas, das über „den Menschen" und darum auch über fassbare Personen hinaus ist:

> Und das ist der grosse Mittag, da der Mensch auf der Mitte seiner Bahn steht zwischen Thier und Übermensch [...] (Za I, Von der schenkenden Tugend 3)

Er ist etwas Gedachtes und Gewolltes. Darauf weist wiederum eine Aufzeichnung, ein Plan für die Lehrdichtung in sechs Punkten, ausdrücklich hin. In einer ersten Bemerkung setzt Nietzsche die „Todtenfeier" voraus. In einer zweiten lässt er Zarathustra oder jemanden in seinem Namen sagen:

> [Üm 8a] Ich sehe etwas Furchtbares voraus. Chaos am nächsten, Alles Fluss.

Dann spricht er vom Schaffen, das man dem Chaos entgegenstellen müsse, und verkündet schließlich:

> [Üm 8b] 5. Den Übermenschen schaffen, nachdem wir die ganze Natur auf uns hin gedacht, denkbar gemacht haben.
> 6. Wir können nur etwas uns ganz Verwandtes lieben: wir lieben am besten ein erdachtes

Wesen. Gegen ein Werk und ein Kind braucht die Liebe nicht befohlen zu werden. Vortheil des Übermenschen.[435]

So bleibt vom Übermenschen als Person nur der „Schatten" seiner „Schönheit" (Za II, Auf den glückseligen Inseln). Und dann nennt er „Götter und „Übermenschen" „unsre bunten Bälge" im „Reich der Wolken" (Za II, Von den Dichtern). Nietzsche lässt den personalisierten Übermenschen geradezu verdampfen.

In einer späten Aufzeichnung, die er stark bearbeitet und in die er nachträglich die einschlägigen Termini einträgt, hält er noch einmal fest, dass es sich bei seinem „Wort" oder „{Begriff}" des Übermenschen um ein „{Gleichniß}" für einen „{Typus}" handle. Er bestimmt ihn hier als Typus

[Üm 9a] {des synthetischen, des summirenden, des rechtfertigenden Menschen, für den jene Machinalisirung der M<ensch>h<eit> eine Daseins-Voraus-setzung {ausbedingung ist}, als ein Grund {ein Untergestell}, auf dem er seine höhere Form zu sein erst schaffen kann {sich erfinden kann...}}[436]

Diesen Menschen bezieht er nun auf

[Üm 9b] die wirthschaftl. {jene unausweichliche bevorstehende} {unvermeidlich bevorstehende} Gesammt-{Wirthschafts-}Verwaltung der Erde,[437]

nennt ihn dann freilich nicht mehr „Übermensch" (vgl. Kap. III 3.5).

Anders als bei der Lehre vom Nihilismus gibt der Nachlass zur Lehre vom Übermenschen kein wesentlich anderes Bild als das veröffentlichte Werk, hier besonders *Also sprach Zarathustra*, für das die nachgelassenen Aufzeichnungen zum Übermenschen von Anfang an gedacht waren. In beiden wird ‚der Übermensch' unentwegt personalisiert, in beiden werden aber auch hinreichend viele Hinweise zum seinem rechten Verständnis, zu seiner Entpersonalisierung gegeben. Im Ergebnis spielt der Nachlass für die Frage nach dem Übermenschen also keine ausschlaggebende Rolle für das Bild von Nietzsches Philosophie.

---

435 N November 1882 – Februar 1883, 4[80], KSA 10.137.
436 N Herbst 1887, 10[17], KSA 12.463, KGW IX 6, W II 2, 129 f.
437 N Herbst 1887, 10[17], KSA 12.463, KGW IX 6, W II 2, 129.

3.3 Zur Lehre vom Willen zur Macht: Wille zur Macht als Aneignung von anderem, Selbstüberwindung, Grundlehre, methodisch auf eine Form reduzierte Kausalität, quantifizierbare Kraft und Differenz-Bewusstheit

Das ändert sich wiederum bei der Lehre vom Willen zur Macht. Hier wandelt sich das Bild stark im Zug von Nietzsches Orientierungsprozess und dies im Wechsel von nachgelassenen Aufzeichnungen und zum Druck beförderten Passagen; die einen treiben die anderen voran. Dabei schiebt sich die Lehre vom Willen zur Macht als Grundlehre allmählich vor die Lehre von der ewigen Wiederkunft. Im Nachlass vom Frühjahr 1888 entsteht noch eine Lehre von Wille-zur-Macht-Quanten und aus ihr die vielleicht interessanteste, weil konsequenteste, aber nur knapp angedeutete Lehre von der Differenz-Bewusstheit. Im Ende 1888 zum Druck beförderten Werk *Der Antichrist* nimmt der Wille-zur-Macht-Gedanke noch einmal eine überraschende Wendung: Die Möglichkeit eines Lebens ohne Wille zur Macht tut sich auf.[438]

3.3.1 Vorbereitender Aphorismus *Die fröhliche Wissenschaft*, Nr. 109: Der Chaos-Gedanke als methodischer Ratschlag zur Zurückhaltung mit Aussagen über die Ordnung der Welt

Der Wille-zur-Macht-Gedanke gehört zum späteren Nietzsche. Die Formulierung „Wille zur Macht" taucht in seinen Aufzeichnungen zwar schon früh, aber noch nicht als grundlegender Gedanke auf. 1876, als die IV. *Unzeitgemässe Betrachtung* zu *Richard Wagner in Bayreuth* entsteht, notiert Nietzsche: „Gefühl seiner Macht", „Freude an der Macht", der „Ehrsüchtige, der Macht will": „Furcht (negativ) und Wille zur Macht (positiv) erklären unsere starke Rücksicht auf die Meinungen der Menschen."[439] Vorausging Nietzsches intensive Auseinandersetzung mit dem Griechentum, hinter dessen „edler Einfalt und stiller Größe" (Johann Joachim Winckelmann) er den tiefen Blick in die Abgründe des Daseins und den ungeschönten Willen zum Wettbewerb, zum Kampf und zum Krieg erkennt, sowohl *zwischen* den Städten als auch *in* den Städten, wo die Griechen den Wettbewerb durch Demokratie zu zügeln verstanden, sich aber auch hier voreinander auszuzeichnen suchten. Der *agōn* unter den Griechen, den sie sich durch die ho-

---

[438] Man wird kaum mit Günzel, Art. Wille zur Macht, in: NLN, 423 f., sagen können, der Wille-zur-Macht-Gedanke sei „nur im geringen Maße im veröffentlichten Werk präsent", wenn sich dort zugleich zahlreiche bedeutsame ‚Stellen' (in Za, JGB, GM, FW V, WA, GD, AC und EH) anführen lassen. Günzel weist jedoch zu Recht darauf hin, dass das Verständnis des Gedankens besonders von Heideggers metaphysischer Interpretation geprägt wurde, die sich auf wenige ausgewählte und verkürzte Stellen aus dem Nachlass stützt.
[439] N Ende 1876 – Sommer 1877, [23]63, KSA 8.425.

merischen Epen und durch Tragödien und Komödien (in Athen auch sie in Wettbewerben aufgeführt) unentwegt vor Augen hielten, war, so Nietzsche, Ausdruck eines Willens zur Macht von „Ehrsüchtigen". Das bleibt Hintergrund von seinem Bild des Willens zur Macht.

Im Aphorismus Nr. 109 seines vierten Aphorismenbuchs, der *Fröhlichen Wissenschaft*, stellt Nietzsche die Frage nach der Ordnung des Seins überhaupt und antwortet mit dem Chaos-Gedanken. Er macht dabei selbst keine ontologische Aussagen, fordert im Gegenteil auf, sie zu vermeiden. Mit dem siebenfach wiederholten „Hüten wir uns" spricht er die Leser*innen unmittelbar an, um ihnen einen *methodischen Ratschlag* zu geben: Sie sollen lernen, sich vor der typischen „Philosophen-Wuth der Verallgemeinerung" zurückzuhalten, von der er zuvor in *Menschliches, Allzumenschliches* (MA II, VMS 5) geschrieben hat, vor einem Denken, das allzu rasch über das ganze Weltgeschehen hinweg verallgemeinert, um der menschlichen Orientierung einen unbedingten Halt zu geben. All diese Verallgemeinerungen haben sich auf Dauer als unhaltbar erwiesen; Nietzsche verzichtet darauf, sie noch eigens zu widerlegen. Seine eigene These, dass die Welt „in alle Ewigkeit Chaos" sei, ist eine negative Aussage: Sie bedeutet, dass alle vorgetragenen Ordnungen der Welt Unterstellungen um der eigenen Orientierung willen sind. In einer Art epistemologischem Nihilismus nimmt Nietzsche methodisch absolute Regellosigkeit an. Es bleibt dann nur, dass alles irgendwie auf alles reagiert, einschließlich der Erkennenden auf das, was sie zu erkennen glauben. Eben das belegt Nietzsche bald darauf mit der Formel ‚Wille zur Macht'.

Er unterscheidet „Gesetze" und „Nothwendigkeiten": Gesetze, Regeln, Ordnungen, Verallgemeinerungen überhaupt setzen das, wofür sie gelten sollen, gleich. Geht man hinter sie zurück, bleibt nur, Ungleiches anzunehmen, das miteinander dann auch in ungleichen Beziehungen steht. In einem solchen Gedankenexperiment wären die Beziehungen dennoch nicht zufällig: Von Zufällen redet man nur, wenn man Gesetze am Werk vermutet, mit denen man in einer spezifischen Situation nicht weiterkommt; mit ihnen scheinen sich Lücken in der gesetzlichen Bestimmung aufzutun. Nietzsches Gedanke ist, dass das Gegebene, was es auch sein mag, sich nach jeweiligen individuellen „Nothwendigkeiten" verhalten könnte, die wir uns verstellen, indem wir ihnen vorab allgemeine Ordnungen unterstellen. Aus solchen Notwendigkeiten entstehen durchaus laufend Ordnungen, dadurch dass das Eine auf kürzere oder längere Dauer ein Anderes einbezieht, aneignet und umformt, später wird Nietzsche auch sagen: „interpretiert". Das muss jedoch nicht nach vorgegebenen zeitlosen „Gesetzen" geschehen. In *Jenseits von Gut und Böse* Nr. 22, wo er die Gedanken des Chaos, des Willens zur Macht und der Interpretation zusammenführt, wird er schreiben, die Welt habe „einen ‚nothwendigen' und ‚berechenbaren' Verlauf [...], aber n i c h t, weil Gesetze in ihr herrschen, sondern weil absolut die Gesetze f e h l e n, und jede

Macht in jedem Augenblicke ihre letzte Consequenz zieht." Was hier ‚berechenbar' heißen kann, lässt er offen.

3.3.2 Lehrdichtung *Also sprach Zarathustra*: Positive Lehre vom Willen des Lebens zur Selbst-Überwindung

In der Lehrdichtung *Also sprach Zarathustra* wird aus dem Chaos-Gedanken eine positive Lehre, nun unter dem Namen ‚der Wille zur Macht'. Zarathustra, vielleicht auch Nietzsche, ist zunächst beherrscht von den Gedanken des Übermenschen und der ewigen Wiederkunft. Der Wille-zur-Macht-Gedanke taucht wohl im I. Teil und dort zum ersten Mal überhaupt in Nietzsches veröffentlichtem Werk auf, aber fast nebenbei:

> Eine Tafel der Güter hängt über jedem Volke. Siehe, es ist seiner Überwindungen Tafel; siehe, es ist die Stimme seines Willens zur Macht. (Za I, Von tausend und Einem Ziele)

Erst im II. Teil bekommt auch der Wille-zur-Macht-Gedanke eine prominente Stellung und hier, wie im vorausgehenden Aphorismus Nr. 109 der *Fröhlichen Wissenschaft*, in einer Attacke auf alle bisherigen Philosophen, die „Weisesten":

> „Wille zur Wahrheit" heisst ihr's, ihr Weisesten, was euch treibt und brünstig macht?
> Wille zur Denkbarkeit alles Seienden: also heisse ich euren Willen!
> Alles Seiende wollt ihr erst denkbar machen: denn ihr zweifelt mit gutem Misstrauen, ob es schon denkbar ist.
> Aber es soll sich euch fügen und biegen! So will's euer Wille. Glatt soll es werden und dem Geiste unterthan, als sein Spiegel und Widerbild.
> Das ist euer ganzer Wille, ihr Weisesten, als ein Wille zur Macht; und auch wenn ihr vom Guten und Bösen redet und von den Werthschätzungen. (Za II, Von der Selbst-Ueberwindung)

Es ist der Gedanke des Aphorismus Nr. 109 der *Fröhlichen Wissenschaft* in neuer Form: Angeblich wahre Ordnungen des Seienden sind Interpretationen, sie entspringen einem Willen, sich die Welt passend zurechtzulegen. Aber Nietzsche geht nun auch noch hinter den Gegensatz von Ordnung und Chaos zurück, mit Hilfe des Begriffs des Lebens: Leben ist Wille zur Macht, sofern Lebendiges sich seine Umwelt immer neu für seine Zwecke zurechtlegt und damit sich zugleich ständig selbst überwindet – Leben *ist*, so gesehen, nichts anderes als dieser Vollzug ständiger Selbstüberwindung. Weil aber auch Zarathustra sich nicht über das Leben stellen kann, um es im Ganzen zu übersehen und zu seiner solchen unbedingten Aussage fähig zu sein, lässt Nietzsche hier das Leben selbst sprechen. Das ist schwer denkbar, in der schriftstellerischen Form einer Dichtung aber möglich:

Und diess Geheimniss redete das Leben selber zu mir. „Siehe, sprach es, ich bin das, w a s sich immer selber überwinden muss." (Za II, Von der Selbst-Ueberwindung)

Um eine positive, lehrbare Aussage vom Weltgeschehen machen zu können, vor der man sich nach der *Fröhlichen Wissenschaft* methodisch hüten muss, fingiert Nietzsche in der Lehrdichtung für jeden erkennbar mit „dem Leben selber" eine geheimnisvolle Sprecherin; er muss das nicht eigens sagen, die Form spricht für sich. Und „das Leben" muss auch nicht erklären, warum es sein „Geheimniss" ausgerechnet ‚Wille zur Macht' nennt. Nun aber ist aus dem kritisch angenommenen Chaos der individuellen Notwendigkeiten eine positive Lehre von höchster Allgemeinheit geworden, und Nietzsche wird nun auch im eigenen Namen mit ihr operieren – um sie dann selbst immer neuen Fragen auszusetzen.

3.3.3 Aufzeichnung vor dem Aphorismus *Jenseits von Gut und Böse* Nr. 36: Der Wille zur Macht als neuer Name für die dionysische Welt des Ewig-sich-selber-Schaffens

Als er wieder zur Form des Aphorismenbuchs übergeht, liegen dazwischen Aufzeichnungen, in denen er neue philosophische Entscheidungen trifft. Hier wird eine nachgelassene Aufzeichnung zum Wille-zur-Macht-Gedanken vom Juni – Juli 1885 ausschlaggebend, die besonders berühmt wurde, weil Nietzsches Schwester und Heinrich Köselitz sie effektvoll ans Ende der 2., erweiterten Auflage ihrer Kompilation *Der Wille zur Macht* setzten, so dass sie als Gipfel von Nietzsches Lehre erschien.[440] Die Aufzeichnung war schon weitgehend wie ein Aphorismus durchformuliert und hätte unter leichten Bearbeitungen unmittelbar zum Druck befördert werden können. Sie handelte aber zunächst *nicht* vom Willen zur Macht, sondern von der ewigen Wiederkehr des Gleichen:

[WM 1a] Und wißt ihr auch, was mir „die Welt" ist? Soll ich sie euch in {meinem} Spiegel zeigen? Diese Welt: ein Ungeheuer von Kraft, ohne Anfang, ohne Ende, eine feste, eherne Größe von Kraft, welche nicht größer, nicht kleiner wird, die sich nicht verbraucht sondern nur verwandelt, als Ganzes unveränderlich groß, ein Haushalt ohne Ausgaben und Einbußen, aber ebenso ohne Zuwachs, ohne Einnahmen, vom „Nichts" umschlossen als von seiner Gränze, nichts Verschwimmendes, Verschwendetes, nichts Unendlich-Ausgedehntes, sondern als bestimmte Kraft einem bestimmten Raum eingelegt, und nicht einem Raume, der irgendwo „leer" ist, sondern weder voll noch leer {wäre}, vielmehr als Kraft überall, als Spiel von Kräften und Kraftwellen, {zugleich Eins und „Vieles",} hier sich häufend {und zugleich} dort sich mindernd, ein Meer in sich selber stürmender und fluthender Kräfte, ewig sich wandelnd, ewig zurücklaufend, mit ungeheuren Jahren der Wiederkehr, mit einer Ebbe und Fluth der {seiner} Gestaltungen, aus den einfachsten in die vielfältigsten hinaustreibend, aus

---

440 Der Wille zur Macht², Nr. 1067.

Faksimile N Juni – Juli 1885, 38[12], KSA 11, 610f., KGW IX 12, Mp XVI, 32r
(Quelle: Klassik Stiftung Weimar)

3.3 Zur Lehre vom Willen zur Macht — 225

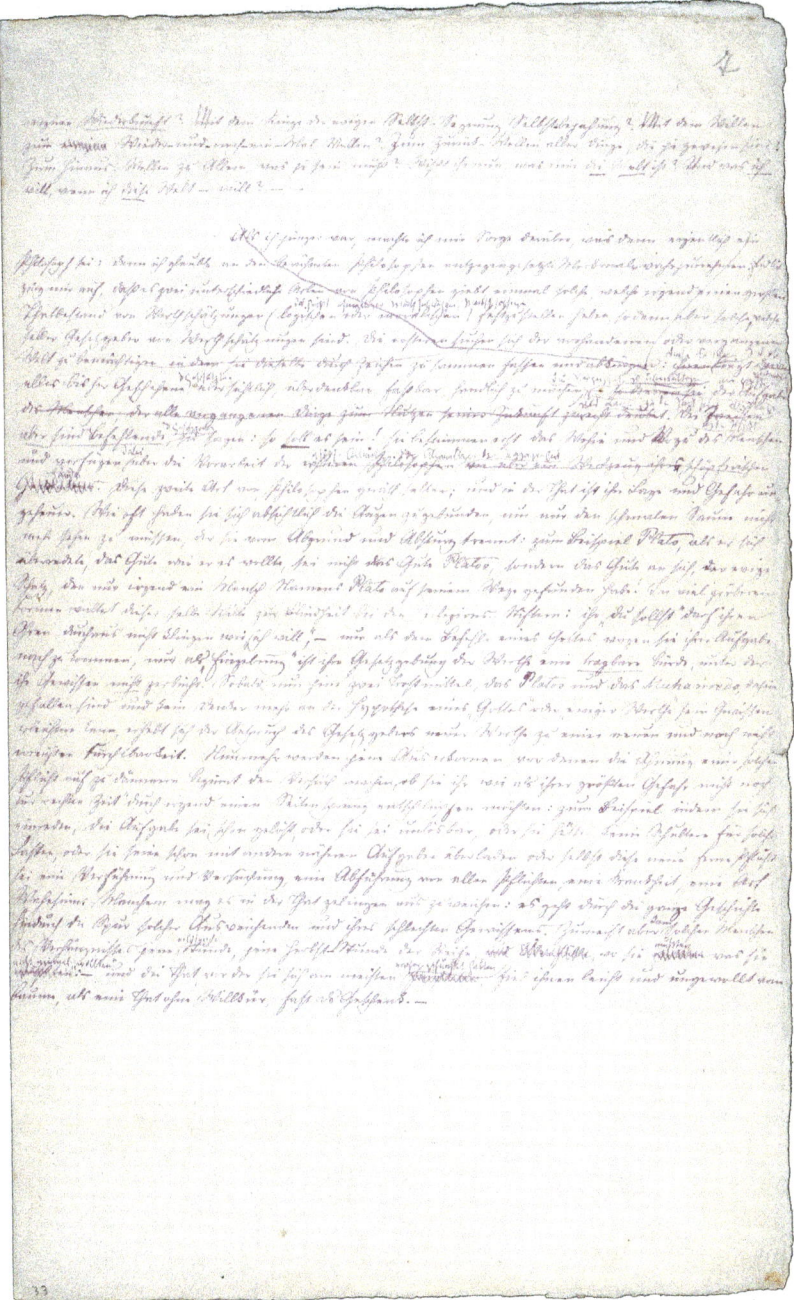

Faksimile N Juni – Juli 1885, 38[12], KSA 11, 610f., KGW IX 12, Mp XVI, 33r
(Quelle: Klassik Stiftung Weimar)

Diplomatische Transkription N Juni – Juli 1885, 38[12], KSA 11, 610f., KGW IX 12, Mp XVI, 32r

3.3 Zur Lehre vom Willen zur Macht

Diplomatische Transkription N Juni – Juli 1885, 38[12], KSA 11, 610f., KGW IX 12, Mp XVI, 33r

dem Stillsten, ~~Kältesten, Einförmigsten fort~~ {Starrsten Kältesten hinaus} in das Glühendste, Wildeste, Sich-selber-widersprechendste, und dann wieder aus der Fülle heimkehrend zum Einfachen, aus dem Spiel der Widersprüche zurück bis zur Lust des Einklangs, sich selber bejahend noch in dieser Gleichheit seiner {Bahnen und} Jahre, sich selber segnend als das, was ewig wiederkomm{en muß}, was ~~an sich selber~~ {als ein Werden, das} kein Sattwerden {kennt}, {keinen Überdruß}, keine Müdigkeit kennt —: diese meine <u>dionysische</u> Welt des ~~Sich-~~Ewig-{-sich-selber-}Schaffens, {des Ewig}-Sich-~~ewig-~~{selber-}Zerstörens, diese Geheimniß-Welt der doppelten Wollüste, ~~von Zeugung und Tod,~~ dieß mein „Jenseits von Gut und Böse", ohne Ziel, wenn nicht im Glück des Kreises ein Ziel liegt, ohne Willen, wenn nicht ein Ring {zu sich selber} guten Willens ~~ist~~ {hat}, ~~auf eigner alter Bahn sich immer um sich und nur um sich zu drehen, diese~~ <u>meine</u> ~~Welt — wer ist hell genug dazu, sie zu schauen ohne sich Blindheit zu wünschen? stark genug, diesem Spiegel seine Seele entgegen zu halten? Seinen eignen Spiegel dem Dionysos-Spiegel? Seine eigne Lösung dem Dionysos-Räthsel? Und wer das vermöchte, müßte er dann nicht noch~~ <u>mehr</u> ~~thun? Dem „Ring der Ringe~~ <u>sich selber</u> ~~anverloben? Mit dem Gelöbniß der~~ /Seitenbruch⁴⁴¹/ <u>eignen</u> <u>Wiederkunft</u>? Mit dem Ringe der ewigen Selbst-Segnung, Selbstbejahung? Mit dem Willen zum <u>ewigen</u> Wieder-und-noch-ein-Mal Wollen? Zum Zurück-Wollen aller Dinge, die je gewesen sind? Zum Hinaus-Wollen zu Allem, was je sein muß? Wißt ihr nun, was mir <u>die Welt</u> ist? Und was <u>ich</u> will, wenn ich <u>diese</u> Welt – will? – –⁴⁴²

Nietzsche hat hier eine bereits stark bearbeitete Version im Arbeitsheft W I 3 abgeschrieben und modifiziert.⁴⁴³ Er bejaht nun hymnisch, was er am Ende des IV. Buchs der *Fröhlichen Wissenschaft* als das „grösste Schwergewicht" beschrieben hat (FW 341), nun mit der Betonung des eigenen Willens zur ewigen Wiederkunft. Damit steht der menschliche Wille zur Interpretation der Welt im Vordergrund, nun zur Interpretation der Welt als dionysischem Geschehen.

Nietzsche verändert die Aufzeichnung jedoch noch einmal und gibt ihr und seiner Lehre im Ganzen dabei wieder eine neue Wendung. Von „ein Ring guten Willens" an streicht er, wie oben angezeigt, den Text durch und überschreibt ihn so:

[WM 1b] {— wollt ihr einen <u>Namen</u> für diese Welt? Eine <u>Lösung</u> für alle ihre Räthsel? ein <u>Licht</u> auch für euch, ihr Verborgensten, Stärksten, Unerschrockensten, Mitternächtlichsten? – <u>Diese Welt ist der Wille zur Macht – und nichts außerdem</u>! Und auch ihr selber seid dieser Wille zur Macht — und nichts außerdem!⁴⁴⁴

---

441 Auf der folgenden Seite KGW IX 12, Mp XVI, 33r, hat Nietzsche die spätere Durchstreichung nicht mehr fortgesetzt.
442 N Juni – Juli 1885, 38[12], KSA 11, 610 f., KGW IX 12, Mp XVI, 32r + 33r. Zur komplexen Textgeschichte der Aufzeichnung vgl. Sommer, NK 5/1, 272–27, und Endres / Pichler, „warum ~~ich diesen mißrathenen Satz schuf~~".
443 KGW IX 4, W I 3, 94, von Montinari in seinem Kommentar KSA 14.727 wiedergegeben.
444 N Juni – Juli 1885, 38[12], KSA 11, 610 f., KGW IX 12, Mp XVI, 32r.

Es ist nun der Wille zur Macht, zur Interpretation und nicht die ewige Wiederkunft, die eine Lösung für alle Rätsel der Welt sein soll; der Wiederkunftsgedanke ist nur noch ein Teil davon. Oder es ist dieselbe Lehre, nun aber unter einem neuen „Namen". Der neue Name dürfte sich, darin ist man sich weitgehend einig, vor allem der Opposition zu Schopenhauers lebensüberdrüssiger Lehre vom renitenten ‚Willen zum Dasein' verdanken, die Nietzsche ‚dionysisch' umstimmen und umwerten will. Nietzsche deutet nun den Begriff des Willens selbst neu aus: Es sei sein Sinn, ‚Wille zur Macht' zu sein. Denn Wollen heißt stets Etwas-anders-haben- und damit auch Anderes-übermächtigen-Wollen; so ist der Wille immer ein Wille *zur Macht*. Macht aber hat von sich aus keinen dauernden Bestand; sie muss in der Auseinandersetzung von Willen immer neu erkämpft werden; so ist Macht immer ein *Wille* zur Macht.[445] Die Auseinandersetzung muss jedoch keineswegs, wie die kämpferische Formel nahelegt, gewaltsam und grob verlaufen, sondern die angenommenen Willen zur Macht können sich auch fein und zart in bloßen Interpretationen, in scheinbar nur der Wahrheit verpflichteten philosophischen Lehren äußern.

Nietzsches Wille-zur-Macht-Gedanke ist vor allem in der Formulierung dieser nachgelassenen Aufzeichnung bekannt und berühmt geworden – die zunächst gar nicht ihm, sondern dem Wiederkunftsgedanken gewidmet war. Die Überschreibung der Aufzeichnung macht sichtbar, dass Nietzsche mitten in der pathetischen Feier seines Wiederkunftsgedankens, den er glücklich mit seinem frühen dionysischen Denken verbunden hat, sich philosophisch schlagartig umorientiert, umentscheidet – und den Wille-zur-Macht-Gedanken zum grundlegenden macht. Das ist so nur in der neuen Edition der KGW IX zu erkennen. Den Übergang vom einen zum andern scheint ermöglicht und nahegelegt zu haben, dass beide Gedanken den Denkenden, Interpretierenden, diese Interpretation Wollenden selbst einschließen. Beide verbindet auch der nihilistische Verzicht auf alles Transzendente. Und von hier aus denkt Nietzsche ihn weiter.

---

445 Vgl. Verf., Philosophie der Fluktuanz, 310. Gerhardt, Art. Wille zur Macht, in: NHB[1], 353, formuliert es so: „Die nur scheinbar redundante Verknüpfung von Wille und Macht ist selbst ein Indiz der durch die Formel bezeichneten Steigerung"; Müller, Art. Wille zur Macht, in: NLM, 246, so: „Die Macht dient hierbei als vektorielle Größe eines Willens, der seinerseits wiederum erst im Machtbezug seinen eigentlichen Ausdruck gewinnt. Beide Phänomene sind dabei jeweils für sich einem isolierbaren Verständnis entzogen und erhalten ihr philosophisches Erklärungspotential erst in der direkten wechselseitigen Bezugnahme."

3.3.4 Der Aphorismus *Jenseits von Gut und Böse* Nr. 36: Der Wille-zur-Macht-Gedanke als Hypothese zur methodischen Prinzipieneinsparung

Im zum Druck beförderten Aphorismus *Jenseits von Gut und Böse* Nr. 36 ist der Schluss fast derselbe wie in der letzten Version der vorausgehenden Aufzeichnung. Aber er folgt nun aus einem ganz anderen Text. Nietzsche hat den Text des Aphorismus sichtlich vom neuen Schluss her neu geschrieben, mit einem neuen Inhalt und in neuer Form: nicht mehr pathetisch begeisternd, sondern nun nüchtern argumentierend und, wie in einem wissenschaftlichen Text, ohne Anrede an das Publikum. Er macht hier wiederum einen „Versuch", ein Gedankenexperiment, nun unter genau benannten Voraussetzungen („Gesetzt, dass ..."); es sind, wenn man sie durchzählt, sechs. Er trägt eine nüchterne Hypothese vor.

Die erste Voraussetzung ist, dass die letzte „Realität", die Menschen in ihrer Orientierung zugänglich wird, ihr „Triebleben" ist. Von ihm, unseren „Begierden und Leidenschaften" gehe bei vorurteilslosem, unverblendetem Hinsehen all unser Denken und Erkennen aus. Wenn man sich, angeleitet von der platonischen Tradition, bemüht, sein Denken und Erkennen von ihnen zu reinigen, um zu so etwas wie einer ‚reinen', bei allen gleichen und darum allgemeingültigen ‚Vernunft' zu kommen, kann man nicht ausschließen, dass auch dies aus einem Trieb, einer Begierde, einer Leidenschaft heraus geschieht, was der platonische Sokrates mit seiner Liebe zu den schönen Jünglingen auch unverblümt eingestand.[446] Unser „Denken" mag, wie er lehrte, unsere „Triebe" bis zu einem gewissen Grad kontrollieren können, und man soll auch nach Nietzsche daran stets arbeiten; aber zu einer solchen Kontrolle der Triebe braucht es wieder, wie dann Spinoza lehrte und Nietzsche auch für Sokrates zeigte,[447] den Antrieb von Trieben, und so ist, schließt er hier, Denken nur „ein Verhalten dieser Triebe zu einander". Das ist kein Irrationalismus, wie oft behauptet wurde und wird, sondern lediglich eine vom Idealismus ernüchterte Sicht auf das Denken. Man kann sich so wenig wie über die Welt im Ganzen über die Welt seiner Triebe erheben, auch nicht im philosophischen Denken – es sei denn, sie lassen das, in einer ‚Selbstüberwindung des Lebens', selbst zu. Man kann die Triebe lediglich, wie nicht erst Freud, sondern schon Nietzsche sagte, „sublimieren"[448] – „die Grundtriebe des Menschen", schreibt er zuvor in *Jenseits von Gut und Böse* Nr. 6, haben „alle schon einmal Philosophie getrieben". Daher darf das Denken nicht einfach, wie es in der Philosophie und in den Wissenschaften üblich war und ist, auf sich selbst ver-

---

446 Vgl. GD, Streifzüge 23.
447 GD, Das Problem des Sokrates. Vgl. Verf., Die „Magie des Extrems" in philosophischen Neuorientierungen.
448 Vgl. N Ende 1886 – Frühjahr 1887, 7[3], KSA 12.255–258, hier 256f., KGW IX 13, Mp XVII, 63r.

trauen: Nietzsche geht von „denken" zu „verstehen" über, in dem Denken, Fühlen und Wollen nicht unterschieden sind, verzichtet auf logische Ableitungen und Beweise und nimmt stattdessen in Anspruch, einfach „Gegebenes" in seinen gegebenen Zusammenhängen zu sehen.

Nietzsche hat das für sich selbst in einer vorausgehenden Aufzeichnung noch deutlicher gemacht:

> [WM 2] Sollte nicht es genügen, uns als „Kraft" eine Einheit zu denken, in der Wollen Fühlen u. Denken noch ~~ungemischt~~ und ungeschieden sind? Und die organ. Wesen als Ansätze zur Trennung, so daß die org. Funktionen sämmtlich noch in jener Einheit beieinander sind, also Selbst-regulirung, Assimilation, Ernährung, Ausscheidung, Stoffwechsel? Zuletzt ist als „real" nichts gegeben als Denken u. Empfinden und Triebe: ist es nicht erlaubt ~~zu versuchen~~ {den Versuch zu machen u. die Frage der Fragen, ob doch}, ob dies Gegebene nicht <u>ausreicht</u>, {nicht} ~~die~~ Welt {auch die sog. mechanistische Welt} {daraus} zu construiren? Ich meine nicht als ~~Schein~~ {eine Täuschung}: sondern als ~~so real, wie eben~~ {vom gleichen Realitäts-Range als ihn} unser Wollen Fühlen {u} Denken ~~ist~~ {hat} – ~~aber~~ {etwa} als {eine} ~~primitivere Form desselben~~ {Art u. der Welt der Triebe in der noch Alles in Eins beschlossen liegt, was sich später abzweigt u. ausgestaltet?}.[449]

Nietzsche setzt damit zweitens realistisch voraus, dass das Denken und damit auch alle Ordnungen der Welt, die es sich ausdenkt, aus den komplexen Differenzierungen tierischer und menschlicher Organismen hervorgehen, in denen, wie es dann im veröffentlichten Aphorismus heißt, „sämmtliche organische Funktionen, mit Selbst-Regulirung, Assimilation, Ernährung, Ausscheidung, Stoffwechsel, synthetisch gebunden in einander sind", und, drittens, dass diese wiederum in der „sogenannten mechanistischen (oder ‚materiellen') Welt", sofern es hier ein vergleichbares Zusammenwirken gibt, als einer „V o r f o r m des Lebens" gründen. Das ist bis heute ebenfalls plausibel, auch wenn man es im Einzelnen wissenschaftlich noch nicht hinreichend nachvollziehen kann.

So kommt Nietzsche zu seinem ursprünglichen Gedanken in der *Fröhlichen Wissenschaft* zurück: Unter den genannten Voraussetzungen kann es nicht mehr um die Wahrheit irgendeines Seins, sondern nur noch um die Methode des Verstehens gehen. So hatte schon René Descartes angesetzt, der als Vater der modernen Philosophie gilt: Als sich zeigte, dass alles bisher gelehrte Wissen dem

---

[449] N August – September 1885, 40[37], KSA 11.646f., KGW IX 4, W I 7, 57. Nietzsche fügt auch hier schon am Kopf der Aufzeichnung hinzu: „{Gesetzt, daß uns nichts anderes ‚gegeben' ist als unsere Welt der Triebe daß wir zu einer anderen ‚Realität' hinab oder hinauf können, als {eben} zur R. der Triebe – denn Denken ist nur ein Verhalten dieser Triebe zueinander – –". Vgl. die Aufzeichnung N April – Juni 1885, 34[247], KSA 11.503f., KGW IX 1, N VII 9, 9 – 10 u. 7 – 8, in der Nietzsche erwägt, wie die Zusammenhänge weiterzudenken wären. Er fasst dabei auch das System-Umwelt-Theorem ins Auge, wie es später Niklas Luhmann entwickelt hat.

Zweifel ausgesetzt ist, entschied er sich für die „Methode", nur das zu akzeptieren, was unmittelbar evident ist und komplexe Probleme so zu lösen, dass er sie in solche unmittelbaren Evidenzen auflöst.[450] Die erste Gewissheit, auf die *er* dabei stieß und bei der er stehen blieb, war die Selbstgewissheit des bloßen Denkens. Sie wird Nietzsche nun ebenfalls fraglich. Denn sie führte bei Descartes zu dem neuen Problem, dass er glaubte, für den ja immer nur momentanen Vollzug des Denkens eine bleibende denkende Substanz annehmen zu müssen, und weil der Selbstbezug des Denkens nicht räumlich ausgedehnt ist, daneben eine ausgedehnte, von der denkenden getrennte Substanz: So entstand das notorisch unlösbare, weil aus unhaltbaren Voraussetzungen hervorgehende Leib-Seele-Problem, das sich bei Nietzsche erübrigt.

Es lebte noch in Kants Annahme zweier unterschiedlicher Kausalitäten, einer naturwissenschaftlich-mechanischen und einer ihr entgegengesetzten „Kausalität aus Freiheit", fort, in deren Reich Kant die Moral ansiedelte. Nietzsche unterläuft auch diese Spaltung, indem er in einer kühnen Wendung die Moral zur „Moral der Methode" macht: Das „Gewissen der M e t h o d e " gebiete, zur Erklärung von Gegebenem möglichst wenig Kausalitäten und Entitäten anzunehmen. Das methodische Prinzip des Umgangs mit solchen Prämissen ist das berühmte Sparsamkeitsprinzip, das William von Ockham im Spätmittelalter gegen die damalige Scholastik richtete, die mit Kausalitäten und Entitäten nur so wucherte (ähnlich wie die gegenwärtige Scholastik, die Analytische Philosophie).[451]

Nach dem weder metaphysischen noch erkenntnistheoretischen, sondern denkökonomischen Prinzip der Prinzipieneinsparung sollte man, das ist die vierte Voraussetzung, nur *eine* Kausalität annehmen, und Nietzsche schlägt nun die des Willens vor – sofern man nämlich die eingangs eingeführten Triebe als vernunftlose Willen erfährt und solche „Willen wirklich als w i r k e n d anerkennt". Ob es solche Willen *an sich gibt*, ist nicht nur fraglich; Nietzsche hat es kurz zuvor in *Jenseits von Gut und Böse* Nr. 19, sogar ausdrücklich bestritten: Wollen ist danach seinerseits „etwas C o m p l i c i r t e s , Etwas, das nur als Wort eine Einheit ist", etwas, das man zur raschen Verständigung so abkürzen kann. Auch der Wille ist also keine Entität, nur ein Name. Und es kann dann nicht nur *ein* Wille sein, wovon Schopenhauer noch ausging; sondern man muss, wenn der Begriff überhaupt einen Sinn haben soll, annehmen, dass „Wille auf Wille wirkt", muss also von einer Pluralität von Willen ausgehen."[452] Die in ihrer Vielfalt dann nicht zu

---

450 Descartes, Discours de la méthode. Vgl. Verf., Formen philosophischer Schriften, 114–120.
451 Nietzsche hat das Sparsamkeitsprinzip als Prinzip der Methode bereits kurz zuvor, in *Jenseits von Gut und Böse* Nr. 13, gegen Spinoza aufgerufen, wird Spinoza damit allerdings nicht gerecht. Vgl. Rupschus / Verf., „Inconsequenz Spinoza's"?.
452 Vgl. Müller-Lauter, Nietzsches Lehre vom Willen zur Macht.

übersehenden Willen mögen wohl die „Ausgestaltung und Verzweigung e i n e r Grundform" sein, so wie jeder allgemeine Begriff individuell Verschiedenes zusammenfassen kann; aber auch über diese Verzweigung kann man nichts mehr sagen.

Nietzsche führt die eine Kausalität des Willens als fünfte Voraussetzung ein („Gesetzt, endlich, dass ...") und als sechste schließlich, dass auch das biologische Leben mit „Zeugung und Ernährung" so am besten zu verstehen sei. Unter all diesen Voraussetzungen hätte man „sich das Recht verschafft", dürfte man den „Versuch" wagen, die Hypothese aufzustellen, „alle wirkende Kraft [sei] eindeutig zu bestimmen als: W i l l e z u r M a c h t." Mit „eindeutig" meint Nietzsche hier offenbar, dass so die vielen möglichen Deutungen der „Welt" auf eine zurückgeführt wären, nicht, dass „Wille zur Macht" ein klar definierter, in allen Kontexten gleich bedeutender Begriff sei; das ist er in Nietzsches Werk sicher nicht und kann er auch nicht sein.[453] Und mit „Die Welt von innen gesehen" will er kaum eine neue Innenwelt postulieren (was sollte das sein?), sondern lediglich den Verzicht auf Transzendenz anzeigen.[454] Im Ergebnis bleibt es bei der methodologischen Hypothese: Anders als in der vorausgehenden Aufzeichnung setzt Nietzsche am Ende des veröffentlichten Aphorismus betont den Konjunktiv „wäre" und „‚Wille zur Macht'" in Anführungszeichen: Er schreibt nicht mehr „diese Welt ist", sondern „sie wäre eben". Vom vorausgehenden Notat bleibt nur das Stichwort „nichts ausserdem. –"

Doch auch wenn Nietzsche den Dionysos-Mythos weg- und das sprachliche Pathos zurücknimmt, gibt er dem veröffentlichten Aphorismus *Jenseits von Gut und Böse* Nr. 36 weiterhin einen schwer durchschaubaren Aufbau, spickt ihn mit rhetorischen Fragen, Parenthesen, Satz-Abbrüchen und -Wiederaufnahmen. So zeigt er durch die Form, dass hier, bei aller wissenschaftlichen Argumentation, kein abgeklärter Wissenschaftler, sondern ein dionysisch inspirierter Philosoph spricht. Der weitgespannte philosophische Entscheidungsprozess wird in seinen Schritten erkennbar und nachvollziehbar. Der Kontext im Aphorismenbuch ist durch und durch kritisch: Nietzsche hat in *Jenseits von Gut und Böse* zuvor nicht nur die Rede vom Willen (Nr. 19) scharf angegriffen, sondern auch den unbedachten „Willen zur Wahrheit" (Nr. 1), den „Grundglauben der Metaphysiker [...]

---

[453] Vgl. Abel, Die Dynamik der Willen zur Macht und die ewige Wiederkehr, mit Gerhardt, Vom Willen zur Macht. Anthropologie und Metaphysik der Macht. Schon die Titel zeigen die ganz unterschiedlichen Interpretationen in der systematischen bzw. metaphysischen Nietzsche-Forschung an.

[454] Die Rede vom „intelligiblen Charakter" schließlich hat eine vertrackte, auf Kant zurückgehende Vorgeschichte und meint so viel wie ‚wesentlicher Grundzug'. Vgl. den ausführlichen Kommentar von Sommer, NK 5/1, 284–286.

an die Gegensätze der Werthe" (Nr. 2), das scheinbar voraussetzungslose „bewusste Denken eines Philosophen" (Nr. 3), Kants Annahme von synthetischen Urteilen a priori (Nr. 4), die „göttlich unbekümmerte" Eigenlogik der Vernunft bei Spinoza, Kant und Hegel (Nr. 5), die scholastische Suche nach immer neuen „Vermögen" der Vernunft (Nr. 11), die beschränkten Denkweisen in Physik und Physiologie (Nr. 12–15) und den Glauben an die unmittelbare Gewissheit des „Ich denke" und an die Logik (Nr. 16–17). In den folgenden Aphorismen, vor allem in Nr. 36, zieht er daraus Konsequenzen für ein realitätsgerechteres Philosophieren.

3.3.5 Aufzeichnungen zur Quantifizierung des Willens zur Macht

Nietzsches neue Thematisierungen seines Wille-zur-Macht-Gedankens in weiteren schriftstellerischen Formen brauche ich hier nicht näher auszuführen. Im veröffentlichten Werk, im Aphorismus Nr. 370 des V. Buchs der *Fröhlichen Wissenschaft*, das er 1887 den ersten IV Büchern anhängt, erstellt er eine Kreuztabelle unterschiedlicher Metaphysiken, und der Wille zur Macht als Wille zu bestimmten philosophischen Lehren wird dabei zur Instanz einer Meta-Metaphysik.[455] In der Lenzerheide-Aufzeichnung, in der er seine Gedanken des Nihilismus, der ewigen Wiederkehr des Gleichen und des Willens zur Macht in eine übersichtliche Beziehung zueinander zu bringen versucht, zweifelt er zuletzt an allen „extremen Glaubenssätzen", auch den eigenen (Kap. IV). Hier wird die Moral zur Gegnerin des Wille-zur-Macht-Gedankens, dabei aber selbst zum stärksten Willen zur Macht, was Nietzsche in seiner bald folgenden „Streitschrift" *Zur Genealogie der Moral* ausführt. Die polemische Wendung will er dann theoretisch absichern: Er plant „Der Wille zur Macht" lange als Titel des „Hauptwerks", das er nie schreibt, und stellt Listen für Buchkapitel zusammen wie „{Wille zur Macht als ‚Naturgesetz'} / Wille zur Macht als Leben / Wille zur Macht als Kunst. / Wille zur Macht als Moral. / Wille zur Macht als Politik / Wille zur Macht als Wissenschaft. / Wille zur Macht als Religion".[456]

So wie zunächst den Gedanken der ewigen Wiederkehr versucht er in Aufzeichnungen zuletzt auch den Gedanken der Willen zur Macht wissenschaftlich zu fassen und damit lehrbar zu machen. Er entwirft eine Theorie von „Machtquanta", „Kraft-Quanta" oder „Willens-Quanta" zur Fundierung seiner „Kritik des Mechanismus".[457] Dabei geht er weiterhin von einer ursprünglichen Gesetzlosig-

---

455 Vgl. Verf., Nietzsches Befreiung der Philosophie, 465–495.
456 N Frühjahr 1888, 14[71]-[72], KSA 13.254, KGW IX 8, W II 5, 142. Auf derselben Seite variiert er die Titel noch.
457 N Frühjahr 1888, 14[79]–[82], KSA 13.257–262, KGW IX 8, W II 5, 138 f., 136 f. Vgl. auch Nachlass Frühjahr 1888, 14[98], KSA 13.274–276, KGW IX 8, W II 5, 122 f. Hier bedient sich Nietz-

keit alles Geschehens aus, so dass es sich nur noch um den „Grad von Widerstand u den Grad von Übermacht" handelt. Er scheint an Macht-Atome zu denken und so die ursprünglich nur methodisch angesetzten Willen zur Macht zu verdinglichen.[458] Aber Nietzsche widerspricht dem klar: Ein „Machtquantum" soll nicht feststehen wie die „Fiktion eines Klümpchen-Atoms", sondern weiterhin durch die bloße „Wirkung, die es übt und der es widersteht", bestimmt sein. Es geht um die bloße Unterscheidbarkeit von Willen zur Macht, so dass man ihre Wirkungen aufeinander verfolgen und sie, jedenfalls bis zu einem gewissen Grad, berechnen kann, also um feststellbare Differenzen. Es sind *wir*, betont er erneut, die „Einheiten nöthig [haben], um rechnen zu können: deshalb ist nicht anzunehmen, daß es solche Einheiten gibt." *Wir* sind für „die Einmischung des Zahlbegriffs, des Subjektbegriffs, des Bewegungsbegriffs" verantwortlich, weil *wir* das Geschehen so am ehesten verstehen zu können glauben. Auch hier weist Nietzsche die Ontologisierung und Metaphysizierung seiner methodisch konzipierten Annahme von Willen zur Macht zurück.

3.3.6 Äußerste Konsequenz im Nachlass: Wille zur Macht als Differenz-Bewusstheit

Ohne ontologische und metaphysische Fixierungen bleiben auch die angenommenen Willens-Quanten „dynamische Quanta, in einem Spannungsverhältniß zu allen anderen dynamischen Quanten". Dieses Verhältnis lässt sich in der herkömmlichen philosophischen Sprache dann nur noch als „Pathos" fassen, nicht als Dingliches, Substantielles und begrifflich Bestimmbares, sondern als etwas, das wir am ehesten noch als Lust und Unlust wahrnehmen, Lust aber wiederum im „Machtgefühl", im Gefühl des „überwundenen Widerstands". Dieses Lust-an-der-Macht-Gefühl aber ist zuletzt dann lediglich eine „Differenz-Bewußtheit":[459] Man erfährt im Geschehen nur Veränderungen an anderem und an sich selbst und versucht sie sich zurechtzulegen – in Fiktionen, die man in der Wissenschaft ebenso wie im alltäglichen Leben nöthig hat, um sich orientieren zu können. Dabei handelt es sich um „Ausdrucksweisen", die nie „adäquat" sein können, um bloße „Zeichensprachen", um „Semiotik".[460] Das sind noch einmal große und zukunftsweisende Schritte in Nietzsches philosophischem Orientierungsprozess

---

sche bereits nicht mehr des Quanten-Begriffs, der Differenzierung der Willen zur Macht durch Quantifizierung.
458 Vgl. N Juni – Juli 1885, 36[22], KSA 11.560, KGW IX, W I 4, 31, wo Nietzsche den Begriff „Kraftatom" erprobt.
459 N Frühjahr 1888, 14[121], KSA 13.300, KGW IX 8, W II 5, 96.
460 N Frühjahr 1888, 14[122], KSA 13.303, KGW IX 8, W II 5, 97.

(Kap. V). In dieser Entschiedenheit notiert er sie nur für sich in seinen Aufzeichnungen. Der so kriegerisch auftretende Wille-zur-Macht-Gedanke löst sich am Ende in den Gedanken eines sich laufend überholenden Zeichenprozesses auf.

3.3.7 Äußerste Konsequenz im zum Druck beförderten Werk: Möglichkeit eines Lebens und Denkens ohne Willen zur Macht

In seinen letzten zum Druck beförderten Werken verfährt Nietzsche anders. Seine zur Kampfschrift gesteigerte Streitschrift *Der Antichrist. Fluch auf das Christenthum*, die er nun ganz gegen das zwei Jahrtausende alte Christentum richtet, beginnt er mit dem Willen-zur-Macht-Gedanken wie mit einem Dogma, in das er jetzt aber im Sinn der vorigen Aufzeichnungen „das Gefühl" einfügt: „Was ist gut? – Alles, was das Gefühl der Macht, den Willen zur Macht, die Macht selbst im Menschen erhöht." (AC 2) Mitten in die unerbittlichen Angriffe auf das Christentum und seine Moral, die die Menschheit entkräftet habe, fügt er unversehens aber auch eine Psychologie des „Typus Jesus" ein, in der er ein Leben *ohne* Wille zur Macht, „ein in ganz in Symbolen und Unfasslichkeiten schwimmendes Sein" (AC 27–35, hier AC 31), entwirft, das keine Widerstände gegen die Realität hat, so aber am Kreuz umkommt (Kap. V 4).[461] Nietzsche ist davon selbst sichtlich bewegt. Der Überwältigungswille geht hier in den *amor fati* auf, die ‚Liebe zum Schicksal', ein Nichts-mehr-anders-haben-Wollen, eine vollkommene Bejahung des Daseins, um die Nietzsche, wie er zugleich bekennt, selbst rang. In den *Dionysos-Dithyramben*, Gedichten, die er zum Teil in *Also sprach Zarathustra* vorgeformt hat und in denen er sein Philosophieren gipfeln lässt, benennt er seine leitenden Gedanken nicht mehr mit den bekannten Formeln; er schweigt nun auch vom Willen zur Macht.[462]

3.4 Zur Lehre von der ewigen Wiederkunft: Ewige Wiederkunft als Naturgeschehen, Herausforderung der Selbstbejahung und extremer Glaubenssatz

3.4.1 Erste Aufzeichnungen: Reflexionsspielräume der Lehre

Auch der Gedanke der ewigen Wiederkunft des Gleichen entwickelt sich dramatisch in Nietzsches philosophischem Orientierungsprozess. Hier ist der Nachlass von noch größerem Gewicht, einfach weil Nietzsche den Wiederkunftsgedanken vor allem in ihm ausgearbeitet, davon aber nur wenig veröffentlicht hat. Die

---

461 Vgl. Verf., Philosophie der Fluktuanz, 352–356.
462 Vgl. Groddeck, Die Wahrheit im Dithyrambus.

3.4 Zur Lehre von der ewigen Wiederkunft — 237

Angelpunkte sind die, wie Nietzsche sie schildert, plötzliche Eingebung des Gedankens und die Aufgabe, die er sofort mit ihm verbindet: ihn zu lehren. Die ausführlichen Erwägungen dazu ergeben, dass auch er nicht oder nur sehr begrenzt lehrbar ist. An den wenigen Stellen des zum Druck beförderten Werks, an denen er ihn zur Sprache bringt, könnte es Nietzsche darauf angekommen sein, eben das zu zeigen. Dann müsste der Wiederkunftsgedanke auch von daher verstanden werden.

In eines seiner Großoktavhefte (M III 1) aus dem Jahr 1881 notiert Nietzsche mit großem Pathos:

[eWG 1]   Die Wiederkunft des Gleichen.
          Entwurf.
1. Die Einverleibung der Grundirrthümer.
2. Die Einverleibung der Leidenschaften.
3. Die Einverleibung des Wissens und des verzichtenden Wissens. (Leidenschaft der Erkenntniss)
4. Der Unschuldige. Der Einzelne als Experiment. Die Erleichterung des Lebens, Erniedrigung, Abschwächung – Übergang.
5. Das neue Schwergewicht: die ewige Wiederkunft des Gleichen. Unendliche Wichtigkeit unseres Wissen's, Irren's, unsrer Gewohnheiten, Lebensweisen für alles Kommende. Was machen wir mit dem Reste unseres Lebens – wir, die wir den grössten Theil desselben in der wesentlichsten Unwissenheit verbracht haben? Wir lehren die Lehre – es ist das stärkste Mittel, sie uns selber einzuverleiben. Unsre Art Seligkeit, als Lehrer der grössten Lehre.

Anfang August 1881 in Sils-Maria,
6000 Fuss über dem Meere und viel höher über allen
menschlichen Dingen! —[463]

Die Aufzeichnung läuft darauf hinaus, dass eben die Lehre Nietzsches eigenem Leben Halt geben soll. Wie wäre eine solche Lehre möglich? Nietzsche kontextualisiert zunächst den Gedanken und eröffnet dadurch Reflexionsspielräume für dessen Deutung.[464]

---

463 N Frühjahr – Herbst 1881, 11[141], KSA 9.494.
464 Brusotti, Die Leidenschaft der Erkenntnis, 310–379, hat Nietzsches philosophischen Orientierungsprozess in der genannten Zeit mit bis dahin unbekannter Gründlichkeit kontextualisiert, dabei auch die Quellen, auf die er zurückgriff, dokumentiert und auf die vielfältigen spekulativen Deutungen des Wiederkunftsgedankens in der vorausgehenden Nietzsche-Forschung hingewiesen (vgl. zum Letzteren auch Skirl, Art. Ewige Wiederkunft). Der Sinn des Wiederkunftsgedankens stand für Nietzsche keineswegs von Anfang an (und auch zuletzt nicht) fest, sondern blieb in Bewegung. Darum dürfen zu seiner Deutung nicht einfach Erwähnungen aus verschiedenen Zeiten und an verschiedenen Orten zusammengestellt werden, sondern müssen jeweils die chronologischen und topologischen Kontexte beachtet werden. Brusotti geht in seiner Darstellung von Nietzsches temporärer und bis heute kaum beachteter „Philosophie der

In *Ecce homo* (EH, Za 1) wird Nietzsche später mit ausdrücklichem Verweis auf die zitierte Aufzeichnung [eWG 1] schreiben, der Wiederkunftsgedanke sei ihm „am mächtigen pyramidal aufgetürmten Block" am See von Silvaplana gekommen, unter „Vorzeichen" einer „plötzlichen und im Tiefsten entscheidenden Veränderung [s]eines Geschmacks, vor Allem in der Musik". Mit ihm selbst war etwas Überraschendes und Unerklärliches geschehen, die Stimmung seines Denkens veränderte sich. Obwohl er den „Ewige-Wiederkunfts-Gedanken" im Nachhinein zur „Grundconception" von *Also sprach Zarathustra* erklärt, erläutert er (auch hier) nicht seinen gedanklichen Sinn, und er erwähnt auch nicht, dass er vierzehn Tage zuvor in Spinoza „einen Vorgänger und was für einen!" entdeckt hatte.⁴⁶⁵ Das könnte deshalb von Belang sein, weil Spinoza die Natur konsequent als ein in sich geschlossenes Geschehen gedacht hat, in das auch Gott einbezogen ist, so dass er nicht mehr *außerhalb* der natürlichen und menschlichen Dinge, sondern in anderer Weise *über* ihnen steht. Spinozas Gott ist kein „willkürlicher Gott" mehr, sondern sein Begriff für die Notwendigkeit des Weltgeschehens selbst;⁴⁶⁶ indem Spinoza den Gedanken *deus sive natura* als in sich notwendigen Geschehenszusammenhang konzipierte, wurde nicht nur Gott zur Natur, sondern auch die Natur göttlich, so wie Nietzsche sie dann als dionysische denkt.⁴⁶⁷

. Weder der Wiederkunftsgedanke noch Spinoza waren ihm 1881 eigentlich neu. Der Wiederkunftsgedanke war ihm aus der antiken Philosophie vertraut, und er hatte ihn auch in seinem frühen Entwurf *Die Philosophie im tragischen Zeitalter der Griechen* erwähnt.⁴⁶⁸ Von Spinozas *Ethik* hatte er immer wieder gehört und

---

Gleichgültigkeit" aus, die in Nietzsches Erläuterungen zur zitierten Aufzeichnung „Die Wiederkunft des Gleichen" noch erwähnt wird und die Nietzsche offenbar durch die Wiederkunftslehre weitertreiben und bestärken wollte, dann aber im Zug von deren Ausarbeitung fallen ließ. Die Lehrbarkeit des Wiederkunftsgedankens setzt Brusotti noch fraglos voraus, auch in *Also sprach Zarathustra* selbst.
465 Postkarte an Franz Overbeck aus Sils-Maria vom 30. Juli 1881, Nr. 135, KSB 6.111.
466 Vgl. Nietzsches Aufzeichnung in N Frühjahr – Herbst 1881, 11[312], KSA 9.561: „Wer nicht an einen Kreisprozeß des Alls glaubt, muß an den willkürlichen Gott glauben – so bedingt sich meine Betrachtung im Gegensatz zu allen bisherigen theistischen!" Er verweist dabei auf Vogt, Die Kraft. Eine real-monistische Weltanschauung (vgl. Montinari, Kommentar, KSA 14.647).
467 Vgl. Verf., Start-Paradoxien moderner Orientierung. Spinoza wird im Verständnis des Wiederkunftsgedankens so etwas wie der Schatten Nietzsches, der ihn wie im Prolog und Epilog von der *Der Wanderer und sein Schatten* verfolgt und mit dem er sich auseinandersetzt. Vgl. Boehm / Verf., Der Ewige-Wiederkunfts-Gedanke und der Schatten Spinozas.
468 PHG 6, KSA 1.829.

gelesen,[469] und in seiner Lenzerheide-Aufzeichnung von 1887 wird er, nachdem er sich in Chur nochmals über Spinoza belesen hatte, ausdrücklich erwägen, ob sich der Wiederkunftsgedanke nicht auch aus dessen Philosophie ergäbe (Kap. IV 2.7). 1881 sucht Nietzsche nun, wie berauscht von diesem Gedanken, sich über dessen Sinn für seine eigene Philosophie zu orientieren, ohne sich darüber schon öffentlich auszulassen. Am 14. August 1881 schreibt er an Heinrich Köselitz: „An meinem Horizonte sind Gedanken aufgestiegen, dergleichen ich noch nicht gesehn habe – davon will ich nichts verlauten lassen, und mich selber in einer unerschütterlichen Ruhe erhalten."[470] Dieses Doppel von innerer Erregung und demonstrativer äußerlicher Ruhe kennzeichnet Nietzsches ganzen weiteren Umgang mit dem Wiederkunftsgedanken.

Das Hauptstichwort in der zitierten ersten Aufzeichnung zum Wiederkunftsgedanken [eWG 1], vier Mal wiederholt, ist die „Einverleibung", die Einverleibung nicht zunächst von Wissen, sondern (1.) von „Grundirrthümern": Es geht von Anfang an nicht um Wahrheit, sondern um etwas, das der menschlichen Orientierung Halt gibt, ohne dass man zunächst überprüfen wollte oder könnte, ob dieser Halt wirklich haltbar ist. Hier ist nach Nietzsche Leidenschaft am Werk, und darum fragt er (2.) nach der Einverleibung von „Leidenschaften", die das Erkennen, darunter auch die Aufklärung seiner Irrtümer, leiten. Dabei kann, so seine Erfahrung, die „Erkenntniss" selbst zur Leidenschaft werden. So handelt es sich (3.) um die Einverleibung von „Wissen" und zugleich „des verzichtenden Wissens", das heißt wohl des Wissens, dass man in seinem Wissen nicht weiter als bis zur „Leidenschaft der Erkenntniss" kommen kann: Denn sie aufzuklären würde wiederum die Leidenschaft der Erkenntnis voraussetzen. Das macht (4.) den Einzelnen zu einem „Experiment": Er kann nicht absehen, wie das „Abenteuer" der Erkenntnis, wie Nietzsche später formuliert (MA I, Vorrede 4), für ihn ausgehen wird. Das Unglaubwürdig-Werden der Transzendenz jeder Art in Wis-

---

469 Vgl. Brobjer, Nietzsche's Philosophical Context, 78–82. Brobjer verzeichnet erste Kenntnisnahmen in Überblickswerken während der Schulzeit in Schulpforte (46), 1865 in den Bonner Vorlesungen von Karl Schaarschmidt, zu denen Nietzsche sich ausführliche Notizen machte, Erwähnungen in Goethes *Dichtung und Wahrheit*, in Schopenhauers Werken, in Friedrich Albert Langes *Geschichte des Materialismus*, in Friedrich Ueberwegs *Geschichte der Philosophie*, Hinweise bei Eduard von Hartmann, bei Eugen Dühring, den Nietzsche 1875 eifrig studierte (69), und Afrikan Spir (71). 1881 belas er sich dann ausführlicher über Spinoza im einschlägigen Band von Kuno Fischers *Geschichte der neueren Philosophie* (78; vgl. den Brief an Franz Overbeck aus Sils-Maria vom 8. Juli 1881, Nr. 123, KSB 6.101). In MA I 475 von 1878 und MA II, VM 408, von 1879 hatte er Spinoza schon hoch gepriesen, wohl ohne dessen Texte selbst gelesen zu haben. Paul Rée, mit dem Nietzsche 1876 in Sorrent eng zusammengearbeitet hatte, wurde in einer Buchbesprechung als „neuer Spinoza" bezeichnet.
470 Brief Nr. 136, KSB 6.112.

senschaft, Metaphysik und Theologie führt einerseits zu einer „Erleichterung des Lebens", andererseits zu dessen „Erniedrigung, Abschwächung", dazwischen aber zum Stand einer neuen „Unschuld", die die menschliche Orientierung einem unentschiedenen „Übergang" aussetzt. In dieser Situation bietet sich Nietzsche (5.) der Wiederkunftsgedanke als Orientierungsmöglichkeit an. Er wäre ein „neues Schwergewicht", durch das sich das Schwanken stabilisiert, einen vorläufigen Halt findet, der aber jederzeit wieder in Bewegung geraten kann. Ein Schwergewicht kann nicht nur auf etwas lasten, sondern ihm auch Halt geben, und das scheint hier der Sinn zu sein: Nietzsche nutzt die Metapher hier als Gegeninstanz gegen über den Dingen schwebende Transzendenzen. Schwergewichte sind Teile der Welt, auf die sie wirken.

Nietzsche geht von einem generellen „wir" (wir Menschen) zu einem persönlichen (wir Lehrer, ich als Lehrer) über. Nachdem er gesehen hat, dass er sein früheres Leben ebenfalls verblendet durch Grundirrtümer wie die schopenhauerwagnerschen und so „in der wesentlichsten Unwissenheit verbracht" hat, fragt er sich, was „wir mit dem Reste unseres Lebens" machen sollen. Er stellt die Frage ganz persönlich und für seine persönliche Zukunft. Die Antwort aber ist nicht so sehr der Wiederkunftsgedanke selbst, sondern dass er in *seiner* Person *seine* Aufgabe und darin *seinen* Halt finden könnte, „die Lehre" zu „lehren" und so ein großer philosophischer Lehrer zu werden.[471] Er gibt sich darin ebenso entschieden wie erwartungsvoll: Er will versuchen, sich die Lehre, über deren Sinn und Gewicht er sich noch nicht im Klaren ist, dadurch klar zu machen und einzuverleiben, dass er sie anderen beibringt.

‚Einverleiben' darf man metaphorisch verstehen als ‚in Fleisch und Blut' übergehen lassen. Denn anders bleibt ein Gedanke abstrakt und leer, so dass man außer im Zusammenhang von philosophischen Systemen mit ihm ‚nichts anfangen' kann. Wie ein leerer Gedanke aber sieht gerade der „Ewige-Wiederkunfts-Gedanke" zunächst aus, und für viele ist er das auch geblieben; seine Abstraktheit hat die bekannten stark divergierenden und entsprechend strittigen Deutungen hervorgebracht.[472] In welchen Kontexten er zu verstehen und zu lehren ist, zeigen

---

471 Brusotti, Die Leidenschaft der Erkenntnis, 335 f., sieht im Lehren der Lehre nur ihre ständige Wiederholung. Aber Nietzsche spricht von „Seligkeit, als Lehrer der grössten Lehre".

472 Die Deutungen laufen auch jetzt noch rasch auf ‚Mythos' und ‚Mystik' oder ein ethisch-pädagogisches Ideal hinaus. Vgl. Müller, Art. ewige Wiederkunft, ewige Wiederkehr, in: NLM, 140–143. Skirl, Art. Ewige Wiederkunft, 223 f., geht auch Nietzsches unterschiedlichen Formulierungen „Wiederkunft" und „Wiederkehr" nach: Danach lässt sich weder in den Aufzeichnungen noch im veröffentlichten Werk ein hinreichend deutliches Unterscheidungskriterium ausmachen. Nietzsche bevorzugt wohl des volleren Klanges wegen „Ewige-Wiederkunfts-Gedanke" (EH, Za 1). Dass er nicht die Zusammensetzung „ewige Wiederkehr", sondern nur „ewige

die anschließenden Aufzeichnungen in N Frühjahr – Herbst 1881, 11[142]-[165], an deren Anhaltspunkten Nietzsche auch später noch weitgehend festhält.

In Platons Dialog *Menon*, der ausdrücklich die Frage nach der Lehrbarkeit von Wissen stellt,[473] ist das Beispiel mathematisches Wissen, das zugleich einen weiteren Sinn hat: *Máthaema* ist Gegenstand des Unterrichts überhaupt (Kap. III 1.1): Wissen wird lehrbar, für alle gültig mitteilbar, wenn es nach einer schon akzeptierten Logik aus schon akzeptiertem Wissen abgeleitet werden kann. Nach Aristoteles' *Analytika* liegt die Notwendigkeit und damit auch Allgemeingültigkeit eines Wissens in der Logik seiner Ableitung; logisch abgeleitetes Wissen ist insoweit wahr, wie es auch seine Prämissen sind.[474] Die Wahrheitsfähigkeit der Prämissen des Wiederkunftsgedankens ist nach Nietzsche aber fraglich: Seine Einverleibung setzt so schwer Feststellbares wie Bedürfnisse, Triebe, Leidenschaften und darüber hinaus „Nahrung Ort Luft Gesellschaft" (11[143]) voraus. Nietzsche sucht wohl zwischen seinen Punkten 4 und 5 in [eWG 1] einen „Übergang" auch in einem wenn nicht logischen, so doch methodischen Sinn. Im Stand der „Unschuld" zwischen „Erleichterung" und „Erniedrigung" könne das „Leben im Unwahren" durchaus „ästhetisch genossen und gepflegt" werden. Man lerne dabei, „aus vielen Augen in die Welt zu sehen", seine Orientierung also perspektivisch zu differenzieren und dabei diese Perspektivierung selbst zu beobachten. So sei es möglich, „zeitweilig über ihm [dem Leben in Trieben und Leidenschaften] mit dem Auge zu ruhen" und zu verfolgen, wie sich „die Leidenschaft der Erkenntniß" selbst aus den Kämpfen des Triebgeschehens herausbildet und man bis zu einem gewissen Grad „Gewalt" darüber bekommt.[475] Wenn die „Lust" daran nicht überwiege, werde das Leben im Ganzen nichtig werden und dadurch der „Vernichtung" ausgesetzt sein.[476] Das ist nicht in Prämissen für logische Schlüsse zu fassen, und der Beobachter und Beurteiler des

---

Wiederkunft" verwende, ist falsch; richtig ist nur, dass „ewige Wiederkehr" nicht in Titeln erscheint. Wir kürzen „Ewige-Wiederkunfts-Gedanke" in ‚Wiederkunftsgedanke' ab.
[473] Platon, Menon, 71a: Die Frage ist zunächst, ob die *aretáe* etwas durch Unterricht Lehrbares (*didaktón*) sei.
[474] Aristoteles, Analytica priora I 1, 24b 18–20.
[475] Vgl. das spätere „Du sollst Gewalt über dein Für und Wider bekommen und es verstehn lernen, sie aus- und wieder einzuhängen, je nach deinem höheren Zwecke. Du sollst das Perspektivische in jeder Werthschätzung begreifen lernen – die Verschiebung, Verzerrung und scheinbare Teleologie der Horizonte und was Alles zum Perspektivischen gehört; auch das Stück Dummheit in Bezug auf entgegengesetzte Werthe und die ganze intellektuelle Einbusse, mit der sich jedes Für, jedes Wider bezahlt macht." (MA I, Vorrede 6)
[476] N Frühjahr – Herbst 1881, 11[141], KSA 9.495. Brusotti, Die Leidenschaft der Erkenntnis, 340, sieht hier eine „Aufrechnung von Lust und Unlust", die Nietzsche bald fallen lasse.

perspektivischen Geschehens steht auch nicht ‚über den Dingen', sondern bewegt sich mit ihnen mit.

Die „Vergangenheit" spielt in Nietzsches ersten Überlegungen zum Wiederkunftsgedanken eine paradoxe Rolle. Denn wenn sie sich „ewig wiederholt", ist die Vergangenheit zugleich die Zukunft, und eben das macht, so vermutet Nietzsche zunächst noch, gleichgültig gegen sie. Die „Gleichgültigkeit" würde dann auch dem „Mitleid" um das von Vernichtung Bedrohte gelten, und so ist das Abgründige und Züchtende des Gedankens, wie Nietzsche es später nennen wird, von Anfang an gegenwärtig: „das Elend der zukünftigen Menschheit soll uns nichts angehn. Aber ob wir noch leben wollen, ist die Frage: und wie!" Nietzsche blickt dabei, merkt er eigens an, auf seine eigenen „erhabenen Zustände", seine eigene Leidenschaft, sein eigenes Pathos (11[141]), er geht konsequent von seiner eigenen Orientierung, seiner eigenen Perspektive aus. Ob es sich beim Wiederkunftsgedanken um eine Art von Offenbarung handelt oder nicht, ist nach Nietzsches ersten Aufzeichnungen gleichgültig, in jedem Fall eine obsolete Redeweise, sofern sie noch „Götter" voraussetzt (11[142]).[477]

Unter dem Gesichtspunkt der Einverleibung im Sinn der Stabilisierung der eigenen Orientierung ist auch nicht ausschlaggebend, ob es sich um einen „Gedanken" oder einen „Glauben" handelt (11[143]), ebensowenig, ob es „Schuld" oder „Verdienst" ist, wenn man den Wiederkunftsgedanken aufnehmen kann oder nicht (11[144]). Nietzsche schaltet nicht nur gängige Wahrheitskriterien, sondern auch moralische Bewertungen aus. Bei der ewigen Wiederkehr des Gleichen würde es sich um eine „Nothwendigkeit" handeln (11[143]), jedoch nicht um eine logische, sondern um die, die Nietzsche dann auch für die Wechselwirkung unter Willen zur Macht geltend macht (vgl. Kap. III 3.3.1.). Als weitere Dimension in seinen Ausgangsreflexionen des Wiederkunftsgedankens fügt Nietzsche die „Erziehung" hinzu, die nach ihm „die herrschenden überschauenden Wesen" hervorbringen soll, „die dem Spiel des Lebens zuschauen und es mitspielen, bald hier, bald dort, ohne allzuheftig hineingerissen zu werden". Eine überlegene Orientierung, die die Übersicht behält, weckt im alltäglichen und politischen Leben bei anderen Vertrauen, so dass man sich ihr gerne „anvertraut". Das gibt denen, die über sie verfügen, wiederum eine von ihnen vielleicht gar nicht gewollte „Macht", und damit kommt Nietzsches Thema der Erdregierung, der „Herren der Erde", ins Spiel (Kap. III 3.5): „So bildet sich eine neue regierende Kaste." (11[145]) Nietzsche denkt den Wiederkunftsgedanken von Anfang an im Zusammenhang des menschlichen Orientierungsgeschehens im Ganzen.

---

[477] Die vollständige Aufzeichnung 11[142] wurde von Montinari als Vorstufe zu FW 109 in KSA 14.253 f. abgedruckt.

Der Perspektivismus ohne logische und moralische Prämissen könnte, überlegt er weiter, bei vielen einen „Widerwillen gegen das Leben" aufkommen lassen, wenn nicht schon der Verlust von Metaphysik und Theologie ihn ausgelöst hat. Doch er zerstreut zunächst solche Befürchtungen. Denn der Wille zu leben hänge nicht von der „Furcht vor Schlimmerem", nicht von der „Hoffnung auf Besseres", nicht von der „Gewohnheit" und auch nicht von „gelegentlicher Lust" ab, sondern von der bleibenden Lust an „Abwechslung" (hier *innerhalb* des Kreislaufs einer Wiederkehr; die Wiederkehr selbst wird, wenn alles gleich wiederkehrt, nicht erlebt) (11[146]). Die Lust an Abwechslung könnte zunächst aber die falschen Leute für die Wiederkunfts-Lehre gewinnen: Die „Schwächeren Leereren Kränkeren Bedürftigeren", die eine weniger freie Einsicht haben, könnten zuerst nach ihr greifen, sie aber nicht angemessen einordnen. Die „altgesicherten und sichernden Naturen" werden neuen Gedanken dagegen erst im „undurchdringlichen" Geflecht der hergebrachten Gedanken einen Platz zu schaffen suchen und sie, da das schwer ist und lange dauern kann, also „zu allerletzt" aufgreifen (11[147]).[478] So würde der Wiederkunftsgedanke unvermeidlich auf lange Zeit missverstanden werden, und das spricht dagegen, ihn überhaupt zu lehren.

Da aber tut sich für Nietzsche ein Ausweg auf: die Lehre trotz allem nach wissenschaftlichen Standards vorzutragen.

3.4.2 Weiterer Nachlass: Mögliche Lehrbarkeit des Wiederkunftsgedankens

Seine sogenannte ,naturwissenschaftliche' oder ,kosmologische' Deutung des Wiederkunftsgedankens, die er nun entwirft, stützt sich vor allem auf den unter anderen von Julius Robert Mayer ermittelten, später von Hermann von Helmholtz formulierten und bis heute gültigen Energieerhaltungssatz. Nietzsche war auch auf ihn nicht lange zuvor gestoßen und hatte sich in demselben Oktavheft M III 1 Notizen dazu gemacht.[479] Später hat er seine Folgerung aus ihm auf die knappe Formel gebracht: „Der Satz vom Bestehen der Energie fordert die ewige Wiederkehr."[480] Seine Begründung bleibt dieselbe:

---

478 Vgl. Kap. III 2.2., Aufzeichnung [Za 11], N Herbst 1883, 16[3], KSA 10.495f.
479 N Frühjahr – Herbst 1881, 11[24] u. [25], KSA 9.451f. Robert Mayers *Die organische Bewegung in ihrem Zusammenhange mit dem Stoffwechsel. Ein Beitrag zur Naturkunde* von 1845 fand sich in Nietzsches persönlicher Bibliothek (NB 378); Montinari weist in seinem Kommentar Zitate aus Robert Mayers *Die Mechanik und Wärme* von 1874² nach (KSA 14.644, Titel dort falsch zitiert).
480 N Sommer 1886 – Herbst 1887, 5[54], KSA 12.205, KGW IX 3, N VII 3, 122. In N Herbst 1887, 10[138], KSA 12.535f., KGW IX 6, W II 2, 45, und N Frühjahr 1888, 14[81], KSA 13.261, KGW IX 8, W II 5, 136, verknüpft Nietzsche die „Constanz der Energie" mit dem Gedanken der „Maximal-Ökonomie des Verbrauchs".

[eWG 2a] Die Welt der Kräfte erleidet keine Verminderung: denn sonst wäre sie in der unendlichen Zeit schwach geworden und zu Grunde gegangen. Die Welt der Kräfte erleidet keinen Stillstand: denn sonst wäre er erreicht worden, und die Uhr des Daseins stünde still. Die Welt der Kräfte kommt also nie in ein Gleichgewicht, sie hat nie einen Augenblick der Ruhe, ihre Kraft und ihre Bewegung sind gleich groß für jede Zeit. Welchen Zustand diese Welt auch nur erreichen <u>kann</u>, sie muß ihn erreicht haben und nicht einmal, sondern unzählige Male. So diesen Augenblick: er war schon einmal da und viele Male und wird ebenso wiederkehren, alle Kräfte genau so vertheilt, wie jetzt: und ebenso steht es mit dem Augenblick, der diesen gebar und mit dem, welcher das Kind des jetzigen ist. Mensch! Dein ganzes Leben wird wie eine Sanduhr immer wieder umgedreht werden und immer wieder auslaufen – eine große Minute Zeit dazwischen, bis alle Bedingungen, aus denen du geworden bist, im Kreislaufe der Welt, wieder zusammenkommen. Und dann findest du jeden Schmerz und jede Lust und jeden Freund und Feind und jede Hoffnung und jeden Irrthum und jeden Grashalm und jeden Sonnenblick wieder, den ganzen Zusammenhang aller Dinge. Dieser Ring, in dem du ein Korn bist, glänzt immer wieder. Und in jedem Ring des Menschen-Daseins überhaupt giebt <es> immer eine Stunde, wo erst Einem, dann Vielen, dann Allen der mächtigste Gedanke auftaucht, der von der ewigen Wiederkunft aller Dinge – es ist jedesmal für die Menschheit die Stunde des <u>Mittags</u>.[481]

Der „Kreislauf der Welt" wird hier zunächst ganz handfest. Nietzsche beschreibt ihn als tatsächliches Geschehen, geht dann aber rasch zur Bedeutung für das Leben des Einzelnen über und führt schließlich die Metapher des Rings ein, die er in den veröffentlichten Texten bevorzugen wird. In dieser Gestalt erscheint er ihm als „der mächtigste Gedanke": So könnte er wirken, so könnte er Glauben erwecken, auch wenn er letztlich nicht zu beweisen wäre. Der von Nietzsche bereits populär formulierte ‚wissenschaftliche' Kern der Argumentation ist: Nimmt man eine Gesamtmenge der „Welt der Kräfte", die immer in Auseinandersetzung miteinander bleiben und unter denen kein Stillstand und kein Gleichgewicht entsteht – Nietzsche wird ihnen später den Namen von Willen zur Macht geben –, oder die Erhaltung der „Kraftmenge" (11[157]) an, so müssen sich, im Lauf der Zeit, wenn man die Zeit als unendlich ansetzt, irgendwann einmal die möglichen Kräfteverteilungen, wenn man diese als endlich ansetzt, durchgespielt haben und sich dann wiederholen (11[152]). So müsste sich ein „Kreislauf" oder ewige Wiederholung all dessen ergeben, was in einem bestimmten Augenblick geschieht bzw. erlebt wird. Das gilt konsequenterweise auch für das Aufkommen des Wiederkunftsgedankens selbst.

---

[481] N Frühjahr – Herbst 1881, 11[148], KSA 9.498. Vgl. N Frühjahr 1888, 14[188]5, KSA 13.376, KGW IX 8, W II 5, 21. – Mayer sprach zunächst von Kraft, nicht von Energie; Nietzsche gebraucht den Begriff der Energie lange nur umgangssprachlich im Sinn von ‚Tatkraft', 1887 und 1888 dann auch im physikalischen Sinn (N Herbst 1887, 10[138], KSA 12.535, KGW IX 6, W II 2, 45).

Ein solcher naturwissenschaftlicher Kalkül, der zu mathematischen Nachrechnungen herausfordert, ist seinerseits sehr voraussetzungsvoll und darum fragwürdig.[482] Nietzsche stellt seinerseits eine ganze Reihe flankierender Überlegungen dazu an, die die mathematisch-naturwissenschaftliche Absicherung seines Gedankens erheblich verunsichern. Danach erfassen zum einen mathematische Naturwissenschaften das Geschehen nur grob. Denn sie müssen von gleichen und gleich bleibenden Elementen ausgehen, die sich miteinander verrechnen lassen, und also von der Möglichkeit aller feineren Veränderungen im „ewigen Fluß aller Dinge" absehen (11[149]). Zum andern wird seit Aristoteles Veränderung als Bewegung zwischen zwei festgesetzten und insofern „beharrenden ‚todten' Zuständen" gedacht (11[150]),[483] aber diese können natürlich ihrerseits immer wieder anders festgesetzt werden. Auch hier tragen „wir" die „Körper Flächen Linien Formen" in das Geschehen ein, um es *uns* fassbar zu machen: „So gewiß unsere Begriffe Erdichtungen sind, so sind es auch die Gestalten der Mathematik." (11[151]; vgl. 11[154]). Statt sie kritisch zu hinterfragen, haben Philosophen derartige Konstruktionen oft nur fortgesetzt: „Alle Philosophen haben das Ziel gehabt, zum Beweis des ewigen Beharrens, weil der Intellekt darin seine eigene Form und Wirkung fühlt." (11[153]; vgl. 11[155]). Nietzsche bekennt sich zu dem, was man heute ‚Konstruktivismus' nennt: Mit der berechenbaren Welt wird „ein Phantom […] construirt", um etwas zu haben, „worüber man übereinstimmen muß", und dies wird dann zum „Wesen" der Welt erklärt. Damit ist aber „nichts für die Realität bewiesen". Die mathematische Naturwissenschaft konfirmiert aus dieser Sicht lediglich, was das „Wesen der Gattung" Mensch „constituirt". Die Menschheit behauptet sich dadurch als Gattung, dass sie ständig daran arbeitet, „den Glauben an gewisse Dinge endemisch zu machen und den Nichtglaubenden auszuscheiden und absterben zu lassen". Auch bei

---

482 Wie fragwürdig Nietzsches Kalkül und dessen Voraussetzungen sind, hat schon 1897 Felix Hausdorff alias Paul Mongré in: Sant' Ilario. Gedanken aus der Landschaft Zarathustras, Aph. Nr. 406, 349–354, gezeigt. Hausdorff, der zu einem der bedeutendsten Mathematiker des 20. Jahrhunderts wurde, wies in seinen beiden philosophischen Büchern im Geiste Nietzsches, der deutliche Kritik an dessen Denken nicht ausschloss, mit den Mitteln der damals von Georg Cantor entwickelten Mengenlehre nach, dass die Wiederkunftslehre als mathematisch-naturwissenschaftliche nicht haltbar war. Vgl. dazu die Einleitung des Verf. und Brusotti, Transformationen der Wiederkehr. Die sogenannte zyklische Zeit, die für Nietzsches Wiederkunftslehre oft geltend gemacht wird, spielt für sie, wenn überhaupt, nur eine untergeordnete Rolle. Denn innerhalb der Kreisläufe wird die Zeit linear erlebt, die Wiederholung der Kreisläufe soll sich in einer unendlichen linearen Zeit abspielen, und die zyklischen Wiederholungen können, wenn *alles gleich* wiederkehrt, gar nicht erlebt werden. Kurz: Verliefe die Zeit zyklisch, könnte man das nicht feststellen.
483 Vgl. Aristoteles, Physica IV 11, 219a22–30.

wissenschaftlichen Beweisen geht es letztlich also, wie Wittgenstein es später nennen wird, um ‚Abrichtung' oder ‚Dressur' zu einem Gattungsglauben, der eine leichtere Verständigung unter den Menschen ermöglicht. Wer da nicht mitspielt, dem wird nach Nietzsche eine unhaltbare und unerlaubte „Idiosynkrasie" zugeschrieben: In einer Gesellschaft muss ein „Normalgeschmack an allen Dingen" herrschen, der von allen erwartet wird. Kurz: Die mathematikähnliche Lehrbarkeit eines Wissens oder eines Glaubens ist „eine Existenzbedingung der Gattung", „aber mit der Wahrheit hat es nichts zu thun". Das heißt nicht, dass das idiosynkratische Individuum gegenüber der Gesellschaftsmeinung Recht hätte. Beide haben die Wahrheit nicht: „Die Gattung ist der gröbere Irrthum, das Individuum der feinere Irrthum." (11[156]). Ein Drittes hinter beiden aber, das eine letzte Sicherheit gewähren würde, gibt es nicht. So kann auch eine wissenschaftliche Beweisführung die Wiederkunftslehre nicht oder nur oberflächlich stützen.[484]

Solche epistemologischen Erörterungen untergraben für Nietzsche die mögliche Lehrbarkeit des Wiederkunftsgedankens, ihn selbst jedoch nicht. Er muss nicht nach wissenschaftlichen Kriterien wahr sein, um zu einem neuen, Halt gebenden Glauben der Gesellschaft zu werden und „Nichtglaubende auszuscheiden". Man darf nur nicht, was oft geschieht, alte Glaubensartikel in ihn hineintragen. Nietzsche notiert im Anschluss eine Kette von „Hüten wir uns", wie sie dann auch in den Aphorismus Nr. 109 der *Fröhlichen Wissenschaft* eingehen (Kap. III 3.3.1): Im „Kreislauf", wie Nietzsche ihn zu denken versucht, sei kein „Streben", kein „Ziel", es gebe keine Analogien zu „Kreisläufen z. B. der Gestirne oder Ebbe und Fluth Tag und Nacht Jahreszeiten" (11[157]); die Auseinandersetzung der Kräfte vollziehe sich, wie dann die der Willen zur Macht, ohne ‚Gesetz'. So aber ist sie schwer begreiflich und noch schwerer lehrbar. Stattdessen bleibt die Einverleibung: „Eine solche Lehre", wenn sie denn eine Lehre sein kann, „muss langsam einsickern, ganze Geschlechter müssen an ihr bauen und fruchtbar werden", weit länger, als „die Paar Jahrtausende, in denen sich das Christenthum erhalten hat!" (11[158])

Damit wendet sich Nietzsches philosophischer Orientierungsprozess: Er kehrt sich nun der Fassung des Wiederkunftsgedankens zu, die er ihm dann im veröffentlichten Aphorismus Nr. 341 der *Fröhlichen Wissenschaft* gegeben hat. Der Gedanke wird, in deutlicher Opposition zum Christentum, zur Herausforderung der Selbstbejahung:

---

[484] Nach Brusotti, Die Leidenschaft der Erkenntnis, 359, hat Nietzsche die ‚Beweise' selbst als gescheitert betrachtet.

[eWG 2b] Nicht nach fernen unbekannten Seligkeiten und Segnungen und Begnadigungen ausschauen, sondern so leben, daß wir nochmals leben wollen und in Ewigkeit so leben wollen![485]

Wenn die Menschen aber schematisierende Konstruktionen zu ihrer Orientierung brauchen, könnte „die letzte Wahrheit vom Fluß der Dinge" die Einverleibung gar nicht „vertragen". So gerät der Erkennende mit dem Wiederkunftsgedanken in einen „Widerspruch des Lebens":

[eWG 2c] Leben ist die Bedingung des Erkennens. Irren die Bedingung des Lebens und zwar im tiefsten Grund Irren. Wissen um das Irren hebt es nicht auf! Das ist nichts Bitteres![486]

Der Widerspruch führt zu dem paradoxen Resultat, dass der Wiederkunftsgedanke erst gelehrt werden kann, wenn er bereits einverleibt und damit so selbstverständlich geworden ist, dass jeder ihn leicht ertragen kann (11[163]-[165]): Die Lehre ist dann lehrbar, wenn sie ohnehin selbstverständlich geworden ist, also gar nicht mehr eigens gelehrt zu werden braucht. Sie ist dann ein Glaube wie andere auch. Und das soll der Wiederkunftsgedanke nach Nietzsches Aufzeichnungen werden.

Im weiteren Aufzeichnungen fügt Nietzsche noch einige Klärungen und Folgerungen hinzu, die an der Sachlage aber nichts Wesentliches mehr ändern. Noch im Großoktavheft M III 1 nimmt er das „Hüten wir uns" nochmals auf: „Das All" solle auch nicht als „Organismus", d. h. nach einem „Gesetz" des Organischen gedacht werden; das Organische sei „das ganz Seltene, unsäglich Abgeleitete", das wir „nur auf der Kruste der Erde wahrnehmen"; es dürfe nicht „zum Wesentlichen Allgemeinen Ewigen" gemacht werden (11[201]). Auch die Prämissen seines ‚Beweises', dass die Kraftmenge zwar „unermeßlich" sein mag, aber nicht unendlich, dass die Zeit dagegen unendlich sei, präzisiert Nietzsche noch einmal. Damit die ewige Wiederkehr der Weltzustände oder „Gesammtlagen" folgt, muss in den jeweiligen Gesamtlagen *innerhalb* eines Kreislaufs nichts Gleiches sein; jede kann alles neu konfigurieren; innerhalb eines Kreislaufs muss es keine beständigen Eigenschaften geben; Gleiches ereignet sich erst in der Wiederholung der Kreisläufe (11[202]).[487] Und es reiche auch schon „eine Wahrscheinlichkeit

---

485 N Frühjahr – Herbst 1881, 11[161], KSA 9.503.
486 N Frühjahr – Herbst 1881, 11[162], KSA 9.504.
487 An einer späteren Stelle des Heftes M III 1 erwägt Nietzsche als „Gegenbeweis" oder doch „Gegenhypothese gegen den Kreisprozeß", dass Verschiedenheit in der Welt überhaupt dem „ewigen Nacheinander gleicher Welten" widersprechen könnte (11[311]-[313], KSA 9.560 – 562). Für Brusotti, Die Leidenschaft der Erkenntnis, 374, ist damit die Wiederkunftslehre erledigt. Aber selbst wenn die „Gesetze der mechanischen Welt" und mit ihr auch der chemischen und orga-

oder Möglichkeit" der „Kreis-Wiederholung" aus, dass der Wiederkunftsgedanke „uns erschüttern und umgestalten" kann, wie einst „die Möglichkeit der ewigen Verdammniß" (11[203]).

Auf einem Blatt der Mappe Mp XVII 1b im Nachlass vom Winter 1883–1884 (KSA 10.645) plant Nietzsche ein eigenes Buch zur ewigen Wiederkunft mit dem Untertitel „Ein Buch der Prophezeiung", das, wie oben (Kap. III 2.2) zitiert, mit der „Darstellung der Lehre und ihrer theoretischen Voraussetzungen und Folgen" beginnen sollte.[488] Er führt es jedoch nicht aus. Ebenfalls 1884 trägt er in den kosmologischen Gedanken die Verantwortung ein, die jeder und jedem Einzelnen mit der ewigen Wiederkehr zufalle:

> [eWG 3] Den ungeheuer zufälligen Charakter aller Combinationen erweisen: daraus folgt, daß jede Handlung eines Menschen einen unbegränzt großen Einfluß hat auf alles Kommende. Dieselbe Ehrfurcht, die er, rückwärts schauend, dem ganzen Schicksal weiht, hat er sich selber mit zu weihen. Ego fatum.[489]

Damit rückt die selektive Wirkung des Wiederkunftsgedankens in den Vordergrund, wonach er die, die ihn ertragen können, stärken und die andern bis zu ihrer langfristigen „Vernichtung" schwächen wird. Es folgen die schon bekannten Argumente: So werde der Gedanke zu einem „Mittel zur Erzeugung eines höheren Typus", der dann die „Herrschaft über die Erde" übernehmen könne. „A priorische Wahrheiten" wären dabei kontraproduktiv; mit ihnen seien nur „die an Glauben Gewöhnten" zu gewinnen. Hier zähle stattdessen die „freie Unterordnung unter einen herrschenden Gedanken, der seine Zeit hat".[490] Man muss ihn nach Nietzsche auch ohne Beweis annehmen und ertragen können; für ihn zählt seine Mächtigkeit, nicht seine Wahrheit. Er nennt darum in einem Buchplan mit den Titeln „Die ewige Wiederkunft. Meinen Brüdern geweiht", auf die er hofft („Aber wo seid ihr, meine Brüder?"), den Wiederkunftsgedanken jetzt „züchtend":

> [eWG 4] Ich will den Gedanken lehren, welcher Vielen das Recht gibt, sich durchzustreichen – den großen züchtenden Gedanken.[491]

---

nischen durch Zufälle entstünden und so eine unberechenbare Verschiedenheit hervorbrächten, könnte sich das ja in jedem „Weltkreislauf" gleich wiederholen. Nietzsche hielt die Lehre bis zum Schluss nicht für erledigt, lehrte sie jedoch nicht in seinen zum Druck beförderten Schriften.
488 N Winter 1883–1884 (Mp XVII 1b), 24[4], KSA 10.645.
489 N Frühjahr 1884, 25[158], KSA 11.55.
490 N Frühjahr 1884, 25[211], KSA 11.69.
491 N Frühjahr 1884, 25[227], KSA 11.73.

Weil man es mit dem „Abenteuer" der „praktischen Bewältigung" der „Zukunft" im Ganzen zu tun habe, müsse man aus dem Gedanken moralische Wertungen heraushalten:

> [eWG 5] Zum Plan
> (Wir sind mitten im Feststellen von Thatsachen)
> Beschreibung, nicht Erklärung. (z. B. Morphologie als Beschreibung des Nacheinanders)
> Letzte Absicht solcher Beschreibung: praktische Bewältigung, im Dienste der Zukunft.
> Vorläufige Menschen und Methoden – Abenteuer (thatsächlich ist alles in der Geschichte ein Versuchen)
> Eine solche vorläufige Conception zur Gewinnung der höchsten Kraft ist der Fatalismus (ego – Fatum) (extremste Form „ewige Wiederkehr")
> Um ihn zu ertragen, und um nicht Optimist zu sein, muß man „gut" und „böse" beseitigen.
> Meine erste Lösung: die tragische Lust am Untergange des Höchsten und Besten (es wird als beschränkt empfunden in Hinsicht des Ganzen): doch ist dies Mystik in Ahnung eines noch höheren „Guten"
> Meine zweite Lösung: das höchste Gute und Böse fallen zusammen.[492]

„Mystik" lässt Nietzsche nicht gelten. Mit dem „Fatalismus" wird auch der Begriff „Wille" eliminiert (Kap. III 3.3.4):

> [eWG 6] Meine Vollendung des Fatalismus: / 1) durch die ewige Wiederkunft und Präexistenz / 2) durch die Elimination des Begriffs „Wille".[493]

Das Ganze soll Teil einer „neuen Aufklärung" sein, die über die Prämissen der alten Aufklärung aufklären und wie ein Hammer wirken werde, sei es zum Zerschlagen des Alten, zum Schmieden des Neuen oder zum Aushorchen hohler Götzen:

> [eWG 7] Die ewige Wiederkunft. / Eine Wahrsagung. / Grosse Vorrede.
> Die neue Aufklärung – die alte war im Sinne der demokratischen Heerde. Gleichmachung Aller. Die neue will den herrschenden Naturen den Weg zeigen – inwiefern ihnen alles erlaubt ist, was den Heerden-Wesen nicht freisteht:
> 1 Aufklärung in Betreff „Wahrheit und Lüge" am Lebendigen.
> 2 Aufklärung in Betreff „Gut und Böse"
> 3 Aufklärung in Betreff der gestaltenden umbildenden Kräfte (die versteckten Künstler)
> 4 Die Selbst-Überwindung des Menschen. (die Erziehung des höheren Menschen)
> 5 Die Lehre der ewigen Wiederkunft als Hammer in der Hand der mächtigsten Menschen, — — —
> [494]

---

[492] N Sommer – Herbst 1884, 27[67], KSA 11.291 f.
[493] N Frühjahr 1884, 25[214], KSA 11.70.
[494] N Sommer – Herbst 1884, 27[80], KSA 11.295.

Mit den Standards der herkömmlichen Aufklärung werden auch Bedingungen der Lehrbarkeit von Lehren wie der Voraussetzung einer aus ‚reiner Vernunft' erkennbaren Wahrheit in Frage gestellt.

Nietzsche hat, auch nachdem er in *Also sprach Zarathustra* das Scheitern seines Protagonisten mit seinem Willen zu lehren vorgeführt hatte, den Glauben an die wissenschaftliche Beweisbarkeit des Wiederkunftsgedankens nicht aufgegeben, wie die Lenzerheide-Aufzeichnung von 1887 zeigt (Kap. IV 2.13). Dennoch verstärken sich seine Zweifel so, dass er ihn am Ende als „extremen Glaubenssatz" einstuft. Damit ist seine metaphysische Deutung abgewiesen, wie Heidegger sie dann verbreitete. Er fälschte dabei Nietzsches letzte große Einlassung zum Wiederkunftsgedanken in seinem Nachlass, indem er genau den Passus von der Fälschung unterschlug:

> [eWG 8] Dem Werden den Charakter des Seins aufzuprägen – das ist der {höchste} Wille zur Macht.
> Zwiefache Fälschung, von den Sinnen her u vom Geiste her, um eine Welt des Seienden zu erhalten, des Verharrenden, Gleichwerthigen usw.
> Daß Alles wiederkehrt, ist die extremste Annäherung einer Welt des Werdens an die des Seins: Gipfel der Betrachtung.[495]

Im Frühjahr 1888 stellt sich Nietzsche im Blick auf sein damals noch geplantes „Hauptwerk" die Argumente vom Sommer 1881 für eine wissenschaftliche Bekräftigung des Wiederkunftsgedankens nochmals zusammen.[496] Im Herbst 1888 gibt er das geplante Hauptwerk auf.

3.4.3 Veröffentlichtes Werk: Vermeidung der Lehre des Wiederkunftsgedankens

Man ersieht aus dem Nachlass, wie sehr Nietzsche an einer beweisbaren Lehre des Wiederkunftsgedankens lag und wie schwer es ihm fiel, auf die Beweisbarkeit zu verzichten. Im veröffentlichten Werk demonstriert er diesen Verzicht – und be-

---

495 N Ende 1886 – Frühjahr 1887, 7[54], KSA 12.312f., KGW IX 13, Mp XVII, 95v. Vgl. Verf., [Heideggers] Auseinandersetzung mit Nietzsche, 178f.
496 N Frühjahr 1888, 14[188], KSA 13.375f., KGW IX 8, W II 5, 21. Das spricht nicht für den Grund von Zarathustras Scheitern als Lehrer, den Zittel, Das ästhetische Kalkül, 212, angibt: „Nietzsches *Zarathustra* besteht fast gänzlich aus Parodien, Travestien, Persiflagen, Pastiches, Ironisierungen, also aus gleichsam reaktiven Spätformen künstlerischer Darstellung (nicht: Ausdrucks) der überlieferten Metaphorik."

hauptet sich zuletzt doch als „Lehrer der ewigen Wiederkunft" (GD, Was ich den Alten verdanke 5). Er will die Lehre, aber nicht in einer beweisbaren Form.[497]

Im zum Druck beförderten Werk folgt auf eine eher unspezifische Erwähnung der „ewigen Wiederkunft" in *Die fröhliche Wissenschaft* Nr. 285 („du willst die ewige Wiederkunft von Krieg und Frieden") der prominente Aphorismus Nr. 341 mit dem Appell, dem Wiederkunftsgedanken, den Nietzsche nicht bei diesem Namen nennt, sondern nur umschreibt, das „grösste Schwergewicht" im eigenen Leben zu geben. Man hat hier gerne vom ‚ethischen' oder ‚imperativischen' Sinn des Gedankens gesprochen. Aber auch hier muss man sich hüten. Nach Nietzsches radikaler Moralkritik in seinen Aphorismenbüchern, seinem bewussten Hinausgehen über ‚Gut und Böse', kann man nicht mehr unbefangen von ‚ethisch' sprechen, und Nietzsche formuliert auch keinen Imperativ. Stattdessen spricht er konditional, von einem ‚wenn – dann'. Das ‚wenn', die Bedingung, formuliert er höchst befremdlich: „Wie, wenn dir eines Tages oder Nachts ein Dämon in deine einsamste Einsamkeit nachschliche und dir sagte…" Ein „Dämon" ist ein oft bösartiger Gott oder Halbgott, ein angsterregender Geist, von dem man vielleicht auch nur träumt, jedenfalls eine zweifelhafte Stimme, die man aus Furcht dennoch ernst nimmt.[498] Auch Sokrates, von dem im vorausgehenden Aphorismus Nr. 340 die Rede ist, kannte einen solchen Dämon, der ihm jedoch nur sagte, was er *nicht* tun solle, nicht, was er solle. Nach Platons Dialog *Phaidon* bewies Sokrates sich selbst in den letzten Stunden vor seinem Tod ein Weiterleben im Jenseits, wo er endlich frei von allen leiblichen Bindungen sich ganz dem philosophischen Denken widmen könne, und so konnte er heiter sterben. Doch die Lösung von den leiblichen Bedürfnissen sei schwer, und so könne man sich das künftige vom Körper-Gefängnis befreite Leben auch leicht verderben. Nietzsche wertet all das um.[499] Ihm geht es um das *jetzige* Leben unter *leiblichen* Bedingungen, und der Dämon, den er einführt, *fragt* nur. Er fragt, was man täte, wenn man in der „einsamsten Einsamkeit" Lebensentscheidungen zu treffen hätte, die niemand und auch keine Moral einem abnehmen kann. Verloren in der Welt, „Stäubchen vom Staube", hätte jede und jeder Einzelne, eingelassen in das unendliche Fortfließen der Zeit, einer immer wieder umgedrehten „Sanduhr des

---

[497] Vgl. zu einer frühen Erwägung des Wiederkunftsgedankens mit ganz anderer Stoßrichtung Kap. V 2, Anm. 687.
[498] Zum (umstrittenen Sinn) des Dämons bei Nietzsche vgl. Zittel, Das ästhetische Kalkül, 200–203. Der NK zur Stelle steht noch aus.
[499] Hier setzt Figal, Zarathustra als erfundener Lehrer, 49–57, an. In seiner Gegenüberstellung von Zarathustra und Sokrates versteht Figal Zarathustra fraglos als Lehrer der ewigen Wiederkunft (49), die sich ohne weiteres mitteilen lasse (51) und mit der er dennoch scheitere, weil er vom Wollen nicht lassen könne.

Daseins", selbst über sein Leben zu entscheiden. Jede und jeder Einzelne ist, wie es der von Nietzsche hoch geschätzte und zugleich tief bedauerte Mathematiker, Physiker, Philosoph und entschiedene Christ Pascal dereinst beschrieben hatte, sich selbst das Wichtigste und Bedeutendste.[500] In Gestalt einer Wette hatte Pascal die Ungläubigen ebenfalls vor eine Wenn-dann-Frage gestellt: Wenn sie an Gott glaubten, könnten sie die Seligkeit gewinnen, mit der Leugnung seines Daseins aber nichts; mit Gott, dem Gott des Christentums, könne man also letztlich nur gewinnen. Nietzsche geht auf Pascals berühmte Wette nicht ein, führt im veröffentlichen Werk aber seinerseits den Wiederkunftsgedanken als Wette auf einen Glauben ein; wie Pascal arbeitet er mit der Angst vor einer Fehlentscheidung in Grundfragen des Lebens. Ohne noch an Götter zu glauben, lässt er sogar den Gott selbst sprechen, wenn auch einen zweifelhaften, führt aber anders als Pascal keine Argumente an und stellt auch keine ewige Seligkeit in Aussicht. Er erwartet von seinem dämonischen „Gedanken" selbst eine Wirkung, die „verwandelt und vielleicht zermalmt". Der Gedanke soll schwer auf dem „Handeln" lasten und ihm zugleich als „Schwergewicht" Halt geben. Nietzsches Versprechen ist, dass er leicht wird, wenn man ihn willig trägt: Wenn man annimmt, dass alles ewig wiederkehrt, würde man in einer „letzten ewigen Bestätigung und Besiegelung" bejahen, dass alles gut ist, wie es ist, würde man sich „ohne Abzug und Ausschluss", wie Nietzsche gerne sagt, den Realitäten stellen, soweit man sie eben erfassen kann.

Die Wenn-dann-Überlegung ist weder ein Beweis noch ein Imperativ noch eine Ethik; die Bejahung der Realitäten braucht all das nicht. Zermalmend ist sie nur für die, die auf solche Mittel zu ihrer Orientierung angewiesen sind. Wenn es hier um Moral geht, dann um die des *amor fati:* „‚Liebe das, was nothwendig ist' – amor fati dies wäre meine Moral", notiert Nietzsche im Herbst 1881.[501] Hinter dem *amor fati* winkt wiederum Spinoza, sein Gedanke des *amor Dei intellectualis:* Gott, wenn er alles oder in allem ist, liebt in allem sich selbst, so wie es ist und weil es notwendig so ist. Für Menschen, die ihren Affekten ausgesetzt sind und sich gegen Realitäten sträuben, ist das schwer; eben darum müssen sie durch Einsicht in die Notwendigkeiten ihre Affekte beherrschen lernen. Nietzsches Wiederkunftsgedanke macht den entgöttlichten *amor fati* aber schwierig: Würde es tatsächlich das eigene Leben ändern, wenn man wüsste, dass es ewig wiederkehrt und keine Art von Gericht und Strafe, wie sie religiöse Lehren der Wiederkunft kennen, damit verbunden wäre? Hätte es Einfluss auf die eigenen Affekte? Kaum: Das

---

500 Nicht lange zuvor, Ende 1880, hatte sich Nietzsche ausführlich mit Pascal auseinandergesetzt, was sich dann in M niederschlägt. Vgl. N Ende 1880, 7 (N V 6), KSA 9.317–383.
501 N Herbst 1881, 15[20], KSA 9.643.

eigene Leben würde mit diesem „Schwergewicht" wohl irgendwie gewichtiger, aber man könnte nicht sagen, inwiefern. Denn nicht nur wüsste man, wenn alles *gleich* wiederkehrt, gar nicht, *dass* es wiederkehrt, man hätte auch keine neuen Entscheidungsspielräume, es anders zu machen. Beobachten könnte man, wie schon Georg Simmel gesehen hat,[502] die Wiederkehr nur, wenn man sich außerhalb der Welt aufstellen könnte, die da ewig wiederkehren soll – aber dann befände man sich eben außerhalb der Welt und ihrer Wiederkehr, und es würde nicht *alles* wiederkehren. Man soll also etwas bejahen, emphatisch bejahen, von dem man wesentlich nichts wissen kann. Das wäre logisch nicht nachvollziehbar und würde auch ethisch kaum Folgen haben. Der Gedanke gibt dem Dasein auch keinen Sinn, wie die ‚existenzielle' Deutung ihn zurechtlegt, sondern verlangt gerade, die genuine Sinnlosigkeit des Daseins oder, wie Nietzsche später sagen wird, den „grundsätzlichsten Nihilismus" dauerhaft auszuhalten (Kap. III, 3.1.; IV 2.15).

So wie Nietzsche den Wiederkunftsgedanken im veröffentlichten Werk einführt, scheint er keinen erkennbaren Sinn zu machen und darum auch nicht auf gewohnte Weise lehrbar zu sein. Und doch wäre etwas damit gewonnen: Die irritierende Wenn-dann-Einführung könnte gerade zur Vorsicht vor dem gewohnten logischen und ethischen Denken gemahnen und auf faszinierende Paradoxien der Lebensbewältigung und des Philosophierens gefasst machen. Und sie entwickelt Nietzsche dann auch in *Also sprach Zarathustra*, zu dem der folgende und letzte Aphorismus des IV. Buchs der *Fröhlichen Wissenschaft* überleitet. Statt den Wiederkunftsgedanken auf irgendeine Art erklären, beweisen oder begründen zu wollen, inszeniert er ihn hier als „abgründig" und „Ekel" erregend – für Zarathustra, der ihn allein einzusehen scheint und doch nicht lehrt.

Der Wiederkunftsgedanke taucht in der Lehrdichtung, wie beschrieben (Kap. III 2.1), erst im Abschnitt *Vom Gesicht und Räthsel* des III. Teils auf und wird auch dort noch nicht beim Namen genannt, sondern wieder verbal mit „müssen wir nicht ewig wiederkommen?" umschrieben. Nietzsche malt ihn, verpackt in eine Geschichte für die rätselliebenden Seefahrer, ‚kosmologisch' aus, nun in einem sehr weiten Sinn und ohne die Beweise, die er sich in seinen Aufzeichnungen zurechtgelegt hatte. Die Szenerie dreht sich wiederum um einen Dämon, jetzt um den Zwerg, der sich dem „einsamsten" Wanderer Zarathustra bei seinem Aufstieg in unwirtlicher Gegend auf die Schultern setzt und den Zarathustra den „Geist der Schwere" nennt, der mit der Schwere der ererbten Moral nur scheinbar Halt gibt; er flüstert Zarathustra im Gegenteil ins Ohr, er werde „fallen" wie ein hochgeworfener Stein. Zarathustra muss und kann sich selber ermutigen – mit eben dem

---

[502] Simmel, Schopenhauer und Nietzsche, 396–399.

Rat, den der Dämon in der *Fröhlichen Wissenschaft* gab: Wenn sich „der tiefste Abgrund öffnet", dann „Wohlan! Noch einmal!". Doch er kommentiert das sogleich mit „In solchem Spruche aber ist viel klingendes Spiel." Es geht jetzt offenbar um anderes und mehr als in der *Fröhlichen Wissenschaft*.

Zarathustra kündigt seinen Gedanken dem Zwerg als so „abgründlichen" an, dass er ihn nicht ertragen könne. Er nimmt den Torweg, bei dem sie gerade (mitten in dieser unwirtlichen Gegend) angekommen sind, als Bild für den „„Augenblick"", an dem sich zwei einander widersprechende Ewigkeiten träfen, die eine, weil sie aus der Vergangenheit komme, die andere, weil sie in die Zukunft führe, was der Zwerg „verächtlich" mit der Bemerkung abtut, die Ewigkeiten widersprächen sich *nicht*, weil „die Zeit selber ein Kreis" sei. Doch das ist *seine* Idee, Zarathustra ist sie zu einfach, der Zwerg mache es sich (wie viele Interpret*innen) „zu leicht". Denn natürlich treffen sich Vergangenheit und Zukunft in jedem Augenblick; darum müssen sie sich aber nicht an ihren anderen Enden zu einem Kreis zusammenschließen.

Vom Zwerg ist dann nicht mehr die Rede, *dieses* Gespenst verschwindet. Stattdessen tritt in Zarathustras Geschichte ein laut jaulender, „schreiender" Hund auf, der sich seinerseits vor Gespenstern ängstigt. Das neue Gespenst, vor dem er sich ängstigt, ist gar kein Gespenst, sondern der junge Hirte, der sich am Boden wälzt, weil sich eine schwarze Schlange in seinem Mund festgebissen hat: der „Geist der Schwere", wie angedeutet wird, in neuer und nun bissiger Gestalt im Kopf des Hirten. Als er, wie von Zarathustra geheißen, der Schlange den Kopf abgebissen hat und ein befreites und befreiendes Lachen lacht, scheint Zarathustra in ihm so etwas wie den Übermenschen zu erkennen. So aber wird auch die „Einverleibung" aus den Nachlass-Aufzeichnungen fraglich: Kann man den Geist der alten Moral mit einem einzigen mutigen Biss besiegen und ausspucken? Braucht es doch keine lange Einverleibung des neuen Gedankens? Auch Zarathustra lässt Nietzsche das Rätsel nicht lösen.

Eine Lösung bieten stattdessen Zarathustras Tiere, der Adler und die Schlange, im Abschnitt „Der Genesende" in Gestalt einer metaphysischen Seins-Lehre: „Alles geht, Alles kommt zurück; ewig rollt das Rad des Seins. [...] ewig baut sich das gleiche Haus des Seins. [...] ewig bleibt sich treu der Ring des Seins". Das wurde oft als Nietzsches Wiederkunftslehre zitiert; sein Zarathustra tut es als nettes Geschwätz ab. In der Dichtung trennen sich der Protagonist und seine ihm stets zugetanen Tiere, die ihm alleine als Publikum verblieben sind und nun auch zu ihm sprechen, in ihrem Denken voneinander.[503] Aber Nietzsche trennt den

---

503 Bennholdt-Thomsen, Nietzsches *Also sprach Zarathustra* als literarisches Phänomen, und Brusotti, Die Leidenschaft der Erkenntnis, berücksichtigen das trotz ihrer textnahen und aus-

Wiederkunftsgedanken auch von Zarathustra, indem er ihn von ihm „genesen" lässt: Von Genesenden spricht er oft in seinem Werk und besonders von sich selbst. Man genest von Leiden, im Sprachgebrauch des 19. Jahrhunderts aber auch von Schwangerschaften.[504] Der Wiederkunftsgedanke kommt in der Lehrdichtung, wenn man einen solchen Gegensatz zu ‚Einverleibung' bilden darf, in einer ‚Ausverleibung' zur Welt: Er ist, so stellt es Nietzsche dar, in Zarathustra herangewachsen, will nun heraus und wird selbständig. Auf diese Weise denkt ihn Zarathustra nicht einfach; er entlässt ihn aus sich; er ist die ‚Mutter' des Gedankens, ohne dass es einen ‚Vater' gäbe. Nach dieser Metapher ist der Wiederkunftsgedanke weder etwas Irrationales, von Dämonen und Gespenstern Umgebenes, noch etwas Mystisches noch etwas Metaphysisches, sondern etwas ganz Irdisches, ‚der Erde treu Bleibendes' und doch Geheimnisvolles. Als solches führt er ein Eigenleben, über das auch Zarathustra nicht verfügt, vor dem ihm sogar

---

führlichen Interpretationen nicht. Für sie *ist* Zarathustra der Lehrer der ewigen Wiederkunft (Bennholdt-Thomsen, 92; Brusotti, 610, 624). Bennholdt-Thomsen legt sich die späte „Genesung" Zarathustras von seinem Wiederkunftsgedanken psychoanalytisch so zurecht, dass er ihn zuvor aus Ekel vor allem Kleinen ins Unbewusste „verdrängt" habe (94). Heidegger, Nietzsche, Bd. 1, 302–318, hatte zuvor durchaus auf das unterschiedliche Denken Zarathustras und seiner Tiere über die ewige Wiederkunft aufmerksam gemacht und ebenso darauf, dass auch die Tiere „nichts wissen" (309): „Es muß auffallen, daß über den Gehalt der Lehre außer dem Leier-Lied der Tiere nichts gesagt wird, daß Zarathustra dem nicht einen anderen Vortrag entgegenstellt" (310). Heidegger selbst trug dann aber doch eine ‚wissende' Deutung vor, in die er auch das Scheinwissen der Tiere integrierte, so dass der Unterschied schwand: „Mit dem, was sie [die Tiere] sagen, kommen sie ihm [Zarathustra] immer näher." (313f.) Sie bleiben „Wesensbestand Zarathustras" (316). Für Lampert, Nietzsche's Teaching, 210–223, dessen *Zarathustra*-Interpretation im angelsächsischen Raum als Standardwerk gilt, ist der Abschnitt „Der Genesende" fraglos der Gipfel von Nietzsches (!) Lehre „and gives the most direct (!) statement of the meaning of eternal return", nämlich, so Lampert, Erlösung (*redemption*) von der Vergangenheit zu sein. Die Tiere sprächen anders als Zarathustra, weil „they represent the point of view of things redeemed, not that of the redeemer", sie gäben „the blessings of beings" Ausdruck. Auch wenn sie „in innocent ignorance" von Zarathustras eigener Erfahrung blieben, „the animals speak most clearly the meaning of eternal return." (213) Auf dem Gipfelpunkt des Buches habe Nietzsche die Tiere nichts Falsches sagen lassen können (214). Sie sprächen metaphysisch, platonisierten, deshalb aber nicht unangemessen (215f.). Das ist wenig plausibel. Higgins, Nietzsche's *Zarathustra*, der Lamperts Interpretation noch nicht vorlag, drängt auf stärkere Texttreue, erinnert an die literarische Vielfalt von Za und die notwendige Unterscheidung des gedruckten Textes von den Aufzeichnungen; sie weiß auch den IV. Teil zu schätzen – als Satire im Stil von Apuleius. Den Wiederkunftsgedanken behandelt auch sie freilich, ebenfalls im Anschluss an Heidegger, als (ambivalente Gegen-) Lehre (zum Christentum) unabhängig von ihrer Inszenierung.

504 Zum Motiv der Schwangerschaft bei Nietzsche vgl. Thorgeirsdottir, Nietzsche's philosophy of birth, und Thorgeirsdottir, The natal self.

ekelt. Und eben mit seinem geheimnisvollen Eigenleben kann er abgründig wirken.

Was Zarathustra Ekel erregt, ist das Mitleid der Tiere mit denen, die den Gedanken nicht ertragen werden, und die Kleinheit im Denken, von der es zeuge. Die menschenfreundlichen Tiere sind sich ihres ‚guten' Verständnisses des Wiederkunftsgedankens aber so sicher, dass sie Zarathustras Einreden sogleich unterbrechen, ihn fürsorglich für noch krank erklären („Sprich nicht weiter, du Genesender!") und ihn auffordern, statt zu reden mit den Vögeln zu singen. Ja, lässt Nietzsche Zarathustra gutmütig lächelnd antworten, er werde wohl besser singen als reden, aber doch nicht „Leier-Lieder" – worauf die Tiere ihn erneut unterbrechen und ihm vorschlagen, für ihre Metaphysik einfach eine neue Leier zurechtzumachen. Dabei bleibt es, und nun halten die Tiere Zarathustra einen langen Vortrag, in dem sie ihn rundweg zum „Lehrer der ewigen Wiederkunft" erklären: „das ist nun dein Schicksal!" Es komme dann gar nicht mehr auf ihn an. Selbst wenn er jetzt stürbe, bliebe doch die Lehre zurück und werde ihrerseits zusammen mit diesem Augenblick ewig wiederkehren. Nietzsche beendet die Episode so, dass Zarathustra schweigt. Er lässt den Tieren und im IV. Teil den höheren Menschen ihre Metaphysik, wenn sie sie nun einmal brauchen, um Halt in ihrer Orientierung zu finden. Sie können sich den Wiederkunftsgedanken so zurechtlegen, aber es ist dann ihre Zurechtlegung, die sie selbst zu verantworten haben. Zarathustra aber wendet sich nun tatsächlich dem Singen von Liedern zu, bei dem er allein bleibt. Er singt in ihnen von der „großen Sehnsucht" seiner „Seele", von der „Lust" an der Ewigkeit und seiner „Brünstigkeit" nach dem „Ring der Wiederkunft". Das heißt für ihn aber nicht schon ewige Wiederkehr des Gleichen, sondern, was er mit einem siebenfachen Refrain besiegelt, er wolle ein „Weib" finden, mit dem er neue selbständig sich entwickelnde und in der Welt wirkende Gedanken zeugen kann. Der „Ring der Wiederkunft" wird für ihn zum schlichten Hochzeitsring. Nun versteht er sich als Vater, der eine Mutter für neue Gedanken sucht. Es ist nicht an ihm allein, Gedanken in die Welt zu setzen, und es ist schwer, Gedanken, wenn sie einmal freigesetzt sind, wieder einzufangen und ihre Wirkung zu kontrollieren. Von der Lehre des Gedankens bleibt seine unabhängige und unabsehbare Wirkung in der Welt übrig.

Als Zarathustra sich im IV. Teil anschickt, den höheren Menschen das Mitternachts-Lied nahezubringen, versetzt ihn Nietzsche in nachtwandlerische Halb-Bewusstheit, so dass er spricht wie zuvor die Mitternacht selbst; und halb traumhaft, kaum durchschaubar sind auch seine Auslegungen des Mitternachts-Lieds. Da, als Kommentar zu dessen (vor-)letztem Vers (denn der letzte, nach dem 12. Glockenschlag, ist Stille), sagt Zarathustra nun: „Lust aber will nicht Erben, nicht Kinder, – Lust will sich selber, will Ewigkeit, will Wiederkunft, will Alles-sich-ewig-gleich." Die Mutter-Vater-Metaphorik wird zurückgenommen. Das Geheimnis der ewigen Wiederkehr ist nun die ewige Lust an der Lust selbst, und diese Lust wäre dann, da sie nach dem Mitternachts-Lied das ganze Weltgeschehen durchdringt, die Lust an der Welt im Ganzen, so wie sie ist und sich ewig weiterspinnt. Sie wäre nicht an irgendetwas Bestimmtem festzumachen, weder physikalisch noch biologisch noch anthropologisch noch ethisch. Und das Geheimnis des Gedankens wäre dann, als Schlussparadox, dass die ewige Wiederkunft gar kein Gedanke ist, sondern eine Lust, die vor allem Denken liegt, das sie nie erreicht.

Nietzsche lässt auch das wieder offen; er schreibt nichts dazu, ob die höheren Menschen überhaupt etwas von Zarathustras Erläuterungen des Mitternachts-Lieds verstehen. Stattdessen schließt er die Szene mit Zarathustras Einladung an die höheren Menschen, das Lied im „Rundgesang" zu singen, dessen Name im III. Teil das „andere Tanzlied" und im IV. Teil zunächst das „trunkene" und das „Nachtwandler-Lied" war und nun „‚Noch ein Mal'" heißen und dessen „Sinn" „in alle Ewigkeit!" sein soll. Aber die Wiederkehr erscheint hier als Endlosschleife, in der man ein Lied wie ein Leier- oder Drehorgel-Lied immer wieder singen kann. Man mag sich so seinen Sinn und Klang nach und nach einverleiben; ob man den Gedanken dann auch verstehen und aussprechen kann, bleibt wiederum offen.

Nach *Also sprach Zarathustra*, in *Jenseits von Gut und Böse*, tauscht Nietzsche als Formel für das Weltgeschehen im Ganzen die ewige Wiederkunft durch den Willen zur Macht aus (Kap. III 3.3.3). Die ewige Wiederkunft bekommt einen neuen Ort im Aphorismus Nr. 56, nun wieder ohne beim Namen genannt zu werden.[505] Nietzsche führt sie hier, wenn er sie auch wieder ‚dionysisch' in einem einzigen Satz voller irritierender Paradoxien formuliert, als Umwertung des schopenhauerschen und buddhistischen Pessimismus, genauer als dessen Immoralisierung ein; bald darauf, im V. Buch der *Fröhlichen Wissenschaft* Nr. 370, wird er das „d i o n y s i s c h e n Pessimismus" nennen. Nun ist die ewige Wiederkehr keine Formel für das Weltgeschehen mehr, sondern steht für das „Ideal", sich Realitäten ohne Abzug und Ausschluss stellen zu können,

> das Ideal des übermüthigsten lebendigsten und weltbejahendsten Menschen, der sich nicht nur mit dem, was war und ist, abgefunden und vertragen gelernt hat, sondern es, s o w i e e s w a r u n d i s t, wieder haben will, in alle Ewigkeit hinaus, unersättlich da capo rufend, nicht nur zu sich, sondern zum ganzen Stücke und Schauspiele, und nicht nur zu einem Schau-

---

[505] Vgl. Sommer, NK 5/1, 357–362, der auch den Kontext im 3. Hauptstück von JGB berücksichtigt und die bekanntesten Interpretationen des Aphorismus anführt. Er stellt allerdings in Frage, ob es in JGB 56 überhaupt um den Wiederkunftsgedanken geht.

> spiele, sondern im Grunde zu Dem, der gerade dies Schauspiel nöthig hat – und nöthig
> macht: weil er immer wieder sich nöthig hat – und nöthig macht – – (JGB 56)

Die ewige Wiederkehr des Gleichen, wenn es sich um sie handelt, hat in dieser Idealisierung ihre Schwere und Abgründigkeit verloren. Man sieht ihr zu wie einem Schauspiel, das man wie in einem Theater von einem höheren Rang aus distanziert beobachtet, so wie es Philosoph*innen wünschen und auch nötig haben, um sich über das Weltgeschehen im Ganzen äußern zu können. Der Philosoph Nietzsche denkt sich die ewige Wiederkehr nun wenn nicht als Grund-, so doch als Abschlussgedanken seines eigenen Philosophierens, und er ruft dazu im Aphorismus Nr. 295 Dionysos zum Gott dieses Philosophierens aus. Man kann das als Credo, aber auch als Selbstparodie lesen. Entsprechend umstritten ist die Deutung des Schlusses des Aphorismus:[506]

> Wie? Und dies wäre nicht – circulus vitiosus deus? (JGB 56)

Die erneut rätselhafte Formel kann auf zwei Arten verstanden werden: der *circulus vitiosus*, der logische fehlerhafte Zirkel, als *deus*, als falsche Vorstellung eines Gottes, der das Weltgeschehen im Ganzen von außen beobachtet, oder aber der *circulus* als *vitiosus deus*, der Kreis, die kreisförmige Wiederkehr, als lasterhafter Gott, als Teufelskreis, der sich nicht um Gut und Böse schert. Beide Lesarten machen Sinn. Nur soviel ist klar: Dieses Schauspiel, das sich Philosophen im Namen von Göttern vorführen, geht über die bisherige Logik und Moral hinaus, es geht neu von der ‚Unschuld' des ‚Chaos' oder des ‚Werdens' aus. Lehr- im Sinn von beweisbar ist hier nichts.

Der Wiederkunftsgedanke umgreift dennoch in dieser Gestalt Nietzsches Philosophieren im Ganzen. Zuletzt erwähnt er ihn ausdrücklich in den zum Druck beförderten Werken *Götzen-Dämmerung* und *Ecce homo* und beide Male mit großer Bestimmtheit. Aber beide Male *nennt* er ihn nur, löst er auch jetzt nicht seine Rätsel, die er so sorgfältig aufrechterhalten hat. Stattdessen will er sich nun im Blick auf das „Hauptwerk", das er endlich liefern will, vor dem Publikum als entschiedener Lehrer eines Gedankens darstellen, bei dem es endlich aufhorchen soll. Er erinnert dazu an seine neue Deutung des Dionysischen schon in der *Geburt der Tragödie*:[507]

> die „Geburt der Tragödie" war meine erste Umwerthung aller Werthe: damit stelle ich mich
> wieder auf den Boden zurück, aus dem mein Wollen, mein K ö n n e n wächst – ich, der letzte

---

[506] Vgl. Sommer, NK 5/1, 361.
[507] Vgl. Sommer, NK 6/1, 580.

> Jünger des Philosophen Dionysos, – ich, der Lehrer der ewigen Wiederkunft ... (GD, Was ich den Alten verdanke 5)

Damit schließt er effektvoll sein vielgestaltiges Werk *Götzen-Dämmerung*, das die Hauptlinien seines Denkens zusammenführt (Kap. II 2 und 3); es folgt nur noch ein starkes Zitat aus *Also sprach Zarathustra* („D e r   H a m m e r   r e d e t"). Der Jünger des Gottes Dionysos, den er zum „Philosophen" (JGB 295) und Gott seines Philosophierens erklärt hat, wird zum Lehrer für die Menschen – mit einer durch und durch dionysischen, ebenso vielfältigen wie rätselhaften, aber nicht beweisbaren Lehre.

Schließlich, in *Ecce homo*, stellt Nietzsche den Wiederkunftsgedanken als Grundkonzeption von *Also sprach Zarathustra* dar, das er nun, nachdem er das systematische „Hauptwerk" endgültig abgeschrieben hat, als sein cardinales Werk herausstellt:

> Ich erzähle nunmehr die Geschichte des Zarathustra. Die Grundconception des Werks, der E w i g e - W i e d e r k u n f t s - G e d a n k e, diese höchste Formel der Bejahung, die überhaupt erreicht werden kann –, gehört in den August des Jahres 1881 ... (EH, Za 1)

Auch das ist sichtlich eine Zurechtlegung. Die angeblich plötzliche Eingebung des Gedankens am „mächtigen pyramidal aufgetürmten Block" am Silvaplaner See umgibt ihn mit der nötigen Aura. Aber nicht nur ist schwer zu sehen und darum höchst umstritten, inwiefern der Wiederkunftsgedanke *Also sprach Zarathustra* als Ganzes erschließt, da er doch nur im III. Teil kurz aufleuchtet und im IV. Teil schon wieder verdunkelt wird. Auch der pyramidale Block, wenn man sich an dieses Zeichen halten will, wirkt, wenn man vor ihm steht, wie eine Wiederholung der sich im Hintergrund erhebenden Berggipfel von gleicher Kontur im Kleinformat. Wenn Nietzsche sie mit seinen schlechten Augen denn sehen konnte, ironisieren sie den Block geradezu, und das ganz irdisch; die Natur selbst scheint hier ein fröhliches Spiel zu spielen.

Zu Beginn von *Ecce homo* erwähnt Nietzsche „die ewige Wiederkunft" ebenfalls in einem persönlichen Zusammenhang, in jenem lange unveröffentlichen Text, den die Schwester begreiflicherweise zu unterdrücken versuchte, der sich auf märchenhaften Umwegen aber doch erhielt:[508]

> Aber ich bekenne, dass der tiefste Einwand gegen die „ewige Wiederkunft", mein eigentlich a b g r ü n d l i c h e r Gedanke, immer Mutter und Schwester sind. (EH, Warum ich so weise bin 3)

---

[508] Vgl. Sommer, NK 6/2, 369 f.

Die Bemerkung ist so persönlich, dass sie nur schwer ein Einwand gegen eine so allgemeine Deutung des Weltgeschehens wie die ewige Wiederkunft des Gleichen sein kann. Und dennoch passt es zu Nietzsches philosophischer Orientierung, dass er dem Allgemeinsten das Persönlichste entgegensetzt:

> Die Behandlung, die ich von Seiten meiner Mutter und Schwester erfahre, bis auf diesen Augenblick, flösst mir ein unsägliches Grauen ein: hier arbeitet eine vollkommene Höllenmaschine, mit unfehlbarer Sicherheit über den Augenblick, wo man mich blutig verwunden kann – in meinen höchsten Augenblicken, ... denn da fehlt jede Kraft, sich gegen giftiges Gewürm zu wehren ... (EH, Warum ich so weise bin 3)

Der Passus räumt Nietzsches eigenes Versagen vor dem „grössten Schwergewicht" (FW 341) öffentlich ein. Das mag menschlich anrührend sein, einen Gedanken macht es nicht stärker, wenn der ihn Denkende ihm selbst nicht gerecht zu werden vermag. So kehrt der Wiederkunftsgedanke auch hier aus den höchsten Höhen der philosophischen Spekulation zu den irdischsten Dingen zurück, und in diesem Fall wird es heikel, eine parodistische Absicht zu vermuten. Sie könnte auch einen Nietzsche überfordert haben. Denn in demselben Abschnitt lässt er sich zu erstaunlichen Beschönigungen herbei, wenn er sich zu einem „polnischen Edelmann pur sang" erklärt (Kap. I 12), was, wie er wusste, eine bloße Familienlegende war.

Ziehen wir die Summe aus diesem Abschnitt zur Lehre von der ewigen Wiederkunft: Die Eingebung des Wiederkunftsgedankens bekommt im zum Druck beförderten Werk eine Form, in der seine Lehrbarkeit sich aufhebt. Im Nachlass dagegen ringt Nietzsche um seine wissenschaftliche Beweisbarkeit und schafft dadurch ein signifikant anderes Bild von ihm. Es muss darum nicht das ‚eigentliche' oder ‚wahre' sein. Die unterschiedlichen Bilder verdanken sich den unterschiedlichen Formen philosophischer Schriften, deren sich Nietzsche bedient und die er transformiert, je nachdem, wem er sich mitteilen will, sich selbst oder einem anonymen Publikum. Sieht man davon ab, lassen sich zwischen beiden Bildern Widersprüche konstruieren. Sie unterscheiden sich jedoch, wie sich gezeigt hat, nach dem Kriterium der Lehrbarkeit und ergänzen einander mehr als sich zu widersprechen. Im Blick auf das öffentlich mitgeteilte Werk gibt für Nietzsche das „Abgründige" des Wiederkunftsgedankens den Ausschlag, das ihm durch eine wissenschaftliche Lehre oder metaphysische Deutung, die jede und jeder leicht nachvollziehen könnte, genommen würde (auch wenn sich da logische Schwierigkeiten auftun). Nur durch das Abgründige, schwer Fassbare und Abwehr und Ekel Erregende kann der Gedanke nach Nietzsche „züchtend" wirken, und auf dieses Züchtende, Erzieherische, kommt es Nietzsche, wie er oft genug betont, letztlich an. Beim Wiederkunftsgedanken, den er lange für seinen tiefsten, jedenfalls seinen erregendsten hält, wird so die Scheidung von Nachlass und Werk ausschlaggebend: Nietzsche kann sich in seinen Aufzeichnungen für sich selbst seine Lehrbarkeit zurechtlegen und dort laufend an ihr weiterarbeiten, zugleich aber in seinen öffentlichen Mitteilungen bewusst auf die wissenschaftlich beweisbare oder metaphysische Lehre verzichten und stattdessen zu Formen des Appells, der poetischen Verrätselung, der narrativen Inszenierung des Abscheus vor ihm und der Einübung im Rundgesang greifen. Im Nachlass sucht er sich selbst der Lehre zu versichern, ohne die Einwände gegen sie auszublenden, im zur Veröffentlichung bestimmten Werk verunsichert er das Publikum – bis heute.

3.5 Zur Lehre von den Herren der Erde: Herren der Erde als Regierung der gemeinsam bewohnten Welt, Ideen- und Gesetzgeber für sklavisch Arbeitende und Erzieher der Menschheit

3.5.1 Das Problem der Erdregierung

Das alle anderen umspannende, hoch aktuelle, in der Forschung aber weniger beachtete Problem der Möglichkeit der „Erdregierung" beschäftigt Nietzsche bis zum Ende intensiv. In *Also sprach Zarathustra* bringt er sie mit der Formel „die Herren" oder „der Herr der Erde" ein. Ihr ist die Inszenierung des ganzen IV. Teils gewidmet. Aufgeworfen hat Nietzsche das Problem der Erdregierung jedoch schon lange zuvor, in *Menschliches, Allzumenschliches*. Es löst dort das Problem einer Erneuerung der Kultur aus dem Geist der griechischen Tragödie ab, mit dem er sich noch an Wagner angelehnt hat. Nach *Also sprach Zarathustra* bringt Nietzsche es besonders in *Jenseits von Gut und Böse* zur Sprache.[509] Durch Probleme wie das Nebeneinander von demokratischen und autokratischen Regimen, die Entfesselung von Kriegen, die durch Atomwaffen große Teile der Menschheit auslöschen könnten, die Verteilung der Industrieproduktion über den Globus hinweg, die Stabilität der internationalen Finanzmärkte, die Destabilisierung der Weltgesellschaft durch weltweit agierende Terrororganisationen, die schwer lokalisierbare Cyberkriminalität, über alle Grenzen hinweg sich ausbreitende Pandemien, vor allem aber die im Anthropozän verursachte Zerstörung menschlicher Lebensbedingungen ist die Frage der Erdregierung ungeheuer dringlich geworden. Auch wenn Nietzsche diese Probleme noch nicht kennt, hat er doch bereits die damals schon erkennbar voranschreitende Globalisierung vor Augen und sieht die Notwendigkeit einer Erdregierung, die über die einzelstaatlichen Inter-

---

[509] Van Tongeren, Die Moral von Nietzsches Moralkritik, hat in seiner ausführlichen Interpretation von JGB das Problem der „Herren der Erde" bzw. der Erdregierung allerdings nicht im Blick. Das scheint paradigmatisch für die gesamte JGB-Interpretation.

essen hinausgeht und, beginnend mit Europa, für eine Weltgesellschaft neue Ordnungen schafft.

Die Lösungen, die Nietzsche mit der Zeit entwickelt, muten uns heute, um das vorwegzunehmen, tatsächlich abgründig an, nicht nur, weil manches davon vom Nationalsozialismus begierig aufgenommen und in furchtbarster Weise verwirklicht wurde: Er verbindet seine Vorstellungen von der Erdregierung mit einer „Höherzüchtung der Menschheit" überhaupt, weil nur durch eine „Züchtung" „großer Menschen" von hoher „Geistigkeit" die Voraussetzungen geschaffen würden, die Probleme in Angriff zu nehmen, und diese großen Menschen sollten dabei unumschränkte Gestaltungsmacht haben. Nietzsche denkt kaum an rechtliche und staatliche Institutionen der Erdregierung, er neigt auch hier zur Personalisierung: Zuletzt hätten immer nur wenige Einzelne den hinreichenden Überblick und ausreichende Fähigkeiten zur Bewältigung der anstehenden Aufgaben; sie müssten sich einem Übermaß an Komplexität stellen, das man bisher nicht hinreichend ins Auge gefasst hat, dabei richtungsweisende Entscheidungen treffen, sie geeignet kommunizieren und politisch durchsetzen – im späten Nachlass spricht Nietzsche im Zusammenhang mit der „{unvermeidlich bevorstehenden Wirthschafts-Gesammtverwaltung der Erde}" statt gleichnishaft von „{‚Übermensch'}" von „{der {einer} Erzeugung des synthetischen, des summirenden, des rechtfertigenden Menschen"[510] (Kap. III 3.2.2). Seine größte Sorge ist, ob es solche Menschen geben kann und wird; in seiner Gegenwart sieht er sie nicht. Darum müsse man sie „züchten" – allein dieser Begriff lässt heute erschrecken; zu Nietzsches Zeit steht er zwar „erziehen" nahe, ist aber auch mit „Zuchtwahl" und „Dressur" verknüpft. Noch anstößiger wird er, weil Nietzsche ihn auch im Zusammenhang mit dem damals ebenfalls noch unbefangen verwendeten, heute jedoch schwer belasteten Begriff „Rasse" gebraucht. So ist das Ergebnis, wie Nietzsche zu einem V. Teil von *Also sprach Zarathustra* notiert, die „Züchtung" einer „herrschenden Rasse [...] mit unbedingter Gewalt".[511] Diese Rasse soll freilich ganz anders aussehen, als die rassistischen und antisemitischen Nationalsozialisten sie sich dachten:

---

510 N Herbst 1887, 10[17], KSA 12.462f., KGW IX 6, W II 2, 129f. Nietzsche findet die Formeln schrittweise in mehreren Bearbeitungsschichten. – Vgl. zum Folgenden Verf., Orientierung im Nihilismus – Luhmann meets Nietzsche, 306–313. Ich nehme einige Passagen daraus in überarbeiteter Form wieder auf.
511 Vgl. N Mai – Juli 1884, 35[74], KSA 11.542, KGW IX 4, W I 3, 67.

[HE 1] Der Europäer als eine solche Über-Rasse. Ebenso der Jude; es ist zuletzt eine <u>herrschende</u> Art, obwohl sehr verschieden von den einfachen alten herrschenden Rassen, die ihre Umgebung nicht verändert hatten.⁵¹²

Ebenso schwer erträglich ist heute, dass Nietzsche von der „Nothwendigkeit einer neuen Sklaverei" im Zug der „Verstärkung und Erhöhung des Typus ‚Mensch'" spricht (FW 377). Doch auch hier geht es ihm nicht, wie zuweilen behauptet wird, um eine ‚Sklavenhaltergesellschaft', sondern um eine Differenzierung der Menschen, die sich mit den überwältigend komplexen Problemen der Erdregierung verstärken wird: Während die einen, meint er, mit „überlegener Geistigkeit" Wege zeigen und Lösungen entwickeln könnten, würden die anderen ihnen auf die eine oder andere Weise zuarbeiten, um solche Lösungen zum Erfolg für die Menschheit im Ganzen zu führen; sie hätten also unterschiedliche Funktionen in der Erdregierung. Zu den Zuarbeitenden, die Nietzsche provokativ „Sklaven" nennt, gehören für ihn selbst Wissenschaftler, die sich in den von „grossen Geistern" geschaffenen Ordnungen des Denkens bewegen. Selbst den Ausdruck „Kaste" scheut Nietzsche nicht, meint aber damit, dass die außerordentlichen, miteinander aber auch im Wettbewerb stehenden Menschen über lange Zeiträume hinweg miteinander immer fähigere „züchten" würden.

Eine Lösung der Probleme der Erdregierung durch eine mit der Zeit sich heranbildende Elite vereinfacht sichtlich, abgesehen von den unnötig provokativen Begriffen, die Probleme massiv. Dennoch ist sie aufgrund von Nietzsches Randbedingungen, der Einigung Europas und der maßgeblichen Mitwirkung der Juden dabei, mit der nationalsozialistischen Ideologie unverträglich, was auch schon den nationalsozialistischen Parteiideologen auffiel. Nietzsche hat sich nun einmal auch in seinen veröffentlichten Schriften mit aller Deutlichkeit und Entschiedenheit als Anti-Nationalist, Anti-Sozialist und Anti-Antisemit geäußert.⁵¹³ Er denkt auch keineswegs an eine gewaltsame Eroberung der Welt in einem

---

512 N Frühjahr 1884, 25[462], KSA 11.136. S. auch N April – Juni 1885, 34[94] u. [111], KSA 11.451 u. 457, KGW IX 1, N VII, 131 u. 120. Vgl. jetzt Kaufmann / Winkler (Hg.), Nietzsche, das ‚Barbarische' und die ‚Rasse' (Nietzsche-Lektüren, Bd. 6).
513 Henning Ottmann hat das in seinem immer noch maßgeblichen Werk in diesen Fragen: Ottmann, Philosophie und Politik bei Nietzsche, hinreichend klargestellt. Dennoch siedelt etwa Taureck, Nietzsche und der Faschismus, Nietzsches Denken ungebrochen „mitten im Faschismus" an (10), auch wenn er dann faschistischen „Mißbrauch" von Nietzsches Schriften einräumt (17, 23). Was an Belegen und Bezügen nicht gefunden wird, wird erfunden. Vgl. Alberts, Nietzsches Problem der Rangordnung, 155. Nietzsches Topos der „grossen Politik" wird weiterhin breit diskutiert, jedoch immer noch im Blick auf parteiliche Anschlussmöglichkeiten. Zum aktuellen Stand der hier besonders lebhaften angelsächsischen Debatte vgl. Patton, Recent Work on Nietzsche's Social and Political Philosophy.

Weltkrieg. Nichtsdestoweniger spricht er zuletzt auch in zum Druck bestimmten Werken von der „schonungslosen Vernichtung alles Entartenden und Parasitischen" im Zug der „Höherzüchtung der Menschheit" (EH, GT 4), doch auch dies nicht im nationalsozialistischen Sinn. Umso genauer muss man nachsehen, wie sein philosophischer Orientierungsprozess hier verläuft und was ihn zu solchen Formulierungen treibt. Denn ein vorgefasstes Programm und ein ‚System' hat er auch hier sichtlich nicht.

Hier ist wieder der Hauptgesichtspunkt, welches Gewicht Nietzsches Aufzeichnungen in seinem philosophischen Orientierungsprozess zukommt und inwieweit sie das Bild seiner Philosophie in diesem Themenbereich prägen. Einschlägige Aufzeichnungen wurden in der gerade hier stark rezipierten Nachlass-Kompilation *Der Wille zur Macht* in einem vierten und letzten „Buch" unter der Überschrift „Zucht und Züchtung" zusammen- und so als Ziel- und Gipfelpunkt von Nietzsches Philosophierens dargestellt (Kap. I 5). Das Thema „Die Herren der Erde" wurde als Abschnitt eines Kapitels „Rangordnung" (I) geführt, dem noch die Kapitel „Dionysos" (II) und „Die ewige Wiederkunft" (III) folgten. Im Kapitel „Rangordnung" kam der Abschnitt „Die Herren der Erde" (4) zwischen „Die Lehre von der Rangordnung" (1), „Die Starken und die Schwachen" (2), „Der vornehme Mensch" (3), „Der große Mensch" (5) und „Der höchste Mensch als Gesetzgeber der Zukunft" (6) zu stehen. Das Thema der Erdregierung erhielt so einen klar bestimmten Ort in einem scheinbar systematischen Gedankengefüge, das Nietzsche wohl gelegentlich erwogen, dann aber bewusst nicht ausgeführt hat. Tatsächlich tastet er sich, nachdem er das Problem schon früh erkannt hat, in einem Jahrzehnt immer neuer Überlegungen an seine Konkretisierung heran, und es packt ihn so, dass er von ihm immer weiter vorangetrieben wird. Nachdem er zusehends bereit ist, seine nach heutigen Begriffen abgründigen Konsequenzen zu ziehen, sieht er sich am Ende, im Umschlag zum Wahnsinn, selbst als Weltregierer. Die Frage der „Reife" der Gedanken, des Autors und des Publikums für sie stellt sich hier noch einmal neu.

3.5.2 Nietzsches Konzept der Erdregierung in *Menschliches, Allzumenschliches*

Nietzsches Beschreibung der neuen Situation der Menschheit auf der bewohnbaren Welt im ersten Hauptstück seines ersten Aphorismenbuchs *Menschliches, Allzumenschliches* steht noch nicht unter spezifisch politischen Gesichtspunkten.[514] Stattdessen fragt Nietzsche weiter nach der Möglichkeit eines „Fortschritts"

---

514 Zu den Transformationen von Nietzsches Politik-Verständnis vgl. Ottmann, Philosophie und

in der Kultur Europas, wenn nicht der Menschheit im Ganzen, die ihn seit *Die Geburt der Tragödie* beschäftigt. Er tritt nun im Namen des ‚freien Geistes' an, der sich entschieden vom herkömmlichen philosophischen und moralischen Denken löst; Nietzsche fasst es als „metaphysisch" zusammen, soweit es auf unbedingte Gewissheiten setzt. Innerhalb des ersten Hauptstücks, das er „Von den ersten und letzten Dingen" überschreibt, beginnt er mit den Grundfragen der Erkenntnis und der Wahrheit: den Themen der Entstehung der „Vernunft" aus „Vernunftlosem", des Philosophenglaubens an ewige Wahrheiten, der neuen Schätzung unscheinbarer Wahrheiten, der Scheidung von Metaphysik, Philosophie und Wissenschaft in ihren Erkenntniszielen, des irrtümlichen Glaubens an Sprache und Logik als Garanten des Wahren, der Rolle von Traum und Stimmung, der geschichtlichen und kulturellen Ingredienzien unserer Vorstellung von der Welt, der Verantwortlichkeit und Unverantwortlichkeit darin, des irrtümlichen Glaubens an gleiche Dinge, an die Einheit der Welt und an ihre zahlenmäßige Erfassbarkeit. Darauf legt er seinen neuen historischen und psychologischen Weg dar, solche Grundirrtümer sichtbar zu machen. Aus alldem resultiert eine Grundhaltung der Skepsis und des Misstrauens gegenüber dem Versprechen fester Bestände und ewiger Wahrheiten im menschlichen Weltverständnis (MA I 1–22). Vor diesem Hintergrund taucht dann das Thema der „Erdregierung" auf, mit der sich die Philosophie eine neue, nicht weniger ungeheure Aufgabe stellt.

In den Aphorismen Nr. 23–25 von *Menschliches, Allzumenschliches* fasst Nietzsche sie in den begrifflichen Rahmen eines „Zeitalters der Vergleichung", der „Möglichkeit des Fortschritts" und der Unterscheidung von „Privat- und Weltmoral"; so die Titel der drei Aphorismen. Sein Leitbegriff ist „Kultur" oder im Plural „Kulturen"; in ihn bettet er auch die Politik und die Wirtschaft, die Wissenschaft und die Philosophie ein. Die unterschiedlichen Kulturen sind durch die modernen Verkehrs- und Kommunikationsmittel nun immer leichter füreinander zugänglich geworden. Damit ist die Menschheit, gewollt oder ungewollt, in ein „Zeitalter der Vergleichung" eingetreten, in dem die „originalen Volks-Culturen" kein „abgeschlossenes" Dasein mehr fristen; unter „verschiedenen Weltbetrachtungen, Kulturen und Sitten" kann jetzt gewählt werden.[515] Nietzsche sieht darin, im Gegensatz zu den nationalistischen Ten-

---

Politik bei Nietzsche, und die straff gekürzte Neufassung in: Ottmann, Geschichte der politischen Denkens von den Anfängen bei den Griechen bis auf unsere Zeit, Bd. 3, 230–268.

515 Nietzsche unterscheidet schon früh „Stadt-cultur / Welt-cultur / Volks-cultur", wobei die beiden letzteren sich gegen die erstere nur sehr schwer durchsetzten (N Sommer 1875, 6[47], KSA 115). „Abgeschlossene originale Volks-Culturen" unterlägen noch dem „strengen Zwang, an einen Ort sich und seine Nachkommen anzubinden". In der soziologischen Systemtheorie spricht man heute von segmentären im Gegensatz zu funktional differenzierten Gesellschaften, die sich an

denzen seiner Zeit, etwas Befreiendes: Nach dem Zerfall der Metaphysik und ihres Vertrauens in einen unbedingten Halt wolle man nicht mehr an eine unsichtbar lenkende Hand Gottes glauben und könne und müsse, je mehr man sich davon löse, die Lenkung selbst übernehmen. An einer späteren Stelle in *Menschliches, Allzumenschliches* schreibt er, hier sei

> kein Wink eines Gottes uns mehr hülfreich: unsere eigene Einsicht muss da entscheiden. Die Erdregierung des Menschen im Grossen hat der Mensch selber in die Hand zu nehmen, seine „Allwissenheit" muss über dem weiteren Schicksal der Cultur mit scharfem Auge wachen. (MA I 245)

Die Menschen könnten nun, das ist die Hauptthese in den Aphorismen Nr. 24 und 25,

> mit B e w u s s t s e i n beschliessen, sich zu einer neuen Cultur fortzuentwickeln, während sie sich früher unbewusst und zufällig entwickelten: sie können jetzt bessere Bedingungen für die Entstehung der Menschen, ihre Ernährung, Erziehung, Unterrichtung schaffen, die Erde als Ganzes ökonomisch verwalten, die Kräfte der Menschen überhaupt gegen einander abwägen und einsetzen. (MA I 24)

Sie müssten sich nun selber „ökumenische, die ganze Erde umspannende Ziele stellen" (MA I 25).

Erdregierung bedeutet für Nietzsche eine *ökonomische*, d. h. für ihn eine effektive Verwaltung der den Menschen zur Verfügung stehenden Ressourcen in einem *ökumenischen*, d. h. die ganze von Menschen bewohnbare Welt einbeziehenden Rahmen. Er versteht die Erdregierung weniger als politische Machtausübung denn als ökonomisch-effektiven Umgang mit den Ressourcen der Erde. Weil mit den Kulturen sich auch die Moralkulturen unterscheiden und darum keine gemeinsame Handlungsanleitung bieten, ist Moral für ihn hier keine Lösung. Man muss stattdessen bei den Gegebenheiten ansetzen und sich ohne metaphysische und moralische Vorgaben, soweit das immer möglich ist, einen „Ueberblick über die Bedürfnisse der Menschheit" verschaffen in Gestalt „einer alle bisherigen Grade übersteigenden K e n n t n i s s d e r B e d i n g u n g e n d e r C u l t u r". Nur das könne der „wissenschaftliche Maassstab für ökumenische Ziele" sein (MA I 25). Dieser Maßstab mag für bestimmte Moralen anstößig sein: Was hier als gut gilt, kann von dort aus böse aussehen. Aus dieser Not aber kann, so Nietzsche, eine Tugend werden: In einer erweiterten Perspektive auf Gut und

---

bloßen Funktionen und Leistungen orientieren und auf den Wettbewerb auch von unterschiedlichen Kulturen setzen. Daraus folgt nach Nietzsche die „äussere Unruhe, das Durcheinanderfluten der Menschen, die Polyphonie der Bestrebungen" in der Gesellschaft seiner Zeit (MA I 23).

Böse hat jedes Gute sein Böses und jedes Böse sein Gutes; man muss nur beides füreinander fruchtbar zu machen verstehen. Es geht bei der „Vergleichung" darum nicht um Angleichung und schon gar nicht um Gleichheit. Es wäre vielleicht gar nicht wünschenswert, so Nietzsche, „dass alle Menschen gleich handeln, vielmehr dürften im Interesse ökumenischer Ziele für ganze Strecken der Menschheit specielle, vielleicht unter Umständen sogar böse Aufgaben zu stellen sein" – böse in den Augen jeweils der einen, nicht aber der andern (MA I 25). So stehen bei der Bewältigung des Problems der Erdregierung auch und gerade Moralen, nach Nietzsche der stärkste Halt in der menschlichen Orientierung, zur Disposition. Stattdessen könnte im Zeitalter der Vergleichung eine „höhere Sittlichkeit" entstehen, die mit der Verschiedenheit der Kulturen und der Moralen produktiv umgehen kann (MA I 23). Daran wird er festhalten.

Eine weltumspannende Kenntnis der Bedingungen der Kultur ist stattdessen von der weiteren Evolution der Wissenschaft zu erwarten, die dafür von sich aus geeignete Methoden und Organisationen entwickeln wird. Ihre Evolution wird freilich ebenfalls Zufälle einschließen, in vielem unkoordiniert verlaufen und so für eine „bewusste Gesammtregierung" der Erde kaum ausreichen. Nietzsche zieht daraus den Schluss, dass es die „ungeheure Aufgabe der grossen Geister des nächsten Jahrhunderts" sei, Ideen zu entwickeln, die der Evolution der Gesellschaft im Ganzen ebenso wie der Wissenschaften im Besonderen Sinn und Richtung geben (MA I 25). Und hier setzt er auf Einzelne, die sich durch besondere Übersicht, Gestaltungs- und Durchsetzungskraft auszeichnen. Er erwartet wenig vom Drängen auf Einheitlichkeit, auch nicht in der Wissenschaft bei der Erforschung der weltweiten Lebensbedingungen der Menschen und ebensowenig in der Politik bei der Gesamtverwaltung oder Gesamtregierung der Erde. Einheitlichkeit etwa in einem Weltstaat würde nicht nur die Kulturen angleichen, sondern auch die Einzelnen in ihrer Kreativität beschneiden. Der neue „Fortschritt" wäre kein „nothwendiger" und voraussehbarer, sondern ein evolutionärer, den man nicht vorab planen, zu dem man sich aber *entscheiden* kann: „die Menschen können mit B e w u s s t s e i n beschliessen, sich zu einer neuen Cultur fortzuentwickeln" (MA I 24). Man entscheidet sich dann dazu, in neuen Situationen neu zu entscheiden.

Der Entscheidungsspielraum einer Gesellschaft ist umso größer, je weniger er durch „etwas streng Bindendes" begrenzt ist. So gibt es auch keine festen Entscheidungskriterien mehr. Im Zeitalter der Vergleichung ist es das nächstliegende Kriterium, für die Schaffung besserer Lebensbedingungen „die Kräfte der Menschen überhaupt gegeneinander ab[zu]wägen und ein[zu]setzen" (MA I 24) und dafür jeweils geeignete Gesichts- und Anhaltspunkte zu finden. Mit der Entscheidbarkeit auch der Kriterien aber tritt die Politik auf den Plan, deren Aufgabe es ist, verbindliche Entscheidungen über die Lebensbedingungen einer Gesellschaft im Ganzen zu treffen, mit Rücksicht auf die Wissenschaften und die Moralen, aber nicht an sie gebunden. In einem späten Notat hat Nietzsche ausdrücklich festgehalten:

> [HE 2] Die Krähwinkelei u. Schollenkleberei der moral. Abwerthung u. ihres „nützlich" u. „schädlich" hat ihren guten Sinn; es ist die nothwendige Perspektive der Gesellschaft, welche nur das Nähere u. Nächste in <u>Hinsicht der Folgen</u> zu übersehen vermag. – Der Staat und der Politiker hat schon eine {mehr} <u>übermoralische</u> Denkweise nöthig: weil er viel größere Complexe von Wirkungen zu berechnen hat. Insgleichen wäre eine Weltwirthschaft möglich, die so ferne Perspektiven hat, daß alle ihre einzelnen Forderungen für den Augenblick {als} ungerecht und willkürlich erscheinen dürften.[516]

In *Menschliches, Allzumenschliches* bringt Nietzsche die Politik hier jedoch vorerst nur indirekt ins Spiel – über die Philosophie. Im Hauptstück „Anzeichen höherer und niederer Cultur" des ersten Bandes fügt er einen Aphorismus mit dem Titel „Die Tyrannen des Geistes" ein (MA I 261). Das klingt nach absoluter Herrschaft von Wissenschaftlern oder Philosophen. Tatsächlich geht es um so etwas wie die demokratische Institutionalisierung der griechischen Philosophie. „Tyrannen des Geistes" waren für Nietzsche die vorsokratischen Philosophen darin, dass sie einander nur ungern duldeten und scharf widersprachen, als Persönlichkeiten eigenen Rechts, wie Nietzsche sie in seinem frühen Entwurf *Die Philosophie im tragischen Zeitalter der Griechen* dargestellt hat. Als ihre Zeit aber vorbeiging, kam es auch hier, nicht nur in der Politik der *pólis*, zu einer Art Demokratie. Nietzsche versucht das nicht zu erklären, er stellt nur fest: „eine Lücke, ein Bruch in der Entwickelung; irgend ein grosses Unglück muss geschehen sein [...]: was eigentlich geschehen ist, ist für immer ein Geheimniss [...] geblieben." (MA I 261) Das Ergebnis geht Nietzsche mit den Begriffen der wechselnden politischen Herrschaftsformen an, wie sie die Griechen selbst gebrauchten. Damit deutet er die Philosophie als Herrschaftswissen, das sich seine Herrschaft selbst erst erobern und sichern musste und dabei ebenfalls einem Wandel von Herrschaftsformen unterworfen war. Der ausführliche Aphorismus schließt so:

> In den Sphären der höheren Cultur wird es freilich immer eine Herrschaft geben müssen, – aber diese Herrschaft liegt von jetzt ab in den Händen der Oligarchen des Geistes. Sie bilden, trotz aller räumlichen und politischen Trennung, eine zusammengehörige Gesellschaft, deren Mitglieder sich erkennen und anerkennen, was auch die öffentliche Meinung und die Urtheile der auf die Masse wirkenden Tages- und Zeitschriftsteller für Schätzungen der Gunst oder Abgunst in Umlauf bringen mögen. Die geistige Ueberlegenheit, welche früher trennte und verfeindete, pflegt jetzt zu binden: wie könnten

---

516 N Herbst 1887, 10[134], 12.532 / KGW IX 6, W II 2, 49.

die Einzelnen sich selbst behaupten und auf eigener Bahn, allen Strömungen entgegen, durch das Leben schwimmen, wenn sie nicht ihres Gleichen hier und dort unter gleichen Bedingungen leben sähen und deren Hand ergriffen, im Kampfe eben so sehr gegen den ochlokratischen Charakter des Halbgeistes und der Halbbildung, als gegen die gelegentlichen Versuche, mit Hülfe der Massenwirkung eine Tyrannei aufzurichten? Die Oligarchen sind einander nöthig, sie haben an einander ihre beste Freude, sie verstehen ihre Abzeichen, – aber trotzdem ist ein Jeder von ihnen frei, er kämpft und siegt an s e i n e r Stelle und geht lieber unter, als sich zu unterwerfen. (MA I 261)

Nietzsche verwendet die Namen der ‚schlechten' politischen Herrschaftsformen Tyrannei, Oligarchie, Ochlokratie, Herrschaft eines Einzelnen, von Wenigen, der großen Menge, jeweils in deren eigenem Interesse. Er geht nicht davon aus, dass die alten Philosophen immer schon das Gute, sondern dass sie aus einem ihnen gemeinsamen Interesse heraus ihre Art von Wissen bestimmend für die Gesellschaft machen, dabei selbst aber frei bleiben wollten. Um ihr Wissen über den Wechsel der Personen hinweg erhalten und weiterentwickeln zu können, mussten sie irgendeine wenn auch noch so informelle „Gesellschaft" bilden, die sich selbst organisiert und regeneriert. Handelte es sich bei den Pythagoreern noch um eine rituelle Gemeinschaft mit strengen Geheimhaltungspflichten, so bei Platons Akademie schon um einen Schulbetrieb, in den man ein- und austreten konnte, bis schließlich eine Vielzahl informeller ‚Schulen' konkurrierender philosophischer Lehren entstand. So stellten die Philosophen eine „zusammengehörige Gesellschaft" mit wirksamen Inklusions- und Exklusionskriterien dar, nach denen man einander ‚erkennt und anerkennt', die unterscheiden lassen, wer ‚dazugehört' und wer nicht. Sie bildeten gegenüber dem vergleichsweise unwissenden Volk eine Art von Oligarchie (Nietzsche sagt hier nicht: Aristokratie), untereinander aber eine Art von Demokratie.

Diese Konzeption von demokratisch-oligarchischen Tyrannen des Geistes, die den Blick auf die großen Probleme der Menschheit richten, denkt Nietzsche im zweiten Band von *Menschliches, Allzumenschliches* unter dem Titel „**Von der Herrschaft der Wissenden**" weiter (MA II, VM 318), nun auf die Gegenwart bezogen. Auch hier gebraucht er nicht das Wort ‚demokratisch', spricht aber von „gesetzgebender Körperschaft" und von „Abstimmung" und malt einen vorbildlich demokratischen, freilich nur idealen Selektionsprozess unter redlichen Wissenschaftlern aus – alles steht im Konjunktiv:

Zuerst hätten die Redlichen und Vertrauenswürdigen eines Landes, welche zugleich irgendworin Meister und Sachkenner sind, sich auszuscheiden, durch gegenseitige Auswitterung und Anerkennung: aus ihnen wiederum müssten sich, in engerer Wahl, die in jeder Einzelart Sachverständigen und Wissenden ersten Ranges auswählen, gleichfalls durch gegenseitige Anerkennung und Gewährleistung. Bestünde aus ihnen die gesetzgebende Körperschaft, so müssten endlich für jeden einzelnen Fall nur die Stimmen und Urtheile der speciellsten Sachverständigen entscheiden, und die Ehrenhaftigkeit aller Uebrigen gross genug und einfach zur Sache des Anstandes geworden sein, die Abstimmung dabei auch nur Jenen zu überlassen: so dass im strengsten Sinne das Gesetz aus dem Verstande der Verständigsten hervorgienge. (MA II, VM 318)

Wenn es dann zu Parteiungen komme und in Parteien abgestimmt werde, hätten, Redlichkeit weiter vorausgesetzt, die „Schlecht-Unterrichteten, Urtheils-Unfähigen, [...] Nachsprechenden, Nachgezogenen, Fortgerissenen" sich mit „beschämtem Gewissen" zurückzuhalten. Das bleibt Nietzsches Leitvorstellung auch für die Erdregierung: Durch eine ideale Gestaltung des kommunikativen Handelns, wie sie heute von Jürgen Habermas gedacht wird, soll jede Art von parteilicher Ideologisierung ausgeschlossen werden.

Aber Nietzsche ist sich im Klaren darüber, wie sehr er hier idealisiert und moralisiert: Es sei „leicht, zum Spotten leicht, so Etwas aufzustellen". Parteien, selbst wenn sie gemeinsame Interessen haben, folgen nicht einem derart idealisierten demokratischen Entscheidungsprozess. So macht Nietzsche es sich zur „Losung: ‚Mehr Ehrfurcht vor dem Wissenden! Und nieder mit allen Parteien!'" Er begrüßt die Demokratie, solange redlich gedacht und überlegenes Wissen geschätzt wird, verachtet aber die Parteien – eben weil sie parteilich denken, sich zu Gruppen zusammenschließen, um gemeinsame Interessen durchzusetzen. Aus dieser Spur kommt er nie mehr heraus, wiewohl er mit seiner frühen Begeisterung für den *agôn* und mit seiner späteren Wille-zur-Macht-Hypothese alles auf unablässigen Kampf abstellt und in modernen Demokratien gerade die Parteien der Ort sind, an dem die politischen Kämpfe öffentlich ausgetragen werden. Er erwartet von der Philosophie das beste Wissen und vom besten Wissen, der „geistigen Überlegenheit",[517] den größten Einfluss, die höchste Macht. Er stellt so die Philosophie wie schon Sokrates in Platons *Politeia* über die Politik.

Im 8. Hauptstück des ersten Bandes von *Menschliches, Allzumenschliches*, überschrieben „Ein Blick auf den Staat", macht Nietzsche die Politik ausführlich zum Thema. Er analysiert dort die Bedingungen des Politischen in seiner Gegenwart, in der Liberalismus und Sozialismus einander gegenüberstehen, beobachtet die zeitgenössischen Herrschaftstechniken und lässt dabei eigene Präferenzen erkennen: Kriege im Sinn Bismarcks nur sehr begrenzt einsetzen, die staatlichen Institutionen reformieren, den Staat im Ganzen enauratisieren und funktionalisieren und, zusammen mit den Juden, ein übernationales Europa herbeiführen. Er unterscheidet hier schon „Kasten" der „Zwangs-Arbeit" und der

---

517 Vgl. zur „geistigen Überlegenheit" außer MA I 261 auch N Sommer – Frühjahr 1883, 7[140], KSA 10.289; N Frühjahr 1884, 25[386], KSA 11.113; N Mai – Juli 1885, 35[28], KSA 11.521, KGW IX 4, W I 3, 116.

„Frei-Arbeit" (MA I 439).⁵¹⁸ Auf das Problem der Erdregierung geht er dort jedoch nicht ein. Auf Bismarck, den er in den Aphorismen kaum nennt (ausgenommen in MA I 450), im späteren Nachlass aber trotz häufig despektierlicher Äußerungen immer wieder auch in Reihen „großer Männer" aufnimmt,⁵¹⁹ und auf Bismarcks Art der „großen Politik" kommt er erst in seinen letzten Aufzeichnungen und dann vernichtend zurück. Er sieht auch nicht, dass man sich anderswo in Europa oder in der Welt über nationale Interessen erheben und der Aufgabe der Erdregierung in seinem Sinn stellen würde.

3.5.3 Die „Herren der Erde" im Umkreis von *Also sprach Zarathustra*

Nietzsche selbst verliert trotz seiner Konzentration auf die „Kulturen" und auf die „großen Männer" die natürlichen Randbedingungen für eine Erdregierung nicht aus den Augen. In einer Aufzeichnung im Arbeitsheft M III 1, das er 1881 benutzt, stellt er Überlegungen zur Evolution eines „allgemeinen Erdenmenschen" an. Er geht dabei von den klimatischen Verhältnissen aus, an deren Veränderungen sich der Mensch besser als die meisten anderen Lebewesen anpassen konnte, wobei ihm nun auch die Wissenschaft helfen kann. Der Mensch, so schätzt Nietzsche das ein, konnte sich über die ganze Welt ausbreiten, weil er nichts „Festes und Festhaltendes" in seinem „Charakter", kein immer gleich bleibendes „Wesen" hat, auf das die Metaphysik so stark setzte. Das Allgemeine des „Erdenmenschen" besteht eben darin, dass er sich immer weiterentwickeln kann. Mit von ihm selbst künstlich hergestellten „Ersatzmitteln" wird er zum „überklimatischen Kunstmenschen"; selbst die von der Metaphysik ererbte Lehre von der „Gleichheit der Menschen" trägt dazu bei:

> [HE 3] Fortwährend findet ein Fortschritt in der klimatischen Anpassung statt, und jetzt ist er ungeheuer beschleunigt, weil die Ausscheidung der ungeeigneten Personen so leicht ist: und ebenfalls weil jetzt die Anpassung durch die Wissenschaft unterstützt wird (z. B. Wärme, Grundwasser usw.).
> Die thierischen Gattungen haben meistens, wie die Pflanzen, eine Anpassung an einen bestimmten Erdtheil erreicht, und haben nun darin etwas Festes und Festhaltendes für ihren Charakter, sie verändern sich im Wesentlichen nicht mehr. Anders der Mensch, der immer unstet ist und sich nicht Einem Klima endgültig anpassen will, die Menschheit drängt hin zur Erzeugung eines allen Klimaten gewachsenen Wesens (auch durch solche Phantasmen wie „Gleichheit der Menschen"): ein allgemeiner Erdenmensch soll entstehen, deshalb verändert sich der Mensch noch (wo er sich angepaßt hat z. B. in China bleibt er durch Jahrtausende fast unverändert). Der überklimatische Kunstmensch, der die Nachtheile jedes Klima's zu

---

518 Vgl. Verf., Politik für Europa. Achtes Hauptstück. Ein Blick auf den Staat.
519 Vgl. N Herbst 1887, 9[180], KSA 12.444f., KGW IX 6, W II 1, 5; N Frühjahr 1888, 15[6]2, KSA 13.404, KGW IX 9, W II 6, 128.

compensiren weiß und die Ersatzmittel für das, was dem Klima fehlt (z. B. Öfen), in jedes Klima schleppt – ein anspruchsvolles, schwer zu erhaltendes Wesen! Die „Arbeiternoth" herrscht dort, wo das Klima im Widerspruch zum Menschen steht! und nur Wenige die Ersatzmittel sich schaffen können (im Kampfe natürlich, und tyrannisch).[520]

Dieser „Erdenmensch", der inzwischen seinerseits, für Nietzsche noch kaum absehbar, mit seinen „Ersatzmitteln" das Erdklima so verändert hat, dass für große Teile der Erdbevölkerung das Überleben ernsthaft bedroht ist, wird sich umso mehr um eine effiziente Erdregierung kümmern müssen. Für die „Verwandlung des Menschen" muss man, setzt Nietzsche den Gedanken in einer weiteren Auszeichnung fort, mit Jahrtausenden rechnen – wenn man sie sich selbst überlässt. Doch:

[HE 4] Jene Naturprozesse der Züchtung des Menschen z. B., welche bis jetzt grenzenlos langsam und ungeschickt geübt wurden, könnten von den Menschen in die Hand genommen werden: und die alte Tölpelhaftigkeit der Rassen, Rassenkämpfe Nationalfieber und Personeneifersuchten könnte, mindestens in Experimenten, auf kleine Zeiten zusammengedrängt werden. – Es könnten ganze Theile der Erde sich dem bewußten Experimentiren weihen![521]

Europa (mit seiner Ausdehnung nach den beiden Amerika) einerseits und (das damalige) China andererseits umreißen in Nietzsches Sicht den Spielraum unterschiedlicher Experimentierfreude. Die einen Erdteile könnten beim Experimentieren von den andern lernen und die Erdbevölkerung im Ganzen so zu einer Experimentierwerkstatt der Erdregierung werden. Konkreter wird das nicht. Nietzsche erörtert noch die Bedingungen und Formen der natürlichen Evolution als solcher und die Möglichkeiten, sie festzustellen, zu fördern oder zu verhindern. Dann schweift er, angeregt durch wechselnde Lektüren, zu anderen Themen ab.

Das Kriterium höchster „geistiger Überlegenheit" zur Erdregierung fähiger Männer (an Frauen denkt Nietzsche hier nicht) führt dagegen direkt zu Zarathustra: Nietzsche hat ihn eben als solchen Typus konzipiert, ohne ihn freilich mit irgendeiner politischen Macht oder auch nur mit einem Verlangen danach auszustatten. Zarathustra macht in der Lehrdichtung keine Anstalten, selbst „Herr der Erde" zu werden, sucht aber nach „Herren der Erde", fragt immer drängender, welche Fähigkeiten dazu nötig sind und unter welchen Bedingungen sie sich entwickeln könnten. Sein wichtigster Anhaltspunkt dafür ist, dass „Herren der Erde" seinen philosophischen Einsichten standhalten: Er gibt ihnen, ohne selbst

---

520 N Frühjahr – Herbst 1881, 11[274], KSA 9.546 f.
521 N Frühjahr – Herbst 1881, 11[276], KSA 9.547 f.

herrschen zu wollen, das Maß dafür vor, setzt sie aber nicht ins Politische um. Seine Gedanken des Übermenschen und der ewigen Wiederkunft haben kaum eine politische Dimension.

Zwar ist, schon im I. Teil von *Also sprach Zarathustra*, viel von „Herrschaft" die Rede, doch unpolitisch als Herrschaft über sich selbst und über seine „Tugenden". Im Eröffnungs-Abschnitt „Von den drei Verwandlungen" will der Löwe „Herr sein in seiner eignen Wüste" sein und legt sich mit dem Drachen des „Du sollst" der herrschenden Moral an, um Freiheit für das Schaffen neuer Werte zu schaffen. Dazu wird ein „herrschender Gedanke" nötig sein (Za I, Vom Wege des Schaffenden), der nicht der Tod sein darf (Za I, Vom freien Tode) und, nach dem II. Teil, nicht der „Geist der Schwere", der „allerhöchste grossmächtigste Teufel, von dem sie sagen, dass er ‚der Herr der Welt' sei." (Za II, Das Tanzlied). Zarathustra selbst erlebt als seine „zornige Herrin" seine „stillste Stunde", in der er zur tiefsten Besinnung kommt (Za II, Die stillste Stunde).

In den begleitenden Aufzeichnungen zu den ersten beiden Teilen dagegen ist das Thema ‚Herr', ‚Herrschaft' entschieden politisch konnotiert. Danach ist „Moral zuerst Selbstverherrlichung des Mächtigen und der herrschenden Kaste".[522] „Die Züchtung der besseren Menschen" fordere, wie „bei Zarathustra zu demonstriren" sei, deshalb nicht nur persönliche „Opfer" wie das „Verlassen von Heimat, Familie, Vaterland", sondern auch ein „Leben unter der Verachtung der herrschenden Sittlichkeit" und darum seinerseits von ihr „verachtet".[523] Die „neue Form der Gemeinschaft" müsse „sich kriegerisch behaupten", wenn der Geist nicht „matt" werden solle: Also „Krieg (aber ohne Pulver!) zwischen verschiedenen Gedanken! und deren Heeren!" und „der Wettkampf als Princip" auch für die „Geschlechts-Liebe". So werde „das ‚Herrschen'" als solches „gelehrt, geübt, die Härte ebenso wie die Milde." Dabei solle man „sich durch die Bösen belehren lassen und auch ihnen Gelegenheit geben zu Wettkämpfen". Auf diese Weise seien auch „die Entartenden zu benutzen" – Nietzsche denkt hier an „Frevler" und Straftäter. Und so stellten sich dann auch neue politische Herrschaftsverhältnisse ein: „Wir schonen unsere neue Gemeinde, weil sie die Brücke zu unserem Ideale der Zukunft ist. Und für sie arbeiten wir und lassen die Anderen arbeiten."[524]

Für den III. Teil von *Also sprach Zarathustra* plant Nietzsche in seinen Aufzeichnungen „den Übergang vom Freigeist und Einsiedler zum Herrschen-Müssen: das Schenken verwandelt sich – aus dem Geben entstand der Wille, Zwang-

---

[522] N Herbst 1883, 16[15], KSA 10.505.
[523] N Herbst 1883, 16[24], KSA 10.507.
[524] N Herbst 1883, 16[50], KSA 10.515.

zum-Nehmen zu üben." Nietzsche denkt auch dabei noch an „die Tyrannei des Künstlers zuerst als Selbst-Bezwingung und -Verhärtung", dann aber auch „als Verlangen nach Werkzeugen des Künstlers":[525] Der Wille zur Herrschaft nicht mehr nur über sich selbst führt zur Funktionalisierung anderer. Das schafft einen Konflikt mit der „Liebe zu den Freunden": Zarathustra „opfert die, welche er liebt, seinem Ideale." Dies sei nun „das Problem des Herrschenden".[526] In seinem „herrschenden Schenken" findet „der Mächtige" aber auch „sein strömendes überströmendes Glück".[527] Er muss sich eingestehen, dass sein „Wille zum Schaffen [...] Herrschsucht [ist], welche sich nicht auf dem nächsten Weg befriedigen kann. ‚Freunde?' Du willst Werkzeuge haben!"[528] Herrschende müssen sich darum vom Nächsten lösen und sich der „Liebe zu den Fernen" zuwenden.[529] Doch Zarathustra sollen hier auch Zweifel kommen: „Herrschen? Meinen Typus Andern aufnöthigen? Gräßlich! Ist mein Glück nicht gerade das Anschauen vieler Anderer? Problem." Er könnte die Zweifel dadurch beschwichtigen, dass er auch die anderen, „welche sich gerne verstecken und für sich leben möchten – auch die Weisen, Frommen, Stillen im Lande" „zum Wettkampfe um Macht aufruft". Denn „alle schöpferischen Naturen ringen um Einfluß, auch wenn sie allein leben". „Alle Tugend" ist für sie „Vorbereitung des Herrschenden".[530]

Daraus resultiert für Nietzsche hier eine

[HE 5] neue Taxation des Menschen: voran die Frage: / wie viel Macht ist in ihm? / wie viel Vielheit von Trieben? / wie viel Fähigkeit mitzutheilen und aufzunehmen? Der Herrschende als höchster Typus.[531]

Er muss sich sein „Recht" selbst nehmen und als „großer Erzieher [...] Hindernisse thürmen, damit sie überwunden werden."[532] Ihm gebühre höchste Achtung und auch „Mitgefühl" in seiner „Noth".[533] Nach dem Tod Gottes und dem Unglaubwürdigwerden seiner moralischen Gebote könne der Mensch nur noch durch das Herrschen als höchstem Wert „veredelt" werden.[534]

---

525 N Herbst 1883, 16[51], KSA 10.516 f. Ottmann, Philosophie und Politik bei Nietzsche, 239 f., sieht hier „den Punkt des Umschlags vom Ideal der Apolitie zur Herrschaftslehre".
526 N Herbst 1883, 16[52], KSA 10.517.
527 N Herbst 1883, 18[33], KSA 10.575.
528 N Herbst 1883, 16[61], KSA 10.520.
529 N Herbst 1883, 16[71], KSA 10.574. Vgl. auch 16[87], KSA 10.530 f.
530 N Herbst 1883, 16[86], KSA 10.529.
531 N Herbst 1883, 16[88], KSA 10.531.
532 N Herbst 1883, 16[88], KSA 10.531.
533 N Herbst 1883, 20[3] u. [9], KSA 10.589 u. 592.
534 N Herbst 1883, 22[7], KSA 10.634.

Im zum Druck beförderten III. Teil von *Also sprach Zarathustra* stellt Nietzsche denn auch in einem spektakulären Akt der Umwertung von Werten neben „Wollust" und „Selbstsucht" die „Herrschsucht" groß heraus (Kap. III 2.1). Er belässt es hier jedoch bei vagen metaphorischen Umschreibungen. Die Herrschsucht sei „die Glüh-Geissel der härtesten Herzensharten; die grause Marter, die sich dem Grausamsten selber aufspart; die düstre Flamme lebendiger Scheiterhaufen", „die boshafte Bremse, die den eitelsten Völkern aufgesetzt wird; die Verhöhnerin aller ungewissen Tugend; die auf jedem Rosse und jedem Stolze reitet", „die furchtbare Lehrerin aller großen Verachtung", „die aber lockend auch zu Reinen und Einsamen und hinauf zu selbstgenugsamen Höhen steigt, glühend gleich einer Liebe, welche purpurne Seligkeiten lockend an Erdenhimmel malt." (Za III, Von den drei Bösen 2) Etwas konkreter wird es erst beim Schaffen neuer, vornehmer Werte. Danach könnte „ein grosser Gewalt-Herr" kommen, der einen „n e u e n A d e l" will und dadurch den „Pöbel" mit seinen kurzen Vergangenheiten, die nur „bis zum Großvater" reichen, zurücksetzt (Za III, Von alten und neuen Tafeln 11). Dabei soll es nicht, ergänzt Zarathustra ausdrücklich, um Fürstenhäuser gehen, sondern darum, in seinen Kindern und Kindeskindern eine neue Gesellschaft zu schaffen (Za III, Von alten und neuen Tafeln 12). In der mythisch auratisierten Lehrdichtung will Nietzsche sichtlich nicht allzu nahe an politische Realitäten herangehen.

Doch als der III. Teil von *Also sprach Zarathustra* im Druck erscheint, legt er sich im Frühjahr acht „Grundsätze" seines Philosophierens zurecht: zum kritischen Umgang mit „Werthschätzungen" (1), zu „Grundschätzungen" als heuristischem Princip: um zu sehn, wie weit man damit kommt" (2), zur „Tapferkeit", „Geschmeidigkeit" und „Grausamkeit" als Auszeichnungen des Denkens (3), zu begrenzt gültigen Zurechtlegungen durch mathematische Mittel (4), zu notwendigen „Grundannahmen" als „Existenz-Bedingung unserer Gattung" (5) und zum Versuch des Menschen, überall „das größte Maaß von Macht über die Dinge anzustreben" (6). Das alles sind methodische Grundsätze. Der 7. aber ist inhaltlicher Art, und er gilt der „Aufgabe der Erdregierung". Nietzsche verknüpft nun die Ansätze in *Menschliches, Allzumenschliches* und in *Also sprach Zarathustra*:

[HE 6a] Die Aufgabe der Erdregierung kommt. Und damit die Frage: wie wir die Zukunft der Menschheit wollen! – Neue Werthtafeln nöthig. Und Kampf gegen die Vertreter der alten „ewigen" Werthe als höchste Angelegenheit.

Der 8. Grundsatz ist dann eine Nachfrage zu dieser Aufgabe:

[HE 6b] Aber woher nehmen wir unseren Imperativ? Es ist kein „du sollst", sondern das „ich muß" des Übermächtigen, Schaffenden.[535]

Wie kann man, heißt das, die Aufgabe der Erdregierung zwingend machen, ohne auf Imperative einer scheinbar universalen Moral zurückzugreifen? Die Antwort, „das ‚ich muß' des Übermächtigen, Schaffenden", bereitet Nietzsche in einer Kette von Aufzeichnungen vor, in die sich immer wieder anderes einmischt und in der er sich sichtlich selbst zur Tapferkeit, Geschmeidigkeit und Grausamkeit seines Denkens zu nötigen versucht.

Das Erste scheint ihm hier zu sein:

[HE 7] Man muß von den Kriegen her lernen: 1) den Tod in die Nähe der Interessen zu bringen, für die man kämpft – das macht uns ehrwürdig 2) man muß lernen, Viele zum Opfer bringen und seine Sache wichtig genug nehmen, um die Menschen nicht zu schonen. 3) die starre Disciplin, und im Krieg Gewalt und List sich zugestehn.[536]

Das Zweite wäre, sich von allem fernzuhalten, was diese harte „Disciplin" in Frage stellen und schwächen könnte:

[HE 8] Princip: 1) Tiefe Verachtung gegen die an der Presse Arbeitenden.
die Eroberung der 2) Eine Gattung von Wesen zu schaffen, die den Priester Lehrer und
Menschheit: Arzt ersetzen.
„die Herren der Er- 3) Eine Geistes- und Leibes-Aristokratie, die sich züchtet und immer
de": neue Elemente in sich hinein nimmt und gegen die demokratische
Welt der Mißrathenen und Halbgerathenen abhebt.[537]

Das Dritte, sich statt auf Systeme auf Methoden zu verlegen, wie Nietzsche es dann auch bei der Frage nach dem Willen zur Macht tun wird (Kap. III 3.3.4):

[HE 9] In diesem Zeitalter, wo man begreift, daß die Wissenschaft anfängt, Systeme bauen, ist Kinderei. Sondern lange Entschlüsse über Methoden fassen, auf Jahrhunderte hin! – denn die Leitung der menschlichen Zukunft muß einmal in unsere Hand kommen!
— Methoden aber, die aus unserem Instinkte von selber kommen, also regulirte Gewohnheiten, die schon bestehen
z. B. Ausschluß der Zwecke.[538]

---

535 N Frühjahr 1884, 25[307], KSA 11.89 f.
536 N Frühjahr 1884, 25[105], KSA 11.38.
537 N Frühjahr 1884, 25[134], KSA 11.49.
538 N Frühjahr 1884, 25[135], KSA 11.49.

Daraus folgt das Vierte: Methoden zur Erdregierung, hier der „Leitung der menschlichen Zukunft", lassen sich nicht einfach ausdenken, sie müssen sich aus „regulirten Gewohnheiten", das heißt in langer Zeit sich einspielenden und immer wieder angepassten Routinen ergeben. Die Disziplin darin muss sich bei der Aufgabe der Erdregierung erst noch entwickeln, und dazu braucht es eine Konkurrenz unter den mächtigen Völkern:

> [HE 10] Ich schreibe für eine Gattung Menschen, welche noch nicht vorhanden ist: für die „Herren der Erde".
> Die Religionen als Tröstungen, Abschirrungen gefährlich: der Mensch glaubt sich nun ausruhen zu dürfen.
> Im Theages Plato's steht es geschrieben: „jeder von uns möchte Herr womöglich aller Menschen sein, am liebsten Gott." Diese Gesinnung muß wieder da sein.
> Engländer, Amerikaner und Russen – – – –[539]

Die Disziplin will Nietzsche erhärten durch eine offene „Kriegs-Erklärung" an alles, „was verweichlicht, sanft macht":

> [HE 11] Eine Kriegs-Erklärung der höheren Menschen an die Masse ist nöthig! Überall geht das Mittelmäßige zusammen, um sich zum Herrn zu machen! Alles, was verweichlicht, sanft macht, das „Volk" zur Geltung bringt oder das „Weibliche", wirkt zu Gunsten des suffrage universel d.h. der Herrschaft der niederen Menschen. Aber wir wollen Repressalien üben und diese ganze Wirthschaft (die in Europa mit dem Christenthum anhebt) ans Licht und vor's Gericht bringen.[540]

Und dabei soll die Wiederkunfts-Lehre (Kap. III 3.4) helfen:

> [HE 12] Es bedarf einer Lehre, stark genug, um züchtend zu wirken: stärkend für die Starken, lähmend und zerbrechend für die Weltmüden.
> Die Vernichtung der verfallenden Rassen. Verfall Europa's.
> Die Vernichtung der Sclavenhaften Werthschätzungen.[541]

Die Reihe der „Vernichtungen", die Nietzsche von seiner Lehre erwartet, setzt sich in der Aufzeichnung fort. Es geht nicht um physische Vernichtung, sondern um die „Vernichtung der Tartüfferie, welche ‚Moral' heisst", „des suffrage universel: d.h. des Systems, vermöge dessen die niedrigsten Naturen sich als Gesetz den höheren vorschreiben", das heißt für Nietzsche „die Vernichtung der Mittelmäs-

---

[539] N Frühjahr 1884, 25[137], 11.50. Die *Theages*-Stelle ist 125e-126a. Vgl. Ottmann, Philosophie und Politik bei Nietzsche, 265.
[540] N Frühjahr 1884, 25[174], 11.60.
[541] N Frühjahr 1884, 25[211], 11.69.

sigkeit und ihrer Geltung" – das alles mit dem Ziel, „die Herrschaft über die Erde, als Mittel zur Erzeugung eines höheren Typus" denkbar zu machen. Doch es brauche „neuen Muth" zur „freien Unterordnung unter einen herrschenden Gedanken, der seine Zeit hat". Nietzsche nennt als Beispiel dafür den Gedanken der „Zeit als Eigenschaft des Raums". Hätte ein solcher Gedanke einmal eingeleuchtet, würde man auch in allem andern anders denken. Derart neue Gedanken verunsichern aber zuerst einmal. Nietzsche will in der Lehrdichtung vorführen, wie „die Verzweiflung und Unsicherheit in aller Form" auch an Zarathustra herankommt und prägt sich selbst umso mehr ein:

> [HE 13] Wer soll der Erde Herr sein? Das ist der Refrain meiner praktischen Philosophie.[542]

Das „ich muß' des Übermächtigen, Schaffenden" kann aber auch noch von einer anderen Seite kommen, als „zeitweiliges Zusammenfallen mit einem Volke oder einem Jahrtausend". Wird jemand zum Symbol einer Gesellschaft oder einer Zeit, in dem diese sich wiedererkennen, fällt ihm „Macht" über sie zu, die er oder sie sich nicht erst gewaltsam erobern muss. Er „fühlt" sie, so Nietzsche, erfährt sie als „Vergrößerung im Gefühl", und es dränge ihn dann

> [HE 13] nach Mitteln der Mittheilung: alle großen Menschen sind erfinderisch in solchen Mitteln. Sie wollen sich hineingestalten in große Gemeinden, sie wollen Eine Form dem Vielartigen, Ungeordneten geben, es reizt sie das Chaos zu sehn[543]

So haben sich, müssen wir heute feststellen, auch die übelsten Diktatoren des 20. Jahrhunderts gesehen (und sehen sich wohl auch die des 21. Jahrhunderts). Und wenn Nietzsche nun erneut von „Vernichtung" spricht, jetzt von der „Vernichtung von Millionen Mißrathener", so ist anhand seiner Aufzeichnungen auch nicht mehr klar zu sagen, wie er das meint. Ein Anhaltspunkt ist lediglich, dass er in derselben Aufzeichnung bei einem „großen Menschen" einen Künstlerwillen am Werk sieht: Er dürfe, um „den zukünftigen Menschen zu gestalten [,] nicht zu Grunde [...] gehen an dem Leid, das [er] schafft, und dessen Gleichen noch nie da war!" Die „Noth" der Gestaltenden, fährt er bald darauf fort, sei höher zu stellen als die Not, in die sie die „Völker" bringen:

> [HE 14] Die Revolution, Verwirrung und Noth der Völker ist das Geringere in meiner Betrachtung, gegen die Noth der großen Einzelnen in ihrer Entwicklung. Man muß sich nicht

---

542 N Frühjahr 1884, 25[247], 11.76.
543 N Frühjahr 1884, 25[335], KSA 11.98f.

täuschen lassen: die vielen Nöthe aller dieser Kleinen bilden zusammen keine Summe, außer im Gefühle von mächtigen Menschen.[544]

Nietzsche hat noch Cäsar und Napoleon Buonaparte mit ihrem unbedenklichen Herrschaftswillen, aber auch ihren enormen Leistungen für die politische Ordnung ihrer Länder und Europas von Augen, nicht eigensüchtige Gewaltherrscher und rassistisch oder ideologisch angetriebene Völkermörder. Die „schwierigste und höchste Gestalt des Menschen" aber sucht er gar nicht bei den Staatsmännern, sondern weiterhin bei den Philosophen, und „die Geschichte der Philosophie [zeige] eine Überfülle von Mißrathenen, von Unglücksfällen, und ein äußerst langsames Schreiten". Wenn aber „das Schicksal der Menschheit am Gerathen ihres höchsten Typus liegt", dann muss die größte Sorge sein, dass er missräth. Nietzsche kann, gesteht er sich ein, nur hoffen, „daß er jetzt in Europa wieder möglich wird – vielleicht nur für eine kurze Zeit".[545]

Das könnte ein Zeichen von Ratlosigkeit sein. Aber Nietzsche denkt die Aufgabe der Erdregierung nun in der Richtung weiter, dass er die Herrschaft selbst zum Wert macht – entgegen ihrer bisherigen (und auch noch aktuellen) moralischen Abwertung. Herrschaft ist ein Wert an sich, weil durch sie im Chaos Ordnung entsteht, auf die die Menschen zu ihrer Orientierung angewiesen sind:

> [HE 15] eine Herrschaft [kann] auf List und Gewalt zurückgehn [...]: aber der Werth, den sie hat, liegt darin, daß sich eine Herrschaft ist.[546]

Die Ordnung, die Nietzsche im Blick hat, ist jedoch nicht die von der herrschenden Moral geforderte Gleichordnung, sondern eine Rangordnung eben nach dem Maßstab des Herrschen-Könnens. Er fertigt sich auch hier eine differenzierte Übersicht an, eine regelrechte Tabelle der Rangordnung der Menschen im Hinblick auf ihre „Ungleichheit" und insbesondere die „Ungleichheit der Schaffenden". Er geht dabei (1.) von der Ungleichheit von „Führer und Heerde" aus. Ungleich sind (2.) „vollständige Menschen und Bruchstücke", (3.) „Gerathene und Missrathene" auch „bei Völkern und Rassen", und (4.) „Schaffende und ‚Gebildete'". Die Rangordnung wiederum der „Schaffenden" lässt Nietzsche (5.) mit den „Künstlern" beginnen, die, „als die kleinen Vollender", „in allen Werthschätzungen abhängig" sind. Darauf folgen (6.) „die Philosophen (als die Umfänglichsten, die Überblicker, Beschreiber im Großen)", die jedoch ebenfalls „in allen Werthschätzungen abhängig" und – Nietzsche pauschaliert hier über alle bis-

---
544 N Frühjahr 1884, 25[342], KSA 11.101.
545 N Sommer – Herbst 1884, 26[75], KSA 11.168.
546 N Sommer – Herbst 1884, 26[161], KSA 11.191f.

herigen und gegenwärtigen Philosophen hinweg – „schon sehr viel mißrathener" sind. Über ihnen ordnet er (7.) die bisher ebenfalls „missrathenen Typen" der „Heerden-Bildner" ein: Hier denkt er an „Gesetzgeber" oder schlicht an „Herrschende", nun offenbar im politischen Sinn. Darüber aber ragen wiederum (8.) die „Werthe-Setzenden" hinaus, die bisher als „Religionsstifter" hervortraten. Und darüber stellt er (9.) den noch

> [HE 16a] fehlenden Typus: der Mensch, welcher am stärksten befiehlt, führt, neue Werthe setzt, am umfänglichsten über die ganze Menschheit urtheilt und Mittel zu ihrer Gestaltung weiß – unter Umständen sie opfernd für ein höheres Gebilde.[547]

Dieser Typus scheint die gelungene Synthese der Vorigen zu sein. Doch er *schafft* nach dieser Aufzeichnung nicht die Erdregierung, sondern setzt sie schon voraus und kann dann immer noch „mißrathen". Unter dem 10. und letzten Punkt der Tabelle stellt Nietzsche die Ungleichheiten auch in diesem höchsten Typus zusammen, Unterschiede im „Gefühl" für „Vollkommenheit" und „Unvollkommenheit", in der „Kraft" zur Gestaltung und der „dionysischen Weisheit", in der

> [HE 16b] höchsten Kraft, alles Unvollkommene, Leidende als nothwendig (ewig-wiederholenswerth) zu fühlen aus einem Überdrange der schöpferischen Kraft, welche immer wieder zerbrechen muß und die übermüthigsten schwersten Wege wählt[548]

Das könnte auf die „unsäglichen Complikationen" der Welt[549] zielen, mit denen es nur ein höchst komplexes Wesen aufnehmen kann. Im Anschluss legt Nietzsche eine weitere, nun abgekürzte Tabelle an, in der auf die Künstler, die Philosophen, die Gesetzgeber und die Religionsstifter nun ausdrücklich „die höchsten Menschen als Erd-Regierer und Zukunft-Schöpfer" folgen, sie aber „zuletzt sich zerbrechend".[550] Damit ist im Blick auf die Aufgabe der Erdregierung eine Rangordnung derer konzipiert, die sie anpacken könnten. Doch wie die Erdregierung selbst aussehen und zustande kommen soll, bleibt auch hier offen.

Für Nietzsche steht lediglich fest, dass „die höchsten Menschen als Erd-Regierer und Zukunft-Schöpfer" in der politischen Herrschaftsform der Demokratie nicht akzeptiert würden:

> [HE 17] Das Königthum repräsentirt den Glauben an Einen ganz Überlegenen, einen Führer Retter Halbgott. Die Aristokratie repräsentirt den Glauben an eine Elite-Menschheit und

---

547 N Sommer – Herbst 1884, 26[243], KSA 11.212–214, hier 213.
548 N Sommer – Herbst 1884, 26[243], KSA 11.214.
549 N April – Juni 1885, 34[46], KSA 11.434f., KGW IX 1, N VII, 166.
550 N Sommer – Herbst 1884, 26[258], KSA 11.217f.

höhere Kaste. Die Demokratie repräsentirt den Unglauben an große Menschen und an Elite-Gesellschaft.⁵⁵¹

Er sucht darum in einer neuen Kette von Aufzeichnungen keine politische, sondern eine umfassendere philosophische Begründung der Herrschaft und findet sie in einer Philosophie des Organischen als eines Herrschaftsgefüges. Danach lässt sich die „Selbst-Regulirung, also die Fähigkeit der Herrschaft über ein Gemeinwesen", als „die Fortentwicklung des Organischen" denken. Sie knüpft „nicht an die Ernährung", sondern „an das Befehlen und Beherrschen-können" an.⁵⁵² Damit kann Nietzsche den Gedanken der Erdregierung an seinen Wille-zur-Macht-Gedanken anschließen. Herrschaft bringt, was auch in *Also sprach Zarathustra* ständiges Thema ist, schon im Organischen Befehlende und Gehorchende hervor: Bei „organischen Wesen" ist

> [HE 18] Herrschen [...] das Gegengewicht der schwächeren Kraft ertragen, also eine Art Fortsetzung des Kampfs. Gehorchen ebenso ein Kampf: so viel Kraft eben zum Widerstehen bleibt.⁵⁵³

Herrschend wird bei Lebewesen das, was anderes so einbeziehen kann, dass es ihm eine Funktion in einem gemeinsam agierenden Verband gibt, in dem es auch selbst stärker wird. Das gilt auch und gerade für das Bewusstsein:

> [HE 19] Die Vielheit der Triebe – wir müssen einen Herrn annehmen, aber der ist nicht im Bewußtsein, sondern das Bewußtsein ist ein Organ, wie der Magen.⁵⁵⁴

Darauf folgen Einwände. Das organologische Konzept für Gesellschaft und Politik wird die, die der herrschenden Moral folgen, nicht überzeugen; so wenig wie an einen organischen Herrschaftsverbund glauben sie an die Notwendigkeit von Herrschaft überhaupt. Das gilt für „die kleinen Leute" mit ihrem „großen Pöbel- und Sklavenaufstand" ebenso wie für „die Bürgerlichen, welche nicht mehr an die höhere Art der herrschenden Kaste glauben", „die wissenschaftlichen Handwerker, welche nicht mehr an die Philosophen glauben" und „die Weiber, welche nicht mehr an die höhere Art des Mannes glauben."⁵⁵⁵ Im neuen deutschen Kaiserreich kann Nietzsche „nur eine neue Macht-Combination", keinen „neuen Gedanken" entdecken, der dem „Herrschen" Respekt verschaffen könnte. Bei den

---

551 N Sommer – Herbst 1884, 26[282], KSA 11.224.
552 N Sommer – Herbst 1884, 26[272], KSA 11.221.
553 N Sommer – Herbst 1884, 26[276], KSA 11.222.
554 N Sommer – Herbst 1884, 27[26], KSA 11.282. Vgl. N Sommer – Herbst 1884, 27[29], KSA 11.283.
555 N Sommer – Herbst 1884, 26[324], KSA 11.235.

„russischen Nihilisten" sieht er mehr „Hang zur Größe" als in „England's Klein-Geisterei", der für ihn vor allem Krämergeist ist. Wo es aber um die „Herrschaft auf der Erde" geht, bedürfe man, betont er auch hier, der „geschicktesten Geldmenschen, der Juden".[556] „Mit dem englischen Princip der Volks-Vertretung" komme man nicht weiter, „wir brauchen Vertretung der großen Interessen" und dürfen uns „weder in christliche noch in amerikanische Perspektiven einengen" lassen.[557] Man müsse im Großen die Wertmaßstäbe ändern: „Das Erste und Wichtigste" in der „Wahrhaftigkeit" sei „die Feststellung der Perspectiven", „das Erste und Mächtigste" in der „Gerechtigkeit" „der Wille und die Kraft zur Übermacht":

> [HE 20] Erst der Herrschende stellt nachher „Gerechtigkeit" fest d. h. er mißt die Dinge nach seinem Maaße; wenn er sehr mächtig ist, kann er sehr weit gehen im Gewährenlassen und Anerkennen des versuchenden Individuums.[558]

Im „Optimismus" der Sozialisten „vom ‚guten Menschen', der hinter dem Busche wartet, wenn man nur erst die bisherige ‚Ordnung' abgeschafft hat und alle ‚natürlichen Triebe' losläßt," kann Nietzsche nur eine Albernheit sehen; aber „ebenso lächerlich" scheint ihm die „Gegenpartei", „weil sie die Gewaltthat in dem Gesetz, die Härte und den Egoismus in jeder Art Autorität nicht zugesteht." Es sei das „Grundgefühl jeder alten Gesetzgebung", dass Leute „herrschen und übrig bleiben [wollen]: wer entartet, wird ausgestoßen oder vernichtet".[559] Dies sei

> [HE 21] der große züchtende Gedanke: die Rassen, welche ihn nicht ertragen, sind verurtheilt; die, welche ihn als größte Wohlthat empfinden, sind zur Herrschaft ausersehn.[560]

Ertragen können nach Nietzsches Aufzeichnungen aus der Zeit, in der er am IV. Teil von *Also sprach Zarathustra* arbeitet, die meisten den Gedanken der Notwendigkeit der Herrschaft dann, wenn sie sich von sich aus bestehenden Ordnungen einordnen, indem sie Funktionen in ihnen übernehmen. Das habe die schon so lange herrschende Moral befördert:

> [HE 22a] Denn die Dressirbarkeit der Menschen ist in diesem demokratischen Europa sehr groß geworden; Menschen welche leicht lernen, leicht sich fügen, sind die Regel: das Heerdenthier, sogar höchst intelligent, ist präparirt.[561]

---

556 N Sommer – Herbst 1884, 26[335], KSA 11.238.
557 N Sommer – Herbst 1884, 26[336], KSA 11.238 f.
558 N Sommer – Herbst 1884, 26[359], KSA 11.244 f.
559 N Sommer – Herbst 1884, 26[360], KSA 11.245.
560 N Sommer – Herbst 1884, 26[376], KSA 11.250.
561 N Sommer – Herbst 1884, 26[449], KSA 11.270.

So sieht Nietzsche

> [HE 22b] <u>keinen</u> Grund zur Entmuthigung. Wer sich einen <u>starken Willen</u> bewahrt und anerzogen hat, zugleich mit einem weiten Geiste, hat günstigere Chancen als je. […] Wer befehlen kann, findet die, welche gehorchen <u>müssen</u>: ich denke z. B. an Napoleon und Bismarck.[562]

Entmutigen darf vor allem nicht die lange Zeit, die für die Entwicklung sowohl der Kräfte nötig sein wird, die die „große Aufgabe" erfordert, als auch für die Einsicht in diese Aufgabe:

> [HE 23] Wie kommen Menschen zu einer großen Kraft und zu einer großen Aufgabe? – Alle Tugend und Tüchtigkeit am Leibe und an der Seele ist mühsam und im Kleinen erworben worden, durch viel Fleiß, Selbstbezwingung, Beschränkung auf Weniges, durch viel zähe treue Wiederholung der gleichen Arbeiten, der gleichen Entsagungen: aber es giebt Menschen, welche die Erben und Herren dieses langsam erworbenen vielfachen Reichthums an Tugenden und Tüchtigkeiten sind – weil, auf Grund glücklicher und vernünftiger Ehen und auch glücklicher Zufälle, die erworbenen und gehäuften Kräfte vieler Geschlechter nicht verschleudert und versplittert, sondern durch einen festen Ring und Willen zusammengebunden sind. Am Ende nämlich erscheint ein Mensch, ein Ungeheuer von Kraft, welches nach einem Ungeheuer von Aufgabe verlangt. Denn unsere Kraft ist es, welche über uns verfügt: und das erbärmliche geistige Spiel von Zielen und Absichten und Beweggründen nur ein Vordergrund – mögen schwache Augen auch hierin die Sache selber sehen.[563]

Bald aber spannt Nietzsche das Spektrum des Typus, der ihm die Voraussetzungen zu einem „Herrn der Erde" mitzubringen scheint, noch weiter: Er müsste „eine Fülle <u>gegensätzlicher</u> Triebe und Impulse in sich groß gezüchtet" haben, dürfte an den „<u>Widersprüchen</u>" der „Moralen", die aus ihnen resultieren, nicht zugrunde gehen, müsste „über sein Wohlwollen und Mitleiden Herr" geworden sein, und die „großen Züchter-Tugenden", angefangen mit „‚seinen Feinden vergeben'", auf die Höhe gebracht haben – und wäre dann so etwas wie

> [HE 24] der römische Cäsar mit Christi Seele.[564]

Dieser breit aufgefächerte gedankliche Untergrund des Problems der Erdregierung in den Aufzeichnungen ragt im IV. Teil von *Also sprach Zarathustra* in zwei markanten Spitzen hervor, im „Gespräch mit den Königen" und in Zarathustras Deutung des Mitternachts- oder, wie es nun heißt, „Nachtwandler-Lieds". Notiert

---

562 N Sommer – Herbst 1884, 26[449], KSA 11.269 f.
563 N Sommer – Herbst 1884, 26[409], KSA 11.260.
564 N Sommer – Herbst 1884, 27[59] u. [60], KSA 11.289.

Nietzsche vorab: „Die Könige, der Herrschaft entsagend: wir suchen den, der würdiger ist zu herrschen!",⁵⁶⁵ so bestätigen das erleichtert die Könige, die Zarathustra aufsuchen (Za IV, Gespräch mit den Königen). Sie haben der Herrschaft entsagt, so wie der alte Papst seinem Dienst an einem Gott entsagt hat, an den er nicht mehr glaubt. Umso mehr aber stellt sich in der Lehrdichtung die Frage, wer dann die Erdregierung übernehmen soll wenn nicht die Herrscher und Würdenträger, die Jahrtausende auf sie hin erzogen wurden. Nietzsche scheint hier in einer echten Verlegenheit zu sein. Der Orientierungslosigkeit der „höheren Menschen", die er um Zarathustra versammelt hat, muss er abschließend etwas entgegensetzen und auf die Frage, wer, wenn nicht sie, die Herren der Erde sein oder werden sollen, eine Antwort geben. So scheint er auf den Gedanken verfallen zu sein, die Antwort in Zarathustras halb „trunkene" Deutung des Nachtwandler-Lieds, das er sie am Ende im „Rundgesang" singen lässt, zu integrieren; vielleicht hat Nietzsche dieser Gedanke sogar darauf gebracht, Zarathustra das Lied nachträglich kommentieren zu lassen. Da Nietzsche ihn in seiner Deutung Vers für Vers vorgehen ließ, war der dafür passende Vers zu finden. Zarathustra fügt die Frage nach dem Herrn oder den Herren der Erde in die Auslegung des zweiten Verses ein, mit dem, nach dem Anruf an die Menschen („Oh Mensch, gieb Acht!"), die eigentliche Aussage des Gedichts beginnt: „was spricht die tiefe Mitternacht?" Hier spricht Zarathustra nun, anders als im ursprünglichen Gedicht, im eigenen Namen: „[Ich will] euch sagen, was mein Mitternachts-Herz eben denkt." Und dieses Herz muss sich selbst erst ermutigen („wer hat genug Herz dazu?"), um also zu fragen: „– wer soll der Erde Herr sein?" Es stellt die Frage dann höchst vage und allgemein: „Wer will sagen: so sollt ihr laufen, ihr grossen und kleinen Ströme!",⁵⁶⁶ um dann die höheren Menschen zu ermahnen, mit „feinen Ohren" zuzuhören (Za IV, Das Nachtwandler-Lied 4). Konkreteres folgt auch hier nicht. Im Kommentar zum nächsten Vers „Die Welt ist tief!" wird die Frage lediglich wiederholt und mit Figuren „trunkener" Tänzer umgeben (5). Zum Vers „und tiefer als der Tag gedacht" wird die Reife der Welt und von Zarathustras „Einsiedlerherz" beschworen (6). Nun müsste also endlich gesagt werden können, was zu sagen war. Aber die „alte Glocke", für Zarathustra eine „süsse Leier", sagt als Kommentar zu „tief ist ihr Weh" nur „Lass mich!

---

565 N Winter 1884–1885, 31[10], KSA 11.363.
566 Das Zusammenfließen von Bächen und Flüssen hat Nietzsche ebenfalls als Bild des Einflusses und Herrschens gebraucht. Vgl. MA I 521: „Grösse heisst: Richtung-geben. – Kein Strom ist durch sich selber gross und reich: sondern dass er so viele Nebenflüsse aufnimmt und fortführt, das macht ihn dazu. So steht es auch mit allen Grössen des Geistes. Nur darauf kommt es an, dass Einer die Richtung angiebt, welcher dann so viele Zuflüsse folgen müssen; nicht darauf, ob er von Anbeginn arm oder reich begabt ist."

Lass mich! Ich bin zu rein für dich. Rühre mich nicht an! Ward meine Welt nicht eben vollkommen?" Sie verweigert die Aussage, behält sich das Wissen von der Erdregierung für sich selbst vor: „Die Reinsten sollen der Erde Herrn sein, die Unerkanntesten, Stärksten, die Mitternachts-Seelen, die heller und tiefer sind als jeder Tag." „Tag und Welt" seien „zu plump", um nach ihr zu „tasten" und zu „greifen" (7). Das ist hier das letzte Wort dazu. Stattdessen wird weiter die Reife und das „Alles-sich-ewig-gleich" der Lust beschworen (9).

Nach einer vorbereitenden Aufzeichnung hätte Zarathustra in seinem Selbstgespräch am Ende des Schlussabschnitts von *Also sprach Zarathustra* mit dem Titel „Das Zeichen" noch einmal und nun ganz für sich allein die Frage stellen sollen:

[HE 25a] Wer soll der Erde Herr sein? so begann er wieder.[567]

Sie wäre damit die ausdrückliche, aber offen bleibende Schlussfrage der Lehrdichtung gewesen. Zarathustra hätte auf die höheren Menschen, die er verlassen hat, mit Verachtung zurückweisen sollen:

[HE 25b] Nun! Diese da wahrlich nicht – lieber noch zerschlüge ich Diese da mit meinem Hammer. Ich selber aber bin ein Hammer.

Im Druck lässt Nietzsche die Erneuerung der Frage beiseite. Vielleicht schien ihm der Hammer-Zusatz für die ausgewählten Freunde und Bekannte, denen er den IV. Teil von *Also sprach Zarathustra* schicken lassen wollte, doch zu verletzend. In der Aufzeichnung bleibt Zarathustra sinnend sitzen:

[HE 25c] Und wieder versank Zarathustra in ferne Gedanken und Länder und in das Schweigen, das auch dem eignen Herzen aus dem Wege geht und keinen Zeugen hat.

Zarathustra tut mit der Frage nach den Herren der Erde, was Nietzsche mit dem System tut: Er weicht ihr aus. Die Dichtung aber sollte, wenn nun nicht mit Zarathustras Tod, so doch mit einem neuen Aufbruch zu neuer Einsicht enden. Er folgt erst in Nietzsches neuem Aphorismenbuch *Jenseits von Gut und Böse*.

---

[567] N Winter 1884–1885, 32[15], KSA 11.415. Die beiden folgenden Zitate [HE 25 b-c] stammen ebenfalls aus dieser Aufzeichnung.

3.5.4 Philosophen als „Befehlende und Gesetzgeber" zur Zeit von *Jenseits von Gut und Böse*

An ihm arbeitete er längst. Wie Nietzsche in einer geplanten Vorrede festhielt, sollte das Aphorismenbuch die Lehrdichtung erläutern, „{allerhand} nützliche Fingerzeige zum Verständnisse des [...] schwerverständlichen Werkes abgeben" und in „einer Art {vorläufigem} Glossarium [...] die wichtigsten Begriffs- {und Werth-}Neuerungen jenes Buchs [...] mit Namen" nennen.[568] In *Jenseits von Gut und Böse* ist von den ‚Herren der Erde' als Philosophen die Rede, die in Zukunft „Befehlende und Gesetzgeber" werden sollen (JGB 211); die Umrisse des von Nietzsche vorgesehenen „Züchtungs- und Erziehungswerks" (JGB 61) werden deutlicher. Das neue Aphorismenbuch war zunächst als Neubearbeitung von *Menschliches, Allzumenschliches* gedacht[569] und schließt darum in vielem daran an, auch in der Konzeption einer Erdregierung. Man kann hier, so Sommer in seinem Kommentar, „Tendenzen der Vereindeutigung und Radikalisierung" gerade im zum Druck beförderten Werk beobachten. Nietzsche folgte damit seinem dringendem Wunsch, endlich gehört zu werden: „Je extremer die Positionen sind, desto größer erscheint die Chance, auf Widerhall zu stoßen."[570] Ich sichte zunächst, was in *Jenseits von Gut und Böse* zum Thema ‚Herren der Erde' steht, um dann nachzusehen, was Nietzsche darüber hinaus in seinen Aufzeichnungen aus dieser Zeit dazu niedergeschrieben hat. So lässt sich deren Gewicht am besten einschätzen.

Am Ende des dritten Hauptstücks zum „religiösen Wesen" wird „der Philosoph, wie w i r ihn verstehen, wir freien Geister," als „der Mensch der umfänglichsten Verantwortlichkeit, der das Gewissen für die Gesammt-Entwicklung des Menschen hat", eingeführt: Er werde sich „der Religionen zu seinem Züchtungs- und Erziehungswerke bedienen, wie er sich der jeweiligen politischen und wirthschaftlichen Zustände bedienen wird." (JGB 61) Das scheint ein Programm zur Ausführung der ökonomischen Gesamtverwaltung der Erde zu sein, wie sie Nietzsche in *Menschliches, Allzumenschliches* angedacht hat; es wird nun zu einem „Züchtungs- und Erziehungswerk" der Menschheit erweitert, in dem die Religion (und in späteren Hauptstücken auch die Moral) als Mittel zur Erziehung der Gesellschaft eingesetzt, also funktionalisiert wird.[571] Nur eine neue, weiterentwickelte Menschheit, das ist nun der Stand von Nietzsches Überlegungen, wird

---

[568] N Sommer 1886 – Frühjahr 1887, 6[4]. KSA 12.233f., KGW IX 12, Mp XIV, 418f. Vgl. Montinari, Kommentar, KSA 14.345, und die ausführliche Kontextualisierung von Sommer, NK 5/1, 8–17.
[569] Vgl. Montinari, Kommentar, KSA 14.346, und Sommer, NK 5/1, 10f.
[570] Sommer, NK 5/1, 13.
[571] „Züchtung" meint auch hier in erster Linie „Erziehung" in einem „moralischen Sinn", wie Ottmann, Philosophie und Politik bei Nietzsche, 245–270, mit umfangreichen Belegen darlegt.

der Aufgabe der Erdregierung gerecht werden, und Religion und Moral können, gezielt von Philosophen mit überlegenem Überblick und überragendem Verantwortungsbewusstsein dazu eingesetzt, der Menschheit zu ihrer Weiterentwicklung verhelfen. Dazu bedarf es nicht nur höchster „Geistigkeit", sondern auch außerordentlicher Freigeistigkeit.

Religion, so Nietzsches betont freigeistige Analyse, wirkt auf die Gesellschaft als ganze, zwar unterschiedlich auf ihre Gruppen und Schichten, gemeinsam aber als etwas, dem sich alle verpflichtet glauben und durch das sie sich auch aufeinander verpflichten lassen. So ist Religion für die „zum Befehlen Vorbereiteten und Vorbestimmten [...] ein Mittel mehr, um Widerstände zu überwinden, um herrschen zu können": Mit Religion kann man sich durch gewaltlose „Geistigkeit" „Ruhe vor dem Lärm und der Mühsal des g r ö b e r e n Regierens und Reinheit vor dem n o t h w e n d i g e n Schmutz alles Politik-Machens" verschaffen. Sie fördert auf diese Weise eine „überkönigliche" Herrschaft. Die zur Mitherrschaft fähigen Schichten der Gesellschaft leitet sie zur „Selbstbeherrschung" an, zeigt ihnen „Wege zur höheren Geistigkeit" durch „Gefühle der grossen Selbstüberwindung, des Schweigens und der Einsamkeit". Die anderen lässt sie mit ihrer oft harten Lebenslage zufrieden sein, indem sie ihren Leiden Sinn gibt und sie zur Geduld ermahnt, sie auszuhalten (JGB 61). So zynisch es sich gibt, Nietzsches Programm der Funktionalisierung der Religion konkretisiert Wege zu jenem organischen Herrschaftsverbund, der für ihn eine Erdregierung denkbar macht.

Seine „Gegenrechnung" ist, dass die Entwicklung des „n o c h n i c h t f e s t g e s t e l l t e n T h i e r s" Mensch – Nietzsche führt die berühmt gewordene Formel hier wie nebenbei ein – ohne Leitung durch „die Hand des Philosophen", für ihn also durch „höchste Geistigkeit", zerstörerisch und selbstzerstörerisch werden kann, nämlich dann, wenn Religionen den Leidenden eine Aversion gegen alle Herrschaft und Macht anerziehen. Nietzsche hegt hier schwerste Befürchtungen und reagiert mit für uns abgründig gewordenen Begriffen wie denen einer „V e r s c h l e c h t e r u n g d e r e u r o p ä i s c h e n R a s s e", die aus dem Menschen überhaupt „eine s u b l i m e M i s s g e b u r t" gemacht und zur „fast willkürlichen Entartung und Verkümmerung des Menschen" geführt habe (JGB 62). Für Nietzsche bzw. seinen Zarathustra ist das, wie er sich zuvor notiert, „die höhere Moral, die des Schaffenden: den Menschen nach <u>seinem</u> Bilde <u>umzuschaffen</u>. <u>Das</u> will er, <u>das</u> ist seine Ehrlichkeit."[572]

Im fünften Hauptstück „Zur Naturgeschichte der Moral", in dem Nietzsche das Thema der Erdregierung wieder aufgreift, geht er es wie in *Menschliches,*

---

[572] N Sommer – Herbst 1884, 26[366], KSA 11.247.

Allzumenschliches mit der Methode der Vergleichung an, nun nicht mehr der Kulturen, sondern der „Vergleichung v i e l e r Moralen" und unter dem inzwischen gewonnenen Gesichtspunkt des Willens zur Macht.[573] Er ruft erneut zu einer „Beschreibung" (ohne „Begründungen", die ihrerseits schon moralischer Art wären) und „Sammlung des Materials, begrifflichen Fassung und Zusammenordnung eines ungeheuren Reichs zarter Werthgefühle und Werthunterschiede" auf, unterschieden nach „Völkern, Zeiten, Vergangenheiten" und der jeweiligen „Umgebung", des „Standes", der „Kirche", des „Zeitgeistes", des „Klima's und Erdstriches", also zu einer die menschliche Welt und ihre Geschichte im Ganzen umgreifenden physiologischen, soziologischen und psychologischen Moralwissenschaft, um aus ihr eine „T y p e n l e h r e der Moral" zu gewinnen (JGB 186). Wie bei den Religionen, so ist auch bei den Moralen ihre „s o u v e r ä n e" Eigendynamik (JGB 62) zu beachten. Denn Moralen sind für die Aufgabe der Erdregierung weit schwerer zu funktionalisieren, weil ihre Stifter weit weniger greifbar sind, wenn sie nicht wie Christus (bzw. Paulus) und Buddha auch Religionsstifter sind.[574] Die christlich geprägte Moral, die in Europa herrschend wurde, führt Nietzsche auf eine „welthistorische" Intrige der Juden zurück (FW 361, GM I 9), nach der sie sich ihrer Religion wegen im Römischen Reich unterdrückt und versklavt sahen und zur Rache dafür eine Religion für Versklavte jeder Art erfanden, die sich dann im ganzen Reich verbreitete und schleichend die antiken Werte umwertete, bis zum Untergang des Reiches selbst. Nach dieser bewusst groben „Abkürzung" (JGB 186) initiierte „das jüdische Volk" einen weltweiten „S k l a v e n - A u f s t a n d i n d e r M o r a l" (JGB 195). So bereitet Nietzsche im zum

---

573 Zu Nietzsches Quellen in diesem Kapitel, zu Parallelen in seinem Werk und zur aktuellen Forschung vgl. außer Sommers Kommentar Brusotti, Vergleichende Beschreibung versus Begründung.

574 Merkwürdigerweise spielt Moses, der Religions- und Moralstifter, „Befehlende und Gesetzgeber" par excellence, in Nietzsches Schriften kaum eine Rolle, in JGB wird er noch nicht einmal genannt. Für die Ursprünge des Judentums hat er sich weit weniger als für die Ursprünge des Christentums aus dem Judentum interessiert. Das mag an seinem stark christlich betonten Religionsunterricht in Schulpforte gelegen haben; die Moses-Figur wurde nach Figl, Nietzsche und die Religionen, 145–149, dort historisch dekonstruiert. Muhamed, so Nietzsches Schreibweise, ist in seinen Schriften dagegen häufiger vertreten (M 496, 549; N Herbst 1881, 15[17], KSA 9.642; N 1884, 25[191], KSA 11.65; N 1884, 26[407], KSA 11.259; N Juni – Juli 1885, 38[13], KSA 11.612, KGW IX 12, Mp XVI, 33r; N Frühjahr 1888, 14[195], KSA 13.380, KGW IX 8, W II 5, 17; AC 42 und 55). Wie stark in der Moses-Figur historisch belegbare, mythische, priesterlich zurechtgelegte und sozialpsychologische Elemente einander durchdringen, zeigt mit großer Sorgfalt Freud, Der Mann Moses und die monotheistische Religion.

Druck bestimmten Werk den provokanten Kontrast der „Herren- und Sklaven-Moral" vor.[575]

Im Kontrast zur christlichen Sklavenmoral im christlichen Abendland führt er den als besonders skrupellos bekannten Sohn eines Kardinals und Aspiranten auf das Papsttum, Cesare Borgia, an, der, spanischen Ursprungs, groß und athletisch, auf dem Petersplatz in Rom als erfolgreicher Stierkämpfer auftrat, wissensdurstig und hochgebildet, mit 16 Jahren ein einträgliches Bistum erhielt, mit 17 Jahren selbst Kardinal wurde, nachdem sein Vater die Papstwahl gewonnen hatte, nie eine Messe zelebrierte, aber ein üppiges Liebesleben führte, von seinen geistlichen Ämtern entpflichtet als ruheloser Feldherr in wechselnden Diensten, aber immer in der Gunst seines Vaters, der ihn ebenfalls zugleich fürchtete, auf Eroberungen auszog, sich unter anderem bei Festungsbauten von Leonardo da Vinci beraten ließ, in den von ihm eroberten Gebieten durchaus auch für effektive Verwaltung und Recht sorgte, aber vor betrügerischen Machenschaften und zahlreichen politischen Morden nicht zurückschreckte, nach dem Tod seines Vaters sich, trotz der Beratung durch Machiavelli, nur noch mit Mühe an der Herrschaft halten konnte, schließlich seinen zahlreichen Feinden erlag und nach einer spektakulären Flucht aus dem Gefängnis im Kampf getötet wurde. Den in der italienischen Renaissance nicht ganz so ungewöhnlichen, sich um Religion und Moral nicht scherenden Fürstentypus typisiert und tituliert Nietzsche kurzerhand als „Raubthier" und „Raubmenschen" (JGB 197).[576] Trotz seiner eigenen Warnung, man dürfe „nicht generalisiren, wo nicht generalisirt werden darf" (Kap. V), verallgemeinert er von hier aus, alle Moralen verbinde, dass sie nichts anderes seien als „Verhaltungs-Vorschläge im Verhältniss zum Grade der Gefährlichkeit, in welcher die einzelne Person mit sich selbst lebt; Recepte gegen ihre Leidenschaften, ihre guten und schlimmen Hänge, so fern sie den Willen zur Macht haben und den Herrn spielen möchten" (JGB 198). Cesare Borgia, der durchaus auch Verträge schloss und sich an viele auch hielt, passte seine moralischen Haltungen jeweils den Gefahren an, in die er sich begab, wofür ihn Machiavelli bewunderte.

In der sich demokratisierenden Gegenwart können Moralen, so Nietzsche, umso eher zur Herrschaft genutzt werden, wenn der Wille zur Herrschaft oder zur

---

[575] Der Kontrast erscheint zuerst in Notizen, die sich Nietzsche zur Lektüre von Leopold Schmidts *Die Ethik der alten Griechen* (1882) gemacht hat (N Frühjahr – Sommer 1883, 7[22], KSA 10.245 f.). Vgl. Sommer, NK 5/1, 745.
[576] Diese Einschätzung wurde von Hippolyte Taine, den Nietzsche hoch schätzte, nahezu vorformuliert. Vgl., auch zu zahlreichen weiteren einschlägigen Quellen Nietzsches, Sommer, NK 5/1, 529–533. Zur Einordnung in Nietzsches „Renaissancismus" vgl. Ottmann, Philosophie und Politik bei Nietzsche, 281–292.

Macht in ihnen verborgen bleibt oder von den „Befehlenden" durch „moralische Heuchelei" versteckt wird, etwa durch Vorgaben, sie handelten im Dienst einer höheren religiösen oder moralischen Instanz: Herrscher wie Friedrich der Große stellen sich als „‚erste Diener ihres Volks'", demokratisch Regierende als „‚Werkzeuge des gemeinen Wohls'" dar. Andernfalls würden die „Befehlshaber" ersetzt „durch Zusammen-Addiren kluger Heerdenmenschen" unter dem Institut „repräsentativer Verfassungen". Das wurde ganz selbstverständlich und zur Norm. Das „Volk", so Nietzsche, empfindet dennoch, dass dies nicht der Weg sei, große Probleme anzugehen. So werde Napoleon Buonaparte, der unentwegt Kriege geführt, aber auch zeitgemäßere territoriale und administrative Ordnungen in Europa geschaffen hatte, noch immer wie eine „Erlösung von einem unerträglich werdenden Druck" des „Heerdenthier-Europäers" empfunden (JGB 199). Nietzsche streicht auch hier die Personen heraus, ohne sich um eine nähere Analyse der Techniken und Institutionen ihrer Machtausübung zu bemühen. Stattdessen begnügt er sich mit dem „zauberhaften Unfassbaren und Unausdenklichen" jener „zum Siege und zur Verführung vorherbestimmten Räthselmenschen" wie Alkibiades, Caesar oder dem Staufenkaiser Friedrich den Zweiten (JGB 200).[577]

Moralen, hält Nietzsche fest, sind so flexibel und anpassungsfähig, dass sie starke Umwertungen durchmachen und selbst in ihre Gegensätze übergehen können, immer nach Maßgabe der Gefahren, die jeweils zu bändigen sind; verschwinden die Gefahren, können sie überflüssig werden (JGB 201). Herrscht eine Moral in einer ganzen Gesellschaft, wird sie von allen befolgt, so wird sie, wie Nietzsche es jetzt für Europa befürchtet, zur „H e r d e n t h i e r m o r a l", die auch die Herrschenden einbezieht. Dadurch stabilisiert sie sich. Doch gerade im Zug der „d e m o k r a t i s c h e n B e w e g u n g" werden auch wieder „viele andere, vor Allem h ö h e r e Moralen möglich". Die demokratische Bewegung als „politische und gesellschaftliche Einrichtung" ist für Nietzsche Ausdruck der Herdentiermoral – mit dem Potential, sie zugleich zu untergraben (JGB 202).

Das macht die gezielte Erziehung oder Züchtung von Gesellschaften durch Moralen einerseits möglich, andererseits schwierig. Voraussetzung ist für Nietzsche eine große „Umwerthung" durch „n e u e P h i l o s o p h e n", die fähig sind, „in der Gegenwart den Zwang und Knoten an[zu]knüpfen, der den Willen von

---

[577] In einer Vorarbeit (Montinari, Kommentar, KSA 14.360, KGW IX 1, N VII 1, 71) erwähnt Nietzsche an dieser Stelle nochmals Napoleon und fügt hinzu: „für fernere Zeiten ist eine viel höhere Art M<ensch> noch zu erwarten, wo die großen Rassen-mischungen eintreten, während zugleich die geistigen u. materiellen Mittel der Macht ungeheuer geworden sind." In AC 61 treibt er den „vollkommen überirdischen Zauber und Farbenreiz" auf die Spitze mit der Vorstellung „C e s a r e B o r g i a a l s P a p s t …" (AC 61). Sie war von der Realität nicht allzuweit entfernt.

Jahrtausenden auf n e u e Bahnen zwingt", und dafür „grosse Wagnisse und Ge-sammt-Versuche von Zucht und Züchtung vorzubereiten" – d. h. sie nicht jetzt schon durchzuführen, wie auch immer das geschehen könnte. Nietzsche verlegt die Erdregierung in eine weite Zukunft; vorerst hat man auf günstige Gelegenheiten des „Anknüpfens" und auf Personen zu warten, die sie im doppelten Sinn wahrnehmen können. Er denkt sich solche Personen, und das will er nun „laut sagen", als „Befehlshaber" oder „Führer". Sie müssen, um die Menschheit auf die neuen Aufgaben und Werte hin vorbereiten zu können, jedoch selbst erst „herangezüchtet" werden: Ihr „Gewissen" müsse unter dem „Druck und Hammer" der Umwertung der Werte so „gestählt" werden, dass es „das Gewicht einer solchen Verantwortlichkeit" ertragen kann, einer, weil die Verantwortung für die Moral ja selbst darin einbezogen ist, übermoralischen Verantwortlichkeit. Vielleicht könnten ja „freie Geister", an die Nietzsche nun mehrfach appelliert, *diesen* Gedanken wenigstens schon ertragen (JGB 203).

Während solche Überlegungen heute an die verstiegenen Gewaltherrscher des 20. Jahrhunderts denken lassen, fügen sie sich für Nietzsche in das Bild, das er von Zarathustra entworfen hat und das er nun gleichsam begrifflich glossiert. Zugleich rückt er sich selbst ins Bild, stellt sich als an *seiner* „A u f g a b e" Leidenden dar, indem er ausführlich schildert, wie *er* daran leide, dass geeignete „Führer" auch „ausbleiben oder missrathen und entarten könnten". Er trägt seine Argumente als einer vor, der fürs Erste allein den Überblick über die Notwendigkeiten und Zufälle hat, die bei der Weiterentwicklung des Menschen mitspielen, als einer, der erkannt hat, „wie der Mensch noch unausgeschöpft für die grössten Möglichkeiten ist, und wie oft schon der Typus Mensch an geheimnissvollen Entscheidungen und neuen Wegen gestanden hat". Indem er Zarathustras Ekel am ‚letzten Menschen' zitiert, inszeniert er seine eigene „Beängstigung" durch Verunglimpfungen wie „socialistische Tölpel und Flachköpfe", die die „Entartung und Verkleinerung des Menschen zum vollkommenen Heerdenthiere", die „Verthierung des Menschen zum Zwergthiere der gleichen Rechte und Ansprüche" und so letztlich „die G e s a m m t - E n t a r t u n g d e s M e n s c h e n" betreiben (JGB 203). Mit dem Begriff der „Entartung", den Nietzsche auch schon Zarathustra hat gebrauchen lassen (Za I, Von der schenkenden Tugend 1), steht auch physiologisches, biologisches oder Rasse-Denken im Raum.[578]

---

[578] Zur Einordnung von Nietzsches Gebrauch des Rassebegriffs in den zeitgenössischen Diskurs vgl. wiederum Ottmann, Philosophie und Politik bei Nietzsche, 246–262, und in gründlichster philologischer Aufarbeitung Schank, „Rasse" und „Züchtung" bei Nietzsche. Beide entdämonisieren Nietzsches Gebrauch der beiden Begriffe: Er denke durchgehend anti-rassistisch. Insbesondere werden die Juden nicht unter rassetheoretischen Gesichtspunkten diskriminiert, sondern unter allen wesentlichen Gesichtspunkten Nietzsches ausgezeichnet. Nach Schank stammen zwei

Wenn die Gesamtverwaltung der Erde und die Gesamtentwicklung des Menschen, die Nietzsche dazu für notwendig hält, in der Verantwortung neuer, bisher noch unbekannter Philosophen liegen soll, muss deren Verhältnis zu den Wissenschaften geklärt werden, die das nötige Wissen dazu erarbeiten. Das geschieht im sechsten Hauptstück „wir Gelehrten". Nietzsche setzt hier erneut damit ein, dass „einer ungebührlichen und schädlichen Rangverschiebung" zwischen Wissenschaft und Philosophie entgegengetreten werden müsse.[579] Er führt auch „die Unabhängigkeits-Erklärung des wissenschaftlichen Menschen, seine Emancipation von der Philosophie", auf das „demokratische Wesen und Unwesen" zurück, das darauf hinauslaufe, seinerseits einmal den „‚Herrn' – was sage ich! den Philosophen zu spielen". Die Philosophie mag mit ihrer „Armseligkeit" in der Gegenwart, die sie vor den großen Problemen zurückscheuen lässt, selbst schuld daran sein; Nietzsche kann nur darüber spotten, dass sich seine Zeitgenossen Eugen Dühring und Eduard von Hartmann, aber auch die hier nicht genannten Auguste Comte, Herbert Spencer und andere als „Wirklichkeits-Philosophen" gebärdeten. Die „Herren-Aufgabe" der Philosophie könne nur von Philosophen angegangen werden, die auch den „Rang" hätten, „befehlen" und „führen" zu können, indem sie sich wohl an den Wissenschaften orientieren, aber zugleich eigene Maßstäbe für sie setzen (JGB 204) und sich nicht dazu verführen lassen, „zum Dilettanten, zum Tausendfuss und Tausend-Fühlhorn", „zum grossen Schauspieler" für ein Publikum zu werden, das nach schon Vertrautem und Oberflächlichem verlangt (JGB 205). Doch die Gefahren für die Entwicklung des Philosophen seien

> heute in Wahrheit so vielfach, dass man zweifeln möchte, ob diese Frucht überhaupt noch reif werden kann. Der Umfang und der Thurmbau der Wissenschaften ist in's Ungeheure gewachsen, und damit auch die Wahrscheinlichkeit, dass der Philosoph schon als Lernender müde wird oder sich irgendwo festhalten und „spezialisiren" lässt: so dass er gar nicht mehr auf seine Höhe, nämlich zum Überblick, Umblick, Niederblick kommt. (JGB 205)

Gelehrte mit ihrer gewohnten „Arbeitsamkeit" neigten zur „geduldigen Einordnung in Reih und Glied", ließen sich in der Regel also gerne funktionalisieren (JGB 206). Sie wollten „objektiv", möglichst unpersönlich spiegeln, was ist, trieben dadurch die „Entselbstung und Entpersönlichung des Geistes" voran und würden dafür hoch geachtet. So würden sie „eins der kostbarsten Werkzeuge". Aber eben darum gerieten sie auch leicht „in die Hand eines Mächtigeren" und

---

Drittel der Belege zu ‚Rasse' aus dem Nachlass, ergeben dort aber kein signifikant anderes Bild als in den zum Druck beförderten Werken. Schank stützt seine Untersuchung vor allem auf JGB und GM.

579 Vgl. Sommer, Philosophen und philosophische Arbeiter.

gehörten, schreibt Nietzsche zum Schaudern aller sich für objektiv haltenden Wissenschaftler*innen, da auch hin. Im Bestehen auf wissenschaftlich darstellbare Objektivität verlören sie den Sinn für die „Noth" der Situation, den weiter blickende Philosophen wachhielten, die ihnen gegenüber dann als „cäsarische Züchter und Gewaltmenschen der Cultur" erschienen. Bei dieser Gelegenheit bezieht Nietzsche auch die Gelehrten in seine Kategorie des Sklaventums ein. Sofern sie immer noch „Werkzeuge" zu Diensten von etwas seien, dem sie sich vorbehaltlos unterstellten, sich in Nietzsches Sinn funktionalisieren ließen, seien sie „die sublimste Art des Sklaven" (JGB 207).

Nach dieser Argumentationslinie wären die „Herren der Erde" die Ideengeber für die Erdregierung und dies nicht nur in einem philosophischen, sondern auch einem politischen Sinn. Nietzsche skizziert nun knapp die politische Lage in Europa, wie er sie sieht, als eine Zeit der „Willenslähmung" besonders im kulturell führenden Frankreich, während Russland, das voller Willenskraft sei, zunehmend bedrohlicher werde. So müsse Europa seine Kleinstaaterei und seine „dynastische wie demokratische Vielwollerei" überwinden, alle „kleine Politik" zurücklassen und in die „grosse Politik" und das heißt für Nietzsche in den „Kampf um die Erd-Herrschaft" eintreten.[580] Eine Einlastung verspricht er sich davon, dass auch in Russland der Prozess der Demokratisierung einsetzen und dabei das Riesenreich „in kleine Körper" zersprengen werde. Um mit einem „langen furchtbaren eigenen Willen […] sich über Jahrtausende hin Ziele setzen" zu können, müsse Europa jene „herrschende Kaste" hervorbringen, die Nietzsche schon bei der Arbeit an *Also sprach Zarathustra* im Blick hat. Nun wird noch deutlicher, dass diese „Kaste" für Nietzsche keine institutionalisierte und organisierte exklusive Gesellschaftsschicht ausmacht, sondern eine Gruppe Geistesverwandter, deren Mitglieder einander vielleicht niemals begegnen, einander noch nicht einmal kennen müssen (JGB 208).[581]

---

580 Ottmann, Philosophie und Politik bei Nietzsche, 243f., der hier den Ausgangspunkt in MA I 23–25 nicht im Blick hat, sieht in der „grossen Politik" weniger Politik als utopische, wenn nicht phantastische Kulturphilosophie.
581 Den Begriff „Kaste" übernahm Nietzsche, wie Sommer, NK 5/1, 734f., nachweist, aus Friedrich von Hellwalds *Culturgeschichte in ihrer natürlichen Entwicklung bis zu Gegenwart*, die 1876 bis 1884 in drei Auflagen erschienen war. Hellwald – und so auch Nietzsche – sah in der „Kastenbildung" den „historischen und socialen Ausdruck der Unterjochung einer untergeordneten durch eine geistig [!] weitaus überlegene Race [!]". Werde jemand als ihr zugehörig betrachtet, nehme „seine ganze Persönlichkeit einen anderen Habitus an" (zit. Sommer, 734). Zum polemischen Einsatz des Kastenbegriffs in AC 57 vgl. Sommer, NK 6/2, 274f. Die Kastenordnung des Manu, die Nietzsche dort in Stellung gegen das Christentum bringt, ist undurchlässig, die Nietzsches, die auf geistiger Überlegenheit beruhen soll, keineswegs. Taureck, Nietzsche und der Faschismus, 161, macht aus der „Kaste" bei Nietzsche einen „rassebiologischen Begriff".

Darauf malt Nietzsche an Friedrich dem Großen, Napoleon und Goethe die neue „Skepsis der verwegenen Männlichkeit" aus, die vorbildlich auch für seine neuen Philosophen sein könnte (JGB 209), um dann auch große Philosophen wie Kant und Hegel als bloße „Kritiker" und „Werkzeuge" neuer Philosophen einzustufen (JGB 210).[582] Damit ist deren Bestimmung, ihre Bestimmung für die Erdregierung, vollends vorbereitet:

> Die eigentlichen Philosophen [...] sind Befehlende und Gesetzgeber: sie sagen ‚so soll es sein!', sie bestimmen erst das Wohin? und Wozu? des Menschen und verfügen dabei über die Vorarbeit aller philosophischen Arbeiter, aller Überwältiger der Vergangenheit, – sie greifen mit schöpferischer Hand nach der Zukunft, und Alles, was ist und war, wird ihnen dabei zum Mittel, zum Werkzeug, zum Hammer. Ihr ‚Erkennen' ist Schaffen, ihr Schaffen ist eine Gesetzgebung, ihr Wille zur Wahrheit ist – Wille zur Macht. (JGB 211)

In einer Aufzeichnung aus dem Jahr 1884 setzt Nietzsche noch mit der Furcht vor der „ungeheuren Aufgabe" ein und den Versuchen, ihr zu „entrinnen", zu „entschlüpfen" oder „auszuweichen", auch unter dem Vorwand, „meine Moralität weist sie ab als unmoralisch"; „Gesetzgeber der Werthschätzungen" wie Platon oder Mohammed berufen sich auf eine „‚Eingebung'".[583] Nun setzt er ganz auf den Begriff „Grösse". ‚Gross' ist für Nietzsche nicht nur das, was anderes in irgendeinem Sinn überragt, sondern was seinen Gegensatz in sich einbeziehen und für sich fruchtbar machen kann.[584] So beziehen für Nietzsche große Philosophen als „Befehlende und Gesetzgeber" die Arbeit der Skeptiker, Kritiker und Systematiker in ihre Entwürfe ein. Sie sind mit gutem Gewissen „das böse Gewissen ihrer Zeit" und damit über deren erstarrte Wertgegensätze hinaus, können die

---

[582] Schon in einem Brief an Paul Deussen aus Naumburg vom September 1868, Nr. 588, KSB 2.316, unterschied Nietzsche, damals noch unter den Philologen, „Arbeitsgeber und Fabrikarbeiter", worin „nichts Geringschätziges" liegen sollte. Bereits in SE 7, KSA 1.409, schrieb er dann über Kant: „Ein Gelehrter kann nie ein Philosoph werden". Doch Kant hat seinerseits den Philosophen „Gesetzgeber der menschlichen Vernunft" genannt (KrV A 839/B 867), allerdings in der Gewissheit, über die menschliche Vernunft definitive Aussagen machen zu können.

[583] N Sommer – Herbst 1884, 26[407], KSA 11.258f. In der unmittelbaren Vorstufe N Juni – Juli 1885, 38[13], KSA 11.611f., nennt Nietzsche noch nicht die Beispiele Kants und Hegels für die „philosophischen Arbeiter", aber Platon als Beispiel für einen eigentlichen Philosophen. Er schließt dort: „es geht durch die ganze Geschichte hindurch die Spur solcher Ausweichenden und ihres schlechten Gewissens. Zumeist aber kam solchen Menschen des Verhängnisses jene erlösende Stunde, jene Herbst-Stunde der Reife, wo sie mußten was sie nicht einmal ‚wollten': – und die That, vor der sie sich am meisten vorher gefürchtet hatten, fiel ihnen leicht und ungewollt vom Baume, als eine That ohne Willkür, fast als Geschenk. —"

[584] Vgl. Verf., Nietzsches Befreiung der Philosophie, 169–171.

„Umfänglichkeit und Vielfältigkeit" ihrer Perspektiven zu einer „Ganzheit" vereinen und dadurch willensstark und entschlussfähig werden, im Bewusstsein, für alle andern verantwortlich zu sein (JGB 212). Das könne man, so Nietzsche, weder lehren noch lernen, man müsse „es ‚wissen', aus Erfahrung, – oder man soll den Stolz haben, es n i c h t zu wissen." (JGB 213)

Für das „Recht auf Philosophie" eines solchen Philosophen, wie er ihn sich denkt, präzisiert er nun auch den Begriff „Züchtung": Über Generationen hinweg müssten seine Tugenden

> einzeln erworben, gepflegt, fortgeerbt, einverleibt worden sein, und nicht nur der kühne leichte zarte Gang und Lauf seiner Gedanken, sondern vor Allem die Bereitwilligkeit zu grossen Verantwortungen, die Hoheit herrschender Blicke und Niederblicke, das Sich-Abgetrennt-Fühlen von der Menge und ihren Pflichten und Tugenden, das leutselige Beschützen und Vertheidigen dessen, was missverstanden und verleumdet wird, sei es Gott, sei es Teufel, die Lust und Übung in der grossen Gerechtigkeit, die Kunst des Befehlens, die Weite des Willens, das langsame Auge, welches selten bewundert, selten hinauf blickt, selten liebt.... (JGB 213)

Das sind Orientierungs- und Kommunikationstugenden, die jemanden anderen Menschen überlegen machen und von anderen Menschen auch hoch geschätzt werden, wenn sie Orientierung brauchen. Nietzsche denkt auch hier die mögliche Macht seiner „Befehlenden und Gesetzgeber" als eine Macht, die aus Orientierungsüberlegenheit kommt (Kap. IV 2.15).

In den folgenden Hauptstücken von *Jenseits von Gut und Böse* malt Nietzsche diese Tugenden weiter aus und zeigt dabei auch, wie sie zur Herrschaft befähigen. Je weiter nun die „Demokratisirung Europa's" voranschreiten wird, je mehr sie „auf die Erzeugung eines zur S k l a v e r e i im feinsten Sinne vorbereiteten Typus hinausläuft", desto mehr werde man „des Herrn, des Befehlenden b e d ü r f e n wie des täglichen Brodes". Auch und gerade die Demokratie braucht Menschen mit überlegener Orientierung, die ‚den Ton angeben' können. Nietzsche sieht sehr wohl, dass dabei die Grenze zu „Tyrannen" schwer zu ziehen ist: Wer Macht *hat*, in eine Macht*position* gelangt ist, kann leicht machtbesessen werden, und eben dagegen sollen die demokratischen Institutionen schützen. Nietzsche übergeht das jedoch in seinem Furor gegen die christliche Moral, die in die demokratische übergegangen sei, hartnäckig. Er nimmt es, nach heutigem Ermessen unbesonnen, einfach in Kauf, dass die Demokratisierung Europas „zugleich eine unfreiwillige Veranstaltung zur Züchtung von T y r a n n e n" ist. Aber er hält dabei das Bedeutungsspektrum von ‚Tyrann' bewusst offen und ergänzt: „das Wort in jedem Sinne verstanden, auch im geistigsten." (JGB 242)

Aber Mächtige müssen nicht machtbesessen werden. Nietzsche zeigt das anschließend in zwei Aphorismen zu den Juden, die, „wenn sie wollten – oder, wenn man sie dazu zwänge, wie es die Antisemiten zu wollen scheinen −, jetzt schon das Übergewicht, ja ganz wörtlich die Herrschaft über Europa haben **könnten**", aber eben *nicht* darauf hinarbeiteten. Und hier, nach langen Ausführungen über den behutsamen Umgang mit Herrschaft, erinnert Nietzsche nochmals an seinen „Ernst, an das ‚europäische Problem', wie ich es verstehe, an die Züchtung einer neuen über Europa regierenden Kaste." (JGB 251) Statt durch Abschottung zeichne sie sich durch jenes stets spürbare, aber nur schwer bestimmbare „Pathos der Distanz" aus, den einverleibten Sinn für „Rangordnung und Werthverschiedenheit von Mensch und Mensch", der aus „beständiger Übung im Gehorchen und Befehlen, Nieder- und Fernhalten" kommt; und dahin wirke auch das Abstandnehmen durch Institutionen der Herrschaft, die „Sklaverei in irgend einem Sinne" einschließen. Diesen Sinn für Abstand unter Menschen, den die demokratische Bewegung überwinden wolle, will Nietzsche erhalten und sogar wachsen sehen, und er könnte sich mit der Zeit auch in einer neuen Moral ausprägen. Denn die „zwei Grundtypen" der Moral, die „Herren-Moral und Sklaven-Moral", träten selten rein, sondern meist in unklaren Mischungen auf (JGB 260), so dass sie sich wandeln können, indem sie einander durchdringen (JGB 262 f.). So aber wird Herrschaft immer schwerer identifizierbar, und es ist dann wieder eine Frage der nachträglichen Interpretation und ihres Willens zur Macht, wo man sie lokalisiert:

> Der Erfolg war immer der grösste Lügner, – und das „Werk" selbst ist ein Erfolg; der grosse Staatsmann, der Eroberer, der Entdecker ist in seine Schöpfungen verkleidet, bis in's Unerkennbare; das „Werk", das des Künstlers, des Philosophen, erfindet erst Den, welcher es geschaffen hat, geschaffen haben soll; die „grossen Männer", wie sie verehrt werden, sind kleine schlechte Dichtungen hinterdrein; in der Welt der geschichtlichen Werthe **herrscht** die Falschmünzerei. (JGB 269)

Das ist ein ernüchterndes Ergebnis in der Frage der Erdregierung durch „Herren der Erde". Die Instanzen der Erdregierung und damit auch die Verantwortung für sie, die Nietzsche in *Jenseits von Gut und Böse* im Auge hat, verschwimmen zuletzt ins Unbestimmbare. Doch das wird nicht Nietzsches letztes Wort in dieser Sache bleiben.

Die Aufzeichnungen aus der Zeit von *Jenseits von Gut und Böse* ergeben hier kein grundsätzlich anderes, in manchem aber ein konkreteres und lebensnäheres Bild. Zuweilen spricht sich in ihnen noch mehr Zuversicht aus. So notiert Nietzsche zur demokratischen Bewegung:

> [HE 26] Der Anblick des jetzigen Europäers giebt mir viele Hoffnung: es bildet {läßt sich daraus} {bildet} sich da eine äußerst verwegene {herrschende} Rasse, auf der Breite einer

äußerst intelligenten Heerden-Masse. Es steht vor der Thür, daß die Bewegungen zur Bindung der letzteren nicht mehr allein im Vordergrunde stehn.[585]

Er ist bereit, die demokratische Bewegung hinzunehmen, um nun zu sehen, wie man in sie am ehesten eingreifen kann:

> [HE 27a] Ich nehme die demokrat. ~~Richtung~~ {Bewegung} als etwas Unvermeidliches: ~~wie der civis Romanus der ersten Jahrhunderte, wie in Griechenland, so etwas geht vorwärts~~ {aber als etwas, das nicht unaufhaltsam ist, sondern sich verzögern läßt.[586]

Dennoch bleiben seine Zweifel, die er in derselben Aufzeichnung an konkreten Anhaltspunkten der politischen Lage in Europa und darüber hinaus festmacht. Er hofft hier für das „Erd-Regiment" mehr auf Russland und die Slaven, weil die in seinen Augen nivellierende demokratische Bewegung dort noch kaum eingewurzelt ist, vor allem aber wiederum auf die Juden, die schon lange ‚weltpolitisch' zu denken gelernt hätten, und darüber hinaus auf die Erfindung neuer politischer Institutionen:

> [HE 27b] ~~Die Entwicklung~~ {Im Großen aber nimmt die Herrschaft} des Heerden-Instinkts {u. Heerden-Werthschätzungen}, der Epicureisme {und das} der ~~Menge, das~~ Wohlwollen ~~nimmt~~ {nehmen mit einander zu: der Mensch wird schwach, {aber gut u. ~~gemüthlich~~ gemüthlich ~~höflich~~} ~~Aber – die großen Vor-Ochsen sind besser daran als je, nie wird besser „gehorcht" usw.~~} {NB.} Die Parlamente ~~sind~~ {mögen} für einen starken u biegsamen Staatsmann äußerst nützlich {sein}, er hat {da} etwas, worauf er sich stützen kann ~~(ein~~ {– jedes solche} Ding muß widerstehen können{!} ~~das gehört dazu, und viel Noth macht diese neue Art von Werkzeug!)~~ {– wohin er viele Verantwortung abwälzen kann!} ~~Ich wünsche~~ {Im Ganzen aber wünschte ich,} daß der Zahlen-Blödsinn {vom u der Aberglaube an Majoritäten} ~~nicht sich in D‹eutschland›~~ {sich noch nicht in D wie bei den Latein. Rassen. festsetzte; u} daß man endlich auch noch etwas in politicis erfinde!} ~~und daß man~~ {Es hat wenig Sinn u viel Gefahr,} die noch so kurze {u leicht wieder ~~auszulöschende~~ ausrottbare} Gewohnheit des allgem. Stimmrechts ~~nicht zu lange wurzeln läßt. Es ist noch Zeit.~~ {tiefer Wurzel schlagen zu lassen: während seine Einführung doch nur eine Noth- u Augenblicks-Maaßregel war.
> Mir scheint ~~die~~ {das erfinderische} ~~Kraft~~ {Vermögen u. die Anhäufung von Willens-Kraft} am größten und unverbrauchtesten bei den Slaven zu sein {Dank einem absolut. Regimente}: und ein ~~deutsch~~-slavisches Erd-Regiment gehört nicht zu dem Unwahrscheinlichsten. Die Engländer wissen die Consequenzen ihrer eigenen {starrköpfigen} „Selbst-Herrlichkeit" nicht zu überwinden, sie bekommen auf die Dauer {immer mehr} die homines novi ans Ruder u. {zuletzt} die Weiber ins Parlament. Aber Politik treiben ist zuletzt auch Sache der Vererbung: es fängt keiner an, aus einem Privatmann ein Mensch mit ungeheurem Horizonte zu werden.

---

585 N April – Juni 1885, 34[94], KSA 11.451, KGW IX 1, N VII 1, 131.
586 N April – Juni 1885, 34[108], KSA 11.456, KGW IX 1, N VII 1, 119.

Die Deutschen sollten eine herrschende Kaste züchten: ich gestehe, daß den Juden Fähigkeiten innewohnen, welchen ihre Ingredienz bei einer Rasse, die Weltpolitik treiben soll, unentbehrlich ist. Der Sinn für Geld will gelernt, vererbt u tausendfach vererbt sein: jetzt noch nimmt es der Jude mit dem Amerikaner auf.[587]

‚Große Menschen' charakterisiert Nietzsche hier lebensnah durch Eigenschaften, wie man sie auch heute an ‚Führungspersonal' oder ‚Entscheider*innen' in Politik und Wirtschaft erleben kann:

[HE 28a] NB. Ein großer M., ein Mensch großen Stils, {welchen die Natur in großem Stile auf aufgebaut u. erfunden hat,} was ist das? {woran erkennt} Erstens: er hat in seinem gesamten Thun eine grandiose {lange Logik, die ihrer Länge wegen schwer überschaubare, folglich irreführende ist} Logik, eine Fähigkeit, über große Flächen seines Lebens hin seinen Willen auszuspannen u alles kleine Zeug an sich zb. zu verachten u. wegzuwerfen, seien es darunter auch die schönsten „göttlichsten" Dinge von der Welt. Zweitens: er ist kälter, härter, unbedenklicher u ohne Furcht vor der „Meinung"; es fehlen ihm die Tugenden, welche mit der „Achtung" {u dem Geachtetwerden} zusammenhängen, u. namentlich {überhaupt alles}, was {wiederum} zur „Tugend der Heerde" gehört. Kann er nicht führen, so geht er allein; und {kommt dann vor}, grunzt an, was ihm auf dem Wege begegnet. 3) er will kein „theilnehmendes" Herz, sondern Diener, Werkzeuge, er ist, im Verkehre mit M<enschen>, immer darauf aus, etwas aus ihnen zu machen. Er weiß sich unmittheilbar: er findet es geschmacklos, wenn er „vertraulich" wird; und er ist es gewöhnlich nicht, wenn man ihn dafür hält. Wenn er nicht zu sich redet, hat er immer seine Maske. Er lügt lieber, als daß er die Wahrheit redet: es kostet mehr Geist und Willen.[588]

Später fügt Nietzsche an einer noch frei gebliebenen Stelle den Passus ein:

[HE 28b] {es {er} ist eine Einsamkeit in} ihm, welche {als etwas} Unerreichbares {ist} für Lob u. Tadel, {als} eine eigene Gerichtsbarkeit, welche keine Instanz über sich hat}[589]

Dies ist auch eine unpathetische Beschreibung des „Pathos der Distanz", und all die genannten Eigenschaften machen besondere Orientierungsfähigkeiten aus, die Nietzsche unter dem Begriff der „Geistigkeit" zusammenfasst. Zu ihnen gehören besondere Selektions- und Abkürzungsfähigkeiten, die zu einem schnellen Überblick verhelfen, und die Kunst, von wenigen Anhaltspunkten der jeweiligen

---

[587] N April – Juni 1885, 34[109]-[111], KSA 11.456 f., KGW IX 1, N VII 1, 119 f. Montinari teilt die zusammenhängende, auf einer Doppelseite notierte Aufzeichnung in mehrere „Fragmente" auf. Zu den Amerikanern vgl. N Sommer – Herbst 1884, 26[247], KSA 11.215: „Die Amerikaner zu schnell verbraucht – vielleicht nur anscheinend eine zukünftige Weltmacht."
[588] N April – Juni 1885, 34[96], KSA 11.451 f., KGW IX 1, N VII 1, 132.
[589] N April – Juni 1885, 34[96], KSA 11.451 f., KGW IX 1, N VII 1, 131. Der Eintrag befindet sich auf der Seite von [HE 26].

Situation zu glücklichen und weiterführenden Verallgemeinerungen zu kommen (Kap. V). Eine nur wenig später notierte Aufzeichnung leitet Nietzsche offen mit dem eigenen Erleben ein, das er dann verallgemeinert – er vergleicht sich dort mit einem Feldherrn:

> [HE 29a] Das abstrakte Denken ist für Viele eine Mühsal, für mich, an guten Tagen, ein Fest und ein Rausch.
> Wie ein Feldherr von vielen Dingen nichts erfahren will u erfahren darf, um {nicht} die Gesamt-Überschau zu ~~haben~~ {verlieren}: so muß es auch in unserem bewußten Geiste vor Allem einen ausschließenden wegscheuchenden Trieb geben, einen auslesenden, welcher nur gewisse facta sich vorführen läßt.[590]

Im Zug der Aufzeichnung geht er vom militärischen zum geistigen ‚Führer' über: Beide teilen die herausragende Kunst der Übersicht und Abkürzung. Diese Kunst verfolgt er auf den umgebenden Doppelseiten noch weiter. Als beispielhaft darin führt er wieder Napoleon an:

> [HE 29b] (wie für Napoleon nur die wesentl. Instinkte des M<enschen> bei seinen Rechnungen in Betracht kamen u er von den ausnahmsweisen ein Recht hatte, keine Notiz zu nehmen zb. vom Mitleiden – auf die Gefahr hin, hier u. da sich zu verrechnen)[591]

Wenn es um die Erdregierung geht, rechtfertigen für Nietzsche eine weit überlegene Geistigkeit und der aus ihr resultierende Handlungswille die Erziehung derer, die Führung brauchen, durch Moral und Religion. Er entwirft hier dazu ein ganzes Programm:

> [HE 30a] ~~Die Moral ist~~ Die Moralen {u Religionen sind das Haupt-}Mittel, mit denen ~~man~~ {wir} {man} aus dem Menschen gestalten kann, was Einem beliebt: vorausgesetzt, daß ~~man~~ seinen {schaffenden} Willen {einen Überschuß von schaff. Kräften hat u ~~seine Talente~~ über ~~sehr~~ lange Zeiträume durch~~führen~~{setzen} kann. , in Gestalt von Gesetzgebungen {Religionen} und Sitten. Indem ich über die Mittel nachsann, {Wer aber zu den Schaffenden in diesem großen Sinne gehört, hat gar keine Wahl, ~~ob er~~} den Menschen stärker ~~böser~~ u tiefer ~~zu machen als er es bisher war,~~ erwog {Indem ich mich nun nach solchen Menschen des großen Schaffens ~~umsah~~, begriff ich zuerst} ich vor Allem, ~~mit Hülfe welcher Moral dies zu bewerkstelligen sei {dergleichen bisher bewerkstelligt worden ist}~~ {welche Art Moral ihnen ~~selber~~ jetzt im Hinderlichsten Wege steht}. ~~Das Erste, was ich begriff, war,~~ daß {man dazu die} in Europa übliche Moral {nicht gebrauchen kann}, von der ~~die wir~~ {freilich} die Philos. {u Moralisten} Europa's ~~sogar~~ meinen, es sei die Moral selber und allein – ein solcher ~~Glaube~~

---

[590] N April – Juni 1885, 34[130] u. [131], KSA 11.463f., KGW IX 1, N VII 1, 108. Zur Fortsetzung der Aufzeichnung vgl. Kap. V 4, [Vag 21].
[591] N April – Juni 1885, 34[131], KSA 11.464, KGW IX 1, N VII 1, 105.

{solches Philosophen-Unisono} ist ~~ein guter~~ in der That der beste} Beweis dafür, daß ~~sie~~ jene Moral wirklich ~~herrscht~~ {die herrscht ~~Moral ist~~}[592]

Denn diese Moral glaubt, wie Nietzsche im Weiteren ausführt, in ihrem „Heerden-Instinkt" „{aller} Führer {u Leithammel} entrathen zu können". Damit „die Pflanze Mensch" sich darin neu besinne, müsse umso mehr „die Gefährlichkeit seiner Lage gesteigert, sein Erfindungs- u. Verstellungsgeist {durch langen Druck und Zwang} herausgefordert werden"; es tue „folglich Härte, Grausamkeit, {Verschwiegenheit, Ungemüthlichkeit {jeder Art}}, Ungleichheit der Rechte ~~u. dergl.~~, {~~Krieg, Erschütterung aller Art~~, kurz der Gegensatz aller Heerden-Ideale noth". Für eine Strategie dieser Art aber sei langfristige „Züchtung" auch der Führenden nötig, „weil das Leben Eines Menschen viel zu kurz zur Durchführung eines so langwierigen Willens ist". Alles Weitere sei auf lange „{nicht leicht aussprechbar}"; Nietzsche spricht es an dieser Stelle auch selbst nicht aus. Stattdessen besinnt er sich erneut darauf, an wem er sich dabei bisher orientieren konnte, nennt Schopenhauer, die indische Philosophie, Byron, aber auch Philologen und Historiker, die sich im Altertum auskannten, und kommt dann auf seine eigene Entdeckung der „Philosophie des Dionysos" zurück,

> [HE 30b] eine Betrachtung, welche im Schaffen Umgestalten des Menschen wie der Dinge den höchsten Genuß des Daseins erkennt u. in der „Moral" nur ein Mittel, um dem herrschenden Willen eine solche Kraft u. Geschmeidigkeit zu geben, dergestalt sich der M<ensch>h<eit> aufzudrücken.

Von hier aus steuert er wieder die Funktionalisierung der Moral an:

> [HE 30c] Ich betrachte Religionen u. Erziehungs-systeme darauf hin, wie weit sie Kraft ansammeln u. vererben; und nichts scheint mir wesentlicher zu studiren, als die Gesetze der Züchtung, um nicht die größte Menge von Kraft wieder zu verlieren, durch unzweckmäßige Verbindungen u. Lebensweisen.[593]

‚Züchtung' soll ‚den Menschen' fähig machen, seine eigene Zukunft zu bewältigen, die nach dem Verlust des Gottesglaubens unfassbar und unübersichtlich geworden ist. Nietzsche schreibt die umfangreiche Aufzeichnung etwas später noch einmal neu nieder, nun von Anfang an unter dem Gesichtspunkt des

---

[592] N April – Juni 1885, 34[176], KSA 11.478–480, hier 478, KGW IX 1, N VII 1, 75. Die Aufzeichnung zieht sich über mehrere Doppelseiten hin.
[593] N April – Juni 1885, 34[176], KSA 11.478–480, KGW IX 1, N VII 1, 74–76.

„schaffenden Willens" zur Gesetzgebung. Er stellt hier, als Ergänzung des Diktats, den Satz voran:

> [HE 31a] {Es naht sich, unabweislich, {zögernd,} furchtbar wie das Schicksal, die große Aufgabe u Frage: {wie soll} die Erde als Ganzes ~~soll~~ verwaltet~~, der~~ {werden?}}[594]

Ähnlich wird er dann auch den Nihilismus ankündigen.[595] Hier setzt er seinen Nachtrag fort:

> [HE 31b] {~~Oder~~ Und wozu soll „der Mensch" – und nicht mehr ein Volk, eine Rasse – gezogen u u gezüchtet werden?}[596]

– um, wie er weiter unten in das Diktat einfügt,

> [HE 31c] {[...] eine regierende Kaste zu ~~bilden~~ {züchten} – die zukünftigen Herren der Erde}[597]

Für die nötige Neubesinnung des Menschen, heißt es nun weiter, müsse mit der Gefährlichkeit seiner Lage „sein Lebens-Wille bis zu einem unbedingten Willen zur Macht und zur Übermacht gesteigert werden". Darauf folgt, überarbeitet, der Satz aus der früheren Aufzeichnung zu Nietzsches eigener Aufgabe:

> [HE 31d] Eine Umkehrung der Werthe bei einer bestimmten starken Art von Menschen {höchster Geistigkeit u Willenskraft} vorzubereiten und {~~damit~~} ~~unter ihnen~~ {zu diesem Zwecke bei ihnen} eine Menge im Zaum gehaltener und verläumdeter Instinkte {langsam und mit Vorsicht} zu entfesseln: darüber ~~nachdenkend erwog ich, welche~~ Art Mensch unwillkürlich und unbewußt schon der also gestellten Aufgabe bisher gearbeitet hat. {wer darüber nachdenkt, gehört zu {uns} den freien Geistern. – freilich wohl zu einer neueren Art von freien Geistern" als die bisherigen: denn diese wünschen ungefähr das Entgegengesetzte}[598]

Vorbilder nennt er an dieser Stelle, außer dem symbolischen eines „neuen Columbus", nicht mehr.

Er plant, wie so oft, auch zum Thema „Die Herren der Erde" ein eigenes Buch mit dem Untertitel „Gedanken über Heute und Morgen".[599] Später will er es als zweiten Teil in den Buchplan „Mittag und Ewigkeit" mit dem Untertitel „~~Gesichte und Wahrsagungen~~" oder „Wahrsagungen ~~allen Zukünftigen anvertraut~~ {eines

---

594 N Juni – Juli 1885, 37[8], KSA 11.580–583, hier 580, KGW IX 4, W I 6, 39.
595 N Herbst 1885 – Herbst 1886, 2[127], KSA 12.125f., KGW IX 5, W I 8, 95.
596 N Juni – Juli 1885, 37[8], KSA 11.580, KGW IX 4, W I 6, 39.
597 N Juni – Juli 1885, 37[8], KSA 11.582, KGW IX 4, W I 6, 41.
598 N Juni – Juli 1885, 37[8], KSA 11.582, KGW IX 4, W I 6, 43.
599 N April – Juni 1885, 34[202], KSA 11.489, KGW IX 1, V VII 1, 55.

Zukünftigen}" einfügen; das Buch sollte mit einem Teil „Von der Rangordnung" beginnen und zuletzt Teile zum „Ring der Ringe" und zu den „großen Segnungen" oder aber zum „neuen Sterben" bringen, bei dem Nietzsche den eigenen Tod zur rechten Zeit im Sinn gehabt haben dürfte. An Stelle von „Herren der Erde" sieht er auch „Die Gesetzgeber. (Züchtung neuer herrschender Rassen)" vor.[600]

Im Nachlass und nur hier gibt er den „Herrn der Erde" auch den Namen von „Übermenschen".[601] Doch im Blick auf *Also sprach Zarathustra*, nachdem der IV. Teil schon abgeschlossen ist, präzisiert er sogleich:

[HE 32]
I. Z<arathustra> kann nur beglücken, nachdem die Rangordnung hergestellt ist. Zunächst wird diese gelehrt.
II. Die Rangordnung durchgeführt in einem Systeme der Erdregierung: die Herrn der Erde zuletzt, eine neue herrschende Kaste. Aus ihnen hier u. da entspringend, ganz epikurischer Gott, der Übermensch, der Verklärer des Daseins.
III. Die übermenschliche Auffassung der Welt. Dionysos.
IV. Von dieser größten Entfremdung liebend zurückkehrend zum Engsten und Kleinsten, Z<arathustra> alle seine Erlebnisse segnend und als Segnender sterbend.[602]

Die ganze *Zarathustra*-Dichtung wird hier nachträglich in die Problemstellung der Erdregierung eingefügt, der Übermensch tritt nur gelegentlich oder adjektivisch auf, der Wiederkunftsgedanke wird gar nicht erwähnt, stattdessen kommt, wie auch in *Jenseits von Gut und Böse*, Dionysos wieder zur Geltung, und die Erfüllung soll im „Engsten und Kleinsten" liegen.

In einer Vorstufe zu *Jenseits von Gut und Böse* Nr. 199 nennt Nietzsche als Beispiel eines „unbedingt befehlenden Philosophen", der „für ganze Jahrtausende die Werth-Tafeln der Erkenntniß fest[setze]", Platon.[603] Platons Beispiel ist von der Nietzsche-Forschung denn auch immer wieder als Vorbild für Nietzsches Rang- und Ständeordnung namhaft gemacht worden, obwohl es ihr keineswegs entspricht. Mit seinem Verzicht auf transzendente Ideen, durch die Platon das abendländische Denken geprägt hat, tritt Nietzsche anders an: Mit diesem Verzicht stellt sich überhaupt erst das Problem der Erdregierung in der Verantwortung irdischer Menschen, die nun ganz auf ihre individuelle Verantwortung zurückgeworfen sind.

---

600 N Mai – Juli 1885, 35[41], KSA 11.528, KGW IX 4, W I 3, 92f.
601 N Mai – Juli 1885, 35[72], KSA 11.541, KGW IX 4, W I 3, 69.
602 N Mai – Juli 1885, 35[73], KSA 11.541, KGW IX 4, W I 3, 69. Vgl. die bereits oben, Kap. III 2.2. zitierte Aufzeichnung N August – September 1885, 39[3], KSA 11.620, KGW IX 2, N VII 2, 192 (= [Z 53]).
603 Montinari, Kommentar, 14.360, KGW IX 4, W I 6, 75.

In den Vorarbeiten zu *Jenseits von Gut und Böse* hat Nietzsche bei der „demokratischen Bewegung Europa's" statt der „unfreiwilligen Veranstaltung zur Züchtung von T y r a n n e n" zunächst noch eine „ungeheure instinktive {Gesammt-}Verschwörung der ~~Allermeisten, folglich Mindest-Werthigen~~ {der Heerde gegen alles, was Hirt, Raubthier, Einsiedler {u Cäsar ~~ist~~ u höherer Mensch ist}}" angenommen, genauer eine „{unfreiwillige Veranstaltung} zu Gunsten {der Erhaltung und Heraufbringung} alles ~~Schwachen~~, Gedrückten, {Beherrschten, Ausgenutzten} Schlecht-Weggekommenen, Mittelmäßigen, {Halb-} Mißrathenen."[604] Er verwendet den Passus auch noch im Druckmanuskript von *Jenseits von Gut und Böse* Nr. 257, streicht ihn dann aber wieder.[605] Nietzsche gibt, als er die Texte zum Druck befördert, die Verschwörungstheorie auf zugunsten einer schlicht evolutionären Sicht.[606] Hier taucht auch der Kontrast von Herren- und Sklavenmoral nicht auf.

Bald darauf schickt er einer aggressiven Formulierung seines Erdregierungsprogramms die Erwägung voraus, dass sich dafür internationale Institutionen bilden müssten, nicht demokratische, sondern aristokratische, die die Demokratisierung Europas zur Höherzüchtung der Menschheit nutzen können:

[HE 33] Es wird von nun an günstige Vorbedingungen für ~~viel~~ umfänglichere Herrschafts-Gebilde geben, deren Gleichen es noch nicht gegeben hat. Und dies ist noch nicht das Wichtigste. ~~Eine zu Ende gebrachte u eingefleischte demokratische~~ {für die es ist} die Entstehung von internationalen Geschlechts-Verbänden {möglich gemacht}, welche sich die Aufgabe setzten, eine Herren-Rasse {herauf zu} züchten, die zukünftigen „Herren der Erde"; – {eine neue} ungeheure, auf der härtesten Selbst-Gesetzgebung {~~ebenso wie auch auf Reichthum~~ u.} aufgebaute {„kosmopolitische", internationale} Aristokratien, in der ~~jenem Geiste~~ {dem Willen} philosoph. Gewaltmenschen u. Künstler-Tyrannen Dauer über Jahrtausende gegeben wird: – eine höhere Art Mensch, welche sich {Dank ihrem Übergewicht von ~~Dauer~~ {Wollen}, Wissen, Reichthum u. ~~Geblüths-Vornehmheit~~ Einfluß} des demokratischen Europas bedienten als ihres gefügigsten u. beweglichsten Werkzeugs, um die Schicksale der Erde in der Hand zu ~~haben~~ {bekommen}, um „am Menschen" {selbst} als Künstler zu gestalten – ~~um „im Menschen dem Zufall, dem Geschehenlassen, dem Blödsinn, den entsetzlichsten aller Tyrannen zu bekämpfen, – den Zufall – – {endlich wieder universelle} Ziele zu zeigen, welche immer gegen~~ über der ~~Menschheit stehen u. im Kampf mit Zufall Feigheit Blödsinn, Gottvertrauen u.~~

Genug, die Zeit kommt, wo man über Politik umlernen wird.[607]

---

604 N Herbst 1885 – Herbst 1886, 2[13], KSA 12.71–74, hier 72, KGW IX 5, W I 8, 263–259, hier 261.
605 Montinari, Kommentar, KSA 14.371 f.
606 Zumal eine ‚jüdische Weltverschwörung', wie sie von Antisemiten insinuiert wurde, weist Nietzsche in JGB 251 implizit zurück. Zu Beginn des 20. Jahrhunderts kursierten dann die gefälschten sogenannten „Protokolle der Weisen von Zion". Nietzsche kannte sie noch nicht.
607 N Herbst 1885 – Herbst 1886, 2[57], KSA 12.87 f., KGW IX 5, W I 8, 158.

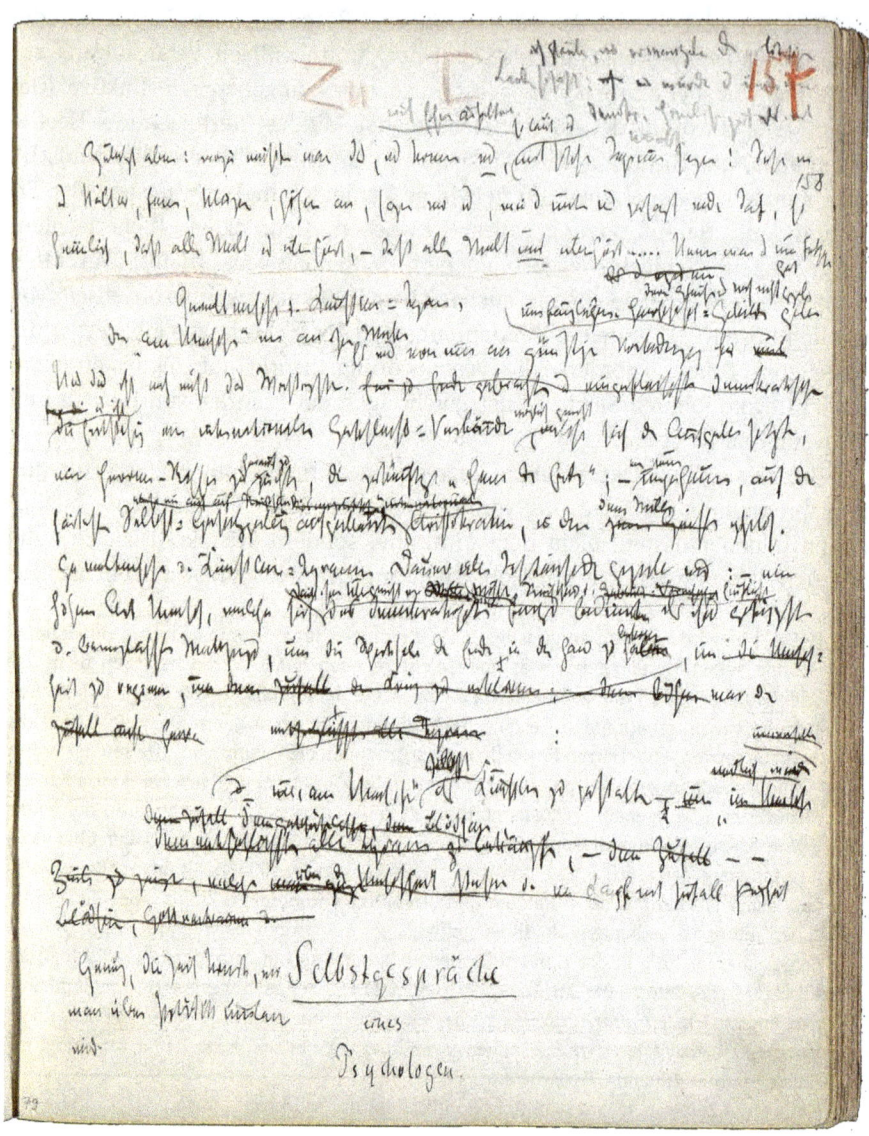

Faksimile N Herbst 1885 – Herbst 1886, 2[57], KSA 12.87 f., KGW IX 5, W I 8, 158
(Quelle: Klassik Stiftung Weimar)

3.5 Zur Lehre von den Herren der Erde — 305

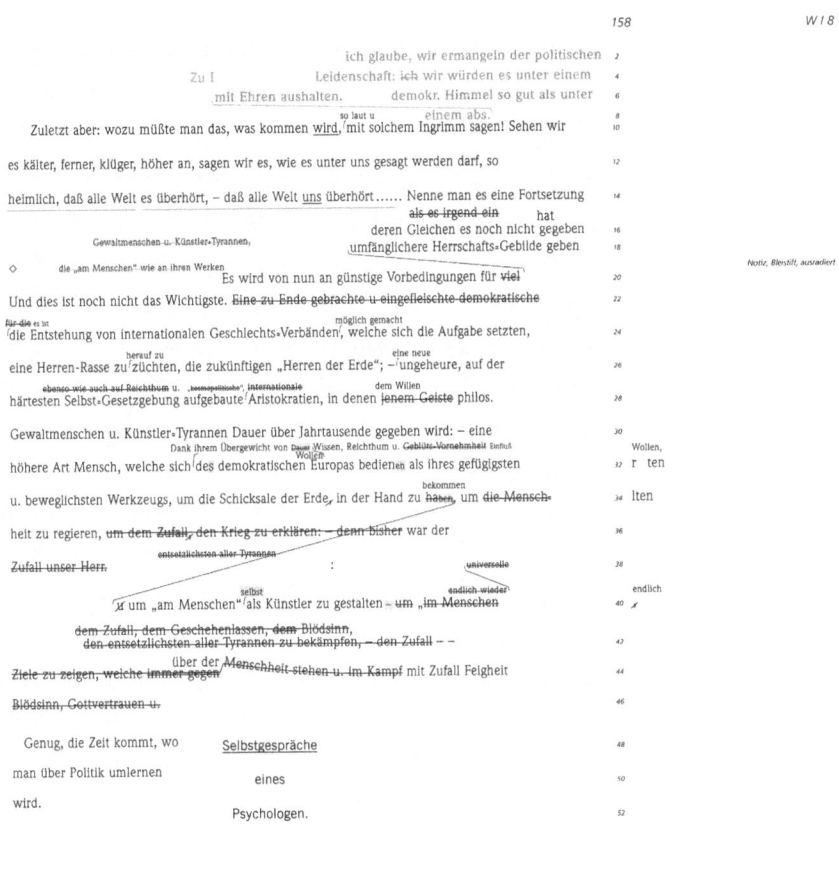

Diplomatische Transkription N Herbst 1885 – Herbst 1886, 2[57], KSA 12.87f., KGW IX 5, W I 8, 158

Im zum Druck beförderten Werk lässt er auch das fallen.

Im Herbst 1887 formuliert er das Konzept der Erdregierung noch einmal neu unter dem nachgetragenen Titel „{Die Starken der Zukunft}". Er stellt nun seine leitenden Begriffe schlagwortartig und ohne weitere Korrekturen zusammen, verfasst eine Art von Manifest. An dessen Ende steht das Bild der künftigen „Herren-Rasse" – ohne den Begriff der „Kaste", stattdessen mit dem der „Nuances", den er freilich ebenfalls wieder streicht:

> [HE 34] Nicht nur eine Herren-Rasse, deren Aufgabe sich damit erschöpfte, zu regieren; sondern eine Rasse mit eigener Lebenssphäre, mit einem Überschuß von Kraft für Schönheit, Tapferkeit, Cultur, Manier bis ins Geistigste; eine bejahende Rasse, welche sich jeden großen Luxus gönnen darf..., stark genug, um die {Tyrannei des} Tugend{-Imperativs} nicht nöthig zu haben, reich genug, um die Sparsamkeit u. Pedanterie nicht nöthig zu haben, jenseits von gut und böse; ein Treibhaus für Nuances {sonderbare {u. ausgesuchte} Dinge Pflanzen.}[608]

Dazu will Nietzsche einen eigenen „tractatus politicus" verfassen und zeichnet schon einmal eine mehrfach überarbeitete „Vorrede" dazu auf. Der Haupttitel soll lauten „Von der Herrschaft der Tugend. Wie man der Tugend zur Herrschaft verhilft". Er hat vor, das Erdregierungsprogramm hier über eine Genealogie und Umwertung des Begriffs der Tugend einzuführen, und will vom „Macchiavellismus" ausgehen, der „übermenschlich, {göttlich, transscendent}" in dem Sinn sei, dass er „{von Menschen nie} nie erreicht, {höchstens gestreift}" wurde, auch von Platon nicht.[609] Denn „Moralisten", selbst noch die „unbefangensten {u bewußtesten}" müssten, um über die herkömmliche Moral hinauszukommen, sich einer „grundsätzlichen Selbstverleugnung (moralisch ausgedrückt: Verstellung)" befleißigen und, gewollt oder ungewollt, eine „Attitüde der Tugend" und der „{Wahrheit}" vorspielen. Hintergründiges Vorbild sei dabei immer „{der gute Gott}", „{dieser} größte Immoralist der That, {den es giebt}", der – nach den biblischen Berichten – mit oft schlimmsten Mitteln die Menschen zu *seinem* Guten erziehen wollte.[610]

3.5.5 Nietzsches eigener Anspruch auf Weltregierung in den letzten Aufzeichnungen

In den letzten zum Druck vorbereitenden Werken, zunächst im V. Buch der *Fröhlichen Wissenschaft*, erinnert Nietzsche erneut und noch deutlicher an die

---

608 N Herbst 1887, 9[153], KSA 12.424–426, hier 426, KGW IX 6, W II 1, 27f., hier 28.
609 Zu Nietzsches spezifischem Machiavellismus, der vor allem ein „ungeschminkter *Realismus*" war, vgl. Ottmann, Philosophie und Politik bei Nietzsche, 281–292, hier 287.
610 N November 1887 – März 1888, 11[54], KSA 13.24–27, KGW IX 7, W II 3, 176f.

„Nothwendigkeit neuer Ordnungen, auch einer neuen Sklaverei" im Zug einer „Verstärkung und Erhöhung des Typus ‚Mensch'" jenseits der „nationalen Herzenskrätze und Blutvergiftung" und der „kleinen Politik" und „Kleinstaaterei Europa's" (FW V 377). Konkreter macht er das Problem der Erdregierung weiterhin nicht, auch nicht in *Zur Genealogie der Moral*. Wo er dort vom Staat redet, handelt es sich um einen, den Eroberer als „eine furchtbare Tyrannei, als eine zerdrückende und rücksichtslose Maschinerie" errichteten; sie betrachteten das unterworfene Volk als „Halbthier", das sie „durchkneten", „gefügig" machen und „formen". So will Nietzsche die Theorie vom Gesellschaftsvertrag als humanitäre Illusion ad absurdum führen. Er erwägt bei dieser Gelegenheit nicht, ob „ein Herrschafts-Gebilde, das lebt, in dem Theile und Funktionen abgegrenzt und bezüglich gemacht sind, in dem Nichts überhaupt Platz findet, dem nicht erst ein ‚Sinn' in Hinsicht auf das Ganze eingelegt ist", nicht der Weg zur Erdregierung gerade in Demokratien sein könnte, in denen die Menschen zwar nicht „geborene Organisatoren" sind, wie er das von „Herren" erwartet, aber dazu doch stetig erzogen oder ‚gezüchtet' werden. Denn sein Interesse liegt hier anderswo, bei der Entstehung des ‚schlechten Gewissens' (GM II 17). Bei der Bedeutung der asketischen Ideale für Philosophen macht er wohl die „Geistigkeit" (GM III 8), aber nicht mehr ihre Funktion für die Erdregierung zum Thema. Auch dass unsere heutige „ganze Stellung zur Natur, unsre Natur-Vergewaltigung mit Hülfe der Maschinen und der so unbedenklichen Techniker- und Ingenieur-Erfindsamkeit" eine „Hybris" sein könnte, derer wir nicht mehr Herr werden können, legt er nicht daraufhin aus (GM III 9). Philosophen müssten erst noch den rechten „Willen zur Verantwortlichkeit" entwickeln; vorerst seien sie noch in der Rolle von „Priestern", d. h. Sprachrohre von Moralen und Religionen (GM III 10). Dem Menschen überhaupt, jedenfalls dem europäischen Menschen, stellt Nietzsche in *Zur Genealogie der Moral* eine düstere, in seinen Augen aber auch zuversichtliche Diagnose. Er sei „das kranke Thier", „das am meisten gefährdete", ein „Meister der Zerstörung, Selbstzerstörung" (GM III 13); es verbreite sich „etwas wie Irrenhaus-, wie Krankenhaus-Luft" in „jeder Art ‚Europa', das es nachgerade auf Erden giebt" (GM III 14). Aber er sei eben auch

> der grosse Experimentator mit sich, der Unbefriedigte, Ungesättigte, der um die letzte Herrschaft mit Thier, Natur und Göttern ringt, – er, der immer noch Unbezwungne, der ewig-Zukünftige, der vor seiner eignen drängenden Kraft keine Ruhe mehr findet, so dass ihm seine Zukunft unerbittlich wie ein Sporn im Fleische jeder Gegenwart wühlt. (GM III 13)

Das schreit geradezu nach neuen Philosophen im Sinn von *Jenseits von Gut und Böse*. Aber die Priester und unter ihnen die bisherigen Philosophen bekämpfen mit ihren Religionen oder Moralen lediglich die „zur Epidemie gewordne Müdigkeit und Schwere" (GM III 17). Die Aufgabe der Erdregierung geht ihnen nicht auf, und so kommt sie hier auch nicht zur Sprache.

In *Götzen-Dämmerung* wird sie ebenfalls nur am Rande Thema. Im Zentrum stehen weiter die überkommenen „Vorurtheile" und „Irrthümer" der Philosophen. Im Kapitel „Die ‚Verbesserer der Menschheit'" taucht zwar das Thema der „Züchtung einer bestimmten Rasse und Art" wieder auf; Nietzsche führt hier „das Gesetz des Manu" ein, auf das er in *Der Antichrist* wieder zurückkommen wird. Doch auch hier handelt er mehr von der Ruhigstellung der Menschheit, im Fall der untersten Klasse von ihrer Niederhaltung, als von ihrer Erziehung zu höheren Aufgaben (GD, Die „Verbesserer" der Menschheit 3). Mit den „Streifzügen eines Unzeitgemässen" schult sich Nietzsche selbst noch einmal gründlich in „Bosheit": Er empfiehlt nun schonungslos den freien „Tod zur rechten Zeit" für „Parasiten der Gesellschaft". Das sind für ihn alle, die so krank sind, dass sie nur noch „fortvegetiren in feiger Abhängigkeit von Ärzten und Praktiken, nachdem der Sinn vom Leben, das Recht zum Leben verloren gegangen ist". Er will hier entschieden umwerten, in der „Gesellschaft" eine „tiefe Verachtung" für dieses Fortvegetieren verbreiten. Die „Moral für Ärzte", ihre „neue Verantwortlichkeit" solle sein, sich in den Dienst „des aufsteigenden Lebens" zu stellen, „das rücksichtsloseste Nieder- und Beiseite-Drängen des entartenden Lebens verlangt – zum Beispiel für das Recht auf Zeugung, für das Recht, geboren zu werden, für das Recht, zu leben..." (GD, Streifzüge 36). Damit will er die Aufgabe der Erdregierung entschieden auch physiologisch angehen und sich dabei durch keine moralischen Bedenken und kein Mitleid mehr zurückhalten lassen; er will den Kampf, den er schon Zarathustra lehren ließ, nun selbst in aller Rücksichtslosigkeit führen. So wird sein Wille und Weg zur Erdregierung aus heutiger Sicht vollends entsetzlich.

Denn er kämpft nun auch offen gegen „die liberalen Institutionen":

> Die liberalen Institutionen hören alsbald auf, liberal zu sein, sobald sie erreicht sind: es giebt später keine ärgeren und gründlicheren Schädiger der Freiheit, als liberale Institutionen. Man weiss ja, was sie zu Wege bringen: sie unterminiren den Willen zur Macht, sie sind die zur Moral erhobene Nivellirung von Berg und Tal, sie machen klein, feige und genüsslich, – mit ihnen triumphirt jedesmal das Heerdenthier. Liberalismus: auf deutsch Heerden-Verthierung... (GD, Streifzüge 38)

Aus dem „Krieg" um die Institutionen der Demokratie aber schöpft Nietzsche wiederum Zuversicht für die Steigerung des „Willens zur Selbstverantwortlichkeit":

> Dieselben Institutionen bringen, so lange sie noch erkämpft werden, ganz andere Wirkungen hervor; sie fördern dann in der That die Freiheit auf eine mächtige Weise. Genauer zugesehn,

ist es der Krieg, der diese Wirkungen hervorbringt, der Krieg um liberale Institutionen, der als Krieg die illiberalen Instinkte dauern lässt. Und der Krieg erzieht zur Freiheit. Denn was ist Freiheit! Dass man den Willen zur Selbstverantwortlichkeit hat. (GD, Streifzüge 38)

Von „Institutionen" hat Nietzsche eine im Wortsinn konservative Vorstellung. Sie sollen „den Willen zur Tradition, zur Autorität, zur Verantwortlichkeit auf Jahrhunderte hinaus, zur Solidarität von Geschlechter-Ketten vorwärts und rückwärts in infinitum" fördern (GD, Streifzüge 39), sollen so etwas wie soziale Kathedralen sein, an denen ganze Generationen bauen, wie er im V. Buch der *Fröhlichen Wissenschaft* schrieb. Aber die modernen Menschen seien nicht mehr die Steine dafür. In Demokratien entwickle sich regelmäßig eine Gesellschaft von „Schauspielern", die glauben, „ungefähr jeder Rolle gewachsen zu sein", und so dauerhafte Institutionen verhindern (FW V 356). Dass auch Institutionen veränderlich, beweglich, ja „flüssig" sein könnten wie alles andere (GM II 12), erwägt Nietzsche nicht. In *Götzen-Dämmerung* fährt er fort:

Der ganze Westen hat jene Instinkte nicht mehr, aus denen Institutionen wachsen, aus denen Zukunft wächst: seinem „modernen Geiste" geht vielleicht Nichts so sehr wider den Strich. Man lebt für heute, man lebt sehr geschwind, – man lebt sehr unverantwortlich: dies gerade nennt man „Freiheit". (GD, Streifzüge 39)

In Institutionen wittere man – und in Nietzsches Sinn sogar zu Recht – die „Gefahr einer neuen Sklaverei". Sein Beispiel ist die Ehe, die er weiterhin auf „principielle Unlösbarkeit", auf „juristische Alleinverantwortlichkeit des Mannes" und dessen „Geschlechtstrieb", auf „Eigentumstrieb (Weib und Kind als Eigentum)" und „Herrschafts-Trieb", nicht auf „Gefühl, Leidenschaft und Augenblick" gegründet sehen will (GD, Streifzüge 39). Den „Arbeiter" erziehe man jetzt immer mehr zum mitbestimmenden Herrn: „will man Sklaven, so ist man ein Narr, wenn man sie zu Herrn erzieht." (GD, Streifzüge 40). Der moderne liberale „Begriff ‚Freiheit'" sei „ein Beweis von Instinkt-Entartung" (GD, Streifzüge 41). Auf „grosse" Menschen (für Nietzsche immer „Männer") sei unter diesen Umständen kaum zu rechnen. Sie träten eher zufällig auf und würden dann als „Verbrecher" oder „Tschandala" behandelt (GD, Streifzüge 44f.). Goethe, mit seinem Streben nach „Universalität im Verstehn, im Gutheissen, [seinem] An-sich-heran-kommen-lassen von Jedwedem, [seinem] verwegnen Realismus, [seiner] Ehrfurcht vor allem Thatsächlichen", neben Napoleon für Nietzsche *die* leuchtende Ausnahme, zieht er nicht als Typus eines „Herrn der Erde" in Betracht (GD, Streifzüge 49f.). Für heutige Europäer*innen, zumal für Deutsche, die nach den schwersten Erfahrungen politischer Illiberalität erst mühsam in der Demokratie eine neue Liberalität zu leben gelernt haben, ist all das kaum mehr nachzuvollziehen, zumal wenn man sieht, wie Nietzsche im Kampf gegen die „modernen Ideen" seine selbstgestellte große Aufgabe aus dem Auge verliert, die effektive Gesamtverwaltung der Erde denkbar zu machen.

In den Werken von Ende 1888, *Der Antichrist* und *Ecce homo*, in denen es Nietzsche vollends auf Agitation anlegt (Kap. I 10), kommen die „Herren der Erde" wohl noch einmal zur Sprache, aber wieder nicht konkrete Aufgaben der Erdregierung. In seinem Kampf gegen das Christentum ruft Nietzsche nochmals dessen „Todfeindschaft gegen die H e r r e n   d e r   E r d e, gegen die ‚Vornehmen'" auf (AC 21) und betont den erzieherischen Vorrang des „Gesetzes des Manu" (AC 55 f.). Gegenüber dem Christentum deutet er es so, dass „die O r d n u n g d e r K a s t e n, das oberste, das dominirende Gesetz, [...] nur die Sanktion einer N a t u r - O r d n u n g" sei und damit eine „Natur-Gesetzlichkeit ersten Ranges, über die keine Willkür, keine ‚moderne Idee' Gewalt hat."⁶¹¹ Und hier sieht Nietzsche auch eine Rangordnung nach dem Kriterium der Geistigkeit. Die „Geistigsten" hätten in dieser Kastenordnung das natürliche Vorrecht zu herrschen, und so diene sie, auch wenn sie undurchlässig ist, „der Ermöglichung höherer und höchster Typen" – auf dem Boden einer breiten Schicht der „M i t t e l m ä s s i g e n", die durchaus hoch zu schätzen seien, wenn sie zur „Funktion" von geistigen Aristokraten werden (AC 57). Das Christentum dagegen habe „das, was aere perennius dastand, das i m p e r i u m R o m a n u m, die grossartigste Organisations-Form unter schwierigen Bedingungen, die bisher erreicht worden ist, im Vergleich zu der alles Vorher, alles Nachher Stückwerk, Stümperei, Dilettantismus ist," zerstört, „bis kein Stein auf dem andren blieb, – bis selbst Germanen und andre Rüpel darüber Herr werden konnten ..." (AC 58) Die Organisation des Imperium Romanum war für Nietzsche eine Institution, die auch „schlechte Kaiser" aushielt, also nicht vom „Zufall von Personen" abhängig war – dazu, wie eine solche Organisation in seiner Gegenwart aussehen könnte, sagt er nichts. So bleibt nur der Wille zur Züchtung der Menschheit (oder doch der europäischen). Nietzsche leitet die Kampfschrift denn auch ein mit der Fanfare „Wille zur Macht" und unterlegt ihr nun den Text „Die Schwachen und Missrathnen sollen zu Grunde gehen: erster Satz u n s r e r Menschenliebe. Und man soll ihnen noch dazu helfen" (AC 2),⁶¹² um dann folgen zu lassen: „Nicht, was die Menschheit ablösen soll in der Reihenfolge der Wesen, ist das Problem, das ich hiermit stelle (– der Mensch ist ein E n d e –): sondern welchen Typus Mensch man z ü c h t e n soll, w o l l e n soll, als den höherwertigeren, lebenswürdigeren, zukunftsgewisseren." (AC 3) Es soll nun Schluss sein mit dem Christentum, das „die Partei alles Schwachen, Nied-

---

611 Wie dürftig und zweifelhaft hier Nietzsches Kenntnisse waren, zeigt Sommer, NK 6/2, 265–279.
612 Das wiederholt er noch einmal in *Ecce homo* („die schonungslose Vernichtung alles Entartenden und Parasitischen", EH, GT 4).

rigen, Missrathnen genommen" (AC 5) und gegen den aufrichtigen „Willen zur Macht" angekämpft hat (AC 6). So beschließt Nietzsche das Thema der Erdregierung in den zum Druck beförderten Werken.

In seinen letzten nachgelassenen Aufzeichnungen setzt er dagegen noch einmal zu einer Neubesinnung an – und entscheidet sich, selbst, in eigener Person, in den Anspruch auf Weltregierung einzutreten. Nachdem er sich vielfach, vor allem in Charles Férés neu erschienenem Werk *Dégénéresence et criminalité. Essai physiologique*, belesen hat, skizziert in einer umfassenden Bestandsaufnahme eine zugleich physiologische, psychologische und soziologische Analyse der Werte, die verschiedene gesellschaftliche Gruppen für die „Aufrechterhaltung des Typus ‚Mensch'" schaffen. Unter der Überschrift „Warum die Schwachen siegen" sortiert er, was und wen alles er als dekadent einordnen will.⁶¹³ Das sind zunächst die „Kranken {u. Schwachen}", die „mehr Mitgefühl" haben, aber auch „mehr Geist" und mehr „Bosheit". Das macht die Schwäche zweideutig und zwingt, sie neu zu reflektieren. Auch die Juden, die eher zu den Unterdrückten gehörten, hätten ja Geist, und seien „interessanter", so wie auch Narren, Heilige, Abenteurer und Verbrecher „in enger Verwandtschaft" mit dem „‚Genie'" stünden. Zudem würden ja auch Gesunde immer wieder krank, „die großen Gemüthsbewegungen, die Leidenschaft der Macht, die Liebe, die Rache sind von tiefen Störungen begleitet…" In diesem Sinn wäre jeder Mensch die Hälfte seines Lebens dekadent, „die Eine Hälfte der M<ensch>h<eit>" aber, „das Weib", sei ohnehin „schwach, typisch-krank, wechselnd, unbeständig", und sie beherrsche oft „die ‚Mächtigen', die ‚Starken', die Männer". Schwächend wirke auch „die zunehmende Civilisation, die zugleich nothwendig auch die Zunahme der morbiden Elemente, des Neurotisch-Psychiatrischen u. des Criminalistischen mit sich bringt…". Und dies sei wiederum das Element des typischen „Artisten" seiner Gegenwart. Schließlich fördere „der sociale Mischmasch, Folge der Revolution, der Herstellung gleicher Rechte, gleicher ‚Menschen'-rechte, {des Aberglaubens ‚gleicher an ‚gleiche Menschen'" die Dekadenz. Dabei mischten sich „die Träger der Décadence- {Niedergangs-}Instinkte (des ressentiment, {der Unzufriedenheit}, des Zerstörer-Triebs, des Anarchism u. Nihilism), eingerechnet der Sklaven-Instinkte, der Feigheits-, {Schlauheits-} und Canaillen-Instinkte der {lange} unten gehaltenen Schichten in alles Blut aller Stände hinein: zwei, drei Geschlechter darauf ist die Rasse nicht mehr zu erkennen – Alles ist verpöbelt." Nach dieser Analyse schwindet der Sinn für Rangordnung so sehr, dass sich alldem „alsbald selbst die Privilegirten unterwerfen". Nietzsches Schluss daraus ist hier, dass sich „das Schwergewicht der Menschen" verschiebe, die „Mediokrität", die „über Geld

---

613 N Frühjahr 1888, 14[182], KSA 13.365–370, KGW IX 8, W II 5, 26/27 u. 24/25.

u Gold {(– über Alles was glänzt...)}" verfüge, zur „Bürgschaft u. Trägerin der Zukunft" werde und „die Ausnahme-Menschen" sich ihr anpassten; sie würden es nun „nöthig haben, ‚mittelmäßig' u. ‚gediegen' zu sein." Indem sie die Ausnahmen amalgamiere, bekomme die Mittelmäßigkeit selbst „{Geist, Witz, Genie}". Auf ihrem „{stark und gesund}" „{consolidirten}" Boden stehe auch „{das ~~Handwerk~~ {Handwerk}, der Handel, der Ackerbau, die Wissenschaft, ein ~~großer~~ {großer} Theil der Kunst}". All das arbeite am Mittelmaß mit. Und dieser „Sieg der Werthe" des Mittelmaßes lasse sich nicht gut als „antibiologisch" einschätzen; er müsse, wenn sich das Mittelmaß so beharrlich behauptet, „einem Interesse des Lebens" selbst folgen und könne durchaus der „Aufrechterhaltung des Typus ‚Mensch'" dienen. Die Starken dagegen, seien es Menschen, Affekte oder Rassen, „reiben sich unter einander auf", vergeuden sich zu leicht, „kapitalisiren" keine Kraft. „Wir stehen", schließt Nietzsche die „Besinnung", „vor einem Problem der Oekonomie":

> [HE 35] der M<ensch> als Aufsummirung von Kraft gewinnt ein viel höheres Quantum von Herrschaft über die Dinge, wenn es so geht, wie es geht...[614]

Nach dieser Bilanz könnte die gezielte Höherzüchtung der Menschheit für neue Aufgaben unmöglich und vielleicht auch überflüssig werden. Aber die Idee eines „‚aufsteigenden' Lebens" lässt Nietzsche nicht los.[615] In einer weiteren stark überarbeiteten Aufzeichnung konkretisiert er die ‚Vernichtung' „absteigenden Lebens" dahin, dass man „chronisch Kranken u Neurasthenikern dritten Grades" (den „Syphilitiker, der ein Kind macht", streicht er und notiert ihn dann wieder neu) an der Zeugung hindern müsse, wenn sie sich nicht selbst beherrschen könnten, „ohne Rücksicht auf ~~Stand~~ {Herkunft}, Rang u ~~Cultur~~ {Bildung}, mit den härtesten ~~Vermögens~~strafen {Zwangsmitteln}, ~~unter Umständen~~ {vor allem} mit dem Verlust der „Freiheit", mit Clausur":

> [HE 36] {Du sollst nicht tödten ist ein Gesetz der Naivetät gegen: du sollst nicht zeugen .... Ich nenne einen Syphi. der ein Kind macht, – einen Pessimisten der That. er bleibt nicht nur, wie ~~Sch.~~ {der Christ} auf halbem Wege stehen, er macht den Werth des Daseins thatsächlich geringer, – er verdirbt das ~~Leb~~ Leben, selbst den Aspekt des Lebens, er schafft einen Einwand {erst} gegen das Leben ...}[616]

---

614 N Frühjahr 1888, 14[182], KSA 13.370, KGW IX 8, W II 5, 25.
615 N Frühjahr 1888, 15[2], KSA 13.401, KGW IX 9, W II 6, 135.
616 N Frühjahr 1888, 15[3], KSA 13.401f., KGW IX 9, W II 6, 132. Vorausgeht eine ähnlich stark korrigierte Version in KGW IX 8, W II 5, 170f.

3.5 Zur Lehre von den Herren der Erde — 313

Nietzsche spricht immerhin von Verhinderung der Zeugung von Kindern, nicht von Vernichtung der Zeugenden und Gezeugten; in variierten Abschriften der Aufzeichnung gebraucht er wohl auch das Wort „vernichten", lässt es dann aber wieder beiseite, nimmt es neu wieder auf und lässt es wieder beiseite.[617] Er bezieht die ‚Vernichtung' nicht auf Menschen, sondern auf das, „was für das aufsteigende Leben bloß Hemmung, Gift, Verschwörung, unterirdische Gegnerschaft sein würde, – Christenthum mit einem Wort…"[618] ‚Vernichten' von Werten ist schon für Nietzsches Zarathustra Teil des ‚Schaffens' neuer Werte;[619] Zarathustra habe hier das „höchste Gesetz des Lebens […] formulirt".[620]

Doch in den vorbereitenden Aufzeichnungen zu *Der Antichrist* wird Nietzsche auch gegen seinen Zarathustra skeptisch. Er rühmt ihn zunächst für das Schaffen neuer Götter, schließt dann aber so:

> [HE 37] Zarathustra selbst freilich ist bloß ein alter Atheist {der glaubt weder an alte noch neue [Götter]}. Man verstehe ihn recht! ~~Zarathustra~~ {Er} Zarathustra sagt ~~zwar~~, er würde –; ~~aber Zarathustra wird nicht …~~ {Zarathustra wird nicht …}[621]

Und in derselben Aufzeichnung spricht Nietzsche von dem „gottbildenden Instinkt", der in ihm selbst „mitunter {zur Unzeit} ~~wieder~~ lebendig ~~werden will~~ {wird}".[622] Er will nun selbst in die Aufgabe der Höherzüchtung der Menschheit um der Erdregierung willen eintreten.

Seine Aufzeichnungen dazu für *Ecce homo*, aber auch viele Passagen in *Ecce homo* sind so schauerlich, dass man hier meist schon den Wahnsinn am Werk gesehen hat. Doch sie liegen durchaus in der Konsequenz von Nietzsches Gedanken zu den „Herren der Erde"; sie haben sich als äußerste Konsequenzen seit langem deutlich angebahnt.[623] Er entwirft nun eine „Kriegserklärung",[624] die so beginnt:

---

617 N September – Oktober 1888, 22[23], KSA 13.594, KGW IX 10, W II 8 75; N Oktober 1888, 23[1], KSA 13.599 f., KGW IX 12, Mp XVI, 71r; N Oktober 1888, 23[10], KSA 13.611 f., KGW IX 12, Mp XVI, 75r. In der erstgenannten Aufzeichnung notiert Nietzsche gleich zwei, in der letztgenannten Aufzeichnung vier Variationen. Er hatte hier sichtlich schwer mit sich zu kämpfen.
618 N September – Oktober 1888, 22[23], KSA 13.594, KGW IX 10, W II 8 75. Taureck, Nietzsche und der Faschismus, 154–158, macht daraus „Ausrottungsphantasien", „Vernichtungsvisionen" und „Forderungen nach Massenvernichtungen", die er direkt mit Heinrich Himmler verknüpft.
619 Vgl. Za II, Von der Selbst-Ueberwindung: „Und wer ein Schöpfer sein muss im Guten und Bösen: wahrlich, der muss ein Vernichter erst sein und Werthe zerbrechen."
620 N September – Oktober 1888, 22[23], KSA 13.594, KGW IX 10, W II 8, 75.
621 N Mai – Juni 1888, 17[4]5, KSA 13.526, KGW IX 10, W II 8, 9.
622 N Mai – Juni 1888, 17[4]5, KSA 13.526, KGW IX 10, W II 8, 8.
623 Vgl. Rupschus, Nietzsches Problem mit den Deutschen, 169–171.

[HE 38a] Ich bringe den Krieg. Nicht zwischen Volk u Volk: ich habe kein Wort, um meine Verachtung für die fluchwürdige Interessen-Politik europ. Dynastien auszudrücken, welche ~~aus der Selbstsucht~~ aus der Aufreizung zur Selbstsucht Selbsterhebung der Völker gegen einander ein Prinzip u beinahe eine Pflicht macht. Nicht zwischen Ständen[625]

Denn „höhere Stände" gebe es gar nicht mehr. Die „~~physiolog. Verarmung u.~~ {Instinkt} Widersprüchlichkeit" habe in der zweitausendjährigen Herrschaft des Christentums alle Stände durchwandert. Darum bringe Nietzsche

[HE 38b] den Krieg quer durch alle absurden Zufälle von Volk, Stand, Rasse, Beruf, Erziehung, Bildung: ein Krieg wie ~~der~~ zwischen Aufgang u. Niedergang, zwischen Willen zum Leben u. Rachsucht gegen das Leben, zwischen Rechtschaffenheit u. tückischer Verlogenheit …

Er habe selbst alles für diesen Krieg vorbereitet: die Rehabilitierung der Physiologie in Gestalt der „nächstwichtigen Fragen, die der Ernährung, des Klimas, der Wohnung, der Gesundheit der Fortpflanzung". Mit ihr beginne die Höherzüchtung der Menschheit bei – noch einmal – „schonungsloser Härte gegen das Entartende u. Parasitische am Leben", ein „Todkrieg" gegen alle, die die „Widernatur" lehren.[626]

In diesem „Krieg" sieht er sich alleine. Umso mehr werde er, gerade er, zum „Schicksal der M<ensch>h<eit>" werden.[627] Es folgt ein Entwurf zum Kapitel „Warum ich ein Schicksal bin" in *Ecce homo*. Doch während Nietzsche dort rasch zur Figur seines Zarathustra und zu den Themen von *Der Antichrist* übergeht, äußert er sich in der Aufzeichnung konkret zur politischen Situation seiner Zeit und den Erwartungen, die mit dem neuen Kaiserreich verbunden werden. Er greift direkt das Kaiserhaus an, das das hart erworbene preußische Erbe mutwillig verspiele, und spricht dabei klar von „meiner Aufgabe":

[HE 39] Was einstweilen vorgeht, ist mir zu widerlich, um auch nur den Zuschauer davon [!] geben. Ich kenne Nichts, was dem erhabenen Sinne meiner Aufgabe tiefer widerstü[!] diese fluchwürdige Aufreizung ~~zu der~~ {zur} Völker-, ~~der~~ {zur} Rassen-Selbstsucht, die jetzt auf den [!] „große Politik" Anspruch macht; ich habe kein Wort, um meine Verachtung vor dem Niveau auszudrücken, das jetzt in Gestalt des deutschen Reichskanzlers und mit den prunk Offizier-Attitüden des Hauses Hohenzollern sich zu Lenkern der Geschichte der Menschheit

---

624 N Dezember 1888 – Anfang Januar 1889, 25[1], KSA 13.637f., KGW IX 11, W II 10, 132–134. Vgl. dazu Montinari, Kommmentar, KSA 14.451–453.
625 N Dezember 1888 – Anfang Januar 1889, 25[1], KSA 13.637, KGW IX 11, W II 10, 132.
626 N Dezember 1888 – Anfang Januar 1889, 25[1], KSA 13.638, KGW IX 11, W II 10, 133f.
627 N Dezember 1888 – Anfang Januar 1889, 25[5], KSA 13.639, KGW IX 10, W II 9, 24. Vgl. EH, Warum ich ein Schicksal bin 8.

be[!] glaubt. Diese niedrigste Species Mensch, die nicht einmal dort fragen gelernt hat, [!] zerschmetternde Blitzschläge von Antworten nöthig habe, an der die ganze Arbeit der g[!]tschaffenheit von Jahrhunderten umsonst gewesen ist – das steht zu tief unter mir, als [!]s auch nur die Ehre meiner Gegnerschaft haben dürfte. Mögen sie ihre Kartenhäuser [!]en! für mich sind „Reiche" und „Tripel-Allianzen" Kartenhäuser... Das ruht auf fünf Voraussetzungen, die ich in der Hand habe... Es giebt mehr Dynamit zwischen [!]l und Erde, als diese gepurpurten Idioten sich träumen lassen...[628]

Er, Nietzsche, wisse sich selbst in der Tradition der Geradheit, Redlichkeit und Besonnenheit, die Deutschland in Jahrhunderten hervorgebracht habe. Er, nicht die Hohenzollern, vertrete jene „höhere Ökonomik der Cultur", die er in *Menschliches, Allzumenschliches* angedacht hatte, und mache aus dem Erbe endlich das Richtige:

[HE 40] Ich wäre nicht möglich ohne eine Gegensatz-Art von Rasse, ohne Deutsche, ohne diese Deutsche, ohne Bismarck, ohne 1848, ohne „Freiheitskriege", ohne Kant, ohne Luther {selbst} ... Die großen Cultur-Verbrechen der Deutschen rechtfertigen sich in einer höheren Ökonomik der Cultur...[629]

Dazu brauche er wohl „Verbündete". Er sucht sie jetzt bei „Vereinen", die Massen von Menschen versammeln sollen, und bei herausragenden gesellschaftlichen Gruppen wie den Offizieren und den jüdischen Bankiers:

[HE 41a] Man wird gut thun überall Vereine zu gründen, um mir zur rechten Zeit einige Millionen Anhänger in die Hand zu geben, Ich lege Werth darauf, zunächst die Offiziere u die jüdischen Banquiers für mich zu haben: Beide zusammen repräsentiren den Willen zur Macht. —

Die jüdischen Bankiers seien

[HE 41b] die einzige internationale Macht ihrem Ursprung wie ihrem Instinkt nach, somit zu einer Aufgabe berufen, die die Völker wieder bindet Die Offiziere u dann das jüdische Geld.

---

[628] N Dezember 1888 – Anfang Januar 1889, 25[6]2, KSA 13.640f., KGW IX 12, Mp XVI, 89r, 90r. Die Seite ist nachträglich beschnitten worden; daher die Lücken ([!]), die Montinari sinngemäß ergänzt hat. Der Text könnte etwa so für EH gedacht gewesen sein; nach dem Zeugnis Elisabeth Förster-Nietzsches hat ihre Mutter die Druckvorlage „wegen Majestätsbeleidigung verbrannt" (Montinari, Kommentar, KSA 14.451 u. 774).
[629] N Dezember 1888 – Anfang Januar 1889, 25[7], KSA 13.641, KGW IX 12, Mp XVI, 107r.

die ~~zwei~~ {, nachdem eine fluchwürdige Interessen-Politik {aus} der Selbstsucht u. Selbstüberhebung der Völker ein ~~Princip~~ {Pflicht} gemacht hat.[630]

Er trumpft nun immer weiter auf, schmäht, verunglimpft das Haus Hohenzollern – wenn auch nicht mehr, als er in *Der Antichrist* einen Paulus geschmäht und verunglimpft hat – und bezieht darin nun auch Bismarck ein, der dem Kaiserhaus allzu treu gedient und seine Perspektiven ganz auf es eingeschränkt habe:

> [HE 42a] Ihr Werkzeug, Fürst Bismarck, der Idiot par excellence unter allen Staatsmännern, hat nie eine Handbreit über die Dyn<astie> Hohenzollern hinausgedacht[631]

In seinem kriegerischen Furor, den er vielleicht auch nur inszeniert, überschreitet er jede Grenze des Anstands:

> [HE 42b] Aber das hat seine Zeit gehabt: ich will das Reich in ein ehernes Hemd einschnüren u zu einem Verzweiflungskampf ~~auf~~{heraus}fordern. Ich werde nicht eher die Hände frei haben, als bis ich den ~~jungen Idioten~~ {christlichen Husaren} von Kaiser, diesen jungen Verbrecher sammt Zubehör in den Händen habe – mit Vernichtung ~~unserer~~ {seiner} der erbarmungswürdigsten ~~Mißgeburt~~ {Mißgeburt} von Mensch, die bisher zur Macht gelangt ist {diesen jungen Verbrecher)

Er sucht das mit der Sinnlosigkeit der Kriegsrüstung und der Kriege zu begründen, die zuletzt geführt wurden, und legt nochmals nach:

> [HE 43] Damit das Haus von Narren u Verbrechern sich ~~wohl~~ {obenauf} fühlt, zahlt Europa {jetzt} jährlich 12 Milliarden, hat [!] es Klüfte zwischen den enger verbundenen Nationen aufreißen hat, – hat es jede ~~Form des xxxxxxxxxxx~~ {die ~~stupidesten~~ {blödsinnigsten}} hirnverbranntesten Kriege geführt, die je geführt wurden} {: Fürst Bismarck hat zu Gunsten seiner Hausgötzen u alle Voraussetzungen für große Aufgaben, für welthistorische Zwecke, für {eine} edlere u. feinere Geistigkeit mit einer fluchwürdigen ~~Energie~~ {Sicherheit des Instinktes} ~~{zum Rechten Besten seiner~~ HaHausgötzen [!]} vernichtet.[632]

Und dazu gehört auch die „letzte Erwägung", die Milliarden statt für Eroberungskriege dafür einzusetzen, die „grandiose und hohe Arbeit des Lebens [...] zu organisiren".

---

630 N Dezember 1888 – Anfang Januar 1889, 25[11], KSA 13.642, KGW IX 12, Mp XVI, 100v. Die Seite ist zum Teil von unten nach oben [HE 41a], zum Teil von oben nach unten [HE 41b] beschrieben.
631 N Dezember 1888 – Anfang Januar 1889, 25[13], KSA 13.643, KGW IX 13, Mp XVII, 132r. Auch das folgende Zitat [HE 42b] stammt von dieser Seite.
632 N Dezember 1888 – Anfang Januar 1889, 25[14], KSA 13.644, KGW IX 13, BW 317, 63r.

Worin diese Arbeit genau bestehen soll, führt Nietzsche auch jetzt nicht mehr aus. Nicht gehen wird es jedenfalls mit den

> [HE 44a] zwei fluchwürdigsten Institutionen, an denen bisher die Menschheit krank ist, die eigentlichen Todfeindschafts-Institutionen gegen das Leben: die <u>dynastische</u> Institution, die sich am Blut der Stärksten, Wohlgerathenen und Herrlichen mästet und die <u>priesterliche</u> Institution, die mit einer schauerlichen Arglist eben dieselben Männer, die Stärksten, Wohlgeratenen Herrlichen von vornherein zu zerstören versucht.[633]

Und so macht Nietzsche sich selbst zum obersten Weltenrichter und Weltregierer:

> [HE 44b] ich will hier Richter sein u. für alle Jahrtausende mit ~~einem Wahnsinns~~ {dem} {Wahnsinn} {einem Verbrechen} {dem verbrech. Wahnsinn von Dynasten u. Päpsten} ein Ende machen...

Aus dieser Warte nennt er es „Wahnsinn", ein Volk wie die Deutschen, die inzwischen immerhin „zu den Tugenden des Gehorchens und Befehlens, zum Takt, in Haltung und Gebärden, zu der fröhlichen und tapferen Art, [–], zu der Freiheit des Geistes" erzogen seien, „eine solche Auslese der Kraft und Jugend und Macht nachher vor die Kanonen" zu stellen. Sein „Krieg" ist ganz anderer, nicht militärischer Art.

In einer allerletzten Erwägung nimmt Nietzsche das Vorige nochmals auf, um dann unverblümt zu erklären:

> [HE 45] nachdem der alte Gott abgeschafft ist, bin ich bereit, <u>die Welt zu regieren</u> ...[634]

Im Entwurf eines Briefes an (den Juden) Georg Brandes von Anfang Dezember 1888 sucht Nietzsche ihn für eine Übersetzung seiner geplanten „Agitationsausgabe" von „Der Antichrist. Umwerthung aller Werthe" zu gewinnen und glaubt ihn bereits ganz auf seiner Seite. Er malt ihm den „<u>Vernichtungsschlag</u> gegen das Christenthum" aus, an dem aus „Instinkt-Feindschaft" die Juden mit ihrem „Großcapital" teilnehmen würden. So „dürfte im Handumdrehn die erste <u>Weltmacht</u>" entstehen. Das „Dynamit" der Schrift werde „alle Heeresorganisation alle Verfassung sprengen", es werde „wirklich ein <u>Weltgericht</u>" geben. Nietzsche schließt:

---

[633] N Dezember 1888 – Anfang Januar 1889, 25[15], KSA 13.645, KGW IX 13, Mp XVII, 134r. Auch das folgende Zitat [HE 44b] stammt von dieser Seite.
[634] N Dezember 1888 – Anfang Januar 1889, 25[19], KSA 13.646, KGW IX 13, D 25, 56r.

[HE 46] Siegen wir, so haben wir die Erdregierung in den Händen – den Weltfrieden eingerechnet … Wir haben die absurden Grenzen der Rasse Nation und Stände überwunden: es giebt nur noch Rangordnung zwischen Mensch und Mensch und zwar eine ungeheure lange Leiter von Rangordnung.
Da haben Sie das erste welthistorische Papier: Große Politik par excellence.[635]

Mit *Der Antichrist* scheint ihm die Aufgabe bereits vollbracht. Der Rest würde folgen.

Einige Briefe aus den ersten Januartagen des Jahres 1889 an Männer und Frauen, die ihm für seine „frohe Botschaft" bedeutsam schienen bis hinauf zum König von Italien, unterzeichnet Nietzsche mit „Dionysos", wechselweise mit „Der Gekreuzigte", entsprechend der Schlusswendung von *Ecce homo* „D i o n y s o s g e g e n d e n G e k r e u z i g t e n". Er tritt selbst an die Stelle derer, die ihm bisher die Menschheit zu prägen schienen. In geschäftlichen Briefen an seinen Verleger unterschrieb er so nicht; er wusste durchaus noch zu unterscheiden.[636]

Diese letzten Aufzeichnungen zu veröffentlichen haben sich die Herausgeber*innen der Kompilation *Der Wille zur Macht* wiederzugeben gehütet. Wir wissen nicht, was alles Franziska Nietzsche und Elisabeth Förster-Nietzsche, seine Mutter und Schwester, in ihrer „unausrechenbaren Gemeinheit" (EH, Warum ich so weise bin 3) vernichtet haben mögen.

---

635 Entwurf eines Briefes an Georg Brandes aus Turin von Anfang Dezember 1888, Nr. 1170, KSB 8.500–502. Briefentwürfe können als nachgelassene Aufzeichnungen gelten. Die Äußerung findet sich auch in einem dann auch abgesandten Brief an Carl Fuchs aus Turin vom 11. Dezember 1888, Nr. 1187, KSB 8.522: „Die nächsten Jahre steht die Welt auf dem Kopf; nachdem der alte Gott abgedankt ist, werde ich von nun an die Welt regieren." Davor steht jener Satz: „Ich mag nicht erzählen, was Alles [an Schriften] fertig wurde: Alles ist fertig."
636 Vgl. KSB 8.570–579, und die „allgemeine Charakterisierung der Briefe" Nietzsches durch van Tongeren, Zarathustra in Nietzsches Briefen, 90–96.

IV Lenzerheide-Aufzeichnung: Der Versuch einer zusammenhängenden Orientierung über Zarathustras herausgehobene Lehren führt zur Distanzierung von „extremen Glaubenssätzen"

1 Umstände und Charakter der Lenzerheide-Aufzeichnung

Im V. Buch der *Fröhlichen Wissenschaft*, in dem Nietzsche sein Philosophieren in neuer Dichte und Tiefe erarbeitet und das, nachdem er es Ende April 1887 endgültig abgeschlossen hat, Ende Juni 1887 erscheint, kommen die Themen des Übermenschen und der ewigen Wiederkehr, die er in *Also sprach Zarathustra* groß herausgestellt hatte, nicht mehr vor; die Themen des Willens zur Macht und der Herren der Erde bleiben im Hintergrund. Das ist umso auffälliger, als Nietzsche das V. Buch der *Fröhlichen Wissenschaft* zuletzt den 1882 erschienenen ersten vier Büchern anhängt, die auf das „Schwergewicht" der ewigen Wiederkehr und den Auftritt Zarathustras hinführen. Es sollte nun in heiterem Ton zeigen, wie mit der tragischen Ankunft des Nihilismus umzugehen ist, und wurde zu Nietzsches zugleich gelassenstem und prägnantestem Aphorismenbuch.[637] Es handelt ausführlich von der Frage der Verständlichkeit, macht aber nicht deutlich, wie die behandelten Themen im Zusammenhang zu verstehen sind; im Mittelpunkt stehen stattdessen die Bindungen und die Freiheiten des Philosophierens selbst. Die Übersicht bleibt der Leserschaft überlassen. Nietzsche empfand hier offenbar selbst ein Manko. Noch während der Schlussredaktion des V. Buchs der *Fröhlichen Wissenschaft* im März 1887 schreibt er an den vertrauten Freund Franz Oberbeck: „Die Nöthigung [...] liegt auf mir mit dem Gewicht von hundert Centnern, einen zusammenhängenden Bau von Gedanken in den nächsten Jahren aufzubauen [...]!"[638]

Einen Anlauf dazu, den gewichtigsten in seinen Schriften, macht Nietzsche am 7. Juni 1887 in dem Alpenort Lenzerheide, der sich gerade zum Kurort entwickelt. Zunächst ist er noch unentschlossen, wo er den Sommer verbringen will, ob wieder in Sils-Maria oder anderswo. Er hat vier Wochen in Chur, im Tal des Alpenrheins, abgewartet, bis das Engadin nicht mehr zu kalt ist und die Pässe schneefrei sind, und die Zeit zur Lektüre in der Bibliothek genutzt, sich unter anderem auch über Spinoza und über den Buddhismus belesen. Die Lehren seines

---

[637] Zur Gesamtinterpretation vgl. Verf., Nietzsches Befreiung der Philosophie.
[638] Brief an Franz Overbeck aus Nizza, 24. März 1887, Nr. 820, KSB 8.49.

Zarathustra, mit denen er zuletzt zurückgehalten hat, bewegen ihn weiter. Offenbar in einem Zug, ohne eine vorausgehende Gliederung und fast ohne nachträgliche Korrekturen, schreibt er eine Übersicht nicht über die hochdifferenzierten Themenkomplexe von *Jenseits von Gut und Böse* und des V. Buchs der *Fröhlichen Wissenschaft*, sondern über Zarathustras große Themen und ihre Bedeutung für das Leben der Menschen jetzt und in Zukunft nieder. Er holt dabei weit aus, geht bis in die Anfänge der Geistesgeschichte Europas zurück. Dieses Mal zeichnet er nicht wie so oft nur Stichworte, Kernsätze und Überschriften auf, sondern verfasst einen fortlaufenden Text von 11 Heftseiten in 16 durchnummerierten Abschnitten, dies aber mit Bleistift, den er sonst meist für rasche Notizen verwendet: die sogenannte ‚Lenzerheide-Aufzeichnung'. Sie ist weder ein ‚Fragment' noch ein bloßes ‚Notat' noch eine ‚Vorstufe' für eine später veröffentlichte Schrift, sondern ein Text eigener Art. Nietzsche gibt ihm erst nachträglich den Titel „Der europäische Nihilismus": Er hat ihn erkennbar später am unteren Ende der vorausgehenden Seite des Notizheftes hinzugefügt. Dass Nietzsche den Text nicht weiter bearbeitet hat, spricht dafür, dass er ihn, wie Beat Röllin brieflich bestätigt, nicht veröffentlichen wollte. Er bleibt so stehen, gehört ganz seinem Nachlass an. So sieht Nietzsche auch keinen Anlass, ihn für das Publikum zu verdeutlichen; er war nicht für es bestimmt. Man hat hier die seltene Gelegenheit zu beobachten, wie sein spontaner philosophischer Orientierungsprozess Schritt für Schritt verläuft.

Die Lenzerheide-Aufzeichnung **[LA]** findet sich im Notizheft N VII 3, das Nietzsche laut Mette und Montinari vom Sommer 1886 bis zum Herbst 1887 benutzt hat.[639] In der Kompilation *Der Wille zur Macht* wurde sie willkürlich auseinandergerissen.[640] Sie hat die Forschung stark beschäftigt; in jüngerer Zeit sind ihr mehrere Abhandlungen bzw. Buchkapitel gewidmet worden.[641] In der Umge-

---

[639] N Sommer 1886 – Herbst 1887, KSA 12.211–217, KGW IX 3, N VII 3, 13–24.

[640] Offenbar wollten die Herausgeber, Elisabeth Förster-Nietzsche und Heinrich Köselitz, durch sie nicht ihre eigene systematische Ordnung von Nietzsches Gedanken irritieren.

[641] Baier, „Das Paradies unter dem Schatten der Schwerter", 56–59, referierte sie ausführlich in polemischer Absicht; Riedel, Das Lenzerheide-Fragment über den europäischen Nihilismus, und: Nietzsches Lenzerheide-Fragment über den europäischen Nihilismus. Entstehungsgeschichte und Wirkung, erörterte sie mit ständigem Seitenblick auf den Buddhismus. Es folgten Born, Nihilistisches Geschichtsdenken, und Skowron, Dionysischer Pantheismus. Nietzsches Lenzer Heide-Text über den europäischen Nihilismus und die ewige Wiederkehr/-kunft. Sie alle führen Heideggers Methode der spekulativen Verknüpfung des Wiederkunfts- und des Wille-zur-Macht-Gedankens mit Hilfe passender ‚Stellen' aus Nietzsches Schriften fort und versuchen einen bruchlosen systematischen Zusammenhang unter den Themen der Aufzeichnung aufzuzeigen. Wie Heidegger, der die Lenzerheide-Aufzeichnung nur in der zerrissenen Gestalt vor sich hatte, in der sie die Kompilation *Der Wille zur Macht* darbot, machte man bei der Heranziehung weiterer

bung der Aufzeichnung entwirft Nietzsche weitere philosophische Gedankenlinien, macht unter anderem Pläne zur *Genealogie der Moral*, die er in Sils, wohin er dann wieder aufbricht, rasch niederschreiben wird; er listet 53 noch unverbundene Themen für sie auf (S. 131–121, rückwärts beschrieben). Innerhalb der Liste hält er Einsichten fest wie „Der Satz vom Bestehen der Energie fordert die ewige Wiederkehr" (S. 122), daneben „1. Causalismus – alles ist Wille / gegen Willen / 2 Es giebt gar keinen Willen" (S. 179). Er entwirft auch wieder Titelseiten, jetzt für *Zur Genealogie der Moral* (S. 154, S. 34), die er also schon im Sinn hatte, aber auch für andere Werke wie „Dionysos philosophos" und für eine Fortsetzung von *Also sprach Zarathustra* („Vom höheren Menschen. Oder: die Versuchung Zarathustras", S. 79 f.); er legt auch einen weiteren Plan zu „Der Wille zur Macht. Versuch einer Umwerthung aller Werthe" an (S. 33). Davor, danach, dazwischen und manchmal auch darüber notiert er zugleich das Nötige zu den „nächsten Dingen": Aufstellungen von zu Besorgendem (Strümpfe, Lichter, Stahlfedern, Maggi, Tee, Zucker, Bücher) und zu Erledigendem („Uhr aufziehen", „Handschuh waschen", Briefe schreiben an …), auch ein Raster für einen Monats-Diätplan, das er dann aber nicht ausfüllt, Adressen von Lieferanten, dazu Ausflugsziele, Speiselokale, Reisedispositionen (Turin – Sils – Nizza), Namenslisten für die Versendung von Freiexemplaren, Briefentwürfe, u. a. einen an die Schwester zur Abwehr ihrer Geldforderungen für ihre antisemitischen Pläne, Angaben zu einem Wohnangebot in Celerina und vor allem immer wieder detaillierte Kostenaufstellungen. Das

---

‚Stellen' zu den ‚Lehren' Nietzsches keinen Unterschied zwischen Werk und Nachlass; Riedel bevorzugte wie Heidegger den Nachlass, weil er im zum Druck beförderten Werk eine „Leidenschaft des Schönsprechens", einen „Zwang zu poetischer Gedankeninszenierung" (72 f.) sah. Skowron leitete, wie schon Skirl, Art. Ewige Wiederkunft, vermutete, aus Nietzsches unterschiedlichen Formulierungen ‚Wiederkehr' (in Abschnitt 6) und ‚Wiederkunft' (Abschnitte 7, 13, 14, 16) ab, dass die Wiederkehr nihilistisch sei, die Wiederkunft aber den Nihilismus überwinde und beides im ‚Leben' als Wille zur Macht aufgehoben sei. Der Lenzerheide-Text gibt es das jedoch nicht her. Born hielt Heideggers spekulative Deutung, die er ausführlich referiert, für „tief", zugleich aber in ihrer „vollständigen Systematisierung" von Nietzsches Denken für zu weitgehend (163). Eine erste Darstellung der Lenzerheide-Aufzeichnung habe ich selbst im Zusammenhang der Werkinterpretation von *Zur Genealogie der Moral* vorgelegt (Verf., Nietzsches ‚Genealogie der Moral', 49–53), eine zweite, sie weiterführende in: Von Nizza nach Sils-Maria. Nietzsches Abweg vom Gedanken der Ewigen Wiederkehr. Die folgende Darstellung kann nun auf der KGW IX aufbauen und geht kontextuell, differentiell und chronologisch vor. Van Tongeren, Friedrich Nietzsche and European Nihilism, hat die Lenzerheide-Aufzeichnung in den Mittelpunkt seines Buches gestellt. Er fokussiert wie schon Riedel und Born auf die Nihilismus-These, entfaltet sie nun jedoch anhand einer sorgfältigen Aufarbeitung aller Texte Nietzsches zur Differenzierung des Nihilismus. Doch auch er stellt ‚Stellen' wie fertige Texte zusammen. Nietzsches philosophischer Orientierungsprozess, die Anhaltspunkte und Argumentationsweisen, die er Schritt für Schritt heranzieht, werden so noch kaum sichtbar.

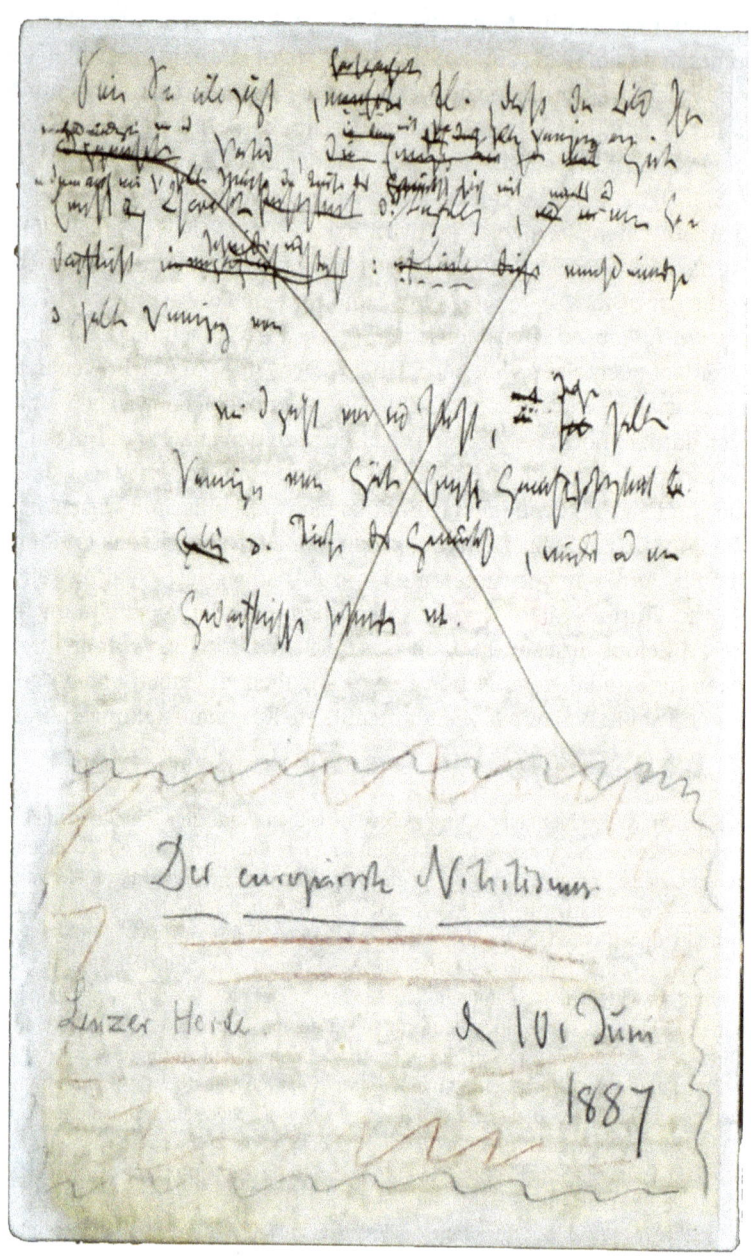

Faksimile des nachgetragenen Titels der sog. Lenzerheide-Aufzeichnung, N Sommer 1886 – Herbst 1887, KSA 12.211, KGW IX 3, N VII 3, 13 (Quelle: Klassik Stiftung Weimar)

Faksimile der ersten Seite (recto) der sog. Lenzerheide-Aufzeichnung, N Sommer 1886 – Herbst 1887, KSA 12.211, KGW IX 3, N VII 3, 14 (Quelle: Klassik Stiftung Weimar)

N VII 3   13

         hochgeehrtes
2 Seien Sie überzeugt, ~~verehrtes~~ Fl., daß das Bild Ihres
  verehrenswürdigen wie es   mit seiner
        ~~in dem~~ ~~sich diese~~ seltene Vereinigung von
4 ~~ausgezeichneten~~ Vaters, ~~die Erinnerung an so viel~~ Güte

Gef in dem auf eine so seltene Weise die Tiefe des Gemüths sich mit niemals aus
6 Ernst ~~u.~~ Charakter~~festigkeit~~ u. Begabung, ~~was in~~ meinem Ge=
      schwinden wird
8 dächtniß ~~unvergänglich steht~~: ~~ich liebe diese~~ verehrenswürdige

10 u. seltene Vereinigung von

           ~~mit~~ dieser
12   wie es jetzt vor mir steht, ~~in seiner~~ seltenen

14   Vereinigung von Güte Ernst Gewissenhaftigkeit ~~Be-~~

16   ~~gabung~~ u. Tiefe des Gemüths, niemals aus meinem

18   Gedächtnisse schwinden wird.

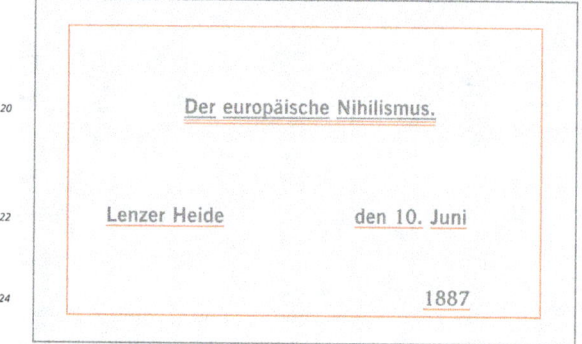

20   Der europäische Nihilismus.

22   Lenzer Heide   den 10. Juni

24   1887

2-18: KGB III 5, 92, Be Nr. 861 1: hochgeehrt**es**] ¿
20-24: KGW VIII 5[71] 215,5-6 2: verehrt**es**] ¿
           2: Fl.] > *Fräulein*

Diplomatische Transkription des nachgetragenen Titels der sog. Lenzerheide-Aufzeichnung, N Sommer 1886 – Herbst 1887, KSA 12.211, KGW IX 3, N VII 3, 13

                                                           14   N VII 3

         1.

                 christliche

Welche <u>Vortheile</u> bot die Moral-Hypothese?   2

    1) sie verlieh dem M. einen absoluten <u>Werth</u>,   4

    im Gegensatz zu seiner Kleinheit u. Zufälligkeit   6

    im Strom des Werdens u Vergehens   8

    2) sie diente den Advokaten Gottes, insofern sie   10
                trotz Leiden u. Übel
    der Welt den Charakter der <u>Vollkommenheit</u> ~~gab~~   12

    ließ, – eingerechnet jene „Freiheit" – das Übel er-   14
                                schien voller <u>Sinn</u>.
    3) sie setzte ein <u>Wissen</u> um absolute Wer-   16

    the beim M. an u. gab ihm somit gerade   18

    für das Wichtigste <u>adäquate</u> <u>Erkenntniß</u>.   20

sie verhütete, daß der M. sich als Menschen verach=   22

tete, daß er gegen das Leben Partei nahm, daß   24

er am Erkennen verzweifelte: sie war ein <u>Erhaltungsmittel</u>   26

– in summa: Moral war das große <u>Gegenmittel</u>   28

    gegen den praktischen u theor <u>Nihilismus</u>.   30

                      2.   32

Aber unter den Kräften, die die Moral großzog, war   34

die <u>Wahrhaftigkeit</u>: <u>diese</u> wendet sich endlich gegen   36

die Moral, entdeckt ihre <u>Teleologie</u>, ihre <u>inter</u>-   38

<u>essirte</u> Betrachtung – u jetzt wirkt die <u>Einsicht</u>   40

in diese lange eingefleischte Verlogenheit, die man ver-   42

zweifelt, von sich abzuthun, gerade als stimulans.   44

Zum Nihilismus   46

KGW VIII 5[71] 215,7-30   *Rotstift von N?*
                                40: jetzt] Vk
                                *44: stimul**ans**] Vk*

Diplomatische Transkription der ersten Seite (recto) der sog. Lenzerheide-Aufzeichnung, N Sommer 1886 – Herbst 1887, KSA 12.211, KGW IX 3, N VII 3, 14

philosophisch Tiefste steht neben dem Alltäglichsten, beim einen erinnert sich Nietzsche an das andere. Er beschreibt auch dieses Heft in der Hauptsache von hinten nach vorn, aber offenbar einmal zuerst auf der linken, einmal auf der rechten Seite, mitunter auch über viele Seiten hinweg Textentwürfe quer oder auf dem Kopf, vieles sorgfältig mit Tinte, manches rasch mit Bleistift hingeworfen.[642]

Dagegen steht auf den Seiten 13–24 die Lenzerheide-Aufzeichnung geradezu monolithisch da. Das Schreibwerkzeug wechselt nicht, der Schreibduktus ist sehr regelmäßig, Schrift und Zeilenabstände werden lediglich mit der Zeit größer; im Fluss des Schreibens mochten die Züge lockerer geworden sein. Hier beschreibt Nietzsche das Heft in der gewöhnlichen Abfolge von vorn nach hinten und ohne die Gegenseiten wie sonst für weitere Bemerkungen freizulassen. Die Aufzeichnung ist nachträglich datiert auf „Lenzer Heide den 10. Juni / 1887"; der nachträglich hinzugefügte Titel ist mehrfach unterstrichen und doppelt eingerahmt. Datierungen nahm Nietzsche nur selten vor, meist dann, wenn ihm Einfälle besonders wichtig schienen, auch doppelte Rahmungen sind nicht häufig.

2 Die Lenzerheide-Aufzeichnung als Dokument von Nietzsches philosophischem Orientierungsprozess

2.1 Ausgang von den „Vortheilen" der „{christlichen} Moral-Hypothese"

In der Aufzeichnung selbst setzt Nietzsche ausdrücklich bei einer „Hypothese" an, die er „Moral-Hypothese" nennt:

> [LA 1] Welche Vortheile bot die {christliche} Moral-Hypothese?

Er geht nicht von einem Wissen oder von einer Gewissheit aus, auch und gerade nicht in Sachen Moral, deren „Vorurtheilen" er zuvor mehrere kritische Aphorismenbücher gewidmet hat. Er lässt auch beiseite, wer die Hypothese aufgestellt hat. Für sich braucht er das nicht eigens zu notieren. In der Regel denkt er dabei an Sokrates einerseits, Paulus andererseits. Beide dachten bei der Moral, die sie propagierten, jedoch nicht an Hypothesen, sie hielten sie für gewiss und wahr. Es

---

[642] Da Nietzsche das Notizheft N VII 3 in unterschiedlichen Richtungen und dort, wo eben Platz war, beschrieben hat, ist die Chronologie der Aufzeichnungen, wie mir Beat Röllin brieflich mitteilt, hier außerordentlich schwer zu bestimmen. Der von Mette und Montinari eruierte Zeitrahmen Sommer 1886 – Herbst 1887 dürfte jedoch zutreffen, wenn auch einige Gelegenheitsnotizen auf den ersten und letzten Seiten („Loescher", „Fino" u. a. m.) noch vom Turiner Frühjahr 1888 stammen müssen.

ist *Nietzsches* Hypothese, dass „die Moral" oder genauer: eine bestimmte Moral die Kultur und Geistesgeschichte Europas geprägt hat; abkürzend stellt er sie als die Hypothese Europas selbst dar. Er überprüft sie nicht, wie es bei Hypothesen zu geschehen pflegt, auf ihren Wahrheitsgehalt hin; für ihn ist längst klar, dass sie keinen Wahrheitsgehalt hat, sondern nur ein ‚Vorurtheil' ist. Stattdessen fragt er nach den „Vortheilen" der „Moral-Hypothese" für das „Leben". Sie hat nach Nietzsche ihren Sinn nicht in sich, wie Philosophie und Theologie stets zu zeigen versuchten; Sinn hat sie nur als „ein Erhaltungsmittel", das „dem Menschen" wörtlich Halt gibt. Sie hat eine Orientierungsfunktion: Nietzsche vermutet in ihr „das große Gegenmittel gegen den praktischen u theor Nihilismus", der mit Desorientierung, Angst und Verzweiflung droht. Das bestätigt, dass es Nietzsche von Anfang an um den Halt der menschlichen Orientierung im drohenden Nihilismus geht.

Den Zusatz „{christliche} Moral-Hypothese" fügt Nietzsche, wie die differenzierte Transkription der KGW IX zeigt, nachträglich ein: Die Moral, die er ins Auge fasst, ist zwar nicht allein christlich, doch erst durch das Christentum hat sie ihr ganzes Gewicht in Europa gewonnen („Christenthum ist Platonismus für's ‚Volk'"; JGB, Vorrede). Nietzsche mag sich da an die Aufzeichnung im Arbeitsheft W I 8 erinnert haben, das er vom Herbst 1885 – Herbst 1886 benutzte.[643] Die Abschnitte der weit weniger umfangreichen Aufzeichnung sind ebenfalls, hier jedoch nachträglich durchnummeriert, zunächst arabisch in acht Punkten, dann römisch in vier Punkten, wobei Nietzsche nach Punkt 8 die Nummerierung umstellt: ein ursprünglicher 9. Punkt wird zum Punkt I. Er macht also auch hier den Versuch, sich eine geordnete Übersicht zu verschaffen, schwankt aber in der Zuordnung. Und hier beginnt er in der ersten Textschicht mit „Der Untergang des Christenthums – an seiner Moral". In einer nächsten Schicht trägt er am oberen Rand der linken Seite nach:

> [Ch a] {1. Ausgangspunkt: es ist ein Irrthum, auf „sociale Nothstände" oder „physiologische Entartungen" oder gar auf Corruption hinzuweisen als Ursache des Nihilismus. Diese erlauben immer noch ganz verschiedene Ausdeutungen. Sondern in einer ganz bestimmten Ausdeutung: in der christlich-moral. steckt der Nihilismus.}

Es geht also nicht um Moral überhaupt, sondern um eine bestimmte, die christliche Moral. Und diese christliche Moral macht Nietzsche für eine bestimmte

---

[643] N Herbst 1885 – Herbst 1886, 2[127] und [128], KSA 12.125–128, KGW IX 5, W I 8, 95f. (Kap. II 2). Die Kompilation *Der Wille zur Macht* eröffnet mit diesem „Aphorismus", Montinari zerlegt die Aufzeichnung in zwei „Fragmente". Sie nehmen jedoch *eine* Doppelseite ein und gehören topologisch und thematisch zusammen.

Gestalt des Nihilismus verantwortlich, die er hier als „{die {radikale} Ablehnung von Werth, Sinn, Wünschbarkeit}" bestimmt. In einer weiteren Textschicht oben auf der rechten Seite fügt er hinzu:

> **[Ch b]** {Noth, seelische, leibliche, intellektuelle Noth ist an sich durchaus nicht vermögend, Nihilismus dh. die {radikale} Ablehnung von Werth, Sinn, Wünschbarkeit hervorzubringen}

Das übernimmt er als Prämisse in die Lenzerheide-Aufzeichnung. Danach reagierte das Christentum auf den ursprünglichen oder „ersten" Nihilismus, die Ablehnung oder, wenn man auf den dann sich zeigenden Tatbestand blickt, die schlichte Abwesenheit von „Werth, Sinn, Wünschbarkeit", mit einer spezifischen Moral, die sich jetzt, nachdem sie fragwürdig und unglaubwürdig zu werden beginnt, als bloße „Moral-Hypothese" erweist. Mit der Angst vor dem Nihilismus, der die Abwesenheit von Wert und Sinn und damit deren bloße Wünschbarkeit klarstellt, aber blieb Europa in seinem Bann, seine Moral verdankte sich ihm und wurde so selbst zu einer Abart des Nihilismus. Und diese Abart hielt ihrerseits die europäische Philosophie in ihrem Bann.

Nietzsche machte sich die Aufdeckung dieses sekundären christlichen und philosophischen Nihilismus zur Aufgabe. Damit würde der ursprüngliche, primäre Nihilismus neu hervortreten. In diesem Sinn stellt Nietzsche der Aufzeichnung im Arbeitsheft W I 8 auf der linken Seite oben in einer weiteren Textschicht den berühmt gewordenen Satz voran:

> **[Ch c]** {{Der Nihilismus steht vor der Thür: woher kommt uns dieser unheimlichste aller Gäste?}}

Die einzelnen Punkte dieser Aufzeichnung [Ch] handeln dann vom „Untergang des Christenthums" an seiner eigenen Moral. Es hat, wie Nietzsche schon im V. Buch der *Fröhlichen Wissenschaft* (FW 357) deutlich gemacht hat, einen „Sinn der Wahrhaftigkeit" hervorgebracht, der sich schließlich gegen es selbst wendet und dadurch den vor dem ursprünglichen Nihilismus rettenden Glauben an Gott, dessen Gebote zur geltenden Moral ausgebaut wurden, als „Verlogenheit" aufdeckt. Nietzsche fasst diese Figur in der etwa gleichzeitigen Vorrede zur Neuausgabe von *Morgenröthe* als „S e l b s t a u f h e b u n g d e r M o r a l" (M, Vorrede 4).[644] Die Formel erscheint dann auch in der Nähe der Lenzerheide-Aufzeichnung

---

[644] Zu Nietzsches Konzept der Selbstaufhebung (in Differenz zur hegelschen) vgl. Verf., Philosophie der Fluktuanz, 299f. und 305f.; Zittel, Selbstaufhebungsfiguren bei Nietzsche; Giacoia Jr., Labirintos da alma: Nietzsche e a auto-supressão da moral.

wieder,⁶⁴⁵ jedoch topologisch getrennt durch Kostenrechnungen, Reisepläne und einen Briefentwurf.

Im Fortgang von [Ch] berührt Nietzsche die Folgen der Selbstaufhebung der Moral in der Religion, der Wissenschaft, der Politik, der Wirtschaft und der Kunst. Er behält auch den „indischen Buddhism" im Auge, fragt hier jedoch vor allem, wie die „Wissenschaft" mit dem wiederentdeckten Nihilismus umgeht. Als Reaktion auf die „‚Sinnlosigkeit'" des Daseins könnte, da die Wissenschaft noch an die Wahrheit glaubt, „Anti-Wissenschaftlichkeit" aufkommen, die zu ihrer „Selbstzersetzung" führt. Mit dem „{Seit Copernicus rollt der M[ensch] aus dem Centrum ins x}", das Nietzsche in der linken unteren Ecke der linken Seite ohne klare Zuordnung zum Übrigen notiert und dann in *Zur Genealogie der Moral* (III 25) aufnimmt, hat sie selbst nahe an den ursprünglichen Nihilismus herangeführt. Politisch, hält Nietzsche in den Punkten 6.–8. dieser Aufzeichnung in W I 8 fest, äußere sich der Nihilismus jetzt als „Nationalismus" und „Anarchismus", in denen Nietzsche gleichermaßen Auflösungserscheinungen sieht, ferner in der Geschichtsschreibung und in der zur „Romantik" gewordenen Kunst – auch hier fehlt nicht der Hinweis auf die Romantik Wagners. All das könnte aber, so Nietzsche in [Ch], gleichwohl der „große Ausgangspunkt" einer „Erhöhung des Menschen" sein, wenn sich nämlich in dieser Not „der <u>erlösende</u> Stand und Mensch, der Rechtfertiger" findet. Man wird an die Figur des Übermenschen denken, aber Nietzsche nennt ihn nicht; von Zarathustras großen Lehren erwähnt er hier nur den Willen zur Macht, auch nicht die ewige Wiederkehr.

Was die ewige Wiederkehr betrifft, ändert sich das im konzentrierten Text der Lenzerheide-Aufzeichnung [LA]. Nietzsche differenziert in ihrem ersten Abschnitt zunächst die „Vortheile" der christlichen Moral nach drei Punkten: Sie gebe 1. dem einzelnen Menschen Halt, indem sie ihm trotz „seiner Kleinheit u. Zufälligkeit im Strom des Werdens u Vergehens" „einen absoluten <u>Werth</u>" verleihe. Hier sieht Nietzsche den Kern der christlichen Moral: Die Menschen sollen einen absoluten, unbedingten Wert haben, und sie haben ihn in dem über alle erhabenen Gott. Die christliche Moral diene 2. den „Advokaten Gottes", all denen, die sie öffentlich vertreten: Denn sie können „der Welt {trotz Leiden u. Übel} den Charakter der <u>Vollkommenheit</u>" geben – indem sie den Menschen zugleich „jene ‚Freiheit'" zuschreiben, aufgrund derer diese selbst für die Leiden und Übel verantwortlich gemacht werden können. So bekam das Übel, wie Nietzsche hinzufügt, überall „{Sinn}": den Sinn, es als Strafe für Zuwiderhandlungen gegen die christliche Moral zu verstehen. Die Unvollkommenheit der Welt wird auf Kosten der Menschen gerechtfertigt, die unter ihr zu leiden haben, und die Theologen

---

645 N Sommer 1886 – Herbst 1887, 5[72], KSA 12.217, KGW IX 3, N VII 3, 28.

und Philosophen gewinnen dadurch Macht über sie. In ihren Rechtfertigungen setzten sie 3. „ein <u>Wissen</u> um absolute Werthe beim M[enschen]" voraus und damit Halt in einem unbedingten Wissen. Nietzsche gebraucht dafür Spinozas Formel „<u>adäquate Erkenntniß</u>": In ihr gehen Ethik und Metaphysik ineinander auf.

Spinozas Philosophie harmoniert mit dem Christentum, auch wenn der Jude Spinoza sich nicht direkt auf es bezieht. Er meinte die ‚adäquate Erkenntnis' jedoch anders und wies damit schon einen Weg aus dem Nihilismus hinaus: Indem er mit Hilfe seiner mathematischen Methode (*mos geometricus*) alles Wünschen und Hoffen ausschloss, wollte er denkbar machen, dass man die Wirklichkeit, so wie sie ist, nur lieben könne – wenn man eine adäquate Erkenntnis von ihr hätte. Man würde sie in all ihren Zusammenhängen verstehen, deren vollkommene Fügung sehen und könne sie dann nur lieben, auch das, worin man zunächst Übel sah. Die Übel und das Leiden an ihnen lösen sich auf, und so wäre auch niemand schuldig an ihnen. Mit seinem Pantheismus, der Fähigkeit, in allem Gott zu sehen, die ihn die Welt in allem schätzen ließ, war Spinoza zugleich dem Atheismus sehr nahe gekommen: Denn wenn Gott in seiner Schöpfung, der Natur, und nirgendwo sonst zu erkennen ist, kann man ihn nicht von ihr unterscheiden und kann dann ebensogut sagen kann, er sei nicht. Wenn dies die logische Konsequenz des Christentums und auch schon des Judentums war, das das Christentum hervorbrachte, dann rettete sie vor dem Nihilismus: Sie legte ihn bloß und wertete ihn zugleich um – man konnte ebensogut sagen ‚nichts hat Sinn' wie ‚alles hat Sinn'. Ein solches Paradoxon schwebt auch Nietzsche vor; aus Spinozas Formel *amor dei intellectualis* wird seine Formel *amor fati* (Kap. III 3.4.3). Spinoza bleibt ein wichtiger Anhaltspunkt im Fortgang der Lenzerheide-Aufzeichnung.

Nietzsche hat schon in der Aufzeichnung in W I 8 ([Ch]) festgehalten, die christliche Moral sei im „Untergang" und seine Zeit daher nun die, in der der ursprüngliche Nihilismus neu bewusst wird. In der nahen Umgebung der Lenzerheide-Aufzeichnung notiert er dazu in N VII 3 (wieder inmitten von Haushaltsrechnungen, Reiseplänen und möglichen „<u>Spaziergängen</u> auf der Lenzer Haide"):

> Nihilismus: Untergang einer {(nämlich der moralischen)} Gesammtwerthung {es fehlen die neuen interpretativen Kräfte.}
> Zur Geschichte der Werthe.
> Der Wille zur Macht u. seine Metamorphosen.
> {(was der bisherige Wille zur Moral war: eine Schule)}
> Die ewige Wiederkunft. als Hammer.[646]

---

[646] N Sommer 1886 – Herbst 1887, 5[70], KSA 12.210f., N VII 3, 8.

Darüber hat er in der ersten Schicht Gliederungspunkte wie „1. Philosophie der Geschichte. / 2. Psychologie. / 3. Cultur der Griechen. / 4. Philosophie der Moral. / 5. Geschichte der griech. Philosophie" zusammengestellt, die er aber überschreibt und unleserlich macht. Die oben zitierten Stichworte hält er dagegen von Überschreibungen frei, so dass sie gut sichtbar bleiben; Nietzsche könnte sie als Merkblatt genutzt haben; er arbeitet sie in der Lenzerheide-Aufzeichnung ab, ohne dass sie einen Plan dafür abgäben: Die moralische Gesamtwertung geht unter, und „interpretative Kräfte" einer Neuorientierung sind nicht sichtbar. So bietet sich dafür der moralfreie Wille zur Macht an: Er *ist* zu „Metamorphosen" fähig, kann auch ein Wille zur Moral werden, der sich dann gegen den Willen zur Macht stellt, sich aber schließlich selbst als Wille zur Macht erkennen und sich damit selbst aufheben muss. Darin hat Nietzsche ein Muster der „Geschichte der Werthe" gefunden, nach der sich „die christliche Moral-Hypothese" selbst auflösen wird. Ihr folgt er in der Lenzerheide-Aufzeichnung. Sein eigenes Zutun soll nur der Wiederkunftsgedanke sein, als Hammerschlag, der die Selbstaufhebung der christlichen Moral in ihrer Selbsterkenntnis als Wille zur Macht auslöst. Nirgendwo sonst in seinen Schriften buchstabiert Nietzsche diesen Gedanken mit ähnlicher Konsequenz durch. Dennoch entsteht daraus kein logisch geformtes ‚System'. Es bleibt bei einem Orientierungsprozess für ihn selbst, der weit reichere Einsichten erbringt, als es in einem ‚System' möglich wäre.

2.2 Der „Auflösungsprozeß" durch die „Selbstaufhebung" der christlichen Moral

Nietzsche zieht zunächst sein Argument der Selbstaufhebung der Moral heran und formuliert es so, dass es zum „Stimulans" wird, dem Nihilismus weiter nachzugehen:

> [LA 2a] Aber unter den Kräften, die die Moral großzog, war die Wahrhaftigkeit: diese wendet sich endlich gegen die Moral, entdeckt ihre Teleologie, ihre interessirte Betrachtung – u jetzt wirkt die Einsicht in diese lange eingefleischte Verlogenheit, die man verzweifelt, von sich abzuthun, gerade als stimulans. Zum Nihilismus

Der aufklärerische Optimismus verschwindet: Man mag nun wohl zur Einsicht in den Nihilismus bereit und willens sein. Aber man kann sich, muss Nietzsche zugleich „constatiren", von der „langen Moral-Interpretation" nicht ohne weiteres lösen; die tief eingewurzelten „Bedürfnisse zum Unwahren", „an denen der Werth zu hängen scheint, derentwegen wir zu leben wi aushalten", bleiben. „Bedürfnisse" der Orientierung gehen, wie schon Kant festgestellt hat, „Einsichten" voraus, beherrschen und rechtfertigen sie.⁶⁴⁷ Der „Auflösungsprozeß" der christlichen Moral in Europa folgt nicht einfach einer Einsicht, sondern bleibt in Erhaltungsbedürfnissen der menschlichen Orientierung hängen, die tiefer liegenden Bedürfnisse nach Halt sträuben sich gegen die Aufklärung. So muss man sich, wie schon Kant gesehen hat und nun auch Nietzsche sieht, in ein anderes philosophisches Register begeben, statt von bloßen Denknotwendigkeiten und Denkprozessen von Lebensnotwendigkeiten und Lebensprozessen ausgehen, die in Orientierungsprozessen nicht geschieden sind; der Begriff der Orientierung, den Nietzsche kaum benutzt, umfasst beide.

So entsteht der logisch nicht auflösbare „Antagonismus",

> [LA 2b] das was wir erkennen, nicht zu schätzen und das, was wir uns vorlügen möchten, nicht mehr schätzen zu dürfen

‚Unsere' durch die christliche Moral geprägte Orientierung in der Welt oszilliert zwischen der stimulierenden „Einsicht" und dem lebenserhaltenden Bedürfnis ihrer Abwehr. Nietzsche sieht dabei, wie er später notiert, „Instinkte" am Werk:⁶⁴⁸ Man hält sich aus Instinkt an die alte moralische Orientierung, auch wenn sie sich aufgrund besserer Einsicht nicht mehr halten lässt. Die moralische Orientierung wird von Grund auf verunsichert, gerät in Agonie, aber sie verschwindet nicht.

Auch an diesen Antagonismus und die daraus folgende Agonie hat Nietzsche sich schon in einer früheren Aufzeichnung herangetastet:

> Die moralische Welt-ausdeutung endet in Weltverneinung (Kritik des Christenthums).
> Antagonismus zwischen „Verbesserung" und Verstärkung des Typus Mensch.
> Unendliche Ausdeutbarkeit der Welt: jede Ausdeutung ein Symptom des Wachsthums oder des Untergehens.
> Die bisherigen Versuche, den moralischen Gott zu überwinden (Pantheismus Hegel usw.) Die Einheit (der Monismus) ein Bedürfniß der inertia; die Mehrheit der Deutung Zeichen der Kraft. Der Welt ihren beunruhigenden und änigmatischen Charakter nicht abstreiten wollen!⁶⁴⁹

Er stellt „Bedürfniß" und „Kraft" gegenüber, das Bedürfnis, beim Alten zu bleiben, und die Kraft zu neuen Deutungen. Diese Kraft wird gebraucht, um mit der „unendlichen Ausdeutbarkeit der Welt" zurechtzukommen und sie produktiv und

---

647 Kant, Was heißt: Sich im Denken orientiren?, 136–139.
648 Vgl. z. B. N Ende 1886 – Frühjahr 1887, 7[6], KSA 12.273–283, hier 274, KGW IX 13, Mp XVII, 75r, und 7[62], KSA 12.316 f., hier 316, KGW IX 13, Mp XVII, 102v.
649 N Herbst 1885 – Herbst 1886, 2[117], KSA 12.120, KGW IX 5, W I 8, 109. Hier ergänzt Nietzsche auf der rechten Seite wiederum durchnummerierte Stichworte zu „Nihilismus", „Genesis der Werthschätzungen", „Der Hammer: als die Lehre, welche die Entscheidung herbeiführt."

kreativ zu nutzen. Die unendliche Ausdeutbarkeit der Welt macht Angst, sich ihr zu stellen; denn sie bietet keinen festen Halt mehr, wie ihn die christliche Moral vorgab. So wird aus dem Antagonismus des Bedürfnisses oder Instinkts, sich an die gewohnte Moral zu halten und sie noch zu bestärken, und der Kraft zur Einsicht in die neuen Möglichkeiten der Deutung der Welt und zum produktiven und kreativen Umgang mit ihnen der „Antagonismus zwischen ‚Verbesserung‘ und Verstärkung des Typus Mensch", „‚Verbesserung'" im Sinn der alten Moral, „Verstärkung" im Sinn neuer Horizonte der menschlichen Orientierung. Die Verunsicherung der menschlichen Orientierung wird dann zum „stimulans", sich über die Orientierung selbst zu orientieren. Daran hat Nietzsche in FW 373 schmalspurig mechanistisch denkende Naturwissenschaftler erinnert: Sie sollten das Dasein nicht „seines vieldeutigen Charakters entkleiden wollen"; der „gute Geschmack" zu wissen, dass etwas „über [seinen] Horizont geht", sollte von vereindeutigenden „Welt-Interpretationen" abhalten. Denn sie führten ihrerseits zu „einer essentiell sinnlosen Welt", einer Welt, die ähnlich sinnarm wäre, wie wenn man Musik auf Mathematisches in ihr beschränken würde und so nun „das Leben" auf Moral, die christliche Moral.

2.3 Alternative der „Ermäßigung" extremer Hypothesen beim Nachlassen gesellschaftlicher Nöte

In der Lenzerheide-Aufzeichnung braucht Nietzsche solche weiterführenden Hinweise nicht mehr eigens anzuführen. Stattdessen sucht er das Sinnproblem weiter und tiefer zu fassen, und hier bleibt der Ton düster und bedrohlich. Nietzsche erwägt zunächst doch die Hypothese, dass „seelische, leibliche, intellektuelle Noth" nicht ausreiche, Nihilismus hervorzubringen, so dass das Sinnproblem mit der Not verschwinden könnte. Denn inzwischen ist durch Wissenschaft, Technik und Industrie ein neuer Wert und Halt im „Leben" entstanden, und so ist es

[LA 3a] nicht mehr dermaßen ungewiß, zufällig, unsinnig, in unserem Europa.

Mit dem wachsenden Komfort und dem Zurückgehen der Übel und Leiden lässt das Bedürfnis nach einer einheitlichen Sinnstiftung der Welt, an die sich alle gleichermaßen halten, beobachtbar nach; man fragt weniger nach Sinn, der „erste Nihilismus" wirkt nicht mehr so bedrohlich:

[LA 3b] Eine solche ungeheure Potenzirung vom Werth des M[enschen] {vom Werth des Übels usw.} ist jetzt nicht so nöthig, wir ertragen eine bedeutende Ermäßigung dieses Werthes, wir dürfen viel Unsinn u. Zufall einräumen: die {erreichte} Macht des M[enschen] erlaubt jetzt eine Herabsetzung der Zuchtmittel, von denen die moralische Interpretation das stärkste war. „Gott" ist eine viel zu extreme Hypothese.

Beim Nachlassen von Nöten wird das Extreme der Hypothesen sichtbar, die über sie hinweghelfen sollten. Nietzsche ist hier dem schon ganz nahe, wo er am Ende der Lenzerheide-Aufzeichnung ankommen wird. Er hätte sich, wenn man so will, lange Umwege in seinem Orientierungsprozess ersparen können. Aber er greift nicht das Stichwort „Ermäßigung" auf, sondern das Stichwort „extrem". Die Beachtung historischer Realitäten, für die er sonst so aufgeschlossen ist, reicht ihm noch nicht aus; er will das Nachlassen des Sinnbedürfnisses in Europa nicht durch die bloße Erleichterung seiner Lebenslage erklären. Damit bleibt der drohende Nihilismus das leitende Problem. Und wenn es einer so „extremen Hypothese" bedurfte wie des Daseins eines einzigen und höchsten Gottes, der das gesamte Weltgeschehen in seiner Hand hat, muss auch der Nihilismus, die Deutung der Welt ohne diesen „moralischen Gott", extrem sein. Der Gedankengang dreht sich nun um das Extreme selbst. Nietzsche sucht und will das Extrem.

2.4 Nietzsches bleibende Orientierung am Extrem

In einer stark bearbeiteten Aufzeichnung vom Herbst 1887 bekennt er sich ausdrücklich zum „Zauber" oder, wie er sich dann korrigiert, zur „{Magie} des Extrems":

> [Ex 1] ~~Ein~~ Der ~~unbesiegbare~~ Zauber, der ~~uns erlaubt, ohne die Lüge sowohl wie ohne die Wahrheit, auf Sieg zu rechnen~~ {für uns kämpft, ~~der mit dem~~ {{das}} Auge der Venus, {{das}} unsere Gegner ~~bindet und an uns zieht~~ {{selbst bestrickt u. blind macht}}, das ist der ~~Zauber~~ {Magie} {Magie} des Extrems, ~~des Äußersten {das Auge der Venus}~~: {der ~~Zauber, der alles Äußerste hat ausübt Tyrannei~~ {{die Verführung, die alles Äußerste übt}}: wir Immoralisten – ~~wir sind~~ {wir ~~nicht~~ {wir sind}} heute die Äußersten...[650]

Das Extrem muss danach nicht in der Sache liegen, es kann auch eine rhetorische Strategie sein. Überzeugt sie, glaubt man an das Extrem in der Sache selbst. Die „Magie des Extrems" lässt beides schwer unterscheiden. Nietzsche meint eines

---

650 N Herbst 1887, 10 [94], KSA 12.510, KGW IX 6, W II 2, 72. In Montinaris Fassung: „Der Zauber, der für uns kämpft, das Auge der Venus, das unsere Gegner selbst bestrickt und blind macht, das ist die Magie des Extrems, die Verführung, die alles Äußerste übt: wir Immoralisten – wir sind die Äußersten ..." – Vgl. Verf., Die „Magie des Extrems" in philosophischen Neuorientierungen.

der „Gesetze des Lebens", wie er sie immer wieder formuliert,[651] darin zu erkennen, dass

> [LA 4a] extreme Positionen nicht durch ermäßigte abgelöst [werden], sondern wiederum durch extreme, aber <u>umgekehrte.</u>

Hier ginge es also um ein Gesetz von Orientierungsprozessen. Doch das ist sicher nicht zwingend: Radikale Positionen wurden und werden zwar in der Philosophie oft mit radikalen und zuweilen noch radikaleren Gegenpositionen beantwortet; gerade im 19. Jahrhundert, der Zeit der großen Umorientierung nach dem Idealismus, war das an der Tagesordnung. Aber es gibt im Alltag, in der Politik und in der Philosophie stets auch Versuche der „Ermäßigung". Nietzsche dagegen legt sein vermeintliches Gesetz seiner weiteren Analyse des „gegenwärtigen Nihilismus" in der Lenzerheide-Aufzeichnung zugrunde. Erst am Ende wird er es durchbrechen, jedoch nicht auf Dauer.

Was die christliche Moral betrifft, so stützt er auf einer Doppelseite des Arbeitshefts W II 3 aus der Zeit vom November 1887 – März 1888 sein Gesetz durch ein weiteres. Er setzt auf der linken Seite nochmals bei extremen Umorientierungen an:

> [Ex 2a] Die Zeit kommt, wo wir es <u>bezahlen</u> {dafür bezahlen} müssen, zwei Jahrtausende lang <u>Christen</u> gewesen zu sein: wir verlieren das <u>Schwergewicht</u>, das uns leben ließ, – wir wissen {eine Zeit lang} nicht, wo aus, noch ein. Wir stürzen jählings in die <u>entgegengesetzten</u> Werthungen, mit dem {gleichen} Maaße von Energie, d̶a̶s̶ eben eine solche extreme <u>Überwerthung</u> des M. im Menschen erzeugt hat / {mit dem wir Christen gewesen sind – mit dem wir die unsinnige Übertreibung des christlichen} [M. im Menschen erzeugt hat][652]

Er postuliert eine „Energie" zur extremen Umorientierung, die sich in den ineinander umschlagenden „extremen Über[be]werthung[en]" erhalte, also eine ursprüngliche Kraft zu starken, mit Wucht sich einstellenden und schlagartig überzeugenden Neuorientierungen. Die Rede von „Energie" klingt wissenschaftlicher als die Rede von „Zauber" und „Magie". Das könnte jedoch täuschen: Die „Magie des Extrems" ist in Überzeugungsprozessen, zumal denen Nietzsches, gut beobachtbar, jene Energie ist dagegen nur eine angenommene Hilfsgröße, die der „Magie" das Magische, Rätselhafte nehmen soll.

---

651 Vgl. etwa in den zum Druck beförderten Schriften GM III 27; GD, Moral als Widernatur 6; AC 56.
652 N November 1887 – März 1888, 11[148] u. [149], KSA 13.69–71, KGW IX 7, W II 3, 134f. – Die folgenden Zitate [Ex 2b – f] stammen ebenfalls aus dieser Aufzeichnung.

Für die Durchsetzung der „entgegengesetzten Werthung" setzt Nietzsche in jener Aufzeichnung einen Prozess in vier „Perioden" an, die er auf der rechten Seite der Doppelseite auflistet. Die erste ist

> [Ex 2b] Die Periode der Unklarheit, der Tentativen ~~der Conservirung des „alten Ideals", der „Versöhnung"~~ {aller Art, das Alte zu conserviren u. das Neue nicht fahren zu lassen}

Sie wäre die Zeit des „Antagonismus", von dem er in der Lenzerheide-Aufzeichnung spricht, und vielleicht auch die Zeit für „Ermäßigung[en]". Doch entschieden konservirt wird, wie Nietzsche auf der linken Seite festgehalten hat, der „ewige Werth der ‚Person'" in Gestalt der „„Gleichheit der Person" im „Socialismus", das „Moral-Ideal" in Gestalt des „Vorrangs des Unegoistischen, der Selbstverleugnung, der Willens-Verneinung" und das „„Jenseits" als „antilogisches x" einer scheinbar wahren Welt darin. Auch wenn die Zeitgenossen nicht mehr an Gott glauben, versuchen sie „die göttliche Leitung alten Stils [...] aus dem Geschehen herauszulesen", empfindet man nach wie vor „den Sieg des Guten u. die Vernichtung des Bösen als Aufgabe". Man will

> [Ex 2c] selbst die höchste Geistigkeit u. Kunst als Folge eines ~~entpersönlichten~~ {Entpersönlichung} u. ~~uninteressirten Zustandes~~ {als dèsinteressement} ~~(als Consequenz einer Art moral. Vollkommenheit)~~

verstehen, und

> [Ex 2d] man erlaubt der Kirche, sich immer noch in alle wesentl. Erlebnisse u Hauptpunkte des Einzellebens einzudrängen, um ihnen Weihe, höheren Sinn zu geben:

z. B. der Ehe.
Auf diese Periode soll folgen eine

> [Ex 2e] Periode der Klarheit: man begreift, daß ~~alle~~ Erkenntniß der Natur u. Geschichte uns nicht mehr solche „Hoffnungen" gestattet, – daß alle alten Ideale lebensfeindliche Ideale sind (– ~~Prozesse der Verkleinerung u. Verkümmerung einleitend, unter~~ {aus der décadence geboren u die decadence bestimmend, wie sehr auch} [unter] prachtvollem {Sonntags-} Aufputz ~~von Moralen~~ {der Moral} / [daß] {Altes und Neues Grundgegensätze sind: die alten Werthe aus dem niedergehenden, die neue auf dem aufsteigenden Leben geboren}

Eingefügt ist hier noch:

> [Ex 2f] {wir verstehen das Alte u. sind {lange} nicht stark genug zu einem Neuen.

Danach müsste, nimmt Nietzsche an, nach einer „Periode der drei großen Affekte / der Verachtung / des Mitleids / der Zerstörung" schließlich die „Periode der Katastrophe" eintreten, und sie müsste von „einer Lehre" ausgelöst werden, „welche die M[enschen] aussiebt ..." Hier denkt er wohl wieder, das braucht er für sich nicht zu notieren, an die Lehre der ewigen Wiederkunft. So stellt er sich hier die „Geschichte des europ. Nihilismus" vor.[653]

Die Umorientierung als Umschlag ins andere Extrem verläuft, nimmt Nietzsche an, auch danach nicht überlegt und gewollt und schon gar nicht als Schaffen neuer Werte, sondern, wie auch die Lenzerheide-Aufzeichnung festhält, als von einer Not ausgelöster „Affekt". Damit wäre sie letztlich „psychologisch" zu verstehen. Sie wäre dann so zu beschreiben, dass das über Jahrtausende genährte Sinnbedürfnis auch nach seiner großen Enttäuschung bestehen bleibt, man also weiter nach einem Sinn des Ganzen, des Lebens überhaupt, verlangt, wiewohl man gerade dagegen „mißtrauisch geworden" ist. Man lebe zumindest in der ersten der vier genannten Perioden im „Argwohn", wie Nietzsche im Aphorismus Nr. 346 der *Fröhlichen Wissenschaft* geschrieben hat (Kap. II 2). Ein solcher Argwohn muss psychologisch wiederum nicht bedeuten, dass man von einem Extrem ins andere fällt. Aber Nietzsche trägt das von ihm angenommene Gesetz des Umschlagens von Extremen in entgegengesetzte Extreme auch wieder in seine psychologische Hypothese ein. Und dann folgt gleichsam logisch:

> [LA 4] Eine Interpretation gieng zu Grunde; weil sie aber als die Interpretation galt, erscheint es, als ob es gar keinen Sinn im Dasein gebe, als ob alles umsonst sei.

2.5 Vermutete Lähmung durch das dauernde „Umsonst"

Das extreme „alles umsonst" wird nun der Angelpunkt zum Folgenden. ‚Umsonst' heißt bei Anstrengungen zur Überwindung von Nöten: Sie bleiben erfolglos. Sinnfindung und Sinngebung in der Not des Nihilismus *ist* eine Anstrengung, die Anstrengung, zu einer neuen hilfreichen und haltbaren Orientierung zu kommen. Sie war es auch, als man in Europa einen absoluten Halt in einem „moralischen Gott" suchte, scheint jetzt aber nicht mehr neu zu gelingen. Nun ist unklar, ob die „Energie" dazu ausreicht. Nietzsche will sich zu Beginn des neuen Abschnitts der Lenzerheide-Aufzeichnung nicht darauf festlegen, dass „dies ‚Umsonst'" schon „der Charakter unseres gegenwärtigen Nihilismus ist". Das wäre ihm doch eine zu extreme Vereinfachung und bliebe erst noch „nachzuweisen". Aber Nietzsche

---

[653] Van Tongeren, Friedrich Nietzsche and European Nihilism, 87–99, hat dazu weitere Hinweise aus Nietzsches Schriften, vornehmlich aus dem Nachlass, zusammengestellt.

wird es nicht nachweisen; in der zitierten Übersicht zu den Symptomen und zur „Geschichte des europ. Nihilismus" im Arbeitsheft W II 3 kommt es nicht vor. Es bleibt seinerseits eine Hypothese, eine ebenfalls extreme Gegen-Hypothese. Mit ihr nimmt Nietzsche an, das Misstrauen richte sich nun gleich gegen „alle ‚Werthe'". Wenn „Werthschätzungen" aus Sinnbedürfnissen kommen, die Nöten entspringen, die wieder verschwinden können, wird man sicherlich keinem Wert mehr unbedingt trauen können, aber darum nicht schon allen Werten misstrauen. Dennoch kann psychologisch, argumentiert Nietzsche, die Enttäuschung über die bisherigen Werte so stark sein, dass man sich in einer „Komödie" von Wertungen sieht, die sich lediglich „in die Länge zieht, aber durchaus nicht einer Lösung näher kommt" – wenn man denn eine solche „Lösung" erwartet. Erwartet man sie, wird das extreme „alles umsonst" lähmen, nach Nietzsche, wiederum im Superlativ, zum „lähmendsten Gedanken" werden.

Dennoch ist es nicht einfach der Nihilismus mit seinem „Umsonst", der lähmt, sondern dass man, nachdem Wertungen überhaupt enttäuscht wurden, das Misstrauen gegen sie nicht mehr loswird. Auf einer andern Doppelseite des Notizheftes N VII 3, an der es ebenfalls um „Das Problem des Nihilismus (gegen Pessimism. usw)" geht, bemerkt Nietzsche auf der rechten Seite dazu, „wissenschaftl. Arbeit" lebe vom „Glauben an den Verband u. die Fortdauer der wissensch. Arbeit, so daß der Einzelne an jeder noch so kleinen Stelle arbeiten darf, im Vertrauen, nicht umsonst zu arbeiten": Die Wertung der eigenen Arbeit ist Teil der Wertung des Ganzen, hier der Wissenschaft überhaupt. Beide können einander bestärken oder enttäuschen: Man kann, wenn die eigene wissenschaftliche Arbeit keinen Erfolg bringt, die ‚Schuld' daran bei sich, aber auch bei der Wissenschaft und ihren Institutionen suchen. Nur im zweiten Fall ist „alles umsonst". Nietzsche aber blickt nur darauf, ausgleichende Relativierungen zwischen beidem erwägt er nicht, sondern fügt unvermittelt die generelle Feststellung hinzu: „Es gibt Eine große Lähmung: umsonst arbeiten, umsonst kämpfen. – –"[654] So geht er auch in der Lenzerheide-Aufzeichnung erneut ins Extrem:

> [LA 5] Die Dauer, mit einem „Umsonst", ohne Ziel und Zweck, ist der lähmendste Gedanke, namentlich noch wenn man begreift, daß man gefoppt wird u. doch ohne Macht, sich nicht foppen zu lassen.

---

654 N Sommer 1886 – Herbst 1887, 5[59], KSA 12.206 f., KGW IX 3, N VII 3, 117 f. Bei Montinari steht die Aufzeichnung ganz in der Nähe der Lenzerheide-Aufzeichnung, im Notizheft dagegen weit entfernt. Thematisch verweisen beide dennoch aufeinander.

2.6 Bekräftigung des „Umsonst" durch die wissenschaftliche Hypothese der ewigen Wiederkehr

Nietzsche wird nun bewusst maßlos, denkt bewusst extrem – und hofft zugleich, das Extrem wissenschaftlich absichern zu können. Im folgenden Abschnitt wagt er sein großes, sein größtes Gedankenexperiment:

> [LA 6a] Denken wir diesen Gedanken in seiner furchtbarsten Form: das Dasein, so wie es ist, ohne Sinn u. Ziel, aber unvermeidlich wiederkehrend, ohne ein Finale ins Nichts: „die ewige Wiederkehr".
> Das ist die extremste Form des Nihilismus: das Nichts (das „Sinnlose") ewig!

Das „Nichts", das ist klar, kann kein metaphysisches Nichts sein (Kap. II 2), als ob es an sich bestünde; denn solange man es denkt und dabei seinerseits *ist*, kann man es, das bleibt an Descartes' *ego cogito, ego existo* richtig, nur selbstwidersprüchlich denken. Stattdessen wird das Nichts als „das ‚Sinnlose'" erfahren: in einer „Verzweiflung" ([LA 9]), in der man sich nicht mehr auskennt, keinen Zusammenhang mehr sieht, die Orientierung völlig verloren hat. Das Nichts in Nietzsches Sinn ist der Verlust des Zusammenhangs und der Übersicht in der menschlichen Orientierung, die Orientierungslosigkeit: So erfährt man es und so macht es Angst. Später hat hier die Existenzphilosophie eingehakt, Nietzsche denkt noch an eine „Europäische Form des Buddhismus" und bei ihr an Schopenhauer und seinen gelehrten Lebensüberdruss („Finale ins Nichts");[655] damit wird er die dritte und letzte Abhandlung *Zur Genealogie der Moral* schließen, ohne den Wiederkunftsgedanken dabei noch zu erwähnen (Kap. II 2). In der Lenzerheide-Aufzeichnung macht er ihn zunächst noch stark und greift, mangels anderer Nachweise, auf seine unveröffentlichten ‚naturwissenschaftlichen' Beweisversuche zurück (Kap. III 3.3.), setzt sie hier einmal als haltbar voraus:

> [LA 6b] Energie des Stoffes und der Kraft <u>zwingt</u> zu einem solchen Glauben. Es ist die <u>wissenschaftlichste</u> aller möglichen Hypothesen.

Auch hier geht er von der Erhaltung der „Energie" aus, hier nun von der physikalischen. Aber selbst wenn seine Hypothese haltbar wäre, dass der physikalische Energieerhaltungssatz im Lauf der Zeit nur endlich viele Energiekonstellationen zulasse, so dass sie sich ewig wiederholen müssten, bliebe die philosophische

---

655 Vgl. zu möglichen Parallelen zum Buddhismus vgl. Riedel, Das Lenzerheide-Fragment, 78–81, zu Nietzsches ständiger Rücksicht auf Schopenhauer Constâncio, Nietzsche y Schopenhauer. – Nietzsche nennt Schopenhauer hier nicht ausdrücklich.

Extrapolation auf eine „ewige Wiederkehr"' – Nietzsche setzt sie hier in Anführungszeichen – auch aller Erlebnisse ein fragwürdiger „Glaube". Die Extrapolation ist ein seinerseits extremes Gedankenexperiment im extremen Gedankenexperiment mit dem Nihilismus.

Hier aber fügt Nietzsche den einzigen längeren Nachtrag in der Lenzerheide-Aufzeichnung an:

[LA 6c] {Wir leugnen Schluß-Ziele: hätte das Dasein eins, so müßte es erreicht sein}

– eine unendliche Zeit vorausgesetzt. Diese Leugnung von „Schluß-Zielen", von Zielen, auf die das menschliche Handeln und Dasein überhaupt hinauslaufen soll, reicht für das Gedankenexperiment mit dem großen Umsonst, der großen Lähmung schon aus; des Gedankens der ewigen Wiederkunft bedarf es dazu gar nicht. Die große Lähmung liegt unmittelbar im Nihilismus als „radikaler Ablehnung von Werth, Sinn, Wünschbarkeit", der bloßen Ziellosigkeit, und damit tiefer, als man naturwissenschaftlich beweisen könnte.

2.7 Abgleich mit Spinozas Pantheismus: Ist bei ihm schon ein „Glaube an die ‚ewige Wiederkunft'" möglich?

Der Nachtrag zum 6. Abschnitt könnte erfolgt sein, als Nietzsche am 7. schrieb. Denn nun besinnt sich Nietzsche auf Spinoza zurück, der „die Zweckvorstellung aus dem Prozesse weg[gebracht und] trotzdem den Prozeß" bejaht hatte. Und kurz bevor Nietzsche 1881 die Eingebung des Wiederkunftsgedankens beim pyramidalen Block am Silvaplaner See erlebte (EH, Za 1), hatte er, wie erwähnt, Spinoza als „Vorgänger" entdeckt (Kap. III 3.4.1). Das mag kein Zufall gewesen sein; Spinoza und der Wiederkunftsgedanke rückten in Nietzsches Denken eng zusammen. Spinoza schien ihm so beängstigend nahe, dass er ihm, wie so oft in seinen Auseinandersetzungen mit großen Figuren der Geistesgeschichte, sowohl in seinen Aufzeichnungen als auch in den zum Druck beförderten Schriften persönlich und philosophisch hart zusetzte, darunter mit einem wenig geschmackvollen Spottgedicht,[656] um nur nicht mit ihm verwechselt zu werden. Auch über Spinozas Denken, das er weithin nur aus zweiter Hand kannte, war er sich nicht wirklich im Klaren, er ist, wie mit Sokrates oder Christus oder dem tief gläubigen und doch

---

656 Vgl. Verf., Von Nizza nach Sils-Maria, 302.

höchst aufgeklärten Christen Pascal, nie mit ihm ‚fertig' geworden. Zuweilen hat er sich in seiner philosophischen Spinoza-Interpretation erkennbar vergriffen.[657]

In der Lenzerheide-Aufzeichnung bleibt er dagegen vorsichtig, tastet sich mit Fragen voran. Spinoza hat selbst keine Lehre von der ewigen Wiederkunft entwickelt, aber ließe sich der Gedanke der ewigen Wiederkunft mit seiner Ethik vereinbaren?[658] Wie oben dargestellt, wären in Spinozas Pantheismus der Nihilismus als Verneinung aller wünschbaren Werte und Bejahung all dessen, was ist und geschieht, miteinander verträglich. So wäre die ewige Wiederkunft nicht der Hammer, mit dem man die jüdisch-christliche Moral zerschlagen oder auch nur wie einen Götzen aushorchen könnte, sondern ließe sich in sie integrieren. Mit Spinozas Leugnung von Zielen wären auch „jene ‚Freiheit'" aus Abschnitt 1 und die moralischen Schuldzuweisungen ausgeschaltet, die sie ermöglicht. Der „moralische Gott" wäre überwunden, weil Gott nicht mehr als Richter jenseits der Welt gedacht ist.

---

657 Vgl. Rupschus / Verf., „Inconsequenz Spinoza's"?. Zu Nietzsches Auseinandersetzung mit Spinoza im Blick auf den Wiederkunftsgedanken vgl. Boehm / Verf., Der Ewige-Wiederkunfts-Gedanke und der Schatten Spinozas. Die vielsprachige Literatur zu Nietzsche und Spinoza ist inzwischen nicht mehr überschaubar. Textnahe Darstellungen geben Sommer, Nietzsche's Readings on Spinoza, und Benoit, Nietzsche lecteur de Spinoza.
658 Nietzsche erwähnt nicht, worauf Skowron, Dionysischer Pantheismus, 364, nochmals aufmerksam macht, dass Schopenhauer in *Die Welt als Wille und Vorstellung* I, § 54 (Sämtliche Werke, hg.v. Arthur Hübscher, Bd. 2, Leipzig (Brockhaus) 1938, 334f.), den Gedanken der „Wiederkehr" des Gleichen in eben dem Sinn erwogen hat, wie Nietzsche ihn dann in FW 341 einführte, als Probe auf die Bejahung des Willens zum Leben: „Ein Mensch, der die bisher [von Schopenhauer, W.S.] vorgetragenen Wahrheiten seiner Sinnesart fest einverleibt hätte, nicht aber zugleich durch eigene Erfahrung, oder durch eine weitergehende Einsicht, dahin gekommen wäre, in allem Leben dauerndes Leiden als wesentlich zu erkennen; sondern der im Leben Befriedigung fände, dem vollkommen wohl dabei wäre, und der, bei ruhiger Überlegung, seinen Lebenslauf, wie er ihn bisher erfahren, von endloser Dauer, oder von immer neuer Wiederkehr wünschte, und dessen Lebensmuth so groß wäre, daß er, gegen die Genüsse des Lebens, alle Beschwerde und Pein, der es unterworfen ist, willig und gern mit in den Kauf nähme; ein solcher stände ‚mit festen, markigen Knochen auf der wohlgegründeten, dauernden Erde' und hätte nichts zu fürchten". Schopenhauers Gesichtspunkt ist jedoch ein anderer als der Nietzsches: Wenn das Leben ewig wiederkehrt, ist dem, der das annimmt, nicht nur die Todesfurcht genommen, sondern seine Lebensfreude wächst noch, von Selbstmord ist er denkbar fern. Das Leben wird leichter, nicht wie für Nietzsche schwerer durch den Wiederkunftsgedanken. – Dass Nietzsche in der Lenzerheide-Aufzeichnung zunächst und in Anführungszeichen von „Wiederkehr" spricht, könnte schlicht ein Hinweis darauf sein, dass Nietzsche hier, wie so oft, an Schopenhauer denkt und sich an die einschlägige Stelle erinnert, dann jedoch, nachdem er die Anführungszeichen in Abschnitt 7 zunächst noch beibehält, sich davon löst und in den Abschnitten 13, 14 und 16 ohne Anführungszeichen in seinem eigenen Sinn von ewiger Wiederkunft spricht.

Für Nietzsche kann das nicht sein: Er sucht, wenn der „Pantheismus" „ebenfalls zu einem Glauben an die ‚ewige Wiederkunft'" zwingt, den „Gegensatz" zum Pantheismus. Aber er streicht im Text sofort „erreicht ist" und ersetzt es durch „angestrebt wird": Er sieht, dass es schwer wird, sich von Spinoza zu distanzieren. Die „ewige Wiederkunft" wäre bei Spinoza denkbar, wenn man von seiner Figur der einen Substanz ausgeht, die sich unter allgemeinen geistigen und körperlichen Attributen in individuellen Modi darstellt. Im II. Teil der *Ethik* findet sich eine Anmerkung zur Substanz qua Natur als körperlichem „Individuum", dessen Teile wiederum unendlich verschiedene Individuen sind und die dabei doch ein Ganzes bleibt:[659] So müssten sich im Sinn von Nietzsches naturwissenschaftlichem Beweisversuch die individuellen Bewegungen der individuellen Modi der einen Substanz in unendlicher Zeit in ihren individuellen Konstellationen irgendwann wiederholen.

Wo aber läge dann der Gegensatz zum Pantheismus? Nietzsche hat die Frage auch nach der Lenzerheide-Aufzeichnung weiter beschäftigt. In einer Aufzeichnung des Arbeitshefts W II 2 vom Herbst 1887 führt er zur Bestätigung der Vermoralisierung Gottes nochmals die Argumente des 1. Abschnitts der Lenzerheide-Aufzeichnung aus, jetzt in starker Bearbeitung:

> Die Moral-Hypothese als eine {zum Zweck der} Rechtfertigung Gottes, u überhaupt des Daseins: so schon bei Epictet (Simplicius) {hieß: sehr gut dargestellt im Commentar des Simplicius zu Epictet} die Freiwilligkeit des Bösen Das Böse muß freiwillig sein {(um {bloß damit} an die Freiwilligkeit alles {des} Guten {ge}glauben{t} zu können {werden kann}} u., anderseits der Heilszweck alles Übels u Leides {: in allem Übel und Leiden liegt ein Heilszweck}
> Der Begriff Schuld als nicht bis auf die letzten Gründe des Daseins zurückreichend, u der Begriff Strafe als eine erzieherische Wohlthat, folglich {als} Akt eines guten Gottes.
> Absolute Herrschaft der Moral-Werthung über alle andern: man zweifelte nicht daran, daß Gott nicht böse sein könne u. nichts Schädliches thun könne, d. h. man zweifelte nicht daran, daß {man dachte sich bei Vollkommenheit bloß eine moralische} die Vollkommenheit {bloß} eine moralische Vollkommenheit.[660]

Nach einer weiteren Aufzeichnung in demselben Arbeitsheft geht es im Pantheismus dagegen nicht mehr um das Gut-sein-Sollen eines moralischen Gottes, sondern darum, dass alles ohne alle Wertung so gut ist, wie es ist – die „Vermoralisierung" Gottes wird zurückgenommen:

> Man {Der Mensch {Der moderne neuere M.}} hat die {seine} idealisierende Kraft in Hinsicht auf einen Gott zumeist in einer {wachsenden} Vermoralisierung desselben ausgeübt – was be-

---

659 Spinoza, Ethik, II. Teil, Scholium zum Lemma VII zum Axiom III, S. 190/191.
660 N Herbst 1887, 10[151], KSA 12.541, KGW IX 6, W II 2, 39.

deutet das? {Nichts Gutes, ein Abnehmen an Kraft des M.–}
An sich wäre {nämlich} das Gegentheil möglich: u. es giebt Anzeichen davon. die vollkommene Fülle {Gott, gedacht als das Freigewordensein von der Moral, die ganze Fülle} der Lebensgegensätze in sich drängend und als {sie in} göttliche Qual erlösend, rechtfertigend, heraushebend über den {: – Gott als Erlösung von der {das Jenseits, das Oberhalb der über den erbärmlichen Armutspunkt {Eckensteher-Standpunkt} der Moral-Werthung {u. Winkel-Perspektive von als „Gut u Böse"}[661]

So könnte man ohne „Zweckvorstellung" und „Vermoralisirung" Gottes „trotzdem den Prozeß" bejahen. Der „Sinn" läge dann schlicht im Prozess und der Bejahung des Prozesses selbst:

> [LA 7a] Das wäre der Fall, wenn Etwas innerhalb jenes Prozesses in jedem Momente desselben erreicht würde – u immer das Gleiche

Ein Prozess ohne Zweckvorstellung erreicht in jedem Moment etwas und, abstrakt betrachtet, in jedem Fall das Gleiche, nämlich seinen bloßen Fortgang. Eben dies versuchte Spinoza *more geometrico*, nach logisch-mathematischer Methode, zu zeigen: dass die von Gott geschaffene und mit ihm identische Natur ein nach göttlicher Notwendigkeit ablaufender Prozess ist, der in jedem Moment sein Ziel erreicht, ohne darüber hinaus ein Ziel zu haben. Der Prozess ist und bleibt immer vollkommen und sinnvoll. Über diese Einsicht hinaus braucht es keinen weiteren Halt in der philosophischen Orientierung, Spinoza jedenfalls genügte das. Und so brauchte er auch den Gedanken einer ewigen Wiederkunft nicht:

> [LA 7b] Spinoza gewann eine solche bejahende Stellung, insofern jeder Moment eine logische Nothwendigkeit hat: und er triumphirte mit seinem logischen Grundinstinkte über eine solche Weltbeschaffenheit.

Menschen mögen mit ihrem begrenzten, nie wirklich adäquaten Denken den Prozess im Einzelnen nicht immer nachvollziehen können und darum genötigt sein, an seinem Sinn zu zweifeln und zu Zweckvorstellungen und zu moralischen Schuldzuweisungen Zuflucht zu nehmen. Das ficht den Pantheismus als solchen aber nicht an; von ihm aus wird im Gegenteil sichtbar, dass eine Moral dieser Art nur eine Hilfsvorstellung ist. So aber zeichnet sich in der „Ja-stellung {zu allen Dingen}", die Nietzsche sucht, der von ihm angestrebte „Gegensatz zum Pantheismus" nicht ab – außer dass Spinoza ohne das extreme Gedankenexperiment mit der ewigen Wiederkunft auskommt.

---

[661] N Herbst 1887, 10[203], KSA 12.580 f., KGW IX 6, W II 2, 1.

2.8 Absehen von Spinoza als Sonderfall

Doch Nietzsche will Spinozas Pantheismus nicht beipflichten; dem stand alles, was er bisher über den Tod Gottes einerseits und Spinoza andererseits geschrieben hat, im Weg. So geht er in seinem Orientierungsprozess nun einen andern Weg: Er lässt von generellen Überlegungen ab und erklärt den Fall Spinoza zum „Einzel-Fall", er macht ihn zur Ausnahmeerscheinung. Schon 1884 hatte er sich notiert:

> Daß so etwas wie Spinozas amor dei wieder erlebt werden konnte, ist sein großes Ereigniß.[662]

Danach hat Spinoza, wie Nietzsche nun in der Lenzerheide-Aufzeichnung festhält, weniger seinen Deduktionen als seinem „Grundinstinkte" getraut, „triumphirend jeden Augenblick des allgem. Daseins gut zu heißen", und sich in diesem Sinn seine Argumente zurechtgelegt, wofür einiges spricht. Dies verallgemeinert Nietzsche nun seinerseits, aber nicht logisch, sondern in seinem Sinn psychologisch: Für jenen Triumph muss, in unserer Sprache, die Orientierung eines Individuums so weit entwickelt, ausgebildet und eingespielt sein, dass

> [LA 8] Jeder Grundcharakterzug, der jedem Geschehen zu Grunde liegt, der sich an jedem Geschehen ausdrückt, [...] von [ihm] als sein Grundcharakterzug empfunden

und dabei „als gut, werthvoll, mit Lust" erlebt wird. Seine Orientierung müsste gleichsam so erfüllt sein von der Ziel- und Sinnlosigkeit des Daseins jenseits seiner göttlichen Vollkommenheit, das es gut mit ihm leben kann.

Das muss man so stehen lassen: Was ein Individuum letztlich als stimmig empfindet, was sich überzeugend in seine Orientierung einfügt, ist letztlich seine Sache und von anderen nur begrenzt nachvollziehbar, zumal wenn es sich um außerordentliche Individuen wie Spinoza handelt. Nietzsche ist das bewusst; da er sich selbst als außerordentliches Individuum erlebt, begegnet er dem wohlwollend. Aber so braucht er Spinozas Pantheismus auch nicht zu übernehmen, so nahe er ihm stehen mag. Die Individualität allen Philosophierens, die Philosoph*innen sich oft nur sehr schwer eingestehen können, die Nietzsche in seinen Werken aber immer neu betont, tritt hier scharf hervor. Man müsste nach ihm ein vergleichbares Individuum mit vergleichbaren Erlebnissen sein, um die Argumente des Anderen in ihrer ganzen Überzeugungskraft nachvollziehen und übernehmen zu können.[663] Hier tun sich Grenzen eines Philosophierens auf, das

---

662 N Sommer – Herbst 1884, 26[416], KSA 11.262.
663 Vgl. Liebsch / Verf., Orientierung und Ander(s)heit.

sich an der vermeintlichen Allgemeingültigkeit von Argumenten orientiert. Außer Spinoza (und Heraklit) hat Nietzsche kein menschliches Beispiel dafür, dass die Bejahung des Werdens vollkommen gelingt und der Nihilismus keine Bedrohung mehr darstellt – für sich selbst hat er in JGB 295 noch einmal Dionysos aufgerufen als Gott seines Philosophierens, der selbst ewig wiederkehrt (Kap. III 3.3.3). Dieser philosophische Gott aber *denkt* den Wiederkunftsgedanken nicht, er *lebt* ihn, er vollzieht ihn. In der Lenzerheide-Aufzeichnung scheint Nietzsche nicht an ihn zu denken, er nennt ihn jedenfalls nicht.

Nietzsche respektiert, wie die Aufzeichnung deutlich macht, Spinozas Pantheismus als Antwort auf den ursprünglichen Nihilismus, bleibt aber dabei, den Gedanken der ewigen Wiederkehr ins Extrem zu treiben und zwar so, dass er nicht auf einen vollkommenen Sinn der Welt im Ganzen, sondern, ohne einen Gott, auf ihre vollkommene Sinnlosigkeit hinausläuft. Lässt sich die „christliche Moral-Hypothese" mit dem ersten vereinbaren, so nicht mit dem zweiten. So lässt Nietzsche Spinozas Pantheismus auf sich beruhen und folgt dem zweiten, seinem Weg. Er trifft ohne weitere Begründung eine andere Orientierungsentscheidung.

2.9 Neuansatz beim Willen zur Macht und dem Hass der Moral auf ihn

In der zweiten Hälfte der Lenzerheide-Aufzeichnung, die mit dem 9. Abschnitt beginnt, setzt er mit einem „Nun" neu beim Willen-zur-Macht-Gedanken an, um jetzt mit seiner Hilfe gegen die christliche Moral anzugehen. Dabei orientiert er sich nicht mehr an den Beziehungen der Menschen zu Gott, sondern an ihren Beziehungen untereinander. So wird der Erhaltungs-, Schutz- und Trostbereich der Moral eingeschränkt, aber auch konkretisiert; spezifischere Aussagen werden möglich. Und da zeigt sich, dass der absolute Wert der Menschen in ihrer angeblichen Gleichheit vor Gott nur bedingt unter den Menschen gilt: Hier werden Mächtigere und Ohnmächtigere, Stärkere und Schwächere, Unterdrückende und Unterdrückte, besser und schlechter Weggekommene unterschieden. Und

> [LA 9a] die Ohnmacht gegen Menschen, nicht die Ohnmacht gegen die Natur, erzeugt die desperatischste Verbitterung gegen das Dasein.

Hier wirkt „die Moral" – weiterhin im Sinn der Moral eines absolut gleichen Werts aller Menschen – dann zwiespältig. Sie schützt wohl vor der Verzweiflung über Ungleichheiten und Ungleichbehandlungen unter den Menschen, indem sie den Ohnmächtigeren, Schwächeren, Unterdrückten das Recht gibt, die Mächtigeren, Stärkeren und Unterdrückenden zu verachten, und ihrer Orientierung darin einen festen Halt gibt. Aber zugleich erzeugt sie Feindschaft und Hass:

> [LA 9b] Die Moral hat die Gewalthaber, die Gewaltthätigen, die „Herren" überhaupt als die Feinde behandelt, gegen welche der gemeine M[ensch] geschützt, d. h. zunächst ermuthigt, gestärkt werden muß.

Was beide aber verbindet, ist dann ihr „Wille zur Macht" – die einen setzen sich mit ihm durch, die andern haben darunter zu leiden und hassen darum den Willen zur Macht:

> [LA 9c] Die Moral hat folglich am tiefsten hassen und verachten gelehrt, was der Grundcharakterzug der Herrschenden ist: ihr Wille zur Macht.

In den Mächtigeren hassen die Ohnmächtigeren die Macht selbst. Wenn der Wille zur Macht aber das Prinzip aller Ordnungen der Realität ist (Kap. III 3.3), so hassen sie die Realität selbst, während sie sich ihrerseits durch die Annahme des gleichen Werts aller Menschen moralisch idealisieren. Solange sich Machtordnungen erhalten, erhält sich auch die moralische Selbstidealisierung der Ohnmächtigen; je spürbarer die Machtordnungen werden, auch unter insgesamt günstigeren Lebensverhältnissen, desto bedeutsamer wird moralische Halt in der Feindschaft gegen Machtordnungen überhaupt. Hass und Verachtung halten gewöhnlich an, hier ist keine Oszillation, kein Auflösungsprozess, kein ins Leere laufendes Umsonst zu erwarten; man weiß, womit man es zu tun hat, wogegen man sich richtet, und kann sich langfristig daran halten. Der ursprüngliche Nihilismus kann vergessen werden, der moralische Trost verdeckt ihn erfolgreich.

Umso härter, folgert Nietzsche daraus, muss sich der Einbruch des moralischen Trostes durch seine Selbstaufhebung auswirken: als Selbstumwertung.

> [LA 9d] Diese Moral abschaffen, leugnen, zersetzen: das wäre den bestgehaßten Trieb mit einer umgekehrten Empfindung und Werthung versehen.

Den Willen zur Macht bei den Stärkeren anzuerkennen und gutzuheißen, bedeutet, sich die eigene Schwäche einzugestehen und noch schlechter dazustehen als zuvor. Das müsste nach der Argumentation in der ersten Hälfte der Aufzeichnung einen massiven Affekt und Effekt, wieder eine Umkehrung extremer Positionen auslösen:

> [LA 9e] Wenn der Leidende, Unterdrückte den Glauben verlöre, ein Recht zu seiner Verachtung des Willens zur Macht zu haben, so träte er in das Stadium der hoffnungslosen Desperation.

Ein neuer Nihilismus müsste eintreten, das Dasein auf neue Weise sinnlos werden, und spürbar wäre das dort, wo das Leben am stärksten erlebt wird, im Verkehr mit anderen Menschen.

Noch schlimmer aber, ist dann Nietzsches Schluss, wird die Verzweiflung, wenn die Ohnmächtigen, die sich an ‚die Moral' halten, die Konsequenz auf sich selbst ziehen und sehen,

> [LA 9f] daß selbst in jenem „Willen zur Moral" nur dieser „Wille zur Macht" verkappt sei, daß auch jenes Hassen u. Verachten noch ein Machtwille ist.

Der „Wille zur Moral" erkennt sich als „Willen zur Macht", sobald er sieht, dass auch sein Lebenssinn in einem Willen zur Macht, dem Willen zur Macht gegen den Willen zur Macht liegt. Was er bei den Mächtigeren hasste, muss er nun bei sich selbst wahrnehmen und sich damit auch selbst hassen. Seine Gegnerschaft wird grundlos, sein Selbstzweifel um so größer; der Halt, den ‚die Moral' der Orientierung der Leidenden, Ohnmächtigen, schlechter Weggekommenen gegeben hat, bricht ein; das moralische Überlegenheitsgefühl gegenüber den faktisch Überlegenen, der vermeintlich moralisch „<u>höhere Rang</u>" im Sinn der angenommenen höheren Gottgefälligkeit geht verloren. Der eigene Wert wird entwertet.

2.10 Die christliche Moral-Hypothese schützt die Schlechtweggekommenen und widerspricht der Rangordnung der Menschen in der Gesellschaft

Mit dem Gedanken des Willens zur Macht wird die Argumentation zum Einbruch der „christlichen Moral-Hypothese" plausibel und schlüssig; Nietzsche sieht sich nun spürbar auf sicherer Bahn. Im folgenden Abschnitt zieht er eine erste Summe, nun in der Perspektive des aufs Ganze blickenden Philosophen. Er beginnt mit dem Generalsatz, der ihm jetzt als gesichert gilt und den er darum wie einen Lehrsatz, wie ein Dogma formuliert:

> [LA 10a] Es giebt nichts {am Leben}, was Werth hat, außer der ~~höheren~~ dem Grade der Macht – gesetzt eben, daß Leben selbst der Wille zur Macht ist.

Die Prämisse aus dem 1. Abschnitt der Lenzerheide-Aufzeichnung vom „absoluten <u>Werth</u>" des Menschen kann damit konkretisiert und neu formuliert werden:

> [LA 10b] Die Moral behütete die <u>Schlechtweggekommenen</u> vor Nihilismus, indem sie <u>Jedem</u> einen unendlichen Werth, einen metaphysischen Werth beimaß u. in eine Ordnung einreihte, die mit der der weltlichen Macht und Rangordnung nicht stimmte: sie lehrte Ergebung, Demuth usw.

Nun ist es der Widerspruch zur eingespielten Rangordnung in der Gesellschaft, der, wieder ins Extrem gedacht, in die Katastrophe führt:

[LA 10c] Gesetzt, daß der Glaube an diese Moral zu Grunde geht, so würden die Schlechtweggekommenen ihren Trost nicht mehr haben – u zu Grunde gehen.

Zugrunde gehen nicht die Menschen selbst, sondern ihre moralische Selbstidealisierung und mit ihr der bisher stabilste Halt ihrer Orientierung, der sie vor dem Blick in den ursprünglichen Nihilismus bewahrt hat. Dies aber denkt Nietzsche nun wieder ins Extrem.

2.11 Der aufgedeckte Nihilismus wirkt bei den Schlechtweggekommenen als Wille zur Zerstörung ...

Wie zuvor die Begriffe „extrem" und „umsonst" schafft nun „das zu-Grunde-Gehen" den Anschluss: Es soll, was nahelege, kein allmähliches Schwächer-Werden und Sichauflösen, sondern ein „Sich-zu-Grunde-Richten", eine „Selbstzerstörung" sein:

[LA 11a] Das zu-Grunde-Gehen präsentirt sich als ein – Sich-zu-Grunde-richten, als ein instinktives Auslesen dessen, was zerstören muß.

Die „Symptome" dieser Selbstzerstörung der Schlechtweggekommenen", die Nietzsche zunächst anführt, machen freilich einen eher unscheinbaren Eindruck. Es sollen

[LA 11b] die Selbstvivisektion, die Vergiftung, Berauschung, Romantik

sein, die „Symptome", die Nietzsche auch sonst für die zeitgenössische *décadence* anführt, mit denen man freilich vor allem in Frankreich ganz gut leben kann. Aber Nietzsche will mehr, er verbindet mit ihnen die

[LA 11c] instinktive Nöthigung zu Handlungen, mit denen man die Mächtigen zu Todfeinden macht (– gleichsam sich seine Henker selbst züchtend)

also die Symptome des zuweilen mörderischen ‚russischen Nihilismus' und Anarchismus. Wir denken heute bei „Henkern" sogleich an „die Mächtigen" des 20. und 21. Jahrhunderts, an so extreme Figuren wie Stalin und Hitler, Mao Tse-tung und Ho Chi Minh, Baschar al-Assad und Kim Jong-un. Nietzsches Folgerung, der die dagegen harmlosen Zaren Alexander II. und Alexander III., Napoleon III., Fürst Bismarck und Kaiser Wilhelm II. vor sich hatte, wirkt da wie eine verblüffende Prognose. Zumindest ihrem ‚Führer' Adolf Hitler hat sich in der Tat die überwiegende Mehrheit des deutschen Volkes willig ergeben. Aber auch ein

Nietzsche konnte die Dimensionen des Tötens im 20. Jahrhundert nicht voraussehen. Wenn sich seine extremen Gedanken nachträglich als realistisch erwiesen, so waren es doch auch für ihn noch kaum ausdenkbare Gedanken.

2.12 ... und Selbstzerstörung

Er bedient sich wieder seines Arguments des Umschlagens von einem Extrem ins andere: Nachdem er das Trostlos-Werden zu einem Zugrundegehen und das Zugrundegehen zu einem Willen zur Selbstzerstörung gesteigert hat, macht er aus diesem schließlich einen „Willen zur Zerstörung" und einen „Willen ins Nichts" überhaupt, dergestalt dass die „Schlechtweggekommenen"

> [LA 12a] sich auf den Boden des entgegengesetzten Princips stellen u. Macht wollen, indem sie die Mächtigen zwingen, ihre Henker zu sein.

Sieht man, ergibt sich so, sein moralisches Vorrecht in dieser Welt zerstört, will man in seiner Ohnmacht gleich auch die Welt im Ganzen zerstört sehen.[664]

Nietzsche wird die bald folgenden drei Abhandlungen *Zur Genealogie der Moral* mit dem „Willen zum Nichts" abschließen (GM III 28); auf den Zerstörungs- und Vernichtungswillen der moralisch Enttäuschten geht er dort nicht mehr ein. Im veröffentlichten Werk belässt er es bei der generellen Ankündigung der „langen Fülle und Folge von Abbruch, Zerstörung, Untergang, Umsturz, die nun bevorsteht" und „deren Gleichen es wahrscheinlich noch nicht auf Erden gegeben hat", zu Beginn des V. Buchs der *Fröhlichen Wissenschaft* (FW 343).

2.13 Beim Nachlassen gesellschaftlicher Nöte wird der Nihilismus, bestärkt durch die Lehre der ewigen Wiederkunft, aktiv

Im folgenden Abschnitt versichert sich Nietzsche der Symptomatik des Nihilismus, wie sie bei den zu seiner Zeit aktiven russischen „Nihilisten" auftritt, die in „relativ viel günstigeren gestalteten Verhältnissen" leben und einen „ziemlichen Grad geistiger Cultur" aufweisen, und bringt nun im Blick auf sie wieder „die Lehre der ewigen Wiederkunft" ins Spiel. Bei ihnen könnte sie tatsächlich als Lehre wirken, die Lehre könnte ihre Aktivität stärken und sie in ihrem „Nein-thun" (LA 12) steigern. Sein Bedenken aus dem 3. Abschnitt, dass Menschen unter

---

[664] Blumenberg, Lebenszeit und Weltzeit, 80–85, hat diesen Gedanken auf Adolf Hitler selbst bezogen.

günstigeren Lebensumständen „ein Gegenmittel gegen den ersten Nihilismus nicht mehr so nöthig haben", überblendet er jetzt mit dem Begriff des „aktiven Nihilismus", der gerade bei

> [LA 13a] einer gewissen geistigen Ermüdung, durch den langen Kampf philosoph. Meinungen bis zur hoffnungslosen Scepsis gegen Philosophen gebracht,

hervorbrechen könne, wie es bei den anarchistischen Attentaten in Russland sichtbar geschah. Auch in einer Aufzeichnung vom Herbst 1887 scheint er an sie zu denken; die Formel „aktiver Nihilism" trägt er später am Rand nach:

> {Nihilism als Zeichen der gesteigerten Macht des Geistes: als activer Nihilism.}
> [...]
> Er kann ein Zeichen von Stärke sein: die Kraft des Geistes kann so angewachsen sein, daß ihr die bisherigen Ziele („Überzeugungen", Glaubensartikel) unangemessen sind
> [...]
> Andrerseits ein Zeichen von nicht genügender Stärke, um produktiv sich nun auch wieder ein Ziel, ein Warum? einen Glauben zu ~~sch~~ setzen.
> Sein Maximum von relativer Kraft erreicht er als gewaltthätige Kraft der Zerstörung: {als aktiver Nihilism}. Sein Gegensatz ~~ist~~ {wäre} der müde ~~Pessimis~~ Nihilism, der nicht mehr angreift: seine berühmteste Form der Buddhismus: als passivischer Nihilism
> Der Nihilism stellt einen {pathologischen} Zwischenzustand dar: sei es, daß die produktiven Kräfte noch nicht stark genug sind: sei es, daß die décadence noch zögert u. ihre Hülfsmittel noch nicht erfunden hat.[665]

In den letzten Abschnitt dieser Aufzeichnung trägt er noch ein:

> {pathologisch ist die ungeheure Verallgemeinerung, der Schluß auf gar keinen Sinn}[666]

Diesen Schluss und damit auch diesen Nihilismus, sei es als aktiven oder passiven, teilt Nietzsche offenbar selbst nicht, umso mehr aber, wie er auf der rechten Seite hinzufügt, die „Voraussetzung dieser Hypothese":

> Daß es keine Wahrheit giebt; daß es keine absolute Beschaffenheit der Dinge, kein „Ding an sich" giebt
> — dies ist selbst ein Nihilism, u. zwar der extremste. Er legt den Werth der Dinge gerade dahinein, daß diesem Werthe keine Realität entspricht u entsprach, sondern nur ein Symptom von Kraft auf Seiten der Werth-Ansetzung, eine Simplification zum Zweck des Lebens

---

665 N Herbst 1887, 9[35], KGW IX 6, W II 1, 115.
666 Ich komme in Kap. V 5 darauf zurück.

Die „Kraft" liegt danach in der Orientierung *im* Nihilismus als „normalem Zustand", einer eigenen „Werth-Ansetzung", von der man weiß, dass sie nur eine „Simplification zum Zweck des Lebens" ist. Das heißt: Gerade wenn man – nicht durch politische Attentate, sondern in philosophischen Gedankenexperimenten – ins Extrem geht, wird eine „Ermäßigung" möglich, in Gestalt einer ihrer eigenen Bedingungen bewusst gewordenen Orientierung.

2.14 Die Krise der Gesellschaft kann zu einer gesünderen Rangordnung der Kräfte führen

Auch in der Lenzerheide-Aufzeichnung folgt er dem jetzt. Er geht vom politischen Aktivismus auf dessen „physiologische" Voraussetzungen zurück, die ihm, im Blick auf die europäische Gesellschaft als ganze, mürbe und morbide geworden zu sein scheinen. So müsste „der Glaube an die ewige Wiederkunft", je mehr man sie sich bewusst mache, als „Fluch" empfunden werden; die „Zerstörungslust" müsste sich zu einem „blinden Wüthen" steigern, zumal wenn man wisse, dass auch „Nihilismus und Zerstörungslust" schon „seit Ewigkeiten da war", sie sich also selbst ewig wiederholten. Nietzsche erwartet von Einsichten stärkste Wirkungen. Darin bleibt er Aufklärer, auch wenn er sich zuvor noch, im 2. Abschnitt der Lenzerheide-Aufzeichnung, die begrenzte Kraft aufklärerischer Einsichten noch einmal vor Augen geführt hat. Aber auch jetzt ist für ihn die Einsicht nur ein Teil oder ein Stimulans der neu aufgebrochenen „Zerstörungslust". Erst beide zusammen, Einsicht *und* Zerstörungslust, werden in seinen Augen fruchtbar und produktiv: in einer „Crisis", die „reinigt" – reinigt von den moralischen Selbstidealisierungen. Eine solche Krisis wäre die Chance, die zwischenmenschlichen Verhältnisse neu zu ordnen: nicht, indem sich im Sinn des absoluten und gleichen Werts aller Menschen die Ungleichheiten ausgleichen, sondern indem sie im Gegenteil nun klar hervortreten und die Bildung entsprechender gesellschaftlicher Ordnungen hervorrufen. Hier führt Nietzsche nun das Thema der Rangordnung ein, als

[LA 14a] eine Rangordnung der Kräfte, im Gesichtspunkte der Gesundheit

Er betont auch für sich selbst ausdrücklich, dass es sich dabei nicht mehr um eine Rangordnung von Ständen handeln kann. ‚Gesundheit' ist im Sinn seiner Lehre der Herrschaft in allem Organischen gemeint (Kap. III 3.5.3 f.). Sie soll darin bestehen, dass man

[LA 14b] Befehlende als Befehlende, Gehorchende als Gehorchende im Sinn geistiger Über- und Unterlegenheiten erkennen und anerkennen kann:

[LA 14c] Natürlich abseits von allen bestehenden Gesellschaftsordnungen.[667]

2.15 Die Mäßigsten werden die Stärksten sein und keine „extremen Glaubenssätze" mehr nötig haben

Die Krise, die Nietzsche erwartet und bejaht, wird, vermutet er an anderen Stellen, sich über Jahrhunderte hinziehen. Je gründlicher sie reinigt, desto deutlicher werden auch die Lehren vom Nihilismus, der ewigen Wiederkunft, dem Willen zur Macht, des Übermenschen, der Umwertung von Werten und der Rangordnung werden und ihre Wirkung unter den Menschen entfalten. Doch zuletzt scheint sich ihm die Frage aufzudrängen, wie sie denn auf jemanden wie ihn selbst wirken werden, der sich schon einige Gelassenheit und Heiterkeit angesichts der „Heraufkunft des Nihilismus"[668] erworben hat, wie er zuvor im V. Buch der *Fröhlichen Wissenschaft* demonstriert hat. Er nennt sich hier selbst nicht, spricht nicht von ‚ich' oder ‚wir', scheint sich aber doch auf seinen eigenen Orientierungsprozess zu besinnen. Dabei stellt er sich nicht über die Dinge, setzt für sich keinen erhabenen ‚theoretischen' Standpunkt, keine, wie man heute sagt, Metaebene voraus, sondern sieht sich auch und gerade als Philosoph als Teil des Geschehens; nur so kann er auf es einwirken. Wenn schon als Philosoph „zeitlos", so muss er es unter den Bedingungen seiner Zeit, seines Lebens werden. Im Vorwort zu *Der Fall Wagner* wird er schreiben:

> Was verlangt ein Philosoph am ersten und letzten von sich? Seine Zeit in sich zu überwinden, „zeitlos" zu werden. Womit also hat er seinen härtesten Strauss zu bestehn? Mit dem, worin gerade er das Kind seiner Zeit ist. Wohlan! Ich bin so gut wie Wagner das Kind dieser Zeit, will sagen ein décadent: nur dass ich das begriff, nur dass ich mich dagegen wehrte. Der Philosoph in mir wehrte sich dagegen.

Als Philosoph gerät er in jene Oszillation, die er im 2. Abschnitt der Lenzerheide-Aufzeichnung beschrieben hat, den Kampf zwischen der Einsicht und ihrer Ab-

---

667 Wird ‚Rangordnung' mit *hiérarchie* oder *hierarchy* übersetzt, wird sie unvermeidlich als soziale und politische Hierarchie verstanden.
668 N November 1887 – März 1888, 11[119], KSA 13.56, KGW IX 7, W II 3, 146, u.ö. Nietzsche nimmt hier den Krisen-Topos wieder auf: „Ich lobe, ich tadle {hier} nicht, daß er kommt: ich glaube, es giebt eine der größten Krisen, einen Augenblick der allertiefsten Selbst-besinnung {des Menschen}: ob der Mensch sich davon erholt, ob er Herr wird über diese Krise, das ist eine Frage seiner Kraft: es ist möglich..." Er schließt die Aufzeichnung: „Was ich erzähle, ist die Geschichte der nächsten zwei Jahrhunderte ..."

wehr und Abblendung, den er in seinem unerlösten, zwischen Achtung und Verachtung schwankenden Verhältnis zu Wagner bis zuletzt erlebt. Er würde, fügt er im genannten Vorwort hinzu, von „S e l b s t ü b e r w i n d u n g" sprechen, wenn das nicht wieder ein zu „schönes", beschönigendes Wort im Munde eines idealisierenden „Moralisten" wäre. Gegen „die grosse Müdigkeit" kann er zwar mit „Selbstdisciplin" angehen, auf Dauer überwinden kann er sie nicht, so wenig wie er von seiner Liebe zu Wagner loskommt und Pamphlete gegen ihn schreiben muss, um Distanz zu ihm zu wahren.

Das scheint die Situation auch am Ende der Lenzerheide-Aufzeichnung zu sein: Nietzsche hat den Nihilismus mit extremen Lehren extrem zu denken versucht, aber hat er damit schon Stärke bewiesen? So fragt er sich nun:

> **[LA 15a]** Welche [Menschen] werden sich als die <u>Stärksten</u> dabei erweisen?

Der Maßstab dafür ist nicht mehr die Wahrheit der Lehren, denn auch den Maßstab der Wahrheit hat Nietzsche ja in Frage gestellt. Soweit es noch um Wahrheit gehen kann, wäre das die Wahrheit, unter welchen Bedingungen Wahrheit noch denkbar und erträglich ist.[669] Über diese „Wahrheit" der Wahrheit hat Nietzsche zuletzt in *Jenseits von Gut und Böse* geschrieben:

> Etwas dürfte wahr sein: ob es gleich im höchsten Grade schädlich und gefährlich wäre; ja es könnte selbst zur Grundbeschaffenheit des Daseins gehören, dass man an seiner völligen Erkenntniss zu Grunde gienge, – so dass sich die Stärke eines Geistes danach bemässe, wie viel er von der „Wahrheit" gerade noch aushielte, deutlicher, bis zu welchem Grade er sie verdünnt, verhüllt, versüsst, verdumpft, verfälscht n ö t h i g h ä t t e. (JGB 39)

In der Vorrede zu *Ecce homo* wird er das kurz und prägnant so fassen:

> Wie viel Wahrheit e r t r ä g t, wie viel Wahrheit w a g t ein Geist? das wurde für mich immer mehr der eigentliche Werthmesser. (EH, Vorrede 3)

Diese Kraft zur Wahrheit über die Wahrheit verbindet er in einer weiteren Aufzeichnung von 1887 wieder mit einem „entschlossenen Nihilism". Bald nach der Lenzerheide-Aufzeichnung notiert er:

> „Wie viel ‚Wahrheit' erträgt u wagt ein Geist?" Frage seiner Stärke. Ein solcher Pessimism <u>könnte münden</u> in jene Form eines dionysischen <u>Jasagens</u> zur Welt, wie sie ist: bis zum Wunsche ihrer absoluten Wiederkunft u. Ewigkeit: womit ein neues Ideal von Philosophie u. Sensibilität gegeben wäre {Eine solche Denkweise nimmt alle Möglichkeit eines entschlos-

---

669 Vgl. Verf., Nietzsches Neubestimmung der Wahrheit.

senen Nihilism vorweg: womit nicht gesagt sein soll, daß sie bei einem Willen zum Nichts enden müßte.}670

Auch hier kann man sich der Wahrheit nicht sicher sein; es gibt hier nicht nur keinen erhabenen ‚theoretischen' Standpunkt, sondern überhaupt keinen festen Punkt mehr, an den man sich halten könnte. In einer vorbereitenden Aufzeichnung zur Vorrede von *Ecce homo* wird Nietzsche seine Formel von der „Experimental-Philosophie" prägen, mit der er „die Möglichkeiten des grundsätzlichsten Nihilismus" ausloten will, um so zu einem „dionysischen Jasagen zur Welt" zu kommen (Kap. I 13).671 Das Dionysische lässt für Nietzsche keinen festen Halt mehr zu.

Am Ende seines Orientierungsprozesses in der Lenzerheide-Aufzeichnung fragt er sich, wie ein solcher entschlossener Nihilismus beherrschbar bleibt, wie er also noch immer Orientierung ermöglicht und nicht in eine blind wütende Verzweiflung treibt, der Nietzsche selbst ja auch nicht verfällt. Er formuliert nun zurückhaltender, bescheidener, gemäßigter: Das Wort „Ermäßigung" aus dem 3. Abschnitt kehrt wieder und wieder im bejahenden Sinn. Die „Stärksten" könnten gerade nicht die Extremsten, sondern die sein,

[LA 15b] welche vom M[enschen] mit einer bedeutenden Ermäßigung seines Werthes denken können, ohne dadurch klein u. schwach zu werden

Das wären die,

[LA 15c] die ihrer Macht sicher sind, und die die erreichte Kraft des M[enschen] mit bewußtem Stolze repräsentiren.

Man hat das oft so verstanden, dass es ‚der Übermensch' oder ‚Übermenschen' seien, die fähig sind, die ewige Wiederkunft und mit ihr „die extremste Form des Nihilismus" zu denken und damit zu leben, und darauf gibt es bei Nietzsche auch Hinweise.672 So wäre die Lehre vom Übermenschen gerade hier, am Ende der Lenzerheide-Aufzeichnung zu erwarten gewesen. Aber der Begriff ‚Übermensch' fällt nicht. Stattdessen ‚ermäßigt' Nietzsche nun den Begriff des Menschen – nicht gegenüber den gewöhnlichen Menschen, von denen er sich stets distanziert und auch seinen Zarathustra sich distanzieren lässt, sondern eben gegenüber einem seinerseits extremen Begriff des Übermenschen. Der Mensch muss wohl über den

---

670 N Herbst 1887, 10[3], KSA 12.455, KGW IX 6, W II 2, 139.
671 N Frühjahr – Sommer 1888, 16[32], KSA 13.492, KGW IX 9, W II 7, 144.
672 Vgl. Müller-Lauter, Das Willenswesen und der Übermensch, bes. 106–116.

bisherigen Menschen, der seinen Halt in der christlichen oder von ihr abkünftigen Moral gesucht hat, hinauswachsen, um sich auf die gottverlassene Welt, die so erst in ihrer ganzen Komplexität sichtbar wird, und den ursprünglichen und „normalen" Nihilismus einlassen (Kap. III 3.1) und sich auch unter diesen Bedingungen noch orientieren zu können. Er muss dazu aber nicht Übermenschliches leisten: Er muss lediglich, was schwer genug ist, auf absolute Gewissheiten jeder Art verzichten, also

> [LA 15d] einen guten Theil Zufall, Unsinn nicht nur zugestehen, sondern lieben

können. Man ist nicht auf einen absoluten Wert des Menschen angewiesen, um sich seines eigenen Werts sicher zu sein. Wir müssen uns lediglich „den meisten Malheurs gewachsen" gezeigt haben, um uns vor weiteren „Malheurs nicht so zu fürchten". Wir müssen in immer neuen Orientierungsexperimenten zu „F u r c h t l o s e n" werden, wie Nietzsche das V. Buch der *Fröhlichen Wissenschaft* überschrieben hat.

Aus Lebens- und Denkerfahrungen gewonnene Furchtlosigkeit ist Orientierungssicherheit, und Orientierungssicherheit wirkt gegenüber denen, die sie weniger haben, als Orientierungsüberlegenheit. Wer sich schlechter orientieren kann, folgt gerne denen, die es besser können, ‚gehorcht' ihnen in Nietzsches Sprache wie ‚Befehlenden', anerkennt hier willig „eine Rangordnung der Kräfte". Die Orientierungsüberlegenen aber haben dann „Macht" über sie – Macht kommt aus Orientierungsüberlegenheit, sie muss nicht böse sein, sie wird es erst, wenn sie zum eigenen Vorteil der Überlegenen missbraucht wird.[673] Sie ist Macht unter Bedingungen und auf Zeit, und als solche wird sie geschätzt, nicht gehasst. So hat Nietzsche Jahre zuvor notiert:

> Ich habe überall hin geblickt – aber ein ‚Du sollst' ist nicht mehr zu finden für Menschen wie mich. Es versteht sich, daß in einem bestimmten Falle z. B. bei einer Wanderung durch Wildnisse ich jedem gehorchen würde, welcher die Fähigkeit hätte, hier befehlen zu dürfen, durch größere Erfahrung. Ebenso einem Arzte. Einem höheren Geiste würde ich mich unterwerfen, in Betreff der Werthschätzungen: einstweilen sage ich ‚ich will'; und warte darauf, daß mir noch einmal ein höherer Geist über den Weg läuft.[674]

Daraus folgt nun der Schluss: Nietzsche besinnt sich am Ende der Lenzerheide-Aufzeichnung auf das Extreme seines Philosophierens und nimmt es in besonnene Mäßigung zurück. Er tut das gerade hier, wo er ins äußerste Extrem ge-

---

673 Vgl. Verf., Autorität kommt aus Orientierungsüberlegenheit.
674 Vgl. N Sommer – Herbst 1884, KSA 11.189 f.

gangen ist. Orientierungsüberlegene, mächtige Menschen in diesem Sinn setzen als ‚freie Geister' und ‚souveräne Individuen' selber Maßstäbe.[675] Sie können ihrer Orientierungsfähigkeiten so sicher sein, dass sie auch bei „extremen Glaubenssätzen" nicht der Magie des Extrems erliegen, sondern sie ‚ermäßigen'. Und so sind „die Stärksten"

> [LA 15e] [d]ie Mäßigsten, die, welche keine extremen Glaubenssätze nöthig haben

In der Sache bedeutet das, dass man auch mit dem Nihilismus maßvoll leben kann.[676]

2.16 Offene Frage nach dem Wert und der Wirkung des Wiederkunftsgedankens

Wie das geschieht, führt Nietzsche hier nicht mehr aus. Er belässt es bei der Frage und einem abschließenden Gedankenstrich:

> [LA 16] Wie dächte ein solcher Mensch an die ewige Wiederkunft? —[677]

Die Frage dürfte eine rhetorische sein: Ein maßvoll Denkender denkt „extreme Glaubenssätze", um sich den Spielraum zu schaffen, anders, experimentell zu denken. Und dafür hat Nietzsche kurz zuvor, ebenfalls im V. Buch der *Fröhlichen Wissenschaft*, sein „Ideal" formuliert,

> das Ideal eines Geistes, der naiv, das heisst ungewollt und aus überströmender Fülle und Mächtigkeit mit Allem spielt, was bisher heilig, gut, unberührbar, göttlich hiess; für den das Höchste, woran das Volk billigerweise sein Werthmaass hat, bereits so viel wie Gefahr, Verfall, Erniedrigung oder, mindestens, wie Erholung, Blindheit, zeitweiliges Selbstvergessen bedeuten würde; das Ideal eines menschlich-übermenschlichen Wohlseins und Wohlwollens, das oft genug unmenschlich erscheinen wird, zum Beispiel, wenn es sich neben den ganzen bisherigen Erden-Ernst, neben alle Art Feierlichkeit in Gebärde, Wort, Klang, Blick, Moral und Aufgabe wie deren leibhaftigste unfreiwillige Parodie hinstellt – und mit dem, trotzalledem, vielleicht der grosse Ernst erst anhebt, das eigentliche Fragezeichen erst ge-

---

675 Vgl. Giacoia Jr., Zu Nietzsches Satz „‚autonom' und ‚sittlich' schliesst sich aus".
676 In einem späteren Beitrag hat Oswaldo Giacoia Jr. gezeigt, wie man heute auf einem anderen Kontinent unter neuen Bedingungen mit einer neuen Art von „Chaos" – in Brasilien – auf mäßigende Weise „dem Nihilismus entkommen" könnte: Giacoia Jr., Dem Nihilismus entkommen.
677 Zuletzt konnte Born, Nihilistisches Geschichtsdenken, 157, hier nur „einen bewussten Abbruch des Gedankens" sehen.

2.16 Offene Frage nach dem Wert und der Wirkung des Wiederkunftsgedankens

setzt wird, das Schicksal der Seele sich wendet, der Zeiger rückt, die Tragödie b e g i n n t ... (FW 382)

Schon hier erscheint der Begriff Übermensch in der gemäßigten Gestalt „menschlich-übermenschlich" – in Opposition zum „Menschlich-Allzumenschlichen". Nietzsche zitiert den Passus in *Ecce homo* noch einmal, nun im Blick auch auf Zarathustra, den er seine großen Lehren hatte lehren lassen (EH, Za 2). Nachdem er sich in der Lenzerheide-Aufzeichnung noch einmal auf diese Lehren konzentriert hat, um eine Übersicht über ihren Zusammenhang zu gewinnen, tauchen die Lehren von der ewigen Wiederkunft und vom Übermenschen im danach zum Druck beförderten Werk kaum mehr auf, es sei denn im Rückblick von *Ecce homo*. Ihr Wert und ihre Wirkung bleiben offen.

Eine Woche nach der Lenzerheide-Aufzeichnung, am 17. Juni 1887, schreibt Nietzsche in einem Brief aus Sils-Maria an Franz Overbeck:

> Diese letzten Jahre auszuhalten – das war vielleicht das Schwerste, was mir überhaupt mein Schicksal bisher zugemuthet hat. Nach einem solchen Anrufe, wie mein Zarathustra es war, aus der innersten Seele heraus, nicht einen Laut von Antwort zu hören, nichts, nichts, immer nur die lautlose, nunmehr vertausendfachte Einsamkeit – das hat etwas über alle Begriffe Furchtbares, daran kann der Stärkste zu Grunde gehn – ach, und ich bin nicht „der Stärkste"! Mir ist seitdem zu Muthe als sei ich tödtlich verwundet, es setzt mich in Erstaunen, daß ich noch lebe. Aber es ist kein Zweifel, ich lebe noch: wer weiß, was ich noch Alles zu erleben habe! (Nr. 863, KSB 8.93f.)

Das Schwerste für Nietzsche selbst ist danach nicht, seine extremen Gedanken auszuhalten, sondern vorerst mit ihnen alleine zu bleiben. Er hat dennoch die so eindrucksvolle und für das Verständnis seines Philosophierens so hilfreiche Lenzerheide-Aufzeichnung nicht veröffentlicht. Warum? Seine Verknüpfung der großen Lehren Zarathustras könnte ihm nicht hinreichend durchdacht, nicht ‚reif' erschienen sein: Die Brüche in seiner Argumentation, die zuweilen spontanen Entscheidungen im Fortgang, die nicht durchgehenden Kriterien folgen, sind in der Darstellung seines Orientierungsprozesses deutlich geworden. Er könnte skeptisch gegen die Lehren selbst geworden sein, auch wenn er sie in weiteren Werkplänen noch aufführt. Er könnte sie jenem größeren Werk vorbehalten haben, das er gegen Ende der III. Abhandlung von *Zur Genealogie der Moral* ankündigt, zu dem es aber nie kommt:

> — Genug! Genug! Lassen wir diese Curiositäten und Complexitäten des modernsten Geistes, an denen ebensoviel zum Lachen als zum Verdriessen ist: gerade u n s e r Problem kann deren entrathen, das Problem von der B e d e u t u n g des asketischen Ideals, – was hat dasselbe mit Gestern und Heute zu thun! Jene Dinge sollen von mir in einem andren Zusammenhange gründlicher und härter angefasst werden (unter dem Titel „Zur Geschichte

des europäischen Nihilismus"; ich verweise dafür auf ein Werk, das ich vorbereite: Der Wille zur Macht, Versuch einer Umwerthung aller Werthe). (GM III 27)

In Sils angekommen, schreibt er rasch und zügig die drei Abhandlungen *Zur Genealogie der Moral* nieder, zu denen er schon Pläne gemacht hat. Er will nun die Selbstaufhebung der Moral, die Einsicht in ihre unmoralischen Ursprünge, ausführlich demonstrieren – bis zum „Willen zum Nichts", der im 11. Abschnitt der Lenzerheide-Aufzeichnung nur ein Krisensymptom ist. Die Moralkritik bleibt so das alleinige Thema. Den „zusammenhängenden Bau" seiner Gedanken entwickelt Nietzsche auch später nicht mehr. Stattdessen entscheidet er sich ausdrücklich gegen das „System", auch wenn er dazu „versucht" ist (Kap. I 8). Schon in der Lenzerheide-Aufzeichnung sieht man ihn nicht bei der Arbeit an einem System, sondern beim Experimentieren mit Extremen – das sich am Ende mäßigt.

V Themenkomplex Verallgemeinern: Spitzen in den Werken, Eisberge in den Aufzeichnungen

1 Philosophieren als fruchtbare Verallgemeinerungs-Wut

Wenn Nihilismus auch bedeutet, dass man nicht mehr metaphysisch irgendein an sich bestehendes Allgemeines voraussetzen kann, so sind allgemeine Begriffe für die menschliche Orientierung dennoch unentbehrlich. Daher muss man fragen und fragt auch Nietzsche, wie Verallgemeinerungen zustandekommen und wie weit sie haltbar sind. Auch und gerade das Allgemeine muss man aus Orientierungsprozessen verstehen. In ihnen können Verallgemeinerungen, wie „extreme Glaubenssätze" veranschaulichen, leicht überschießen. Bei Philosophen ist das Risiko besonders hoch. Sie verallgemeinern oft wenige vage Anhaltspunkte zu höchsten und weit ausladenden Allgemeinheiten, die sie dann gerne als an sich bestehend behaupten. Nietzsche schreibt dazu in *Menschliches, Allzumenschliches*:

> Eine Erbsünde der Philosophen. – Die Philosophen haben zu allen Zeiten die Sätze der Menschenprüfer (Moralisten) sich angeeignet und verdorben, dadurch dass sie dieselben unbedingt nahmen, und Das als nothwendig beweisen wollten, was von jenen nur als ungefährer Fingerzeig oder gar als land- oder stadtsässige Wahrheit eines Jahrzehnds gemeint war, – während sie gerade dadurch sich über jene zu erheben meinten. (MA II, VM 5)

Diese „Philosophen-Wuth der Verallgemeinerung" (ebd.) ist Nietzsche schon früh an Schopenhauers Metaphysik des Willens aufgefallen, und er wird sich immer wieder an ihr stoßen. In seinem frühen, von ihm nicht veröffentlichten Entwurf *Die Philosophie im tragischen Zeitalter der Griechen* erkennt er sie schon beim ersten bekannten griechischen Philosophen, Thales von Milet. Bei dieser Gelegenheit charakterisiert er „das Philosophiren" überhaupt:

> **[Vag 1a]** Die griechische Philosophie scheint mit einem ungereimten Einfalle zu beginnen, mit dem Satze, daß das Wasser der Ursprung und der Mutterschooß aller Dinge sei: ist es wirklich nöthig, hierbei stille zu stehen und ernst zu werden? (PHG 3, KSA 1.813)

Nein, es ist nicht nötig, man muss hier nicht stehen bleiben, ja, hier beginnt der Ernst der Philosophie. Nietzsche verallgemeinert den Satz selbst gleich weiter:

> **[Vag 1b]** Ja, und aus drei Gründen: erstens weil der Satz etwas vom Ursprung der Dinge aussagt und zweitens, weil er dies ohne Bild und Fabelei thut und vom Wasser redet und endlich drittens, weil in ihm wenngleich nur im Zustande der Verpuppung der Gedanke

enthalten ist: alles ist eins. Der erstgenannte Grund läßt Thales noch in der Gemeinschaft mit Religiösen und Abergläubischen, der zweite aber nimmt ihn aus dieser Gesellschaft und zeigt uns ihn als Naturforscher, aber vermöge des dritten Grundes gilt Thales als der erste griechische Philosoph. (PHG 3, KSA 1.813)

Thales sei dadurch Philosoph geworden, dass er „durch die Hypothese vom Wasser den niedrigen Stand der physikalischen Einsichten seiner Zeit nicht überwunden, sondern höchstens übersprungen" hat, hin zu einem „metaphysischen Glaubenssatz":

> [Vag 1c] [...] Die dürftigen und ungeordneten Beobachtungen empirischer Art, die Thales über das Vorkommen und die Verwandlungen des Wassers oder, genauer, des Feuchten, gemacht hatte, hätten am wenigsten eine solche ungeheure Verallgemeinerung erlaubt oder gar angerathen; das, was zu dieser trieb, war ein metaphysischer Glaubenssatz, der seinen Ursprung in einer mystischen Intuition hat, und dem wir bei allen Philosophien, sammt den immer erneuten Versuchen, ihn besser auszudrücken, begegnen: der Satz „Alles ist Eins". (PHG 3, KSA 1.813)

Nietzsche selbst verallgemeinert den Satz gleich noch weiter, über „alle Philosophien" hinweg bis zu seiner Gegenwart. Philosophieren besteht danach generell darin, alles in eine letzte Einheit zu fassen, die dann nicht mehr an Einzelnem und Erfahrbarem festgemacht werden kann und muss. Nietzsche ist später mit dem Wiederkunftsgedanken, dann mit dem Wille-zur-Macht-Gedanken so verfahren (Kap. III 3.3 und 3.4). Aber er sieht das kritisch. Er beschreibt das Verallgemeinern als einen empirisch nachvollziehbaren Prozess mit vielfältigen Alternativen, in unserer Sprache als einen Orientierungsprozess, und veranschaulicht ihn am schrittweisen Überqueren eines reissenden Bachs, der die Steine mitspült, in dessen Bett er fließt, so dass jeder Tritt auf sie unsicher ist und umso mehr sicherer Orientierung bedarf:

> [Vag 1d] Es ist merkwürdig, wie gewaltherrisch ein solcher Glaube mit aller Empirie verfährt: gerade an Thales kann man lernen, wie es die Philosophie, zu allen Zeiten, gemacht hat, wenn sie zu ihrem magisch anziehenden Ziele, über die Hecken der Erfahrung hinweg, hinüberwollte. Sie springt auf leichten Stützen voraus: die Hoffnung und die Ahnung beflügeln ihren Fuß. Schwerfällig keucht der rechnende Verstand hinterdrein und sucht bessere Stützen, um auch selbst jenes lockende Ziel zu erreichen, an dem der göttlichere Gefährte schon angelangt ist. Man glaubt, zwei Wanderer an einem wilden, Steine mit sich fortwälzenden Waldbach zu sehen: der Eine springt leichtfüßig hinüber, die Steine benutzend und sich auf ihnen immer weiter schwingend, ob sie auch jäh hinter ihm in die Tiefe sinken. Der Andere steht alle Augenblicke hülflos da, er muß sich erst Fundamente bauen, die seinen schweren, bedächtigen Schritt ertragen, mitunter geht dies nicht, und dann hilft ihm kein Gott über den Bach. Was bringt also das philosophische Denken so schnell an sein Ziel? Unterscheidet es sich von dem rechnenden und abmessenden Denken etwa nur durch

das raschere Durchfliegen großer Räume? Nein, denn es hebt seinen Fuß eine fremde, unlogische Macht, die Phantasie. Durch sie gehoben springt es weiter von Möglichkeit zu Möglichkeit, die einstweilen als Sicherheiten genommen werden: hier und da ergreift es selbst Sicherheiten im Fluge. Ein genialisches Vorgefühl zeigt sie ihm, es erräth von ferne, daß an diesem Punkte beweisbare Sicherheiten sind. Besonders aber ist die Kraft der Phantasie mächtig im blitzartigen Erfassen und Beleuchten von Ähnlichkeiten: die Reflexion bringt nachher ihre Maßstäbe und Schablonen heran und sucht die Ähnlichkeiten durch Gleichheiten, das Nebeneinander-Geschaute durch Kausalitäten zu ersetzen. Aber selbst, wenn dies nie möglich sein sollte, selbst im Falle des Thales hat das unbeweisbare Philosophieren noch einen Werth; sind auch alle Stützen gebrochen, wenn die Logik und die Starrheit der Empirie hinüber will zu dem Satze „Alles ist Wasser", so bleibt immer noch, nach Zertrümmerung des wissenschaftlichen Baues, ein Rest übrig; und gerade in diesem Reste liegt eine treibende Kraft und gleichsam die Hoffnung zukünftiger Fruchtbarkeit. (PHG 3, KSA 1.813 f.)

Im heraklitischen Bild von einem „wilden, Steine mit sich fortwälzenden Waldbach" verändert sich ständig auch dessen Bett.[678] Für die, die in ihn steigen, gibt es nur ungewisse Sicherheiten, die man beim Philosophieren behende zu nutzen verstehen muss: Nietzsche macht hier im Gegensatz zum „rechnenden und abmessenden Denken" die „Phantasie" geltend. „Möglichkeiten", Ungewissheiten werden „einstweilen", also nur vorläufig „als Sicherheiten genommen", als bloße Anhaltspunkte, von denen aus man sich nach weiteren umsieht: In seinem leichten „Flug" über die Dinge erräth das Philosophieren hier und dort „beweisbare Sicherheiten", an denen es seinen Kurs ausrichtet, um dann weitere zu suchen – so ging auch Nietzsche mit seinen berühmten Lehren vor (Kap. III und IV). Dem folgt das „rechnende und abmessende Denken" mit seinen „Maßstäben und Schablonen" und mit seinen Beweisversuchen: Es macht, nicht weniger kühn als die Phantasie, aus vagen „Ähnlichkeiten" klare „Gleichheiten", deutet Korrelationen, lediglich „Nebeneinander-Geschautes", als „Kausalitäten". Logisches und Unlogisches arbeiten zusammen. Und selbst wenn sich hier viele Anhaltspunkte als empirisch oder logisch unhaltbar erwiesen, bliebe doch noch als „Rest", dass man in seiner Orientierung auf diese Weise weiterkommt, über den reissenden

---

[678] So gebraucht auch Wittgenstein später das Bild. Vgl. Wittgenstein, Über Gewißheit, §§ 97 u. 99, WA, Bd. 8, 140. Nietzsche lässt zunächst Platons Bild vom geflügelten Rossegespann im *Phaidros* anklingen, dessen Pferde in unterschiedliche Richtungen ziehen (253d-256e), stimmt es aber auf das Bild ungleich sich bewegender Wanderer herab. Dieses Bild gebrauchte Moses Mendelssohn, als er den Begriff des Sich-Orientierens in die Philosophie einführte und Kant damit die Vorlage für seinen Aufsatz „Was heißt: Sich im Denken orientiren?" gab. Bei Mendelssohn verkörpern die Wanderer die spekulative Vernunft und den gesunden Menschenverstand (vgl. Verf., Philosophie der Orientierung, 63–77). Über reissende Bäche springen ließen Mendelssohn und Kant die Wanderer noch nicht.

Bach – beim späteren Nietzsche über den Nihilismus (Kap. III 3.1) – hinwegkommt, mit wachsender Zuversicht „zukünftiger Fruchtbarkeit". Es kann damit wegweisend werden. Die „Erbsünde der Philosophen", ihr leichtfüßiges Verallgemeinern, ist so auch ihre Erbtugend.

Mit „„Wahrheit"", fährt Nietzsche in *Die Philosophie im tragischen Zeitalter der Griechen* fort, habe das alles wenig zu tun. Thales' Leistung, dessen Hypothesen sich als kaum haltbar erwiesen, und die des Philosophierens überhaupt liege vor allem im Verzicht auf Mythen und Allegorien (in denen sich Nietzsche selbst freudig ergeht, die er jedoch bewusst einsetzt). Es sei damals naturgemäß noch schwergefallen, „die Begriffe als Begriffe zu fassen", und so habe man sie zu Personen allegorisiert, „umgekehrt wie den Neueren auch das Persönlichste sich zu Abstraktionen sublimirt" (so verfuhr Nietzsche dann bei der Lehre vom Übermenschen, Kap. III 3.2). Aber auch wenn Thales noch „bei einem physikalischen Ausdruck" stehen geblieben sei, ihn noch nicht „zu der reinen Abstraktion ,Alles ist Eins' ernüchtert" habe, sei sein Philosophieren doch ein auffällig „scharfes Herausmerken und -erkennen, ein bedeutendes Unterscheiden" gewesen; er hat, würde man heute sagen, einen Unterschied gemacht, der einen Unterschied macht.[679] Eben dies ist nach dem jungen, eben erst ins Philosophieren eintretenden Nietzsche „ein typisches Merkmal des philosophischen Kopfes", „die eigenthümliche Kunst des Philosophen", die für die alltäglichen Bedürfnisse aber unnütz sei. Für Philosophen gelte ein anderer Maßstab, statt des „Wißbaren" das „Wissenswürdigste".

Dieses Wissenswürdigste zeichnet Nietzsche durch den Begriff der „Größe" aus und verbindet es mit „Gesetzgebung", die er in *Jenseits von Gut und Böse* zum Kriterium der „**eigentlichen Philosophen**" machen wird (JGB 211; Kap. III 3.5.4). Ein solcher großer Begriff der Philosophie, der auch der Schopenhauers war, schließt für ihn ein,

[Vag 1e] den Gesammtklang der Welt in sich nachtönen zu lassen und ihn aus sich herauszustellen in Begriffen: während er beschaulich ist wie der bildende Künstler, mitleidend, wie der Religiöse, nach Zwecken und Kausalitäten spähend, wie der wissenschaftliche Mensch, während er sich zum Makrokosmos aufschwellen fühlt, behält er dabei die Besonnenheit, sich, als den Wiederschein der Welt, kalt zu betrachten, jene Besonnenheit, die der dramatische Künstler besitzt, wenn er sich in andre Leiber verwandelt, aus ihnen redet und doch diese Verwandlung nach außen hin, in geschriebenen Versen zu projiciren weiß. Was hier der Vers für den Dichter ist, ist für den Philosophen das dialektische Denken: nach ihm greift er, um sich seine Verzauberung festzuhalten, um sie zu petrificiren. Und wie für

---

[679] Die Formel scheint auf Bateson, Ökologie des Geistes, 582, zurückzugehen. Es wird ein Unterschied zwischen Unterschieden nach Maßgabe ihrer Relevanz für die jeweilige Situation gemacht.

den Dramatiker Wort und Vers nur das Stammeln in einer fremden Sprache sind, um in ihr zu sagen, was er lebte und schaute, so ist der Ausdruck jeder tiefen philosophischen Intuition durch Dialektik und wissenschaftliches Reflektiren zwar einerseits das einzige Mittel, um das Geschaute mitzutheilen, aber ein kümmerliches Mittel, ja im Grunde eine metaphorische, ganz und gar ungetreue Übertragung in eine verschiedene Sphäre und Sprache. So schaute Thales die Einheit des Seienden: und wie er sich mittheilen wollte, redete er vom Wasser! (PGH 3, KSA 1.817)

Philosophen tun danach, was Nietzsche in der etwa gleichzeitig entstandenen und ebenfalls nicht veröffentlichten Abhandlung *Ueber Wahrheit und Lüge im aussermoralischen Sinne* beschrieben hat: Sie metaphorisieren Metaphern und lassen sie zu Begriffen erstarren. Dennoch bleiben die Begriffe flüssig. Auch nachdem Philosophen in Tausenden von Jahren das große Verallgemeinern gelernt haben, können sie sich ihrer Verallgemeinerungen nie sicher sein; die Geschichte zeigt, dass es für sie keinen letzten und festen Halt gibt. Für Nietzsche bekräftigt das seine Einsicht in den Nihilismus.

Dies wird im Wesentlichen seine Erfahrung und Beschreibung des Philosophierens bleiben, auch in seinen veröffentlichten Werken. Er macht sie, so undogmatisch, selbstkritisch und selbstironisch er sie formuliert, zum Maßstab allen anderen Philosophierens. Gelegenheit dazu geben ihm insbesondere die Vorreden von 1886 zur Neuausgabe seiner Aphorismenbücher und zu seinem neuen Aphorismenbuch *Jenseits von Gut und Böse*. In der Vorrede zum ersten Teil von *Menschliches, Allzumenschliches* verknüpft er seinen Begriff des Philosophierens mit seiner „g r o s s e n   L o s l ö s u n g" von Schopenhauers pessimistischer Moral, mit der er die „g r o s s e Gesundheit" „jener r e i f e n Freiheit des Geistes" erworben habe, „die Wege zu vielen und entgegengesetzten Denkweisen erlaubt" (MA I, Vorrede 3 u. 4). Er „verallgemeinert" hier ausdrücklich den Anhaltspunkt seines eigenen Falls und macht zugleich zur allgemeinen Regel, dass jeder möglichst seinen eigenen Fall verallgemeinern will:

> Dergestalt giebt der freie Geist sich in Bezug auf jenes Räthsel von Loslösung Antwort und endet damit, indem er seinen Fall verallgemeinert, sich über sein Erlebniss also zu entscheiden. „Wie es mir erging, sagt er sich, muss es Jedem ergehn, in dem eine Aufgabe leibhaft werden und „zur Welt kommen" will. (MA I, Vorrede 7)

Andere ließen sich durch eine Moral (M, Vorrede 3) oder durch irgendeinen „Volks-Aberglauben" wie den „Seelen-", „Subjekt- und Ich-Aberglauben" (JGB, Vorrede) verführen, ihn zu verallgemeinern, freiere Geister verallgemeinerten irgendeinen „Grundtrieb des Menschen" (JGB 6) oder ihre eigenen „Affekte" (JGB 198); wieder andere schränkten die Philosophie, um sich abzusichern, auf „Erkenntnisstheorie" ein, die für Nietzsche schon im Ansatz unhaltbar ist:

nachträglich gefragt, war es nicht etwas sonderbar, zu verlangen, dass ein Werkzeug seine eigne Trefflichkeit und Tauglichkeit kritisiren solle? dass der Intellekt selbst seinen Werth, seine Kraft, seine Grenzen „erkennen" solle? war es nicht sogar ein wenig widersinnig? – (M, Vorrede 3)[680]

In nachgelassenen Aufzeichnungen aus derselben Zeit differenziert Nietzsche seine Einschätzungen: Philosophen wollen zu einem „Gesammt-Glauben" kommen, doch das kann aus gegensätzlichen Gründen geschehen: weil sie an der Unsicherheit leiden oder aber Lust an ihr haben. Nur der zweite, Nietzsches eigener Fall hat für ihn Wert; denn er folgt keinem äußeren Zwang, sondern dem Zwang zu einer Ordnung im quasi-künstlerischen Gestalten selbst (Kap. I 10). Davon unterscheidet er den Hang „schematischer Köpfe" zum Systematisieren, dem er selbst entschlossen ausweicht (Kap. I 8):

> [Vag 2] Wie die skeptischen{, an der Unsicherheit leidenden} Zeitalter zu einem starren Glauben übergehn: andrerseits, Menschen, mit einem Widerwillen gegen vorzeitige Dogmen u. Einengungen, nur langsam und spät sich einen Gesammt-Glauben abzwingen lassen (weil sie an der Unsicherheit nicht leiden, sondern Lust haben) Diese letztere Art von abgezwungenem Gesammt-Glauben u. Generalisation haben entscheidenden Werth: sie sind trotz des Gegenhangs gewachsen. Über den Ursprung der systematischen Conceptionen: a) aus den schematischen Köpfen b) aus dem Leiden an der Ungewißheit c) seltnerer Fall, bei solchen, die ungern schematisiren und incerti amici <sind>.[681]

Die Aufzeichnung steht im Kontext umfassender Überlegungen zur Orientierung durch Allgemeines überhaupt, zum „Regel suchen", zum „Perspektivischen", zur

---

[680] Vgl. schon PHG 15; N Herbst 1873 – Winter 1873/74, 30[23], KSA 7.741; N Frühjahr 1880, 3[57], KSA 9.63, später JGB 204 und FW 354; N Herbst 1886 – Herbst 1886, 2[161], KSA 12.143 f., KGW IX 5, W I 8, 72; N Sommer 1886 – Herbst 1887, 5[11] u. [14], KSA 12.188 f., KGW IX 3, N VII 3, 176 u. 178, u. ö. Dennoch hat man in Nietzsches Philosophie unverdrossen eine ‚Erkenntnistheorie' gesucht. Wegweisend war hier Habermas, Nachwort, in: Friedrich Nietzsche, Erkenntnistheoretische Schriften, 237–261, der Nietzsches erkenntniskritische Schriften zu einer Erkenntnistheorie umdeutet, um diese dann als insuffizient und widersprüchlich auszuweisen. Nachdem Abel, Nietzsche. Die Dynamik der Willen zur Macht, die Perspektive zu der einer Interpretationsphilosophie erweitert hatte, suchte Crawford, The Beginnings of Nietzsche's Theory of Language, weiterhin bei Nietzsche nach einer „Theorie", die Nietzsches Philosophieren auf bestimmte Lehren festzulegen sucht. Als dann Hoffmann, Wahrheit, Perspektive, Interpretation, die Interpretativität, Perspektivität und Sprachlichkeit in Nietzsches Philosophie zu einer philosophischen Hermeneutik zusammengeführt hatte, setzte Schlimgen, Nietzsches Theorie des Bewußtseins, erneut auf „Theorie". In der angelsächsischen Nietzsche-Forschung vgl. u. a. Anderson, Nietzsche on Truth, Illusion, and Redemption, und Joshua Rayman, Nietzsche, Truth, and Reference.
[681] N Sommer 1886 – Herbst 1887, 5[17], KSA 12.191, KGW IX 3, N VII 3, 174.

„Ähnlichkeit", zur Zurückweisung der Erkenntnistheorie, zur Rückführung des Erkennens auf „vitale Funktionen" wie „Begehren, Wahrnehmen, Fühlen", die in aller menschlichen Orientierung mitwirken, und schließlich zu dem, was Nietzsche „Schematisir- und Abkürzungskunst" nennt.[682] Er benennt sie so nur in seinen Aufzeichnungen. In ihr sucht er die Wurzeln der Verallgemeinerung in der menschlichen Orientierung überhaupt und stellt die Begrifflichkeit auf sie um. Wenn man nicht metaphysisch ein an sich bestehendes Allgemeines annimmt, ist das Verallgemeinern ein Abkürzen der Vielfalt von Eindrücken, die der Orientierung unablässig zufließen, in ein umsichtig entworfenes Allgemeines, das eine erste Übersicht bietet und das dann in weitere Horizonte ausgedehnt werden kann. Es ist

[Vag 3] eine Bewältigung der Vielheit durch eine Kunst des Ausdrucks, – kein „Verstehen", sondern ein Bezeichnen zum Zweck der <u>Verständigung</u>[683]

Das Verallgemeinern ist eine Kunst und das Philosophieren deren höchste, aber auch gewagteste Ausprägung. Nietzsche entwickelt auch hier keine zusammenhängende Theorie, die ja ihrerseits nur ein Ensemble von Abkürzungen sein könnte. Aber in seinem philosophischen Orientierungsprozess reflektiert und thematisiert er die Kunst des Verallgemeinerns immer wieder in wechselnden Kontexten. Das geschieht vor allem in seinen Aufzeichnungen; im zum Druck beförderten Werk ragt davon nur Weniges heraus wie die Spitzen von Eisbergen. Die Begriffe aber, das ist Nietzsches weiterer wichtiger Anhaltspunkt, drücken sich in Zeichen aus, mit denen wir uns die Welt verfügbar machen, die aber immer wieder unterschiedliche Bedeutungen annehmen können. Das Verfügbar-Machen lässt sich für den späteren Nietzsche zwanglos als Wille zu Macht verstehen, wobei auch der Wille-zur-Macht-Begriff nur ein abkürzendes Zeichen ist (Kap. III 3.3.3 und 3.3.4).

Die Entwicklung des Gedankens der Verallgemeinerungs-, Schematisier- oder Abkürzungskunst zieht sich durch Nietzsches ganzen philosophischen Orientierungsprozess von Anfang bis Ende. Ich gehe bei ihrer Darstellung so vor, dass ich die in den zum Druck beförderten Werken herausragenden Spitzen als Anhaltspunkte nehme und von ihnen aus in kontextueller, differentieller und chronologischer Interpretation die topologischen Kontexte verfolge, in denen Nietzsche sie thematisiert, das Ganze in vier zeitlichen Schritten. Ich beginne mit dem Entwurf *Ueber Wahrheit und Lüge im aussermoralischen Sinne*, der als ganzer dem Nachlass angehört, und entfalte von ihm her die Bedingtheit und Zufälligkeit des

---

682 N Sommer 1886 – Herbst 1887, 5[10]-[16], KSA 12.187–190, KGW IX 3, N VII 3, 175–178.
683 N Sommer 1886 – Herbst 1887, 5[16], KSA 12.190, KGW IX 3, N VII 3, 174.

Verallgemeinerns, wie Nietzsche sie in den frühen Aphorismenbüchern und dem Nachlass aus derselben Zeit erschließt (2). Die Notwendigkeit des Verallgemeinerns für die menschliche Orientierung lässt sich am Nachlass deutlich machen, der die späteren Aphorismenbücher umgibt (3). In deren Zeit fällt auch die Ausarbeitung des Konzepts der Abkürzungskunst (4). Die spätesten Aufzeichnungen zeigen, wie Nietzsche selbst mit überzogenen Verallgemeinerungen ringt (5).[684]

2 Bedingtheit und Zufälligkeit des Verallgemeinerns

In *Ueber Wahrheit und Lüge im aussermoralischen Sinne*[685] geht Nietzsche eben davon aus, dass Wahrheit in Gestalt begrifflicher Verallgemeinerungen nichts irgendwie Vorgegebenes, an sich Bestehendes ist:

> [Vag 4a] Was ist also Wahrheit? Ein bewegliches Heer von Metaphern, Metonymien, Anthropomorphismen kurz eine Summe von menschlichen Relationen, die, poetisch und rhetorisch gesteigert, übertragen, geschmückt wurden, und die nach langem Gebrauche einem Volke fest, canonisch und verbindlich dünken: die Wahrheiten sind Illusionen, von denen man vergessen hat, dass sie welche sind, Metaphern, die abgenutzt und sinnlich kraftlos geworden sind, Münzen, die ihr Bild verloren haben und nun als Metall, nicht mehr als Münzen in Betracht kommen. (WL 1, KSA 1.880)

Nietzsche gebraucht hier das Bild des „Fahrzeugs" des „Lebens und Handelns", also eines bereits technisch zugerüsteten Mittels des Fortkommens, um nun selbst mit dem Schema-Begriff voranzukommen, der seine wichtigste Prägung durch Kant erfahren hat:[686]

> [Vag 4b] [Der Mensch] stellt jetzt sein Handeln als vernünftiges Wesen unter die Herrschaft der Abstractionen: er leidet es nicht mehr, durch die plötzlichen Eindrücke, durch die Anschauungen fortgerissen zu werden, er verallgemeinert alle diese Eindrücke erst zu entfärbteren, kühleren Begriffen, um an sie das Fahrzeug seines Lebens und Handelns anzuknüpfen. Alles, was den Menschen gegen das Thier abhebt, hängt von dieser Fähigkeit ab, die anschaulichen Metaphern zu einem Schema zu verflüchtigen, also ein Bild in einen

---

684 In dem Beitrag Verf., Weltabkürzungskunst. Orientierung durch Zeichen, habe ich ein thematisches Konzept dazu vorgelegt, in dem Beitrag Verf., Nietzsches Zeichen, den Themenkomplex der Abkürzungskunst bei Nietzsche dargestellt, bereits getrennt nach Werk und Nachlass. Das geschah dann auch in den (etwas künstlich getrennten) Artikeln „Abbreviatur" und „Abkürzung" im NWB (Bd. 1, 1–3 u. 14–19).
685 Vgl. zu den Quellen, der Entstehungs- und Textgeschichte von WL und zur einschlägigen Forschung Scheibenberger, NK 1/3.
686 Vgl. Verf., Art. Schema, Schematismus I.

Begriff aufzulösen; im Bereich jener Schemata nämlich ist etwas möglich, was niemals unter den anschaulichen ersten Eindrücken gelingen möchte: eine pyramidale Ordnung nach Kasten und Graden aufzubauen, eine neue Welt von Gesetzen, Privilegien, Unterordnungen, Gränzbestimmungen zu schaffen, die nun der anderen anschaulichen Welt der ersten Eindrücke gegenübertritt, als das Festere, Allgemeinere, Bekanntere, Menschlichere und daher als das Regulirende und Imperativische. (WL 1, KSA 1.881f.)

Das setzt, schickt Nietzsche voraus, das „Gleichsetzen des Nicht-Gleichen", „das Uebersehen des Individuellen und Wirklichen" voraus: Erst in einer schematisierten Welt kann man sich gut orientieren und dies immer leichter, je mehr man aus den Schematisierungen übersichtliche Ordnungen aufbaut. Aber man schafft damit auch eine eigene Welt, die dann für die wahre gehalten wird: Die tatsächlich erlebte Wirklichkeit, die „ein für uns unzugängliches und undefinirbares X" bleibt, eben weil sie uns nur in selektiven Schematisierungen zugänglich ist, wird ihr gegenüber herabgewürdigt (Kap. II 3). Die Schematisierungen können aber, so Nietzsche, nur Metaphorisierungen sein, im griechischen Wortsinn ‚Verschiebungen' der „willkürlichen Abgrenzungen" der Bedeutungen von Zeichen. „Logisch geht es also jedenfalls nicht bei der Entstehung der Sprache zu". Wenn dennoch eine leidlich zuverlässige Verständigung ermöglicht werden soll, werden „feste Conventionen" im Zeichengebrauch umso notwendiger, auch wenn es Konventionen zu Unwahrheiten, zu „Lügen" sind (WL 1, KSA 1.879f.). Was wir „Wahrheit" nennen, verdankt sich letztlich praktischen Zwängen. Angesichts „der mathematischen Strenge und Unverbrüchlichkeit der Zeit- und Raum-Vorstellungen", die wir „in uns" „produciren", „vergessen" wir jedoch „jene primitive Metaphernwelt", aus der sie abstrahiert und verallgemeinert wurden (WL 1, KSA 1.885, 883).

Auch das ist ein hoch abstrahiertes und verallgemeinertes ‚Schema'. Es leitet Nietzsches ganzes philosophisches Denken, ohne dass er es im zum Druck beförderten Werk je in einem auch nur annähernd dichten Zusammenhang präsentieren wird. Spitzen tauchen jedoch auf zunächst in seinem Essay *Vom Nutzen und Nachtheil der Historie für das Leben*, wo er auf die „monumentalische" Geschichtsschreibung zu sprechen kommt. Denn hier ist die abkürzende Schematisierung besonders auffällig: Um Großes als Großes zu würdigen, muss die Geschichtsschreibung vergleichen, und bei der „Vergleichung" muss sie sehr „viel des Verschiedenen [...] übersehen", muss „gewaltsam [...] die Individualität des Vergangenen in eine allgemeine Form hineingezwängt und an allen scharfen Ecken und Linien zu Gunsten der Uebereinstimmung zerbrochen werden". Historiker müssen hier „das Ungleiche annähern, verallgemeinern und endlich gleichsetzen, [...] die Verschiedenheit der Motive und Anlässe abschwächen" (HL 2, KSA 1.261).[687]

Auch in Nietzsches frühen Aphorismenbüchern kommt der Gedanke der Abkürzungskunst an die Oberfläche, jedoch immer nur sporadisch. Nach *Menschliches, Allzumenschliches* ist die künstlerische Darstellung von „wirklich[en] Charakteren" nur als „schöne Täuschung und Uebertreibung" durch Generalisierung oder Typisierung möglich, auch im Alltag; das ‚Schaffen' bestehe eben darin (MA I 160). Das gilt, so Nietzsche in *Morgenröthe*, auch für „das Phantom von ego". Es habe „sich in den Köpfen [der jeweiligen] Umgebung [der Allermeisten] über sie gebildet und sich ihnen mitgetheilt", rührt also aus einer schematischen Identifikation mit den schematischen Identifikationen anderer her:[688]

> in Folge dessen leben sie Alle zusammen in einem Nebel von unpersönlichen, halbpersönlichen Meinungen und willkürlichen, gleichsam dichterischen Werthschätzungen, Einer immer im Kopfe des Andern, und dieser Kopf wieder in anderen Köpfen: eine wunderliche Welt der Phantasmen, welche sich dabei einen so nüchternen Anschein zu geben weiss! Dieser Nebel von Meinungen und Gewöhnungen wächst und lebt fast unabhängig von den Menschen, die er einhüllt; in ihm liegt die ungeheure Wirkung allgemeiner Urtheile über „den Menschen" – alle diese sich selber unbekannten Menschen glauben an das blutlose Abstractum „Mensch", das heisst, an eine Fiction (M 105).

Platon hatte in seinen sokratischen Dialogen den Prozess der Identifikation mit Identifikationen bei der Feststellung von Identitäten immer neu vorgeführt, und damals, so Nietzsche, „füllten sich die Seelen mit Trunkenheit, wenn das strenge und nüchterne Spiel der Begriffe, der Verallgemeinerung, Widerlegung, Engführung getrieben wurde". Doch damals war das Denken auch noch „im Banne der Sittlichkeit, für das es lauter festgestellte Urtheile, festgestellte Ursachen, keine anderen Gründe als die der Autorität gab: sodass Denken ein N a c h r e d e n war und aller Genuss der Rede und des Gesprächs in der F o r m liegen musste." Fast beiher spricht Nietzsche hier auch die Logik im Allgemeinen an: als „den nor-

---

687 Nietzsche erwägt hier schon den Wiederkunftsgedanken. Er bekommt dabei aber ein ganz anderes Gesicht als später: Die Individualität eines Großen, argumentiert er an dieser Stelle, wäre nur wahrhaftig dargestellt, wenn *nicht* verglichen, sondern die jeweilige „Constellation" der Welt sich gleich „wiederholen" würde. Nur dann wäre derselbe immer derselbe. Diese Wiederholung für eine wahre monumentalische Geschichtsschreibung zu postulieren, hält Nietzsche jedoch noch für abwegig. Der Wiederkunftsgedanke ließe sich dennoch so verstehen: Individuelles würde bei einer vollständigen Wiederkunft von allem zu einem Allgemeinen. Jede Metaphysik, die von einem an sich bestehenden Allgemeinen ausgeht, zöge so den Wiederkunftsgedanken nach sich.

688 Vgl. Verf., Philosophie der Orientierung, 452–459.

malen Geschmack" von modernen Menschen, die „an die Nothdurft der Logik gewöhnt und zu ihr erzogen" sind (M 544).

In der *Fröhlichen Wissenschaft* geht Nietzsche so das Kausalitätsthema an. Die Annahme einer durchgehenden Kausalität der Natur rühre von der Verallgemeinerung des „Gefühls des Willens" her, die wiederum eine „Nachwirkung der ältesten Religiosität" sei: Wer einen Schlag ausführt,

> merkt gar Nichts von einem Problem daran, sondern das Gefühl des Willens genügt ihm, nicht nur zur Annahme von Ursache und Wirkung, sondern auch zum Glauben, ihr Verhältniss zu verstehen. Von dem Mechanismus des Geschehens und der hundertfältigen feinen Arbeit, die abgethan werden muss, damit es zu dem Schlage komme, ebenso von der Unfähigkeit des Willens an sich, auch nur den geringsten Theil dieser Arbeit zu thun, weiss er Nichts. Der Wille ist ihm eine magisch wirkende Kraft: der Glaube an den Willen, als an die Ursache von Wirkungen, ist der Glaube an magisch wirkende Kräfte. (FW 127)

In der Religion seien vermutete Ursachen in der Regel auf irgendeine Art personalisiert worden. Aber jetzt noch erscheinen

> die Sätze „keine Wirkung ohne Ursache", „jede Wirkung wieder Ursache" [...] als Verallgemeinerungen viel engerer Sätze: „wo gewirkt wird, da ist gewollt worden", „es kann nur auf wollende Wesen gewirkt werden", „es giebt nie ein reines, folgenloses Erleiden einer Wirkung, sondern alles Erleiden ist eine Erregung des Willens" (zur That, Abwehr, Rache, Vergeltung) (FW 127).

Dass weiter instinktiv so verallgemeinert werde, habe inzwischen mit einem „gut eingespielten Mechanismus" und mit der Lust und Unlust an seiner Reizung zu tun – auch hier geht Nietzsche wieder zu Schopenhauerkritik über (FW 127). Später, in *Jenseits von Gut und Böse* Nr. 36, wird er selbst alle Formen der Kausalität, nun jedoch hypothetisch und kritisch, auf Willen zur Macht zurückführen, die ihrerseits nur in Machtgefühlen nachvollziehbar sind (Kap. III 3.3.4).

Wieder geben die Aufzeichnungen (außer den Schriften zu Wahrheit und Lüge und zu den frühgriechischen Philosophen) aus dieser ein Jahrzehnt umspannenden Zeit ein klareres und dichteres Bild der Bedingtheit und Zufälligkeit des Verallgemeinerns. 1873 analysiert Nietzsche schonungslos den „Gelehrten", wie er ihn aus der Klassischen Philologie kennt, „hinsichtlich seines Wahrheitssinnes": Er glaube an die Wahrheit aus

> [Vag 5] 1) Gewohnheit 2) Flucht vor der Langeweile 3) Broderwerb 4) Achtung bei anderen Gelehrten, Furcht vor ihrer Mißachtung 5) Erwerbssinn von etwas Eignem (es muß „wahr" sein. sonst rauben es die Andren wieder) 6) Knötchen knüpfen, Knötchen lösen. –[689]

---

[689] N Sommer – Herbst 1873, 29[10], KSA 7.626; weiter ausgeführt in 29[13]-[15], KSA 7.627–631.

Typische Gelehrte folgen danach teils sehr persönlichen Motiven, teils gesellschaftlichen Konventionen. Ihr „Wahrheitssinn" regt sich „beim Umwerfen einer alten Theorie, bei Angriffen auf ihren Stand, ihre Bildung, beim Lautwerden der Unzünftigen"; „Haß gegen die Philosophie" kommt auf, „weil sie sich nichts aus dem Gelehrten macht." Man orientiert sich vorzugsweise aneinander, nicht an der Wahrheit: „Die Unwahrheit, wenn sie in allgemeiner Geltung ist, wird von dem Gelehrten als Wahrheit behandelt." Hinzu kommt die „Furcht vor Religionen und Regierungen".[690] Das alles ist sichtlich noch im Geist Schopenhauers gesagt.

Beim Nachdenken über die griechischen Philosophen greift Nietzsche die Unterscheidung von Wissenschaft und Weisheit auf. Die Weisheit des (platonischen) Sokrates zeige sich gerade „im unlogischen Verallgemeinern" und „zum letzten Ziele Fliegen", „in der Beziehung dieser Resultate auf das Leben" und „im Ernstnehmen der Seele". Die Wissenschaft, die Festes und Nützliches suche, hege dagegen „Furcht und Hass vor der unlogischen Verallgemeinerung".[691]

Im Sommer 1875 treibt Nietzsche das Thema des Logischen und Unlogischen in seiner Auseinandersetzung mit Eugen Dührings *Der Werth des Lebens* voran. Wenn Dühring zu dem Schluss komme, dass „das Urtheil über den Werth des Lebens [...] nie reine Erkenntniß sein" könne,[692] so will Nietzsche, notiert er sich,

[Vag 6] doch hinzufügen, daß es richtiger noch wäre, alle solche Urtheile unreine Erkenntnisse zu nennen: die Unreinheit liegt 1) in der Art, wie das Material vorliegt, sehr unvollständig z. B. 2) in der Art, wie daraus die Summe gebildet wird: so daß z. B. eine falsche Verallgemeinerung gemacht wird (die Summe unserer Erfahrungen kann nie zu einem Urtheil über das Leben berechtigen), also der logische Ausdruck jener Summirung falsch ist 3) darin daß jedes einzelne Stück des Materials wieder das Resultat unreinen Erkennens ist; und zwar ganz nothwendig: keine Erfahrung z. B. über einen Freund kann vollständig sein, so daß wir ein logisches Recht zu einer Gesammtschätzung hätten. Alle Schätzungen sind voreilig und müssen es sein. Sodann ist das Maaß, womit wir messen, unser Wesen, keine unveränderliche Größe, wir haben Stimmungen usw., wir müßten uns selbst kennen, um gerecht das Verhältniß irgend einer Sache zu uns abzuschätzen.[693]

Logische Schlussregeln, wie sie in den Wissenschaften zur Geltung kommen, haben in der alltäglichen Lebensorientierung nur ein begrenztes Recht. Man definiert und abstrahiert hier weniger scharf, aber nicht, weil es weniger um Zuverlässigkeit ginge, sondern um in seiner Orientierung beweglich zu bleiben. In diesem Sinn sind wir, so Nietzsche, „von vornherein unlogische und daher auch

---

690 N Sommer – Herbst 1873, 29[10], KSA 7.626.
691 N Sommer 1875, 6[4], KSA 8.97f.
692 So Nietzsches Zusammenfassung des Schlusses der Einleitung von Eugen Dühring, Der Werth des Lebens. Eine philosophische Betrachtung, Breslau (Eduard Trewendt) 1865, 12.
693 N Sommer 1875, 9[1], KSA 8.131–181, hier 135f.

ungerechte Wesen und können dies erkennen! Das ist eine der ungeheuersten Disharmonien des Daseins!" Das philosophische Leiden an dieser Disharmonie aber führt erst recht in die Irre, nämlich zu jener „Unterscheidung zweier Welten, von denen die eine die schlechtere ist, die unwirklichere im Vergleich zu einer wirklicheren besseren". Die Lebenswirklichkeit kommt im Vergleich mit der „Theorie" als die schlechtere weg. Aber auch sie ist, so nimmt Nietzsche Dühring auf, überall schon vom logischen Grundsatz des zu vermeidenden Widerspruchs durchdrungen.[694]

1884 zieht er daraus so etwas wie ein Resümee:

> [Vag 7] Wenn man das herausschält, was allen Thatsachen gemeinsam ist, die Grundformen der äußersten Abstraktion – kommt man da auf „Wahrheiten"? Es gab bisher diesen Weg zur Wahrheit, die Verallgemeinerung – man entdeckte so nur die Grundphänomene des Intellekts. Wirklich?[695]

Nietzsche ist hier bei Vorbereitungen für *Jenseits von Gut und Böse*. Er fragt sich nun, wie unter seinen neuen philosophischen Voraussetzungen kommunikative Orientierung denkbar wird.[696]

3 Notwendigkeit des Verallgemeinerns für die menschliche Orientierung

Die Spitzenaphorismen zum Thema der kommunikativen Orientierung sind der Aphorismus Nr. 268 in *Jenseits von Gut und Böse* und der Aphorismus Nr. 354 im anschließenden V. Buch der *Fröhlichen Wissenschaft*. Sie sind der Nietzsche-Forschung beide bereits bestens bekannt, aber kaum unter dem Gesichtspunkt der Notwendigkeit des Verallgemeinerns diskutiert worden. Der erste, den Nietzsche in das Hauptstück „Was ist vornehm?" eingereiht hat, zielt auf die „Vergemeinerung" (JGB 268), die alle Verallgemeinerung mit sich bringt. Nietzsche führt hier zugleich die Rolle der Zeichen in der Abkürzungskunst und in der Kommunikation ein. Seine Argumentation verläuft so: Sie setzt ein bei der oben schon (Kap. II 1) zitierten sprachphilosophischen Prämisse

---

694 N Sommer 1875, 9[1], KSA 8.136 f.
695 N Sommer – Herbst 1884, 26[150], KSA 11.189.
696 Za lasse ich hier beiseite.

> Worte sind Tonzeichen für Begriffe; Begriffe aber sind mehr oder weniger bestimmte Bildzeichen für oft wiederkehrende und zusammen kommende Empfindungen, für Empfindungs-Gruppen.[697]

Da sich die Empfindungen aber unterscheiden,

> genügt [es] noch nicht, um sich einander zu verstehen, dass man die selben Worte gebraucht: man muss die selben Worte auch für die selbe Gattung innerer Erlebnisse gebrauchen, man muss zuletzt seine Erfahrung mit einander gemein haben.

Gemein hat man Empfindungen am ehesten, wenn man die Bedingungen teilt, unter denen man lebt, unter vielen anderen die Sprache; man empfindet sich dann als „Volk". Aufgrund solcher Gemeinsamkeiten „versteht man sich, schnell und immer schneller". Denn „die Geschichte der Sprache ist die Geschichte eines Abkürzungs-Prozesses": Mit der Zeit spielen sich für gemeinsame Empfindungen und Erfahrungen die knappsten Wendungen ein und setzen sich durch. Schnelle Verständigung aber ist besonders nötig in Gefahrenlagen:

> Je grösser die Gefährlichkeit, um so grösser ist das Bedürfniss, schnell und leicht über Das, was noth thut, übereinzukommen; sich in der Gefahr nicht missverstehn, das ist es, was die Menschen zum Verkehre schlechterdings nicht entbehren können.

Hier folgt wieder ein Seitenhieb auf Schopenhauer. Dann nimmt Nietzsche das große Thema des Hauptstücks, die Rangordnung unter den „Seelen", auf. Denn auch innerhalb eines Volkes können sich die Empfindungen durchaus unterscheiden, und sie bedingen wiederum unterschiedliche Wertungen:

> Welche Gruppen von Empfindungen innerhalb einer Seele am schnellsten wach werden, das Wort ergreifen, den Befehl geben, das entscheidet über die gesammte Rangordnung ihrer Werthe, das bestimmt zuletzt ihre Gütertafel. Die Werthschätzungen eines Menschen verrathen etwas vom Aufbau seiner Seele, und worin sie ihre Lebensbedingungen, ihre eigentliche Noth sieht.

Aus diesen Prämissen zieht Nietzsche dann den Schluss:

> Gesetzt nun, dass die Noth von jeher nur solche Menschen einander angenähert hat, welche mit ähnlichen Zeichen ähnliche Bedürfnisse, ähnliche Erlebnisse andeuten konnten, so ergiebt sich im Ganzen, dass die leichte Mittheilbarkeit der Noth, das heisst im letzten Grunde das Erleben von nur durchschnittlichen und gemeinen Erlebnissen, unter allen Gewalten, welche über den Menschen bisher verfügt haben, die gewaltigste gewesen sein muss.

---

697 Zu Vorstufen im Nachlass vgl. Sommer, NK 5/1, 769.

Nöte erzwingen schnelle Mitteilbarkeit, die schnelle Mitteilbarkeit wird möglich durch die Vergemeinerung der Erlebnisse, und die Vergemeinerung der Erlebnisse hat die Verallgemeinerung und Vergemeinerung ihres sprachlichen Ausdrucks zur Folge. So kommen, das ist hier Nietzsches Sorge, „die Ausgesuchteren, Feineren, Seltsameren, schwerer Verständlichen" ins Hintertreffen, sie „bleiben leicht allein, unterliegen, bei ihrer Vereinzelung, den Unfällen und pflanzen sich selten fort."

Nietzsche hat sich schon früher, in seiner Schrift *Richard Wagner in Bayreuth*, ähnlich geäußert (WB, KSA 1.455 f.). Die kühnsten philosophischen Folgerungen daraus zieht er im V. Buch der *Fröhlichen Wissenschaft*, auch dort wieder verbunden mit einem Seitenhieb auf Schopenhauer, dessen Formel vom „Genius der Gattung" er von Grund auf umdeutet.[698] In der näheren Umgebung des „Wir Furchtlosen" überschriebenen Buchs geht es nach dem einleitenden Aphorismus zum Nihilismus (FW 343) um den Glauben an die Wissenschaft (FW 344) und um die Moral, die die Wissenschaft bisher nicht als Problem erkannt hat (FW 345), um die Bedürfnisse überhaupt, die Welt falsch auszulegen (FW 346), um das Bedürfnis nach Glauben auch bei Philosophen und Gelehrten und um die Religionsstifter, die es, auch durch Moralen, zu befriedigen wissen (FW 347–353). Im Anschluss an den Aphorismus Nr. 354 kommt Nietzsche auf den „Ursprung unsres Begriffs ‚Erkenntniss'" im Bedürfnis des Wiedererkennens von schon Bekanntem zu sprechen (FW 355). Das ist der Kontext der Argumentation des Aphorismus, die hier nicht mehr eigens aufgerollt zu werden braucht. Ihr Kern ist, dass das sogenannte „Bewusstsein" die Verallgemeinerung und Hypostasierung eines immer nur zeitweiligen Zustands der „Bewusstheit" zu einem scheinbar an sich bestehenden Sein ist. „Bewusstheit", auf die Nietzsche im Aphorismus Nr. 11 der *Fröhlichen Wissenschaft* ausdrücklich verwiesen hat, wird aber besonders bei der „M i t t h e i l u n g", der Verständigung mit anderen, nötig, weil bei ihr immer auch das eigene Wohl auf dem Spiel steht, im Extremfall von ihr das eigene Überleben abhängig ist. Es geht also nicht um ein ständiges Bewusst-*Sein*, sondern um ein jeweiliges „Sich-Bewusst-Werden", und Nietzsches „Vermuthung" ist eben, dass dieses „Sich-Bewusst-Werden" Folge der „M i t t h e i l u n g s - B e d ü r f t i g k e i t" ist. Den Gebrauch der sprachlichen „M i t t h e i l u n g s z e i c h e n" muss man erst eigens mühsam lernen, und er erfordert auch weiterhin in rasch sich verändernden Kommunikationssituationen stets höhere Aufmerksamkeit als rein körperliche Orientierungsvorgänge. Kommuniziert man mit anderen, verlangt das, was „der Blick, der Druck, die Gebärde" noch unbestimmt ausdrückt, beim „Be-

---

[698] Zur kontextuellen Interpretation des Aphorismus FW 354 vgl. Verf., Nietzsches Befreiung der Philosophie, 262–288.

wusstwerden unserer Sinneseindrücke bei uns selbst, die Kraft, sie fixiren zu können und gleichsam ausser uns zu stellen". Das geschieht einerseits immer ähnlich nach eingespielten Konventionen, andererseits aber unterschiedlich in unterschiedlichen Situationen. So bleiben sprachliche Fixierungen in der Kommunikation immer riskant. Eben darum tendiert man zu gängigen, ‚vergemeinernden' Verallgemeinerungen – hier nimmt Nietzsche das Argument aus *Jenseits von Gut und Böse* Nr. 268 wieder auf –, um sich daran zu halten. Und hier zieht Nietzsche den für das Verallgemeinern überhaupt entscheidenden Schluss: Die Notwendigkeit der „Heerden"-Verständigung führe überall zur „Veroberflächlichung und Generalisation", sie aber zu einer „Oberflächen- und Zeichenwelt", „einer verallgemeinerten, einer vergemeinerten Welt". Sie bleibt, wie er nun hinzufügt, auch dann dominant, übt ihre Gewalt aus, wenn die Mitteilungs-Fähigkeit feinerer Geister sich unabhängig von drängenden Nöten längst weiterentwickelt hat (FW 354).[699]

Zu diesem starken Konzept des Verallgemeinerns tragen die Aufzeichnungen signifikante Argumente bei und machen es erst ganz einsichtig. Bereits 1881 versucht Nietzsche zu klären, wie die alltägliche menschliche Orientierung trotz aller Zufälligkeit ihrer Bedingungen schnell, sicher und erfolgreich operieren kann. Sie erreicht das – noch vor den Herausforderungen der Kommunikation – durch ein vorläufiges, experimentelles Verallgemeinern von Orientierungserfahrungen, durch eine rasche „Induktion" aufgrund weniger Anhaltspunkte, manchmal nur eines einzigen, im stets vorläufigen Glauben, dass die Verallgemeinerungen sich bewähren werden.[700] Nietzsche hat dafür die Formel des „wüthenden gierigen Glaubens", der nach augenblicklicher Bestätigung „hungert". Anders als die „Verallgemeinerungs-Wuth" der Philosophen, von der er später spricht, ist dieser vorläufige Glaube situationsabhängig und kann darum immer anders ausfallen. Er ist anfangs weder allgemein noch „wahr" und dennoch zur Orientierung notwendig. Er ist, tief in ihren Prozessen verankert, vor aller Reflexion und Skepsis ein nicht auf eine angeblich reine Vernunft gebautes, sondern tatsächliches „a priori". Aus solchem ad-hoc-Glauben aber kommt, solange er sich bewährt, nach Nietzsche die Sicherheit der Orientierung. Er kann sich schrittweise zu einer „ganzen Weltbetrachtung" – zuvor gebraucht Nietzsche auch schon die Begriffe „Weltbild" (WB 8, MA I 10 u.ö.) und „Weltanschauung" (MA I 237 u.ö.) – ausbilden. Die Aufzeichnung lautet:

---

[699] Das Problem, wie das möglich ist, hatte sich Nietzsche bereits in N Ende 1874, 37[6], KSA 7.831f. gestellt, ohne schon zu klaren Lösungen zu kommen.
[700] In diesem Sinn geht die menschliche Orientierung pragmatisch vor. Vgl. Gori, Nietzsche's Pragmatism.

[Vag 8] Ohne die ungeheure Sicherheit des Glaubens und Bereitwilligkeit des Glaubens wäre Mensch und Thier nicht lebensfähig. Auf Grund der kleinsten Induktion zu verallgemeinern, eine Regel für sein Verhalten machen, das einmal Gethane, das sich bewährt hat, als das einzige Mittel zum Zweck glauben – das, im Grunde die grobe Intellektualität, hat Mensch und Thier erhalten. Unzählig oft sich so zu irren und am Fehlschluß leiden ist lange nicht so schädigend im Ganzen als die Skepsis und Unentschlossenheit und Vorsicht. Den Erfolg und den Mißerfolg als Beweise und Gegenbeweise gegen den Glauben betrachten ist menschlicher Grundzug: „was gelingt, dessen Gedanke ist wahr". – Wie sicher steht in Folge dieses wüthenden gierigen Glaubens die Welt vor uns! Wie sicher führen wir alle Bewegungen aus! „Ich schlage" – wie sicher empfindet man das! – Also die niedrige Intellektualität, das unwissenschaftliche Wesen ist Bedingung des Daseins, des Handelns, wir würden verhungern ohne dies, die Skepsis und die Vorsicht sind erst spät und immer nur selten erlaubt. Gewohnheit und unbedingter Glaube, daß es so sein muß wie es ist, ist Fundament alles Wachsthums und Starkwerdens. – Unsere ganze Weltbetrachtung ist so entstanden, daß sie durch den Erfolg bewiesen wurde, wir können mit ihr leben (Glaube an Außendinge, Freiheit des Wollens). Ebenso wird jede Sittlichkeit nur so bewiesen. – Da entsteht nun die große Gegenfrage: es kann wahrscheinlich unzählige Arten des Lebens geben und folglich auch des Vorstellens und Glaubens. Wenn wir alles Nothwendige in unserer jetzigen Denkweise feststellen, so haben wir nichts für das „Wahre an sich" bewiesen, sondern nur „das Wahre für uns" d. h. das Dasein-uns-Ermöglichende auf Grund der Erfahrung – und der Prozeß ist so alt, daß Umdenken unmöglich ist. Alles a priori gehört hierher.[701]

Zu dieser „groben Intellektualität" kommt der unvermeidliche Perspektivismus der Orientierung: Man erfährt die Perspektivität seiner „Weltbetrachtung" daran, dass andere auf dieselben Situationen andere Perspektiven haben, die man aber dennoch nicht einsehen und in ihrer Vielfalt nicht übersehen kann. So lässt sich die „Intelligenz" in der menschlichen Orientierung nicht verallgemeinern:

[Vag 9] Es giebt wahrscheinlich viele Arten von Intelligenz, aber jede hat ihre Gesetzmäßigkeit, welche ihr die Vorstellung einer anderen Gesetzmäßigkeit unmöglich macht. Weil wir also keine Empirie über die verschiedenen Intelligenzen haben können, ist auch jeder Weg zur Einsicht in den Ursprung der Intelligenz verschlossen. Das allgemeine Phänomen der Intelligenz ist uns unbekannt, wir haben nur den Spezialfall, und können nicht verallgemeinern. Hier allein sind wir ganz Sklaven, selbst wenn wir Phantasten sein wollten! Andererseits wird es von jeder Art Intelligenz aus ein Verständniß der Welt geben müssen – aber ich glaube, es ist nur die zu Ende geführte Anpassung der Gesetzmäßigkeit der einzelnen Art Intelligenz – sie führt sich selber überall durch. Jede Intelligenz glaubt an sich[702]

Die menschliche Orientierung, so führt Nietzsche dies in Aufzeichnungen von 1884 fort, stabilisiert sich durch Organisation in Organen, die bestimmte Funktionen übernehmen und dabei einerseits selbständig agieren, andererseits ko-

---

701 N Frühjahr – Herbst 1881, 11[286], KSA 9.550 f.
702 N Frühjahr Herbst 1881, 11[291], KSA 9.553.

operieren. Daran müsse immer auch eine Art „Intellekt" beteiligt sein, der „das Allgemeine Typische" als „Formen" im „Prozeß des Lebens" „einverleibt". Leben erhalte sich durch diese Art der Verallgemeinerung von Erfahrungen, die laufend neue Experimente unnötig machen:

> [Vag 10] Der Prozeß des Lebens ist nur dadurch möglich, daß viele Erfahrungen nicht immer wieder gemacht werden müssen, sondern in irgend einer Form einverleibt werden – das eigentliche Problem des Organischen ist: wie ist Erfahrung möglich? Wir haben nur Eine Form des Verständnisses – Begriff, der allgemeinere Fall, in dem der spezielle liegt. In einem Falle das Allgemeine Typische sehen scheint uns zur Erfahrung zu gehören – insofern scheint alles „Lebendige" nur mit einem Intellekte uns denkbar zu werden. Nun giebt es aber die andere Form des Verständnisses – es bleiben nur die Organisationen übrig, welche gegen eine große Menge von Einwirkungen sich zu erhalten und zu wehren wissen.[703]

Auf diese Weise werden dann Evolution und Bewusstwerdung im Zusammenhang denkbar. Neue Organisationen können neue Funktionen übernehmen, ohne dass sie sich zu diesem Zweck entwickelt hätten. Das menschliche Bewusstsein – oder was man dann so nennt – ist in diesem Sinn zufällig entstanden:

> [Vag 11] Zur Entstehung des menschlichen Bewußtseins könnte man die Entstehung des Heerden-Bewußtseins benutzen. Denn zuletzt ist ja der Mensch auch eine Vielheit von Existenzen: sie haben sich diese gemeinsamen Organe, wie Blutcirculation, Concentration der Sinne, Magen usw. nicht zu diesen Zwecken geschaffen, sondern zufällige Bildungen, welche den Nutzen ergaben, besser das Ganze zu erhalten, sind besser entwickelt worden und erhalten geblieben. Das Zusammenwachsen von Organismen, als Mittel, das einzelne Wesen länger zu erhalten –
> — wo Annäherung Anpassung am größten sind, ist die Wahrscheinlichkeit der Erhaltung am größten.[704]

In der „Heerden"-Verständigung zur gemeinsamen Überwindung von Nöten ist Zuverlässigkeit das erste Gebot. Dazu wird sie moralisiert. Menschen werden auf eine „Moral der Wahrhaftigkeit" hin erzogen: Um zuverlässig zu erscheinen, muss man erkennbar sein in dem, was man meint, sich in möglichst deutlichen Zeichen ausdrücken und bei deren Bedeutung dann auch bleiben, und dies muss man so verinnerlichen, damit muss man sich so stark identifizieren, dass man sich auch selbst nicht anders haben will:

> [Vag 12] Moral der Wahrhaftigkeit in der Heerde. „Du sollst erkennbar sein, dein Inneres durch deutliche und constante Zeichen ausdrücken – sonst bist du gefährlich: und wenn du böse bist, ist die Fähigkeit dich zu verstellen, das Schlimmste für die Heerde. Wir verachten

---

703 N Sommer – Herbst 1884, 26[156], KSA 11.190.
704 N Sommer – Herbst 1884, 26[157], KSA 11.190 f.

den Heimlichen Unerkennbaren. – <u>Folglich</u> mußt du dich selber für erkennbar halten, du darfst dir nicht <u>verborgen</u> sein, du darfst <u>nicht</u> an deinen <u>Wechsel</u> glauben." Also: Die Forderung der Wahrhaftigkeit setzt die <u>Erkennbarkeit</u> und die <u>Beharrlichkeit</u> der Person voraus. Thatsächlich ist es Sache der Erziehung, das Heerden-Mitglied zu einem <u>bestimmten Glauben</u> über das Wesen des Menschen zu bringen: sie <u>macht erst diesen Glauben</u> und fordert dann darauf hin „Wahrhaftigkeit".[705]

Bei alldem kann man, wie Nietzsche später zum Thema ergänzt, ohne Begriffe wie Zweck, Motiv und Wille auskommen. Sie sind für Nietzsche irrtümliche Verallgemeinerungen, haben den Blick auf die Notwendigkeiten und Funktionsweisen des Sich-Orientierens verstellt:

[Vag 13] <u>Kritik des Begriffs {Instinkts} der Ursächlichkeit</u>.
Der <u>Glaube</u>, daß eine Handlung auf ein Motiv hin geschieht, ist instinktiv allmählig generalisirt worden, zu den Zeiten, wo man alles Geschehen nach Art bewußter lebender Wesen imaginirte. „Jedes Geschehn geschieht auf Grund eines Motivs: die causa finalis ist die causa efficiens" –
Dieser Glaube ist <u>irrthümlich</u>: der Zweck, das Motiv sind Mittel, uns ein Geschehn faßlich, praktikabel zu machen. – Die Verallgemeinerung war ebenfalls irrthümlich u. unlogisch.
Kein Zweck.
Kein Wille.[706]

Und damit ist Nietzsche an die Thesen herangekommen, mit denen er im Aphorismus Nr. 268 von *Jenseits von Gut und Böse* und im Aphorismus Nr. 354 der *Fröhlichen Wissenschaft* herauskommt. In einer vorbereitenden Aufzeichnung rückt dann das Verallgemeinern selbst in den Mittelpunkt:

[Vag 14] Die Entwicklung des Bewußtseins als eines <u>Regierungs-Apparates</u>: nur für die <u>Verallgemeinerungen</u> zugänglich. Schon das, was das Auge zeigt, kommt in's Bewußtsein als <u>verallgemeinert u. zurechtgemacht</u>.[707]

4 Verallgemeinerung als Abkürzung durch Zeichen und ihre moralgestützte Hypostasierung

Die Moralisierung der verallgemeinernden Zeichen erscheint in *Jenseits von Gut und Böse* schon in Aphorismen, die Nr. 268 vorausgehen. Im fünften Hauptstück „Zur Naturgeschichte der Moral" bringt Nietzsche die „Moralen", deren „facta" die

---

705 N Winter 1883–1884, 24[19], KSA 10.657.
706 N April – Juni 1885, 34[53], KSA 11.436f., KGW IX 1, N VII 1, 161f.
707 N April – Juni 1885, 34[187], KSA 11.484, KGW IX 1, N VII 1, 63.

Moralphilosophen stets „nur gröblich, in einem willkürlichen Auszuge oder als zufällige Abkürzung" kennten, auf den Begriff einer „Zeichensprache der Affekte" (JGB 186 f.) und erläutert sie als eine „Gleichniss- und Zeichensprache, mit der sich Vieles verschweigen lässt", auch vor sich selbst (JGB 196). Moralen kommen *als* Moralen nur in konventionellen Zeichen zur Geltung; aber eben als solche sind sie für freie Geister „ein Stück Tyrannei", erziehen den Geist zur „Sklaverei" (JGB 188). Sie treiben ihm eigene, selbständige Wertschätzungen und Wertentscheidungen aus und geben den Menschen eine scheinbare Orientierungssicherheit, die doch nur die eines Allgemeinen ist, dessen sich „Heerdenthiere" zum „allgemeinen grünen Weide-Glück" gegenseitig versichern (JGB 44, 62). Moralen sind für Nietzsche neben Metaphysiken und den mathematischen Wissenschaften die stärksten Beweggründe zum Glauben an ein an sich bestehendes Allgemeines.

Die Moralisierung des Verallgemeinerns tritt mit den Abhandlungen *Zur Genealogie der Moral* von 1887 im Zusammenhang mit dem Problem der Strafe in den Vordergrund. Die Strafe werde mit unterschiedlichen moralischen Zwecken ausgestattet; die moralisch bestärkten allgemeinen Zeichen der Verständigung würden durch die bei der Bestrafung leitenden Begriffe „Pflicht" und „Schuld" zu einem „imperativischen" Sollen, zu „Gesetzen" (GM II 11). Nietzsche entlarvt solche Benennungen von Zwecken als Willen zur Macht und alles angeblich an sich bestehende Allgemeine darin als fortlaufende „Interpretations"- qua „Überwältigungsprozesse", die sich in „fortgesetzten Zeichen-Ketten" darstellen (GM II 12). Die Moralisierung der Zeichen ist jedoch hartnäckig; sie überdauert auch das Verblassen ihrer religiösen Hintergründe („die Zurückschiebung derselben in's Gewissen, noch bestimmter, die Verwicklung des schlechten Gewissens mit dem Gottesbegriffe"; GM II 21).

Eine Nietzsche selbst sichtlich überraschende Wendung nimmt die durch Religion und Moral gestützte Verallgemeinerung und metaphysische Hypostasierung der Zeichen, wo er in *Der Antichrist* auf seinen „Typus Jesus" zu sprechen kommt. Diesem „heiligen Anarchisten" (AC 27) sei in einer neuen Unschuld, die sich von allen Fixierungen und Dogmatisierungen der Realität gelöst habe, jenes „ganz in Symbolen und Unfasslichkeiten schwimmende Sein" aufgegangen (AC 31), in dem „die ganze Realität, die ganze Natur, die Sprache selbst [...] bloss den Werth eines Zeichens, eines Gleichnisses" habe, das jedem zu *seiner* Deutung offenstehe (Kap. III 3.3.7). Das Denken dieses „Anti-Realisten" sei das eines „Symbolisten par excellence" (AC 32). Es besteht weniger in einem Abkürzen als in einem Aufheben der Realität in Zeichen, dem Äußersten, was im philosophischen Ansatz bei Zeichen möglich ist.[708]

Nietzsche antwortet auf seine Entdeckung des „Typus Jesus" mit einer Preisung seiner eigenen „K u n s t d e s S t i l s", die mit ihrer „inneren Spannung von Pathos durch Zeichen, eingerechnet das tempo dieser Zeichen" und ihrer ausserordentlichen Vielfalt, mit der sie feinste Nuancen zur Sprache bringen könne, bisher ganz unerreicht sei. Auch bei diesem Stil gebe es kein „a n s i c h", das sich begrifflich fixieren ließe (EH, Warum ich so gute Bücher schreibe 4). Mit ihm löse sich der „Begriff" auch dessen auf, „was Bild, was Gleichniss ist". Stattdessen biete sich alles „als der nächste, der richtigste, der einfachste Ausdruck" an: „Es scheint wirklich, um an ein Wort Zarathustra's zu erinnern, als ob die Dinge selber herankämen und sich zum Gleichnisse anböten". Hier, in der äußersten Prägnanz der Zeichen, so wie Nietzsche sie einschätzt, wird für ihn wieder „Wahrheit" denkbar (EH, Za 3): Dies ist keine Wahrheit, die der Realität ‚angemessen', ‚adäquat' wäre, sondern die Realität spricht sich in ihr, der Zeichenkunst, aus. So kann Nietzsche am Ende sagen, aus ihm „rede" die Wahrheit und dadurch sei er „e i n f r o h e r B o t s c h a f t e r, wie es keinen gab" (EH, Warum ich ein Schicksal bin 1). Das ist Nietzsches eigener Symbolismus par excellence. Er ist es letztlich, der ihn hindert, sein Philosophieren in Dogmen und Systemen zu fixieren.

Sein Weg dorthin war lang; er ist wieder aus seinen Aufzeichnungen erkennbar. Sie münden zuletzt in eine Kritik auch des Nihilismus als überzogener Verallgemeinerung.

1880 notiert sich Nietzsche als Grundthese zur Orientierung über die Realität:

[Vag 15] Der Gedanke ist ebensowohl wie das Wort, nur ein Zeichen: von irgend einer Congruenz des Gedankens und des Wirklichen kann nicht die Rede sein. Das Wirkliche ist irgend eine Triebbewegung.[709]

1884 formuliert er die noch immer ontologisch scheinende Feststellung in die Konzeption eines Prozesses um:

[Vag 16] Der ganze Erkenntniß-Apparat ist ein Abstraktions- und Simplifikations-Apparat – nicht auf Erkenntniß gerichtet, sondern auf <u>Bemächtigung</u> der Dinge: „Zweck" und „Mittel" sind so fern vom Wesen wie die „Begriffe". Mit „Zweck" und „Mittel" bemächtigt man sich des Prozesses (– man <u>erfindet</u> einen Prozeß, der faßbar ist!), mit Begriffen aber der „Dinge", welche den Prozeß machen.[710]

---

708 Vgl. Simon, Philosophie des Zeichens, 206–211.
709 N Herbst 1880, 6[253], KSA 9.263; fortgeschrieben N November 1882 – Februar 1883, 5[1]272, KSA 10.219.
710 N Sommer – Herbst 1884, 26[61], KSA 11.164.

Daran schließt er seine Analyse der Heraufkunft von Gedanken an (Kap. I 12), hier unter Einbeziehung des Begriffs des Zeichens, das er als „Symptom" und „Anlaß zu mehrfacher Interpretation" versteht. Für ihn ist das weniger eine These als eine „Erfahrungstatsache":

> [Vag 17] Der Gedanke also wird nicht als unmittelbar gewiß genommen, sondern nur als ein Zeichen, ein Fragezeichen. Daß jeder Gedanke zuerst vieldeutig und schwankend ist, und an sich nur ein Anlaß zu mehrfacher Interpretation und willkürlicher Festsetzung, ist eine Erfahrungssache jedes Beobachters, der nicht an der Oberfläche bleibt. – Der Ursprung des Gedankens ist uns verborgen; es ist eine große Wahrscheinlichkeit, daß er ein Symptom eines umfänglicheren Zustandes ist, gleich jedem Gefühl –: darin daß gerade er kommt und kein anderer, daß er gerade mit dieser größeren oder minderen Helligkeit kommt, mitunter sicher und befehlerisch, mitunter unsicher und einer Stütze bedürftig, im Ganzen immer beunruhigend und aufregend, fragend – für das Bewußtsein ist jeder Gedanke ein Stimulans – in dem Allen drückt sich irgend Etwas von einem Gesammt-Zustand in Zeichen aus.[711]

Die Überlegungen zur Abkürzung der Erfahrung der Realität in Zeichen verdichten sich im Arbeitsheft W I 2 nun stark, ohne dass sie dort unmittelbar beieinander stünden. Stattdessen macht Nietzsche immer neue Anläufe, die Abkürzung und Verallgemeinerung der Wirklichkeit in Zeichen durchzudenken. Die Vieldeutigkeit der Zeichen kann und muss zur Verständigung „zeitweilig" zurückgenommen, die Zeichen müssen, wenn es notwendig ist, in *einer* Bedeutung „absolut" genommen und dazu ihre allgemeine Verständlichkeit für gleiche Intellekte angenommen werden:

> [Vag 18] Ein Gedanke und ein Gefühl sind Zeichen irgend welcher Vorgänge: nehme ich sie absolut – setze ich sie als unvermeidlich eindeutig, so setze ich zugleich die Menschen als intellektuell gleich – eine zeitweilig erlaubte Vereinfachung des wahren Thatbestandes.[712]

Werden solche zeitweiligen Absolutsetzungen auf Dauer absolut gesetzt, die vereinfachenden und vereindeutigenden Abkürzungen zu feststehenden Begriffen gemacht, werden mathematische Naturwissenschaften möglich, die dann an den von ihnen ermittelten Gesetzen einen festen Anhalt in der Natur zu haben glauben:

> [Vag 19] „Wissenschaft" (wie man sie heute übt) ist der Versuch, für alle Erscheinungen eine gemeinsame Zeichensprache zu schaffen, zum Zwecke der leichteren Berechenbarkeit und folglich Beherrschbarkeit der Natur. Diese Zeichensprache, welche alle beobachteten „Ge-

---

711 N Sommer – Herbst 1884, 26[92], KSA 11.174. Die in Kap. I 12 erörterte Aufzeichnung folgt später; sie stammt aus N Juni – Juli 1885, 38[1], KSA 11.595f., KGW IX 12, Mp XVI, 23r.
712 N Sommer – Herbst 1884, 26[114], KSA 11.180.

setze" zusammenbringt, erklärt aber nichts – es ist nur eine Art kürzester (abgekürztester) Beschreibung des Geschehens.[713]

Tatsächlich können wir von den Ursachen nichts wissen, nur beobachten, wie wir sie uns durch abkürzende Vereinfachungen zurechtlegen – weil wir sie zu unserer Orientierung brauchen, die von den „unsäglichen Complikationen" überfordert ist:

> [Vag 20] Die wahre Welt der Ursachen ist uns verborgen: sie ist unsäglich complicirter. Der Intellekt u. die Sinne sind ein vor allem vereinfachender Apparat. Unsere falsche {verkleinerte {logisirte}} Welt der Ursachen ist aber die Welt, in welcher wir leben können. Wir sind soweit „erkennend", daß wir unsere Bedürfnisse befriedigen können.
> Das Studium des Leibes giebt einen Begriff von den unsäglichen Complikationen.
> Wenn unser Intellekt nicht einige feste Formen hätte, so wäre nicht zu leben. Aber damit ist für die Wahrheit aller logischen Thatsachen nichts bewiesen.[714]

Mit ihrer „Kraft" zur Vereinfachung aber schafft sich die menschliche Orientierung trotz allem eine feldherrliche Überlegenheit:

> [Vag 21] Das Bewußtsein ist die Hand, mit der der Organismus am weitesten um sich greift: es muß eine feste Hand sein. Unsere Logik, unser Zeitsinn, Raumsinn sind ungeheure Abbreviatur-Fähigkeiten, zum Zwecke des Befehlens. Ein Begriff ist eine Erfindung, der nichts ganz entspricht; aber Vieles ein wenig: ein solches [!] Satz „2 Dinge, einem dritten gleich, sind sich selber gleich" setzt 1) Dinge 2) Gleichheiten voraus: beides giebt es nicht. Aber mit dieser erfundenen starren Begriffs- u. Zahlenwelt gewinnt der M<ensch> ein Mittel, sich ungeheurer Mengen von Thatsachen wie mit Zeichen zu bemächtigen u. seinem Gedächtnisse einzuschreiben. Dieser Zeichen-Apparat ist seine Überlegenheit, gerade dadurch, daß er sich von der Einzel-Thatsache möglichst weit entfernt. Die Reduktion der Erfahrungen auf Zeichen, und die immer größere Menge von Dingen, welche also gefaßt werden kann: ist seine höchste Kraft. „Geistigkeit" als Vermögen, {über} ein ungeheures H̶e̶e̶r̶ ̶z̶u̶ ̶b̶e̶f̶e̶h̶l̶e̶n̶ {Menge von Thatsachen in Zeichen Herr zu sein.}[715]

1885 findet Nietzsche zur dichtesten Fassung des Themenkomplexes der abkürzenden Verallgemeinerung, die er dann immer neu aufgreift und bearbeitet, aber nicht zum Druck befördert:

> [Vag 22] Das Muster einer vollständigen Fiction ist die Logik. Hier wird ein Denken erdichtet, wo ein Gedanke als Ursache eines anderen Gedankens gesetzt wird; alle Affekte, alles Fühlen u. Wollen wird hinweg gedacht. Es kommt dergleichen in der Wirklichkeit nicht vor:

---

713 N Sommer – Herbst 1884, 26[227], KSA 11.209.
714 N April – Juni 1885, 34[46], KSA 11.434f., KGW IX 1, N VII, 166.
715 N April – Juni 1885, 34[131], KSA 11.464, KGW IX 1, N VII 1, 107f.

diese ist unsäglich {anders} complicirt. Dadurch daß wir jene Fiction als Schema anlegen, also das thatsächl. Geschehen beim Denken gleichsam durch einen Simplificationsapparat filtriren: bringen wir es zu einer Zeichenschrift u. Mittheilbarkeit u Merkbarkeit der logischen Vorgänge. Also: das geistige Geschehen zu betrachten, wie als ob es dem Schema jener regulativen Fiction entspräche: dies ist der Grundwille. Wo es „Gedächtniß" giebt, hat dieser Grundwille gewaltet. – In der Wirklichkeit giebt es kein logisches Denken, u. kein Satz der Arithmetik u. Geometrie kann aus ihr genommen sein, weil er gar nicht vorkommt.[716]

Er zieht daraus aber Konsequenzen für die Bestimmung der Form seines eigenen Philosophierens:

> [Vag 23] Die Philosophie, so wie ich sie allein noch gelten lasse, als die allgemeinste Form der Historie, als Versuch das {Heraklitische} Werden irgendwie zu beschreiben u in Zeichen abzukürzen (in eine Art von ~~Seiendem~~ {scheinbarem Sein} {gleichsam} zu übersetzen u zu mumisiren)[717]

Im Sinn von *Jenseits von Gut und Böse* Nr. 211 ist das die Tätigkeit der „philosophischen Arbeiter", die „sich der vorhandenen oder vergangenen Welt zu bemächtigen [suchen], indem sie dieselbe durch Zeichen zusammenfassen und abkürzen."[718] Im veröffentlichten Aphorismus erwähnt Nietzsche sie nicht. Nur in seinen Aufzeichnungen verfolgt er das Funktionieren der Abkürzungskunst weiter. Zeichen sind für sie das ausgezeichnete Material, weil sie sich wieder durch Zeichen abkürzen lassen:

> [Vag 24] Der Gegensatz ist nicht „falsch" u. „wahr", sondern „Abkürzungen der Zeichen" im Gegensatz zu den Zeichen selber. Das Wesentliche ist: die Bildung von Formen, welche viele Bewegungen repräsentiren, die Erfindung von Zeichen für ganze Arten von Zeichen.[719]

Aber Zeichen stehen nicht isoliert, und sie beziehen sich nicht auf Isoliertes, seien es bestimmte Empfindungen, Triebe oder Gedanken oder scheinbar an sich bestehende Dinge. Sie zeigen nach Nietzsches Beobachtungen stets einen Gesamtzustand des Bewusstseins an:

---

[716] N April – Juni 1885, 34 [249], KSA 11.505, KGW IX 1, N VII 1, 5; umgearbeitet wiederholt in N Juni – Juli 1885, 38[2], KSA 11.597, KGW IX 12, Mp XVI, 25r, weiter umgearbeitet im Blick auch auf „Vedanta-Philosophien" N August – September 1885, 40[27], KSA 11.643, KKW IX 4, W I 7, 62, und wiederum im Blick auf „die wissenschaftliche Genauigkeit" N Sommer 1886 – Herbst 1887, 5[16], KSA 12.190, KGW IX 3, N VII 3, 173f.
[717] N Juni – Juli 1885, 36[27], KSA 11.562, KGW IX 4, W I 4, 28.
[718] N Juni – Juli 1885, 38[13], KSA 11.611, KGW IX 12, Mp XVI, 33r.
[719] N Herbst 1885 – Frühjahr 1886, 1[28], KSA 12.17, KGW IX 2, N VII 2, 157.

4 Verallgemeinerung als Abkürzung durch Zeichen — 383

[Vag 25] Jeder Gedanke, {jedes Gefühl, jeder Wille} ist nicht geboren aus Einem bestimmten Triebe, sondern er ist ein Gesammtzustand, eine {ganze} Oberfläche des ganzen Bewußtseins u. resultirt aus dem [!] augenblicklichen Macht-Feststellung aller der uns constituirenden Triebe {– also des eben herrschenden Triebes sowohl als der ihm gehorchenden oder widerstrebenden.} Der nächste Gedanke ist das {ein} Zeichen {davon}, wie sich die {gesammte} Macht-Lage verschoben {inzwischen} hat.[720]

In diesem Sinn leben wir in jener ständig sich wandelnden „Oberflächen- und Zeichenwelt", von der in *Die fröhliche Wissenschaft* Nr. 354 die Rede ist. In seinen Aufzeichnungen zieht Nietzsche weitere Konsequenzen. Es könnten ja dann, fragt er sich, „alle Bewegungen als Zeichen eines seelischen Geschehens zu fassen" sein, so dass „Naturwissenschaft als eine Symptomatologie" zu betreiben wäre?[721] Sein Wille-zur-Macht-Denken ist eine solche Symptomatologie, doch im zum Druck beförderten Werk stellt er es nicht ausdrücklich als Abkürzungskunst vor, so dass sie bis heute im Hintergrund blieb. Gleichwohl versteht Nietzsche die „Mächtigen" und unter ihnen auch die Mächtigen unter den Philosophen als „die größten Abstraktions-Künstler":

[Vag 26] Die erfinderische Kraft, welche Kategorien erdichtet hat, arbeitete im Dienst des Bedürfnisses, nämlich von Sicherheit, von schneller Verständlichkeit auf Grund von Zeichen u. Klängen, von Abkürzungsmitteln: – es handelt sich nicht um metaphys. Wahrheiten, bei „Substanz" „Subjekt" „Objekt" „Sein" „Werden". – Die Mächtigen sind es, welche die Namen der Dinge zum Gesetz gemacht haben: u unter den Mächtigen sind es die größten Abstraktions-Künstler, die die Kategorien geschaffen haben.[722]

Nietzsches Aufzeichnung von 1886/87, wir dächten in einem „sprachlichen Zwange" und das „vernünftige Denken" sei „ein Interpretiren nach einem Schema, welches wir nicht abwerfen können", ist inzwischen oft zitiert worden.[723] Nietzsche hat sie im Frühjahr 1888 zu den Zeichen hin fortgeschrieben. Unser „Schema", unser „Ausdrucksmittel", notiert er jetzt, nachdem er noch einmal seine Kritik an der Erkenntnistheorie aufgenommen hat, ist eine „Semiotik":

---

[720] N Herbst 1885 – Frühjahr 1886, 1[61], KSA 12.26, KGW IX 2, N VII 2, 144.
[721] N Herbst 1885 – Herbst 1886, 2[69]), KSA 12.92, KGW IX 5, W I 8, 147.
[722] N Sommer 1886 – Frühjahr 1887, 6[11], KSA 12.237, KGW IX 12, Mp XV, 78r.
[723] N Sommer 1886 – Herbst 1887, 5[22], KSA 12.194, KGW IX 3, N VII 3, 165. Soweit ich sehe, hat Heidegger, Nietzsche, Bd. 1, 551–577, zuerst das theoretische und praktische Bedürfnis nach „Schemata" bei Nietzsche behandelt, aber erst Simon, Grammatik und Wahrheit, 1 f., die zitierte Aufzeichnung prominent ins Spiel gebracht und zum Anfang einer neuen Nietzsche-Interpretation aus den Zeichen gemacht.

> [Vag 27] Es steht nicht in unserem Belieben, unser Ausdrucksmittel zu verändern: es ist möglich, zu begreifen, in wiefern es bloße Semiotik ist.[724]

Philosophie im Nihilismus, für den die Voraussetzung eines an sich bestehenden Allgemeinen unhaltbar geworden ist, muss auch und zuerst eine Philosophie der Zeichen und ihrer metaphorisch beweglichen (Be-)Deutungen sein.

5 Philosophische Lehren als selbstvergessene und überzogene Verallgemeinerungen

Könnte dann, wie der Wiederkunftsgedanke nach der Lenzerheide-Aufzeichnung, auch der Nihilismus ein „extremer Glaubenssatz", eine überzogene und darum unzulässige Verallgemeinerung sein? Auch hier geht Nietzsche einen letzten Schritt nur noch in seinen Aufzeichnungen. Dabei setzt er mit einer „Kritik" aus „psychologischer" Sicht ein. Der Nihilismus könnte statt ein „nothwendiger" ein „Glaube" aus „Muthlosigkeit und Schwäche", eine „unbescheidene", selbstvergessene und überzogene Verallgemeinerung der Mutlosigkeit sein:

> [Vag 28a] Die „Sinnlosigkeit des Geschehens": der Glaube daran ist die Folge einer Einsicht in die Falschheit der bisherigen Interpretationen, eine Verallgemeinerung der Muthlosigkeit u. Schwäche – kein <u>nothwendiger</u> Glaube.
> Unbescheidenheit des Menschen: wo er den Sinn nicht sieht, ihn zu <u>leugnen</u>![725]

Ähnlich verfuhren auch die Religionen und Moralen:

> [Vag 28b] Die Religionen gehn an dem Glauben der Moral zu Grunde: der christlich-moralische Gott ist nicht haltbar: folglich „Atheismus" – wie als ob es keine andere Art Götter geben könne.
> Insgleichen geht die Cultur am Glauben an die Moral zu Grunde: denn wenn die nothwendigen Bedingungen entdeckt sind, aus denen allein sie wächst, so <u>will</u> man sie nicht mehr: Buddhismus.[726]

Man verallgemeinert unhaltbar aufs Äußerste, obwohl man nun wissen könnte, dass man seine Horizonte dadurch deutlich überschreitet:

---

724 N Frühjahr 1888, 14[122], KSA 13.302, KGW IX 8, W II 5. 97.
725 Herbst 1885 – Herbst 1886, 2[109], KSA 12.114, KGW IX 5, W I 8, 118.
726 Herbst 1885 – Herbst 1886, 2[107], KSA 12.114, KGW IX 5, W I 8, 118.

[Vag 28c] Daß der Werth der Welt in unserer Interpretation liegt (— daß ~~natürlich~~ {vielleicht irgendwo} noch ~~ganz~~ andere Interpretationen möglich sind als {bloß} menschliche —) daß die bisherigen Interpretationen perspekt. Schätzungen sind, vermöge deren wir uns {im Leben, das heißt im Willen zur Macht, {zum Wachsthum der Macht}} erhalten, daß jede Erhöhung der Menschen die Überwindung engerer Interpretationen ~~liegt~~ {mit sich bringt}, {daß ~~Dank~~ jede ~~Vermehr~~ erreichte Verstärkung u. Machterweiterung,~~welche~~ neue Perspektiven ~~giebt~~ aufthut u an neue Horizonte glauben heißt[727]

So könnte auch der Nihilismus, nun vom Interpretieren von Zeichen her in begrenzten Horizonten gedacht, nicht mehr als eine aus der Not geborene extreme Verallgemeinerung sein (Kap. IV 2.5). In der Aufzeichnung, die Nietzsche nachträglich mit „Der Nihilism ein normaler Zustand" überschrieben hat (Kap. II 3.2 und IV 2.13), stellt er ihn als zweideutiges „Zeichen dar, einerseits für „Stärke", andererseits für „Schwäche", was nur „psychologisch" abzusehen sei. Darauf folgt dann:

[Vag 29a] pathologisch ist die ungeheure Verallgemeinerung, der Schluß auf gar keinen Sinn[728]

Auch der Nihilismus, Nietzsches bis heute entschiedenste und erschütterndste Einsicht, ist, sieht er zuletzt selbst, also eine „Hypothese", und es ist eine Sache der Persönlichkeit und der Kraft ihrer Wertsetzungen, welchen Gebrauch sie von ihr macht:

[Vag 29b] Daß es keine Wahrheit giebt; daß es keine absolute Beschaffenheit der Dinge, kein „Ding an sich" giebt
— dies ist selbst ein Nihilism, u. zwar der extremste. Er legt den Werth der Dinge gerade dahinein, daß diesem Werthe keine Realität entspricht u entsprach, sondern nur ein Symptom von Kraft auf Seiten der Werth-Ansetzung, eine Simplification zum Zweck des Lebens[729]

Nietzsche hat zuvor im V. Buch der *Fröhlichen Wissenschaft* Nr. 370 in einer Art Kreuztabelle dargelegt, wie Metaphysiken zur Bewältigung des Nihilismus entgegengesetzten „Leiden" entspringen können, dem an der „Verarmung des Lebens" oder aber an der „Überfülle des Lebens". Aus beiden könnten sowohl Metaphysiken des Seins als auch des Werdens entstehen, sie werden darin beide überzogen ausgedeutet.[730] Und das müsste dann auch, was Nietzsche dort

---
727 Herbst 1885 – Herbst 1886, 2[108], KSA 12.114, KGW IX 5, W I 8, 118.
728 N Herbst 1887, 9[35], KSA 12.350 – 352, hier 351, KGW IX 6, W II 1, 115. Vgl. N Herbst 1887, 9[60], KSA 12.367, KGW IX 6, W II 1, 98.
729 N Herbst 1887, 9[35], KSA 12.351, KGW IX 6, W II 1, 116. Vgl. Kap. IV 2.13.
730 Vgl. Verf., Nietzsches Befreiung der Philosophie, 465 – 497.

nicht ausführt, für die Wahrnehmung des Nihilismus gelten. Im Aphorismus bietet er die Lösung eines „dionysischen Pessimismus" an, der alle Deutungen und ihren Umschlag ineinander offen hält. Vgl. Kap. IV 3.3.5. Auch er ist Ausdruck jenes „ganz in Symbolen und Unfasslichkeiten schwimmenden Seins" (AC 31). Bald darauf macht Nietzsche einen neuen Anlauf zur Reflexion des Nihilismus, nun ohne „extreme Glaubenssätze" wie die Wiederkunftslehre. Vorausgesetzt, „das Maaß von Unglauben u von zugelassener ‚Freiheit des Geistes'" sei ein „Ausdruck des Machtwachsthums", könnte „‚Nihilism'" das „Ideal der höchsten Mächtigkeit des Geistes, des überreichsten Lebens" sein, in seinem Sinn also eines ‚dionysischen' Geistes, der keiner Metaphysik mehr bedarf, um sich im Leben zu orientieren. Er würde „theils zerstörerisch theils ironisch" operieren.[731] Ausgehend davon, „daß die Dinge [k]eine Beschaffenheit an sich haben, ganz abgesehen von der Interpretation u. Subjektivität", würde „der anscheinende objektive Charakter der Dinge [...] auf eine Graddifferenz innerhalb des Subjektiven hinauslaufen", „daß etwa das Langsam-Wechselnde uns als ‚objektiv' dauernd, seiend, ‚an sich' sich herausstellte", dass also „das Objektive nur ein falscher Artbegriff und Gegensatz wäre innerhalb des Subjektiven".[732] Das läuft auf die „Differenz-Bewußtheit" hinaus, als die Nietzsche zuletzt seinen Wille-zur-Macht-Gedanken verstanden hat (Kap. III 3.3.6). Der Gegensatz von ‚an sich' und ‚scheinbar' wäre dann selbst ein Extrem und die Leugnung alles ‚an sich' Bestehenden jene „extremste Form des Nihilismus", mit dem man zu wissen glaubt,

> **[Vag 30a]** daß jeder Glaube, jedes Für-wahr-halten nothwendig falsch ist: weil es eine wahre Welt gar nicht giebt. Also: ein perspek. Schein, dessen Herkunft in uns liegt (insofern wir ~~künstliche Wahrheiten~~ eine engere, verkürzte, vereinfachte Welt fortwährend nöthig haben)

Aber es ist dann eben

> **[Vag 30b]** das Maaß der Kraft [...], wie sehr wir uns die Scheinbarkeit, {die Nothwendigkeit der Lüge} eingestehen können, ohne zu Grunde zu gehn.

Hat man die Kraft, das heißt: ist man seiner Orientierung hinreichend sicher, weiß man wohl, dass man es immer mit „Glauben" zu tun hat, misst ihn aber nicht mehr an einer philosophisch überholten „wahren Welt". Und, fügt Nietzsche zuletzt hinzu,

---

731 N Herbst 1887, 9[39], KSA 12.353, KGW IX 6, W II 1, 114.
732 N Herbst 1887, 9[40], KSA 12.353, KGW IX 6, W II 1, 111.

[Vag 30c] [i]nsofern könnte Nihilism, als Leugnung einer wahrhaften Welt, eines Seins, eine göttliche Denkweise sein: – – –⁷³³

Die göttliche, in Nietzsches Sinn die dionysische Denkweise ist über die Extreme hinaus, eben weil sie sie ineinander umschlagen lassen und sich eben daran halten kann. Für erdgebundene Menschen wäre sie ein paradoxes, sich selbst begrenzendes und darin kritisches Extrem: das Extrem, sich nicht durch Extreme, selbstvergessene und überzogene Verallgemeinerungen orientieren zu müssen, sondern ‚mäßig' mit ihnen umgehen zu können, also zu wissen, wie weit man in seinen Verallgemeinerungen, sei es den alltäglichen, sei es den philosophischen, zu gehen hat, um die jeweiligen Situationen, die faktischen und die philosophisch-gedanklichen, sicher zu bewältigen. Als eine solche Denkweise, die an nichts mehr dauerhaft glaubt, aber sich jeweils auf einen zeitweiligen Glauben einlassen und an ihn halten kann, wäre der Nihilismus kein in irgendeiner Weise objektiver Zustand mehr, sondern die positivste, bejahendste subjektive Denkweise, die Nietzsche sich denken kann, das Ideal seines Zarathustra, über Abgründen noch tanzen zu können (EH, Za 6).

In der letzten hier einschlägigen, sehr langen Aufzeichnung erwägt Nietzsche, wieder unter der nachträglichen Überschrift „{Kritik des Nihilism}" drei Genealogien oder Pathologien des „{psycholog. Zustands}", wie er ihn nun nennt: Er kann als Glaubenssatz aus der vergeblichen Suche nach „Zweck", nach „Einheit" oder nach „Sein" entspringen. Nach dem Abschied von Zweck und Sein bleibt für Nietzsche nur die Suche nach Einheit, wie er sie schon dem ersten bekannten Philosophen, Thales von Milet, unterstellt hatte (Kap. V 1). Die „Einheit", die auch als „Ganzheit", „Systematisierung", „Organisierung in allem Geschehen u unter allem Geschehen", als „irgend eine Form des ‚Monismus'" figurieren kann und als neuer „modus der Gottheit" auftritt, verknüpft Nietzsche mit dem „Allgemeinen" überhaupt, dem man sich bisher willig ergeben hat:

[Vag 31] „Das Wohl des Allgemeinen fordert die Hingabe des Einzelnen" ... aber siehe da, es giebt kein solches Allgemeines.⁷³⁴

So bleiben nur die eigenen Verallgemeinerungen, die man sich hüten muss zu überziehen (Kap. III 3.1.1). Dennoch: Auch wenn es kein Allgemeines gibt, an dem die menschliche Orientierung einen letzten Halt hätte, findet sie in vielfältigsten Abkürzungen komplexer und überkomplexer Situationen jeweils den vorläufigen Halt, den sie braucht, um Menschen hinreichende Sicherheit und Kraft zum

---
733 N Herbst 1887, 9[40], KSA 12.353, KGW IX 6, W II 1, 111.
734 N November 1887 – März 1888, 11[99], KSA 13.46–49, KGW IX 7, W II 3, 154 f.

Handeln zu geben. Davon kann man wissen und damit kann man leben, ohne in pathologische Verzweiflung zu verfallen. Man kann es alltäglich erfahren. In seinen nachgelassenen Aufzeichnungen zum Verallgemeinern scheint Nietzsche sich das bei allem Drang zum Extremen vorsichtig deutlich gemacht zu haben.

VI Ergebnis und Ausblick: Bleibende Aufgaben

Die neue editorische Aufarbeitung von Nietzsches Nachlass in der differenzierten, diplomatischen und topologischen Transkription seiner Notiz- und Arbeitshefte und der in Mappen gesammelten losen Blätter ermöglicht und erzwingt einen neuen Modus der Nietzsche-Interpretation, dem die jüngere Nietzsche-Forschung bereits folgt: weg von einer Zurechtlegung seines Denkens auf bleibende, dogmatisch und systematisch fassbare Lehren ohne Rücksicht auf zeitliche Entwicklung und die vielfältigen Formen seines Schreibens, hin zur Nachverfolgung seines philosophischen Orientierungsprozesses, der als solcher weit interessanter ist als alle sein Denken deutlich verkürzenden Systematisierungen. Es ist, wie sich gezeigt haben mag, die Methode, die dem „grundsätzlichsten Nihilismus" entspricht, den Nietzsche diagnostiziert, seiner Zeit attestiert und für unsere Zeit prognostiziert hat: zu sehen und bis zum Extrem experimentell auszutesten, wie man sich selbst in diesem nicht zu überwindenden Nihilismus gleichwohl philosophisch orientieren und ihn dann auch bejahen kann. Hier können wir bis heute am meisten von Nietzsche lernen, auch nachdem seine berühmten Gedanken vom Übermenschen, vom Willen zur Macht, von der ewigen Wiederkunft und von den Herren der Erde ihre faszinierende und irritierende Kraft eingebüßt haben.

In Nietzsches philosophischer Orientierung im Nihilismus zeigt sich ein Reichtum von Formen und Inhalten, der in der Philosophiegeschichte einzigartig ist. Den formalen, inhaltlichen und methodischen Neuerungen, die ihr folgten, hat er meist schon experimentell vorgegriffen, so dass viele, die solche Neuerungen betrieben haben, sich scheuten, sich zu seinen Neuorientierungen zu bekennen, darunter Denker wie Sigmund Freud, Max Weber und Niklas Luhmann. Wer seine Neuerungen weiterhin dogmatisch abwehrt und an alten Idealisierungen festhält, kompromittiert sich an ihm: Idealisierungen werden zunehmend durchsichtiger und unplausibler; die sichtbar wachsende Komplexität des gegenwärtigen Weltverständnisses lässt einfache Lösungen aus übervereinfachten Prinzipien nicht mehr zu. Die Frage ist jetzt, wie man in voller Einsicht in den „grundsätzlichsten Nihilismus", für den nichts mehr „an sich" besteht, an das man sich unverbrüchlich halten könnte, mit der überkomplexen Welt zurechtkommen kann, um der Menschheit, aber auch um der Erde willen. Auch wo Nietzsches spektakuläre, zuweilen ihrerseits extrem hoch verallgemeinerte Lösungsvorschläge heute bizarr anmuten, bleibt seine Entidealisierung der alten Ideale und ihre Situierung in menschlich, allzumenschlichen Orientierungsprozessen bis heute wegweisend.

Angesichts einer unüberschaubaren Komplexität, die sich umso mehr verfeinert, je mehr man sie zu durchdringen versucht, bieten sich auch Philosoph*innen zunächst zufällige Erlebnisse und Beobachtungen, selektive Erinnerungen, plötzliche Einfälle und Lektüren zu vielfältigen Forschungen als Anhaltspunkte an, die sie dann methodisch aufarbeiten, und solche entdeckt man exemplarisch in Nietzsches Aufzeichnungen. An ihnen kann man wie kaum sonst verfolgen, wie aus heterogenen Anhaltspunkten gedankliche Muster entstehen, die wieder neue Anschlussmöglichkeiten an weitere Anhaltspunkte eröffnen. Nietzsches philosophische Arbeit zeichnet sich besonders dadurch aus, dass er in aller hier möglichen Redlichkeit für solche Orientierungsprozesse offen bleibt. Daran, wie ein Nietzsche sich philosophisch orientiert, kann man sich über philosophische Orientierungsprozesse überhaupt orientieren. Und besonders signifikant sind hier die Transformationen des von ihm vorläufig Aufgezeichneten in wiederum vorläufig Veröffentlichtes.

Ich habe mit dieser Studie nur einen weiteren Anlauf gemacht, um das zu zeigen. Unter den großen textnahen Studien, die uns bisher vorliegen, hat die Johann Figls zur Interpretation als philosophischem Prinzip (1982) sich ausschließlich an den Nachlass gehalten, so dass das Verhältnis zum veröffentlichten Werk zurücktrat. Die Studie Marco Brusottis (1997) verfolgte Nietzsches philosophischen Orientierungsprozess ohne eine vorgreifende thematische Festlegung über eine gewisse Zeit hinweg, berücksichtigte dabei gleichermaßen das Werk und den Nachlass, machte die Differenzen beider aber nicht eigens zum Thema. Das gilt auch noch für meine eigene Studie zum V. Buch der *Fröhlichen Wissenschaft* (2012), in der ich Nietzsches Aufzeichnungen wohl zu einer differenzierenden Interpretation heranzog, ihr Gewicht aber nicht eigens hervorhob. So liegen vor der Nietzsche-Forschung, sollte sie in dieser Richtung weitergehen, noch enorme Aufgaben. Sie erfordern aus meiner Sicht zunächst

– eine umfassende Kommentierung des Nachlasses (einschließlich einer neuen manuskriptgetreuen Edition auch des Nachlasses bis 1885), vergleichbar der Kommentierung der zum Druck beförderten Werke Nietzsches, die bald abgeschlossen sein wird. Eine solche Kommentierung des Nachlasses müsste die thematischen Verknüpfungen der Aufzeichnungen mit dem zum Druck beförderten Werk so erschließen, wie der weitgehend schon vorliegende Kommentar zu den Werken die Verknüpfungen mit dem Nachlass erschließt. Zugleich müsste er Züge seiner Eigenständigkeit gegenüber dem Werk herausarbeiten. In einem Nachlass-Kommentar würden Nietzsches Auseinandersetzungen mit seinen Lesefrüchten, auf die ich hier kaum eingehen konnte, die aber wichtige Anhaltspunkte seines Philosophierens waren, eine noch stärkere Rolle spielen. Auch deren Transformation und Integration in die Werke sind aufschlussreich: Denn Nietzsche gewinnt seinen Lesefrüchten

oft ganz neue, philosophisch weit interessantere Seiten ab, als die Autoren seiner Lektüren im Augen hatten.
– Für das Gewicht des Nachlasses wird von besonderem Belang auch die Bedeutung sein, die Nietzsches Werkplänen und Agenda-Listen für seinen philosophischen Orientierungsprozess zukommen. Auch wenn und gerade weil sie sich laufend verändert haben, lassen sie seine laufenden Umwertungen seiner eigenen Gedanken gut erkennen und können auf weitere noch wenig umrissene Themenkomplexe in seinem Denken hinführen.[735]
– Der Großteil der von Nietzsche niedergeschriebenen Gedanken geht auf irgendeine Weise in das zum Druck beförderte Werk ein. Dass er manche von ihnen in immer neuen Varianten und Nuancen aufgezeichnet hat, spricht sicher für ihr besonderes Gewicht. Den Teil seiner Gedanken zusammenzustellen, den Nietzsche mehr oder weniger dem Nachlass vorbehalten hat, bedarf noch ausführlicher Forschungen. Sie dürften noch immer lange Listen ergeben. Da Nietzsche Gedanken und Themen oft unter verschiedenen Begriffen bearbeitet, werden Auflistungen jedoch schwierig, und da er Themen zumeist nicht einzeln behandelt, sondern mit immer wieder anderen verknüpft, gibt es überall Überschneidungen. So wird man kaum jemals zu vollständigen oder auch nur aussagekräftigen Listen kommen. Dennoch wird man im Verlauf der weiteren Forschung in den Tausenden von Seiten des Nachlasses ebenfalls noch vieles bisher wenig Beachtete, philosophisch aber Bedeutsame entdecken. Auch das für Nietzsche selbst obsolet Gewordene kann philosophisch aufschlussreich sein – eben weil er es zunächst erwog, um es dann doch zu verwerfen.

Einige große Themenkomplexe inhaltlicher und methodischer Art, für die in dieser Studie kein Raum mehr war, kann man schon nennen:
– Wenn alle Ordnungen der für unsere Orientierung überkomplexen Wirklichkeit Bedürfnissen nach Übersicht entspringen, die jedoch unvermeidlich durch begrenzte Perspektiven eingeschränkt ist, sind sie nach Nietzsche immer auch wertende Selektionen; und Wertschätzungen wandeln sich mit den Bedürfnissen. Für Nietzsche wurde daraus der umfassende Themenkomplex der Umwertung der Werte oder, wie er postulierte, aller Werte. Auch ihm geht er weit mehr in seinen Aufzeichnungen nach, als in seinem zum Druck beförderten Werk zum Ausdruck kommt. Zwar macht er im späteren

---

735 Vgl. etwa Nietzsches „Register" in N Sommer 1886 – Herbst 1887, 5[50], KSA 12.201–204, KGW IX 3, N VII 3, 131–121; N Anfang 1888, 12[1], KSA 13.195–211, KGW IX 7, W II 4, 127–66 (Hefte rückwärts beschrieben).

Nachlass laufend Buchpläne dazu. Weil das geplante „Hauptwerk" zur „Umwerthung aller Werthe" dann aber in die letzten Werke *Götzen-Dämmerung*, *Der Antichrist* und *Ecce homo* aufging, müsste sich an deren Verfertigung exemplarisch erforschen lassen, wie Nietzsche das Umwerten oder Werteschaffen tatsächlich vollzieht – und dann auf den Titel verzichtet, wie also auch hier das Konstatieren in das Performieren übergeht. Dazu wird eine eigene große Studie nötig sein, die sich die letzten Werke noch einmal neu vornimmt.

- Ein eigenes Arbeitsfeld stellen Nietzsches Gedichte dar, die er nur zum Teil zum Druck befördert hat, und besonders die Frage, wie die Umwertungen in seiner letzten großen (nicht mehr Lehr-, sondern) Lied-Dichtung, den *Dionysos-Dithyramben*, zum Ausdruck kommen, in denen Nietzsche, in Zarathustras Sprache, nur noch „singt".
- Nietzsche fragt zuletzt in *Ecce homo*, seiner Autogenealogie (nicht Autobiographie), wie er sich selbst zu einem derart bedeutsamen Umwerter von Werten entwickeln konnte, dass damit eine neue Zeitrechnung beginnen müsste. Damit wird, was in seinen Schriften, den zum Druck beförderten Werken ebenso wie den Aufzeichnungen, immer schon mitgelaufen und mit der Zeit, insbesondere mit den neuen Vorreden zur Neuausgabe seiner früheren Aphorismenbücher, immer mehr in den Vordergrund getreten ist, zu einem großen eigenen Thema: Nietzsches Selbstpräsentationen in ihren konstatierenden und performativen Formen. Die Verknüpfung von Person und Werk, die er eigentlich vermieden sehen wollte („Das Eine bin ich, das Andre sind meine Schriften", EH, Warum ich so gute Bücher schreibe 1), drängt sich immer weiter vor, über lange Zeit weit mehr in den Aufzeichnungen. Auch Nietzsches Einschätzung der Bedeutung seiner Person für sein Werk ändert sich deutlich im Zug des Fortgangs seines philosophischen Orientierungsprozesses: Aus dem Schopenhauer-Künder und Wagner-Agitator wird der ‚freigeistige' Philosoph, der sich zu ganz neuen Problemen genötigt sieht, für deren Bearbeitung er lebt, unter deren Druck er aber auch leidet. Dass er mit ihnen vorerst alleine bleibt, treibt ihn immer stärker ins Extrem. Für eine Selbstdarstellung notiert er im Frühjahr 1888:

Was Nietzsche auszeichnet: {die Spontaneität seiner} {die seine psychologische Vision..} Psychologisch-Möglichen eine schwindelerregende Weite der Umschau, des Erlebten, Errathenen, Erschlossenen, des Die tiefere Consequenz {der Wille zur Consequenz,} die Furchtlosigkeit vor der Härte u. gefährlichen Consequenz {vor der Härte und gefährlichen Consequenz}[736]

---

[736] N Frühjahr 1888, 14[25], KSA 13.230 / KGW IX 8, W II 5, 178.

Die „gefährliche Consequenz" seines Philosophierens hat Nietzsche, wie die manuskriptgetreue Edition zeigt, zunächst notiert, dann gestrichen und wieder neu notiert. Man kann hier geradezu seinen Kampf mit seinen philosophischen Orientierungsentscheidungen beobachten. Mit der Aufzeichnung unterbricht er Überlegungen zu seinem frühen Werk *Die Geburt der Tragödie*, auf das er dann wieder zurückkommt. Auf der rechten Seite des Heftes macht er Aufzeichnungen „{Zur Psychologie des Psychologen}", in denen er reflektiert, wie weit „Psychologen der Zukunft" in der Selbstbeobachtung gehen dürfen, um sich nicht in ihren Beobachtungen anderer zu lähmen. In *Ecce homo* präsentiert er sich inmitten aller Selbstreflexionen, Selbstkommentierungen, Selbstdistanzierungen und Selbsterhöhungen schließlich in der knappsten, prägnantesten Form: „ich bin eine nuance" (EH, WA 4).

Zitierte Literatur

Nietzsches Werke

KGW Nietzsche, Werke. Kritische Gesamtausgabe, hg. von Giorgio Colli und Mazzino Montinari, Berlin/New York/Boston (De Gruyter) 1967 ff. (Abteilungen I-VIII).
KSA Friedrich Nietzsche, Sämtliche Werke. Kritische Studienausgabe in 15 Bänden, hg. von Giorgio Colli und Mazzino Montinari, München/Berlin/New York (De Gruyter) 1980 [textidentisch mit KGW III-VIII].
KGW IX Friedrich Nietzsche, Werke. Kritische Gesamtausgabe, begründet von Giorgio Colli und Mazzino Montinari, weitergeführt von Volker Gerhardt, Norbert Miller, Wolfgang Müller-Lauter und Karl Pestalozzi, Abteilung IX: Der handschriftliche Nachlaß ab Frühjahr 1885 in differenzierter Transkription, herausgegeben von Marie-Luise Haase, Michael Kohlenbach, Martin Stingelin und Hubert Thüring, bearbeitet von Nicolas Füzesi, Marie-Luise Haase, Michael Kohlenbach, Johannes Neininger, Wolfert von Rahden, Thomas Riebe, Beat Röllin, René Stockmar, Jochen Strobel, Franziska Trenkle und Daniel Weißbrodt unter Mitarbeit von Ilona Hadasch, Falko Heimer, Constantin Rupf, Dirk Setton und Karoline Weber, 13 Bde., Berlin/New York/Boston (De Gruyter) 2001–2022. (Die Herausgeber*innen und Mitarbeiter*innen wechselten zum Teil im Lauf der Zeit.)

Der handschriftliche Nachlass (N) ab Frühjahr 1885 wird nachgewiesen nach KSA mit Angabe von Datierung, Gruppe und Nummer, Band und Seitenzahl und nach KGW IX mit Angabe von Band, Sigle des Notiz- oder Arbeitshefts bzw. der Mappe und Seitenzahl. Durchstreichungen werden als Durchstreichungen, Unterstreichungen als Unterstreichungen (einfache und doppelte), nachträgliche Einfügungen durch geschweifte Klammern {...}, Einfügungen in Einfügungen durch geschweifte Klammern innerhalb von geschweiften Klammern {... {...} ...} gekennzeichnet. ‚/‘ zeigt einen Zeilenbruch an. Die topologische Ordnung wird in signifikanten Fällen eigens beschrieben. Flexionsänderungen in Zitaten werden nicht gekennzeichnet.

KGB Nietzsche, Briefwechsel. Kritische Gesamtausgabe, hg. v. Giorgio Colli und Mazzino Montinari, fortgeführt von Norbert Miller und Annemarie Pieper, Berlin/New York (De Gruyter) 1975 ff.
KSB Friedrich Nietzsche, Sämtliche Briefe. Kritische Studienausgabe in 8 Bänden, hg. v. Giorgio Colli und Mazzino Montinari, München/Berlin/New York (De Gruyter) 1986 [textidentisch mit KGB, aber nur die Briefe Nietzsches].

Marie-Luise Haase / Mazzino Montinari, Nachbericht zum ersten Band der sechsten Abteilung: Also sprach Zarathustra, KGW VI/4, Berlin/New York (De Gruyter) 1991.
www.nietzschesource.org/#eKGWB (emendierte Texte von KSA und KSB)
www.Weimarer Klassik Stiftung > Archivdatenbank > Digitalisate > Bestand 71: Nietzsche.

Siglen für Nietzsches Werke

AC	*Der Antichrist*
EH	*Ecce homo*
FW	*Die fröhliche Wissenschaft*
GD	*Götzen-Dämmerung*
GM	*Zur Genealogie der Moral*
GT	*Die Geburt der Tragödie*
HL	*Vom Nutzen und Nachtheil der Historie für das Leben (UB II)*
JGB	*Jenseits von Gut und Böse*
M	*Morgenröthe*
MA	*Menschliches, Allzumenschliches* (I und II)
N	Nachlass
PHG	*Die Philosophie im tragischen Zeitalter der Griechen*
SE	*Schopenhauer als Erzieher (UB III)*
UB	*Unzeitgemässe Betrachtungen*
VM	*Menschliches, Allzumenschliches II: Vermischte Meinungen und Sprüche*
WA	*Der Fall Wagner*
WB	*Richard Wagner in Bayreuth (UB IV)*
WL	*Ueber Wahrheit und Lüge im aussermoralischen Sinne*
WS	*Menschliches, Allzumenschliches II: Der Wanderer und sein Schatten*
Za	*Also sprach Zarathustra*

Handbücher, Lexika, Kommentare

BN	Nietzsches persönliche Bibliothek, hg. von Giuliano Campioni, Paolo D'Iorio, Maria Cristina Fornari, Francesco Fronterotta, Andrea Orsucci unter Mitarbeit von Renate Müller-Buck (Supplementa Nietzscheana, Bd. 6), Berlin/New York (De Gruyter) 2003.
NHB[1]	Ottmann, Henning (Hg.), Nietzsche-Handbuch. Leben – Werk – Wirkung, 1. Aufl., Stuttgart/Weimar 2000.
NHB[2]	Sommer, Andreas Urs, u. a. (Hg.), Nietzsche-Handbuch. Leben – Werk – Wirkung, 2. Aufl., Stuttgart/Weimar 2022 (im Erscheinen).
NK	Historischer und kritischer Kommentar zu Friedrich Nietzsches Werken, hg. v. der Heidelberger Akademie der Wissenschaften, 6 Bände in 14 Teilbänden, Berlin/Boston (De Gruyter) 2012 ff.
NK 1/3	Sarah Scheibenberger, Kommentar zu Nietzsches *Ueber Wahrheit und Lüge im aussermoralischen Sinne*, 2016.
NK 4	Katharina Grätz, Kommentar zu Nietzsches *Also sprach Zarathustra* in zwei Teilbänden (4/1 u. 4/2), Erscheinen für 2022 vorgesehen. Zitiert wird vorläufig nach Kapitelüberschriften oder mit dem Hinweis auf den Stellenkommentar.
NK 5/1	Andreas Urs Sommer, Kommentar zu *Jenseits von Gut und Böse*, 2016.
NK 5/2	Andreas Urs Sommer, Kommentar zu Nietzsches *Zur Genealogie der Moral*, 2019.

NK 6/1   Andreas Urs Sommer, Kommentar zu Nietzsches *Der Fall Wagner, Götzen-Dämmerung*, 2012.
NK 6/2   Andreas Urs Sommer, Kommentar zu Nietzsches *Der Antichrist, Ecce homo, Dionysos-Dithyramben, Nietzsche contra Wagner*, 2013.
NLN   Christian Niemeyer (Hg.), Nietzsche-Lexikon, 2., durchgesehene und erweiterte Aufl., Darmstadt (Wissenschaftliche Buchgesellschaft) 2011.
NLM   Enrico Müller, Nietzsche-Lexikon, Leiden/Paderborn (Brill/Fink) 2020.
NWB   Nietzsche Research Group (Nijmegen) unter Leitung von Paul van Tongeren, Gerd Schank (†) und Herman Siemens (Hg.), Nietzsche-Wörterbuch, Bd. 1, Berlin/New York (De Gruyter), 2004 [weitere Artikel Nietzsche-Online De Gruyter].

Zitierte Forschungsliteratur

Abel, Günter, Die Dynamik der Willen zur Macht und die ewige Wiederkehr (Monographien und Texte zur Nietzsche-Forschung, Bd. 15), Berlin/New York (De Gruyter) 1984.
Alberts, Benjamin, Beiträge zur Quellenforschung in den Bänden 17–40 der Nietzsche-Studien. Register, in: Nietzsche-Studien 40 (2011), 456–531.
Alberts, Benjamin, Nietzsches Problem der Rangordnung (Monographien und Texte zur Nietzsche-Forschung, Bd. 78, Berlin/Boston (De Gruyter) 2022.
Anderson, R. Lanier, Nietzsche on Truth, Illusion, and Redemption, in: European Journal of Philosophy 13.2 (2005), 185–225.
Aristoteles, Analytica priora et posteriora, ed. W. D. Ross, Oxonii (e typographeo Clarendoniano / Oxford University Press) 1964.
Aristoteles, Physica, ed. W. D. Ross, Oxonii (e typographeo Clarendoniano / Oxford University Press) 1950.
Babich, Babette, Nietzsche's performative phenomenology. Philology and music, in: Élodie Boublil / Christine Daigle (Hg.), Nietzsche and phenomenology. Power, life, and subjectivity, Bloomington u. a. (Indiana University Press) 2013, 117–140.
Babich, Babette, Nietzsches Lukian. *Incipit Parodia* (2010), und: Der Tod des Zarathustra – und ‚große Politik'. *Also sprach Empedokles* (2010), in: B.B., Nietzsches Antike. Beiträge zur Altphilologie und Musik, Baden-Baden (Academia) 2020, 75–89 und 91–110.
Baeumler, Alfred, Einführung zu: Friedrich Nietzsche, Die Unschuld des Werdens. Der Nachlass, Leipzig (Kröner) 1931, Neuauflage Stuttgart (Kröner) 1978, IX-XXXVI.
Baier, Horst, „Das Paradies unter dem Schatten der Schwerter". Die Utopie des Zarathustra jenseits des Nihilismus, in: Nietzsche-Studien 13 (1984), 46–68.
Barrios, Fernando R. Moraes, „Man vergilt einem Lehrer schlecht, wenn man immer nur der Schüler bleibt": Ein neuer Blick auf Gasts Verhältnis zu Nietzsche, in: Nietzsche-Studien 47 (2018), 340–363.
Bateson, Gregory, Ökologie des Geistes. Anthropologische, psychologische, biologische und epistemologische Perspektiven (engl. Or. 1972), übers. v. Hans Günter Holl, Frankfurt am Main (Suhrkamp) 1981.
Behler, Ernst, Wer ist Nietzsches Zarathustra? Eine Auseinandersetzung mit Martin Heidegger, in: Volker Gerhardt (Hg.), Friedrich Nietzsche. *Also sprach Zarathustra*, Berlin (Akademie) 2000, 351–385.

Benne, Christian, Nietzsche und die historisch-kritische Philologie (Monographien und Texte zur Nietzsche-Forschung, Bd. 49), Berlin/New York (De Gruyter) 2005.

Benne, Christian, Aporetik der Materialität und Philosophie der Philologie – läßt sich mit Handschriften philosophieren?, in: Text. Kritische Beiträge 14 (2013), 3–21.

Bennholdt-Thomsen, Anke, Nietzsches *Also sprach Zarathustra* als literarisches Phänomen. Eine Revision, Frankfurt am Main (Athenäum) 1974.

Benoit, Blaise, Nietzsche lecteur de Spinoza. Réinterpréter la conservation?, in: Revue philosophique de la France et de l'étranger 204.4 (2014), 477–494.

Biser, Eugen, Tod Gottes, in: Historisches Wörterbuch der Philosophie, Bd. 10, Basel/Darmstadt (Schwabe/Wissenschaftliche Buchgesellschaft) 1998, 1242–1244.

Bloch, Peter André, Nietzsches musikalisches Schreiben. Zum V. Buch der *Fröhlichen Wissenschaft*, in: Nietzsche-Studien 45 (2016), 113–131.

Blondel, Éric, Nietzsche entre J.S. Bach et Wagner. Le contrepoint, in: Céline Denat / Patrick Wotling (Hg.), Nietzsche. Les textes sur Wagner, Reims (Éditions et presses universitaires de Reims) 2015, 197–213.

Blumenberg, Hans, Lebenszeit und Weltzeit, Frankfurt am Main (Suhrkamp) 1986.

Blumenberg, Hans, Matthäuspassion, Frankfurt am Main (Suhrkamp) 1988.

Boehm, Timon Georg / Stegmaier, Werner, Der Ewige-Wiederkunfts-Gedanke und der Schatten Spinozas. Auf dem Weg zum pyramidalen Block am Silvaplaner See (Reihe Nietzsche lesen, hg. v. Timon Georg Böhm, Heft 4), Sils-Maria (Stiftung Nietzsche Haus) 2019.

Born, Marcus Andreas, Nihilistisches Geschichtsdenken. Nietzsches perspektivische Genealogie, München (Wilhelm Fink Verlag) 2010.

Born, Marcus Andreas / Axel Pichler (Hg.), Texturen des Denkens. Nietzsches Inszenierung der Philosophie in *Jenseits von Gut und Böse*, Berlin/Boston (De Gruyter) 2013.

Brandes, Georg, Vorlesungen über Nietzsche (1888), Aristokratischer Radikalismus (1890). Dänisch-deutsche Parallelausgabe, hg. und kommentiert von Per Dahl und Gert Posselt, Basel (Schwabe) 2021.

Brobjer, Thomas H., Nietzsche's Philosophical Context. An Intellectual Biography, Urbana and Chicago (University of Illinois Press) 2008.

Brock, Eike, Nietzsche und der Nihilismus (Monographien und Texte zur Nietzsche-Forschung, Bd. 68), Berlin/München/Boston (De Gruyter) 2015.

Brusotti, Marco, Die Leidenschaft der Erkenntnis. Philosophische und ästhetische Lebensgestaltung bei Nietzsche von *Morgenröthe* bis *Also sprach Zarathustra* (Monographien und Texte zur Nietzsche-Forschung, Bd. 37), Berlin/New York (De Gruyter) 1997.

Brusotti, Marco, Transformationen der Wiederkehr. Felix Hausdorff (alias Paul Mongré) zwischen Kant und Nietzsche, in: Nietzsche-Studien 37 (2008), 469–476.

Brusotti, Marco, Vergleichende Beschreibung versus Begründung. Das fünfte Hauptstück: „zur Naturgeschichte der Moral", in: Marcus Andreas Born (Hg.), Friedrich Nietzsche, *Jenseits von Gut und Böse*. Klassiker Auslegen, hg. v. Otfried Höffe, Bd. 48, Berlin (Akademie/De Gruyter) 2014, 111–130.

Buhl, Michael, Textstrategie und Performativität: Dialogizität, Literarizität und Polyperspektivität im Kontext von Nietzsches Kommunikationstheorie, in: Sebastian Kaufmann / Katharina Grätz (Hg.), Nietzsche als Dichter: Lyrik – Poetologie – Rezeption, Berlin/Boston (De Gruyter) 2017, 297–314.

Celestini, Federico, Nietzsches Musikphilosophie. Zur Performativität des Denkens, Paderborn (Fink) 2016.
Christen, Felix, Dichten an der Stelle des Denkens. Bemerkungen zur Genese des Gesangs im dritten Teil von Nietzsches *Zarathustra*, in: Nietzsche-Studien 47 (2018), 49–69.
Constâncio, João, Nietzsche y Schopenhauer. Sobre los conceptos y los signos, in: Estudios Nietzsche 12 (2012), 53–64.
Crawford, Claudia, The Beginnings of Nietzsche's Theory of Language (Monographien und Texte zur Nietzsche-Forschung, Bd. 19), Berlin/New York (De Gruyter) 1988.
D'Iorio, Paolo, Die Schreib- und Gedankengänge des Wanderers. Eine digitale genetische Nietzsche-Edition, in: Editio 31 (2017), 191–204.
Davidson, Donald, Inquiries into Truth and Interpretation, Oxford (Clarendon Press) 1984.
Dellinger, Jakob, „Du solltest das Perspektivische in jeder Werthschätzung begreifen lernen". Zum Problem des Perspektivischen in der Vorrede zu *Menschliches, Allzumenschliches I*, in: Nietzsche-Studien 44 (2015), 340–379.
Dellinger, Jakob, Aufklärung über Perspektiven. Eine Lektüreversuch zum zwölften Abschnitt der dritten Abhandlung von Nietzsches „Zur Genealogie der Moral", in: Hans Feger (Hg.), Nietzsche und die Aufklärung in Deutschland und China, Berlin/Boston (De Gruyter) 2015, 340–379.
Dellinger, Jakob, … auch nur ein Glaube, eine Einbildung, eine Dummheit? FW 354 zwischen ‚Philosophie und Literatur', in: Katharina Grätz / Sebastian Kaufmann (Hg.), Nietzsche zwischen Philosophie und Literatur. Von der *Fröhlichen Wissenschaft* zu *Also sprach Zarathustra*, Heidelberg (Universitätsverlag Winter) 2016, 255–321.
Dellinger, Jakob, Perspektivierungen des ‚Perspektivismus' in Werk und Nachlass. Methodenfragen der textnahen Nietzscheforschung, in: Katharina Grätz / Sebastian Kaufmann / Robert Krause / Andreas Urs Sommer (Hg.), Nietzsches Nachlass. Perspektiven der Edition und Kommentierung, Berlin/Boston (De Gruyter) 2022 (im Erscheinen).
Derrida, Jacques, De la Grammatologie, Paris (Les Éditions de Minuit) 1967, deutsch: Grammatologie, übersetzt von Hans-Jörg Rheinberger und Hanns Zischler, Frankfurt am Main (Suhrkamp) 1974.
Descartes, René, Discours de la méthode pour bien conduire sa raison et chercher la vérité dans les sciences, Leiden 1637 (anonym).
Domenici, Gaia, „Wenn ihr mich Alle verleugnet habt, will ich Euch wiederkehren". Die Lebenskunst des ‚Lehrers' Zarathustra, in: Günter Gödde / Nikolaos Loukidelis / Jörg Zirfas (Hg.), Nietzsche und die Lebenskunst. Ein philosophisch-psychologisches Kompendium, Stuttgart/Weimar (Metzler) 2016, 181–188.
Dühring, Eugen, Der Werth des Lebens. Eine philosophische Betrachtung, Breslau (Eduard Trewendt) 1865.
Eichberg, Ralf, Peter Gast als Nietzsche-Interpret, in: Beatrix Vogel / Nikolaus Gerdes (Hg.), Grenzen der Rationalität, Teilband 2, Regensburg (Roderer) 2010, 157–184.
Endres, Martin / Pichler, Axel, „warum ~~ich diesen mißrathenen Satz schuf~~". Ways of Reading Nietzsche in the Light of KGW IX, in: Journal of Nietzsche Studies 44.1 (2013), 90–109.
Felsch, Philipp, Wie Nietzsche aus der Kälte kam. Geschichte einer Rettung, München (Beck) 2022.
Fietz, Rudolf, Medienphilosophie. Musik, Sprache und Schrift bei Friedrich Nietzsche, Würzburg 1992.

Figal, Günter, Zarathustra als erfundener Lehrer, in: Mathias Mayer (Hg.), Also wie sprach Zarathustra? West-östliche Spiegelungen im kulturhistorischen Vergleich, Würzburg (Ergon), 2006, 49–57.

Figl, Johann, Interpretation als philosophisches Prinzip. Friedrich Nietzsches universale Theorie der Auslegung im späten Nachlaß (Monographien und Texte zur Nietzsche-Forschung, Bd. 7), Berlin/New York (De Gruyter) 1982.

Figl, Johann, Nietzsche und die Religionen. Transkulturelle Perspektiven seines Bildungs- und Denkweges, Berlin/New York 2007.

Foerster-Nietzsche, Elisabeth, Vorwort zu Bd. XIII und XIV von Nietzsche's Werke, Unveröffentlichtes aus der Umwerthungszeit (1882/83–1888), Leipzig (Naumann) 1903, VII-XII.

Fornari, Maria Cristina, Art. Nachlaß 1885–1888, in: NHB[1], 143–149.

Foucault, Michel, Zur Publikation der Nietzsche-Ausgabe (Interview mit Jacqueline Piatier), in: M.F., Schriften in vier Bänden / Dits et Ecrits, Bd. IV: 1980–1988, hg. v. Daniel Defert und François Ewald unter Mitarbeit von Jacques Lagrange, aus dem Frz. übers. v. Michael Bischoff u. a., Frankfurt am Main (Suhrkamp) 2005, 1023–1027.

Freud, Sigmund, Der Mann Moses und die monotheistische Religion: Drei Abhandlungen, in: S.F., Studienausgabe, hg. v. Alexander Mitscherlich / Angela Richards / James Strachey, Frankfurt am Main (Fischer) 1974, Bd. IX, 455–581.

Gerber, Gustav, Die Sprache als Kunst, Bromberg 1871.

Gerhardt, Volker, Vom Willen zur Macht. Anthropologie und Metaphysik der Macht am exemplarischen Fall Friedrich Nietzsches (Monographien und Texte zur Nietzsche-Forschung, Bd. 34), Berlin/New York (De Gruyter) 1996.

Gerhardt, Volker, Das individuelle Gesetz. Über eine sokratisch-platonische Bedingung der Ethik, in: Allgemeine Zeitschrift für Philosophie 22.1 (1997), 3–22.

Gerhardt, Volker, Art. Wille zur Macht, in: NHB[1], 351–355.

Giacoia, Oswaldo Jr., Labirintos da alma: Nietzsche e a auto-supressão da moral, Campinas (Editora da UNICAMP) 1997.

Giacoia, Oswaldo Jr., Zu Nietzsches Satz „‚autonom' und ‚sittlich' schliesst sich aus" (GM II 2), in: Nietzsche-Studien 40 (2011), 156–177.

Giacoia, Oswaldo Jr., Dem Nihilismus entkommen, in: Chris Bremmers / Andrew Smith / Jean-Pierre Wils (Hg), Beyond Nihilism, Nordhausen (Verlag Traugott Bautz) 2018, 131–142.

Gisi, Lucas Marco / Thüring, Hubert / Wirtz, Irmgard M. (Hg.), Schreiben und Streichen. Zu einem Moment produktiver Negativität, Göttingen/Zürich (Wallstein/Chronos) 2011.

Giuriato, Davide / Stingelin, Martin / Zanetti, Sandro (Hg.), „Schreiben heißt: sich selber lesen". Schreibszenen als Selbstlektüren (Zur Genealogie des Schreibens, hg. v. Martin Stingelin, Bd. 9), München (Fink) 2008.

Giuriato, Davide / Zanetti, Sandro, Von der Löwenklaue zu den Gänsefüßchen. Zur neuen Edition von Nietzsches handschriftlichem Nachlaß ab Frühjahr 1885, in: Text. Kritische Beiträge 8 (2003), 89–105.

Gori, Pietro, Nietzsche's Pragmatism. A Study on Perspectival Truth. Translated by Sarah De Sanctis (Monographien und Texte zur Nietzsche-Forschung, Bd. 72), Berlin/Boston (De Gruyter) 2019.

Görner, Rüdiger, Nur Narr, nur Dichter. Musikalität und Poetik, in: Nietzsche-Studien 41 (2012), 43–57.

Grätz, Katharina / Kaufmann, Sebastian (Hg.), Nietzsche zwischen Philosophie und Literatur. Von der *Fröhlichen Wissenschaft* zu *Also sprach Zarathustra*, Heidelberg (Universitätsverlag Winter) 2016.

Grätz, Katharina, Zarathustra als fiktive Figur, in: Katharina Grätz / Sebastian Kaufmann (Hg.), Nietzsche zwischen Literatur und Philosophie. Von der *Fröhlichen Wissenschaft* zu *Also sprach Zarathustra*, Heidelberg (Winter) 2016, 357–376.

Grésillon, Almuth, Über die allmähliche Verfertigung von Texten beim Schreiben (1995), in: Sandro Zanetti Hg.), Schreiben als Kulturtechnik, Berlin (Suhrkamp) 2012, 152–186.

Groddeck, Wolfram, ‚Vorstufe' und ‚Fragment'. Zur Problematik einer traditionellen textkritischen Unterscheidung in der Nietzsche-Philologie, in: Martin Stern (Hg.), Textkonstitution bei schriftlicher und mündlicher Überlieferung. Basler Editoren-Kolloquium 19.–22. März 1990, autor- und werkbezogene Referate, Tübingen (Niemeyer) 1991, 165–175.

Groddeck, Wolfram, Werkkomposition und Textgenese. Betrachtungen zur ‚Varianz' von Nietzsches Nachlaß, in: Christa Jansohn / Bodo Plachta (Hg.), Varianten – Variants – Variantes (Beihefte zu editio, hg. v. Winfried Wösler, Bd. 22), Tübingen (Niemeyer) 2005, 189–199.

Groddeck, Wolfram, Die Wahrheit im Dithyrambus. Zu Nietzsches *Dionysos-Dithyramben*, in: Christian Benne / Claus Zittel (Hg.), Nietzsche und die Lyrik. Ein Kompendium, Stuttgart 2017, 317–330.

Günzel, Stephan, Art. Wille zur Macht, in: NLN, 423 f.

Haase, Marie-Luise, Der Übermensch in *Also sprach Zarathustra* und im Zarathustra-Nachlaß 1882–1885, in: Nietzsche-Studien 13 (1984), 228–244.

Haase, Marie-Luise, Friedrich Nietzsche liest Francis Galton, in: Nietzsche-Studien 18 (1989), 633–658.

Haase, Marie-Luise, Zur Überlieferung und Entstehung von *Also sprach Zarathustra*, in: Marie-Luise Haase / Mazzino Montinari, Nachbericht zum ersten Band der sechsten Abteilung: Also sprach Zarathustra, KGW VI/4, Berlin/New York (De Gruyter) 1991, 943–978.

Haase, Marie-Luise, Zarathustra auf den Spuren des Empedokles und eines gewissen Herrn Booty. Ein Beitrag zur Quellenforschung, in: Tilman Borsche / Francesco Gerratana / Aldo Venturelli (Hg.), ‚Centauren-Geburten'. Wissenschaft, Kunst und Philosophie beim jungen Nietzsche (Monographien und Texte zur Nietzsche-Forschung, Bd. 27), Berlin (De Gruyter) 1994, 503–524.

Habermas, Jürgen, Nachwort, in: Friedrich Nietzsche, Erkenntnistheoretische Schriften, Frankfurt am Main (Suhrkamp) 1968, 237–261.

Happ, Winfried, Nietzsches „Zarathustra" als moderne Tragödie, Frankfurt am Main u. a. (Peter Lang) 1984.

Hegel, Georg Wilhelm Friedrich, Jenenser Realphilosophie I: Die Vorlesungen von 1803/04. Aus dem Manuskript hg. von Johannes Hoffmeister, Leipzig (Meiner) 1932.

Hegel, Georg Wilhelm Friedrich, Vorlesungen über die Geschichte der Philosophie III, Theorie-Werkausgabe, hg. v. Eva Moldenhauer u. Karl Markus Michel, Frankfurt am Main (Suhrkamp) 1971, Bd. 20.

Heidegger, Martin, Nietzsche, 2 Bde., Pfullingen 1961.

Heit, Helmut, Art. Wahrheit, in: NLN, 410 f.

Hellwald, Friedrich Anton Heller von, Culturgeschichte in ihrer natürlichen Entwicklung bis zur Gegenwart, Augsburg (Lampart & Comp.) 1876.

Higgins, Kathleen Marie, Nietzsche's *Zarathustra*, Philadelphia (Temple University Press) 1987.
Himmelmann, Beatrix, Zarathustras Weg, in: Volker Gerhardt (Hg.), Friedrich Nietzsche, *Also sprach Zarathustra* (Klassiker auslegen), Berlin (Akademie) 2000, 17–45.
Höffding, Harald, Psychologie in Umrissen auf Grundlage der Erfahrung. Unter Mitwirkung des Verfassers nach der zweiten dänischen Auflage, übers. v. F. Bendixen, Leipzig 1887.
Hoffmann, David Marc, Zur Geschichte des Nietzsche-Archivs. Elisabeth Förster-Nietzsche, Fritz Koegel, Rudolf Steiner, Gustav Naumann, Josef Hofmiller. Chronik, Studien und Dokumente (Supplementa Nietzscheana, Bd. 2), Berlin/New York (De Gruyter) 1991.
Hoffmann, Johann Nepomuk, Wahrheit, Perspektive, Interpretation. Nietzsche und die philosophische Hermeneutik (Monographien und Texte zur Nietzsche-Forschung, Bd. 28), Berlin/New York (De Gruyter) 1994.
Hölderlin, Friedrich, Sämtliche Werke, hg. v. Friedrich Beißner, Frankfurt am Main (Insel) 1965.
Horneffer, August, Nietzsche als Moralist und Schriftsteller, Jena (Diederichs) 1906.
Humboldt, Wilhelm von, Ueber die Verschiedenheit des menschlichen Sprachbaues und ihren Einfluss auf die geistige Entwicklung des Menschengeschlechts, in: Werke in fünf Bänden, hg. v. Andreas Flitner und Klaus Giel, Bd. 3: Schriften zur Sprachphilosophie, Darmstadt (Wissenschaftliche Buchgesellschaft) 1963.
Jaspers, Karl, Nietzsche. Einführung in das Verständnis seines Philosophierens, Berlin (De Gruyter) 1936. Kommentierte Neuedition in: Karl Jaspers, Gesamtausgabe, Abt. I, Bd. 18: Nietzsche, hg. von Dominic Kaegi und Andreas Urs Sommer, Basel (Schwabe) 2020.
Kant, Immanuel, Beantwortung der Frage: Was ist Aufklärung?, in: Kants Werke, Akademieausgabe, Bd. VIII, 33–42.
Kant, Immanuel, Metaphysische Anfangsgründe der Naturwissenschaft, Kants Werke, Akademie-Ausgabe, Bd. IV, 465–566.
Kant, Immanuel, Was heißt: Sich im Denken orientiren?, in: Kants Werke, Akademie-Ausgabe, Bd. VIII, 131–147.
Kaufmann, Sebastian, Der Wille zur Macht, die ewige Wiederkehr des Gleichen und das Sein des Seienden. Heideggers „Aus-einander-setzung" mit Nietzsche, in: Nietzsche-Studien 47 (2018), 268–309.
Kaufmann, Sebastian / Winkler, Markus (Hg.), Nietzsche, das ‚Barbarische' und die ‚Rasse' (Nietzsche-Lektüren, Bd. 6), Berlin/Boston 2022 (im Erscheinen).
Kaufmann, Walter, Nietzsche. Philosoph – Psychologe – Antichrist (Or.-Ausgabe 1950), nach der 4. Aufl. 1974 aus dem Amerikanischen übersetzt von Jörg Salaquarda, Darmstadt (Wissenschaftliche Buchgesellschaft) 1982.
Kohlenbach, Michael / Groddeck, Wolfram, Zwischenüberlegungen zur Edition von Nietzsches Nachlaß, in: Text. Kritische Beiträge 1 (1995), 26–39.
Krummel, Richard Frank, Josef Paneth über seine Begegnung mit Nietzsche in der Zarathustra-Zeit, in: Nietzsche-Studien 17 (1988), 478–495.
Krummel, Richard Frank, Nietzsche und der deutsche Geist, Band II: Ausbreitung und Wirkung des Nietzscheschen Werkes im deutschen Sprachraum vom Todesjahr bis zum Ende des Ersten Weltkriegs. Ein Schrifttumsverzeichnis der Jahre 1901–1918 (Monographien und Texte der Nietzsche-Forschung, Bd. 9), 2., verbesserte und ergänzte Auflage Berlin/New York (De Gruyter) 1998.
Kuhn, Elisabeth, Friedrich Nietzsches Philosophie des europäischen Nihilismus (Monographien und Texte zur Nietzsche-Forschung, Bd 25), Berlin/New York (De Gruyter) 1992.

Lamm, Albert, Friedrich Nietzsche und seine nachgelassene „Lehren", in: Süddeutsche Monatshefte 3, Heft 9 (1906), 255–278.
Lampert, Laurence, Nietzsche's Teaching. An Interpretation of *Thus Spoke Zarathustra*, New Haven/London (Yale University Press) 1986.
Lampl, Hans Erich, Auf den Spuren des Lesers Friedrich Nietzsche, in: Nietzsche-Studien 22 (1993), 295–303.
Landerer, Christoph, Neuerscheinungen zum Thema Nietzsche und die Musik, in: Nietzsche-Studien 36 (2007), 440–448.
Liebsch, Burkhard / Stegmaier, Werner, Orientierung und Ander(s)heit. Spielräume und Grenzen des Unterscheidens, Hamburg (Meiner) 2022.
Loeb, Paul S., The Death of Nietzsche's Zarathustra, Cambridge (Cambridge University Press) 2010.
Lorenz, Martin, Musik und Nihilismus. Zur Relation von Kunst und Erkennen in der Philosophie Nietzsches, Würzburg (Königshausen & Neumann) 2008.
Luhmann, Niklas, Soziale Systeme. Grundriß einer allgemeinen Theorie, Frankfurt am Main (Suhkamp) 1984.
Luhmann, Niklas, Weltkunst, in: Niklas Luhmann / Frederick D. Bunsen / Dirk Baecker (Hg.), Unbeobachtbare Welt. Über Kunst und Architektur, Bielefeld (Haux) 1990, 7–45.
Luhmann, Niklas, Die Realität der Massenmedien, Opladen (Westdeutscher Verlag) 1996.
Mayer, Robert, Die organische Bewegung in ihrem Zusammenhange mit dem Stoffwechsel. Ein Beitrag zur Naturkunde, Heilbronn (C. Drechsler) 1845.
Mayer Branco, Maria João, „Wachs in den Ohren". Nietzsches Deutung der philosophischen Furcht vor der Musik in der Moderne, in: Nietzsche-Studien 45 (2016), 132–142.
Meier, Heinrich, Nietzsches Vermächtnis. *Ecce homo* und *Der Antichrist*. Zwei Bücher über Natur und Politik, München (Beck) 2019.
Meijers, Anthonie, Gustav Gerber und Friedrich Nietzsche. Zum historischen Hintergrund der sprachphilosophischen Auffassungen des frühen Nietzsche, in: Nietzsche-Studien 17 (1988), 369–390.
Mette, Hans Joachim, Sachlicher Vorbericht zur Gesamtausgabe der Werke Friedrich Nietzsches. Der handschriftliche Nachlaß, seine Geschichte und seine editorische Auswertung (1933), in: Friedrich Nietzsche, Jugendschriften, Bd. 1: 1854–1861, hg. v. Hans Joachim Mette. Nachdruck, hg. v. Rüdiger Schmidt, München (Beck) 1994, XXXI-CXXVI.
Meyer, Katrin, Art. Geschichte der Nietzsche-Editionen, in: NHB[1], 437–440.
Mongré, Paul, Nietzsches Wiederkunft des Gleichen, in: Die Zeit 292 (5.5.1900), 72f., wiederabgedruckt in: Felix Hausdorff, Gesammelte Werke, Bd. VII: Philosophisches Werk, hg. v. Werner Stegmaier, Berlin/Heidelberg (Springer) 2004, 889–893.
Mongré, Paul, Sant' Ilario. Gedanken aus der Landschaft Zarathustras, in: Felix Hausdorff, Philosophisches Werk: „Sant' Ilario. Gedanken aus der Landschaft Zarathustras", „Das Chaos in kosmischer Auslese", Essays zu Nietzsche, in: Felix Hausdorff, Gesammelte Werke, hg. v. Egbert Brieskorn, Friedrich Hirzebruch, Walter Purkert, Reinhold Remmert und Erhard Scholz, Bd. VII, hg. v. Werner Stegmaier, Heidelberg (Springer) 2004, 85–473.
Montinari, Mazzino, Nietzsches Nachlass von 1885 bis 1888 oder Textkritik und Wille zur Macht (1976), jetzt in: Jörg Salaquarda (Hg.), Nietzsche (Wege der Forschung, Bd. 521), Darmstadt (Wissenschaftliche Buchgesellschaft) 1980, 323–349.
Montinari, Mazzino, Kommentar zur Kritischen Studienausgabe, in: KSA 14.37–774.

Montinari, Mazzino, Nietzsches Nachlaß 1885–1888 und der „Wille zur Macht", in: KSA 14.383–400.
Montinari, Mazzino, Nietzsche lesen: Die Götzen-Dämmerung, in: Nietzsche-Studien 13 (1984), 69–79.
Montinari, Mazzino, Die spröde Art, Nietzsche zu lesen. Die Niederschrift von *Also sprach Zarathustra* am Beispiel des Kapitels „Auf den glückseligen Inseln", in: Gerd Wolfgang Weber (Hg.), Idee – Gestalt – Geschichte. Festschrift für Klaus von See, Odense (Odense University Press) 1988, 481–511.
Most, Glenn, The Stillbirth of a Tragedy: Nietzsche and Empedocles, in: Apostoles L. Perris (Hg.), The Empedoclean Κόσμος: Structure, Process and the Question of Cyclicity, Teil 1, Patras 2005, 31–44.
Müller, Enrico, Von der „Umwerthung" zur Auto-Genealogie. Die *Götzen-Dämmerung* im Kontext des Spätwerks, in: Nietzscheforschung 16 (2009), 141–151.
Müller, Enrico, Die Sprache des Ressentiments, die Musikalität der Sprache und der „Europäer der Zukunft". Das achte Hauptstück: „Völker und Vaterländer", in: Marcus Andreas Born (Hg.), Friedrich Nietzsche, *Jenseits von Gut und Böse*. Klassiker Auslegen, hg. v. Otfried Höffe, Bd. 48, Berlin (Akademie/De Gruyter) 2014, 167–178.
Müller, Enrico, Das Pathos Zarathustras, in: Gabriella Pelloni / Isolde Schiffermüller (Hg.), Pathos, Parodie, Kryptomnesie. Das Gedächtnis der Literatur in Nietzsches *Also sprach Zarathustra*, Heidelberg (Winter) 2015, 11–31.
Müller, Enrico, Art. Ästhetik, in: NLM, 101–103.
Müller, Enrico, Art. ewige Wiederkunft, ewige Wiederkehr, in: NLM, 140–143.
Müller, Enrico, Art. Nihilismus, in: NLM, 199–202.
Müller, Enrico, Art. Wille zur Macht, in: NLM, 246–250.
Müller-Buck, Renate, Eine „ungeheure Synthesis", die noch „in keines Menschen Kopf und Seele gewesen ist". Zur Genese von *Also sprach Zarathustra* aus der Sicht von Nietzsches Briefwechsel, in: Gilbert Merlio (Hg.), Lectures d'une oeuvre: *Also sprach Zarathustra*, Paris 2000, 9–24.
Müller-Lauter, Wolfgang, Nietzsches Lehre vom Willen zur Macht, in: Nietzsche-Studien 3 (1974), 1–60, wiederabgedruckt in: W. M.-L., Über Werden und Wille zur Macht. Nietzsche-Interpretation I, Berlin/New York (De Gruyter) 1999, 25–95.
Müller-Lauter, Wolfgang, Der Organismus als innerer Kampf. Der Einfluss von Wilhelm Roux auf Friedrich Nietzsche, in: Nietzsche-Studien 7 (1978), 189–223.
Müller-Lauter, Wolfgang, Das Willenswesen und der Übermensch. Ein Beitrag zu Heideggers Nietzsche-Interpretationen (1981/82), in: W. M.-L., Heidegger und Nietzsche. Nietzsche-Interpretationen III, Berlin/New York (De Gruyter) 2000, 67–133.
Müller-Lauter, Wolfgang, Nihilismus, in: Historisches Wörterbuch der Philosophie, Bd. 6, Basel/Darmstadt (Schwabe/Wissenschaftliche Buchgesellschaft) 1984, 846–853.
Müller-Lauter, Wolfgang, Der Wille zur Macht als Buch der ‚Krisis' philosophischer Nietzsche-Interpretation, in: Nietzsche-Studien 24 (1995), 223–260, wiederabgedruckt in: W. M.-L., Über Werden und Wille zur Macht. Nietzsche-Interpretationen I, Berlin/New York (De Gruyter) 1999, 329–374.
Oehler, Richard, Die bisherige herausgeberische Tätigkeit des Nietzsche-Archivs, in: Friedrich Nietzsche, Jugendschriften, Bd. 1: 1854–1861, hg. v. Hans Joachim Mette. Nachdruck, hg. v. Rüdiger Schmidt, München (Beck) 1994, XVII-XXX.

Ottmann, Henning, Philosophie und Politik bei Nietzsche (Monographien und Texte zur Nietzsche-Forschung, Bd. 17), 1. Aufl. 1987, 2. verb. und erw. Aufl., Berlin/New York (De Gruyter) 1999.

Ottmann, Henning, Kompositionsprobleme von Nietzsches *Also sprach Zarathustra*, in: Volker Gerhardt (Hg.), Friedrich Nietzsche, *Also sprach Zarathustra* (Klassiker auslegen), Berlin (Akademie) 2000, 47–67.

Ottmann, Henning, Geschichte der politischen Denkens von den Anfängen bei den Griechen bis auf unsere Zeit, Bd 3: Die Neuzeit, Teilband 3: Die politischen Strömungen im 19. Jahrhundert, Stuttgart/Weimar (Metzler) 2008.

Parkhurst, William A. B., Does Nietzsche have a „Nachlass"?, in: Nietzsche-Studien 49 (2020), 216–257.

Patton, Paul, Recent Work on Nietzsche's Social and Political Philosophy, in: Nietzsche-Studien 50 (2021), 382–395.

Perrakis, Manos, Nietzsches Musikästhetik der Affekte, Freiburg/München (Alber) 2011.

Pfeuffer, Silvio, Die Entgrenzung der Verantwortung. Nietzsche – Dosotjewskij – Levinas (Monographien und Texte zur Nietzsche-Forschung, Bd. 56), Berlin/New York (De Gruyter) 2008).

Pichler, Axel, ‚Den Irrtum erzählen'. Eine Lektüre von „Wie die ‚wahre Welt' endlich zur Fabel wurde", in: Nietzscheforschung 20 (2013), 193–210.

Pichler, Axel, Philosophie als Text – Zur Darstellungsform der *Götzen-Dämmerung* (Monographien und Texte zur Nietzsche-Forschung, Bd. 67), Berlin/Boston (De Gruyter) 2014.

Pichler, Axel, Die Spuren von Nietzsches Schreiben. Arbeit mit der KGW IX, in: Nietzsche-Studien 44 (2015), 380–412.

Pichler, Axel, Präsumtionen und Praktiken textnaher Forschung. Eine exemplarische Lektüre von JGB 27, in: Nietzscheforschung 27 (2020), 281–302.

Quine, Willard Van Orman, Word and Object, Cambridge (M. I. T. Press, Mass.) 1960.

Rayman, Joshua, Nietzsche, Truth, and Reference, in: Nietzsche-Studien 36 (2007), 155–168.

Reschke, Renate, Art. Ästhetik, in: NLN, 34 f.

Reschke, Renate, Ein Deutsch-Aufsatz und seine Folgen. Was Friedrich Nietzsche an Hölderlin interessierte, in: Nietzscheforschung 27 (2020), 303–322.

Reuß, Roland, Text, Werk, Entwurf, in: Text. Kritische Beiträge 11 (2005), 1–12.

Ridley, Aaron, Nietzsche and music, in: Daniel Came (Hg.), Nietzsche on art and life, Oxford (Oxford University Press) 2014, 220–235.

Riedel, Manfred, Nihilismus, in: Geschichtliche Grundbegriffe. Historisches Lexikon zur politisch-sozialen Sprache in Deutschland, Bd. 4, Stuttgart (Klett-Cotta) 1978, 371–411.

Riedel, Manfred, Das Lenzerheide-Fragment über den europäischen Nihilismus, in: Nietzsche-Studien 29 (2000), 70–81.

Riedel, Manfred, Nietzsches Lenzerheide-Fragment über den europäischen Nihilismus. Entstehungsgeschichte und Wirkung, o.O., o.J. [2000].

Röllin, Beat / Trenkle, Franszika, Nachweise aus Deutsche Rundschau, Bände 39–40, in: Nietzsche-Studien 37 (2008), 317 f.

Röllin, Beat, Nietzsches Werkpläne vom Sommer 1885: eine Nachlass-Lektüre. Philologisch-chronologische Erschließung der Manuskripte (Zur Genealogie des Schreibens, hg. v. Martin Stingelin, Bd. 15), Paderborn (Fink) 2012.

Röllin, Beat, „Ein Fädchen um's Druckmanuskript und fertig? Zur Werkgenese von *Jenseits von Gut und Böse*, in: Marcus Andreas Born / Axel Pichler (Hg.), Texturen des Denkens. Nietzsches Inszenierung der Philosophie in *Jenseits von Gut und Böse*, Berlin/Boston (De Gruyter) 2013, 47–68.

Röllin, Beat / Stockmar, René, Nietzsche lesen mit KGW IX. Zum Beispiel Arbeitsheft W II 1, Seite 1, in: Martin Endres / Axel Pichler / Claus Zittel (Hg.), Text/Kritik: Nietzsche und Adorno, Berlin (De Gruyter) 2017, 1–38.

Röllin, Beat, Art. Nachlass 1885–1886, in: NHB² (im Erscheinen).

Roodt, Vasti, Living with Nihilism, in: Chris Bremmers / Andrew Smith / Jean-Pierre Wils (Hg.), Beyond Nihilism, Nordhausen (Verlag Traugott Bautz) 2018, 71–83.

Ruin, Hans, New Literature on *Thus Spoke Zarathustra*, in: Nietzsche-Studien 40 (2011), 382–393.

Rupschus, Andreas / Stegmaier, Werner, „Inconsequenz Spinoza's"? Adolf Trendelenburg als Quelle von Nietzsches Spinoza-Kritik in *Jenseits von Gut und Böse* 13, in: Nietzsche-Studien 38 (2009), 299–308.

Rupschus, Andreas, Nietzsches Problem mit den Deutschen. Wagners Deutschtum und Nietzsches Philosophie (Monographien und Texte zur Nietzsche-Forschung, Bd. 62), Berlin/Boston 2013.

Salaquarda, Jörg (Hg.), Nietzsche (Wege der Forschung, Bd. 521), Darmstadt (Wissenschaftliche Buchgesellschaft) 1980.

Sartre, Jean-Paul, L'être et le néant. Essai d'ontologie phénoménologique, Paris (Gallimard) 1943, deutsch: Das Sein und das Nichts. Versuch einer phänomenologischen Ontologie, hg. v. Traugott König, Deutsch von Hans Schöneberg und Traugott König, Reinbek bei Hamburg (Rowohlt) 1991.

Schank, Gerd, „Rasse" und „Züchtung" bei Nietzsche (Monographien und Texte zur Nietzsche-Forschung, Bd. 44), Berlin/New York (De Gruyter) 2000.

Schlechta, Karl, Philologischer Nachbericht zu: Friedrich Nietzsche, Werke in drei Bänden, hg. von Karl Schlechta, München (Hanser) 1956, Bd. 3, 1383–1432.

Schlechta, Karl, Nachwort zu: Friedrich Nietzsche, Werke in drei Bänden, hg. von Karl Schlechta, München (Hanser) 1956, Bd. 3, 1433–1452.

Schlechta, Karl, Offener Brief an Karl Löwith (1959), wiederabgedruckt in: Jörg Salaquarda (Hg.), Nietzsche (Wege der Forschung, Bd. 521), Darmstadt (Wissenschaftliche Buchgesellschaft) 1980, 96–105.

Schlimgen, Erwin, Nietzsches Theorie des Bewußtseins (Monographien und Texte zur Nietzsche-Forschung, Bd. 41), Berlin/New York (De Gruyter) 1999.

Schmidt, Leopold, Die Ethik der alten Griechen, Berlin (W. Hertz) 1882.

Schmidt, Rüdiger, Editorische Vorbemerkung zu: Friedrich Nietzsche, Jugendschriften, Bd. 1: 1854–1861, hg. v. Hans Joachim Mette. Nachdruck, hg. v. Rüdiger Schmidt, München (Beck) 1994, ohne Seitenzählung.

Scholz, Oliver R., Verstehen und Rationalität. Untersuchungen zu den Grundlagen von Hermeneutik und Sprachphilosophie (¹1999), Frankfurt am Main (Vittorio Klostermann) ²2001.

Schopenhauer, Arthur, Die Welt als Wille und Vorstellung. Sämtliche Werke, hg. v. Arthur Hübscher, Bd. 2–3, Leipzig (Brockhaus) 1938.

Schubert, Corinna, Masken denken – in Masken denken: Figur und Figur bei Friedrich Nietzsche, Bielefeld (transcript) 2021.

Simmel, Georg, Schopenhauer und Nietzsche (1907), in: Georg Simmel, Gesamtausgabe, hg. v. Otthein Rammstedt, Bd. 10, hg. v. Michael Behr / Volkhard Krech / Gert Schmidt, Frankfurt am Main (Suhrkamp) 1995, 167–408.
Simon, Josef, Der gewollte Schein. Zu Nietzsches Begriff der Interpretation, in: Mihailo Djurić / Josef Simon (Hg.), Kunst und Wissenschaft bei Nietzsche, Würzburg 1986, 62–74.
Simon, Josef, Grammatik und Wahrheit. Über das Verhältnis Nietzsches zur spekulativen Satzgrammatik der metaphysischen Tradition, in: Nietzsche-Studien 1 (1972), 1–26.
Simon, Josef, Philosophie des Zeichens, Berlin/New York (De Gruyter) 1989.
Simon, Josef (Hg.), Distanz im Verstehen. Zeichen und Interpretation II, Frankfurt am Main (Suhrkamp) 1995.
Skirl, Miguel, Art. Ewige Wiederkunft, in: NHB[1], 222–230.
Skowron, Michael, Dionysischer Pantheismus. Nietzsches Lenzer Heide-Text über den europäischen Nihilismus und die ewige Wiederkehr/-kunft, in: Nietzscheforschung 20 (2013), 355–377.
Sommer, Andreas Urs, Nihilism and Scepticism in Nietzsche, in: Keith Ansell Pearson (Hg.), A Companion to Nietzsche, Oxford (Oxford Universtiy Press) 2006, 250–269.
Sommer, Andreas Urs, Nietzsche's Readings on Spinoza. A Contextualist Study, particulary on the Reception of Kuno Fischer, in: The Journal of Nietzsche Studies 43.2 (2012), 156–184.
Sommer, Andreas Urs, Philosophen und philosophische Arbeiter. Das sechste Hauptstück: „wir Gelehrten", in: Marcus Andreas Born (Hg.), Friedrich Nietzsche, *Jenseits von Gut und Böse*. Klassiker Auslegen, hg. v. Otfried Höffe, Bd. 48, Berlin (Akademie/De Gruyter) 2014, 131–145.
Sommer, Andreas Urs, Werte. Warum man sie braucht, obwohl es sie nicht gibt, Stuttgart (Metzler) 2016.
Sommer, Andreas Urs, What Nietzsche Did and Did Not Read, in: Tom Stern (Hg.), The New Cambridge Companion to Nietzsche, Cambridge (Cambridge University Press) 2019, 25–48, deutsch: Was Nietzsche las und nicht las, in: Hans-Peter Anschütz / Armin Thomas Müller / Mike Rottmann / Yannick Souladié, unter Mitarbeit von Louisa Estadieu (Hg.), Nietzsche als Leser, Berlin/Boston (De Gruyter) 2021, 7–28.
Söring, Jürgen, Nietzsches Empedokles-Plan, in: Nietzsche-Studien 19 (1990), 176–207.
Spinoza, Benedictus de, Ethica / Ethik, in: Spinoza, Opera / Werke, 4 Bde., hg. v. Konrad Blumenstock, Darmstadt (Wissenschaftliche Buchgesellschaft) 1967, Bd. 2, 84–555.
Stingelin, Martin, „UNSER SCHREIBZEUG ARBEITET MIT AN UNSEREN GEDANKEN", in: Sandro Zanetti (Hg.), Schreiben als Kulturtechnik. Grundlagentechnik, Frankfurt am Main (Suhrkamp) 2012, 283–304.
Strobel, Jochen, Peter Gasts Gaben an Nietzsche. Heinrich Köselitz als Korrespondent, Mitarbeiter und Editor Friedrich Nietzsches, in: Jochen Strobel (Hg.), Vom Verkehr mit Dichtern und Gespenstern. Figuren der Autorschaft in der Briefkultur, Heidelberg (Winter) 2006, 219–254.
Taureck, Bernhard H. F., Nietzsche und der Faschismus. Eine Studie über Nietzsches politische Philosophie und ihre Folgen, Hamburg (Junius) 1989.
Thorgeirsdottir, Sigridur, Nietzsche's philosophy of birth, und: The natal self, in: Robin May Schott (Hg.), Birth, death and feminity. Philosophies of embodiment, Bloomington, Indianapolis (Indiana University Press) 2010, 157–185 und 186–208.
Thüring, Hubert, Der alte Text und das moderne Schreiben. Zur Genealogie von Nietzsches Lektüreweisen, Schreibprozessen und Denkmethoden, in: Friedrich Balke / Joseph Vogt /

Benno Wagner (Hg.), Für Alle und Keinen. Lektüre, Schrift und Leben bei Nietzsche und Kafka, Zürich/Berlin (Diaphanes) 2008, 121–148.

Thüring, Hubert, Streichen als Moment produktiver Negativität im modernen Schreiben. Eine kulturhistorische Einordnung in Hypothesen und mit Stichproben bei Kafka und Nietzsche, in: Gisi, Lucas Marco / Thüring, Hubert / Wirtz, Irmgard M. (Hg.), Schreiben und Streichen. Zu einem Moment produktiver Negativität, Göttingen/Zürich (Wallstein/Chronos) 2011, 47–70.

Thüring, Hubert, Nietzsches Schreiben als philosophische Experimentalistik. Eine Lektüre auf dem Weg vom Werk zum Nachlass, in: Nietzscheforschung 22 (2015), 169–183.

Tongeren, Paul van, Die Moral von Nietzsches Moralkritik. Studie zu „Jenseits von Gut und Böse", Bonn (Bouvier) 1989.

Tongeren, Paul van, Friedrich Nietzsche and European Nihilism, Newcastle upon Tyne (Cambrige Scholars Publishing) 2018 (niederländisch 2012).

Tongeren, Paul van, Die „Musik des Vergessens" und das „Ideal eines menschlich-übermenschlichen Wohlseins und Wohlwollens". Über Nihilismus, Transfiguration und Lebenskunst bei Nietzsche, in: Nietzsche-Studien 45 (2016), 143–157.

Ulmer, Karl, Nietzsche. Einheit und Sinn seines Werkes, Bern/München (Francke) 1962.

Villwock, Peter, Zarathustra. Anfang und Ende einer Werk-Gestalt, in: Peter Villwock (Hg.), Nietzsches „Also sprach Zarathustra", Basel (Schwabe) 2001, 1–34.

Vivarelli, Vivetta, Empedokles und Zarathustra: Verschwendeter Reichtum und Wollust am Untergang, in: Nietzsche-Studien 18 (1989), 509–536.

Vogt, Johannes Gustav, Die Kraft. Eine real-monistische Weltanschauung, Leipzig (Haupt & Tischler) 1878.

Weiss, Otto, Nachbericht, in: Nietzsche's Werke. Zweite Abtheilung. Bd. XVI: Nachgelassene Werke. Der Wille zur Macht. Drittes und Viertes Buch. Zweite, völlig neugestaltete und vermehrte Ausgabe, Leipzig (Kröner) 1912, 471–478.

Werner-Jensen, Arnold (Hg.), Reclams Kammermusikführer, 13. Aufl., Stuttgart (Reclam) 2005.

Wilson, Neil L., Substances without Substrata, in: Review of Metaphysics 12 (1959), 521–539.

Winteler, Reto, Nietzsches *Antichrist* als (ganze) *Umwerthung aller Werthe*. Bemerkungen zum „Scheitern" eines „Hauptwerks", in: Nietzsche-Studien 38 (2009), 229–245.

Winteler, Reto, Nietzsche im Spiegel des *Zarathustra*, in: R.W., Friedrich Nietzsche, der erste tragische Philosoph. Eine Entdeckung, Basel (Schwabe) 2014, 47–130.

Wittgenstein, Ludwig, Über Gewißheit, in: L.W., Werkausgabe, Frankfurt am Main (Suhrkamp) 1984, Bd. 8, 113–257.

Wittgenstein, Ludwig, Vermischte Bemerkungen, in: L.W., Werkausgabe, Frankfurt am Main (Suhrkamp) 1984, Bd. 8, 445–573.

Zittel, Claus, Selbstaufhebungsfiguren bei Nietzsche, Würzburg (Königshausen & Neumann) 1995.

Zittel, Claus, Das ästhetische Kalkül von Friedrich Nietzsches *Also sprach Zarathustra*, Würzburg (Königshausen & Neumann) 2000.

Zittel, Claus, Art. Nachlaß 1880–1885, in: NHB[1], 138–142.

Zittel, Claus, Art. Hölderlin, in: NHB[1], 387f.

Zittel, Claus, Der Dialog als philosophische Form bei Nietzsche, in: Nietzsche-Studien 45 (2016), 81–112.

Zittel, Claus, Wer also erzählt Nietzsches *Zarathustra?*, in: Deutsche Vierteljahresschrift für Literaturwissenschaft und Geistesgeschichte 95 (2021), 327–351.

Zitierte frühere Arbeiten des Verfassers

Nietzsches Neubestimmung der Wahrheit, in: Nietzsche-Studien 14 (1985), 69–95.
Darwin, Darwinismus, Nietzsche. Zum Problem der Evolution, in: Nietzsche-Studien 16 (1987), 264–287.
Philosophie der Fluktuanz. Dilthey und Nietzsche, Göttingen 1992.
Art. Schema, Schematismus I, in: Historisches Wörterbuch der Philosophie, Bd. 8, Basel/Darmstadt (Schwabe/Wissenschaftliche Buchgesellschaft) 1992, 1246–1261.
Nietzsches ‚Genealogie der Moral'. Werkinterpretation, Darmstadt (Wissenschaftliche Buchgesellschaft) 1994.
Weltabkürzungskunst. Orientierung durch Zeichen, in: Josef Simon (Hg.), Zeichen und Interpretation, Frankfurt am Main (Suhrkamp) 1994, 119–141.
Philosophieren als Vermeiden einer Lehre. Inter-individuelle Orientierung bei Sokrates und Platon, Nietzsche und Derrida, in: Josef Simon (Hg.), Distanz im Verstehen. Zeichen und Interpretation II, Frankfurt am Main (Suhrkamp) 1995, 214–239.
Geist. Hegel, Nietzsche und die Gegenwart, in: Nietzsche-Studien 26 (1997), 300–318.
Das Zeichen X in der Philosophie der Moderne, in: Werner Stegmaier (Hg.), Zeichen-Kunst. Zeichen und Interpretation V, Frankfurt am Main (Suhrkamp) 1999, 231–256.
Von Nizza nach Sils-Maria. Nietzsches Abweg vom Gedanken der Ewigen Wiederkehr, in: Andreas Schirmer / Rüdiger Schmidt (hg. im Auftrag der Stiftung Weimarer Klassik), Entdecken und Verraten. Zu Leben und Werk Friedrich Nietzsches, Weimar (Böhlau) 1999, 295–309.
Nietzsches Zeichen, in: Nietzsche-Studien 29 (2000), 41–69.
Anti-Lehren. Szene und Lehre in Friedrich Nietzsches *Also sprach Zarathustra*, in: Volker Gerhardt (Hg.), Friedrich Nietzsche, *Also sprach Zarathustra* (Klassiker auslegen), Berlin (Akademie) 2000, 191–224.
[Heideggers] Auseinandersetzung mit Nietzsche I – Metaphysische Interpretation eines Anti-Metaphysikers", in: Dieter Thomä (Hg.), Heidegger-Handbuch. Leben – Werk – Wirkung, Stuttgart/Weimar (Metzler) 2003, 202–210.
„Philosophischer Idealismus" und die „Musik des Lebens". Zu Nietzsches Umgang mit Paradoxien. Eine kontextuelle Interpretation des Aphorismus Nr. 372 der *Fröhlichen Wissenschaft*, in: Nietzsche-Studien 33 (2004), 90–128.
Nach Montinari. Zur Nietzsche-Philologie, in: Nietzsche-Studien 36 (2007), 80–94. English Translation by Lisa Anderson: After Montinari. On Nietzsche Philology, in: The Journal of Nietzsche Studies 38 (Fall 2009), 5–19. Traduction française par Patrick Wotling: La philologie et Nietzsche. Lignes directrices pour une philologie adaptée à la philosophie de Nietzsche aujourd'hui, in: Jean-François Balaudé / Patrick Wotling (Hg.), „L'art de bien lire". Nietzsche et la philologie, Paris (Vrin) 2012, 271–287.
Philosophie der Orientierung, Berlin/New York (De Gruyter) 2008.
Schicksal Nietzsche? Zu Nietzsches Selbsteinschätzung als Schicksal der Philosophie und der Menschheit (*Ecce homo*, Warum ich ein Schicksal bin 1), in: Nietzsche-Studien 37 (2008), S. 62–114.
Der See des Menschen, das Meer des Übermenschen und der Brunnen des Geistes. Fluss und Fassung einer Metapher Friedrich Nietzsches, in: Nietzsche-Studien 39 (2010), 145–179.
Start-Paradoxien moderner Orientierung. Über Spinozas Ethik und ihr höchstes Gut im Blick auf Luhmanns Systemtheorie, in: Hubertus Busche (Ed. in Collaboration with Stefan

Hessbrueggen-Walter), Departure for Modern Europe. A Handbook of Early Modern Philosophy (1400 and 1700), Hamburg (Meiner) 2011, 207–216.
Musik des Lebens. Orientierung in Rhythmen, Routinen und Religionen, in: Ingolf U. Dalferth / Stefan Berg (Hg.), Gestalteter Klang – gestalteter Sinn. Orientierungsstrategien in Musik und Religion im Wandel der Zeit, Leipzig (Evangelische Verlagsanstalt) 2011, 197–212.
Friedrich Nietzsche zur Einführung, 1. Aufl. Hamburg (Junius) 2011, 3. Aufl. 2019.
Nietzsches Befreiung der Philosophie. Kontextuelle Interpretation des V. Buchs der *Fröhlichen Wissenschaft*, Berlin/Boston (De Gruyter) 2012.
Wie leben wir mit dem Nihilismus? Nietzsches Nihilismus aus der Sicht einer aktuellen Philosophie der Orientierung, in: Tijdschrift voor Filosofie 74 (2012), 319–338.
Nietzsches Hoffnungen auf die Philosophie und die Gegenwart, in: Marcus Andreas Born / Axel Pichler (Hg.), Texturen des Denkens. Nietzsches Inszenierung der Philosophie in *Jenseits von Gut und Böse*, Berlin/Boston (De Gruyter) 2013, 205–230.
Oh Mensch! Gieb Acht! Kontextuelle Interpretation des Mitternachts-Lieds aus Nietzsches *Also sprach Zarathustra*, in: Nietzsche-Studien 42 (2013), 85–115.
„Auch der Muthigste von uns hat nur selten den Muth zu dem, was er eigentlich weiss ..." (GD, Sprüche und Pfeile 2). Grenzen der philosophischen Erkenntnis im Nihilismus und Nietzsches Kunst der Sentenz (Thesen), in: Céline Denat / Patrick Wotling (Hg.), Les hétérodoxies der Nietzsche. Lectures du *Crépuscule des idoles*, Reims (épure: Éditions et presses universitaires de Reims) 2014, 365–369.
„... ich habe Einsamkeit nöthig ...". Kunst der Kommunikation als Lebenskunst des Einsamen, in: Günter Gödde / Nikolaos Loukidelis / Jörg Zirfas (Hg.), Nietzsche und die Lebenskunst. Ein philosophisch-psychologisches Kompendium, Stuttgart/Weimar (Metzler) 2016, 315–322.
Zarathustras philosophische Auslegung des ‚Mitternachts-Lieds', in: Katharina Grätz / Sebastian Kaufmann (Hg.), Nietzsche zwischen Philosophie und Literatur. Von der *Fröhlichen Wissenschaft* zu *Also sprach Zarathustra*, Heidelberg (Universitätsverlag Winter) 2016, 425–442.
Orientierung im Nihilismus – Luhmann meets Nietzsche, Berlin/Boston (De Gruyter) 2016.
'Resolute Reversals': Kant's and Nietzsche's Orienting Decisions Concerning the Distinction between Reason and Nature, transl. by Herman Siemens, in: Marco Brusotti / Herman Siemens / João Constâncio / Tom Bailey / Maria João Mayer Branco / Katia Hay (Eds.), Nietzsche's Engagements with Kant and the Kantian Legacy, 3 volumes, Vol. I, (ed. by Marco Brusotti / Herman Siemens), Nietzsche, Kant and the Problem of Metaphysics, London/Oxford/New York/New Delhi/Sydney (Bloomsbury) 2017, 181–204.
Schreiben / Denken : Nietzsche – Wittgenstein, in: Nietzsche-Studien 46 (2017), 184–218.
Orientation within Nihilism, in: Chris Bremmers / Andrew Smith / Jean-Pierre Wils (Hg.), Beyond Nihilism, Nordhausen (Verlag Traugott Bautz) 2018, 85–96.
Autorität kommt aus Orientierungsüberlegenheit, in: Frankfurter Allgemeine Zeitung vom 10. Dezember 2018, S. 15.
La pensée évolutionniste de Nietzsche. La controverse au sujet du darwinisme et de l'antidarwinisme de Nietzsche, trad. de l'allemand par Déborah Brosteaux, en: Antoine Daratos / Paul Walther (éd.), Penser l'évolution. Nietzsche, Bergson, Dewey, Paris (Vrin) 2019, p. 45–59.
Nietzsches Religionsprojekt. Seine Kritik, Analyse und Funktionalisierung der Religion, in: Nietzscheforschung 27 (2020), 55–74.

Politik für Europa. Achtes Hauptstück. Ein Blick auf den Staat, in: Eike Brock / Jutta Georg (Hg.), Klassiker auslegen: Friedrich Nietzsche, *Menschliches-Allzumenschliches*, Berlin/Boston (De Gruyter), 2020, 157–183.

Bilder, Klänge und Gedanken als Orientierungsfaktoren: Anhaltspunkte bei Nietzsche und Wittgenstein, in: Wittgenstein-Studien 12 (2021), 61–89.

Formen philosophischer Schriften zur Einführung, Hamburg (Junius) 2021.

Die „Magie des Extrems" in philosophischen Neuorientierungen. Nietzsches neue extreme Problemstellungen und -lösungen und das alte Beispiel des Sokrates, in: Nietzsche-Studien 50 (2021), 1–25.

Namenregister

Abel, Günter 233, 364, 397
al-Assad, Baschar 348
Alberts, Benjamin 62, 150, 263
Alexander II. (Zar) 348
Alexander III. (Zar) 348
Alkibiades 290
Anaximander 20, 47, 168
Anderson, R. Lanier 364, 397
Anschütz, Hans-Peter 407
Apuleius 255
Aristoteles 47, 69, 102, 126, 128, 241, 245, 397

Babich, Babette 106, 185, 397
Bach, Johann Sebastian 106–109, 360, 362
Baeumler, Alfred 19f., 61f., 397
Baier, Horst 320, 397
Bailey, Tom 410
Balke, Friedrich 407
Balzac, Honoré de 76
Barrios, Fernando R. Moraes 7, 397
Bateson, Gregory 362, 397
Baumgartner, Marie 95
Beethoven, Ludwig van 75, 107–109, 192f.
Behler, Ernst 20, 24, 397
Benne, Christian 62f., 398, 401
Bennholdt-Thomsen 152, 162f., 184, 206, 254f., 398
Benoit, Blaise 341, 398
Berg, Stefan 410
Biser, Eugen 91, 398
Bismarck, Otto Fürst von 270f., 283, 315f., 348
Bizet, Georges 109
Bloch, Peter André 106, 398
Blondel, Éric 106, 398
Blumenberg, Hans 107, 349, 398
Boehm, Timon Georg 238, 341, 398
Borgia, Cesare 213, 289f.
Born, Marcus Andreas 62f., 320f., 356, 398, 404, 406f., 410
Bourget, Paul 76, 85
Brahms, Johannes 109
Brandes, Georg 42, 50, 96, 317f., 398
Bremmers, Chris 400, 406, 410

Brieskorn, Egbert 403
Brobjer, Thomas H. 239, 398
Brock, Eike 84, 398, 411
Brunetière, Ferdinand 85
Brusotti, Marco XI, 237f., 240f., 245–247, 254f., 288, 390, 398, 410
Buddha 84, 86, 89, 175, 209, 257, 288, 319f., 329, 339, 350, 384
Buhl, Michael 71, 398
Buonaparte, Napoleon 75, 212, 279, 283, 290, 294, 299, 309
Busche, Hubertus 409
Byron, George 300

Caesar, Gaius Iulius 197, 279, 283, 290, 303
Came, Daniel 405
Campioni, Giuliano 396
Cantor, Georg 245
Celestini, Federico 106, 399
Christen, Felix 89, 171, 399
Christus 107, 143, 164, 178, 185, 202, 206, 236, 283, 288, 340, 318, 378f.
Columbus, Christoph 301
Comte, Auguste 292
Constâncio, João 339, 399, 410
Crawford, Claudia 364, 399

Dahl, Per 398
Dalferth, Ingolf U. 410
Daratos, Antoine 410
Darwin, Charles 47, 212f., 409f.
Davidson, Donald 72, 399
Dellinger, Jakob XI, 13, 36, 129, 399
Denat, Céline 398, 410
Derrida, Jacques 54, 399, 409
Descartes, René 56, 58, 103, 231f., 339, 399
Deussen, Paul 294
D'Iorio, Paolo 23, 26, 396, 399,
Djurić, Mihailo 407
Domenici, Gaia 174, 399
Dostojevski, Fjodor Michailowitsch 92
Dühring, Eugen 239, 292, 370f., 399

Eichberg, Ralf 7, 399

Namenregister

Empedokles   167, 184f., 192, 397, 401, 404, 407f.
Endres, Martin   75f., 228, 399, 406
Epiktet   342
Estadieu, Louisa   407

Feger, Hans   399
Felsch, Philipp   23, 399
Féré, Charles   311
Fichte, Johann Gottlieb   103,
Fietz, Rudolf   71, 399
Figal, Günter   251, 400
Figl, Johann   24, 56, 288, 390, 400
Fischer, Kuno   239
Floros, Constantin   193
Fornari, Maria Cristina   10, 15, 210, 396, 400
Förster, Bernhard   48
Förster-Nietzsche, Elisabeth   IX, 3, 7f., 16–20, 48, 59, 61, 154, 223, 259f., 315, 318, 320f., 402
Foucault, Michel   25, 39, 400
Freud, Sigmund   230, 288, 389, 400
Friedrich II. von Preußen   290
Friedrich II. von Staufen   290
Fronterotta, Francesco   396
Fuchs, Carl   2, 318
Füzesi, Nicolas   395

Gast, Peter s. Köselitz, Heinrich
Gerber, Gustav   71, 400, 403
Gerdes, Nikolaus   399
Gerhardt, Volker   190, 229, 233, 395, 397, 400, 402, 405, 409
Giacoia, Oswaldo Jr   328, 356, 400
Gisi, Lucas Marco   8, 400, 408
Giuriato, Davide   55, 63, 400
Gödde, Günter   399, 410
Goethe, Johann Wolfgang   75, 162, 239, 294, 309
Goncourt, Edmond et Jules   76
Gori, Pietro   374, 400
Görner, Rüdiger   106, 400
Grätz, Katharina   XI, 152f., 155–157, 163f., 167, 175, 185, 396, 398f., 401, 410
Grésillon, Almuth   63, 401
Groddeck, Wolfram   24, 27, 50, 236, 401f.
Günzel, Stephan   220, 401

Haase, Marie-Luise   25, 56, 157, 161, 167, 175, 177, 184, 206f., 395, 401
Habermas, Jürgen   270, 364
Hadasch, Ilona   395
Happ, Winfried   206, 401
Hartmann, Eduard von   239, 292, 403
Hausdorff, Felix, alias Paul Mongré   18f., 26, 245, 398, 403
Hay, Katia   410
Haydn, Joseph   107
Hegel, Georg Wilhelm Friedrich   21, 35, 77, 102–104, 234, 294, 328, 332, 401, 409
Heidegger, Martin   IX, 2f., 9, 18, 20, 90, 152, 220, 250, 255, 320f., 383, 397, 401f., 404, 409
Heimer, Falko   395
Heine, Heinrich   75
Heit, Helmut   XI, 100, 401
Heller von Hellwald, Friedrich Anton   175, 293, 401
Helmholtz, Hermann von   243
Heraklit   20, 45f., 127, 345, 361, 382
Hessbrueggen-Walter, Stefan   410
Higgins, Kathleen Marie   255, 402
Hillebrand, Karl   154
Himmelmann, Beatrix   162, 402
Hirzebruch, Friedrich   403
Hitler, Adolf   17, 348f.
Ho Chi Minh   348
Höffding, Harald   134, 402
Höffe, Otfried   398, 404, 407
Hoffmann, David Marc   7, 16, 19, 402
Hoffmann, Johann Nepomuk   364, 402
Hofmiller, Josef   402
Hölderlin, Friedrich   184f., 192, 402, 405, 408
Horaz   41, 43
Horneffer, August   4, 27, 20, 61, 402
Horneffer, Ernst   19
Humboldt, Wilhelm von   71, 402

Jaspers, Karl   21, 402
Jolly, Julius   80

Kant, Immanuel   35, 47, 89, 97, 102, 108f., 115, 126, 129, 134, 143f., 232–234, 294, 315, 331f., 361, 366, 402, 410

Namenregister

Kaufmann, Sebastian XI, 20, 263, 398f., 401f., 410
Kaufmann, Walter 18
Keller, Gottfried 188
Kim Jong-un 348
Kleist, Heinrich von 107
Klopstock, Friedrich Gottlieb 107
Koegel, Fritz 19, 402
Kohlenbach, Michael 24, 395, 402
Kopernikus, Nikolaus 329
Köselitz, Heinrich, alias Peter Gast IX, 6f., 9f., 14, 16f., 19f., 27, 49, 61f., 73, 107, 109, 137, 155f., 187f., 204, 223, 239, 320, 397, 399, 407
Krummel, Richard Frank 9, 19, 402
Kuhn, Elisabeth 84f., 104, 402

Lamm, Albert 19, 403
Lampert, Laurence 255, 403
Lampl, Hans Erich 80, 403
Landerer, Christoph 106, 403
Lange, Friedrich Albert 239
Leibniz, Gottfried Wilhelm 103
Leonardo da Vinci 289
Leopardi, Giacomo 188
Liébert, Georges 106
Liebsch, Burkhard 344, 403
Loeb, Paul S. 206, 403
Lorenz, Martin 106, 403
Loukidelis, Nikolaos 399, 403, 410
Löwith, Karl 20, 22, 406
Luhmann, Niklas 46, 51, 72, 91, 93, 150, 231, 262, 389, 403
Luther, Martin 162, 315

Machiavelli, Niccolo 289, 306
Mao Tse-tung 348
Mayer, Robert Julius 243f., 403
Mayer Branco, Maria João 106, 403, 410
Meier, Heinrich 49, 403
Meijers, Anthonie 71, 403
Mendelssohn, Moses 361
Mérimée, Prosper 85
Merlio, Gilbert 404
Mette, Hans Joachim 1, 7, 16, 31, 33, 320, 326, 403f., 406
Meyer, Katrin 17, 403

Meysenbug, Malwida von 17, 73, 156
Miller, Norbert 395
Mohammed 288, 294
Mongré, Paul, s. Hausdorff, Felix
Montinari, Mazzino IX, 1, 3, 15, 17, 23–25, 29, 31, 33, 38f., 42, 45, 49, 61f., 72, 74f., 78f., 100, 105, 131, 136f., 156f., 161, 167, 175, 228, 238, 242f., 286, 290, 298, 302f., 314f., 320, 326f., 334, 338, 395, 401, 403f., 409
Mörike, Eduard 43
Moses 288
Most, Glenn 184f., 404
Mozart, Wolfgang Amadeus 107
Müller, Armin Thomas 407
Müller, Enrico XI, 13, 26, 31, 60, 63, 100, 131, 154, 209f., 229, 240, 397, 404
Müller-Buck, Renate 156, 396, 404
Müller-Lauter, Wolfgang 20, 23, 84, 232, 354, 395, 404

Napoleon III. 348
Naumann, Constantin Georg 19, 49
Naumann, Gustav 402
Neininger, Johannes 395
Niemeyer, Christian 397
Nietzsche, Franziska 7, 16, 259f., 315, 318

Oehler, Richard 16, 404
Orsucci, Andrea 396
Ottmann, Henning 180, 184, 263–265, 274, 277, 286, 289, 291, 293, 306, 396, 405
Overbeck, Franz 16f., 37, 46, 95f., 112, 154–156, 162, 238f., 319, 357

Paneth, Josef 8f., 402
Parkhurst, William A. B. 1, 405
Pascal, Blaise 252, 341
Patton, Paul 263, 405
Paulus 89, 288, 316, 326
Pelloni, Gabriella 404
Perrakis, Manos 106, 405
Pestalozzi, Karl 395
Pfeuffer, Silvio 93, 405
Pichler, Axel XI, 13, 24, 29–31, 41, 46, 54, 59f., 62f., 71, 75f., 105, 228, 405f., 410
Pieper, Annemarie 395

Namenregister

Pilatus, Pontius 185
Platon 69, 102, 108, 110, 114, 121, 142f., 153, 230, 241, 251, 269f., 277, 294, 302, 306, 327, 361, 368, 370, 400, 409
Posselt, Gert 398
Purkert, Walter 403
Pythagoreer 269

Quine, Willard Van Orman 72, 405

Rahden, Wolfert von 395
Rayman, Joshua 364, 405
Rée, Paul 34, 69, 239
Remmert, Reinhold 403
Reschke, Renate 13, 184, 405
Reuß, Roland 63, 405
Ridley, Aaron 106, 405
Riebe, Thomas 395
Riedel, Manfred 84, 90f., 96, 320f., 339, 405
Roberty, Eugène de 110
Rohde, Erwin 6, 34, 82f., 107, 151, 162, 204
Röllin, Beat XI, 4f., 9, 31–33, 37, 39, 80, 111, 113, 120, 320, 326, 395, 405f.
Roodt, Vasti 90, 406
Rottmann, Mike 407
Roux, Wilhelm 23, 404
Ruin, Hans 206, 406
Rupf, Constantin 395
Rupschus, Andreas 232, 313, 341, 406

Salaquarda, Jörg 17, 62, 402f., 406
Salomé, Lou von 151, 162
Sartre, Jean-Paul 77
Schaarschmidt, Karl 239
Schank, Gerd 291f., 397, 406
Scheibenberger, Sarah 366, 396
Schelling, Friedrich Wilhelm Joseph 103
Schellong, Dieter 106
Schiffermüller, Isolde 404
Schiller, Friedrich 107
Schlechta, Karl 19, 22f., 406
Schlimgen, Erwin 364, 406
Schmidt, Leopold 289
Schmidt, Rüdiger 43, 289, 404, 406, 409
Scholz, Erhard 403
Scholz, Oliver R. 72, 406

Schopenhauer, Arthur 34, 69f., 73, 84, 87, 91, 95, 99, 107, 112, 167f., 188, 229, 232, 239f., 253, 257, 300, 339, 341, 359, 362f., 369f., 372f., 392, 399, 406f.
Schott, Robin May 407
Schubert, Corinna 58, 406
Schumann, Robert 109
Setton, Dirk 395
Shakespeare, William 75
Siemens, Herman 397, 410
Simmel, Georg 253, 407
Simon, Josef 71, 78, 99, 379, 383, 407, 409
Simplikios 342
Skirl, Miguel 237, 240, 321, 407
Skowron, Michael 320f., 341, 407
Smith, Andrew 400
Sokrates 32, 46, 69, 90, 97, 102, 143, 153, 178, 202, 230, 251, 270, 326, 340, 370, 400, 409, 411
Sommer, Andreas Urs XI, 23, 39, 43, 49f., 63, 76, 80, 84, 91f., 95, 109f., 134, 228, 233, 257, 259, 286, 288f., 292f., 310, 341, 372, 396f., 399, 402, 407
Sorgner, Stefan Lorenz 106
Söring, Jürgen 184, 407
Souladié, Yannick 407
Spencer, Herbert 32, 292
Spinoza, Baruch de 58, 103, 142f., 230, 232, 234, 238f., 252, 319, 330, 340–345, 398, 406f., 409
Spir, Afrikan 239
Spitteler, Carl 14
Stalin, Josef Wissarionowitsch 348
Steiner, Rudolf 19, 402
Stendhal alias Marie-Henri Beyle 75
Stern, Martin 401
Stern, Tom 407
Stingelin, Martin 5, 55, 63, 395, 407
Stockmar, René 33, 395
Strobel, Jochen 7, 395, 407

Taine, Hippolyte 82, 289
Taureck, Bernhard H.f. 263, 293, 313, 407
Thales 359–363, 387
Thomä, Dieter 409
Thorgeirsdottir, Sigridur 255, 407
Thüring, Hubert XI, 1, 8, 60, 395, 400, 407f.

Tolstoi, Leo 75, 88
Tongeren, Paul van XI, 84–86, 90f., 106, 162, 261, 318, 321, 337, 397, 408
Trenkle, Franziska 80, 395
Turgeniev, Iwan 85

Ueberweg, Friedrich 239
Ulmer, Karl 49, 408

Venturelli, Aldo 106, 401
Villwock, Peter 154, 408
Vivarelli, Vivetta 184, 408
Vogel, Beatrix 399
Vogt, Johannes Gustav 238, 408
Vogt, Joseph 407

Wagner, Benno 408
Wagner, Richard 43f., 49, 73, 87, 94, 99, 106f., 109, 240, 261, 329, 352f., 392, 398, 406
Walther, Paul 410
Weber, Gerd Wolfgang 404

Weber, Karoline 395
Weber, Max 389
Weißbrodt, Daniel 395
Weiss, Otto 4f., 408
Werner-Jensen, Arnold 193, 408
Wieland, Christoph Martin 107
Wilhelm II. (Kaiser) 348
Wils, Jean-Pierre 406, 410
Wilson, Neil L. 72, 408
Winckelmann, Johann Joachim 220
Winkler, Markus 263, 402
Winteler, Reto 49, 162, 206, 408
Wirtz, Irmgard M. 8
Wittgenstein, Ludwig 29, 55f., 106f., 111, 246, 361, 408, 410f.
Wotling, Patrick 398, 409f.

Zanetti, Sandro 55, 63, 400f., 407
Zirfas, Jörg 410
Zittel, Claus XI, 3, 12f., 60, 143, 153, 163, 171, 184, 210, 250f., 328, 401, 406, 408

www.ingramcontent.com/pod-product-compliance
Lightning Source LLC
Chambersburg PA
CBHW061925220426
43662CB00012B/1811